汤洁茵　汇编
王炳智　校订

法律出版社
LAW PRESS·CHINA
北京

图书在版编目(CIP)数据

企业所得税法一本通 / 汤洁茵汇编. -- 北京 : 法律出版社, 2024
ISBN 978-7-5197-8813-1

Ⅰ. ①企… Ⅱ. ①汤… Ⅲ. ①企业所得税法-汇编-中国 Ⅳ. ①D922.222.9

中国国家版本馆 CIP 数据核字(2024)第 036791 号

企业所得税法一本通
QIYE SUODESHUIFA YIBENTONG

汤洁茵 汇编
王炳智 校订

责任编辑 孙东育 曲 杰
装帧设计 李 瞻

出版发行 法律出版社
编辑统筹 学术·对外出版分社
责任校对 裴 黎
责任印制 胡晓雅
经　　销 新华书店

开本 A5
印张 22　**字数** 779 千
版本 2024 年 3 月第 1 版
印次 2024 年 3 月第 1 次印刷
印刷 天津嘉恒印务有限公司

地址:北京市丰台区莲花池西里 7 号(100073)
网址:www.lawpress.com.cn
投稿邮箱:info@lawpress.com.cn
举报盗版邮箱:jbwq@lawpress.com.cn
销售电话:010-83938349
客服电话:010-83938350
咨询电话:010-63939796

书号:ISBN 978-7-5197-8813-1
定价:59.00 元
凡购买本社图书,如有印装错误,我社负责退换。电话:010-83938349

编者说明

《企业所得税法》是企业所得税课征的基本法律，由全国人大于2007年3月制定通过，于2008年正式实施，仅于2017年2月、2018年12月进行了两次修改。《企业所得税法》的条文总数达到60条，远远超过《个人所得税法》，该法对企业所得税的课征作出了原则性、框架性的规定。为确保《企业所得税法》的实施，国务院以及财政部、国家税务总局还制定了数量庞大的行政规则，与其共同构建了企业所得税的规范体系。与个人所得税相比，企业所得税规范下沉的现象更为明显。除国务院制定《企业所得税法实施条例》这一税收行政法规外，财政部、国家税务总局仅于2009年、2014年分别制定了《非居民承包工程作业和提供劳务税收管理暂行办法》和《一般反避税管理办法（试行）》两个税务规章，余者与企业所得税课征相关的规范均以税务规范性文件的渊源形式颁布，目前现行有效的文件数量已近400个。这些规范性文件针对具体特定事项作出，规范内容更加翔实明确，具有更高的可操作性。由于几乎全方位地涵盖了企业所得税的课征，《企业所得税法》成为企业所得税征纳的重要指引。

然而，这些繁简不一的规范性文件由财政部、国家税务总局于不同的时间、针对不同的征税事项颁布，同一规范性文件可能同时涵盖数个征税事项，同一征税事项的课税规则可能分别规定于生效日期不同的文件。为了应对高速发展、日趋复杂化的商业活动，行政机关又不断颁布新的征税规则，修正或补充已有的规则，由此形成了卷帙浩繁却又复杂而零散、缺少一致性和连贯性的规范体系。对于税务机关和纳税人来说,要在数量众多且庞杂的税务规范性文件中发现并确定应适用的税法规范,必然是困难且耗时漫长的,大大增加了遵从和执行的难度,频繁的修改和补充更是增添一轮又一轮的学习和培训的成本。

鉴于此,基于企业所得税法的脉络和内在逻辑,将零散无序的税法规范重新予以编排,形成有序、连贯、前后一致的企业所得税规范体系,使其清晰且易懂,以便读者打开税法,即可以准确地找到与特定经济生活相关的所有条款并加以理解和适用,又可以增强税法遵从度。本书摒弃了税法规范按颁布时间或主题顺序逐一堆砌的方式,而是采用以《企业所得税法》为主干、以税务行政规则为注脚的汇编体例,具有如下显著特色:第一,以《企业所得税法》的条文为中心,尽可能涵盖每一条文所衍生的全部税法规范,从而可以一窥企业所得税制度的全貌。第二,采用置换、分解、重述等方法将"碎片化"的税法规范予以体系化。不同政府部门针对同一征税事项在不同时间发布实施的不同税务行政规则被聚合在同一具体条文之下,并按不同效力位阶予以编排。第三,对征税事项予以类型化,并按一定的顺序予以编排。同一事项的相关税法规范按照颁布时间予以排列。这不仅便于征纳主体查阅相关的税法条文,也便于把握立法者和执法者就该事项征税的基本思路,厘清税法脉络。在内容上,本书力求涵盖2007年之前颁布、尚未宣告失效的部分重要税务规范性文件以及2007年《企业所得税法》通过之后、2023年8月31日前颁布且现行有效的全部法律、行政法规、规章和税务规范性文件,已经失效的不再收录其中。部分失效的税务规范性文件对失效的条文予以标注和提示。

本书将为税务机关、注册会计师、税务律师等税收实务工作人员以及广大纳税人快速查阅、综合理解和正确适用企业所得税法规范提供便捷的途径,也将为税收经济学和税法的科研工作者从事教学和科研提供研究便利,是非常实用的企业所得税领域的工具书。本书将不断以修订版的形式及时对相关内容予以更新,以为读者提供最新、最全的法规信息。本书的不当与疏漏之处在所难免,敬请读者批评指正。

税法典将起步于单行税种法的相对体系化。本书是对企业所得税法规予以汇编、使之系统化的有益尝试。如果能为将来税法典的制定助力一二,亦是编者之所幸。

汤洁茵

2023年9月1日于昆玉河畔寓所

目　　录

第一章　总　　则

第二章 应纳税所得额

第三章 应纳税额

第四章　税 收 优 惠

第六章 特别纳税调整

第七章　征 收 管 理

第八章 附 则

中华人民共和国企业所得税法

（2007年3月16日第十届全国人民代表大会第五次会议通过　根据2017年2月24日第十二届全国人民代表大会常务委员会第二十六次会议《关于修改〈中华人民共和国企业所得税法〉的决定》第一次修正　根据2018年12月29日第十三届全国人民代表大会常务委员会第七次会议《关于修改〈中华人民共和国电力法〉等四部法律的决定》第二次修正）

目　录

第一章　总　　则

第一条　【纳税人】　在中华人民共和国境内，企业和其他取得收入的组织（以下统称企业）为企业所得税的纳税人，依照本法的规定缴纳企业所得税。

个人独资企业、合伙企业不适用本法。

一、税收行政法规

《中华人民共和国企业所得税法实施条例》(2007年12月6日中华人民共和国国务院令第512号公布 根据2019年4月23日《国务院关于修改部分行政法规的决定》修订)

第二条 企业所得税法第一条所称个人独资企业、合伙企业,是指依照中国法律、行政法规成立的个人独资企业、合伙企业。

二、税务规范性文件

1.《财政部 国家税务总局关于发布〈外国公司船舶运输收入征税办法〉的通知》(1996年10月24日颁布并实施 财税字〔1996〕87号)①

第一条 为了加强对外国公司以船舶从事国际海运业务从中国取得运输收入的税收管理,根据《中华人民共和国外商投资企业和外国企业所得税法》、《中华人民共和国税收征收管理法》、《中华人民共和国营业税暂行条例》的规定,制定本办法。

第二条 外国公司以船舶从中国港口运载旅客、货物或者邮件出境的,所取得的运输收入、所得,依照本办法缴纳营业税、企业所得税。

第三条 外国公司以船舶从中国港口运载旅客、货物或者邮件出境的,取得运输收入的承运人为纳税人。纳税人包括:

(一)买方派船的期租船,以外国租船公司为纳税人;

(二)程租船,以外国船东为纳税人;

(三)中国租用的外国籍船舶再以期租方式转租给外国公司的,以外国公司为纳税人;

(四)外国公司期租的中国籍船舶,以外国公司为纳税人;

(五)其他外国籍船舶,以其船公司为纳税人。

依法经批准经营外轮代理业务的公司(以下简称外轮代理人)为应纳税款的扣缴义务人。

---

① 条款失效,有关营业税政策规定失效。参见《财政部 国家税务总局关于公布若干废止和失效的营业税规范性文件的通知》(财税〔2009〕61号)。

2.《财政部 国家税务总局关于合伙企业合伙人所得税问题的通知》(2008年12月23日颁布 2008年1月1日起实施 财税〔2008〕159号)

各省、自治区、直辖市、计划单列市财政厅(局)、国家税务局、地方税务局,新疆生产建设兵团财务局:

根据《中华人民共和国企业所得税法》及其实施条例和《中华人民共和国个人所得税法》有关规定,现将合伙企业合伙人的所得税问题通知如下:

一、本通知所称合伙企业是指依照中国法律、行政法规成立的合伙企业。

二、合伙企业以每一个合伙人为纳税义务人。合伙企业合伙人是自然人的,缴纳个人所得税;合伙人是法人和其他组织的,缴纳企业所得税。

三、合伙企业生产经营所得和其他所得采取"先分后税"的原则。具体应纳税所得额的计算按照《关于个人独资企业和合伙企业投资者征收个人所得税的规定》(财税〔2000〕91号)及《财政部 国家税务总局关于调整个体工商户个人独资企业和合伙企业个人所得税税前扣除标准有关问题的通知》(财税〔2008〕65号)的有关规定执行。

前款所称生产经营所得和其他所得,包括合伙企业分配给所有合伙人的所得和企业当年留存的所得(利润)。

四、合伙企业的合伙人按照下列原则确定应纳税所得额:

(一)合伙企业的合伙人以合伙企业的生产经营所得和其他所得,按照合伙协议约定的分配比例确定应纳税所得额。

(二)合伙协议未约定或者约定不明确的,以全部生产经营所得和其他所得,按照合伙人协商决定的分配比例确定应纳税所得额。

(三)协商不成的,以全部生产经营所得和其他所得,按照合伙人实缴出资比例确定应纳税所得额。

(四)无法确定出资比例的,以全部生产经营所得和其他所得,按照合伙人数量平均计算每个合伙人的应纳税所得额。

合伙协议不得约定将全部利润分配给部分合伙人。

五、合伙企业的合伙人是法人和其他组织的,合伙人在计算其缴纳企业所得税时,不得用合伙企业的亏损抵减其盈利。

六、上述规定自2008年1月1日起执行。此前规定与本通知有抵触的,以本通知为准。

第二条　【纳税人的类型】　企业分为居民企业和非居民企业。

本法所称居民企业，是指依法在中国境内成立，或者依照外国（地区）法律成立但实际管理机构在中国境内的企业。

本法所称非居民企业，是指依照外国（地区）法律成立且实际管理机构不在中国境内，但在中国境内设立机构、场所的，或者在中国境内未设立机构、场所，但有来源于中国境内所得的企业。

一、税收行政法规

《中华人民共和国企业所得税法实施条例》（2007年12月6日中华人民共和国国务院令第512号公布　根据2019年4月23日《国务院关于修改部分行政法规的决定》修订）

第三条　企业所得税法第二条所称依法在中国境内成立的企业，包括依照中国法律、行政法规在中国境内成立的企业、事业单位、社会团体以及其他取得收入的组织。

企业所得税法第二条所称依照外国（地区）法律成立的企业，包括依照外国（地区）法律成立的企业和其他取得收入的组织。

第四条　企业所得税法第二条所称实际管理机构，是指对企业的生产经营、人员、账务、财产等实施实质性全面管理和控制的机构。

第五条　企业所得税法第二条第三款所称机构、场所，是指在中国境内从事生产经营活动的机构、场所，包括：

（一）管理机构、营业机构、办事机构；

（二）工厂、农场、开采自然资源的场所；

（三）提供劳务的场所；

（四）从事建筑、安装、装配、修理、勘探等工程作业的场所；

（五）其他从事生产经营活动的机构、场所。

非居民企业委托营业代理人在中国境内从事生产经营活动的，包括委托单位或者个人经常代其签订合同，或者储存、交付货物等，该营业代理人视为非居民企业在中国境内设立的机构、场所。

第一百三十一条　在香港特别行政区、澳门特别行政区和台湾地区成立的企业，参照适用企业所得税法第二条第二款、第三款的有关规定。

二、税务规范性文件

（一）居民企业

1.《国家税务总局关于境外注册中资控股企业依据实际管理机构标准认定为居民企业有关问题的通知》（2009年4月22日颁布 2008年1月1日起实施 国税发〔2009〕82号）①

各省、自治区、直辖市和计划单列市国家税务局、地方税务局：

根据《中华人民共和国企业所得税法》（以下简称企业所得税法）和《中华人民共和国企业所得税法实施条例》（以下简称实施条例）的有关规定，为规范执行企业所得税法关于居民企业的判定标准，加强企业所得税管理，现对境外注册的中资控股企业（以下称境外中资企业）依据实际管理机构判定为中国居民企业的有关企业所得税问题通知如下：

一、境外中资企业是指由中国境内的企业或企业集团作为主要控股投资者，在境外依据外国（地区）法律注册成立的企业。

二、境外中资企业同时符合以下条件的，根据企业所得税法第二条第二款和实施条例第四条的规定，应判定其为实际管理机构在中国境内的居民企业（以下称非境内注册居民企业），并实施相应的税收管理，就其来源于中国境内、境外的所得征收企业所得税。

（一）企业负责实施日常生产经营管理运作的高层管理人员及其高层管理部门履行职责的场所主要位于中国境内；

（二）企业的财务决策（如借款、放款、融资、财务风险管理等）和人事决策（如任命、解聘和薪酬等）由位于中国境内的机构或人员决定，或需要得到位于中国境内的机构或人员批准；

（三）企业的主要财产、会计账簿、公司印章、董事会和股东会议纪要档案等位于或存放于中国境内；

（四）企业1/2（含1/2）以上有投票权的董事或高层管理人员经常居

① 根据《国家税务总局关于公布失效废止的税务部门规章和税收规范性文件目录的决定》（国家税务总局令第42号）规定，自2017年12月29日起，本文第七条第一款"境外中资企业可向其实际管理机构所在地或中国主要投资者所在地主管税务机关提出居民企业申请，主管税务机关对其居民企业身份进行初步审核后，层报国家税务总局确认。"的内容废止。

住于中国境内。

三、对于实际管理机构的判断，应当遵循实质重于形式的原则。

四、非境内注册居民企业从中国境内其他居民企业取得的股息、红利等权益性投资收益，按照企业所得税法第二十六条和实施条例第八十三条的规定，作为其免税收入。非境内注册居民企业的投资者从该居民企业分得的股息红利等权益性投资收益，根据实施条例第七条（四）款的规定，属于来源于中国境内的所得，应当征收企业所得税；该权益性投资收益中符合企业所得税法第二十六条和实施条例第八十三条规定的部分，可作为收益人的免税收入。

五、非境内注册居民企业在中国境内投资设立的企业，其外商投资企业的税收法律地位不变。

六、境外中资企业被判定为非境内注册居民企业的，按照企业所得税法第四十五条以及受控外国企业管理的有关规定，不视为受控外国企业，但其所控制的其他受控外国企业仍应按照有关规定进行税务处理。

七、境外中资企业或其中国主要投资者向税务机关提出居民企业申请时，应同时向税务机关提供如下资料：

（一）企业法律身份证明文件；

（二）企业集团组织结构说明及生产经营概况；

（三）企业最近一个年度的公证会计师审计报告；

（四）负责企业生产经营等事项的高层管理机构履行职责的场所的地址证明；

（五）企业董事及高层管理人员在中国境内居住记录；

（六）企业重大事项的董事会决议及会议记录；

（七）主管税务机关要求的其他资料。

八、境外中资企业被认定为中国居民企业后成为双重居民身份的，按照中国与相关国家（或地区）签署的税收协定（或安排）的规定执行。

九、本通知自2008年1月1日起执行。

2.《国家税务总局关于印发〈境外注册中资控股居民企业所得税管理办法（试行）〉的公告》（2011年7月27日颁布　2011年9月1日起实施　国家税务总局公告2011年第45号）①

第一章　总　　则

第一条　为规范和加强境外注册中资控股居民企业的所得税税收管理，根据《中华人民共和国企业所得税法》（以下简称企业所得税法）及其实施条例、《中华人民共和国税收征收管理法》（以下简称税收征管法）及其实施细则、中国政府对外签署的避免双重征税协定（含与香港、澳门特别行政区签署的税收安排，以下简称税收协定）、《国家税务总局关于境外注册中资控股企业依据实际管理机构标准认定为居民企业有关问题的通知》（国税发〔2009〕82号，以下简称《通知》）和其他有关规定，制定本办法。

第二条　本办法所称境外注册中资控股企业（以下简称境外中资企业）是指由中国内地企业或者企业集团作为主要控股投资者，在中国内地以外国家或地区（含香港、澳门、台湾）注册成立的企业。

第三条　本办法所称境外注册中资控股居民企业（以下简称非境内注册居民企业）是指因实际管理机构在中国境内而被认定为中国居民企业的境外注册中资控股企业。

第四条　非境内注册居民企业应当按照企业所得税法及其实施条例和相关管理规定的要求，履行居民企业所得税纳税义务，并在向非居民企业支付企业所得税法第三条第三款规定的款项时，依法代扣代缴企业所得税。

第五条　本办法所称主管税务机关是指境外注册中资控股居民企业中国境内主要投资者登记注册地主管税务机关。

---

①　1. 根据《国务院关于取消和调整一批行政审批项目等事项的决定》（国发〔2015〕11号），自2015年2月24日起，“境外注册中资控股居民企业主管税务机关的变更审批”“非境内注册居民企业选择主管税务机关批准”取消。2. 根据《国家税务总局关于修改等文件的公告》（国家税务总局公告2015年第22号），自2015年6月1日起，第五条修改为：“本办法所称主管税务机关是指境外注册中资控股居民企业中国境内主要投资者登记注册地主管税务机关。”3. 根据《国家税务总局关于开具有关事项的公告》（国家税务总局公告2016年第40号），自2016年10月1日起，第二十八条废止。4. 根据《国家税务总局关于修改部分税收规范性文件的公告》（国家税务总局公告2018年第31号），自2018年6月15日起，第三十一条修改为：本办法由税务总局负责解释。各省、自治区、直辖市和计划单列市税务局可根据本办法制定具体操作规程。

第二章 居民身份认定管理

第六条 境外中资企业居民身份的认定,采用企业自行判定提请税务机关认定和税务机关调查发现予以认定两种形式。

第七条 境外中资企业应当根据生产经营和管理的实际情况,自行判定实际管理机构是否设立在中国境内。如其判定符合《通知》第二条规定的居民企业条件,应当向其主管税务机关书面提出居民身份认定申请,同时提供以下资料:

(一)企业法律身份证明文件;

(二)企业集团组织结构说明及生产经营概况;

(三)企业上一个纳税年度的公证会计师审计报告;

(四)负责企业生产经营等事项的高层管理机构履行职责场所的地址证明;

(五)企业上一年度及当年度董事及高层管理人员在中国境内居住的记录;

(六)企业上一年度及当年度重大事项的董事会决议及会议记录;

(七)主管税务机关要求提供的其他资料。

第八条 主管税务机关发现境外中资企业符合《通知》第二条规定但未申请成为中国居民企业的,可以对该境外中资企业的实际管理机构所在地情况进行调查,并要求境外中资企业提供本办法第七条规定的资料。调查过程中,主管税务机关有权要求该企业的境内投资者提供相关资料。

第九条 主管税务机关依法对企业提供的相关资料进行审核,提出初步认定意见,将据以做出初步认定的相关事实(资料)、认定理由和结果层报税务总局确认。

税务总局认定境外中资企业居民身份的,应当将相关认定结果同时书面告知境内投资者、境内被投资者的主管税务机关。

第十条 非境内注册居民企业的主管税务机关收到税务总局关于境外中资企业居民身份的认定结果后,应当在10日内向该企业下达《境外注册中资控股企业居民身份认定书》(见附件1),通知其从企业居民身份确认年度开始按照我国居民企业所得税管理规定及本办法规定办理有关税收事项。

第十一条 非境内注册居民企业发生下列重大变化情形之一的,应当自变化之日起15日内报告主管税务机关,主管税务机关应当按照本办法规定层报税务总局确定是否取消其居民身份。

（一）企业实际管理机构所在地变更为中国境外的；

（二）中方控股投资者转让企业股权，导致中资控股地位发生变化的。

第十二条 税务总局认定终止非境内注册居民企业居民身份的，应当将相关认定结果同时书面告知境内投资者、境内被投资者的主管税务机关。企业应当自主管税务机关书面告知之日起停止履行中国居民企业的所得税纳税义务与扣缴义务，同时停止享受中国居民企业税收待遇。上述主管税务机关应当依法做好减免税款追缴等后续管理工作。

第三章 税务登记管理

第十三条 非境内注册居民企业应当自收到居民身份认定书之日起30日内向主管税务机关提供以下资料申报办理税务登记，主管税务机关核发临时税务登记证及副本：

（一）居民身份认定书；

（二）境外注册登记证件；

（三）税务机关要求提供的其他资料。

第十四条 非境内注册居民企业经税务总局确认终止居民身份的，应当自收到主管税务机关书面通知之日起15日内向主管税务机关申报办理注销税务登记。

第十五条 发生本办法第四条扣缴义务的非境内注册居民企业应当自扣缴义务发生之日起30日内，向主管税务机关申报办理扣缴税款登记。

第四章 账簿凭证管理

第十六条 非境内注册居民企业应当按照中国有关法律、法规和国务院财政、税务主管部门的规定，编制财务、会计报表，并在领取税务登记证件之日起15日内将企业的财务、会计制度或者财务会计、处理办法及有关资料报送主管税务机关备案。

第十七条 非境内注册居民企业存放在中国境内的会计账簿和境内税务机关要求提供的报表等资料，应当使用中文。

第十八条 发生扣缴义务的非境内注册居民企业应当设立代扣代缴税款账簿和合同资料档案，准确记录扣缴企业所得税情况。

第十九条 非境内注册居民企业与境内单位或者个人发生交易的，应当按照发票管理办法规定使用发票，发票存根应当保存在中国境内，以备税务机关查验。

第五章 申报征收管理

第二十条 非境内注册居民企业按照分季预缴、年度汇算清缴方法申报缴纳所得税。

第二十一条 非境内注册居民企业发生终止生产经营或者居民身份变化情形的，应当自停止生产经营之日或者税务总局取消其居民企业之日起60日内，向其主管税务机关办理当期企业所得税汇算清缴。

非境内注册居民企业需要申报办理注销税务登记的，应在注销税务登记前，就其清算所得向主管税务机关申报缴纳企业所得税。

第二十二条 非境内注册居民企业应当以人民币计算缴纳企业所得税；所得以人民币以外的货币计算的，应当按照企业所得税法及其实施条例有关规定折合成人民币计算并缴纳企业所得税。

第二十三条 对非境内注册居民企业未依法履行居民企业所得税纳税义务的，主管税务机关应依据税收征管法及其实施细则的有关规定追缴税款、加收滞纳金，并处罚款。

主管税务机关应当在非境内注册居民企业年度申报和汇算清缴结束后两个月内，判定其构成居民身份的条件是否发生实质性变化。对实际管理机构转移至境外或者企业中资控股地位发生变化的，主管税务机关应层报税务总局终止其居民身份。

对于境外中资企业频繁转换企业身份，又无正当理由的，主管税务机关应层报国家税务总局核准后追回其已按居民企业享受的股息免税待遇。

第二十四条 主管税务机关应按季度核查非境内注册居民企业向非居民企业支付股息、利息、租金、特许权使用费、转让财产收入及其他收入依法扣缴企业所得税的情况，发现该企业未依法履行相关扣缴义务的，应按照税收征管法及其实施细则和企业所得税法及其实施条例等有关规定对其进行处罚，并向非居民企业追缴税款。

第六章 特定事项管理

第二十五条 非境内注册居民企业取得来源于中国境内的股息、红利等权益性投资收益和利息、租金、特许权使用费所得、转让财产所得以及其他所得，应当向相关支付方出具本企业的《境外注册中资控股企业居民身份认定书》复印件。

相关支付方凭上述复印件不予履行该所得的税款扣缴义务，并在对外支付上述外汇资金时凭该复印件向主管税务机关申请开具相关税务证明。其中涉及个人所得税、营业税等其他税种纳税事项的，仍按对外支付税务证明开具的有关规定办理。

第二十六条 非居民企业转让非境内注册居民企业股权所得，属于来源于中国境内所得，被转让的非境内注册居民企业应当自股权转让协议签订之日起30日内，向其主管税务机关报告并提供股权转让合同及相关资料。

第二十七条 非境内注册居民企业应当按照企业所得税法及其实施条例以及《特别纳税调整实施办法（试行）》（国税发〔2009〕2号）的相关规定，履行关联申报及同期资料准备等义务。

第二十九条 境外税务当局拒绝给予非境内注册居民企业税收协定待遇，或者将其认定为所在国家（地区）税收居民的，该企业可按有关规定书面申请启动税务相互协商程序。

主管税务机关受理企业提请协商的申请后，应当及时将申请及有关资料层报税务总局，由税务总局与有关国家（地区）税务当局进行协商。

第七章 附　则

第三十条 主管税务机关应当做好非境内注册居民企业所得税管理情况汇总统计工作，于每年8月15日前向税务总局层报《境外注册中资控股居民企业所得税管理情况汇总表》（见附件2）。税务总局不定期对各地相关管理工作进行检查，并将检查情况通报各地。

第三十一条 本办法由税务总局负责解释。各省、自治区、直辖市和计划单列市税务局可根据本办法制定具体操作规程。

第三十二条 本办法自2011年9月1日起施行。此前根据《通知》规定已经被认定为非境内注册居民企业的，适用本办法相关规定处理。

3.《国家税务总局关于依据实际管理机构标准实施居民企业认定有关问题的公告》（国家税务总局公告2014年第9号　2014年1月29日颁布　2013年1月1日起实施）

为完善依据实际管理机构实施居民企业的认定工作，加强企业所得税征收管理，根据《国务院关于取消和下放一批行政审批项目的决定》（国发〔2013〕44号），国家税务总局对《国家税务总局关于境外注册中资控股企业依据实际管理机构标准认定为居民企业有关问题的通知》（国税发〔2009〕82号，以下简称《通知》）有关条款进行了修订，现公告如下：

一、符合《通知》第二条规定的居民企业认定条件的境外中资企业，须向其中国境内主要投资者登记注册地主管税务机关提出居民企业认定申请，主管税务机关对其居民企业身份进行初步判定后，层报省级税务机关确认。经省级税务机关确认后抄送其境内其他投资地相关省级税务机关。

二、按本公告实施居民企业认定时，经省级税务机关确认后，30日内抄报国家税务总局，由国家税务总局网站统一对外公布。国家税务总局适时开展检查，对不符合条件的，责令其纠正。

三、境外注册中资控股企业自其被认定为居民企业的年度起，从中国境内其他居民企业取得以前年度（限于2008年1月1日以后）的股息、红利等权益性投资收益，应按照《中华人民共和国企业所得税法》第二十六条及其实施条例第十七条、第八十三条的规定处理。

四、境外注册中资控股企业所得税征管的其他事项，仍按照《通知》的相关规定执行。

五、本公告适用于2013年度及以后年度企业所得税申报。

（二）非居民企业

1.《国家税务总局关于非居民企业派遣人员在中国境内提供劳务征收企业所得税有关问题的公告》（2013年4月19日颁布　2013年6月1日起实施　国家税务总局公告2013年第19号）

根据《中华人民共和国企业所得税法》及其实施条例、中国政府对外签署的避免双重征税协定（含与香港、澳门特别行政区签署的税收安排，以下统称税收协定）以及《国家税务总局关于印发〈中华人民共和国政府和新加坡共和国政府关于对所得避免双重征税和防止偷漏税的协定及议定书条文解释〉的通知》（国税发〔2010〕75号）等规定，现就非居民企业派遣人员在中国境内提供劳务征收企业所得税有关问题公告如下：

一、非居民企业（以下统称“派遣企业”）派遣人员在中国境内提供劳务，如果派遣企业对被派遣人员工作结果承担部分或全部责任和风险，通常考核评估被派遣人员的工作业绩，应视为派遣企业在中国境内设立机构、场所提供劳务；如果派遣企业属于税收协定缔约对方企业，且提供劳务的机构、场所具有相对的固定性和持久性，该机构、场所构成在中国境内设立的常设机构。

在做出上述判断时，应结合下列因素予以确定：

（一）接收劳务的境内企业（以下统称“接收企业”）向派遣企业支付管理费、服务费性质的款项；

（二）接收企业向派遣企业支付的款项金额超出派遣企业代垫、代付被派遣人员的工资、薪金、社会保险费及其他费用；

（三）派遣企业并未将接收企业支付的相关费用全部发放给被派遣人员，而是保留了一定数额的款项；

（四）派遣企业负担的被派遣人员的工资、薪金未全额在中国缴纳个人所得税；

（五）派遣企业确定被派遣人员的数量、任职资格、薪酬标准及其在中国境内的工作地点。

二、如果派遣企业仅为在接收企业行使股东权利、保障其合法股东权益而派遣人员在中国境内提供劳务的，包括被派遣人员为派遣企业提供对接收企业投资的有关建议、代表派遣企业参加接收企业股东大会或董事会议等活动，均不因该活动在接收企业营业场所进行而认定为派遣企业在中国境内设立机构、场所或常设机构。

三、符合第一条规定的派遣企业和接收企业应按照《非居民承包工程作业和提供劳务税收管理暂行办法》（国家税务总局令第19号）规定办理税务登记和备案、税款申报及其他涉税事宜。

四、符合第一条规定的派遣企业应依法准确计算其取得的所得并据实申报缴纳企业所得税；不能如实申报的，税务机关有权按照相关规定核定其应纳税所得额。

五、主管税务机关应加强对派遣行为的税收管理，重点审核下列与派遣行为有关的资料，以及派遣安排的经济实质和执行情况，确定非居民企业所得税纳税义务：

（一）派遣企业、接收企业和被派遣人员之间的合同协议或约定；

（二）派遣企业或接收企业对被派遣人员的管理规定，包括被派遣人员的工作职责、工作内容、工作考核、风险承担等方面的具体规定；

（三）接收企业向派遣企业支付款项及相关账务处理情况，被派遣人员个人所得税申报缴纳资料；

（四）接收企业是否存在通过抵消交易、放弃债权、关联交易或其他形式隐蔽性支付与派遣行为相关费用的情形。

六、主管税务机关根据企业所得税法及本公告规定确定派遣企业纳税义务时，应与被派遣人员提供劳务涉及的个人所得税、营业税的主管税务机关加强协调沟通，交换被派遣人员提供劳务的相关信息，确保税收政策的准确执行。

七、各地在执行本公告规定对非居民企业派遣人员提供劳务进行税务处理时，应严格按照有关规定为派遣企业或接收企业及时办理对外支付相关手续。

八、本公告自2013年6月1日起施行。本公告施行前发生但未作税务处理的事项，依据本公告执行。

2.《国家税务总局关于湖北等省市国家税务局执行内地与香港税收安排股息条款涉及受益所有人案例的处理意见》(2013年4月12日颁布 税总函〔2013〕165号)

辽宁、山东、河南、江苏、湖北、海南省国家税务局,厦门市国家税务局:

接山东、湖北、海南、河南、厦门等省、市国家税务局上报的执行《内地和香港特别行政区关于对所得避免双重征税和防止偷漏税的安排》(以下简称《安排》)股息条款有关受益所有人的案件,涉及香港贝卡尔特公司、香港美亚黄石公司、香港泽高公司、香港和黄厦门公司、香港罗特克斯公司作为享受《安排》待遇的申请人,能否被认定为股息受益所有人并准予享受《安排》待遇问题。

现根据《国家税务总局关于如何理解和认定税收协定中"受益所有人"的通知》(国税函〔2009〕601号),和《国家税务总局关于认定税收协定中"受益所有人"的公告》(国家税务总局公告2012年第30号)以及《安排》的有关规定,经与相关税务机关研究,并与香港税务主管当局磋商,国家税务总局提出以下处理意见:

一、判定申请人是否存在国税函〔2009〕601号文件第二条第一款第(一)项所述时间内派发股息情况时,应要求申请人提供反映其利润分配情况,以及其与控股公司间权利与义务的相关资料,包括具有法律效力的企业章程、与控股公司间相关合同、协议或公司决议等。受理机关据此分析申请人提请享受《安排》待遇的股息是否存在国税函〔2009〕601号文件第二条第一款第(一)项所列情形。

如果申请人不存在向非香港居民企业分配利润的情况,则不构成本项所指的不利因素。

二、申请人从事国税函〔2009〕601号文件第二条第一款第(二)项所述"持有所得据以产生的财产或权利"的投资类活动,应属于经营活动。

构成本项所列不利因素的"没有或几乎没有其他经营活动",是指申请人除拥有单个投资项目外,再无其他投资项目或其他不同类型经营活动。

对于为单个项目所设立的投资公司,不能仅以此一项不利因素,否定其受益所有人身份,还要结合其他因素综合判定。

三、分析申请人资产是否与所得数额匹配时,应当综合分析申请人的资产情况,不应将"资产"等同于注册资本。对注册资本过低的申请人应结合其资金来源、投资风险承担等情况分析其资产与所得数额是否匹配。

分析申请人的人员配置与所得数额是否匹配时，应当着重分析和审查其人员的职责与工作实质（申请人应提供相关情况），不应仅依据人员数量及人员费用的支付与否等做出判断。

四、判断申请人对于所得或所得据以产生的财产或权利是否有控制权或处置权，是否承担风险及承担风险的程度时，应当从三个方面进行分析：一是公司章程等相关法律文件是否有授予申请人相关控制权或处置权的规定；二是申请人是否发生过相关控制或处置的行为，例如申请人作为投资公司，是否将所分得的股息用于项目投资、配股、转增股本、企业合并、收购及风险投资等资本运作活动；三是已发生的相关处置行为是否出自申请人自主做出的决定，例如申请人自身股东会或董事会决议等。

不能仅因申请人的股权受控于上一级公司而否定申请人对所得的控制权或处置权。

五、考虑到内地与香港间的实际情况，香港实行的境外所得不征税的来源地征税原则不作为不利于受益所有人身份判定的关键因素。判定时应结合申请人在香港的税务申报情况，以及香港税收法律的实际进行具体分析。

六、对下列情形中申请人的受益所有人身份判定，应依据已有规定并参考本文件各项内容进行，国家税务总局公告2012年第30号第三条规定不应理解成对下列情形中申请人的受益所有人身份的否定。

（一）申请人被非上市的香港居民公司100%直接或间接拥有；

（二）申请人与最终控股的香港公司之间存在海外注册的公司。

七、案件中涉及同一纳税人的同类投资活动所得由不同地方税务机关处理的，各税务机关的处理结果应当一致；涉及因公司经营情况发生实质改变，申请人提出按改变后的情况享受相关《安排》待遇申请的，税务机关应予受理，并对申请人相关变化情况认真核实，按有关文件规定对其受益所有人身份进行判定，但判定结果不影响税务机关针对申请人以前情况所做的判定和处理。

3.《国家税务总局关于委托投资情况下认定受益所有人问题的公告》（2014年4月21日颁布 2014年6月1日起实施 国家税务总局公告2014年第24号）

根据《国家税务总局关于印发〈非居民享受税收协定待遇管理办法（试行）〉的通知》（国税发〔2009〕124号）、《国家税务总局关于如何理解和认定税收协定中“受益所有人”的通知》（国税函〔2009〕601号）和《国家税务总局关于认定税收协定中“受益所有人”的公告》（国家税务总局公告2012年第30号)①的有关规定,对于委托投资情况下受益所有人身份的认定问题,在符合上述文件规定的前提下,补充公告如下:

一、本公告所称“委托投资”是指非居民将自有资金直接委托给境外专业机构用于对居民企业的股权、债权投资,其中的“境外专业机构”指经其所在地国家或地区政府许可从事证券经纪、资产管理、资金以及证券托管等业务的金融机构。在委托投资期间,境外专业机构将受托资金独立于其自有资金进行专项管理。境外专业机构根据相应的委托或代理协议收取服务费或佣金。受托资金的投资收益和风险应由该非居民取得和承担。

二、非居民通过委托投资取得投资收益提出享受税收协定待遇申请的,应向税务机关提供以下资料:

(一)投资链条各方(包括该非居民、投资管理人或投资经理、各级托管人、证券公司等)签署的与投资相关的合同或协议,以及能够说明投资业务的其他资料,资料内容应包括委托投资本金来源和组成情况以及各方收取费用或取得所得的约定;

(二)投资收益和其他所得逐级返回至该非居民的信息和凭据,以及对所得类型认定与划分的说明资料;

(三)税务机关为认定受益所有人所需要的其他资料。

三、税务机关应对非居民提交的资料进行审核,并区分所得类型进行处理:

(一)如果投资收益的所得类型为股息或利息,该所得在逐级返回至该非居民的过程中所得性质未发生改变,且有凭据证明该所得实际返回至该非居民,则可以认定该非居民为该笔所得的受益所有人,能够享受税收协定相应条款规定的待遇;

(二)如果投资链条上除该非居民以外的各方收取的费用或取得的报酬与股息、利息有关,则该非居民不是该部分费用或报酬的受益所有人,该部分费用或报酬不得享受税收协定股息和利息条款规定的待遇;

(三)如果投资收益的所得类型为财产收益,或其他不适用受益所有人规则的所得类型,则应按税收协定相应条款的规定处理。

四、非居民或其委托代理人拒绝提供资料,或提供的资料不能区分非居民委托投资收益与投资链条上其他各方报酬的,税务机关应不予批准相应的税收协定待遇。

---

① 上述规范性文件均已被废止。

五、非居民与投资链条上一方或多方形成关联关系的，应向税务机关提供关联交易定价原则、方法及相关资料。不提供资料或提供资料不足以证明相关联各方交易符合独立交易原则的，税务机关可拒绝给予相应的税收协定待遇。

六、对于非居民或其委托代理人提供的凭据、所得类型认定与划分及其他相关证明资料，税务机关可视情况通过信息交换方式核实其真实性和准确性。经核实与实际情况不符，不应享受税收协定待遇而税务机关已批准享受的，应撤销原审批决定，并按税收征管法和国税发〔2009〕124号文件有关规定处理。

七、税务机关按照本公告第三条的规定认定非居民为受益所有人，且根据税收协定股息或利息条款的规定，该非居民取得股息或利息应仅在缔约国对方征税的，如果该非居民通过委托投资取得投资收益同时符合以下条件，则在其首次享受股息或利息条款税收协定待遇之日起3个公历年度内（含本年度），同一主管税务机关可免于对其受益所有人身份进行重复认定，但应对其取得的投资收益所得类型进行审核：

（一）通过同一架构安排进行委托投资；

（二）投资链条上除被投资企业之外的各方保持不变；

（三）投资链条上除被投资企业之外的各方签署的与投资相关的合同或协议保持不变。

该非居民与受益所有人身份认定有关的信息发生变化的，应及时告知主管税务机关。该非居民因信息变化不能继续享受税收协定待遇的，应自发生变化之日起停止享受有关税收协定待遇，并按国内法规定申报纳税。

八、本公告自2014年6月1日起施行。本公告施行前已发生但税务处理未完结的事项，按本公告执行。

4.《国家税务总局关于中外合作开采石油天然气有关非居民税收问题的批复》(2015年9月14日颁布　税总函〔2015〕494号)

新疆维吾尔自治区国家税务局：

你局《关于中外合作开采石油天然气相关非居民税收政策的请示》（新国税发〔2015〕105号）收悉。经研究，批复如下：

一、按照《中华人民共和国对外合作开采陆上石油资源条例》《中华人民共和国对外合作开采海洋石油资源条例》等相关规定，外国企业（不含实际管理机构设立在中国境内的外国企业，下同）与中国境内企业签订协议或合同，在中国境内合作开采石油天然气，凡未按照中国法律设立独立企业的，由合作各方分别缴纳企业所得税，外国企业属于在中国境内设立机构、场所从事生产经营活动的非居民企业,其分取的合作生产经营所得应按照企业所得税法第三条第二款的规定申报缴纳企业所得税。在按前述规定缴纳企业所得税后,该外国企业取得的税后利润不属于适用企业所得税法第三条第三款规定的所得,不予扣缴企业所得税。

二、外国企业与中国境内企业按照《中华人民共和国中外合作经营企业法》在中国境内共同设立中外合作经营企业,由该中外合作经营企业开采石油天然气的,无论其是否具有法人资格,均为企业所得税法第二条规定的居民企业。该中外合作经营企业应就其取得的石油天然气开采所得和其他所得统一缴纳企业所得税。作为投资方的外国企业从中外合作经营企业分取的税后利润属于适用企业所得税法第三条第三款规定的所得,应按有关规定扣缴企业所得税。

三、适用本批复第一条规定在中国境内设立机构、场所取得石油天然气开采所得和其他所得的外国企业,以及适用本批复第二条规定取得石油天然气开采所得和其他所得的中外合作经营企业,符合《财政部 海关总署 国家税务总局关于深入实施西部大开发战略有关税收政策问题的通知》(财税〔2011〕58号)规定条件的,可以享受相关企业所得税优惠。

第三条 【纳税人的纳税义务】 居民企业应当就其来源于中国境内、境外的所得缴纳企业所得税。

非居民企业在中国境内设立机构、场所的,应当就其所设机构、场所取得的来源于中国境内的所得,以及发生在中国境外但与其所设机构、场所有实际联系的所得,缴纳企业所得税。

非居民企业在中国境内未设立机构、场所的,或者虽设立机构、场所但取得的所得与其所设机构、场所没有实际联系的,应当就其来源于中国境内的所得缴纳企业所得税。

一、税收行政法规

《中华人民共和国企业所得税法实施条例》(2007年12月6日中华人民共和国国务院令第512号公布 根据2019年4月23日《国务院关于修改部分行政法规的决定》修订)

第六条 企业所得税法第三条所称所得,包括销售货物所得、提供劳务所得、转让财产所得、股息红利等权益性投资所得、利息所得、租金所得、特许权使用费所得、接受捐赠所得和其他所得。

第七条 企业所得税法第三条所称来源于中国境内、境外的所得，按照以下原则确定：

（一）销售货物所得，按照交易活动发生地确定；

（二）提供劳务所得，按照劳务发生地确定；

（三）转让财产所得，不动产转让所得按照不动产所在地确定，动产转让所得按照转让动产的企业或者机构、场所所在地确定，权益性投资资产转让所得按照被投资企业所在地确定；

（四）股息、红利等权益性投资所得，按照分配所得的企业所在地确定；

（五）利息所得、租金所得、特许权使用费所得，按照负担、支付所得的企业或者机构、场所所在地确定，或者按照负担、支付所得的个人的住所地确定；

（六）其他所得，由国务院财政、税务主管部门确定。

第八条 企业所得税法第三条所称实际联系，是指非居民企业在中国境内设立的机构、场所拥有据以取得所得的股权、债权，以及拥有、管理、控制据以取得所得的财产等。

二、部门规章

《非居民承包工程作业和提供劳务税收管理暂行办法》（2009年1月20日颁布 2009年3月1日起实施 国家税务总局令第19号）

第一章 总 则

第一条 为规范对非居民在中国境内承包工程作业和提供劳务的税收征收管理，根据《中华人民共和国税收征收管理法》（以下简称税收征管法）及其实施细则、《中华人民共和国企业所得税法》（以下简称企业所得税法）及其实施条例、《中华人民共和国营业税暂行条例》及其实施细则、《中华人民共和国增值税暂行条例》及其实施细则、中国政府对外签署的避免双重征税协定（含与香港、澳门特别行政区签署的税收安排，以下统称税收协定）等相关法律法规，制定本办法。

第二条 本办法所称非居民，包括非居民企业和非居民个人。非居民企业是指依照外国（地区）法律成立且实际管理机构不在中国境内，但在中国境内设立机构、场所的，或者在中国境内未设立机构、场所，但有来源于中国境内所得的企业。非居民个人是指在中国境内无住所又不居住或者无住所而在境内居住不满一年的个人。

第三条 本办法所称承包工程作业，是指在中国境内承包建筑、安装、装配、修缮、装饰、勘探及其他工程作业。

> 本办法所称提供劳务是指在中国境内从事加工、修理修配、交通运输、仓储租赁、咨询经纪、设计、文化体育、技术服务、教育培训、旅游、娱乐及其他劳务活动。
>
> **第四条** 本办法所称非居民在中国境内承包工程作业和提供劳务税收管理，是指对非居民营业税、增值税和企业所得税的纳税事项管理。涉及个人所得税、印花税等税收的管理，应依照有关规定执行。

第四条 【税率】 企业所得税的税率为25%。

非居民企业取得本法第三条第三款规定的所得，适用税率为20%。

第二章 应纳税所得额

第五条 【应纳税所得额】 企业每一纳税年度的收入总额，减除不征税收入、免税收入、各项扣除以及允许弥补的以前年度亏损后的余额，为应纳税所得额。

> **一、税收行政法规**
>
> **《中华人民共和国企业所得税法实施条例》(2007年12月6日中华人民共和国国务院令第512号公布 根据2019年4月23日《国务院关于修改部分行政法规的决定》修订)**
>
> **第九条** 企业应纳税所得额的计算，以权责发生制为原则，属于当期的收入和费用，不论款项是否收付，均作为当期的收入和费用；不属于当期的收入和费用，即使款项已经在当期收付，均不作为当期的收入和费用。本条例和国务院财政、税务主管部门另有规定的除外。
>
> **第十条** 企业所得税法第五条所称亏损，是指企业依照企业所得税法和本条例的规定将每一纳税年度的收入总额减除不征税收入、免税收入和各项扣除后小于零的数额。
>
> **二、税务规范性文件**
>
> **(一)一般规定**
>
> **1.《国家税务总局关于确认企业所得税收入若干问题的通知》(2008年10月30日颁布 国税函〔2008〕875号)**
>
> 各省、自治区、直辖市和计划单列市国家税务局、地方税务局：

根据《中华人民共和国企业所得税法》(以下简称企业所得税法)及《中华人民共和国企业所得税法实施条例》(以下简称实施条例)规定的原则和精神,现对确认企业所得税收入的若干问题通知如下:

一、除企业所得税法及实施条例另有规定外,企业销售收入的确认,必须遵循权责发生制原则和实质重于形式原则。

(一)企业销售商品同时满足下列条件的,应确认收入的实现:

1. 商品销售合同已经签订,企业已将商品所有权相关的主要风险和报酬转移给购货方;

2. 企业对已售出的商品既没有保留通常与所有权相联系的继续管理权,也没有实施有效控制;

3. 收入的金额能够可靠地计量;

4. 已发生或将发生的销售方的成本能够可靠地核算。

(二)符合上款收入确认条件,采取下列商品销售方式的,应按以下规定确认收入实现时间:

1. 销售商品采用托收承付方式的,在办妥托收手续时确认收入。

2. 销售商品采取预收款方式的,在发出商品时确认收入。

3. 销售商品需要安装和检验的,在购买方接受商品以及安装和检验完毕时确认收入。如果安装程序比较简单,可在发出商品时确认收入。

4. 销售商品采用支付手续费方式委托代销的,在收到代销清单时确认收入。

(三)采用售后回购方式销售商品的,销售的商品按售价确认收入,回购的商品作为购进商品处理。有证据表明不符合销售收入确认条件的,如以销售商品方式进行融资,收到的款项应确认为负债,回购价格大于原售价的,差额应在回购期间确认为利息费用。

(四)销售商品以旧换新的,销售商品应当按照销售商品收入确认条件确认收入,回收的商品作为购进商品处理。

(五)企业为促进商品销售而在商品价格上给予的价格扣除属于商业折扣,商品销售涉及商业折扣的,应当按照扣除商业折扣后的金额确定销售商品收入金额。

债权人为鼓励债务人在规定的期限内付款而向债务人提供的债务扣除属于现金折扣,销售商品涉及现金折扣的,应当按扣除现金折扣前的金额确定销售商品收入金额,现金折扣在实际发生时作为财务费用扣除。

企业因售出商品的质量不合格等原因而在售价上给的减让属于销售折让；企业因售出商品质量、品种不符合要求等原因而发生的退货属于销售退回。企业已经确认销售收入的售出商品发生销售折让和销售退回，应当在发生当期冲减当期销售商品收入。

二、企业在各个纳税期末，提供劳务交易的结果能够可靠估计的，应采用完工进度（完工百分比）法确认提供劳务收入。

（一）提供劳务交易的结果能够可靠估计，是指同时满足下列条件：

1. 收入的金额能够可靠地计量；

2. 交易的完工进度能够可靠地确定；

3. 交易中已发生和将发生的成本能够可靠地核算。

（二）企业提供劳务完工进度的确定，可选用下列方法：

1. 已完工作的测量；

2. 已提供劳务占劳务总量的比例；

3. 发生成本占总成本的比例。

（三）企业应按照从接受劳务方已收或应收的合同或协议价款确定劳务收入总额，根据纳税期末提供劳务收入总额乘以完工进度扣除以前纳税年度累计已确认提供劳务收入后的金额，确认为当期劳务收入；同时，按照提供劳务估计总成本乘以完工进度扣除以前纳税期间累计已确认劳务成本后的金额，结转为当期劳务成本。

（四）下列提供劳务满足收入确认条件的，应按规定确认收入：

1. 安装费。应根据安装完工进度确认收入。安装工作是商品销售附带条件的，安装费在确认商品销售实现时确认收入。

2. 宣传媒介的收费。应在相关的广告或商业行为出现于公众面前时确认收入。广告的制作费，应根据制作广告的完工进度确认收入。

3. 软件费。为特定客户开发软件的收费，应根据开发的完工进度确认收入。

4. 服务费。包含在商品售价内可区分的服务费，在提供服务的期间分期确认收入。

5. 艺术表演、招待宴会和其他特殊活动的收费。在相关活动发生时确认收入。收费涉及几项活动的，预收的款项应合理分配给每项活动，分别确认收入。

6. 会员费。申请入会或加入会员，只允许取得会籍，所有其他服务或商品都要另行收费的，在取得该会员费时确认收入。申请入会或加入会员后，会员在会员期内不再付费就可得到各种服务或商品，或者以低于非会员的价格销售商品或提供服务的，该会员费应在整个受益期内分期确认收入。

7. 特许权费。属于提供设备和其他有形资产的特许权费，在交付资产或转移资产所有权时确认收入；属于提供初始及后续服务的特许权费，在提供服务时确认收入。

8. 劳务费。长期为客户提供重复的劳务收取的劳务费，在相关劳务活动发生时确认收入。

三、企业以买一赠一等方式组合销售本企业商品的，不属于捐赠，应将总的销售金额按各项商品的公允价值的比例来分摊确认各项的销售收入。

2.《国家税务总局关于企业所得税执行中若干税务处理问题的通知》(2009 年 4 月 21 颁布　国税函〔2009〕202 号)

各省、自治区、直辖市和计划单列市国家税务局、地方税务局：

根据《中华人民共和国企业所得税法》（以下简称《企业所得税法》）及《中华人民共和国企业所得税法实施条例》（以下简称《实施条例》）的有关规定，现就企业所得税若干税务处理问题通知如下：

一、关于销售（营业）收入基数的确定问题

企业在计算业务招待费、广告费和业务宣传费等费用扣除限额时，其销售（营业）收入额应包括《实施条例》第二十五条规定的视同销售（营业）收入额。

3.《国家税务总局关于贯彻落实企业所得税法若干税收问题的通知》(2010 年 2 月 22 日颁布　国税函〔2010〕79 号)

各省、自治区、直辖市和计划单列市国家税务局、地方税务局：

根据《中华人民共和国企业所得税法》（以下简称企业所得税法）和《中华人民共和国企业所得税法实施条例》（以下简称《实施条例》）的有关规定，现就贯彻落实企业所得税法过程中若干问题，通知如下：

一、关于租金收入确认问题

根据《实施条例》第十九条的规定，企业提供固定资产、包装物或者其他有形资产的使用权取得的租金收入，应按交易合同或协议规定的承租人应付租金的日期确认收入的实现。其中，如果交易合同或协议中规定租赁期限跨年度，且租金提前一次性支付的，根据《实施条例》第九条规定的收入与费用配比原则，出租人可对上述已确认的收入，在租赁期内，分期均匀计入相关年度收入。

出租方如为在我国境内设有机构场所、且采取据实申报缴纳企业所得的非居民企业,也按本条规定执行。

二、关于债务重组收入确认问题

企业发生债务重组,应在债务重组合同或协议生效时确认收入的实现。

三、关于股权转让所得确认和计算问题

企业转让股权收入,应于转让协议生效、且完成股权变更手续时,确认收入的实现。转让股权收入扣除为取得该股权所发生的成本后,为股权转让所得。企业在计算股权转让所得时,不得扣除被投资企业未分配利润等股东留存收益中按该项股权所可能分配的金额。

四、关于股息、红利等权益性投资收益收入确认问题

企业权益性投资取得股息、红利等收入,应以被投资企业股东会或股东大会作出利润分配或转股决定的日期,确定收入的实现。

被投资企业将股权(票)溢价所形成的资本公积转为股本的,不作为投资方企业的股息、红利收入,投资方企业也不得增加该项长期投资的计税基础。

4.《国家税务总局关于企业所得税应纳税所得额若干问题的公告》(2014年5月23日颁布 2013年1月1日起实施 国家税务总局公告2014年第29号)

根据《中华人民共和国企业所得税法》及其实施条例(以下简称税法)的规定,现将企业所得税应纳税所得额若干问题公告如下:

二、企业接收股东划入资产的企业所得税处理

(一)企业接收股东划入资产(包括股东赠予资产、上市公司在股权分置改革过程中接收原非流通股股东和新非流通股股东赠予的资产、股东放弃本企业的股权,下同),凡合同、协议约定作为资本金(包括资本公积)且在会计上已做实际处理的,不计入企业的收入总额,企业应按公允价值确定该项资产的计税基础。

(二)企业接收股东划入资产,凡作为收入处理的,应按公允价值计入收入总额,计算缴纳企业所得税,同时按公允价值确定该项资产的计税基础。

(二)特殊行业与事项的收入确认

1.《国家税务总局关于印发〈房地产开发经营业务企业所得税处理办法〉的通知》(2009 年 3 月 6 日颁布　2008 年 1 月 1 日起实施　国税发〔2009〕31 号)①

第一章　总　　则

第一条　根据《中华人民共和国企业所得税法》及其实施条例、《中华人民共和国税收征收管理法》及其实施细则等有关税收法律、行政法规的规定,制定本办法。

第二条　本办法适用于中国境内从事房地产开发经营业务的企业(以下简称企业)。

第三条　企业房地产开发经营业务包括土地的开发,建造、销售住宅、商业用房以及其他建筑物、附着物、配套设施等开发产品。除土地开发之外,其他开发产品符合下列条件之一的,应视为已经完工:

(一)开发产品竣工证明材料已报房地产管理部门备案。

(二)开发产品已开始投入使用。

(三)开发产品已取得了初始产权证明。

第四条　企业出现《中华人民共和国税收征收管理法》第三十五条规定的情形,税务机关可对其以往应缴的企业所得税按核定征收方式进行征收管理,并逐步规范,同时按《中华人民共和国税收征收管理法》等税收法律、行政法规的规定进行处理,但不得事先确定企业的所得税按核定征收方式进行征收、管理。

第二章　收入的税务处理

第五条　开发产品销售收入的范围为销售开发产品过程中取得的全部价款,包括现金、现金等价物及其他经济利益。企业代有关部门、

① 1. 根据《国家税务总局关于房地产开发企业成本对象管理问题的公告》(国家税务总局公告 2014 年第 35 号)的规定:"四、本公告自发布之日起 30 日后施行。《国家税务总局关于印发〈房地产开发经营业务企业所得税处理办法〉的通知》(国税发〔2009〕31 号)第二十六条第二款同时废止。"2. 根据《国家税务总局关于修改部分税收规范性文件的公告》(国家税务总局公告 2018 年第 31 号)对本文进行了修改。"第八条　企业销售未完工开发产品的计税毛利率由各省、自治、直辖市税务局按下列规定进行确定:(一)开发项目位于省、自治区、直辖市和计划单列市人民政府所在地城市城区和郊区的,不得低于 15%。(二)开发项目位于地及地级市城区及郊区的,不得低于 10%。(三)开发项目位于其他地区的,不得低于 5%。(四)属于经济适用房、限价房和危改房的,不得低于 3%。"

单位和企业收取的各种基金、费用和附加等，凡纳入开发产品价内或由企业开具发票的，应按规定全部确认为销售收入；未纳入开发产品价内并由企业之外的其他收取部门、单位开具发票的，可作为代收代缴款项进行管理。

第六条 企业通过正式签订《房地产销售合同》或《房地产预售合同》所取得的收入，应确认为销售收入的实现，具体按以下规定确认：

（一）采取一次性全额收款方式销售开发产品的，应于实际收讫价款或取得索取价款凭据（权利）之日，确认收入的实现。

（二）采取分期收款方式销售开发产品的，应按销售合同或协议约定的价款和付款日确认收入的实现。付款方提前付款的，在实际付款日确认收入的实现。

（三）采取银行按揭方式销售开发产品的，应按销售合同或协议约定的价款确定收入额，其首付款应于实际收到日确认收入的实现，余款在银行按揭贷款办理转账之日确认收入的实现。

（四）采取委托方式销售开发产品的，应按以下原则确认收入的实现：

1. 采取支付手续费方式委托销售开发产品的，应按销售合同或协议中约定的价款于收到受托方已销开发产品清单之日确认收入的实现。

2. 采取视同买断方式委托销售开发产品的，属于企业与购买方签订销售合同或协议，或企业、受托方、购买方三方共同签订销售合同或协议的，如果销售合同或协议中约定的价格高于买断价格，则应按销售合同或协议中约定的价格计算的价款于收到受托方已销开发产品清单之日确认收入的实现；如果属于前两种情况中销售合同或协议中约定的价格低于买断价格，以及属于受托方与购买方签订销售合同或协议的，则应按买断价格计算的价款于收到受托方已销开发产品清单之日确认收入的实现。

3. 采取基价（保底价）并实行超基价双方分成方式委托销售开发产品的，属于由企业与购买方签订销售合同或协议，或企业、受托方、购买方三方共同签订销售合同或协议的，如果销售合同或协议中约定的价格高于基价，则应按销售合同或协议中约定的价格计算的价款于收到受托方已销开发产品清单之日确认收入的实现，企业按规定支付受托方的分成额，不得直接从销售收入中减除；如果销售合同或协议约定的价格低于基价的，则应按基价计算的价款于收到受托方已销开发产品清单之日确认收入的实现。属于由受托方与购买方直接签订销售合同的，则应按基价加上按规定取得的分成额于收到受托方已销开发产品清单之日确认收入的实现。

4. 采取包销方式委托销售开发产品的，包销期内可根据包销合同的有关约定，参照上述1至3项规定确认收入的实现；包销期满后尚未出售的开发产品，企业应根据包销合同或协议约定的价款和付款方式确认收入的实现。

第七条　企业将开发产品用于捐赠、赞助、职工福利、奖励、对外投资、分配给股东或投资人、抵偿债务、换取其他企事业单位和个人的非货币性资产等行为，应视同销售，于开发产品所有权或使用权转移，或于实际取得利益权利时确认收入（或利润）的实现。确认收入（或利润）的方法和顺序为：

（一）按本企业近期或本年度最近月份同类开发产品市场销售价格确定；

（二）由主管税务机关参照当地同类开发产品市场公允价值确定；

（三）按开发产品的成本利润率确定。开发产品的成本利润率不得低于15%，具体比例由主管税务机关确定。

第八条　企业销售未完工开发产品的计税毛利率由各省、自治、直辖市税务局按下列规定进行确定：

（一）开发项目位于省、自治区、直辖市和计划单列市人民政府所在地城市城区和郊区的，不得低于15%。

（二）开发项目位于地及地级市城区及郊区的，不得低于10%。

（三）开发项目位于其他地区的，不得低于5%。

（四）属于经济适用房、限价房和危改房的，不得低于3%。

第九条　企业销售未完工开发产品取得的收入，应先按预计计税毛利率分季（或月）计算出预计毛利额，计入当期应纳税所得额。开发产品完工后，企业应及时结算其计税成本并计算此前销售收入的实际毛利额，同时将其实际毛利额与其对应的预计毛利额之间的差额，计入当年度企业本项目与其他项目合并计算的应纳税所得额。

在年度纳税申报时，企业须出具对该项开发产品实际毛利额与预计毛利额之间差异调整情况的报告以及税务机关需要的其他相关资料。

第十条　企业新建的开发产品在尚未完工或办理房地产初始登记、取得产权证前，与承租人签订租赁预约协议的，自开发产品交付承租人使用之日起，出租方取得的预租价款按租金确认收入的实现。

第五章　特定事项的税务处理

第三十六条　企业以本企业为主体联合其他企业、单位、个人合作或合资开发房地产项目，且该项目未成立独立法人公司的，按下列规定进行处理：

（一）凡开发合同或协议中约定向投资各方（即合作、合资方，下同）分配开发产品的，企业在首次分配开发产品时，如该项目已经结算计税成本，其应分配给投资方开发产品的计税成本与其投资额之间的差额计入当期应纳税所得额；如未结算计税成本，则将投资方的投资额视同销售收入进行相关的税务处理。

（二）凡开发合同或协议中约定分配项目利润的，应按以下规定进行处理：

1. 企业应将该项目形成的营业利润额并入当期应纳税所得额统一申报缴纳企业所得税，不得在税前分配该项目的利润。同时不能因接受投资方投资额而在成本中摊销或在税前扣除相关的利息支出。

2. 投资方取得该项目的营业利润应视同股息、红利进行相关的税务处理。

第六章　附　　则

第三十八条　从事房地产开发经营业务的外商投资企业在2007年12月31日前存有销售未完工开发产品取得的收入，至该项开发产品完工后，一律按本办法第九条规定的办法进行税务处理。

第三十九条　本通知自2008年1月1日起执行。

2.《国家税务总局关于房地产开发企业开发产品完工条件确认问题的通知》（2010年5月12日颁布　国税函〔2010〕201号）

各省、自治区、直辖市和计划单列市国家税务局、地方税务局：

现就房地产开发企业开发产品完工条件确认有关问题，通知如下：

根据《国家税务总局关于房地产开发经营业务征收企业所得税问题的通知》（国税发〔2006〕31号）规定精神和《国家税务总局关于印发〈房地产开发经营业务企业所得税处理办法〉的通知》（国税发〔2009〕31号）第三条规定，房地产开发企业建造、开发的开发产品，无论工程质量是否通过验收合格，或是否办理完工（竣工）备案手续以及会计决算手续，当企业开始办理开发产品交付手续（包括入住手续）、或已开始实际投入使用时，为开发产品开始投入使用，应视为开发产品已经完工。房地产开发企业应按规定及时结算开发产品计税成本，并计算企业当年度应纳税所得额。

3.《国家税务总局关于金融企业贷款利息收入确认问题的公告》(2010年11月5日颁布　2010年12月5日起实施　国家税务总局公告2010年第23号)

根据《中华人民共和国企业所得税法》及其实施条例的规定，现对金融企业贷款利息收入所得税处理问题公告如下：

一、金融企业按规定发放的贷款，属于未逾期贷款(含展期，下同)，应根据先收利息后收本金的原则，按贷款合同确认的利率和结算利息的期限计算利息，并于债务人应付利息的日期确认收入的实现；属于逾期贷款，其逾期后发生的应收利息，应于实际收到的日期，或者虽未实际收到，但会计上确认为利息收入的日期，确认收入的实现。

二、金融企业已确认为利息收入的应收利息，逾期90天仍未收回，且会计上已冲减了当期利息收入的，准予抵扣当期应纳税所得额。

三、金融企业已冲减了利息收入的应收未收利息，以后年度收回时，应计入当期应纳税所得额计算纳税。

四、本公告自发布之日起30日后施行。

4.《国家税务总局关于发布〈企业政策性搬迁所得税管理办法〉的公告》(2012年8月10日颁布　2012年10月1日起实施　国家税务总局公告2012年第40号)①

第一章　总　　则

第一条　为规范企业政策性搬迁的所得税征收管理，根据《中华人民共和国企业所得税法》(以下简称《企业所得税法》)及其实施条例的有关规定，制定本办法。

第二条　本办法执行范围仅限于企业政策性搬迁过程中涉及的所得税征收管理事项，不包括企业自行搬迁或商业性搬迁等非政策性搬迁的税务处理事项。

第三条　企业政策性搬迁，是指由于社会公共利益的需要，在政府主导下企业进行整体搬迁或部分搬迁。企业由于下列需要之一，提供相关文件证明资料的，属于政策性搬迁：

(一)国防和外交的需要；

① 1. 根据《国家税务总局关于企业所得税年度纳税申报有关事项的公告》(国家税务总局公告2022年第27号)，第二十五条关于“应同时报送《企业政策性搬迁清算损益表》(表样附后)”的规定和附件《企业政策性搬迁清算损益表》同时废止。2. 根据《国家税务总局关于企业政策性搬迁所得税有关问题的公告》(国家税务总局公告2013年第11号)，第二十六条废止。

（二）由政府组织实施的能源、交通、水利等基础设施的需要；

（三）由政府组织实施的科技、教育、文化、卫生、体育、环境和资源保护、防灾减灾、文物保护、社会福利、市政公用等公共事业的需要；

（四）由政府组织实施的保障性安居工程建设的需要；

（五）由政府依照《中华人民共和国城乡规划法》有关规定组织实施的对危房集中、基础设施落后等地段进行旧城区改建的需要；

（六）法律、行政法规规定的其他公共利益的需要。

第四条 企业应按本办法的要求，就政策性搬迁过程中涉及的搬迁收入、搬迁支出、搬迁资产税务处理、搬迁所得等所得税征收管理事项，单独进行税务管理和核算。不能单独进行税务管理和核算的，应视为企业自行搬迁或商业性搬迁等非政策性搬迁进行所得税处理，不得执行本办法规定。

第二章 搬迁收入

第五条 企业的搬迁收入，包括搬迁过程中从本企业以外（包括政府或其他单位）取得的搬迁补偿收入，以及本企业搬迁资产处置收入等。

第六条 企业取得的搬迁补偿收入，是指企业由于搬迁取得的货币性和非货币性补偿收入。具体包括：

（一）对被征用资产价值的补偿；

（二）因搬迁、安置而给予的补偿；

（三）对停产停业形成的损失而给予的补偿；

（四）资产搬迁过程中遭到毁损而取得的保险赔款；

（五）其他补偿收入。

第七条 企业搬迁资产处置收入，是指企业由于搬迁而处置企业各类资产所取得的收入。

企业由于搬迁处置存货而取得的收入，应按正常经营活动取得的收入进行所得税处理，不作为企业搬迁收入。

第五章 应税所得

第十五条 企业在搬迁期间发生的搬迁收入和搬迁支出，可以暂不计入当期应纳税所得额，而在完成搬迁的年度，对搬迁收入和支出进行汇总清算。

第十六条 企业的搬迁收入，扣除搬迁支出后的余额，为企业的搬迁所得。

企业应在搬迁完成年度，将搬迁所得计入当年度企业应纳税所得额计算纳税。

第十七条　下列情形之一的，为搬迁完成年度，企业应进行搬迁清算，计算搬迁所得：

（一）从搬迁开始，5年内（包括搬迁当年度）任何一年完成搬迁的。

（二）从搬迁开始，搬迁时间满5年（包括搬迁当年度）的年度。

第十八条　企业搬迁收入扣除搬迁支出后为负数的，应为搬迁损失。搬迁损失可在下列方法中选择其一进行税务处理：

（一）在搬迁完成年度，一次性作为损失进行扣除。

（二）自搬迁完成年度起分3个年度，均匀在税前扣除。

上述方法由企业自行选择，但一经选定，不得改变。

第十九条　企业同时符合下列条件的，视为已经完成搬迁：

（一）搬迁规划已基本完成；

（二）当年生产经营收入占规划搬迁前年度生产经营收入50%以上。

第二十条　企业边搬迁、边生产的，搬迁年度应从实际开始搬迁的年度计算。

第二十一条　企业以前年度发生尚未弥补的亏损的，凡企业由于搬迁停止生产经营无所得的，从搬迁年度次年起，至搬迁完成年度前一年度止，可作为停止生产经营活动年度，从法定亏损结转弥补年限中减除；企业边搬迁、边生产的，其亏损结转年度应连续计算。

（三）个案批复和其他文件

1.《国家税务总局关于广西合山煤业有限责任公司取得补偿款有关所得税处理问题的批复》（2009年1月8日颁布　国税函〔2009〕18号）

广西壮族自治区国家税务局：

你局《关于广西合山煤业有限责任公司取得补偿款有关所得税处理问题的请示》（桂国税发〔2008〕183号）收悉，经研究，批复如下：

根据《中华人民共和国企业所得税法》及其实施条例规定的权责发生制原则，广西合山煤业有限责任公司取得的未来煤矿开采期间因增加排水或防止浸没支出等而获得的补偿款，应确认为递延收益，按直线法在取得补偿款当年及以后的10年内分期计入应纳税所得，如实际开采年限短于10年，应在最后一个开采年度将尚未计入应纳税所得的赔偿款全部计入应纳税所得。

2.《关于中国人寿保险(集团)公司等发起设立北京国开国寿城镇发展投资企业相关涉税事宜的通知》(2015年6月2日颁布 税总函〔2015〕300号)

北京市国家税务局、地方税务局:

经研究,现将有关中国人寿保险(集团)公司等发起设立北京国开国寿城镇发展投资企业(以下简称"合伙企业")有关企业所得税和营业税的税务处理事项通知如下:

一、关于中国人寿保险(集团)公司和中国人寿财产保险股份有限公司(以下简称"中国人寿")的税务处理

中国人寿与国开东方城镇发展投资有限公司、国开东方(北京)企业管理有限公司共同出资(均为货币出资)设立北京国开国寿城镇发展投资企业。根据投资合伙协议(以下简称"协议")约定,在每个利润分配年度内按照实缴出资额,在预期年度投资收益率税前8%的范围内,中国人寿就合伙企业的分配收益享有优先分配权;每个利润分配年度从合伙企业获得的投资收益低于按其实缴出资额与预期年度投资收益率税前8%计算金额的,中国人寿有权选择退出;在最后一个利润分配年度,中国人寿在实际出资额加上预期年度投资收益率税前8%计算金额之和范围内,就合伙企业的收益和清算剩余财产享有优先分配权。

财政部、国家税务总局《关于合伙企业合伙人所得税问题的通知》(财税〔2008〕159号)规定,合伙企业合伙人是自然人的,缴纳个人所得税;合伙人是法人和其他组织的,缴纳企业所得税。中国人寿作为法人合伙人,从合伙企业分回的税前收益应计入所得缴纳企业所得税。

第六条 【应税收入的类型】 企业以货币形式和非货币形式从各种来源取得的收入,为收入总额。包括:

(一)销售货物收入;

(二)提供劳务收入;

(三)转让财产收入;

(四)股息、红利等权益性投资收益;

(五)利息收入;

(六)租金收入;

(七)特许权使用费收入;

(八)接受捐赠收入;

(九)其他收入。

一、税收行政法规

《中华人民共和国企业所得税法实施条例》(2007 年 12 月 6 日中华人民共和国国务院令第 512 号公布 根据 2019 年 4 月 23 日《国务院关于修改部分行政法规的决定》修订)

第十二条 企业所得税法第六条所称企业取得收入的货币形式,包括现金、存款、应收账款、应收票据、准备持有至到期的债券投资以及债务的豁免等。

企业所得税法第六条所称企业取得收入的非货币形式,包括固定资产、生物资产、无形资产、股权投资、存货、不准备持有至到期的债券投资、劳务以及有关权益等。

第十三条 企业所得税法第六条所称企业以非货币形式取得的收入,应当按照公允价值确定收入额。

前款所称公允价值,是指按照市场价格确定的价值。

第十四条 企业所得税法第六条第(一)项所称销售货物收入,是指企业销售商品、产品、原材料、包装物、低值易耗品以及其他存货取得的收入。

第十五条 企业所得税法第六条第(二)项所称提供劳务收入,是指企业从事建筑安装、修理修配、交通运输、仓储租赁、金融保险、邮电通信、咨询经纪、文化体育、科学研究、技术服务、教育培训、餐饮住宿、中介代理、卫生保健、社区服务、旅游、娱乐、加工以及其他劳务服务活动取得的收入。

第十六条 企业所得税法第六条第(三)项所称转让财产收入,是指企业转让固定资产、生物资产、无形资产、股权、债权等财产取得的收入。

第十七条 企业所得税法第六条第(四)项所称股息、红利等权益性投资收益,是指企业因权益性投资从被投资方取得的收入。

股息、红利等权益性投资收益,除国务院财政、税务主管部门另有规定外,按照被投资方作出利润分配决定的日期确认收入的实现。

第十八条 企业所得税法第六条第(五)项所称利息收入,是指企业将资金提供他人使用但不构成权益性投资,或者因他人占用本企业资金取得的收入,包括存款利息、贷款利息、债券利息、欠款利息等收入。

利息收入,按照合同约定的债务人应付利息的日期确认收入的实现。

第十九条 企业所得税法第六条第(六)项所称租金收入,是指企业提供固定资产、包装物或者其他有形资产的使用权取得的收入。

租金收入，按照合同约定的承租人应付租金的日期确认收入的实现。

第二十条 企业所得税法第六条第（七）项所称特许权使用费收入，是指企业提供专利权、非专利技术、商标权、著作权以及其他特许权的使用权取得的收入。

特许权使用费收入，按照合同约定的特许权使用人应付特许权使用费的日期确认收入的实现。

第二十一条 企业所得税法第六条第（八）项所称接受捐赠收入，是指企业接受的来自其他企业、组织或者个人无偿给予的货币性资产、非货币性资产。

接受捐赠收入，按照实际收到捐赠资产的日期确认收入的实现。

第二十二条 企业所得税法第六条第（九）项所称其他收入，是指企业取得的除企业所得税法第六条第（一）项至第（八）项规定的收入外的其他收入，包括企业资产溢余收入、逾期未退包装物押金收入、确实无法偿付的应付款项、已作坏账损失处理后又收回的应收款项、债务重组收入、补贴收入、违约金收入、汇兑收益等。

第二十三条 企业的下列生产经营业务可以分期确认收入的实现：

（一）以分期收款方式销售货物的，按照合同约定的收款日期确认收入的实现；

（二）企业受托加工制造大型机械设备、船舶、飞机，以及从事建筑、安装、装配工程业务或者提供其他劳务等，持续时间超过12个月的，按照纳税年度内完工进度或者完成的工作量确认收入的实现。

第二十四条 采取产品分成方式取得收入的，按照企业分得产品的日期确认收入的实现，其收入额按照产品的公允价值确定。

第二十五条 企业发生非货币性资产交换，以及将货物、财产、劳务用于捐赠、偿债、赞助、集资、广告、样品、职工福利或者利润分配等用途的，应当视同销售货物、转让财产或者提供劳务，但国务院财政、税务主管部门另有规定的除外。

二、税务规范性文件

1.《国家税务总局关于高尔夫球俱乐部税收问题的批复》（1994年9月13日颁布　文到之日起实施　国税函发〔1994〕514号）

三、俱乐部向会员收取的会员资格保证金，在会员退会时全额退还的，如果是账务上直接冲减营业收入的，可以从当期的营业额中扣除，不计算征收营业税。对保证金的存款利息收入应计入营业利润中计算征收企业所得税。

四、本规定自文到之日起执行，过去规定与本规定不一致的，以本规定为准。

2.《财政部　国家税务总局关于国家物资储备局系统缴纳增值税、所得税的通知》（1994年10月11日颁布　〔1994〕财税字第63号）

二、考虑到国家原对物资储备变价收入的特殊处理规定，为有利于政策衔接，在新的企业所得税制实行后，在"八五"期间继续给予免征企业所得税照顾。对国家物资储备局系统开展第三产业、利用仓库专用线进行多种经营取得的收入以及收取的管理费，在"八五"期间，以各省、自治区储备物资管理局，天津、上海、浙江、深圳办事处及国家物资储备局各直属单位为纳税人，按税法规定缴纳所得税。

3.《财政部　国家税务总局关于体育彩票发行收入税收问题的通知》（1994年11月7日颁布　财税字〔1996〕77号）

三、所得税

根据《中华人民共和国企业所得税暂行条例》及其实施细则的规定，对体育彩票的发行收入应照章征收企业所得税。

4.《财政部　国家税务总局关于证券投资基金税收问题的通知》（1998年8月6日颁布　1998年3月1日起实施　财税字〔1998〕55号）①

三、关于所得税问题

……

2. 对个人投资者买卖基金单位获得的差价收入，在对个人买卖股票的差价收入未恢复征收个人所得税以前，暂不征收个人所得税；对企业投资者买卖基金单位获得的差价收入，应并入企业的应纳税所得额，征收企业所得税。

……

四、对基金管理人、基金托管人从事基金管理活动取得的收入，依照税法的规定征收营业税、企业所得税以及其他相关税收。

五、本通知从1998年3月1日起实施。

---

①　条款失效，第一条第二、三项失效。参见《财政部　国家税务总局关于公布若干废止和失效的营业税规范性文件的通知》（财税〔2009〕61号）。

5.《财政部　国家税务总局关于开放式证券投资基金有关税收问题的通知》(2002年8月22日颁布　财税〔2002〕128号)①

二、关于所得税问题

……

2. 对个人投资者申购和赎回基金单位取得的差价收入,在对个人买卖股票的差价收入未恢复征收个人所得税以前,暂不征收个人所得税;对企业投资者申购和赎回基金单位取得的差价收入,应并入企业的应纳税所得额,征收企业所得税。

……

四、对基金管理人、基金托管人、基金代销机构从事基金管理活动取得的收入,依照税法的有关规定征收营业税、企业所得税以及其他相关税收。

6.《财政部　国家税务总局关于信贷资产证券化有关税收政策问题的通知》(2006年2月20日颁布　财税〔2006〕5号)②

三、关于所得税政策问题

(一)发起机构转让信贷资产取得的收益应按企业所得税的政策规定计算缴纳企业所得税,转让信贷资产所发生的损失可按企业所得税的政策规定扣除。发起机构赎回或置换已转让的信贷资产,应按现行企业所得税有关转让、受让资产的政策规定处理。

发起机构与受托机构在信贷资产转让、赎回或置换过程中应当按照独立企业之间的业务往来支付价款和费用,未按照独立企业之间的业务往来支付价款和费用的,税务机关依照《税收征收管理法》的有关规定进行调整。

(二)对信托项目收益在取得当年向资产支持证券的机构投资者(以下简称机构投资者)分配的部分,在信托环节暂不征收企业所得税;在取得当年未向机构投资者分配的部分,在信托环节由受托机构按企业所得税的政策规定申报缴纳企业所得税;对在信托环节已经完税的信托项目收益,再分配给机构投资者时,对机构投资者按现行有关取得税后收益的企业所得税政策规定处理。

---

① 条款失效,第一条第三项失效。参见《财政部　国家税务总局关于公布若干废止和失效的营业税规范性文件的通知》(财税〔2009〕61号)。

② 条款废止,第一条第(一)项、第(二)项废止。参见《财政部　税务总局关于印花税法实施后有关优惠政策衔接问题的公告》(财政部　税务总局公告2022年第23号)。第二条第(三)项失效。参见《财政部　国家税务总局关于公布若干废止和失效的营业税规范性文件的通知》(财税〔2009〕61号)。

（三）在信贷资产证券化的过程中，贷款服务机构取得的服务收入、受托机构取得的信托报酬、资金保管机构取得的报酬、证券登记托管机构取得的托管费、其他为证券化交易提供服务的机构取得的服务费收入等，均应按照企业所得税的政策规定计算缴纳企业所得税。

（四）在对信托项目收益暂不征收企业所得税期间，机构投资者从信托项目分配获得的收益，应当在机构投资者环节按照权责发生制的原则确认应税收入，按照企业所得税的政策规定计算缴纳企业所得税。机构投资者买卖信贷资产支持证券获得的差价收入，应当按照企业所得税的政策规定计算缴纳企业所得税，买卖信贷资产支持证券所发生的损失可按企业所得税的政策规定扣除。

（五）受托机构和证券登记托管机构应向其信托项目主管税务机关和机构投资者所在地税务机关提供有关信托项目的全部财务信息以及向机构投资者分配收益的详细信息。

（六）机构投资者从信托项目清算分配中取得的收入，应按企业所得税的政策规定缴纳企业所得税，清算发生的损失可按企业所得税的政策规定扣除。

四、受托机构处置发起机构委托管理的信贷资产时，属于本通知未尽事项的，应按现行税收法律、法规及政策规定处理。

五、本通知自信贷资产证券化业务试点之日起执行。

7.《关于企业处置资产所得税处理问题的通知》（2008 年 10 月 9 日颁布　2008 年 1 月 1 日起实施　国税函〔2008〕828 号）①

各省、自治区、直辖市和计划单列市国家税务局、地方税务局：

根据《中华人民共和国企业所得税法实施条例》第二十五条规定，现就企业处置资产的所得税处理问题通知如下：

一、企业发生下列情形的处置资产，除将资产转移至境外以外，由于资产所有权属在形式和实质上均不发生改变，可作为内部处置资产，不视同销售确认收入，相关资产的计税基础延续计算。

（一）将资产用于生产、制造、加工另一产品；

（二）改变资产形状、结构或性能；

（三）改变资产用途（如，自建商品房转为自用或经营）；

（四）将资产在总机构及其分支机构之间转移；

---

①　条款废止，第三条废止。参见《国家税务总局关于企业所得税有关问题的公告》（国家税务总局公告 2016 年第 80 号）。

（五）上述两种或两种以上情形的混合；

（六）其他不改变资产所有权属的用途。

二、企业将资产移送他人的下列情形，因资产所有权属已发生改变而不属于内部处置资产，应按规定视同销售确定收入。

（一）用于市场推广或销售；

（二）用于交际应酬；

（三）用于职工奖励或福利；

（四）用于股息分配；

（五）用于对外捐赠；

（六）其他改变资产所有权属的用途。

四、本通知自2008年1月1日起执行。对2008年1月1日以前发生的处置资产，2008年1月1日以后尚未进行税务处理的，按本通知规定执行。

8.《国家税务总局关于企业取得财产转让等所得企业所得税处理问题的公告》（2010年10月27日颁布　2010年11月27日起实施　国家税务总局公告2010年第19号）

根据《中华人民共和国企业所得税法实施条例》第二十五条规定，现就企业以不同形式取得财产转让等收入征收企业所得税问题公告如下：

一、企业取得财产（包括各类资产、股权、债权等）转让收入、债务重组收入、接受捐赠收入、无法偿付的应付款收入等，不论是以货币形式、还是非货币形式体现，除另有规定外，均应一次性计入确认收入的年度计算缴纳企业所得税。

二、本公告自发布之日起30日后施行。2008年1月1日至本公告施行前，各地就上述收入计算的所得，已分5年平均计入各年度应纳税所得额计算纳税的，在本公告发布后，对尚未计算纳税的应纳税所得额，应一次性作为本年度应纳税所得额计算纳税。

9.《国家税务总局关于执行税收协定特许权使用费条款有关问题的通知》（2009年9月4日颁布　2009年10月1日起实施　国税函〔2009〕507号）

各省、自治区、直辖市和计划单列市国家税务局、地方税务局，扬州税务进修学院：

根据中华人民共和国政府对外签署的避免双重征税协定（含内地与香港、澳门特别行政区签署的税收安排，以下统称税收协定）的有关规定，现就执行税收协定特许权使用费条款的有关问题通知如下：

一、凡税收协定特许权使用费定义中明确包括使用工业、商业、科学设备收取的款项(即我国税法有关租金所得)的,有关所得应适用税收协定特许权使用费条款的规定。税收协定对此规定的税率低于税收法律规定税率的,应适用税收协定规定的税率。

上述规定不适用于使用不动产产生的所得,使用不动产产生的所得适用税收协定不动产条款的规定。

二、税收协定特许权使用费条款定义中所列举的有关工业、商业或科学经验的情报应理解为专有技术,一般是指进行某项产品的生产或工序复制所必需的、未曾公开的、具有专有技术性质的信息或资料(以下简称专有技术)。

三、与专有技术有关的特许权使用费一般涉及技术许可方同意将其未公开的技术许可给另一方,使另一方能自由使用,技术许可方通常不亲自参与技术受让方对被许可技术的具体实施,并且不保证实施的结果。被许可的技术通常已经存在,但也包括应技术受让方的需求而研发后许可使用并在合同中列有保密等使用限制的技术。

四、在服务合同中,如果服务提供方提供服务过程中使用了某些专门知识和技术,但并不转让或许可这些技术,则此类服务不属于特许权使用费范围。但如果服务提供方提供服务形成的成果属于税收协定特许权使用费定义范围,并且服务提供方仍保有该项成果的所有权,服务接受方对此成果仅有使用权,则此类服务产生的所得,适用税收协定特许权使用费条款的规定。

五、在转让或许可专有技术使用权过程中如技术许可方派人员为该项技术的使用提供有关支持、指导等服务并收取服务费,无论是单独收取还是包括在技术价款中,均应视为特许权使用费,适用税收协定特许权使用费条款的规定。但如上述人员的服务已构成常设机构,则对服务部分的所得应适用税收协定营业利润条款的规定。如果纳税人不能准确计算应归属常设机构的营业利润,则税务机关可根据税收协定常设机构利润归属原则予以确定。

六、下列款项或报酬不应是特许权使用费,应为劳务活动所得:

(一)单纯货物贸易项下作为售后服务的报酬;

(二)产品保证期内卖方为买方提供服务所取得的报酬;

(三)专门从事工程、管理、咨询等专业服务的机构或个人提供的相关服务所取得的款项;

(四)国家税务总局规定的其他类似报酬。

上述劳务所得通常适用税收协定营业利润条款的规定，但个别税收协定对此另有特殊规定的除外（如中英税收协定专门列有技术费条款）。

七、税收协定特许权使用费条款的规定应仅适用于缔约对方居民受益所有人，第三国设在缔约对方的常设机构从我国境内取得的特许权使用费应适用该第三国与我国的税收协定的规定；我国居民企业设在缔约对方的常设机构不属于对方居民，不应作为对方居民适用税收协定特许权使用费条款的规定；由位于我国境内的外国企业的机构、场所或常设机构负担并支付给与我国签有税收协定的缔约对方居民的特许权使用费，适用我国与该缔约国税收协定特许权使用费条款的规定。

八、本通知于2009年10月1日起执行。各地应按本通知规定做好税收协定特许权使用费条款的执行工作，并将执行中遇到的问题及时报告税务总局。

10.《国家税务总局关于企业所得税有关问题的公告》(2016年12月9日颁布　2016年1月1日起实施　国家税务总局公告2016年第80号)

根据《中华人民共和国企业所得税法》及其实施条例有关规定，现对企业所得税有关问题公告如下：

二、企业移送资产所得税处理问题

企业发生《国家税务总局关于企业处置资产所得税处理问题的通知》(国税函〔2008〕828号)第二条规定情形的，除另有规定外，应按照被移送资产的公允价值确定销售收入。

三、施行时间

本公告适用于2016年度及以后年度企业所得税汇算清缴。

《国家税务总局关于企业处置资产所得税处理问题的通知》(国税函〔2008〕828号)第三条同时废止。

11.《财政部　税务总局关于永续债企业所得税政策问题的公告》(2019年4月16日颁布　2019年1月1日起实施　财政部　税务总局公告2019年第64号)

进一步明确永续债的企业所得税政策适用，根据《中华人民共和国企业所得税法》及其实施条例的有关规定，现就有关问题公告如下：

一、企业发行的永续债，可以适用股息、红利企业所得税政策，即：投资方取得的永续债利息收入属于股息、红利性质，按照现行企业所得税政策相关规定进行处理，其中，发行方和投资方均为居民企业的，永续债利息收入可以适用企业所得税法规定的居民企业之间的股息、红利等权益性投资收益免征企业所得税规定；同时发行方支付的永续债利息支出不得在企业所得税税前扣除。

二、企业发行符合规定条件的永续债，也可以按照债券利息适用企业所得税政策，即：发行方支付的永续债利息支出准予在其企业所得税税前扣除；投资方取得的永续债利息收入应当依法纳税。

三、本公告第二条所称符合规定条件的永续债，是指符合下列条件中5条（含）以上的永续债：

（一）被投资企业对该项投资具有还本义务；

（二）有明确约定的利率和付息频率；

（三）有一定的投资期限；

（四）投资方对被投资企业净资产不拥有所有权；

（五）投资方不参与被投资企业日常生产经营活动；

（六）被投资企业可以赎回，或满足特定条件后可以赎回；

（七）被投资企业将该项投资计入负债；

（八）该项投资不承担被投资企业股东同等的经营风险；

（九）该项投资的清偿顺序位于被投资企业股东持有的股份之前。

四、企业发行永续债，应当将其适用的税收处理方法在证券交易所、银行间债券市场等发行市场的发行文件中向投资方予以披露。

五、发行永续债的企业对每一永续债产品的税收处理方法一经确定，不得变更。企业对永续债采取的税收处理办法与会计核算方式不一致的，发行方、投资方在进行税收处理时须作出相应纳税调整。

六、本公告所称永续债是指经国家发展改革委员会、中国人民银行、中国银行保险监督管理委员会、中国证券监督管理委员会核准，或经中国银行间市场交易商协会注册、中国证券监督管理委员会授权的证券自律组织备案，依照法定程序发行、附赎回（续期）选择权或无明确到期日的债券，包括可续期企业债、可续期公司债、永续债务融资工具（含永续票据）、无固定期限资本债券等。

七、本公告自2019年1月1日起施行。

第七条　【不征税收入】　收入总额中的下列收入为不征税收入：

（一）财政拨款；

（二）依法收取并纳入财政管理的行政事业性收费、政府性基金；

（三）国务院规定的其他不征税收入。

一、税收行政法规

《中华人民共和国企业所得税法实施条例》(2007 年 12 月 6 日中华人民共和国国务院令第 512 号公布　根据 2019 年 4 月 23 日《国务院关于修改部分行政法规的决定》修订)

第二十六条　企业所得税法第七条第(一)项所称财政拨款,是指各级人民政府对纳入预算管理的事业单位、社会团体等组织拨付的财政资金,但国务院和国务院财政、税务主管部门另有规定的除外。

企业所得税法第七条第(二)项所称行政事业性收费,是指依照法律法规等有关规定,按照国务院规定程序批准,在实施社会公共管理,以及在向公民、法人或者其他组织提供特定公共服务过程中,向特定对象收取并纳入财政管理的费用。

企业所得税法第七条第(二)项所称政府性基金,是指企业依照法律、行政法规等有关规定,代政府收取的具有专项用途的财政资金。

企业所得税法第七条第(三)项所称国务院规定的其他不征税收入,是指企业取得的,由国务院财政、税务主管部门规定专项用途并经国务院批准的财政性资金。

二、税务规范性文件

1.《财政部　国家税务总局关于全国社会保障基金有关企业所得税问题的通知》(2008 年 11 月 21 日颁布　2008 年 1 月 1 日起实施　财税〔2008〕136 号)

各省、自治区、直辖市、计划单列市财政厅(局)、国家税务局、地方税务局,新疆生产建设兵团财务局:

经国务院同意,现对全国社会保障基金理事会(简称社保基金理事会)管理的社会保障基金(简称社保基金)的有关企业所得税问题通知如下:

一、对社保基金理事会、社保基金投资管理人管理的社保基金银行存款利息收入,社保基金从证券市场中取得的收入,包括买卖证券投资基金、股票、债券的差价收入,证券投资基金红利收入,股票的股息、红利收入,债券的利息收入及产业投资基金收益、信托投资收益等其他投资收入,作为企业所得税不征税收入。

二、对社保基金投资管理人、社保基金托管人从事社保基金管理活动取得的收入,依照税法的规定征收企业所得税。

三、本通知从 2008 年 1 月 1 日起执行。

2.《财政部 国家税务总局关于财政性资金 行政事业性收费政府性基金有关企业所得税政策问题的通知》(2008年12月16日颁布 2008年1月1日起实施 财税〔2008〕151号)

各省、自治区、直辖市、计划单列市财政厅(局)、国家税务局、地方税务局,新疆生产建设兵团财务局:

根据《中华人民共和国企业所得税法》及《中华人民共和国企业所得税法实施条例》的有关规定,现对财政性资金、行政事业性收费、政府性基金有关企业所得税政策问题明确如下:

一、财政性资金

(一)企业取得的各类财政性资金,除属于国家投资和资金使用后要求归还本金的以外,均应计入企业当年收入总额。

(二)对企业取得的由国务院财政、税务主管部门规定专项用途并经国务院批准的财政性资金,准予作为不征税收入,在计算应纳税所得额时从收入总额中减除。

(三)纳入预算管理的事业单位、社会团体等组织按照核定的预算和经费报领关系收到的由财政部门或上级单位拨入的财政补助收入,准予作为不征税收入,在计算应纳税所得额时从收入总额中减除,但国务院和国务院财政、税务主管部门另有规定的除外。

本条所称财政性资金,是指企业取得的来源于政府及其有关部门的财政补助、补贴、贷款贴息,以及其他各类财政专项资金,包括直接减免的增值税和即征即退、先征后退、先征后返的各种税收,但不包括企业按规定取得的出口退税款;所称国家投资,是指国家以投资者身份投入企业、并按有关规定相应增加企业实收资本(股本)的直接投资。

二、关于政府性基金和行政事业性收费

(一)企业按照规定缴纳的、由国务院或财政部批准设立的政府性基金以及由国务院和省、自治区、直辖市人民政府及其财政、价格主管部门批准设立的行政事业性收费,准予在计算应纳税所得额时扣除。

企业缴纳的不符合上述审批管理权限设立的基金、收费,不得在计算应纳税所得额时扣除。

(二)企业收取的各种基金、收费,应计入企业当年收入总额。

(三)对企业依照法律、法规及国务院有关规定收取并上缴财政的政府性基金和行政事业性收费,准予作为不征税收入,于上缴财政的当年在计算应纳税所得额时从收入总额中减除;未上缴财政的部分,不得从收入总额中减除。

三、企业的不征税收入用于支出所形成的费用,不得在计算应纳税所得额时扣除;企业的不征税收入用于支出所形成的资产,其计算的折旧、摊销不得在计算应纳税所得额时扣除。

3.《国家税务总局关于中国居民企业向全国社会保障基金所持H股派发股息不予代扣代缴企业所得税的通知》(2009年4月1日颁布 国税函〔2009〕173号)

各省、自治区、直辖市和计划单列市国家税务局、地方税务局:

现将中国居民企业向全国社会保障基金所持H股派发股息不予代扣代缴企业所得税的问题通知如下:

根据《财政部 国家税务总局关于全国社会保障基金有关企业所得税问题的通知》(财税〔2008〕136号)规定,全国社会保障基金(以下简称"社保基金")从证券市场取得的收入为企业所得税不征税收入。在香港上市的境内居民企业派发股息时,可凭香港中央结算(代理人)有限公司确定的社保基金所持H股证明,不予代扣代缴企业所得税。

在香港以外上市的境内居民企业向境外派发股息时,可凭有关证券结算公司确定的社保基金所持股证明,不予代扣代缴企业所得税。

在境外上市的境内居民企业向其他经批准对股息不征企业所得税的机构派发股息时,可参照本通知执行。

4.《财政部 国家税务总局关于专项用途财政性资金企业所得税处理问题的通知》(2011年9月7日颁布 2011年1月1日起实施 财税〔2011〕70号)

各省、自治区、直辖市、计划单列市财政厅(局)、国家税务局、地方税务局,新疆生产建设兵团财务局:

根据《中华人民共和国企业所得税法》及《中华人民共和国企业所得税法实施条例》(国务院令第512号,以下简称实施条例)的有关规定,经国务院批准,现就企业取得的专项用途财政性资金企业所得税处理问题通知如下:

一、企业从县级以上各级人民政府财政部门及其他部门取得的应计入收入总额的财政性资金,凡同时符合以下条件的,可以作为不征税收入,在计算应纳税所得额时从收入总额中减除:

(一)企业能够提供规定资金专项用途的资金拨付文件;

(二)财政部门或其他拨付资金的政府部门对该资金有专门的资金管理办法或具体管理要求;

(三)企业对该资金以及以该资金发生的支出单独进行核算。

二、根据实施条例第二十八条的规定，上述不征税收入用于支出所形成的费用，不得在计算应纳税所得额时扣除；用于支出所形成的资产，其计算的折旧、摊销不得在计算应纳税所得额时扣除。

三、企业将符合本通知第一条规定条件的财政性资金作不征税收入处理后，在5年（60个月）内未发生支出且未缴回财政部门或其他拨付资金的政府部门的部分，应计入取得该资金第六年的应税收入总额；计入应税收入总额的财政性资金发生的支出，允许在计算应纳税所得额时扣除。

四、本通知自2011年1月1日起执行。

5.《国家税务总局关于企业所得税应纳税所得额若干税务处理问题的公告》（2012年4月24日颁布　2011年1月1日起实施　国家税务总局公告2012年第15号）①

七、关于企业不征税收入管理问题

企业取得的不征税收入，应按照《财政部　国家税务总局关于专项用途财政性资金企业所得税处理问题的通知》（财税〔2011〕70号，以下简称《通知》）的规定进行处理。凡未按照《通知》规定进行管理的，应作为企业应税收入计入应纳税所得额，依法缴纳企业所得税。

6.《国家税务总局关于企业所得税应纳税所得额若干问题的公告》（2014年5月23日颁布　2013年1月1日实施　国家税务总局公告2014年第29号）

根据《中华人民共和国企业所得税法》及其实施条例（以下简称税法）的规定，现将企业所得税应纳税所得额若干问题公告如下：

一、企业接收政府划入资产的企业所得税处理

（一）县级以上人民政府（包括政府有关部门，下同）将国有资产明确以股权投资方式投入企业，企业应作为国家资本金（包括资本公积）处理。该项资产如为非货币性资产，应按政府确定的接收价值确定计税基础。

（二）县级以上人民政府将国有资产无偿划入企业，凡指定专门用途并按《财政部国家税务总局关于专项用途财政性资金企业所得税处理问题的通知》（财税〔2011〕70号）规定进行管理的，企业可作为不征

① 根据《国家税务总局关于企业工资薪金和职工福利费等支出税前扣除问题的公告》（国家税务总局公告2015年第34号）规定，自2015年5月8日，第一条有关企业接受外部劳务派遣用工的相关规定废止。

税收入进行企业所得税处理。其中，该项资产属于非货币性资产的，应按政府确定的接收价值计算不征税收入。

县级以上人民政府将国有资产无偿划入企业，属于上述(一)、(二)项以外情形的，应按政府确定的接收价值计入当期收入总额计算缴纳企业所得税。政府没有确定接收价值的，按资产的公允价值计算确定应税收入。

六、施行时间

本公告适用于2013年度及以后年度企业所得税汇算清缴。

企业2013年度汇算清缴前接收政府或股东划入资产，尚未进行企业所得税处理的，可按本公告执行。对于手续不齐全、证据不清的，企业应在2014年12月31日前补充完善。企业凡在2014年12月31日前不能补充完善的，一律作为应税收入或计入收入总额进行企业所得税处理。

7.《财政部　国家税务总局关于行政和解金有关税收政策问题的通知》(2016年9月18日颁布　2016年1月1日起实施　财税〔2016〕100号)

各省、自治区、直辖市、计划单列市财政厅(局)、国家税务局、地方税务局，新疆生产兵团财务局：

根据《中华人民共和国企业所得税法》及《中华人民共和国个人所得税法》的有关规定，现就证券期货领域有关行政和解金税收政策问题明确如下：

一、行政相对人交纳的行政和解金，不得在所得税税前扣除。

二、中国证券投资者保护基金公司(简称投保基金公司)代收备付的行政和解金不属于投保基金公司的收入，不征收企业所得税。

投保基金公司取得行政和解金时应使用财政票据。

三、对企业投资者从投保基金公司取得的行政和解金，应计入企业当期收入，依法征收企业所得税；对个人投资者从投保基金公司取得的行政和解金，暂免征收个人所得税。

四、本通知自2016年1月1日起执行。

8.《财政部　税务总局关于全国社会保障基金有关投资业务税收政策的通知》(2018年9月10日颁布并实施　财税〔2018〕94号)

各省、自治区、直辖市、计划单列市财政厅(局)，国家税务总局各省、自治区、直辖市、计划单列市税务局，新疆生产建设兵团财政局：

现将全国社会保障基金理事会(以下简称社保基金会)管理的全国

社会保障基金（以下简称社保基金）有关投资业务税收政策通知如下：

二、对社保基金取得的直接股权投资收益、股权投资基金收益，作为企业所得税不征税收入。

四、本通知自发布之日起执行。通知发布前发生的社保基金有关投资业务，符合本通知规定且未缴纳相关税款的，按本通知执行；已缴纳的相关税款，不再退还。

9.《财政部　税务总局关于基本养老保险基金有关投资业务税收政策的通知》（2018年9月20日颁布并实施　财税〔2018〕95号）

各省、自治区、直辖市、计划单列市财政厅（局），国家税务总局各省、自治区、直辖市、计划单列市税务局，新疆生产建设兵团财政局：

现将全国社会保障基金理事会（以下简称社保基金会）受托投资的基本养老保险基金（以下简称养老基金）有关投资业务税收政策通知如下：

一、对社保基金会及养老基金投资管理机构在国务院批准的投资范围内，运用养老基金投资过程中，提供贷款服务取得的全部利息及利息性质的收入和金融商品转让收入，免征增值税。

二、对社保基金会及养老基金投资管理机构在国务院批准的投资范围内，运用养老基金投资取得的归属于养老基金的投资收入，作为企业所得税不征税收入；对养老基金投资管理机构、养老基金托管机构从事养老基金管理活动取得的收入，依照税法规定征收企业所得税。

三、对社保基金会及养老基金投资管理机构运用养老基金买卖证券应缴纳的印花税实行先征后返；养老基金持有的证券，在养老基金证券账户之间的划拨过户，不属于印花税的征收范围，不征收印花税。对社保基金会及养老基金投资管理机构管理的养老基金转让非上市公司股权，免征社保基金会及养老基金投资管理机构应缴纳的印花税。

四、本通知自发布之日起执行。本通知发布前发生的养老基金有关投资业务，符合本通知规定且未缴纳相关税款的，按本通知执行；已缴纳的相关税款，不再退还。

10.《国家税务总局关于企业所得税若干政策征管口径问题的公告》（2021年6月22日颁布　2021年1月1日起实施　国家税务总局公告2021年第17号）

六、关于企业取得政府财政资金的收入时间确认问题

企业按照市场价格销售货物、提供劳务服务等，凡由政府财政部门

根据企业销售货物、提供劳务服务的数量、金额的一定比例给予全部或部分资金支付的，应当按照权责发生制原则确认收入。

除上述情形外，企业取得的各种政府财政支付，如财政补贴、补助、补偿、退税等，应当按照实际取得收入的时间确认收入。

本公告适用于2021年及以后年度汇算清缴。

第八条 【可扣除的支出】 企业实际发生的与取得收入有关的、合理的支出，包括成本、费用、税金、损失和其他支出，准予在计算应纳税所得额时扣除。

一、税收行政法规

《中华人民共和国企业所得税法实施条例》(2007年12月6日中华人民共和国国务院令第512号公布　根据2019年4月23日《国务院关于修改部分行政法规的决定》修订)

第二十七条 企业所得税法第八条所称有关的支出，是指与取得收入直接相关的支出。

企业所得税法第八条所称合理的支出，是指符合生产经营活动常规，应当计入当期损益或者有关资产成本的必要和正常的支出。

第二十八条 企业发生的支出应当区分收益性支出和资本性支出。收益性支出在发生当期直接扣除；资本性支出应当分期扣除或者计入有关资产成本，不得在发生当期直接扣除。

企业的不征税收入用于支出所形成的费用或者财产，不得扣除或者计算对应的折旧、摊销扣除。

除企业所得税法和本条例另有规定外，企业实际发生的成本、费用、税金、损失和其他支出，不得重复扣除。

第二十九条 企业所得税法第八条所称成本，是指企业在生产经营活动中发生的销售成本、销货成本、业务支出以及其他耗费。

第三十条 企业所得税法第八条所称费用，是指企业在生产经营活动中发生的销售费用、管理费用和财务费用，已经计入成本的有关费用除外。

第三十一条 企业所得税法第八条所称税金，是指企业发生的除企业所得税和允许抵扣的增值税以外的各项税金及其附加。

第三十二条 企业所得税法第八条所称损失，是指企业在生产经营活动中发生的固定资产和存货的盘亏、毁损、报废损失，转让财产损失，呆账损失，坏账损失，自然灾害等不可抗力因素造成的损失以及其他损失。

企业发生的损失，减除责任人赔偿和保险赔款后的余额，依照国务院财政、税务主管部门的规定扣除。

企业已经作为损失处理的资产，在以后纳税年度又全部收回或者部分收回时，应当计入当期收入。

第三十三条　企业所得税法第八条所称其他支出，是指除成本、费用、税金、损失外，企业在生产经营活动中发生的与生产经营活动有关的、合理的支出。

第三十四条　企业发生的合理的工资、薪金支出，准予扣除。

前款所称工资、薪金，是指企业每一纳税年度支付给在本企业任职或者受雇的员工的所有现金形式或者非现金形式的劳动报酬，包括基本工资、奖金、津贴、补贴、年终加薪、加班工资，以及与员工任职或者受雇有关的其他支出。

第三十五条　企业依照国务院有关主管部门或者省级人民政府规定的范围和标准为职工缴纳的基本养老保险费、基本医疗保险费、失业保险费、工伤保险费、生育保险费等基本社会保险费和住房公积金，准予扣除。

企业为投资者或者职工支付的补充养老保险费、补充医疗保险费，在国务院财政、税务主管部门规定的范围和标准内，准予扣除。

第三十六条　除企业依照国家有关规定为特殊工种职工支付的人身安全保险费和国务院财政、税务主管部门规定可以扣除的其他商业保险费外，企业为投资者或者职工支付的商业保险费，不得扣除。

第三十七条　企业在生产经营活动中发生的合理的不需要资本化的借款费用，准予扣除。

企业为购置、建造固定资产、无形资产和经过12个月以上的建造才能达到预定可销售状态的存货发生借款的，在有关资产购置、建造期间发生的合理的借款费用，应当作为资本性支出计入有关资产的成本，并依照本条例的规定扣除。

第三十八条　企业在生产经营活动中发生的下列利息支出，准予扣除：

（一）非金融企业向金融企业借款的利息支出、金融企业的各项存款利息支出和同业拆借利息支出、企业经批准发行债券的利息支出；

（二）非金融企业向非金融企业借款的利息支出，不超过按照金融企业同期同类贷款利率计算的数额的部分。

第三十九条 企业在货币交易中，以及纳税年度终了时将人民币以外的货币性资产、负债按照期末即期人民币汇率中间价折算为人民币时产生的汇兑损失，除已经计入有关资产成本以及与向所有者进行利润分配相关的部分外，准予扣除。

第四十条 企业发生的职工福利费支出，不超过工资、薪金总额14%的部分，准予扣除。

第四十一条 企业拨缴的工会经费，不超过工资、薪金总额2%的部分，准予扣除。

第四十二条 除国务院财政、税务主管部门另有规定外，企业发生的职工教育经费支出，不超过工资、薪金总额2.5%的部分，准予扣除；超过部分，准予在以后纳税年度结转扣除。

第四十三条 企业发生的与生产经营活动有关的业务招待费支出，按照发生额的60%扣除，但最高不得超过当年销售（营业）收入的5‰。

第四十四条 企业发生的符合条件的广告费和业务宣传费支出，除国务院财政、税务主管部门另有规定外，不超过当年销售（营业）收入15%的部分，准予扣除；超过部分，准予在以后纳税年度结转扣除。

第四十五条 企业依照法律、行政法规有关规定提取的用于环境保护、生态恢复等方面的专项资金，准予扣除。上述专项资金提取后改变用途的，不得扣除。

第四十六条 企业参加财产保险，按照规定缴纳的保险费，准予扣除。

第四十七条 企业根据生产经营活动的需要租入固定资产支付的租赁费，按照以下方法扣除：

（一）以经营租赁方式租入固定资产发生的租赁费支出，按照租赁期限均匀扣除；

（二）以融资租赁方式租入固定资产发生的租赁费支出，按照规定构成融资租入固定资产价值的部分应当提取折旧费用，分期扣除。

第四十八条 企业发生的合理的劳动保护支出，准予扣除。

第四十九条 企业之间支付的管理费、企业内营业机构之间支付的租金和特许权使用费，以及非银行企业内营业机构之间支付的利息，不得扣除。

第五十条　非居民企业在中国境内设立的机构、场所,就其中国境外总机构发生的与该机构、场所生产经营有关的费用,能够提供总机构出具的费用汇集范围、定额、分配依据和方法等证明文件,并合理分摊的,准予扣除。

二、税务规范性文件

(一)一般规定

1.《财政部　国家税务总局关于企业手续费及佣金支出税前扣除政策的通知》(2009年3月19日颁布并实施　财税〔2009〕29号)①

各省、自治区、直辖市、计划单列市财政厅(局)、国家税务局、地方税务局,新疆生产建设兵团财务局:

为规范企业所得税税前扣除,加强企业所得税管理,根据《中华人民共和国企业所得税法》和《中华人民共和国企业所得税法实施条例》(以下合称新税法)有关规定,现将企业发生的手续费及佣金支出税前扣除政策问题通知如下:

一、企业发生与生产经营有关的手续费及佣金支出,不超过以下规定计算限额以内的部分,准予扣除;超过部分,不得扣除。

……

2. 其他企业:按与具有合法经营资格中介服务机构或个人(不含交易双方及其雇员、代理人和代表人等)所签订服务协议或合同确认的收入金额的5%计算限额。

二、企业应与具有合法经营资格中介服务企业或个人签订代办协议或合同,并按国家有关规定支付手续费及佣金。除委托个人代理外,企业以现金等非转账方式支付的手续费及佣金不得在税前扣除。企业为发行权益性证券支付给有关证券承销机构的手续费及佣金不得在税前扣除。

三、企业不得将手续费及佣金支出计入回扣、业务提成、返利、进场费等费用。

四、企业已计入固定资产、无形资产等相关资产的手续费及佣金支出,应当通过折旧、摊销等方式分期扣除,不得在发生当期直接扣除。

---

①　条款废止,第一条中关于保险企业手续费及佣金税前扣除的政策和第六条同时废止。参见《财政部　税务总局关于保险企业手续费及佣金支出税前扣除政策的公告》(财政部　税务总局公告2019年第72号)。

五、企业支付的手续费及佣金不得直接冲减服务协议或合同金额，并如实入账。

七、本通知自印发之日起实施。新税法实施之日至本通知印发之日前企业手续费及佣金所得税税前扣除事项按本通知规定处理。

2.《国家税务总局关于贯彻落实企业所得税法若干税收问题的通知》(2010年2月22日颁布　国税函〔2010〕79号)

六、关于免税收入所对应的费用扣除问题

根据《实施条例》第二十七条、第二十八条的规定，企业取得的各项免税收入所对应的各项成本费用，除另有规定者外，可以在计算企业应纳税所得额时扣除。

七、企业筹办期间不计算为亏损年度问题

企业自开始生产经营的年度，为开始计算企业损益的年度。企业从事生产经营之前进行筹办活动期间发生筹办费用支出，不得计算为当期的亏损，应按照《国家税务总局关于企业所得税若干税务事项衔接问题的通知》(国税函〔2009〕98号)第九条规定执行。

八、从事股权投资业务的企业业务招待费计算问题

对从事股权投资业务的企业(包括集团公司总部、创业投资企业等)，其从被投资企业所分配的股息、红利以及股权转让收入，可以按规定的比例计算业务招待费扣除限额。

3.《国家税务总局关于企业所得税若干问题的公告》(2011年6月9日颁布　2011年7月1日起实施　国家税务总局公告2011年第34号)

根据《中华人民共和国企业所得税法》(以下简称税法)以及《中华人民共和国企业所得税法实施条例》(以下简称《实施条例》)的有关规定，现就企业所得税若干问题公告如下：

一、关于金融企业同期同类贷款利率确定问题

根据《实施条例》第三十八条规定，非金融企业向非金融企业借款的利息支出，不超过按照金融企业同期同类贷款利率计算的数额的部分，准予税前扣除。鉴于目前我国对金融企业利率要求的具体情况，企业在按照合同要求首次支付利息并进行税前扣除时，应提供“金融企业的同期同类贷款利率情况说明”，以证明其利息支出的合理性。

“金融企业的同期同类贷款利率情况说明”中，应包括在签订该借款合同当时，本省任何一家金融企业提供同期同类贷款利率情况。该金融企业应为经政府有关部门批准成立的可以从事贷款业务的企业，

包括银行、财务公司、信托公司等金融机构。“同期同类贷款利率”是指在贷款期限、贷款金额、贷款担保以及企业信誉等条件基本相同下，金融企业提供贷款的利率。既可以是金融企业公布的同期同类平均利率，也可以是金融企业对某些企业提供的实际贷款利率。

二、关于企业员工服饰费用支出扣除问题

企业根据其工作性质和特点，由企业统一制作并要求员工工作时统一着装所发生的工作服饰费用，根据《实施条例》第二十七条的规定，可以作为企业合理的支出给予税前扣除。

三、关于航空企业空勤训练费扣除问题

航空企业实际发生的飞行员养成费、飞行训练费、乘务训练费、空中保卫员训练费等空勤训练费用，根据《实施条例》第二十七条规定，可以作为航空企业运输成本在税前扣除。

四、关于房屋、建筑物固定资产改扩建的税务处理问题

企业对房屋、建筑物固定资产在未足额提取折旧前进行改扩建的，如属于推倒重置的，该资产原值减除提取折旧后的净值，应并入重置后的固定资产计税成本，并在该固定资产投入使用后的次月起，按照税法规定的折旧年限，一并计提折旧；如属于提升功能、增加面积的，该固定资产的改扩建支出，并入该固定资产计税基础，并从改扩建完工投入使用后的次月起，重新按税法规定的该固定资产折旧年限计提折旧，如该改扩建后的固定资产尚可使用的年限低于税法规定的最低年限的，可以按尚可使用的年限计提折旧。

五、投资企业撤回或减少投资的税务处理

投资企业从被投资企业撤回或减少投资，其取得的资产中，相当于初始出资的部分，应确认为投资收回；相当于被投资企业累计未分配利润和累计盈余公积按减少实收资本比例计算的部分，应确认为股息所得；其余部分确认为投资资产转让所得。

被投资企业发生的经营亏损，由被投资企业按规定结转弥补；投资企业不得调整减低其投资成本，也不得将其确认为投资损失。

六、关于企业提供有效凭证时间问题

企业当年度实际发生的相关成本、费用，由于各种原因未能及时取得该成本、费用的有效凭证，企业在预缴季度所得税时，可暂按账面发生金额进行核算；但在汇算清缴时，应补充提供该成本、费用的有效凭证。

七、本公告自2011年7月1日起施行。本公告施行以前，企业发生

的相关事项已经按照本公告规定处理的，不再调整；已经处理，但与本公告规定处理不一致的，凡涉及需要按照本公告规定调减应纳税所得额的，应当在本公告施行后相应调减2011年度企业应纳税所得额。

4.《国家税务总局关于企业所得税应纳税所得额若干税务处理问题的公告》(2012年4月24日颁布 2011年1月1日起实施 国家税务总局公告2012年第15号)①

根据《中华人民共和国企业所得税法》(以下简称《企业所得税法》)及其实施条例(以下简称《实施条例》)以及相关规定，现就企业所得税应纳税所得额若干税务处理问题公告如下：

一、关于季节工、临时工等费用税前扣除问题

企业因雇用季节工、临时工、实习生、返聘离退休人员所实际发生的费用，应区分为工资薪金支出和职工福利费支出，并按《企业所得税法》规定在企业所得税前扣除。其中属于工资薪金支出的，准予计入企业工资薪金总额的基数，作为计算其他各项相关费用扣除的依据。

二、关于企业融资费用支出税前扣除问题

企业通过发行债券、取得贷款、吸收保户储金等方式融资而发生的合理的费用支出，符合资本化条件的，应计入相关资产成本；不符合资本化条件的，应作为财务费用，准予在企业所得税前据实扣除。

三、关于从事代理服务企业营业成本税前扣除问题

从事代理服务、主营业务收入为手续费、佣金的企业(如证券、期货、保险代理等企业)，其为取得该类收入而实际发生的营业成本(包括手续费及佣金支出)，准予在企业所得税前据实扣除。

四、关于电信企业手续费及佣金支出税前扣除问题

电信企业在发展客户、拓展业务等过程中(如委托销售电话入网卡、电话充值卡等)，需向经纪人、代办商支付手续费及佣金的，其实际发生的相关手续费及佣金支出，不超过企业当年收入总额5%的部分，准予在企业所得税前据实扣除。

五、关于筹办期业务招待费等费用税前扣除问题

企业在筹建期间，发生的与筹办活动有关的业务招待费支出，可按实际发生额的60%计入企业筹办费，并按有关规定在税前扣除；发生的

① 根据《国家税务总局关于企业工资薪金和职工福利费等支出税前扣除问题的公告》(国家税务总局公告2015年第34号)规定，自2015年5月8日，第一条有关企业接受外部劳务派遣用工的相关规定废止。

广告费和业务宣传费，可按实际发生额计入企业筹办费，并按有关规定在税前扣除。

六、关于以前年度发生应扣未扣支出的税务处理问题

根据《中华人民共和国税收征收管理法》的有关规定，对企业发现以前年度实际发生的、按照税收规定应在企业所得税前扣除而未扣除或者少扣除的支出，企业做出专项申报及说明后，准予追补至该项目发生年度计算扣除，但追补确认期限不得超过5年。

企业由于上述原因多缴的企业所得税税款，可以在追补确认年度企业所得税应纳税款中抵扣，不足抵扣的，可以向以后年度递延抵扣或申请退税。

亏损企业追补确认以前年度未在企业所得税前扣除的支出，或盈利企业经过追补确认后出现亏损的，应首先调整该项支出所属年度的亏损额，然后再按照弥补亏损的原则计算以后年度多缴的企业所得税款，并按前款规定处理。

七、关于企业不征税收入管理问题

企业取得的不征税收入，应按照《财政部　国家税务总局关于专项用途财政性资金企业所得税处理问题的通知》（财税〔2011〕70号，以下简称《通知》）的规定进行处理。凡未按照《通知》规定进行管理的，应作为企业应税收入计入应纳税所得额，依法缴纳企业所得税。

八、关于税前扣除规定与企业实际会计处理之间的协调问题

根据《企业所得税法》第二十一条规定，对企业依据财务会计制度规定，并实际在财务会计处理上已确认的支出，凡没有超过《企业所得税法》和有关税收法规规定的税前扣除范围和标准的，可按企业实际会计处理确认的支出，在企业所得税前扣除，计算其应纳税所得额。

九、本公告施行时间

本公告规定适用于2011年度及以后各年度企业应纳税所得额的处理。

5.《国家税务总局关于企业维简费支出企业所得税税前扣除问题的公告》（2013年11月28日颁布　2013年1月1日起实施　国家税务总局公告2013年第67号）

根据《中华人民共和国企业所得税法》及其实施条例（以下简称企业所得税法）规定，现就企业维简费支出企业所得税税前扣除问题公告如下：

一、企业实际发生的维简费支出，属于收益性支出的，可作为当期费

用税前扣除；属于资本性支出的，应计入有关资产成本，并按企业所得税法规定计提折旧或摊销费用在税前扣除。

企业按照有关规定预提的维简费，不得在当期税前扣除。

二、本公告实施前，企业按照有关规定提取且已在当期税前扣除的维简费，按以下规定处理：

（一）尚未使用的维简费，并未作纳税调整的，可不作纳税调整，应首先抵减2013年实际发生的维简费，仍有余额的，继续抵减以后年度实际发生的维简费，至余额为零时，企业方可按照本公告第一条规定执行；已作纳税调整的，不再调回，直接按照本公告第一条规定执行。

（二）已用于资产投资并形成相关资产全部成本的，该资产提取的折旧或费用摊销额，不得税前扣除；已用于资产投资并形成相关资产部分成本的，该资产提取的折旧或费用摊销额中与该部分成本对应的部分，不得税前扣除；已税前扣除的，应调整作为2013年度应纳税所得额。

三、本公告自2013年1月1日起施行。

煤矿企业不执行本公告，继续执行《国家税务总局关于煤矿企业维简费和高危行业企业安全生产费用企业所得税税前扣除问题的公告》（国家税务总局公告2011年第26号）。

6.《国家税务总局关于企业所得税应纳税所得额若干问题的公告》（2014年5月23日颁布　2013年1月1日起实施　国家税务总局公告2014年第29号）

根据《中华人民共和国企业所得税法》及其实施条例（以下简称税法）的规定，现将企业所得税应纳税所得额若干问题公告如下：

三、保险企业准备金支出的企业所得税处理

根据《财政部国家税务总局关于保险公司准备金支出企业所得税税前扣除有关政策问题的通知》（财税〔2012〕45号）有关规定，保险企业未到期责任准备金、寿险责任准备金、长期健康险责任准备金、已发生已报告未决赔款准备金和已发生未报告未决赔款准备金应按财政部下发的企业会计有关规定计算扣除。

保险企业在计算扣除上述各项准备金时，凡未执行财政部有关会计规定仍执行中国保险监督管理委员会有关监管规定的，应将两者之间的差额调整当期应纳税所得额。

四、核电厂操纵员培养费的企业所得税处理

核力发电企业为培养核电厂操纵员发生的培养费用，可作为企业的发电成本在税前扣除。企业应将核电厂操纵员培养费与员工的职工教育经费严格区分,单独核算,员工实际发生的职工教育经费支出不得计入核电厂操纵员培养费直接扣除。

五、固定资产折旧的企业所得税处理

(一)企业固定资产会计折旧年限如果短于税法规定的最低折旧年限,其按会计折旧年限计提的折旧高于按税法规定的最低折旧年限计提的折旧部分,应调增当期应纳税所得额;企业固定资产会计折旧年限已期满且会计折旧已提足,但税法规定的最低折旧年限尚未到期且税收折旧尚未足额扣除,其未足额扣除的部分准予在剩余的税收折旧年限继续按规定扣除。

(二)企业固定资产会计折旧年限如果长于税法规定的最低折旧年限,其折旧应按会计折旧年限计算扣除,税法另有规定除外。

(三)企业按会计规定提取的固定资产减值准备,不得税前扣除,其折旧仍按税法确定的固定资产计税基础计算扣除。

(四)企业按税法规定实行加速折旧的,其按加速折旧办法计算的折旧额可全额在税前扣除。

(五)石油天然气开采企业在计提油气资产折耗(折旧)时,由于会计与税法规定计算方法不同导致的折耗(折旧)差异,应按税法规定进行纳税调整。

7.《国家税务总局关于企业所得税有关问题的公告》(2016年12月9日颁布　2016年1月1日起实施　国家税务总局公告2016年第80号)

根据《中华人民共和国企业所得税法》及其实施条例有关规定,现对企业所得税有关问题公告如下:

一、关于企业差旅费中人身意外保险费支出税前扣除问题

企业职工因公出差乘坐交通工具发生的人身意外保险费支出,准予企业在计算应纳税所得额时扣除。

8.《国家税务总局关于责任保险费企业所得税税前扣除有关问题的公告》(2018年10月31日颁布　2018年1月1日起实施　国家税务总局公告2018年第52号)

根据《中华人民共和国企业所得税法》和《中华人民共和国企业所得税法实施条例》有关规定,现就雇主责任险、公众责任险等责任保险有关税务处理问题公告如下:

企业参加雇主责任险、公众责任险等责任保险,按照规定缴纳的保险费,准予在企业所得税税前扣除。

本公告适用于2018年度及以后年度企业所得税汇算清缴。

9.《财政部　税务总局关于广告费和业务宣传费支出税前扣除有关事项的公告》(2020年11月27日颁布　2021年1月1日起实施　财政部　税务总局公告2020年第43号)

根据《中华人民共和国企业所得税法》及其实施条例,现就广告费和业务宣传费支出税前扣除有关事项公告如下:

一、对化妆品制造或销售、医药制造和饮料制造(不含酒类制造)企业发生的广告费和业务宣传费支出,不超过当年销售(营业)收入30%的部分,准予扣除;超过部分,准予在以后纳税年度结转扣除。

二、对签订广告费和业务宣传费分摊协议(以下简称分摊协议)的关联企业,其中一方发生的不超过当年销售(营业)收入税前扣除限额比例内的广告费和业务宣传费支出可以在本企业扣除,也可以将其中的部分或全部按照分摊协议归集至另一方扣除。另一方在计算本企业广告费和业务宣传费支出企业所得税税前扣除限额时,可将按照上述办法归集至本企业的广告费和业务宣传费不计算在内。

三、烟草企业的烟草广告费和业务宣传费支出,一律不得在计算应纳税所得额时扣除。

四、本通知自2021年1月1日起至2025年12月31日止执行。《财政部　税务总局关于广告费和业务宣传费支出税前扣除政策的通知》(财税〔2017〕41号)自2021年1月1日起废止。

(二)工资薪金与职工福利费

1.《国家税务总局关于企业工资薪金及职工福利费扣除问题的通知》(2009年1月4日颁布　2008年1月1日起实施　国税函〔2009〕3号)

各省、自治区、直辖市和计划单列市国家税务局、地方税务局:

为有效贯彻落实《中华人民共和国企业所得税法实施条例》(以下简称《实施条例》),现就企业工资薪金和职工福利费扣除有关问题通知如下:

一、关于合理工资薪金问题

《实施条例》第三十四条所称的"合理工资薪金",是指企业按照股东大会、董事会、薪酬委员会或相关管理机构制订的工资薪金制度规定实际发放给员工的工资薪金。税务机关在对工资薪金进行合理性确认时,可按以下原则掌握:

（一）企业制订了较为规范的员工工资薪金制度；

（二）企业所制订的工资薪金制度符合行业及地区水平；

（三）企业在一定时期所发放的工资薪金是相对固定的，工资薪金的调整是有序进行的；

（四）企业对实际发放的工资薪金，已依法履行了代扣代缴个人所得税义务。

（五）有关工资薪金的安排，不以减少或逃避税款为目的；

二、关于工资薪金总额问题

《实施条例》第四十、四十一、四十二条所称的"工资薪金总额"，是指企业按照本通知第一条规定实际发放的工资薪金总和，不包括企业的职工福利费、职工教育经费、工会经费以及养老保险费、医疗保险费、失业保险费、工伤保险费、生育保险费等社会保险费和住房公积金。属于国有性质的企业，其工资薪金，不得超过政府有关部门给予的限定数额；超过部分，不得计入企业工资薪金总额，也不得在计算企业应纳税所得额时扣除。

三、关于职工福利费扣除问题

《实施条例》第四十条规定的企业职工福利费，包括以下内容：

（一）尚未实行分离办社会职能的企业，其内设福利部门所发生的设备、设施和人员费用，包括职工食堂、职工浴室、理发室、医务所、托儿所、疗养院等集体福利部门的设备、设施及维修保养费用和福利部门工作人员的工资薪金、社会保险费、住房公积金、劳务费等。

（二）为职工卫生保健、生活、住房、交通等所发放的各项补贴和非货币性福利，包括企业向职工发放的因公外地就医费用、未实行医疗统筹企业职工医疗费用、职工供养直系亲属医疗补贴、供暖费补贴、职工防暑降温费、职工困难补贴、救济费、职工食堂经费补贴、职工交通补贴等。

（三）按照其他规定发生的其他职工福利费，包括丧葬补助费、抚恤费、安家费、探亲假路费等。

四、关于职工福利费核算问题

企业发生的职工福利费，应该单独设置账册，进行准确核算。没有单独设置账册准确核算的，税务机关应责令企业在规定的期限内进行改正。逾期仍未改正的，税务机关可对企业发生的职工福利费进行合理的核定。

五、本通知自2008年1月1日起执行。

2.《国家税务总局关于加强个人工资薪金所得与企业的工资费用支出比对问题的通知》(2009年5月15日颁布 国税函〔2009〕259号)

各省、自治区、直辖市和计划单列市国家税务局、地方税务局:

为加强企业所得税与个人所得税的协调管理,严格执行《国家税务总局关于工资薪金及职工福利费扣除问题的通知》(国税函〔2009〕3号),提高个人所得税代扣代缴质量,各地税务机关应将个人因任职或受雇而取得的工资、薪金等所得,与所在任职或受雇单位发生的工资费用支出进行比对,从中查找差异及存在问题,从而强化个人所得税的征收管理,规范工资薪金支出的税前扣除。现将有关事项通知如下:

一、各地国税局应于每年7月底前,将所辖进行年度汇算清缴企业的纳税人名称、纳税人识别号、登记注册地址、企业税前扣除工资薪金支出总额等相关信息传递给同级地税局。

地税局应对所辖企业及国税局转来的企业的工资薪金支出总额和已经代扣代缴个人所得税的工资薪金所得总额进行比对分析,对差异较大的,税务人员应到企业进行实地核查,或者提交给稽查部门,进行税务稽查。

2009年,地税局进行比对分析的户数,不得低于实际汇算清缴企业总户数的10%。信息化基础较好的地区,可以根据本地实际扩大比对分析面,直至对所有汇算清缴的企业进行比对分析。

二、地税局到企业进行实地核查时,主要审核其税前扣除的工资薪金支出是否足额扣缴了个人所得税;是否存在将个人工资、薪金所得在福利费或其他科目中列支而未扣缴个人所得税的情况;有无按照企业全部职工平均工资适用税率计算纳税的情况;以非货币形式发放的工资薪金性质的所得是否依法履行了代扣代缴义务;有无隐匿或少报个人收入情况;企业有无虚列人员、增加工资费用支出等情况。

三、地税局在核查或检查中发现的问题,属于地税局征管权限的,应按照税收征管法及相关法律、法规的规定处理;属于国税局征管权限的,应及时将相关信息转交国税局处理。

各地地税局应于每年11月底前,将国税局提供的有关信息的比对及使用效果等情况通报或反馈同级国税局。

四、各级税务机关要高度重视此项工作,要将其作为提高个人所得税征管质量,规范工资薪金支出税前扣除,大力组织所得税收入的有效措施,精心组织,周密部署,扎扎实实地开展工作。要制定切实可行的工作方案,充分利用信息化手段加强比对工作。国税局和地税局之间要密切配合，通力协作，形成工作合力，按照本通知要求及时传递和反馈信息，共享信息资源和工作成果，对工作过程中发现的带有共性的问题，要联合采取措施，加强所得税管理。各省国税局、地税局在2009年底之前将工作情况正式书面上报税务总局（所得税司）。税务总局将在下半年组织检查、督导。

3.《财政部 国家税务总局关于补充养老保险费 补充医疗保险费有关企业所得税政策问题的通知》（2009年6月2日颁布 2008年1月1日起实施 财税〔2009〕27号）

各省、自治区、直辖市、计划单列市财政厅（局）、国家税务局、地方税务局，新疆生产建设兵团财务局：

根据《中华人民共和国企业所得税法》及其实施条例的有关规定，现就补充养老保险费、补充医疗保险费有关企业所得税政策问题通知如下：

自2008年1月1日起，企业根据国家有关政策规定，为在本企业任职或者受雇的全体员工支付的补充养老保险费、补充医疗保险费，分别在不超过职工工资总额5%标准内的部分，在计算应纳税所得额时准予扣除；超过的部分，不予扣除。

4.《国家税务总局关于工会经费企业所得税税前扣除凭据问题的公告》（2010年11月9日颁布 2010年7月1日起实施 国家税务总局公告2010年第24号）

根据《工会法》、《中国工会章程》和财政部颁布的《工会会计制度》，以及财政票据管理的有关规定，全国总工会决定从2010年7月1日起，启用财政部统一印制并套印财政部票据监制章的《工会经费收入专用收据》，同时废止《工会经费拨缴款专用收据》。为加强对工会经费企业所得税税前扣除的管理，现就工会经费税前扣除凭据问题公告如下：

一、自2010年7月1日起，企业拨缴的职工工会经费，不超过工资薪金总额2%的部分，凭工会组织开具的《工会经费收入专用收据》在企业所得税税前扣除。

二、《国家税务总局关于工会经费税前扣除问题的通知》（国税函〔2000〕678号）同时废止。

5.《国家税务总局关于税务机关代收工会经费企业所得税税前扣除凭据问题的公告》（2011年5月11日颁布 2010年1月1日起实施 国家税务总局公告2011年第30号）

为进一步加强对工会经费企业所得税税前扣除的管理，现就税务机关代收工会经费税前扣除凭据问题公告如下：

自2010年1月1日起,在委托税务机关代收工会经费的地区,企业拨缴的工会经费,也可凭合法、有效的工会经费代收凭据依法在税前扣除。

6.《国家税务总局关于我国居民企业实行股权激励计划有关企业所得税处理问题的公告》(2012年5月23日颁布 2012年7月1日起实施 国家税务总局公告2012年第18号)

为推进我国资本市场改革,促进企业建立健全激励与约束机制,根据国务院证券管理委员会发布的《上市公司股权激励管理办法(试行)》(证监公司字〔2005〕151号,以下简称《管理办法》)的规定,一些在我国境内上市的居民企业(以下简称上市公司),为其职工建立了股权激励计划。根据《中华人民共和国企业所得税法》及其实施条例(以下简称税法)的有关规定,现就上市公司实施股权激励计划有关企业所得税处理问题,公告如下:

一、本公告所称股权激励,是指《管理办法》中规定的上市公司以本公司股票为标的,对其董事、监事、高级管理人员及其他员工(以下简称激励对象)进行的长期性激励。股权激励实行方式包括授予限制性股票、股票期权以及其他法律法规规定的方式。

限制性股票,是指《管理办法》中规定的激励对象按照股权激励计划规定的条件,从上市公司获得的一定数量的本公司股票。

股票期权,是指《管理办法》中规定的上市公司按照股权激励计划授予激励对象在未来一定期限内,以预先确定的价格和条件购买本公司一定数量股票的权利。

二、上市公司依照《管理办法》要求建立职工股权激励计划,并按我国企业会计准则的有关规定,在股权激励计划授予激励对象时,按照该股票的公允价格及数量,计算确定作为上市公司相关年度的成本或费用,作为换取激励对象提供服务的对价。上述企业建立的职工股权激励计划,其企业所得税的处理,按以下规定执行:

(一)对股权激励计划实行后立即可以行权的,上市公司可以根据实际行权时该股票的公允价格与激励对象实际行权支付价格的差额和数量,计算确定作为当年上市公司工资薪金支出,依照税法规定进行税前扣除。

(二)对股权激励计划实行后,需待一定服务年限或者达到规定业绩条件(以下简称等待期)方可行权的。上市公司等待期内会计上计算确认的相关成本费用,不得在对应年度计算缴纳企业所得税时扣除。

在股权激励计划可行权后，上市公司方可根据该股票实际行权时的公允价格与当年激励对象实际行权支付价格的差额及数量，计算确定作为当年上市公司工资薪金支出，依照税法规定进行税前扣除。

（三）本条所指股票实际行权时的公允价格，以实际行权日该股票的收盘价格确定。

三、在我国境外上市的居民企业和非上市公司，凡比照《管理办法》的规定建立职工股权激励计划，且在企业会计处理上，也按我国会计准则的有关规定处理的，其股权激励计划有关企业所得税处理问题，可以按照上述规定执行。

四、本公告自2012年7月1日起施行。

7.《国家税务总局关于企业工资薪金和职工福利费等支出税前扣除问题的公告》（2015年5月8日颁布　2014年1月1日起实施　国家税务总局公告2015年第34号）

根据《中华人民共和国企业所得税法》及其实施条例相关规定，现对企业工资薪金和职工福利费等支出企业所得税税前扣除问题公告如下：

一、企业福利性补贴支出税前扣除问题

列入企业员工工资薪金制度、固定与工资薪金一起发放的福利性补贴，符合《国家税务总局关于企业工资薪金及职工福利费扣除问题的通知》（国税函〔2009〕3号）第一条规定的，可作为企业发生的工资薪金支出，按规定在税前扣除。

不能同时符合上述条件的福利性补贴，应作为国税函〔2009〕3号文件第三条规定的职工福利费，按规定计算限额税前扣除。

二、企业年度汇算清缴结束前支付汇缴年度工资薪金税前扣除问题

企业在年度汇算清缴结束前向员工实际支付的已预提汇缴年度工资薪金，准予在汇缴年度按规定扣除。

三、企业接受外部劳务派遣用工支出税前扣除问题

企业接受外部劳务派遣用工所实际发生的费用，应分两种情况按规定在税前扣除：按照协议（合同）约定直接支付给劳务派遣公司的费用，应作为劳务费支出；直接支付给员工个人的费用，应作为工资薪金支出和职工福利费支出。其中属于工资薪金支出的费用，准予计入企业工资薪金总额的基数，作为计算其他各项相关费用扣除的依据。

四、施行时间

本公告适用于2014年度及以后年度企业所得税汇算清缴。本公告施行前尚未进行税务处理的事项，符合本公告规定的可按本公告执行。

《国家税务总局关于企业所得税应纳税所得额若干税务处理问题的公告》(税务总局公告2012年第15号)第一条有关企业接受外部劳务派遣用工的相关规定同时废止。

8.《财政部　国家税务总局关于高新技术企业职工教育经费税前扣除政策的通知》(2015年6月9日颁布　2015年1月1日起实施　财税〔2015〕63号)

各省、自治区、直辖市、计划单列市财政厅(局)、国家税务局、地方税务局，新疆生产建设兵团财务局：

经国务院批准，现就高新技术企业职工教育经费税前扣除政策通知如下：

一、高新技术企业发生的职工教育经费支出，不超过工资薪金总额8%的部分，准予在计算企业所得税应纳税所得额时扣除；超过部分，准予在以后纳税年度结转扣除。

二、本通知所称高新技术企业，是指注册在中国境内、实行查账征收、经认定的高新技术企业。

三、本通知自2015年1月1日起执行。

(三)利息支出

1.《国家税务总局关于企业投资者投资未到位而发生的利息支出企业所得税前扣除问题的批复》(2009年6月4日颁布　国税函〔2009〕312号)

大连市国家税务局：

你局《关于企业贷款中相当于投资者投资未到位部分的利息支出能否税前列支的请示》(大国税发〔2009〕68号)收悉。经研究，批复如下：

关于企业由于投资者投资未到位而发生的利息支出扣除问题，根据《中华人民共和国企业所得税法实施条例》第二十七条规定，凡企业投资者在规定期限内未缴足其应缴资本额的，该企业对外借款所发生的利息，相当于投资者实缴资本额与在规定期限内应缴资本额的差额应计付的利息，其不属于企业合理的支出，应由企业投资者负担，不得在计算企业应纳税所得额时扣除。

具体计算不得扣除的利息，应以企业一个年度内每一账面实收资本与借款余额保持不变的期间作为一个计算期，每一计算期内不得扣除的借款利息按该期间借款利息发生额乘以该期间企业未缴足的注册资本占借款总额的比例计算，公式为：

企业每一计算期不得扣除的借款利息＝该期间借款利息额×该期间未缴足注册资本额÷该期间借款额

企业一个年度内不得扣除的借款利息总额为该年度内每一计算期不得扣除的借款利息额之和。

2.《国家税务总局关于企业向自然人借款的利息支出企业所得税税前扣除问题的通知》（2009年12月31日颁布　国税函〔2009〕777号）

各省、自治区、直辖市和计划单列市国家税务局、地方税务局：

现就企业向自然人借款的利息支出企业所得税税前扣除问题，通知如下：

一、企业向股东或其他与企业有关联关系的自然人借款的利息支出，应根据《中华人民共和国企业所得税法》（以下简称税法）第四十六条及《财政部、国家税务总局关于企业关联方利息支出税前扣除标准有关税收政策问题的通知》（财税〔2008〕121号）规定的条件，计算企业所得税扣除额。

二、企业向除第一条规定以外的内部职工或其他人员借款的利息支出，其借款情况同时符合以下条件的，其利息支出在不超过按照金融企业同期同类贷款利率计算的数额的部分，根据税法第八条和税法实施条例第二十七条规定，准予扣除。

（一）企业与个人之间的借贷是真实、合法、有效的，并且不具有非法集资目的或其他违反法律、法规的行为；

（二）企业与个人之间签订了借款合同。

3.《国家税务总局关于企业混合性投资业务企业所得税处理问题的公告》（2013年7月15日颁布　2013年9月1日起实施　国家税务总局公告2013年第41号）

根据《中华人民共和国企业所得税法》及其实施条例（以下简称税法）的规定，现就企业混合性投资业务企业所得税处理问题公告如下：

一、企业混合性投资业务，是指兼具权益和债权双重特性的投资业务。同时符合下列条件的混合性投资业务，按本公告进行企业所得税处理：

（一）被投资企业接受投资后，需要按投资合同或协议约定的利率定期支付利息（或定期支付保底利息、固定利润、固定股息，下同）；

（二）有明确的投资期限或特定的投资条件，并在投资期满或者满足特定投资条件后，被投资企业需要赎回投资或偿还本金；

（三）投资企业对被投资企业净资产不拥有所有权；

（四）投资企业不具有选举权和被选举权；

（五）投资企业不参与被投资企业日常生产经营活动。

二、符合本公告第一条规定的混合性投资业务，按下列规定进行企业所得税处理：

（一）对于被投资企业支付的利息，投资企业应于被投资企业应付利息的日期，确认收入的实现并计入当期应纳税所得额；被投资企业应于应付利息的日期，确认利息支出，并按税法和《国家税务总局关于企业所得税若干问题的公告》（2011年第34号）第一条的规定，进行税前扣除。

（二）对于被投资企业赎回的投资，投资双方应于赎回时将赎价与投资成本之间的差额确认为债务重组损益，分别计入当期应纳税所得额。

三、本公告自2013年9月1日起执行。此前发生的已进行税务处理的混合性投资业务，不再进行纳税调整。

4.《国家税务总局关于企业所得税若干政策征管口径问题的公告》（2021年6月22日颁布　2021年1月1日起实施　国家税务总局公告2021年第17号）

为贯彻落实中办、国办印发的《关于进一步深化税收征管改革的意见》，深入开展2021年“我为纳税人缴费人办实事暨便民办税春风行动”，推进税收领域“放管服”改革，更好服务市场主体，根据《中华人民共和国企业所得税法》及其实施条例（以下简称税法）等相关规定，对企业所得税若干政策征管口径问题公告如下：

二、关于可转换债券转换为股权投资的税务处理问题

（一）购买方企业的税务处理

1. 购买方企业购买可转换债券，在其持有期间按照约定利率取得的利息收入，应当依法申报缴纳企业所得税。

2. 购买方企业可转换债券转换为股票时，将应收未收利息一并转为股票的，该应收未收利息即使会计上未确认收入，税收上也应当作为当期利息收入申报纳税；转换后以该债券购买价、应收未收利息和支付的相关税费为该股票投资成本。

（二）发行方企业的税务处理

1. 发行方企业发生的可转换债券的利息，按照规定在税前扣除。

2. 发行方企业按照约定将购买方持有的可转换债券和应付未付利息一并转为股票的，其应付未付利息视同已支付，按照规定在税前扣除。

三、关于跨境混合性投资业务企业所得税的处理问题

境外投资者在境内从事混合性投资业务，满足《国家税务总局关于企业混合性投资业务企业所得税处理问题的公告》（2013年第41号）第一条规定的条件的，可以按照该公告第二条第一款的规定进行企业所得税处理，但同时符合以下两种情形的除外：

（一）该境外投资者与境内被投资企业构成关联关系；

（二）境外投资者所在国家（地区）将该项投资收益认定为权益性投资收益，且不征收企业所得税。

同时符合上述第（一）项和第（二）项规定情形的，境内被投资企业向境外投资者支付的利息应视为股息，不得进行税前扣除。

（四）损失

1.《财政部　国家税务总局关于企业资产损失税前扣除政策的通知》（2009年4月16日颁布　2008年1月1日起实施　财税〔2009〕57号）

各省、自治区、直辖市、计划单列市财政厅（局）、国家税务局、地方税务局，新疆生产建设兵团财务局：

根据《中华人民共和国企业所得税法》和《中华人民共和国企业所得税法实施条例》（国务院令第512号）的有关规定，现就企业资产损失在计算企业所得税应纳税所得额时的扣除政策通知如下：

一、本通知所称资产损失，是指企业在生产经营活动中实际发生的、与取得应税收入有关的资产损失，包括现金损失，存款损失，坏账损失，贷款损失，股权投资损失，固定资产和存货的盘亏、毁损、报废、被盗损失，自然灾害等不可抗力因素造成的损失以及其他损失。

二、企业清查出的现金短缺减除责任人赔偿后的余额，作为现金损失在计算应纳税所得额时扣除。

三、企业将货币性资金存入法定具有吸收存款职能的机构，因该机构依法破产、清算，或者政府责令停业、关闭等原因，确实不能收回的部分，作为存款损失在计算应纳税所得额时扣除。

四、企业除贷款类债权外的应收、预付账款符合下列条件之一的，

减除可收回金额后确认的无法收回的应收、预付款项，可以作为坏账损失在计算应纳税所得额时扣除：

（一）债务人依法宣告破产、关闭、解散、被撤销，或者被依法注销、吊销营业执照，其清算财产不足清偿的；

（二）债务人死亡，或者依法被宣告失踪、死亡，其财产或者遗产不足清偿的；

（三）债务人逾期3年以上未清偿，且有确凿证据证明已无力清偿债务的；

（四）与债务人达成债务重组协议或法院批准破产重整计划后，无法追偿的；

（五）因自然灾害、战争等不可抗力导致无法收回的；

（六）国务院财政、税务主管部门规定的其他条件。

五、企业经采取所有可能的措施和实施必要的程序之后，符合下列条件之一的贷款类债权，可以作为贷款损失在计算应纳税所得额时扣除：

（一）借款人和担保人依法宣告破产、关闭、解散、被撤销，并终止法人资格，或者已完全停止经营活动，被依法注销、吊销营业执照，对借款人和担保人进行追偿后，未能收回的债权；

（二）借款人死亡，或者依法被宣告失踪、死亡，依法对其财产或者遗产进行清偿，并对担保人进行追偿后，未能收回的债权；

（三）借款人遭受重大自然灾害或者意外事故，损失巨大且不能获得保险补偿，或者以保险赔偿后，确实无力偿还部分或者全部债务，对借款人财产进行清偿和对担保人进行追偿后，未能收回的债权；

（四）借款人触犯刑律，依法受到制裁，其财产不足归还所借债务，又无其他债务承担者，经追偿后确实无法收回的债权；

（五）由于借款人和担保人不能偿还到期债务，企业诉诸法律，经法院对借款人和担保人强制执行，借款人和担保人均无财产可执行，法院裁定执行程序终结或终止（中止）后，仍无法收回的债权；

（六）由于借款人和担保人不能偿还到期债务，企业诉诸法律后，经法院调解或经债权人会议通过，与借款人和担保人达成和解协议或重整协议，在借款人和担保人履行完还款义务后，无法追偿的剩余债权；

（七）由于上述（一）至（六）项原因借款人不能偿还到期债务，企业依法取得抵债资产，抵债金额小于贷款本息的差额，经追偿后仍无法收回的债权；

(八)开立信用证、办理承兑汇票、开具保函等发生垫款时,凡开证申请人和保证人由于上述(一)至(七)项原因,无法偿还垫款,金融企业经追偿后仍无法收回的垫款;

(九)银行卡持卡人和担保人由于上述(一)至(七)项原因,未能还清透支款项,金融企业经追偿后仍无法收回的透支款项;

(十)助学贷款逾期后,在金融企业确定的有效追索期限内,依法处置助学贷款抵押物(质押物),并向担保人追索连带责任后,仍无法收回的贷款;

(十一)经国务院专案批准核销的贷款类债权;

(十二)国务院财政、税务主管部门规定的其他条件。

六、企业的股权投资符合下列条件之一的,减除可收回金额后确认的无法收回的股权投资,可以作为股权投资损失在计算应纳税所得额时扣除:

(一)被投资方依法宣告破产、关闭、解散、被撤销,或者被依法注销、吊销营业执照的;

(二)被投资方财务状况严重恶化,累计发生巨额亏损,已连续停止经营3年以上,且无重新恢复经营改组计划的;

(三)对被投资方不具有控制权,投资期限届满或者投资期限已超过10年,且被投资单位因连续3年经营亏损导致资不抵债的;

(四)被投资方财务状况严重恶化,累计发生巨额亏损,已完成清算或清算期超过3年以上的;

(五)国务院财政、税务主管部门规定的其他条件。

七、对企业盘亏的固定资产或存货,以该固定资产的账面净值或存货的成本减除责任人赔偿后的余额,作为固定资产或存货盘亏损失在计算应纳税所得额时扣除。

八、对企业毁损、报废的固定资产或存货,以该固定资产的账面净值或存货的成本减除残值、保险赔款和责任人赔偿后的余额,作为固定资产或存货毁损、报废损失在计算应纳税所得额时扣除。

九、对企业被盗的固定资产或存货,以该固定资产的账面净值或存货的成本减除保险赔款和责任人赔偿后的余额,作为固定资产或存货被盗损失在计算应纳税所得额时扣除。

十、企业因存货盘亏、毁损、报废、被盗等原因不得从增值税销项税额中抵扣的进项税额,可以与存货损失一起在计算应纳税所得额时扣除。

十一、企业在计算应纳税所得额时已经扣除的资产损失，在以后纳税年度全部或者部分收回时，其收回部分应当作为收入计入收回当期的应纳税所得额。

十二、企业境内、境外营业机构发生的资产损失应分开核算，对境外营业机构由于发生资产损失而产生的亏损，不得在计算境内应纳税所得额时扣除。

十三、企业对其扣除的各项资产损失，应当提供能够证明资产损失确属已实际发生的合法证据，包括具有法律效力的外部证据、具有法定资质的中介机构的经济鉴证证明、具有法定资质的专业机构的技术鉴定证明等。

十四、本通知自2008年1月1日起执行。

2.《国家税务总局关于企业股权投资损失所得税处理问题的公告》(2010年7月28日颁布　2010年1月1日起实施　国家税务总局公告2010年第6号)

根据《中华人民共和国企业所得税法》第八条及其有关规定，现就企业股权投资损失所得税处理问题公告如下：

一、企业对外进行权益性(以下简称股权)投资所发生的损失，在经确认的损失发生年度，作为企业损失在计算企业应纳税所得额时一次性扣除。

二、本规定自2010年1月1日起执行。本规定发布以前，企业发生的尚未处理的股权投资损失，按照本规定，准予在2010年度一次性扣除。

3.《国家税务总局关于查增应纳税所得额弥补以前年度亏损处理问题的公告》(2010年10月27日颁布　2010年12月1日起实施　国家税务总局公告2010年第20号)

现就税务机关检查调增的企业应纳税所得额弥补以前年度亏损问题公告如下：

一、根据《中华人民共和国企业所得税法》(以下简称企业所得税法)第五条的规定，税务机关对企业以前年度纳税情况进行检查时调增的应纳税所得额，凡企业以前年度发生亏损、且该亏损属于企业所得税法规定允许弥补的，应允许调增的应纳税所得额弥补该亏损。弥补该亏损后仍有余额的，按照企业所得税法规定计算缴纳企业所得税。对检查调增的应纳税所得额应根据其情节，依照《中华人民共和国税收征收管理法》有关规定进行处理或处罚。

二、本规定自2010年12月1日开始执行。以前(含2008年度之前)没有处理的事项，按本规定执行。

4.《国家税务总局关于电网企业输电线路部分报废损失税前扣除问题的公告》(2010年12月24日颁布　2011年1月1日起实施　国家税务总局公告2010年第30号)

根据《中华人民共和国企业所得税法实施条例》第三十二条的规定,现对电网企业输电铁塔和线路损失企业所得税税前扣除问题公告如下:

一、由于加大水电送出和增强电网抵御冰雪能力需要等原因,电网企业对原有输电线路进行改造,部分铁塔和线路拆除报废,形成部分固定资产损失。考虑到该部分资产已形成实质性损失,可以按照有关税收规定作为企业固定资产损失允许税前扣除。

二、上述部分固定资产损失,应按照该固定资产的总计税价格,计算每基铁塔和每公里线路的计税价格后,根据报废的铁塔数量和线路长度以及已计提折旧情况确定。

三、上述报废的部分固定资产,其中部分能够重新利用的,应合理计算价格,冲减当年度固定资产损失。

四、新投资建设的线路和铁塔,应单独作为固定资产,在投入使用后,按照税收的规定计提折旧。

本公告自2011年1月1日起施行。2010年度没有处理的事项,按照本公告规定执行。

5.《国家税务总局关于发布〈企业资产损失所得税税前扣除管理办法〉的公告》(2011年3月31日颁布　2011年1月1日起实施　国家税务总局公告2011年第25号)①

第一章　总　　则

第一条　根据《中华人民共和国企业所得税法》(以下简称企业所得税法)及其实施条例、《中华人民共和国税收征收管理法》(以下简称征管法)及其实施细则、《财政部　国家税务总局关于企业资产损失税前扣除政策的通知》(财税〔2009〕57号)(以下简称《通知》)的规定,制定本办法。

---

①　1.根据《国家税务总局关于企业因国务院决定事项形成的资产损失税前扣除问题的公告》(国家税务总局公告2014年第18号),第十二条废止。2.根据《国家税务总局关于企业所得税资产损失资料留存备查有关事项的公告》(国家税务总局公告2018年第15号),第四条、第七条、第八条、第十三条有关资产损失证据资料、会计核算资料、纳税资料等相关资料报送的内容废止。3.《国家税务总局关于修改部分税收规范性文件的公告》(国家税务总局公告2018年第31号)对本文进行了修改。

第二条 本办法所称资产是指企业拥有或者控制的、用于经营管理活动相关的资产，包括现金、银行存款、应收及预付款项（包括应收票据、各类垫款、企业之间往来款项）等货币性资产，存货、固定资产、无形资产、在建工程、生产性生物资产等非货币性资产，以及债权性投资和股权（权益）性投资。

第三条 准予在企业所得税税前扣除的资产损失，是指企业在实际处置、转让上述资产过程中发生的合理损失（以下简称实际资产损失），以及企业虽未实际处置、转让上述资产，但符合《通知》和本办法规定条件计算确认的损失（以下简称法定资产损失）。

第五条 企业发生的资产损失，应按规定的程序和要求向主管税务机关申报后方能在税前扣除。未经申报的损失，不得在税前扣除。

第六条 企业以前年度发生的资产损失未能在当年税前扣除的，可以按照本办法的规定，向税务机关说明并进行专项申报扣除。其中，属于实际资产损失，准予追补至该项损失发生年度扣除，其追补确认期限一般不得超过五年，但因计划经济体制转轨过程中遗留的资产损失、企业重组上市过程中因权属不清出现争议而未能及时扣除的资产损失、因承担国家政策性任务而形成的资产损失以及政策定性不明确而形成资产损失等特殊原因形成的资产损失，其追补确认期限经国家税务总局批准后可适当延长。属于法定资产损失，应在申报年度扣除。

企业因以前年度实际资产损失未在税前扣除而多缴的企业所得税税款，可在追补确认年度企业所得税应纳税款中予以抵扣，不足抵扣的，向以后年度递延抵扣。

企业实际资产损失发生年度扣除追补确认的损失后出现亏损的，应先调整资产损失发生年度的亏损额，再按弥补亏损的原则计算以后年度多缴的企业所得税税款，并按前款办法进行税务处理。

第二章 申报管理

第九条 下列资产损失，应以清单申报的方式向税务机关申报扣除：

（一）企业在正常经营管理活动中，按照公允价格销售、转让、变卖非货币资产的损失；

（二）企业各项存货发生的正常损耗；

（三）企业固定资产达到或超过使用年限而正常报废清理的损失；

（四）企业生产性生物资产达到或超过使用年限而正常死亡发生的资产损失；

(五)企业按照市场公平交易原则,通过各种交易场所、市场等买卖债券、股票、期货、基金以及金融衍生产品等发生的损失。

第十条　前条以外的资产损失,应以专项申报的方式向税务机关申报扣除。企业无法准确判别是否属于清单申报扣除的资产损失,可以采取专项申报的形式申报扣除。

第十一条　在中国境内跨地区经营的汇总纳税企业发生的资产损失,应按以下规定申报扣除:

(一)总机构及其分支机构发生的资产损失,除应按专项申报和清单申报的有关规定,各自向当地主管税务机关申报外,各分支机构同时还应上报总机构;

(二)总机构对各分支机构上报的资产损失,除税务机关另有规定外,应以清单申报的形式向当地主管税务机关进行申报;

(三)总机构将跨地区分支机构所属资产捆绑打包转让所发生的资产损失,由总机构向当地主管税务机关进行专项申报。

第十四条　企业应当建立健全资产损失内部核销管理制度,及时收集、整理、编制、审核、申报、保存资产损失税前扣除证据材料,方便税务机关检查。

第十五条　税务机关应按分项建档、分级管理的原则,建立企业资产损失税前扣除管理台账和纳税档案,及时进行评估。对资产损失金额较大或经评估后发现不符合资产损失税前扣除规定、或存有疑点、异常情况的资产损失,应及时进行核查。对有证据证明申报扣除的资产损失不真实、不合法的,应依法作出税收处理。

第三章　资产损失确认证据

第十六条　企业资产损失相关的证据包括具有法律效力的外部证据和特定事项的企业内部证据。

第十七条　具有法律效力的外部证据,是指司法机关、行政机关、专业技术鉴定部门等依法出具的与本企业资产损失相关的具有法律效力的书面文件,主要包括:

(一)司法机关的判决或者裁定;

(二)公安机关的立案结案证明、回复;

(三)工商部门出具的注销、吊销及停业证明;

(四)企业的破产清算公告或清偿文件;

(五)行政机关的公文;

(六)专业技术部门的鉴定报告;

（七）具有法定资质的中介机构的经济鉴定证明；

（八）仲裁机构的仲裁文书；

（九）保险公司对投保资产出具的出险调查单、理赔计算单等保险单据；

（十）符合法律规定的其他证据。

第十八条 特定事项的企业内部证据，是指会计核算制度健全、内部控制制度完善的企业，对各项资产发生毁损、报废、盘亏、死亡、变质等内部证明或承担责任的声明，主要包括：

（一）有关会计核算资料和原始凭证；

（二）资产盘点表；

（三）相关经济行为的业务合同；

（四）企业内部技术鉴定部门的鉴定文件或资料；

（五）企业内部核批文件及有关情况说明；

（六）对责任人由于经营管理责任造成损失的责任认定及赔偿情况说明；

（七）法定代表人、企业负责人和企业财务负责人对特定事项真实性承担法律责任的声明。

第四章 货币资产损失的确认

第十九条 企业货币资产损失包括现金损失、银行存款损失和应收及预付款项损失等。

第二十条 现金损失应依据以下证据材料确认：

（一）现金保管人确认的现金盘点表（包括倒推至基准日的记录）；

（二）现金保管人对于短缺的说明及相关核准文件；

（三）对责任人由于管理责任造成损失的责任认定及赔偿情况的说明；

（四）涉及刑事犯罪的，应有司法机关出具的相关材料；

（五）金融机构出具的假币收缴证明。

第二十一条 企业因金融机构清算而发生的存款类资产损失应依据以下证据材料确认：

（一）企业存款类资产的原始凭据；

（二）金融机构破产、清算的法律文件；

（三）金融机构清算后剩余资产分配情况资料。

金融机构应清算而未清算超过三年的，企业可将该款项确认为资产损失，但应有法院或破产清算管理人出具的未完成清算证明。

第二十二条　企业应收及预付款项坏账损失应依据以下相关证据材料确认：

（一）相关事项合同、协议或说明；

（二）属于债务人破产清算的，应有人民法院的破产、清算公告；

（三）属于诉讼案件的，应出具人民法院的判决书或裁决书或仲裁机构的仲裁书，或者被法院裁定终（中）止执行的法律文书；

（四）属于债务人停止营业的，应有工商部门注销、吊销营业执照证明；

（五）属于债务人死亡、失踪的，应有公安机关等有关部门对债务人个人的死亡、失踪证明；

（六）属于债务重组的，应有债务重组协议及其债务人重组收益纳税情况说明；

（七）属于自然灾害、战争等不可抗力而无法收回的，应有债务人受灾情况说明以及放弃债权申明。

第二十三条　企业逾期三年以上的应收款项在会计上已作为损失处理的，可以作为坏账损失，但应说明情况，并出具专项报告。

第二十四条　企业逾期一年以上，单笔数额不超过五万或者不超过企业年度收入总额万分之一的应收款项，会计上已经作为损失处理的，可以作为坏账损失，但应说明情况，并出具专项报告。

第五章　非货币资产损失的确认

第二十五条　企业非货币资产损失包括存货损失、固定资产损失、无形资产损失、在建工程损失、生产性生物资产损失等。

第二十六条　存货盘亏损失，为其盘亏金额扣除责任人赔偿后的余额，应依据以下证据材料确认：

（一）存货计税成本确定依据；

（二）企业内部有关责任认定、责任人赔偿说明和内部核批文件；

（三）存货盘点表；

（四）存货保管人对于盘亏的情况说明。

第二十七条　存货报废、毁损或变质损失，为其计税成本扣除残值及责任人赔偿后的余额，应依据以下证据材料确认：

（一）存货计税成本的确定依据；

（二）企业内部关于存货报废、毁损、变质、残值情况说明及核销资料；

（三）涉及责任人赔偿的，应当有赔偿情况说明；

（四）该项损失数额较大的（指占企业该类资产计税成本10%以上，或减少当年应纳税所得、增加亏损10%以上，下同），应有专业技术鉴定意见或法定资质中介机构出具的专项报告等。

第二十八条 存货被盗损失，为其计税成本扣除保险理赔以及责任人赔偿后的余额，应依据以下证据材料确认：

（一）存货计税成本的确定依据；

（二）向公安机关的报案记录；

（三）涉及责任人和保险公司赔偿的，应有赔偿情况说明等。

第二十九条 固定资产盘亏、丢失损失，为其账面净值扣除责任人赔偿后的余额，应依据以下证据材料确认：

（一）企业内部有关责任认定和核销资料；

（二）固定资产盘点表；

（三）固定资产的计税基础相关资料；

（四）固定资产盘亏、丢失情况说明；

（五）损失金额较大的，应有专业技术鉴定报告或法定资质中介机构出具的专项报告等。

第三十条 固定资产报废、毁损损失，为其账面净值扣除残值和责任人赔偿后的余额，应依据以下证据材料确认：

（一）固定资产的计税基础相关资料；

（二）企业内部有关责任认定和核销资料；

（三）企业内部有关部门出具的鉴定材料；

（四）涉及责任赔偿的，应当有赔偿情况的说明；

（五）损失金额较大的或自然灾害等不可抗力原因造成固定资产毁损、报废的，应有专业技术鉴定意见或法定资质中介机构出具的专项报告等。

第三十一条 固定资产被盗损失，为其账面净值扣除责任人赔偿后的余额，应依据以下证据材料确认：

（一）固定资产计税基础相关资料；

（二）公安机关的报案记录，公安机关立案、破案和结案的证明材料；

（三）涉及责任赔偿的，应有赔偿责任的认定及赔偿情况的说明等。

第三十二条 在建工程停建、报废损失，为其工程项目投资账面价值扣除残值后的余额，应依据以下证据材料确认：

（一）工程项目投资账面价值确定依据；

（二）工程项目停建原因说明及相关材料；

（三）因质量原因停建、报废的工程项目和因自然灾害和意外事故停建、报废的工程项目，应出具专业技术鉴定意见和责任认定、赔偿情况的说明等。

第三十三条 工程物资发生损失，可比照本办法存货损失的规定确认。

第三十四条 生产性生物资产盘亏损失，为其账面净值扣除责任人赔偿后的余额，应依据以下证据材料确认：

（一）生产性生物资产盘点表；

（二）生产性生物资产盘亏情况说明；

（三）生产性生物资产损失金额较大的，企业应有专业技术鉴定意见和责任认定、赔偿情况的说明等。

第三十五条 因森林病虫害、疫情、死亡而产生的生产性生物资产损失，为其账面净值扣除残值、保险赔偿和责任人赔偿后的余额，应依据以下证据材料确认：

（一）损失情况说明；

（二）责任认定及其赔偿情况的说明；

（三）损失金额较大的，应有专业技术鉴定意见。

第三十六条 对被盗伐、被盗、丢失而产生的生产性生物资产损失，为其账面净值扣除保险赔偿以及责任人赔偿后的余额，应依据以下证据材料确认：

（一）生产性生物资产被盗后，向公安机关的报案记录或公安机关立案、破案和结案的证明材料；

（二）责任认定及其赔偿情况的说明。

第三十七条 企业由于未能按期赎回抵押资产，使抵押资产被拍卖或变卖，其账面净值大于变卖价值的差额，可认定为资产损失，按以下证据材料确认：

（一）抵押合同或协议书；

（二）拍卖或变卖证明、清单；

（三）会计核算资料等其他相关证据材料。

第三十八条 被其他新技术所代替或已经超过法律保护期限，已经丧失使用价值和转让价值，尚未摊销的无形资产损失，应提交以下证据备案：

（一）会计核算资料；

（二）企业内部核批文件及有关情况说明；

（三）技术鉴定意见和企业法定代表人、主要负责人和财务负责人签章证实无形资产已无使用价值或转让价值的书面申明；

（四）无形资产的法律保护期限文件。

第六章　投资损失的确认

第三十九条　企业投资损失包括债权性投资损失和股权（权益）性投资损失。

第四十条　企业债权投资损失应依据投资的原始凭证、合同或协议、会计核算资料等相关证据材料确认。下列情况债权投资损失的，还应出具相关证据材料：

（一）债务人或担保人依法被宣告破产、关闭、被解散或撤销、被吊销营业执照、失踪或者死亡等，应出具资产清偿证明或者遗产清偿证明。无法出具资产清偿证明或者遗产清偿证明，且上述事项超过三年以上的，或债权投资（包括信用卡透支和助学贷款）余额在三百万元以下的，应出具对应的债务人和担保人破产、关闭、解散证明、撤销文件、工商行政管理部门注销证明或查询证明以及追索记录等（包括司法追索、电话追索、信件追索和上门追索等原始记录）；

（二）债务人遭受重大自然灾害或意外事故，企业对其资产进行清偿和对担保人进行追偿后，未能收回的债权，应出具债务人遭受重大自然灾害或意外事故证明、保险赔偿证明、资产清偿证明等；

（三）债务人因承担法律责任，其资产不足归还所借债务，又无其他债务承担者的，应出具法院裁定证明和资产清偿证明；

（四）债务人和担保人不能偿还到期债务，企业提出诉讼或仲裁的，经人民法院对债务人和担保人强制执行，债务人和担保人均无资产可执行，人民法院裁定终结或终止（中止）执行的，应出具人民法院裁定文书；

（五）债务人和担保人不能偿还到期债务，企业提出诉讼后被驳回起诉的、人民法院不予受理或不予支持的，或经仲裁机构裁决免除（或部分免除）债务人责任，经追偿后无法收回的债权，应提交法院驳回起诉的证明，或法院不予受理或不予支持证明，或仲裁机构裁决免除债务人责任的文书；

（六）经国务院专案批准核销的债权，应提供国务院批准文件或经国务院同意后由国务院有关部门批准的文件。

第四十一条 企业股权投资损失应依据以下相关证据材料确认：

（一）股权投资计税基础证明材料；

（二）被投资企业破产公告、破产清偿文件；

（三）工商行政管理部门注销、吊销被投资单位营业执照文件；

（四）政府有关部门对被投资单位的行政处理决定文件；

（五）被投资企业终止经营、停止交易的法律或其他证明文件；

（六）被投资企业资产处置方案、成交及入账材料；

（七）企业法定代表人、主要负责人和财务负责人签章证实有关投资（权益）性损失的书面申明；

（八）会计核算资料等其他相关证据材料。

第四十二条 被投资企业依法宣告破产、关闭、解散或撤销、吊销营业执照、停止生产经营活动、失踪等，应出具资产清偿证明或者遗产清偿证明。

上述事项超过三年以上且未能完成清算的，应出具被投资企业破产、关闭、解散或撤销、吊销等的证明以及不能清算的原因说明。

第四十三条 企业委托金融机构向其他单位贷款，或委托其他经营机构进行理财，到期不能收回贷款或理财款项，按照本办法第六章有关规定进行处理。

第四十四条 企业对外提供与本企业生产经营活动有关的担保，因被担保人不能按期偿还债务而承担连带责任，经追索，被担保人无偿还能力，对无法追回的金额，比照本办法规定的应收款项损失进行处理。

与本企业生产经营活动有关的担保是指企业对外提供的与本企业应税收入、投资、融资、材料采购、产品销售等生产经营活动相关的担保。

第四十五条 企业按独立交易原则向关联企业转让资产而发生的损失，或向关联企业提供借款、担保而形成的债权损失，准予扣除，但企业应作专项说明，同时出具中介机构出具的专项报告及其相关的证明材料。

第四十六条 下列股权和债权不得作为损失在税前扣除：

（一）债务人或者担保人有经济偿还能力，未按期偿还的企业债权；

（二）违反法律、法规的规定，以各种形式、借口逃废或悬空的企业债权；

（三）行政干预逃废或悬空的企业债权；

（四）企业未向债务人和担保人追偿的债权；

（五）企业发生非经营活动的债权；

（六）其他不应当核销的企业债权和股权。

第七章 其他资产损失的确认

第四十七条 企业将不同类别的资产捆绑（打包），以拍卖、询价、竞争性谈判、招标等市场方式出售，其出售价格低于计税成本的差额，可以作为资产损失并准予在税前申报扣除，但应出具资产处置方案、各类资产作价依据、出售过程的情况说明、出售合同或协议、成交及入账证明、资产计税基础等确定依据。

第四十八条 企业正常经营业务因内部控制制度不健全而出现操作不当、不规范或因业务创新但政策不明确、不配套等原因形成的资产损失，应由企业承担的金额，可以作为资产损失并准予在税前申报扣除，但应出具损失原因证明材料或业务监管部门定性证明、损失专项说明。

第四十九条 企业因刑事案件原因形成的损失，应由企业承担的金额，或经公安机关立案侦查两年以上仍未追回的金额，可以作为资产损失并准予在税前申报扣除，但应出具公安机关、人民检察院的立案侦查情况或人民法院的判决书等损失原因证明材料。

第八章 附 则

第五十条 本办法没有涉及的资产损失事项，只要符合企业所得税法及其实施条例等法律、法规规定的，也可以向税务机关申报扣除。

第五十一条 省、自治区、直辖市和计划单列市税务局可以根据本办法制定具体实施办法。

第五十二条 本办法自2011年1月1日起施行，《国家税务总局关于印发〈企业资产损失税前扣除管理办法〉的通知》（国税发〔2009〕88号）、《国家税务总局关于企业以前年度未扣除资产损失企业所得税处理问题的通知》（国税函〔2009〕772号）、《国家税务总局关于电信企业坏账损失税前扣除问题的通知》（国税函〔2010〕196号）同时废止。本办法生效之日前尚未进行税务处理的资产损失事项，也应按本办法执行。

(五)特殊行业与事项的费用扣除

房地产行业

《国家税务总局关于印发〈房地产开发经营业务企业所得税处理办法〉的通知》(2009年3月6日颁布　2008年1月1日起实施　国税发〔2009〕31号)①

第三章　成本、费用扣除的税务处理

第十一条　企业在进行成本、费用的核算与扣除时,必须按规定区分期间费用和开发产品计税成本、已销开发产品计税成本与未销开发产品计税成本。

第十二条　企业发生的期间费用、已销开发产品计税成本、营业税金及附加、土地增值税准予当期按规定扣除。

第十三条　开发产品计税成本的核算应按第四章的规定进行处理。

第十四条　已销开发产品的计税成本,按当期已实现销售的可售面积和可售面积单位工程成本确认。可售面积单位工程成本和已销开发产品的计税成本按下列公式计算确定:

可售面积单位工程成本 = 成本对象总成本 ÷ 成本对象总可售面积

已销开发产品的计税成本 = 已实现销售的可售面积 × 可售面积单位工程成本

第十五条　企业对尚未出售的已完工开发产品和按照有关法律、法规或合同规定对已售开发产品(包括共用部位、共用设施设备)进行日常维护、保养、修理等实际发生的维修费用,准予在当期据实扣除。

第十六条　企业将已计入销售收入的共用部位、共用设施设备维修基金按规定移交给有关部门、单位的,应于移交时扣除。

---

①　1. 根据《国家税务总局关于房地产开发企业成本对象管理问题的公告》(国家税务总局公告2014年第35号)的规定:"四、本公告自发布之日起30日后施行。《国家税务总局关于印发〈房地产开发经营业务企业所得税处理办法〉的通知》(国税发〔2009〕31号)第二十六条第二款同时废止。"2. 根据《国家税务总局关于修改部分税收规范性文件的公告》(国家税务总局公告2018年第31号)对本文进行了修改。"第八条　企业销售未完工开发产品的计税毛利率由各省、自治、直辖市税务局按下列规定进行确定:(一)开发项目位于省、自治区、直辖市和计划单列市人民政府所在地城市城区和郊区的,不得低于15%。(二)开发项目位于地及地级市城区及郊区的,不得低于10%。(三)开发项目位于其他地区的,不得低于5%。(四)属于经济适用房、限价房和危改房的,不得低于3%。"

第十七条 企业在开发区内建造的会所、物业管理场所、电站、热力站、水厂、文体场馆、幼儿园等配套设施,按以下规定进行处理:

(一)属于非营利性且产权属于全体业主的,或无偿赠与地方政府、公用事业单位的,可将其视为公共配套设施,其建造费用按公共配套设施费的有关规定进行处理。

(二)属于营利性的,或产权归企业所有的,或未明确产权归属的,或无偿赠与地方政府、公用事业单位以外其他单位的,应当单独核算其成本。除企业自用应按建造固定资产进行处理外,其他一律按建造开发产品进行处理。

第十八条 企业在开发区内建造的邮电通讯、学校、医疗设施应单独核算成本,其中,由企业与国家有关业务管理部门、单位合资建设,完工后有偿移交的,国家有关业务管理部门、单位给予的经济补偿可直接抵扣该项目的建造成本,抵扣后的差额应调整当期应纳税所得额。

第十九条 企业采取银行按揭方式销售开发产品的,凡约定企业为购买方的按揭贷款提供担保的,其销售开发产品时向银行提供的保证金(担保金)不得从销售收入中减除,也不得作为费用在当期税前扣除,但实际发生损失时可据实扣除。

第二十条 企业委托境外机构销售开发产品的,其支付境外机构的销售费用(含佣金或手续费)不超过委托销售收入10%的部分,准予据实扣除。

第二十一条 企业的利息支出按以下规定进行处理:

(一)企业为建造开发产品借入资金而发生的符合税收规定的借款费用,可按企业会计准则的规定进行归集和分配,其中属于财务费用性质的借款费用,可直接在税前扣除。

(二)企业集团或其成员企业统一向金融机构借款分摊集团内部其他成员企业使用的,借入方凡能出具从金融机构取得借款的证明文件,可以在使用借款的企业间合理的分摊利息费用,使用借款的企业分摊的合理利息准予在税前扣除。

第二十二条 企业因国家无偿收回土地使用权而形成的损失,可作为财产损失按有关规定在税前扣除。

第二十三条 企业开发产品(以成本对象为计量单位)整体报废或毁损,其净损失按有关规定审核确认后准予在税前扣除。

第二十四条 企业开发产品转为自用的,其实际使用时间累计未超过12个月又销售的,不得在税前扣除折旧费用。

第四章　计税成本的核算

第二十五条　计税成本是指企业在开发、建造开发产品(包括固定资产,下同)过程中所发生的按照税收规定进行核算与计量的应归入某项成本对象的各项费用。

第二十六条　成本对象是指为归集和分配开发产品开发、建造过程中的各项耗费而确定的费用承担项目。计税成本对象的确定原则如下:

(一)可否销售原则。开发产品能够对外经营销售的,应作为独立的计税成本对象进行成本核算;不能对外经营销售的,可先作为过渡性成本对象进行归集,然后再将其相关成本摊入能够对外经营销售的成本对象。

……

(三)功能区分原则。开发项目某组成部分相对独立,且具有不同使用功能时,可以作为独立的成本对象进行核算。

(四)定价差异原则。开发产品因其产品类型或功能不同等而导致其预期售价存在较大差异的,应分别作为成本对象进行核算。

(五)成本差异原则。开发产品因建筑上存在明显差异可能导致其建造成本出现较大差异的,要分别作为成本对象进行核算。

(六)权益区分原则。开发项目属于受托代建的或多方合作开发的,应结合上述原则分别划分成本对象进行核算。

成本对象由企业在开工之前合理确定,并报主管税务机关备案。成本对象一经确定,不能随意更改或相互混淆,如确需改变成本对象的,应征得主管税务机关同意。

第二十七条　开发产品计税成本支出的内容如下:

(一)土地征用费及拆迁补偿费。指为取得土地开发使用权(或开发权)而发生的各项费用,主要包括土地买价或出让金、大市政配套费、契税、耕地占用税、土地使用费、土地闲置费、土地变更用途和超面积补交的地价及相关税费、拆迁补偿支出、安置及动迁支出、回迁房建造支出、农作物补偿费、危房补偿费等。

(二)前期工程费。指项目开发前期发生的水文地质勘察、测绘、规划、设计、可行性研究、筹建、场地通平等前期费用。

(三)建筑安装工程费。指开发项目开发过程中发生的各项建筑安装费用。主要包括开发项目建筑工程费和开发项目安装工程费等。

(四)基础设施建设费。指开发项目在开发过程中所发生的各项基础设施支出,主要包括开发项目内道路、供水、供电、供气、排污、排洪、通讯、照明等社区管网工程费和环境卫生、园林绿化等园林环境工程费。

（五）公共配套设施费：指开发项目内发生的、独立的、非营利性的，且产权属于全体业主的，或无偿赠与地方政府、政府公用事业单位的公共配套设施支出。

（六）开发间接费。指企业为直接组织和管理开发项目所发生的，且不能将其归属于特定成本对象的成本费用性支出。主要包括管理人员工资、职工福利费、折旧费、修理费、办公费、水电费、劳动保护费、工程管理费、周转房摊销以及项目营销设施建造费等。

第二十八条 企业计税成本核算的一般程序如下：

（一）对当期实际发生的各项支出，按其性质、经济用途及发生的地点、时间区进行整理、归类，并将其区分为应计入成本对象的成本和应在当期税前扣除的期间费用。同时还应按规定对在有关预提费用和待摊费用进行计量与确认。

（二）对应计入成本对象中的各项实际支出、预提费用、待摊费用等合理的划分为直接成本、间接成本和共同成本，并按规定将其合理的归集、分配至已完工成本对象、在建成本对象和未建成本对象。

（三）对期前已完工成本对象应负担的成本费用按已销开发产品、未销开发产品和固定资产进行分配，其中应由已销开发产品负担的部分，在当期纳税申报时进行扣除，未销开发产品应负担的成本费用待其实际销售时再予扣除。

（四）对本期已完工成本对象分类为开发产品和固定资产并对其计税成本进行结算。其中属于开发产品的，应按可售面积计算其单位工程成本，据此再计算已销开发产品计税成本和未销开发产品计税成本。对本期已销开发产品的计税成本，准予在当期扣除，未销开发产品计税成本待其实际销售时再予扣除。

（五）对本期未完工和尚未建造的成本对象应当负担的成本费用，应按分别建立明细台帐，待开发产品完工后再予结算。

第二十九条 企业开发、建造的开发产品应按制造成本法进行计量与核算。其中，应计入开发产品成本中的费用属于直接成本和能够分清成本对象的间接成本，直接计入成本对象，共同成本和不能分清负担对象的间接成本，应按受益的原则和配比的原则分配至各成本对象，具体分配方法可按以下规定选择其一：

（一）占地面积法。指按已动工开发成本对象占地面积占开发用地总面积的比例进行分配。

1. 一次性开发的，按某一成本对象占地面积占全部成本对象占地总面积的比例进行分配。

2. 分期开发的，首先按本期全部成本对象占地面积占开发用地总面积的比例进行分配，然后再按某一成本对象占地面积占期内全部成本对象占地总面积的比例进行分配。

期内全部成本对象应负担的占地面积为期内开发用地占地面积减除应由各期成本对象共同负担的占地面积。

（二）建筑面积法。指按已动工开发成本对象建筑面积占开发用地总建筑面积的比例进行分配。

1. 一次性开发的，按某一成本对象建筑面积占全部成本对象建筑面积的比例进行分配。

2. 分期开发的，首先按期内成本对象建筑面积占开发用地计划建筑面积的比例进行分配，然后再按某一成本对象建筑面积占期内成本对象总建筑面积的比例进行分配。

（三）直接成本法。指按期内某一成本对象的直接开发成本占期内全部成本对象直接开发成本的比例进行分配。

（四）预算造价法。指按期内某一成本对象预算造价占期内全部成本对象预算造价的比例进行分配。

第三十条　企业下列成本应按以下方法进行分配：

（一）土地成本，一般按占地面积法进行分配。如果确需结合其他方法进行分配的，应商税务机关同意。

土地开发同时连结房地产开发的，属于一次性取得土地分期开发房地产的情况，其土地开发成本经商税务机关同意后可先按土地整体预算成本进行分配，待土地整体开发完毕再行调整。

（二）单独作为过渡性成本对象核算的公共配套设施开发成本，应按建筑面积法进行分配。

（三）借款费用属于不同成本对象共同负担的，按直接成本法或按预算造价法进行分配。

（四）其他成本项目的分配法由企业自行确定。

第三十一条　企业以非货币交易方式取得土地使用权的，应按下列规定确定其成本：

（一）企业、单位以换取开发产品为目的，将土地使用权投资企业的，按下列规定进行处理：

1. 换取的开发产品如为该项土地开发、建造的，接受投资的企业在接受土地使用权时暂不确认其成本，待首次分出开发产品时，再按应分出开发产品(包括首次分出的和以后应分出的)的市场公允价值和土地使用权转移过程中应支付的相关税费计算确认该项土地使用权的成本。如涉及补价，土地使用权的取得成本还应加上应支付的补价款或减除应收到的补价款。

2. 换取的开发产品如为其他土地开发、建造的，接受投资的企业在投资交易发生时，按应付出开发产品市场公允价值和土地使用权转移过程中应支付的相关税费计算确认该项土地使用权的成本。如涉及补价，土地使用权的取得成本还应加上应支付的补价款或减除应收到的补价款。

(二)企业、单位以股权的形式，将土地使用权投资企业的，接受投资的企业应在投资交易发生时，按该项土地使用权的市场公允价值和土地使用权转移过程中应支付的相关税费计算确认该项土地使用权的取得成本。如涉及补价，土地使用权的取得成本还应加上应支付的补价款或减除应收到的补价款。

第三十二条 除以下几项预提(应付)费用外，计税成本均应为实际发生的成本。

(一)出包工程未最终办理结算而未取得全额发票的，在证明资料充分的前提下，其发票不足金额可以预提，但最高不得超过合同总金额的10%。

(二)公共配套设施尚未建造或尚未完工的，可按预算造价合理预提建造费用。此类公共配套设施必须符合已在售房合同、协议或广告、模型中明确承诺建造且不可撤销，或按照法律法规规定必须配套建造的条件。

(三)应向政府上交但尚未上交的报批报建费用、物业完善费用可以按规定预提。物业完善费用是指按规定应由企业承担的物业管理基金、公建维修基金或其他专项基金。

第三十三条 企业单独建造的停车场所，应作为成本对象单独核算。利用地下基础设施形成的停车场所，作为公共配套设施进行处理。

第三十四条 企业在结算计税成本时其实际发生的支出应当取得但未取得合法凭据的，不得计入计税成本，待实际取得合法凭据时，再按规定计入计税成本。

第三十五条 开发产品完工以后，企业可在完工年度企业所得税汇算清缴前选择确定计税成本核算的终止日，不得滞后。凡已完工开发产品在完工年度未按规定结算计税成本，主管税务机关有权确定或核定其计税成本，据此进行纳税调整，并按《中华人民共和国税收征收管理法》的有关规定对其进行处理。

第三十七条　企业以换取开发产品为目的，将土地使用权投资其他企业房地产开发项目的，按以下规定进行处理：

企业应在首次取得开发产品时，将其分解为转让土地使用权和购入开发产品两项经济业务进行所得税处理，并按应从该项目取得的开发产品（包括首次取得的和以后应取得的）的市场公允价值计算确认土地使用权转让所得或损失。

保险行业

1.《国家税务总局关于保险公司再保险业务赔款支出税前扣除问题的通知》（2009年6月4日颁布　国税函〔2009〕313号）

各省、自治区、直辖市和计划单列市国家税务局：

现将保险公司再保险业务赔款支出税前扣除问题通知如下：

根据《中华人民共和国企业所得税法实施条例》第九条的规定，从事再保险业务的保险公司（以下称再保险公司）发生的再保险业务赔款支出，按照权责发生制的原则，应在收到从事直保业务公司（以下称直保公司）再保险业务赔款账单时，作为企业当期成本费用扣除。为便于再保险公司再保险业务的核算，凡在次年企业所得税汇算清缴前，再保险公司收到直保公司再保险业务赔款账单中属于上年度的赔款，准予调整作为上年度的成本费用扣除，同时调整已计提的未决赔款准备金；次年汇算清缴后收到直保公司再保险业务赔款账单的，按该赔款账单上发生的赔款支出，在收单年度作为成本费用扣除。

2.《国家税务总局关于企业所得税应纳税所得额若干问题的公告》（2014年5月23日颁布　2013年1月1日起实施　国家税务总局公告2014年第29号）

根据《中华人民共和国企业所得税法》及其实施条例（以下简称税法）的规定，现将企业所得税应纳税所得额若干问题公告如下：

三、保险企业准备金支出的企业所得税处理

根据《财政部国家税务总局关于保险公司准备金支出企业所得税税前扣除有关政策问题的通知》（财税〔2012〕45号）有关规定，保险企业未到期责任准备金、寿险责任准备金、长期健康险责任准备金、已发生已报告未决赔款准备金和已发生未报告未决赔款准备金应按财政部下发的企业会计有关规定计算扣除。

保险企业在计算扣除上述各项准备金时，凡未执行财政部有关会计规定仍执行中国保险监督管理委员会有关监管规定的，应将两者之间的差额调整当期应纳税所得额。

四、核电厂操纵员培养费的企业所得税处理

核力发电企业为培养核电厂操纵员发生的培养费用，可作为企业的发电成本在税前扣除。企业应将核电厂操纵员培养费与员工的职工教育经费严格区分，单独核算，员工实际发生的职工教育经费支出不得计入核电厂操纵员培养费直接扣除。

3.《财政部　国家税务总局关于保险企业计提准备金有关税收处理问题的通知》（2015年10月26日颁布　2015年10月26日起实施　财税〔2015〕115号）

各省、自治区、直辖市、计划单列市财政厅（局）、国家税务局、地方税务局，新疆生产建设兵团财务局：

按照《中华人民共和国企业所得税法》及其实施条例有关规定，现就保险企业在执行财政部企业会计规定过程中有关计提准备金的税收处理事项明确如下：

一、保险企业执行财政部《保险合同相关会计处理规定》后，其提取的未到期责任准备金、寿险责任准备金、长期健康险责任准备金、已发生已报告未决赔款准备金和已发生未报告未决赔款准备金，应按照《财政部　国家税务总局关于保险公司准备金支出企业所得税税前扣除有关政策问题的通知》（财税〔2012〕45号）规定计算并准予在企业所得税税前扣除。

二、保险企业因执行财政部企业会计规定计提的准备金与之前执行中国保险业监督管理委员会有关监管规定计提的准备金形成的差额，应计入保险企业应纳税所得额。凡上述准备金差额尚未进行税务处理的，可分10年均匀计入2015年及以后年度应纳税所得额；已进行税务处理的不再分期计入以后年度应纳税所得额。

4.《财政部　国家税务总局关于保险公司准备金支出企业所得税税前扣除有关政策问题的通知》（2016年11月2日颁布　2016年1月1日起实施　财税〔2016〕114号）①

各省、自治区、直辖市、计划单列市财政厅（局）、国家税务局、地方税务局，新疆生产建设兵团财务局：

① 该文件执行到期后继续执行。详细可参见《财政部　税务总局关于延长部分税收优惠政策执行期限的公告》（财政部　税务总局公告2021年第6号）。

根据《中华人民共和国企业所得税法》和《中华人民共和国企业所得税法实施条例》的有关规定，现就保险公司准备金支出企业所得税税前扣除有关问题明确如下：

一、保险公司按下列规定缴纳的保险保障基金，准予据实税前扣除：

1. 非投资型财产保险业务，不得超过保费收入的0.8%；投资型财产保险业务，有保证收益的，不得超过业务收入的0.08%，无保证收益的，不得超过业务收入的0.05%。

2. 有保证收益的人寿保险业务，不得超过业务收入的0.15%；无保证收益的人寿保险业务，不得超过业务收入的0.05%。

3. 短期健康保险业务，不得超过保费收入的0.8%；长期健康保险业务，不得超过保费收入的0.15%。

4. 非投资型意外伤害保险业务，不得超过保费收入的0.8%；投资型意外伤害保险业务，有保证收益的，不得超过业务收入的0.08%，无保证收益的，不得超过业务收入的0.05%。

保险保障基金，是指按照《中华人民共和国保险法》和《保险保障基金管理办法》规定缴纳形成的，在规定情形下用于救助保单持有人、保单受让公司或者处置保险业风险的非政府性行业风险救助基金。

保费收入，是指投保人按照保险合同约定，向保险公司支付的保险费。

业务收入，是指投保人按照保险合同约定，为购买相应的保险产品支付给保险公司的全部金额。

非投资型财产保险业务，是指仅具有保险保障功能而不具有投资理财功能的财产保险业务。

投资型财产保险业务，是指兼具有保险保障与投资理财功能的财产保险业务。

有保证收益，是指保险产品在投资收益方面提供固定收益或最低收益保障。

无保证收益，是指保险产品在投资收益方面不提供收益保证，投保人承担全部投资风险。

二、保险公司有下列情形之一的，其缴纳的保险保障基金不得在税前扣除：

1. 财产保险公司的保险保障基金余额达到公司总资产6%的。

2. 人身保险公司的保险保障基金余额达到公司总资产1%的。

三、保险公司按国务院财政部门的相关规定提取的未到期责任准备金、寿险责任准备金、长期健康险责任准备金、已发生已报案未决赔款准备金和已发生未报案未决赔款准备金，准予在税前扣除。

1. 未到期责任准备金、寿险责任准备金、长期健康险责任准备金依据经中国保监会核准任职资格的精算师或出具专项审计报告的中介机构确定的金额提取。

未到期责任准备金，是指保险人为尚未终止的非寿险保险责任提取的准备金。

寿险责任准备金，是指保险人为尚未终止的人寿保险责任提取的准备金。

长期健康险责任准备金，是指保险人为尚未终止的长期健康保险责任提取的准备金。

2. 已发生已报案未决赔款准备金，按最高不超过当期已经提出的保险赔款或者给付金额的100%提取；已发生未报案未决赔款准备金按不超过当年实际赔款支出额的8%提取。

已发生已报案未决赔款准备金，是指保险人为非寿险保险事故已经发生并已向保险人提出索赔、尚未结案的赔案提取的准备金。

已发生未报案未决赔款准备金，是指保险人为非寿险保险事故已经发生、尚未向保险人提出索赔的赔案提取的准备金。

四、保险公司经营财政给予保费补贴的农业保险，按不超过财政部门规定的农业保险大灾风险准备金（简称大灾准备金）计提比例，计提的大灾准备金，准予在企业所得税前据实扣除。具体计算公式如下：

本年度扣除的大灾准备金 = 本年度保费收入 × 规定比例 - 上年度已在税前扣除的大灾准备金结存余额。

按上述公式计算的数额如为负数，应调增当年应纳税所得额。

财政给予保费补贴的农业保险，是指各级财政按照中央财政农业保险保费补贴政策规定给予保费补贴的种植业、养殖业、林业等农业保险。

规定比例，是指按照《财政部关于印发〈农业保险大灾风险准备金管理办法〉的通知》（财金〔2013〕129号）确定的计提比例。

五、保险公司实际发生的各种保险赔款、给付，应首先冲抵按规定提取的准备金，不足冲抵部分，准予在当年税前扣除。

六、本通知自2016年1月1日至2020年12月31日执行。

5.《财政部　税务总局关于保险企业手续费及佣金支出税前扣除政策的公告》（2019年5月28日颁布　2019年1月1日起实施　财政部　税务总局公告2019年第72号）

现就保险企业发生的手续费及佣金支出企业所得税税前扣除政策公告如下：

一、保险企业发生与其经营活动有关的手续费及佣金支出，不超过当年全部保费收入扣除退保金等后余额的18%（含本数）的部分，在计算应纳税所得额时准予扣除；超过部分，允许结转以后年度扣除。

二、保险企业发生的手续费及佣金支出税前扣除的其他事项继续按照《财政部　国家税务总局关于企业手续费及佣金支出税前扣除政策的通知》（财税〔2009〕29号）中第二条至第五条相关规定处理。保险企业应建立健全手续费及佣金的相关管理制度，并加强手续费及佣金结转扣除的台账管理。

三、本公告自2019年1月1日起执行。《财政部　国家税务总局关于企业手续费及佣金支出税前扣除政策的通知》（财税〔2009〕29号）第一条中关于保险企业手续费及佣金税前扣除的政策和第六条同时废止。保险企业2018年度汇算清缴按照本公告规定执行。

金融行业

1.《国家税务总局关于金融企业涉农贷款和中小企业贷款损失税前扣除问题的公告》（2015年4月27日颁布　2014年1月1日起实施　国家税务总局公告2015年第25号）

为鼓励金融企业加大对涉农贷款和中小企业贷款力度，及时处置涉农贷款和中小企业贷款损失，增强金融企业抵御风险能力，根据《中华人民共和国企业所得税法》及其实施条例、《财政部　国家税务总局关于企业资产损失税前扣除政策的通知》（财税〔2009〕57号）、《国家税务总局关于发布〈企业资产损失所得税税前扣除管理办法〉的公告》（国家税务总局公告2011年第25号）的规定，现就金融企业涉农贷款和中小企业贷款损失所得税前扣除问题公告如下：

一、金融企业涉农贷款、中小企业贷款逾期1年以上，经追索无法收回，应依据涉农贷款、中小企业贷款分类证明，按下列规定计算确认贷款损失进行税前扣除：

（一）单户贷款余额不超过300万元（含300万元）的，应依据向借款人和担保人的有关原始追索记录（包括司法追索、电话追索、信件追索和上门追索等原始记录之一，并由经办人和负责人共同签章确认），计算确认损失进行税前扣除。

（二）单户贷款余额超过300万元至1000万元（含1000万元）的，应依据有关原始追索记录（应当包括司法追索记录，并由经办人和负责人共同签章确认），计算确认损失进行税前扣除。

（三）单户贷款余额超过1000万元的，仍按《国家税务总局关于发布

〈企业资产损失所得税税前扣除管理办法〉的公告》(国家税务总局公告2011年第25号)有关规定计算确认损失进行税前扣除。

二、金融企业涉农贷款和中小企业贷款的分类标准,按照《财政部 国家税务总局关于金融企业涉农贷款和中小企业贷款损失准备金税前扣除有关问题的通知》(财税〔2015〕3号)规定执行。

三、金融企业应当建立健全贷款损失内部核销管理制度,严格内部责任认定和追究,及时收集、整理、编制、审核、申报、保存资产损失税前扣除证据材料。

对不符合法定条件扣除的贷款损失,或弄虚作假进行税前扣除的,应追溯调整以前年度的税务处理,并按《中华人民共和国税收征收管理法》有关规定进行处罚。

四、本公告适用2014年度及以后年度涉农贷款和中小企业贷款损失的税前扣除。

2.《财政部 国家税务总局关于银行业金融机构存款保险保费企业所得税税前扣除有关政策问题的通知》(2016年10月8日颁布 2015年5月1日起实施 财税〔2016〕106号)

各省、自治区、直辖市、计划单列市财政厅(局)、国家税务局、地方税务局,新疆生产兵团财务局:

根据《中华人民共和国企业所得税法》及《中华人民共和国企业所得税法实施条例》的有关规定,现就银行业金融机构存款保险保费企业所得税税前扣除政策问题明确如下:

一、银行业金融机构依据《存款保险条例》的有关规定、按照不超过万分之一点六的存款保险费率,计算交纳的存款保险保费,准予在企业所得税税前扣除。

二、准予在企业所得税税前扣除的存款保险保费计算公式如下:

准予在企业所得税税前扣除的存款保险保费=保费基数×存款保险费率。

保费基数以中国人民银行核定的数额为准。

三、准予在企业所得税税前扣除的存款保险保费,不包括存款保险保费滞纳金。

四、银行业金融机构是指《存款保险条例》规定在我国境内设立的商业银行、农村合作银行、农村信用合作社等吸收存款的银行业金融机构。

五、本通知自2015年5月1日起执行。

3.《财政部 国家税务总局关于证券行业准备金支出企业所得税税前扣除有关政策问题的通知》(2017年3月21日颁布 2016年1月1日起实施 财税〔2017〕23号)①

各省、自治区、直辖市、计划单列市财政厅(局)、国家税务局、地方税务局,新疆生产建设兵团财务局:

根据《中华人民共和国企业所得税法》和《中华人民共和国企业所得税法实施条例》的有关规定,现就证券行业准备金支出企业所得税税前扣除有关政策问题明确如下:

一、证券类准备金

(一)证券交易所风险基金。

上海、深圳证券交易所依据《证券交易所风险基金管理暂行办法》(证监发〔2000〕22号)的有关规定,按证券交易所交易收取经手费的20%、会员年费的10%提取的证券交易所风险基金,在各基金净资产不超过10亿元的额度内,准予在企业所得税税前扣除。

(二)证券结算风险基金。

1. 中国证券登记结算公司所属上海分公司、深圳分公司依据《证券结算风险基金管理办法》(证监发〔2006〕65号)的有关规定,按证券登记结算公司业务收入的20%提取的证券结算风险基金,在各基金净资产不超过30亿元的额度内,准予在企业所得税税前扣除。

2. 证券公司依据《证券结算风险基金管理办法》(证监发〔2006〕65号)的有关规定,作为结算会员按人民币普通股和基金成交金额的十万分之三、国债现货成交金额的十万分之一、1天期国债回购成交额的千万分之五、2天期国债回购成交额的千万分之十、3天期国债回购成交额的千万分之十五、4天期国债回购成交额的千万分之二十、7天期国债回购成交额的千万分之五十、14天期国债回购成交额的十万分之一、28天期国债回购成交额的十万分之二、91天期国债回购成交额的十万分之六、182天期国债回购成交额的十万分之十二逐日交纳的证券结算风险基金,准予在企业所得税税前扣除。

(三)证券投资者保护基金。

1. 上海、深圳证券交易所依据《证券投资者保护基金管理办法》(证监会令第27号、第124号)的有关规定,在风险基金分别达到规定的上限后,按交易经手费的20%缴纳的证券投资者保护基金,准予在企

① 该文件执行到期后继续执行。详细可参见《财政部 税务总局关于延长部分税收优惠政策执行期限的公告》(财政部 税务总局公告2021年第6号)。

业所得税税前扣除。

2. 证券公司依据《证券投资者保护基金管理办法》(证监会令第27号、第124号)的有关规定,按其营业收入0.5%—5%缴纳的证券投资者保护基金,准予在企业所得税税前扣除。

二、期货类准备金

(一)期货交易所风险准备金。

大连商品交易所、郑州商品交易所和中国金融期货交易所依据《期货交易管理条例》(国务院令第489号)、《期货交易所管理办法》(证监会令第42号)和《商品期货交易财务管理暂行规定》(财商字〔1997〕44号)的有关规定,上海期货交易所依据《期货交易管理条例》(国务院令第489号)、《期货交易所管理办法》(证监会令第42号)和《关于调整上海期货交易所风险准备金规模的批复》(证监函〔2009〕407号)的有关规定,分别按向会员收取手续费收入的20%计提的风险准备金,在风险准备金余额达到有关规定的额度内,准予在企业所得税税前扣除。

(二)期货公司风险准备金。

期货公司依据《期货公司管理办法》(证监会令第43号)和《商品期货交易财务管理暂行规定》(财商字〔1997〕44号)的有关规定,从其收取的交易手续费收入减去应付期货交易所手续费后的净收入的5%提取的期货公司风险准备金,准予在企业所得税税前扣除。

(三)期货投资者保障基金。

1. 上海期货交易所、大连商品交易所、郑州商品交易所和中国金融期货交易所依据《期货投资者保障基金管理办法》(证监会令第38号、第129号)和《关于明确期货投资者保障基金缴纳比例有关事项的规定》(证监会　财政部公告〔2016〕26号)的有关规定,按其向期货公司会员收取的交易手续费的2%(2016年12月8日前按3%)缴纳的期货投资者保障基金,在基金总额达到有关规定的额度内,准予在企业所得税税前扣除。

2. 期货公司依据《期货投资者保障基金管理办法》(证监会令第38号、第129号)和《关于明确期货投资者保障基金缴纳比例有关事项的规定》(证监会　财政部公告〔2016〕26号)的有关规定,从其收取的交易手续费中按照代理交易额的亿分之五至亿分之十的比例(2016年12月8日前按千万分之五至千万分之十的比例)缴纳的期货投资者保障基金,在基金总额达到有关规定的额度内,准予在企业所得税税前扣除。

三、上述准备金如发生清算、退还，应按规定补征企业所得税。

四、本通知自2016年1月1日起至2020年12月31日止执行。《财政部　国家税务总局关于证券行业准备金支出企业所得税税前扣除有关政策问题的通知》（财税〔2012〕11号）同时废止。

4.《财政部　国家税务总局关于中小企业融资（信用）担保机构有关准备金企业所得税税前扣除政策的通知》（2017年3月21日颁布　2016年1月1日起实施　财税〔2017〕22号）①

各省、自治区、直辖市、计划单列市财政厅（局）、国家税务局、地方税务局，新疆生产建设兵团财务局：

根据《中华人民共和国企业所得税法》和《中华人民共和国企业所得税法实施条例》的有关规定，现就中小企业融资（信用）担保机构有关准备金企业所得税税前扣除政策问题通知如下：

一、符合条件的中小企业融资（信用）担保机构按照不超过当年年末担保责任余额1%的比例计提的担保赔偿准备，允许在企业所得税税前扣除，同时将上年度计提的担保赔偿准备余额转为当期收入。

二、符合条件的中小企业融资（信用）担保机构按照不超过当年担保费收入50%的比例计提的未到期责任准备，允许在企业所得税税前扣除，同时将上年度计提的未到期责任准备余额转为当期收入。

三、中小企业融资（信用）担保机构实际发生的代偿损失，符合税收法律法规关于资产损失税前扣除政策规定的，应冲减已在税前扣除的担保赔偿准备，不足冲减部分据实在企业所得税税前扣除。

四、本通知所称符合条件的中小企业融资（信用）担保机构，必须同时满足以下条件：

（一）符合《融资性担保公司管理暂行办法》（银监会等七部委令2010年第3号）相关规定，并具有融资性担保机构监管部门颁发的经营许可证；

（二）以中小企业为主要服务对象，当年中小企业信用担保业务和再担保业务发生额占当年信用担保业务发生总额的70%以上（上述收入不包括信用评级、咨询、培训等收入）；

（三）中小企业融资担保业务的平均年担保费率不超过银行同期贷款基准利率的50%；

---

① 该文件执行到期后继续执行。详细可参见《财政部　税务总局关于延长部分税收优惠政策执行期限的公告》（财政部　税务总局公告2021年第6号）。

(四)财政、税务部门规定的其他条件。

五、申请享受本通知规定的准备金税前扣除政策的中小企业融资(信用)担保机构,在汇算清缴时,需报送法人执照副本复印件、融资性担保机构监管部门颁发的经营许可证复印件、年度会计报表和担保业务情况(包括担保业务明细和风险准备金提取等),以及财政、税务部门要求提供的其他材料。

六、本通知自2016年1月1日起至2020年12月31日止执行。《财政部　国家税务总局关于中小企业信用担保机构有关准备金企业所得税税前扣除政策的通知》(财税〔2012〕25号)同时废止。

5.《财政部　税务总局关于金融企业涉农贷款和中小企业贷款损失准备金税前扣除有关政策的公告》(2019年8月23日颁布　2019年1月1日起实施　财政部　税务总局公告2019年第85号)①

根据《中华人民共和国企业所得税法》及《中华人民共和国企业所得税法实施条例》的有关规定,现就金融企业涉农贷款和中小企业贷款损失准备金的企业所得税税前扣除政策公告如下:

一、金融企业根据《贷款风险分类指引》(银监发〔2007〕54号),对其涉农贷款和中小企业贷款进行风险分类后,按照以下比例计提的贷款损失准备金,准予在计算应纳税所得额时扣除:

(一)关注类贷款,计提比例为2%;

(二)次级类贷款,计提比例为25%;

(三)可疑类贷款,计提比例为50%;

(四)损失类贷款,计提比例为100%。

二、本公告所称涉农贷款,是指《涉农贷款专项统计制度》(银发〔2007〕246号)统计的以下贷款:

(一)农户贷款;

(二)农村企业及各类组织贷款。

本条所称农户贷款,是指金融企业发放给农户的所有贷款。农户贷款的判定应以贷款发放时的承贷主体是否属于农户为准。农户,是指长期(一年以上)居住在乡镇(不包括城关镇)行政管理区域内的住户,还包括长期居住在城关镇所辖行政村范围内的住户和户口不在本地而在本地居住一年以上的住户,国有农场的职工和农村个体工商户。

① 该文件执行到期后继续执行。详细可参见《财政部　税务总局关于延长部分税收优惠政策执行期限的公告》(财政部　税务总局公告2021年第6号)。

位于乡镇(不包括城关镇)行政管理区域内和在城关镇所辖行政村范围内的国有经济的机关、团体、学校、企事业单位的集体户;有本地户口,但举家外出谋生一年以上的住户,无论是否保留承包耕地均不属于农户。农户以户为统计单位,既可以从事农业生产经营,也可以从事非农业生产经营。

本条所称农村企业及各类组织贷款,是指金融企业发放给注册地位于农村区域的企业及各类组织的所有贷款。农村区域,是指除地级及以上城市的城市行政区及其市辖建制镇之外的区域。

三、本公告所称中小企业贷款,是指金融企业对年销售额和资产总额均不超过2亿元的企业的贷款。

四、金融企业发生的符合条件的涉农贷款和中小企业贷款损失,应先冲减已在税前扣除的贷款损失准备金,不足冲减部分可据实在计算应纳税所得额时扣除。

五、本公告自2019年1月1日起执行至2023年12月31日。

6.《财政部　税务总局关于金融企业贷款损失准备金企业所得税税前扣除有关政策的公告》(2019年8月23日颁布　2019年1月1日起实施　财政部　税务总局公告2019年第86号)①

根据《中华人民共和国企业所得税法》及《中华人民共和国企业所得税法实施条例》的有关规定,现就政策性银行、商业银行、财务公司、城乡信用社和金融租赁公司等金融企业提取的贷款损失准备金的企业所得税税前扣除政策公告如下:

一、准予税前提取贷款损失准备金的贷款资产范围包括:

(一)贷款(含抵押、质押、保证、信用等贷款);

(二)银行卡透支、贴现、信用垫款(含银行承兑汇票垫款、信用证垫款、担保垫款等)、进出口押汇、同业拆出、应收融资租赁款等具有贷款特征的风险资产;

(三)由金融企业转贷并承担对外还款责任的国外贷款,包括国际金融组织贷款、外国买方信贷、外国政府贷款、日本国际协力银行不附条件贷款和外国政府混合贷款等资产。

二、金融企业准予当年税前扣除的贷款损失准备金计算公式如下:

---

①　该文件执行到期后继续执行。详细可参见《财政部　税务总局关于延长部分税收优惠政策执行期限的公告》(财政部　税务总局公告2021年第6号)。

准予当年税前扣除的贷款损失准备金＝本年末准予提取贷款损失准备金的贷款资产余额×1%－截至上年末已在税前扣除的贷款损失准备金的余额

金融企业按上述公式计算的数额如为负数，应当相应调增当年应纳税所得额。

三、金融企业的委托贷款、代理贷款、国债投资、应收股利、上交央行准备金以及金融企业剥离的债权和股权、应收财政贴息、央行款项等不承担风险和损失的资产，以及除本公告第一条列举资产之外的其他风险资产，不得提取贷款损失准备金在税前扣除。

四、金融企业发生的符合条件的贷款损失，应先冲减已在税前扣除的贷款损失准备金，不足冲减部分可据实在计算当年应纳税所得额时扣除。

五、金融企业涉农贷款和中小企业贷款损失准备金的税前扣除政策，凡按照《财政部　税务总局关于金融企业涉农贷款和中小企业贷款损失准备金税前扣除有关政策的公告》(财政部　税务总局公告2019年第85号)的规定执行的，不再适用本公告第一条至第四条的规定。

六、本公告自2019年1月1日起执行至2023年12月31日。

7.《国家税务总局关于中国长城资产管理公司企业所得税征管问题的公告》(2013年9月29日颁布　2013年1月1日实施　国家税务总局公告2013年第57号)

根据《财政部　国家税务总局　中国人民银行关于明确中国邮政储蓄银行等企业所得税收入归属的通知》(财预〔2013〕34号)规定，中国长城资产管理公司缴纳的企业所得税为中央收入，全部缴入中央国库，为此，依据《国家税务总局关于中国工商银行股份有限公司等企业企业所得税有关征管问题的通知》(国税函〔2010〕184号)规定，现将中国长城资产管理公司企业所得税征管问题公告如下：

一、中国长城资产管理公司企业所得税管理，应按国税函〔2010〕184号第一条规定执行。

二、中国长城资产管理公司及其所属分支机构发生的资产损失，按照《国家税务总局关于发布〈企业资产损失所得税税前扣除管理办法〉的公告》(国家税务总局公告2011年第25号)的规定办理。

四、本公告自2013年1月1日起施行。

政策性搬迁

1.《国家税务总局关于发布〈企业政策性搬迁所得税管理办法〉的公告》(2012年8月10日颁布　2012年10月1日起实施　国家税务总局公告2012年第40号)①

第三章　搬迁支出

第八条　企业的搬迁支出，包括搬迁费用支出以及由于搬迁所发生的企业资产处置支出。

第九条　搬迁费用支出，是指企业搬迁期间所发生的各项费用，包括安置职工实际发生的费用、停工期间支付给职工的工资及福利费、临时存放搬迁资产而发生的费用、各类资产搬迁安装费用以及其他与搬迁相关的费用。

第十条　资产处置支出，是指企业由于搬迁而处置各类资产所发生的支出，包括变卖及处置各类资产的净值、处置过程中所发生的税费等支出。

企业由于搬迁而报废的资产，如无转让价值，其净值作为企业的资产处置支出。

第四章　搬迁资产税务处理

第十一条　企业搬迁的资产，简单安装或不需要安装即可继续使用的，在该项资产重新投入使用后，就其净值按《企业所得税法》及其实施条例规定的该资产尚未折旧或摊销的年限，继续计提折旧或摊销。

第十二条　企业搬迁的资产，需要进行大修理后才能重新使用的，应就该资产的净值，加上大修理过程所发生的支出，为该资产的计税成本。在该项资产重新投入使用后，按该资产尚可使用的年限，计提折旧或摊销。

第十三条　企业搬迁中被征用的土地，采取土地置换的，换入土地的计税成本按被征用土地的净值，以及该换入土地投入使用前所发生的各项费用支出，为该换入土地的计税成本，在该换入土地投入使用后，按《企业所得税法》及其实施条例规定年限摊销。

---

①　1. 根据《国家税务总局关于企业所得税年度纳税申报有关事项的公告》(国家税务总局公告2022年第27号)，第二十五条关于“应同时报送《企业政策性搬迁清算损益表》(表样附后)”的规定和附件《企业政策性搬迁清算损益表》同时废止。2. 根据《国家税务总局关于企业政策性搬迁所得税有关问题的公告》(国家税务总局公告2013年第11号)，第二十六条废止。

第十四条　企业搬迁期间新购置的各类资产，应按《企业所得税法》及其实施条例等有关规定，计算确定资产的计税成本及折旧或摊销年限。企业发生的购置资产支出，不得从搬迁收入中扣除。

2.《国家税务总局关于企业政策性搬迁所得税有关问题的公告》(2013年3月12日颁布　2012年10月1日起实施　国家税务总局公告2013年第11号)

现就《国家税务总局关于发布〈企业政策性搬迁所得税管理办法〉的公告》(国家税务总局2012年第40号公告)贯彻落实过程中有关问题，公告如下：

一、凡在国家税务总局2012年第40号公告生效前已经签订搬迁协议且尚未完成搬迁清算的企业政策性搬迁项目，企业在重建或恢复生产过程中购置的各类资产，可以作为搬迁支出，从搬迁收入中扣除。但购置的各类资产，应剔除该搬迁补偿收入后，作为该资产的计税基础，并按规定计算折旧或费用摊销。凡在国家税务总局2012年第40号公告生效后签订搬迁协议的政策性搬迁项目，应按国家税务总局2012年第40号公告有关规定执行。

二、企业政策性搬迁被征用的资产，采取资产置换的，其换入资产的计税成本按被征用资产的净值，加上换入资产所支付的税费(涉及补价，还应加上补价款)计算确定。

三、本公告自2012年10月1日起执行。国家税务总局2012年第40号公告第二十六条同时废止。

3.《财政部　国家税务总局关于企业参与政府统一组织的棚户区改造有关企业所得税政策问题的通知》(2013年9月30日颁布　2013年1月1日起实施　财税〔2013〕65号)

各省、自治区、直辖市、计划单列市财政厅(局)、国家税务局、地方税务局，新疆生产建设兵团财务局：

根据《国务院关于加快棚户区改造工作的意见》(国发〔2013〕25号)精神，为鼓励企业参与政府统一组织的棚户区(危房)改造工作，帮助解决低收入家庭住房困难，现将企业参与政府统一组织的工矿(含中央下放煤矿)棚户区改造、林区棚户区改造、垦区危房改造有关企业所得税政策问题通知如下：

一、企业参与政府统一组织的工矿(含中央下放煤矿)棚户区改造、林区棚户区改造、垦区危房改造并同时符合一定条件的棚户区改造支出，准予在企业所得税前扣除。

二、本通知所称同时符合一定条件的棚户区改造支出，是指同时满足以下条件的棚户区改造支出：

（一）棚户区位于远离城镇、交通不便，市政公用、教育医疗等社会公共服务缺乏城镇依托的独立矿区、林区或垦区；

（二）该独立矿区、林区或垦区不具备商业性房地产开发条件；

（三）棚户区市政排水、给水、供电、供暖、供气、垃圾处理、绿化、消防等市政服务或公共配套设施不齐全；

（四）棚户区房屋集中连片户数不低于50户，其中，实际在该棚户区居住且在本地区无其他住房的职工（含离退休职工）户数占总户数的比例不低于75%；

（五）棚户区房屋按照《房屋完损等级评定标准》和《危险房屋鉴定标准》评定属于危险房屋、严重损坏房屋的套内面积不低于该片棚户区建筑面积的25%；

（六）棚户区改造已纳入地方政府保障性安居工程建设规划和年度计划，并由地方政府牵头按照保障性住房标准组织实施；异地建设的，原棚户区土地由地方政府统一规划使用或者按规定实行土地复垦、生态恢复。

三、在企业所得税年度纳税申报时，企业应向主管税务机关提供其棚户区改造支出同时符合本通知第二条规定条件的书面说明材料。

四、本通知自2013年1月1日起施行。2012年1月10日财政部与国家税务总局颁布的《关于企业参与政府统一组织的棚户区改造支出企业所得税税前扣除政策有关问题的通知》（财税〔2012〕12号）同时废止。

其他行业

1.《国家税务总局关于企业所得税执行中若干税务处理问题的通知》（2009年4月21颁布　国税函〔2009〕202号）

各省、自治区、直辖市和计划单列市国家税务局、地方税务局：

四、软件生产企业职工教育经费的税前扣除问题

软件生产企业发生的职工教育经费中的职工培训费用，根据《财政部　国家税务总局关于企业所得税若干优惠政策的通知》（财税〔2008〕1号）规定，可以全额在企业所得税前扣除。软件生产企业应准确划分职工教育经费中的职工培训费支出，对于不能准确划分的，以及准确划分后职工教育经费中扣除职工培训费用的余额，一律按照《实施条例》第四十二条规定的比例扣除。

2.《国家税务总局关于发布〈海上油气生产设施弃置费企业所得税管理办法〉的公告》(2011年3月22日颁布　2011年4月22日起实施　国家税务总局公告2011年第22号)

第一章　总　　则

第一条　为加强和规范海上油气生产设施弃置费企业所得税管理,根据《中华人民共和国税收征收管理法》、《中华人民共和国企业所得税法实施条例》、《国家发展和改革委员会、国家能源局、财政部、国家税务总局、国家海洋局关于印发〈海上油气生产设施废弃处置管理暂行规定〉的通知》(发改能源〔2010〕1305号)的有关规定,制定本办法。

第二条　本办法所指弃置费,是指从事开采我国海上油气资源的企业,为承担油气生产设施废弃处置的责任和义务所发生的,用于井及相关设施的废弃、拆移、填埋等恢复生态环境及其前期准备等各项专项支出。主要包括弃置前期研究、停产准备、工程设施弃置、油井弃置等相关费用。

第三条　本办法所指海上油气生产设施(以下简称设施),包括海上油井、气井、水井、固定平台、人工岛、单点系泊、浮式生产储油装置,海底电缆、管道、水下生产系统,陆岸终端,以及其他水上、水下的油气生产的相关辅助配套设施。

第四条　本办法所指企业,是指参与开采海上油气资源的中国企业和外国企业。

第五条　本办法所指作业者,是指负责海上油(气)田作业的实体。包括开采海上石油资源的本企业、或者投资各方企业。

第二章　废弃处置方案的备案

第六条　企业开始提取弃置费前,应提供作业者编制的海上油(气)田设施废弃处置预备方案,报主管税务机关备案。预备方案应当包括弃置费估算、弃置费筹措方法和弃置方式等内容。

第七条　设施废弃处置预备方案发生修改的,企业应在修改后的30日内报主管税务机关备案。

第八条　海上油(气)田实施弃置作业前,应将其按照国家有关主管部门要求编制的设施废弃处置实施方案,报主管税务机关备案。

第三章　弃置费的计提和税前扣除

第九条　海上油(气)田弃置费,按照设施废弃处置预备方案中规定的方法(产量法或年限平均法)按月提取。多个企业合作开发一个油(气)田的,其弃置费计提应该采取同一方法。企业弃置费计提方法确定后，除设施废弃处置预备方案修改外，不得变更。

第十条　本办法实施后进入商业生产的海上油（气）田，弃置费自进入商业生产的次月起开始计提。

本办法实施前已进入商业生产的海上油（气）田，弃置费自作业者补充编制的设施废弃处置预备方案报主管税务机关备案后的次月起开始计提。

作业者修改废弃处置预备方案的，修改后弃置费在废弃处置预备方案重新报主管税务机关备案的次月起开始计提。

第十一条　采用年限平均法分月计提弃置费，应按照以下公式计算：

当月计提弃置费 =（预备方案中的弃置费总额 − 累计已计提弃置费用）÷ 合同生产期（月）− 当月弃置费专款账户损益

本条及下条公式中的"当月弃置费专款账户损益"，包括专款账户利息、汇兑损益等。其中汇兑损益为弃置费以人民币以外货币计提存储情况下，按照上月末即期人民币汇率中间价折算为人民币时，弃置费专款账户余额发生的汇兑损益。

本办法实施前已进入商业生产的海上油（气）田，合同生产期（月）为开始计提弃置费的剩余月份。

第十二条　采用产量法计提弃置费，应按照以下公式计算：

本月计提弃置费 =（预备方案中的弃置费总额 − 累计已计提弃置费用）× 本月计提比例 − 当月弃置费专款账户损益

本月计提比例 = 本月油（气）田实际产量 ÷［本月油（气）田实际产量 + 期末探明已开发储量］

期末探明已开发储量是指，已探明的开发储量，在现有设施条件下对应的可开采储量。

第十三条　作业者应在纳税年度结束后，就当年提取的弃置费具体情况进行调整。企业应在年度汇算清缴时，根据作业者的调整情况，确认本年度弃置费列支数额。

第十四条　修改设施废弃处置预备方案，导致弃置费提取数额、方法发生变化的，应自方案修改后的下个月开始，就新方案中的弃置费总额，减去累计已计提弃置费后的余额，按照新方案确定的方法继续计提。

第十五条　油（气）田企业或合作各方企业应承担或者按投资比例承担设施废弃处置的责任和义务，其按本办法计提的弃置费，应依照规定作为环境保护、生态恢复等方面专项资金，并准予在计算企业年度应纳税所得额时扣除。

第十六条 合作油(气)田的合同生产期尚未结束,一方企业决定放弃生产,将油(气)田所有权全部转移给另一方企业、或者合作油(气)田的合同生产期结束,一方企业决定继续生产,若放弃方或退出方企业取得已经计提的弃置费补偿,应作为收入计入企业当年度应纳税所得计算纳税。支付方企业可以作为弃置费,在支付年度一次性扣除。

第四章 弃置费的使用

第十七条 作业者实施海上油(气)田设施废弃处置时发生的弃置费,应单独归集核算,并从按照本办法规定提取的弃置费中扣除。

第十八条 作业者完成海上油(气)田设施废弃处置后,提取的弃置费仍有余额,应相应调增弃置费余额所归属企业当年度的应纳税所得额。

第十九条 作业者完成海上油(气)田设施废弃处置后,实际发生的弃置费超过计提的部分,应作为企业当年度费用,在计算企业应纳税所得额时扣除。

第五章 弃置费的管理

第二十条 弃置费专款账户资金所产生的损益,应计入弃置费,并相应调整当期弃置费提取额。

第二十一条 弃置费的计提、清算应统一使用人民币作为货币单位。发生的汇兑损益,直接增加或减少弃置费。

第二十二条 企业在申报当年度企业所得税汇算清缴资料时,应附送海上油气生产设施弃置费情况表(见附表)。

第二十三条 海上油(气)田设施废弃处置作业完成后,在进行税务清算时,应提供企业对弃置费的计提、使用和各投资方承担等情况的说明。

第六章 附 则

第二十四条 企业依本办法计提的弃置费,凡改变用途的,不得在企业所得税前扣除。已经扣除的,应调增改变用途当年的应纳税所得额,并按《中华人民共和国税收征收管理法》的有关规定处理。

3.《国家税务总局关于煤矿企业维简费和高危行业企业安全生产费用企业所得税税前扣除问题的公告》(2011 年 3 月 31 日颁布 2011 年 5 月 1 日起实施 国家税务总局公告 2011 年第 26 号)

根据《中华人民共和国企业所得税法》(以下简称企业所得税法)和《中华人民共和国企业所得税法实施条例》规定,现就煤矿企业维简费和高危行业企业安全生产费用支出企业所得税税前扣除问题,公告如下:

一、煤矿企业实际发生的维简费支出和高危行业企业实际发生的安全生产费用支出,属于收益性支出的,可直接作为当期费用在税前扣除;属于资本性支出的,应计入有关资产成本,并按企业所得税法规定计提折旧或摊销费用在税前扣除。企业按照有关规定预提的维简费和安全生产费用,不得在税前扣除。

二、本公告实施前,企业按照有关规定提取的、且在税前扣除的煤矿企业维简费和高危行业企业安全生产费用,相关税务问题按以下规定处理:

(一)本公告实施前提取尚未使用的维简费和高危行业企业安全生产费用,应用于抵扣本公告实施后的当年度实际发生的维简费和安全生产费用,仍有余额的,继续用于抵扣以后年度发生的实际费用,至余额为零时,企业方可按本公告第一条规定执行。

(二)已用于资产投资、并计入相关资产成本的,该资产提取的折旧或费用摊销额,不得重复在税前扣除。已重复在税前扣除的,应调整作为2011年度应纳税所得额。

(三)已用于资产投资、并形成相关资产部分成本的,该资产成本扣除上述部分成本后的余额,作为该资产的计税基础,按照企业所得税法规定的资产折旧或摊销年限,从本公告实施之日的次月开始,就该资产剩余折旧年限计算折旧或摊销费用,并在税前扣除。

三、本公告自2011年5月1日起执行。

4.《国家税务总局关于电信企业手续费及佣金支出税前扣除问题的公告》(2013年10月10日颁布 2011年1月1日起实施 国家税务总局公告2013年第59号)

依据《国家税务总局关于企业所得税应纳税所得额若干税务处理问题的公告》(国家税务总局公告2012年第15号),现就电信企业手续费及佣金支出税前扣除问题公告如下:

国家税务总局公告2012年第15号第四条所称电信企业手续费及佣金支出,仅限于电信企业在发展客户、拓展业务等过程中因委托销售电话入网卡、电话充值卡所发生的手续费及佣金支出。

本公告施行时间同国家税务总局公告2012年第15号施行时间。

扣除凭证

1.《国家税务总局关于发布〈企业所得税税前扣除凭证管理办法〉的公告》(2018年6月6日颁布 2018年7月1日起实施 国家税务总局公告2018年第28号)

第一条 为规范企业所得税税前扣除凭证(以下简称“税前扣除凭

证")管理,根据《中华人民共和国企业所得税法》(以下简称"企业所得税法")及其实施条例、《中华人民共和国税收征收管理法》及其实施细则、《中华人民共和国发票管理办法》及其实施细则等规定,制定本办法。

第二条 本办法所称税前扣除凭证,是指企业在计算企业所得税应纳税所得额时,证明与取得收入有关的、合理的支出实际发生,并据以税前扣除的各类凭证。

第三条 本办法所称企业是指企业所得税法及其实施条例规定的居民企业和非居民企业。

第四条 税前扣除凭证在管理中遵循真实性、合法性、关联性原则。真实性是指税前扣除凭证反映的经济业务真实,且支出已经实际发生;合法性是指税前扣除凭证的形式、来源符合国家法律、法规等相关规定;关联性是指税前扣除凭证与其反映的支出相关联且有证明力。

第五条 企业发生支出,应取得税前扣除凭证,作为计算企业所得税应纳税所得额时扣除相关支出的依据。

第六条 企业应在当年度企业所得税法规定的汇算清缴期结束前取得税前扣除凭证。

第七条 企业应将与税前扣除凭证相关的资料,包括合同协议、支出依据、付款凭证等留存备查,以证实税前扣除凭证的真实性。

第八条 税前扣除凭证按照来源分为内部凭证和外部凭证。

内部凭证是指企业自制用于成本、费用、损失和其他支出核算的会计原始凭证。内部凭证的填制和使用应当符合国家会计法律、法规等相关规定。

外部凭证是指企业发生经营活动和其他事项时,从其他单位、个人取得的用于证明其支出发生的凭证,包括但不限于发票(包括纸质发票和电子发票)、财政票据、完税凭证、收款凭证、分割单等。

第九条 企业在境内发生的支出项目属于增值税应税项目(以下简称"应税项目")的,对方为已办理税务登记的增值税纳税人,其支出以发票(包括按照规定由税务机关代开的发票)作为税前扣除凭证;对方为依法无需办理税务登记的单位或者从事小额零星经营业务的个人,其支出以税务机关代开的发票或者收款凭证及内部凭证作为税前扣除凭证,收款凭证应载明收款单位名称、个人姓名及身份证号、支出项目、收款金额等相关信息。

小额零星经营业务的判断标准是个人从事应税项目经营业务的销售额不超过增值税相关政策规定的起征点。

税务总局对应税项目开具发票另有规定的，以规定的发票或者票据作为税前扣除凭证。

第十条 企业在境内发生的支出项目不属于应税项目的，对方为单位的，以对方开具的发票以外的其他外部凭证作为税前扣除凭证；对方为个人的，以内部凭证作为税前扣除凭证。

企业在境内发生的支出项目虽不属于应税项目，但按税务总局规定可以开具发票的，可以发票作为税前扣除凭证。

第十一条 企业从境外购进货物或者劳务发生的支出，以对方开具的发票或者具有发票性质的收款凭证、相关税费缴纳凭证作为税前扣除凭证。

第十二条 企业取得私自印制、伪造、变造、作废、开票方非法取得、虚开、填写不规范等不符合规定的发票（以下简称"不合规发票"），以及取得不符合国家法律、法规等相关规定的其他外部凭证（以下简称"不合规其他外部凭证"），不得作为税前扣除凭证。

第十三条 企业应当取得而未取得发票、其他外部凭证或者取得不合规发票、不合规其他外部凭证的，若支出真实且已实际发生，应当在当年度汇算清缴期结束前，要求对方补开、换开发票、其他外部凭证。补开、换开后的发票、其他外部凭证符合规定的，可以作为税前扣除凭证。

第十四条 企业在补开、换开发票、其他外部凭证过程中，因对方注销、撤销、依法被吊销营业执照、被税务机关认定为非正常户等特殊原因无法补开、换开发票、其他外部凭证的，可凭以下资料证实支出真实性后，其支出允许税前扣除：

（一）无法补开、换开发票、其他外部凭证原因的证明资料（包括工商注销、机构撤销、列入非正常经营户、破产公告等证明资料）；

（二）相关业务活动的合同或者协议；

（三）采用非现金方式支付的付款凭证；

（四）货物运输的证明资料；

（五）货物入库、出库内部凭证；

（六）企业会计核算记录以及其他资料。

前款第一项至第三项为必备资料。

第十五条 汇算清缴期结束后，税务机关发现企业应当取得而未取得发票、其他外部凭证或者取得不合规发票、不合规其他外部凭证并且告知企业的，企业应当自被告知之日起60日内补开、换开符合规定的发票、其他外部凭证。其中,因对方特殊原因无法补开、换开发票、其他外部凭证的,企业应当按照本办法第十四条的规定,自被告知之日起60日内提供可以证实其支出真实性的相关资料。

第十六条 企业在规定的期限未能补开、换开符合规定的发票、其他外部凭证,并且未能按照本办法第十四条的规定提供相关资料证实其支出真实性的,相应支出不得在发生年度税前扣除。

第十七条 除发生本办法第十五条规定的情形外,企业以前年度应当取得而未取得发票、其他外部凭证,且相应支出在该年度没有税前扣除的,在以后年度取得符合规定的发票、其他外部凭证或者按照本办法第十四条的规定提供可以证实其支出真实性的相关资料,相应支出可以追补至该支出发生年度税前扣除,但追补年限不得超过五年。

第十八条 企业与其他企业(包括关联企业)、个人在境内共同接受应纳增值税劳务(以下简称"应税劳务")发生的支出,采取分摊方式的,应当按照独立交易原则进行分摊,企业以发票和分割单作为税前扣除凭证,共同接受应税劳务的其他企业以企业开具的分割单作为税前扣除凭证。

企业与其他企业、个人在境内共同接受非应税劳务发生的支出,采取分摊方式的,企业以发票外的其他外部凭证和分割单作为税前扣除凭证,共同接受非应税劳务的其他企业以企业开具的分割单作为税前扣除凭证。

第十九条 企业租用(包括企业作为单一承租方租用)办公、生产用房等资产发生的水、电、燃气、冷气、暖气、通讯线路、有线电视、网络等费用,出租方作为应税项目开具发票的,企业以发票作为税前扣除凭证;出租方采取分摊方式的,企业以出租方开具的其他外部凭证作为税前扣除凭证。

第二十条 本办法自2018年7月1日起施行。

2.《国家税务总局关于企业所得税资产损失资料留存备查有关事项的公告》(2018年4月10日颁布 2017年1月1日起实施 国家税务总局公告2018年第15号)

为了进一步深化税务系统"放管服"改革,简化企业纳税申报资料报送,减轻企业办税负担,现就企业所得税资产损失资料留存备查有关事项公告如下:

一、企业向税务机关申报扣除资产损失,仅需填报企业所得税年度纳税申报表《资产损失税前扣除及纳税调整明细表》,不再报送资产损失相关资料。相关资料由企业留存备查。

二、企业应当完整保存资产损失相关资料，保证资料的真实性、合法性。

三、本公告规定适用于2017年度及以后年度企业所得税汇算清缴。《国家税务总局关于发布〈企业资产损失所得税税前扣除管理办法〉的公告》(国家税务总局公告2011年第25号)第四条、第七条、第八条、第十三条有关资产损失证据资料、会计核算资料、纳税资料等相关资料报送的内容同时废止。

个案批复和其他文件

1.《国家税务总局关于普华永道中天会计师事务所有限公司及其关联机构赞助第29届奥运会有关税收政策问题的通知》(2008年3月30日颁布　国税函〔2008〕286号)

各省、自治区、直辖市和计划单列市国家税务局、地方税务局：

经研究，现将普华永道中天会计师事务所有限公司(以下简称普华永道公司)及其关联机构对第29届奥林匹克运动会组织委员会(以下简称北京奥组委)提供现金及审计、咨询相关服务形式赞助的有关税收事宜通知如下：

一、对普华永道公司及其关联机构向北京奥组委提供的现金赞助支出以及按照市场价格确认的服务形式赞助支出，应先计入营业收入，同时可以按照《财政部　国家税务总局　海关总署关于第29届奥运会税收政策问题的通知》(财税〔2003〕10号)第二条第(四)款的规定，以当年实际发生数在计算企业应纳税所得额时予以全额扣除。

二、对普华永道公司及其关联机构向北京奥组委无偿提供审计、咨询等相关赞助服务不征收营业税、城市维护建设税和教育费附加。

以上普华永道公司的关联机构是指：普华永道咨询(深圳)有限公司，普华永道国际贸易咨询(上海)有限公司，普华永道商务咨询(上海)有限公司。

2.《财政部　国家税务总局关于中国国旅集团有限公司重组上市资产评估增值有关企业所得税政策问题的通知》(2008年8月7日颁布　财税〔2008〕82号)

各省、自治区、直辖市、计划单列市财政厅(局)、国家税务局、地方税务局，新疆生产建设兵团财务局：

为支持中国国旅集团有限公司整体改制上市工作，经国务院批准，现对其改制过程中资产评估增值涉及的企业所得税政策问题明确如下：

一、中国国旅集团有限公司在整体改制上市过程中发生的资产评估增值42,612.36万元，直接转计中国国旅集团有限公司的资本公积，作为国有资本，不征收企业所得税。

二、对上述经过评估的资产，中国国旅股份有限公司及其所属子公司可按评估后的资产价值计提折旧或摊销，并在企业所得税税前扣除。

3.《财政部　国家税务总局关于中国对外贸易运输(集团)总公司资产评估增值有关企业所得税问题的通知》(2009年4月17日颁布　财税〔2009〕56号)

各省、自治区、直辖市、计划单列市财政厅(局)国家税务局、地方税务局，新疆生产建设兵团财务局：

根据国务院有关批示精神，现将中国对外贸易运输(集团)总公司(以下简称中外运集团)资产评估增值企业所得税政策明确如下：

对中外运集团实施集团资源整合中第一批改制企业资产评估增值30,679.78万元的部分，在资产转让发生时，按照规定在集团总部所在地缴纳企业所得税。中国对外股份有限公司及其子公司收购中外运集团第一批改制企业的资产，可按评估后的价值计提折旧或摊销，并在企业所得税前扣除。

4.《国家税务总局关于农村信用社省级联合社收取服务费有关企业所得税税务处理问题的通知》(2010年2月22日颁布　2009年1月1日起实施　国税函〔2010〕80号)

各省、自治区、直辖市和计划单列市国家税务局、地方税务局：

为深化农村信用社改革，按照《国务院关于深化农村信用社改革方案的通知》(国发〔2003〕15号)的要求，各省相继组建了省级农村信用联合社(以下简称省联社)。省联社的投资人为本省各农村信用社和地(市)级、县级联社(以下简称基层社)，为独立法人机构。省联社的主要职能为对本省各基层社提供管理、指导、协调和服务等，每年发生的服务性支出，由各基层社按比例共同负担。鉴于省联社和基层社的特殊的组成关系，关于省联社每年发生的服务性支出有关企业所得税处理问题，根据《中华人民共和国企业所得税法》第四十一条及其实施条例第一百一十二条的规定，经研究，现通知如下：

一、省联社每年度为履行其职能所发生的各项费用支出，包括人员费用、办公费用、差旅费、利息支出、研究与开发费以及固定资产折旧费、无形资产摊销费等，应统一归集，作为其基层社共同发生的费用，按合理比例分摊后由基层社税前扣除。

上款所指每年度固定资产折旧费、无形资产摊销费是指省联社购置的固定资产和无形资产按照税法规定每年度应提取的折旧额或摊销额。

二、省联社发生的本年度各项费用，在分摊时，应根据本年度实际发生数，按照以下公式，分摊给其各基层社。

各基层社本年度应分摊的费用＝省联社本年度发生的各项费用×本年度该基层社营业收入/本年度各基层社营业总收入

省联社由于特殊情况需要改变上述分摊方法的，由联社提出申请，经省级税务机关确认后执行。

省联社分摊给各基层社的上述费用，在按季或按月申报预缴所得税时，可以按季或按月计算扣除，年度汇算。

三、省联社每年制定费用分摊方案后，应报省级国家税务局确认后执行。各省级国家税务局根据本通知的规定，实施具体管理。

四、本通知实施前，经税务总局批准，有关省联社已向基层社收取专项资金购买固定资产、无形资产等，凡该项资金已按税务总局单项批复由各基层社分摊在税前扣除的，其相应资产不得再按照本办法规定重复提取折旧费、摊销费，并向基层社分摊扣除。各基层社交付给省联社的上述专项资金的税务处理，仍按照税务总局已批准的专项文件规定继续执行到期满。

五、省联社自身从事其它业务取得收入所发生的相应费用，应该单独核算，不能作为基层社共同发生的费用进行分摊。

六、地市与县联社发生上述共同费用的税务处理，也应按照本通知规定执行。

七、本通知自2009年1月1日起执行。2008年度没有按照本规定或者以前专项规定执行的，可以按照本规定执行，并统一在2009年度汇算清缴时进行纳税调整。2008年度按照以前办法由省联社向基层社收取管理费的，该收取的管理费与按本通知规定计算的可由基层社分摊的费用扣除额的差额，应在2009年度汇算清缴时一并进行纳税调整。

5.《财政部　国家税务总局关于中国邮政储蓄银行改制上市有关税收政策的通知》(2013年9月12日颁布　财税〔2013〕53号)①

各省、自治区、直辖市、计划单列市财政厅(局)、国家税务局、地方税务

① 条款失效，第五条中关于契税的政策失效。参见《财政部　税务总局关于契税法实施后有关优惠政策衔接问题的公告》(财政部　税务总局公告2021年第29号)。条款失效，第五条中关于印花税的政策失效。参见《财政部　税务总局关于印花税法实施后有关优惠政策衔接问题的公告》(财政部　税务总局公告2022年第23号)。

局，新疆生产建设兵团财务局：

为支持中国邮政储蓄银行改制上市工作，经国务院批准，现就其改制上市过程中涉及的有关税收政策明确如下：

一、中国邮政储蓄银行改制上市过程中涉及的中国邮政储蓄银行和中国邮政集团公司资产评估增值1,094,212.3万元应缴纳的企业所得税不征收入库，直接转计中国邮政集团公司的国有资本金。

二、对上述经过评估的资产，原中国邮政储蓄银行有限责任公司(含所属各级分支行，下同)、中国邮政储蓄银行股份有限公司(含所属各级分支行，下同)和中国邮政集团公司(含各省、自治区、直辖市邮政公司及所属邮政企业，下同)可按评估后的资产价值计提折旧或摊销，并在企业所得税税前扣除。

6.《国家税务总局关于贵州建工集团清产核资损失税前扣除问题的批复》(2013年10月31日颁布　税总函〔2013〕600号)

贵州省地方税务局：

你局《关于贵州建工集团清产核资损失追补扣除的请示》(黔地税呈〔2013〕24号)收悉，经研究，批复如下：

《国家税务总局关于发布〈企业资产损失所得税税前扣除管理办法〉的公告》(国家税务总局公告2011年第25号)第六条规定，企业以前年度发生的实际资产损失未能在当年税前扣除的，准予追补至该项损失发生年度扣除，其追补确认期限一般不得超过五年。

贵州建工集团有限公司2006年清产核资待处理挂账损失，属于实际资产损失且发生年度至今已超过五年，不属于国家税务总局公告2011年第25号第六条规定的“因计划经济体制转轨过程中遗留的资产损失”等情形。因此，贵州建工集团有限公司2006年清产核资待处理挂账损失不能按照国家税务总局公告2011年第25号规定，延长其税前扣除的追补确认期限。

7.《国家税务总局关于鄂尔多斯羊绒集团有限责任公司资产损失税前扣除问题的批复》(2015年4月7日颁布　税总函〔2015〕193号)

内蒙古自治区地方税务局：

你局《关于鄂尔多斯羊绒集团有限责任公司资产损失所得税税前列支问题的请示》(内地税发〔2015〕4号)收悉。经研究，批复如下：

鄂尔多斯羊绒集团有限责任公司与青岛德正资源控股有限公司相互提供担保，由此，鄂尔多斯羊绒集团有限责任公司为青岛德正资源控股有限公司全额代偿债务形成的担保损失，应比照《国家税务总局关于发布〈企业资产损失所得税税前扣除管理办法〉的公告》（国家税务总局公告2011年第25号）第二十二条、第二十三条、第二十四条规定的应收款项损失进行处理，不得按照你局提出的“在法院判决或裁决之前先按其代偿金额的70%确认为担保损失，并准予在2014年度税前扣除，其余损失待法院判决或裁决之后再予税前扣除”的建议执行。

8.《国家税务总局关于华为集团内部人员调动离职补偿税前扣除问题的批复》（2015年6月2日颁布　税总函〔2015〕299号）

深圳市国家税务局、地方税务局：

你局《深圳市国家税务局关于华为公司集团内部人员调动离职补偿金税前扣除问题的请示》（深国税发〔2015〕59号）收悉。经研究，现批复如下：

根据《中华人民共和国企业所得税法》及其实施条例和《国家税务总局关于企业工资薪金及职工福利费扣除问题的通知》（国税函〔2009〕3号）的规定，华为公司对离职补偿事项的税务处理不符合企业所得税据实扣除原则，应该进行纳税调整。

企业根据公司财务制度为职工提取离职补偿费，在进行年度企业所得税汇算清缴时，对当年度“预提费用”科目发生额进行纳税调整，待职工从企业离职并实际领取离职补偿费后，企业可按规定进行税前扣除。

9.《财政部　税务总局关于上海国际能源交易中心有关风险准备金和期货投资者保障基金支出企业所得税税前扣除政策问题的通知》（2019年3月29日颁布　2019年1月1日起实施　财税〔2019〕32号）①

各省、自治区、直辖市、计划单列市财政厅（局），国家税务总局各省、自治区、直辖市、计划单列市税务局，新疆生产建设兵团财政局：

根据《中华人民共和国企业所得税法》和《中华人民共和国企业所得税法实施条例》的有关规定，现就上海国际能源交易中心股份有限公司（以下称上海国际能源交易中心）风险准备金和期货投资者保障基金支出企业所得税税前扣除有关政策问题明确如下：

一、上海国际能源交易中心依据《期货交易管理条例》、《期货交易所管理办法》和《商品期货交易财务管理暂行规定》的有关规定，按其向会员收取手续费收入的20%计提的风险准备金，在风险准备金余额

① 该文件执行到期后继续执行。详细可参见《财政部　税务总局关于延长部分税收优惠政策执行期限的公告》（财政部　税务总局公告2021年第6号）。

达到有关规定的额度内，准予在企业所得税税前扣除。

二、上海国际能源交易中心依据《期货投资者保障基金管理办法》和《关于明确期货投资者保障基金缴纳比例有关事项的规定》的有关规定，按其向期货公司会员收取的交易手续费的2%缴纳的期货投资者保障基金，在基金总额达到有关规定的额度内，准予在企业所得税税前扣除。

三、上述准备金如发生清算、退还，应按规定补征企业所得税。

四、本通知自2019年1月1日起至2020年12月31日止执行。上海国际能源交易中心于2018年3月上市交易后提取的符合本通知规定的风险准备金和期货投资者保障基金，可按本通知规定执行。

第九条　【公益性捐赠支出】　企业发生的公益性捐赠支出，在年度利润总额12%以内的部分，准予在计算应纳税所得额时扣除；超过年度利润总额12%的部分，准予结转以后三年内在计算应纳税所得额时扣除。

一、税收行政法规

《中华人民共和国企业所得税法实施条例》（2007年12月6日中华人民共和国国务院令第512号公布　根据2019年4月23日《国务院关于修改部分行政法规的决定》修订）

第五十一条　企业所得税法第九条所称公益性捐赠，是指企业通过公益性社会组织或者县级以上人民政府及其部门，用于符合法律规定的慈善活动、公益事业的捐赠。

第五十二条　本条例第五十一条所称公益性社会组织，是指同时符合下列条件的慈善组织以及其他社会组织：

（一）依法登记，具有法人资格；

（二）以发展公益事业为宗旨，且不以营利为目的；

（三）全部资产及其增值为该法人所有；

（四）收益和营运结余主要用于符合该法人设立目的的事业；

（五）终止后的剩余财产不归属任何个人或者营利组织；

（六）不经营与其设立目的无关的业务；

（七）有健全的财务会计制度；

（八）捐赠者不以任何形式参与该法人财产的分配；

（九）国务院财政、税务主管部门会同国务院民政部门等登记管理部门规定的其他条件。

第五十三条　企业当年发生以及以前年度结转的公益性捐赠支出，不超过年度利润总额12%的部分，准予扣除。

年度利润总额，是指企业依照国家统一会计制度的规定计算的年度会计利润。

二、税务规范性文件

1.《财政部　国家税务总局关于贯彻落实〈中共中央　国务院关于加强技术创新，发展高科技，实现产业化的决定〉有关税收问题的通知》（1999年11月2日颁布　1999年10月1日起实施　财税字〔1999〕273号）①

三、关于所得税

（一）对社会力量，包括企业单位（不含外商投资企业和外国企业）、事业单位、社会团体、个人和个体工商户（下同），资助非关联的科研机构和高等学校研究开发新产品、新技术、新工艺所发生的研究开发经费，经主管税务机关审核确定，其资助支出可以全额在当年度应纳税所得额中扣除。当年度应纳税所得额不足抵扣的，不得结转抵扣。

非关联的科研机构和高等学校是指，不是资助企业所属或投资的，并且其科研成果不是唯一提供给资助企业的科研机构和高等学校。

企业向所属的科研机构和高等学校提供的研究开发经费资助支出，不实行抵扣应纳税所得额办法。

企业等社会力量向科研机构和高等学校资助研究开发经费，申请抵扣应纳税所得额时，须提供科研机构和高等学校开具的研究开发项目计划、资金收款证明及其他税务机关要求提供的相关资料，不能提供相关资料的，税务机关可不予受理。

（二）软件开发企业实际发放的工资总额，在计算应纳税所得额时准予扣除。

2.《财政部　国家税务总局关于对青少年活动场所、电子游戏厅有关所得税和营业税政策问题的通知》（2000年7月18日颁布　财税〔2000〕21号）②

根据中共中央办公厅、国务院办公厅《关于加强青少年学生活动场

---

①　条款失效，第一条失效。参见《财政部　国家税务总局关于软件产品增值税政策的通知》（财税〔2011〕100）。

②　条款失效，第二条失效。参见《财政部　国家税务总局关于公布若干废止和失效的营业税规范性文件的通知》（财税〔2009〕61号）。

所建设和管理工作的通知》(中办发〔2000〕13号)精神,现对青少年活动场所以及社会力量对青少年活动场所的捐赠和电子游戏厅有关所得税、营业税政策问题通知如下:

一、对公益性青少年活动场所暂免征收企业所得税;对企事业单位、社会团体和个人等社会力量,通过非营利性的社会团体和国家机关对公益性青少年活动场所(其中包括新建)的捐赠,在缴纳企业所得税和个人所得税前准予全额扣除。

本通知所称公益性青少年活动场所,是指专门为青少年学生提供科技、文化、德育、爱国主义教育、体育活动的青少年宫、青少年活动中心等校外活动的公益性场所。

3.《财政部　国家税务总局关于对老年服务机构有关税收政策问题的通知》(2000年11月24日颁布　2000年10月1日起实施　财税〔2000〕97号)

二、对企事业单位、社会团体和个人等社会力量,通过非营利性的社会团体和政府部门向福利性、非营利性的老年服务机构的捐赠,在缴纳企业所得税和个人所得税前准予全额扣除。

三、本通知所称老年服务机构,是指专门为老年人提供生活照料、文化、护理、健身等多方面服务的福利性、非营利性的机构,主要包括:老年社会福利院、敬老院(养老院)、老年服务中心、老年公寓(含老年护理院、康复中心、托老所)等。

本通知自2000年10月1日起执行。

4.《财政部　国家税务总局关于非营利性科研机构税收政策的通知》(2001年2月9日颁布　2001年1月1日起实施　财税〔2001〕5号)

二、非营利性科研机构享受如下税收优惠政策:

……

4. 社会力量对非关联的非营利性科研机构的新产品、新技术、新工艺所发生的研究开发经费资助,经主管税务机关审核确定,其资助支出可以全额在当年度应纳税所得额中扣除。当年度应纳税所得额不足抵扣的,不得结转抵扣。

5.《国家税务总局关于企业所得税执行中若干税务处理问题的通知》(2009年4月21颁布　国税函〔2009〕202号)

各省、自治区、直辖市和计划单列市国家税务局、地方税务局:

根据《中华人民共和国企业所得税法》(以下简称《企业所得税

法》)及《中华人民共和国企业所得税法实施条例》(以下简称《实施条例》)的有关规定,现就企业所得税若干税务处理问题通知如下:

三、关于特定事项捐赠的税前扣除问题

企业发生为汶川地震灾后重建、举办北京奥运会和上海世博会等特定事项的捐赠,按照《财政部 海关总署 国家税务总局关于支持汶川地震灾后恢复重建有关税收政策问题的通知》(财税〔2008〕104号)、《财政部 国家税务总局 海关总署关于29届奥运会税收政策问题的通知》(财税〔2003〕10号)、《财政部 国家税务总局关于2010年上海世博会有关税收政策问题的通知》(财税〔2005〕180号)等相关规定,可以据实全额扣除。企业发生的其他捐赠,应按《企业所得税法》第九条及《实施条例》第五十一、五十二、五十三条的规定计算扣除。

6.《财政部 国家税务总局关于确认中国红十字会总会公益性捐赠税前扣除资格的通知》(2010年4月26日颁布 财税〔2010〕37号)

各省、自治区、直辖市、计划单列市财政厅(局)、国家税务局、地方税务局,新疆生产建设兵团财务局:

根据《财政部 国家税务总局关于通过公益性群众团体的公益性捐赠税前扣除有关问题的通知》(财税〔2009〕124号)精神,经财政部、国家税务总局联合审核确认,中国红十字会总会具有2008年度、2009年度和2010年度公益性捐赠税前扣除的资格。

7.《财政部 国家税务总局关于确认中华全国总工会和中国红十字会总会2011年度公益性捐赠税前扣除资格的通知》(2012年5月24日颁布 财税〔2012〕47号)

各省、自治区、直辖市、计划单列市财政厅(局)、国家税务局、地方税务局,新疆生产建设兵团财务局:

根据《财政部 国家税务总局关于通过公益性群众团体的公益性捐赠税前扣除有关问题的通知》(财税〔2009〕124号)精神,经财政部、国家税务总局联合审核确认,中华全国总工会和中国红十字会总会具有2011年度公益性捐赠税前扣除资格,企业(包括企业、事业单位、社会团体以及其他取得收入的组织)或个人2011年度通过中华全国总工会和中国红十字会总会进行的公益性捐赠支出,可按规定予以税前扣除。

8.《财政部　国家税务总局关于确认中国红十字会总会　中华全国总工会和中国宋庆龄基金会2012年度公益性捐赠税前扣除资格的通知》(2013年5月2日颁布　财税〔2013〕29号)

各省、自治区、直辖市、计划单列市财政厅(局)、国家税务局、地方税务局,新疆生产建设兵团财务局:

根据《财政部　国家税务总局关于通过公益性群众团体的公益性捐赠税前扣除有关问题的通知》(财税〔2009〕124号)精神,经财政部、国家税务总局联合审核确认,中国红十字会总会、中华全国总工会和中国宋庆龄基金会具有2012年度公益性捐赠税前扣除资格。

9.《财政部　国家税务总局　民政部关于确认实事助学基金会2013年度公益性捐赠税前扣除资格的通知》(2013年5月21日颁布　财税〔2013〕22号)

各省、自治区、直辖市、计划单列市财政厅(局)、国家税务局、地方税务局、民政厅(局),新疆生产建设兵团财务局、民政局:

根据《财政部　国家税务总局　民政部关于公益性捐赠税前扣除有关问题的通知》(财税〔2008〕160号)和《财政部　国家税务总局　民政部关于公益性捐赠税前扣除有关问题的补充通知》(财税〔2010〕45号)规定,经财政部、国家税务总局和民政部联合审核确认,实事助学基金会具有2013年度公益性捐赠税前扣除的资格。

10.《财政部　国家税务总局关于确认中国红十字会总会　中华全国总工会　中国宋庆龄基金会和中国国际人才交流基金会2013年度公益性捐赠税前扣除资格的通知》(2013年10月30日颁布　财税〔2013〕79号)

各省、自治区、直辖市、计划单列市财政厅(局)、国家税务局、地方税务局,新疆生产建设兵团财务局:

根据国务院批示和《财政部　国家税务总局关于通过公益性群众团体的公益性捐赠税前扣除有关问题的通知》(财税〔2009〕124号)规定,经财政部、国家税务总局联合审核确认,中国红十字会总会、中华全国总工会、中国宋庆龄基金会和中国国际人才交流基金会具有2013年度公益性捐赠税前扣除的资格。

11.《财政部　国家税务总局关于确认中国红十字会总会　中华全国总工会　中国宋庆龄基金会和中国国际人才交流基金会2014年度公益性捐赠税前扣除资格的通知》(2015年1月15日颁布　财税〔2015〕1号)

各省、自治区、直辖市、计划单列市财政厅(局)、国家税务局、地方税务局,新疆生产建设兵团财务局:

根据《财政部　国家税务总局关于通过公益性群众团体的公益性捐赠税前扣除有关问题的通知》(财税〔2009〕124号)规定,经财政部、国家税务总局联合审核确认,中国红十字会总会、中华全国总工会、中国宋庆龄基金会和中国国际人才交流基金会具有2014年度公益性捐赠税前扣除的资格。

12.《财政部　国家税务总局关于公益股权捐赠企业所得税政策问题的通知》(2016年4月20日颁布　2016年1月1日起实施　财税〔2016〕45号)

各省、自治区、直辖市、计划单列市财政厅(局)、国家税务局、地方税务局,新疆生产建设兵团财务局:

为支持和鼓励公益事业发展,根据《中华人民共和国企业所得税法》及其实施条例有关规定,经国务院批准,现将股权捐赠企业所得税政策问题通知如下:

一、企业向公益性社会团体实施的股权捐赠,应按规定视同转让股权,股权转让收入额以企业所捐赠股权取得时的历史成本确定。

前款所称的股权,是指企业持有的其他企业的股权、上市公司股票等。

二、企业实施股权捐赠后,以其股权历史成本为依据确定捐赠额,并依此按照企业所得税法有关规定在所得税前予以扣除。公益性社会团体接受股权捐赠后,应按照捐赠企业提供的股权历史成本开具捐赠票据。

三、本通知所称公益性社会团体,是指注册在中华人民共和国境内,以发展公益事业为宗旨、且不以营利为目的,并经确定为具有接受捐赠税前扣除资格的基金会、慈善组织等公益性社会团体。

四、本通知所称股权捐赠行为,是指企业向中华人民共和国境内公益性社会团体实施的股权捐赠行为。企业向中华人民共和国境外的社会组织或团体实施的股权捐赠行为不适用本通知规定。

五、本通知自2016年1月1日起执行。

本通知发布前企业尚未进行税收处理的股权捐赠行为，符合本通知规定条件的可比照本通知执行，已经进行相关税收处理的不再进行税收调整。

13.《财政部 税务总局关于公益性捐赠支出企业所得税税前结转扣除有关政策的通知》(2018年2月11日颁布 2017年1月1日起实施 财税〔2018〕15号)

各省、自治区、直辖市、计划单列市财政厅(局)、国家税务局、地方税务局，新疆生产建设兵团财政局：

根据《中华人民共和国企业所得税法》和《中华人民共和国企业所得税法实施条例》的有关规定，现就公益性捐赠支出企业所得税税前结转扣除有关政策通知如下：

一、企业通过公益性社会组织或者县级(含县级)以上人民政府及其组成部门和直属机构，用于慈善活动、公益事业的捐赠支出，在年度利润总额12%以内的部分，准予在计算应纳税所得额时扣除；超过年度利润总额12%的部分，准予结转以后三年内在计算应纳税所得额时扣除。

本条所称公益性社会组织，应当依法取得公益性捐赠税前扣除资格。

本条所称年度利润总额，是指企业依照国家统一会计制度的规定计算的大于零的数额。

二、企业当年发生及以前年度结转的公益性捐赠支出，准予在当年税前扣除的部分，不能超过企业当年年度利润总额的12%。

三、企业发生的公益性捐赠支出未在当年税前扣除的部分，准予向以后年度结转扣除，但结转年限自捐赠发生年度的次年起计算最长不得超过三年。

四、企业在对公益性捐赠支出计算扣除时，应先扣除以前年度结转的捐赠支出，再扣除当年发生的捐赠支出。

五、本通知自2017年1月1日起执行。2016年9月1日至2016年12月31日发生的公益性捐赠支出未在2016年税前扣除的部分，可按本通知执行。

14.《财政部 税务总局 民政部关于公益性捐赠税前扣除资格有关问题的补充通知》(2018年9月29日颁布并实施 财税〔2018〕110号)

各省、自治区、直辖市、计划单列市财政厅(局)、民政厅(局)，国家税务总局各省、自治区、直辖市、计划单列市税务局，新疆生产建设兵团财政局、民政局：

为进一步规范对公益性捐赠税前扣除资格的管理，现就公益性捐赠税前扣除资格相关的行政处罚问题补充通知如下：

一、《财政部　国家税务总局　民政部关于公益性捐赠税前扣除有关问题的通知》（财税〔2008〕160号）和《财政部　国家税务总局关于通过公益性群众团体的公益性捐赠税前扣除有关问题的通知》（财税〔2009〕124号）中的“行政处罚”，是指税务机关和登记管理机关给予的行政处罚（警告或单次1万元以下罚款除外）。

二、本通知自发布之日起执行。本通知执行前未确认公益性捐赠税前扣除资格的公益性社会团体，按本通知规定执行。

15.《财政部　税务总局　国务院扶贫办关于企业扶贫捐赠所得税税前扣除政策的公告》（2019年4月2日颁布　2019年1月1日起实施　财政部　税务总局　国务院扶贫办公告2019年第49号）①

为支持脱贫攻坚，现就企业扶贫捐赠支出的所得税税前扣除政策公告如下：

一、自2019年1月1日至2022年12月31日，企业通过公益性社会组织或者县级（含县级）以上人民政府及其组成部门和直属机构，用于目标脱贫地区的扶贫捐赠支出，准予在计算企业所得税应纳税所得额时据实扣除。在政策执行期限内，目标脱贫地区实现脱贫的，可继续适用上述政策。

“目标脱贫地区”包括832个国家扶贫开发工作重点县、集中连片特困地区县（新疆阿克苏地区6县1市享受片区政策）和建档立卡贫困村。

二、企业同时发生扶贫捐赠支出和其他公益性捐赠支出，在计算公益性捐赠支出年度扣除限额时，符合上述条件的扶贫捐赠支出不计算在内。

三、企业在2015年1月1日至2018年12月31日期间已发生的符合上述条件的扶贫捐赠支出，尚未在计算企业所得税应纳税所得额时扣除的部分，可执行上述企业所得税政策。

---

①　该文件执行期限延长至2025年12月31日。详细可参见《财政部　税务总局　人力资源社会保障部　国家乡村振兴局关于延长部分扶贫税收优惠政策执行期限的公告》（2021年5月6日颁布　2021年5月6日实施　财政部　税务总局　人力资源社会保障部　国家乡村振兴局公告2021年第18号）。

16.《财政部　税务总局　民政部关于公益性捐赠税前扣除有关事项的公告》(2020年5月13日颁布　2020年1月1日起实施　财政部公告2020年第27号)

为贯彻落实《中华人民共和国企业所得税法》及其实施条例、《中华人民共和国个人所得税法》及其实施条例,现就公益性捐赠税前扣除有关事项公告如下:

一、企业或个人通过公益性社会组织、县级以上人民政府及其部门等国家机关,用于符合法律规定的公益慈善事业捐赠支出,准予按税法规定在计算应纳税所得额时扣除。

二、本公告第一条所称公益慈善事业,应当符合《中华人民共和国公益事业捐赠法》第三条对公益事业范围的规定或者《中华人民共和国慈善法》第三条对慈善活动范围的规定。

三、本公告第一条所称公益性社会组织,包括依法设立或登记并按规定条件和程序取得公益性捐赠税前扣除资格的慈善组织、其他社会组织和群众团体。公益性群众团体的公益性捐赠税前扣除资格确认及管理按照现行规定执行。依法登记的慈善组织和其他社会组织的公益性捐赠税前扣除资格确认及管理按本公告执行。

四、在民政部门依法登记的慈善组织和其他社会组织(以下统称社会组织),取得公益性捐赠税前扣除资格应当同时符合以下规定:

(一)符合企业所得税法实施条例第五十二条第一项到第八项规定的条件。

(二)每年应当在3月31日前按要求向登记管理机关报送经审计的上年度专项信息报告。报告应当包括财务收支和资产负债总体情况、开展募捐和接受捐赠情况、公益慈善事业支出及管理费用情况(包括本条第三项、第四项规定的比例情况)等内容。

首次确认公益性捐赠税前扣除资格的,应当报送经审计的前两个年度的专项信息报告。

(三)具有公开募捐资格的社会组织,前两年度每年用于公益慈善事业的支出占上年总收入的比例均不得低于70%。计算该支出比例时,可以用前三年收入平均数代替上年总收入。

不具有公开募捐资格的社会组织,前两年度每年用于公益慈善事业的支出占上年末净资产的比例均不得低于8%。计算该比例时,可以用前三年年末净资产平均数代替上年末净资产。

(四)具有公开募捐资格的社会组织,前两年度每年支出的管理费用占当年总支出的比例均不得高于10%。

不具有公开募捐资格的社会组织，前两年每年支出的管理费用占当年总支出的比例均不得高于12%。

（五）具有非营利组织免税资格，且免税资格在有效期内。

（六）前两年度未受到登记管理机关行政处罚（警告除外）。

（七）前两年度未被登记管理机关列入严重违法失信名单。

（八）社会组织评估等级为3A以上（含3A）且该评估结果在确认公益性捐赠税前扣除资格时仍在有效期内。

公益慈善事业支出、管理费用和总收入的标准和范围，按照《民政部 财政部 国家税务总局关于印发〈关于慈善组织开展慈善活动年度支出和管理费用的规定〉的通知》（民发〔2016〕189号）关于慈善活动支出、管理费用和上年总收入的有关规定执行。

按照《中华人民共和国慈善法》新设立或新认定的慈善组织，在其取得非营利组织免税资格的当年，只需要符合本条第一项、第六项、第七项条件即可。

五、公益性捐赠税前扣除资格的确认按以下规定执行：

（一）在民政部登记注册的社会组织，由民政部结合社会组织公益活动情况和日常监督管理、评估等情况，对社会组织的公益性捐赠税前扣除资格进行核实，提出初步意见。根据民政部初步意见，财政部、税务总局和民政部对照本公告相关规定，联合确定具有公益性捐赠税前扣除资格的社会组织名单，并发布公告。

（二）在省级和省级以下民政部门登记注册的社会组织，由省、自治区、直辖市和计划单列市财政、税务、民政部门参照本条第一项规定执行。

（三）公益性捐赠税前扣除资格的确认对象包括：

1. 公益性捐赠税前扣除资格将于当年末到期的公益性社会组织；

2. 已被取消公益性捐赠税前扣除资格但又重新符合条件的社会组织；

3. 登记设立后尚未取得公益性捐赠税前扣除资格的社会组织。

（四）每年年底前，省级以上财政、税务、民政部门按权限完成公益性捐赠税前扣除资格的确认和名单发布工作，并按本条第三项规定的不同审核对象，分别列示名单及其公益性捐赠税前扣除资格起始时间。

六、公益性捐赠税前扣除资格在全国范围内有效，有效期为三年。

本公告第五条第三项规定的第一种情形，其公益性捐赠税前扣除资格自发布名单公告的次年1月1日起算。本公告第五条第三项规定的第二种和第三种情形，其公益性捐赠税前扣除资格自发布公告的当年1月1日起算。

七、公益性社会组织存在以下情形之一的,应当取消其公益性捐赠税前扣除资格:

(一)未按本公告规定时间和要求向登记管理机关报送专项信息报告的;

(二)最近一个年度用于公益慈善事业的支出不符合本公告第四条第三项规定的;

(三)最近一个年度支出的管理费用不符合本公告第四条第四项规定的;

(四)非营利组织免税资格到期后超过六个月未重新获取免税资格的;

(五)受到登记管理机关行政处罚(警告除外)的;

(六)被登记管理机关列入严重违法失信名单的;

(七)社会组织评估等级低于3A或者无评估等级的。

八、公益性社会组织存在以下情形之一的,应当取消其公益性捐赠税前扣除资格,且取消资格的当年及之后三个年度内不得重新确认资格:

(一)违反规定接受捐赠的,包括附加对捐赠人构成利益回报的条件、以捐赠为名从事营利性活动、利用慈善捐赠宣传烟草制品或法律禁止宣传的产品和事项、接受不符合公益目的或违背社会公德的捐赠等情形;

(二)开展违反组织章程的活动,或者接受的捐赠款项用于组织章程规定用途之外的;

(三)在确定捐赠财产的用途和受益人时,指定特定受益人,且该受益人与捐赠人或公益性社会组织管理人员存在明显利益关系的。

九、公益性社会组织存在以下情形之一的,应当取消其公益性捐赠税前扣除资格且不得重新确认资格:

(一)从事非法政治活动的;

(二)从事、资助危害国家安全或者社会公共利益活动的。

十、对应当取消公益性捐赠税前扣除资格的公益性社会组织,由省级以上财政、税务、民政部门核实相关信息后,按权限及时向社会发布取消资格名单公告。自发布公告的次月起,相关公益性社会组织不再具有公益性捐赠税前扣除资格。

十一、公益性社会组织、县级以上人民政府及其部门等国家机关在接受捐赠时,应当按照行政管理级次分别使用由财政部或省、自治区、直辖市财政部门监(印)制的公益事业捐赠票据,并加盖本单位的印章。

企业或个人将符合条件的公益性捐赠支出进行税前扣除,应当留存相关票据备查。

十二、公益性社会组织登记成立时的注册资金捐赠人,在该公益性社会组织首次取得公益性捐赠税前扣除资格的当年进行所得税汇算清缴时,可按规定对其注册资金捐赠额进行税前扣除。

十三、除另有规定外,公益性社会组织、县级以上人民政府及其部门等国家机关在接受企业或个人捐赠时,按以下原则确认捐赠额:

(一)接受的货币性资产捐赠,以实际收到的金额确认捐赠额。

(二)接受的非货币性资产捐赠,以其公允价值确认捐赠额。捐赠方在向公益性社会组织、县级以上人民政府及其部门等国家机关捐赠时,应当提供注明捐赠非货币性资产公允价值的证明;不能提供证明的,接受捐赠方不得向其开具捐赠票据。

十四、为方便纳税主体查询,省级以上财政、税务、民政部门应当及时在官方网站上发布具备公益性捐赠税前扣除资格的公益性社会组织名单公告。

企业或个人可通过上述渠道查询社会组织公益性捐赠税前扣除资格及有效期。

十五、本公告自2020年1月1日起执行。《财政部　国家税务总局　民政部关于公益性捐赠税前扣除有关问题的通知》(财税〔2008〕160号)、《财政部　国家税务总局　民政部关于公益性捐赠税前扣除有关问题的补充通知》(财税〔2010〕45号)、《财政部　国家税务总局　民政部关于公益性捐赠税前扣除资格确认审批有关调整事项的通知》(财税〔2015〕141号)同时废止。

尚未完成2019年度及以前年度社会组织公益性捐赠税前扣除资格确认工作的,各级财政、税务、民政部门按照原政策规定执行。2020年度及以后年度的公益性捐赠税前扣除资格的确认及管理按本公告规定执行。

17.《财政部　税务总局　民政部关于公益性捐赠税前扣除资格确认有关衔接事项的公告》(2021年2月4日颁布　2020年1月1日起实施　财政部　税务总局　民政部公告2021年第3号)

为鼓励社会公益性捐赠,做好《财政部　税务总局　民政部关于公益性捐赠税前扣除有关事项的公告》(财政部　税务总局　民政部公告2020年第27号)与相关文件的衔接工作,并考虑新冠肺炎疫情影响,现就有关事项公告如下:

一、确认2020年度——2022年度公益性捐赠税前扣除资格时，部分条件可按照以下规定执行：

（一）在民政部门依法登记的慈善组织和其他社会组织（以下统称社会组织）2018年和2019年的公益慈善事业支出和管理费用比例，可按照《民政部　财政部　国家税务总局关于印发〈关于慈善组织开展慈善活动年度支出和管理费用的规定〉的通知》（民发〔2016〕189号）有关规定执行。

（二）社会组织2018年至本公告发布之日最近一期的评估等级达到3A以上（含3A）。对于2019年成立的社会组织，以及2019年至本公告发布之日已接受评估但尚未出具结论的社会组织，确认资格时可暂不考虑其评估等级。

（三）确认公益性捐赠税前扣除资格时，可暂不考虑社会组织的非营利组织免税资格。

（四）按照本条取得公益性捐赠税前扣除资格的，在资格有效期内，应取得3A以上（含3A）评估等级，且取得非营利组织免税资格。

二、确认2021年度——2023年度公益性捐赠税前扣除资格时，社会组织2019年和2020年的公益慈善事业支出和管理费用比例，可按照《民政部　财政部　国家税务总局关于印发〈关于慈善组织开展慈善活动年度支出和管理费用的规定〉的通知》（民发〔2016〕189号）有关规定执行。

三、本公告自2020年1月1日起执行。

18.《财政部　税务总局关于通过公益性群众团体的公益性捐赠税前扣除有关事项的公告》（2021年6月2日颁布　2021年1月1日起实施　财政部　税务总局公告2021年第20号）

为贯彻落实《中华人民共和国企业所得税法》及其实施条例、《中华人民共和国个人所得税法》及其实施条例，现就通过公益性群众团体的公益性捐赠税前扣除有关事项公告如下：

一、企业或个人通过公益性群众团体用于符合法律规定的公益慈善事业捐赠支出，准予按税法规定在计算应纳税所得额时扣除。

二、本公告第一条所称公益慈善事业，应当符合《中华人民共和国公益事业捐赠法》第三条对公益事业范围的规定或者《中华人民共和国慈善法》第三条对慈善活动范围的规定。

三、本公告第一条所称公益性群众团体，包括依照《社会团体登记管理条例》规定不需进行社团登记的人民团体以及经国务院批准免予登记的社会团体(以下统称群众团体),且按规定条件和程序已经取得公益性捐赠税前扣除资格。

四、群众团体取得公益性捐赠税前扣除资格应当同时符合以下条件:

(一)符合企业所得税法实施条例第五十二条第一项至第八项规定的条件;

(二)县级以上各级机构编制部门直接管理其机构编制;

(三)对接受捐赠的收入以及用捐赠收入进行的支出单独进行核算,且申报前连续3年接受捐赠的总收入中用于公益慈善事业的支出比例不低于70%。

五、公益性捐赠税前扣除资格的确认按以下规定执行:

(一)由中央机构编制部门直接管理其机构编制的群众团体,向财政部、税务总局报送材料;

(二)由县级以上地方各级机构编制部门直接管理其机构编制的群众团体,向省、自治区、直辖市和计划单列市财政、税务部门报送材料;

(三)对符合条件的公益性群众团体,按照上述管理权限,由财政部、税务总局和省、自治区、直辖市、计划单列市财政、税务部门分别联合公布名单。企业和个人在名单所属年度内向名单内的群众团体进行的公益性捐赠支出,可以按规定进行税前扣除;

(四)公益性捐赠税前扣除资格的确认对象包括:

1. 公益性捐赠税前扣除资格将于当年末到期的公益性群众团体;

2. 已被取消公益性捐赠税前扣除资格但又重新符合条件的群众团体;

3. 尚未取得或资格终止后未取得公益性捐赠税前扣除资格的群众团体。

(五)每年年底前,省级以上财政、税务部门按权限完成公益性捐赠税前扣除资格的确认和名单发布工作,并按本条第(四)项规定的不同审核对象,分别列示名单及其公益性捐赠税前扣除资格起始时间。

六、本公告第五条规定需报送的材料,应在申报年度6月30日前报送,包括:

(一)申报报告;

(二)县级以上各级党委、政府或机构编制部门印发的“三定”规定;

(三)组织章程;

（四）申报前3个年度的受赠资金来源、使用情况，财务报告，公益活动的明细，注册会计师的审计报告或注册会计师、（注册）税务师、律师的纳税审核报告（或鉴证报告）。

七、公益性捐赠税前扣除资格在全国范围内有效，有效期为三年。

本公告第五条第（四）项规定的第一种情形，其公益性捐赠税前扣除资格自发布名单公告的次年1月1日起算。本公告第五条第（四）项规定的第二种和第三种情形，其公益性捐赠税前扣除资格自发公告的当年1月1日起算。

八、公益性群众团体前3年接受捐赠的总收入中用于公益慈善事业的支出比例低于70%的，应当取消其公益性捐赠税前扣除资格。

九、公益性群众团体存在以下情形之一的，应当取消其公益性捐赠税前扣除资格，且被取消资格的当年及之后三个年度内不得重新确认资格：

（一）违反规定接受捐赠的，包括附加对捐赠人构成利益回报的条件、以捐赠为名从事营利性活动、利用慈善捐赠宣传烟草制品或法律禁止宣传的产品和事项、接受不符合公益目的或违背社会公德的捐赠等情形；

（二）开展违反组织章程的活动，或者接受的捐赠款项用于组织章程规定用途之外的；

（三）在确定捐赠财产的用途和受益人时，指定特定受益人，且该受益人与捐赠人或公益性群众团体管理人员存在明显利益关系的；

（四）受到行政处罚（警告或单次1万元以下罚款除外）的。

对存在本条第（一）、（二）、（三）项情形的公益性群众团体，应对其接受捐赠收入和其他各项收入依法补征企业所得税。

十、公益性群众团体存在以下情形之一的，应当取消其公益性捐赠税前扣除资格且不得重新确认资格：

（一）从事非法政治活动的；

（二）从事、资助危害国家安全或者社会公共利益活动的。

十一、获得公益性捐赠税前扣除资格的公益性群众团体，应自不符合本通知第四条规定条件之一或存在本通知第八、九、十条规定情形之一之日起15日内向主管税务机关报告。对应当取消公益性捐赠税前扣除资格的公益性群众团体，由省级以上财政、税务部门核实相关信息后，按权限及时向社会发布取消资格名单公告。自发布公告的次月起，相关公益性群众团体不再具有公益性捐赠税前扣除资格。

十二、公益性群众团体在接受捐赠时，应按照行政管理级次分别使用由财政部或省、自治区、直辖市财政部门监(印)制的公益事业捐赠票据，并加盖本单位的印章；对个人索取捐赠票据的，应予以开具。

企业或个人将符合条件的公益性捐赠支出进行税前扣除，应当留存相关票据备查。

十三、除另有规定外，公益性群众团体在接受企业或个人捐赠时，按以下原则确认捐赠额：

(一)接受的货币性资产捐赠，以实际收到的金额确认捐赠额；

(二)接受的非货币性资产捐赠，以其公允价值确认捐赠额。捐赠方在向公益性群众团体捐赠时，应当提供注明捐赠非货币性资产公允价值的证明；不能提供证明的，接受捐赠方不得向其开具捐赠票据。

十四、为方便纳税主体查询，省级以上财政、税务部门应当及时在官方网站上发布具备公益性捐赠税前扣除资格的公益性群众团体名单公告。

企业或个人可通过上述渠道查询群众团体公益性捐赠税前扣除资格及有效期。

十五、本公告自2021年1月1日起执行。《财政部 国家税务总局关于通过公益性群众团体的公益性捐赠税前扣除有关问题的通知》(财税〔2009〕124号)同时废止。

为做好政策衔接工作，尚未完成2020年度及以前年度群众团体的公益性捐赠税前扣除资格确认工作的，各级财政、税务部门按原政策规定执行；群众团体公益性捐赠税前扣除资格2020年末到期的，其2021年度——2023年度公益性捐赠税前扣除资格自2021年1月1日起算。

19.《国家税务总局关于企业所得税若干政策征管口径问题的公告》(2021年6月22日颁布 2021年6月22日起实施 国家税务总局公告2021年第17号)

为贯彻落实中办、国办印发的《关于进一步深化税收征管改革的意见》，深入开展2021年"我为纳税人缴费人办实事暨便民办税春风行动"，推进税收领域"放管服"改革，更好服务市场主体，根据《中华人民共和国企业所得税法》及其实施条例(以下简称税法)等相关规定，对企业所得税若干政策征管口径问题公告如下：

一、关于公益性捐赠支出相关费用的扣除问题

企业在非货币性资产捐赠过程中发生的运费、保险费、人工费用等相关支出，凡纳入国家机关、公益性社会组织开具的公益捐赠票据记载

的数额中的，作为公益性捐赠支出按照规定在税前扣除；上述费用未纳入公益性捐赠票据记载的数额中的，作为企业相关费用按照规定在税前扣除。

20.《财政部　税务总局关于继续实施公共租赁住房税收优惠政策的公告》(2023年8月18日颁布　财政部　税务总局公告2023年第33号)

五、企事业单位、社会团体以及其他组织捐赠住房作为公租房，符合税收法律法规规定的，对其公益性捐赠支出在年度利润总额12%以内的部分，准予在计算应纳税所得额时扣除，超过年度利润总额12%的部分，准予结转以后三年内在计算应纳税所得额时扣除。

八、享受上述税收优惠政策的公租房是指纳入省、自治区、直辖市、计划单列市人民政府及新疆生产建设兵团批准的公租房发展规划和年度计划，或者市、县人民政府批准建设(筹集)，并按照《关于加快发展公共租赁住房的指导意见》(建保〔2010〕87号)和市、县人民政府制定的具体管理办法进行管理的公租房。

九、纳税人享受本公告规定的优惠政策，应按规定进行免税申报，并将不动产权属证明、载有房产原值的相关材料、纳入公租房及用地管理的相关材料、配套建设管理公租房相关材料、购买住房作为公租房相关材料、公租房租赁协议等留存备查。

十、本公告执行至2025年12月31日。

第十条　【不得扣除的支出】　在计算应纳税所得额时，下列支出不得扣除：

(一)向投资者支付的股息、红利等权益性投资收益款项；

(二)企业所得税税款；

(三)税收滞纳金；

(四)罚金、罚款和被没收财物的损失；

(五)本法第九条规定以外的捐赠支出；

(六)赞助支出；

(七)未经核定的准备金支出；

(八)与取得收入无关的其他支出。

一、税收行政法规

《中华人民共和国企业所得税法实施条例》(2007 年 12 月 6 日中华人民共和国国务院令第 512 号公布　根据 2019 年 4 月 23 日《国务院关于修改部分行政法规的决定》修订)

第五十四条　企业所得税法第十条第(六)项所称赞助支出,是指企业发生的与生产经营活动无关的各种非广告性质支出。

第五十五条　企业所得税法第十条第(七)项所称未经核定的准备金支出,是指不符合国务院财政、税务主管部门规定的各项资产减值准备、风险准备等准备金支出。

二、税务规范性文件

1.《国家税务总局关于企业所得税执行中若干税务处理问题的通知》(2009 年 4 月 21 颁布　国税函〔2009〕202 号)

各省、自治区、直辖市和计划单列市国家税务局、地方税务局:

根据《中华人民共和国企业所得税法》(以下简称《企业所得税法》)及《中华人民共和国企业所得税法实施条例》(以下简称《实施条例》)的有关规定,现就企业所得税若干税务处理问题通知如下:

二、2008 年 1 月 1 日以前计提的各类准备金余额处理问题

根据《实施条例》第五十五条规定,除财政部和国家税务总局核准计提的准备金可以税前扣除外,其他行业、企业计提的各项资产减值准备、风险准备等准备金均不得税前扣除。

2008 年 1 月 1 日前按照原企业所得税法规定计提的各类准备金,2008 年 1 月 1 日以后,未经财政部和国家税务总局核准的,企业以后年度实际发生的相应损失,应先冲减各项准备金余额。

2.《国家税务总局关于企业所得税若干政策征管口径问题的公告》(2021 年 6 月 22 日颁布　2021 年 1 月 1 日起实施　国家税务总局公告 2021 年第 17 号)

五、关于文物、艺术品资产的税务处理问题

企业购买的文物、艺术品用于收藏、展示、保值增值的,作为投资资产进行税务处理。文物、艺术品资产在持有期间,计提的折旧、摊销费用,不得税前扣除。

第十一条　【固定资产的折旧扣除】　在计算应纳税所得额时,企业按照规定计算的固定资产折旧,准予扣除。

下列固定资产不得计算折旧扣除:

（一）房屋、建筑物以外未投入使用的固定资产；
（二）以经营租赁方式租入的固定资产；
（三）以融资租赁方式租出的固定资产；
（四）已足额提取折旧仍继续使用的固定资产；
（五）与经营活动无关的固定资产；
（六）单独估价作为固定资产入账的土地；
（七）其他不得计算折旧扣除的固定资产。

一、税收行政法规

《中华人民共和国企业所得税法实施条例》（2007 年 12 月 6 日中华人民共和国国务院令第 512 号公布　根据 2019 年 4 月 23 日《国务院关于修改部分行政法规的决定》修订）

第五十六条　企业的各项资产，包括固定资产、生物资产、无形资产、长期待摊费用、投资资产、存货等，以历史成本为计税基础。

前款所称历史成本，是指企业取得该项资产时实际发生的支出。

企业持有各项资产期间资产增值或者减值，除国务院财政、税务主管部门规定可以确认损益外，不得调整该资产的计税基础。

第五十七条　企业所得税法第十一条所称固定资产，是指企业为生产产品、提供劳务、出租或者经营管理而持有的、使用时间超过 12 个月的非货币性资产，包括房屋、建筑物、机器、机械、运输工具以及其他与生产经营活动有关的设备、器具、工具等。

第五十八条　固定资产按照以下方法确定计税基础：

（一）外购的固定资产，以购买价款和支付的相关税费以及直接归属于使该资产达到预定用途发生的其他支出为计税基础；

（二）自行建造的固定资产，以竣工结算前发生的支出为计税基础；

（三）融资租入的固定资产，以租赁合同约定的付款总额和承租人在签订租赁合同过程中发生的相关费用为计税基础，租赁合同未约定付款总额的，以该资产的公允价值和承租人在签订租赁合同过程中发生的相关费用为计税基础；

（四）盘盈的固定资产，以同类固定资产的重置完全价值为计税基础；

（五）通过捐赠、投资、非货币性资产交换、债务重组等方式取得的固定资产，以该资产的公允价值和支付的相关税费为计税基础；

（六）改建的固定资产，除企业所得税法第十三条第（一）项和第（二）项规定的支出外，以改建过程中发生的改建支出增加计税基础。

第五十九条 固定资产按照直线法计算的折旧,准予扣除。

企业应当自固定资产投入使用月份的次月起计算折旧;停止使用的固定资产,应当自停止使用月份的次月起停止计算折旧。

企业应当根据固定资产的性质和使用情况,合理确定固定资产的预计净残值。固定资产的预计净残值一经确定,不得变更。

第六十条 除国务院财政、税务主管部门另有规定外,固定资产计算折旧的最低年限如下:

(一)房屋、建筑物,为20年;

(二)飞机、火车、轮船、机器、机械和其他生产设备,为10年;

(三)与生产经营活动有关的器具、工具、家具等,为5年;

(四)飞机、火车、轮船以外的运输工具,为4年;

(五)电子设备,为3年。

第六十一条 从事开采石油、天然气等矿产资源的企业,在开始商业性生产前发生的费用和有关固定资产的折耗、折旧方法,由国务院财政、税务主管部门另行规定。

第六十二条 生产性生物资产按照以下方法确定计税基础:

(一)外购的生产性生物资产,以购买价款和支付的相关税费为计税基础;

(二)通过捐赠、投资、非货币性资产交换、债务重组等方式取得的生产性生物资产,以该资产的公允价值和支付的相关税费为计税基础。

前款所称生产性生物资产,是指企业为生产农产品、提供劳务或者出租等而持有的生物资产,包括经济林、薪炭林、产畜和役畜等。

第六十三条 生产性生物资产按照直线法计算的折旧,准予扣除。

企业应当自生产性生物资产投入使用月份的次月起计算折旧;停止使用的生产性生物资产,应当自停止使用月份的次月起停止计算折旧。

企业应当根据生产性生物资产的性质和使用情况,合理确定生产性生物资产的预计净残值。生产性生物资产的预计净残值一经确定,不得变更。

第六十四条 生产性生物资产计算折旧的最低年限如下:

(一)林木类生产性生物资产,为10年;

(二)畜类生产性生物资产,为3年。

二、税务规范性文件

1.《财政部 国家税务总局关于开采油(气)资源企业费用和有关固定资产折耗摊销 折旧税务处理问题的通知》(2009年4月12日颁布并实施 财税〔2009〕49号)

各省、自治区、直辖市、计划单列市财政厅(局)、国家税务局、地方税务局,新疆生产建设兵团财务局:

根据《中华人民共和国企业所得税法实施条例》(国务院令第512号,以下简称《实施条例》)第六十一条的规定,现就从事开采石油、天然气(包括煤层气,下同)的矿产资源油气企业(以下简称油气企业)在开始商业性生产前发生的费用和有关固定资产的折耗、摊销、折旧方法通知如下:

一、本通知所称费用和有关固定资产,是指油气企业在开始商业性生产前取得矿区权益和勘探、开发的支出所形成的费用和固定资产。

本通知所称商业性生产,是指油(气)田(井)经过勘探、开发、稳定生产并商业销售石油、天然气的阶段。

二、关于矿区权益支出的折耗

(一)矿区权益支出,是指油气企业为了取得在矿区内的探矿权、采矿权、土地或海域使用权等所发生的各项支出,包括有偿取得各类矿区权益的使用费、相关中介费或其他可直接归属于矿区权益的合理支出。

(二)油气企业在开始商业性生产前发生的矿区权益支出,可在发生的当期,从本企业其他油(气)田收入中扣除;或者自对应的油(气)田开始商业性生产月份的次月起,分3年按直线法计提的折耗准予扣除。

(三)油气企业对其发生的矿区权益支出未选择在发生的当期扣除的,由于未发现商业性油(气)构造而终止作业,其尚未计提折耗的剩余部分,可在终止作业的当年作为损失扣除。

三、关于勘探支出的摊销

(一)勘探支出,是指油气企业为了识别勘探区域或探明油气储量而进行的地质调查、地球物理勘探、钻井勘探活动以及其他相关活动所发生的各项支出。

(二)油气企业在开始商业性生产前发生的勘探支出(不包括预计可形成资产的钻井勘探支出),可在发生的当期,从本企业其他油(气)田收入中扣除;或者自对应的油(气)田开始商业性生产月份的次月起,分3年按直线法计提的摊销准予扣除。

(三)油气企业对其发生的勘探支出未选择在发生的当期扣除的,由于未发现商业性油(气)构造而终止作业,其尚未摊销的剩余部分,可在终止作业的当年作为损失扣除。

(四)油气企业的钻井勘探支出,凡确定该井可作商业性生产,且该钻井勘探支出形成的资产符合《实施条例》第五十七条规定条件的,应当将该钻井勘探支出结转为开发资产的成本,按照本通知第四条的规定计提折旧。

四、关于开发资产的折旧

(一)开发支出,是指油气企业为了取得已探明矿区中的油气而建造或更新井及相关设施活动所发生的各项支出。

（二）油气企业在开始商业性生产之前发生的开发支出，可不分用途，全部累计作为开发资产的成本，自对应的油（气）田开始商业性生产月份的次月起，可不留残值，按直线法计提的折旧准予扣除，其最低折旧年限为8年。

（三）油气企业终止本油（气）田生产的，其开发资产尚未计提折旧的剩余部分可在该油（气）田终止生产的当年作为损失扣除。

五、油气企业应按照本通知规定选择有关费用和资产的折耗、摊销、折旧方法和年限，一经确定，不得变更。

六、油气企业在本油（气）田进入商业性生产之后对本油（气）田新发生的矿区权益、勘探支出、开发支出，按照本通知规定处理。

七、本通知自发布之日起实施。《实施条例》实施之日至本通知发布之日前，油气企业矿区权益、勘探、开发等费用和固定资产的折耗、摊销、折旧方法和年限事项按本通知规定处理。

《实施条例》实施之日前，油气企业矿区权益、勘探、开发等费用和固定资产已发生且开始摊销或计提的折耗、折旧，不做调整。对没有摊销完的费用和继续使用的矿区权益和有关固定资产，可以就其尚未摊销或计提折耗、折旧的余额，按本通知规定处理。

2.《国家税务总局关于贯彻落实企业所得税法若干税收问题的通知》（2010年2月22日颁布　国税函〔2010〕79号）

五、关于固定资产投入使用后计税基础确定问题

企业固定资产投入使用后，由于工程款项尚未结清未取得全额发票的，可暂按合同规定的金额计入固定资产计税基础计提折旧，待发票取得后进行调整。但该项调整应在固定资产投入使用后12个月内进行。

3.《国家税务总局关于企业所得税应纳税所得额若干问题的公告》（2014年5月23日颁布　2013年1月1日起实施　国家税务总局公告2014年第29号）

根据《中华人民共和国企业所得税法》及其实施条例（以下简称税法）的规定，现将企业所得税应纳税所得额若干问题公告如下：

五、固定资产折旧的企业所得税处理

（一）企业固定资产会计折旧年限如果短于税法规定的最低折旧年限，其按会计折旧年限计提的折旧高于按税法规定的最低折旧年限计提的折旧部分，应调增当期应纳税所得额；企业固定资产会计折旧年限已期满且会计折旧已提足，但税法规定的最低折旧年限尚未到期且税收折旧尚未足额扣除，其未足额扣除的部分准予在剩余的税收折旧年限继续按规定扣除。

(二)企业固定资产会计折旧年限如果长于税法规定的最低折旧年限,其折旧应按会计折旧年限计算扣除,税法另有规定除外。

(三)企业按会计规定提取的固定资产减值准备,不得税前扣除,其折旧仍按税法确定的固定资产计税基础计算扣除。

(四)企业按税法规定实行加速折旧的,其按加速折旧办法计算的折旧额可全额在税前扣除。

(五)石油天然气开采企业在计提油气资产折耗(折旧)时,由于会计与税法规定计算方法不同导致的折耗(折旧)差异,应按税法规定进行纳税调整。

第十二条 【无形资产的摊销费用】 在计算应纳税所得额时,企业按照规定计算的无形资产摊销费用,准予扣除。

下列无形资产不得计算摊销费用扣除:

(一)自行开发的支出已在计算应纳税所得额时扣除的无形资产;

(二)自创商誉;

(三)与经营活动无关的无形资产;

(四)其他不得计算摊销费用扣除的无形资产。

税收行政法规

《中华人民共和国企业所得税法实施条例》(2007年12月6日中华人民共和国国务院令第512号公布 根据2019年4月23日《国务院关于修改部分行政法规的决定》修订)

第六十五条 企业所得税法第十二条所称无形资产,是指企业为生产产品、提供劳务、出租或者经营管理而持有的、没有实物形态的非货币性长期资产,包括专利权、商标权、著作权、土地使用权、非专利技术、商誉等。

第六十六条 无形资产按照以下方法确定计税基础:

(一)外购的无形资产,以购买价款和支付的相关税费以及直接归属于使该资产达到预定用途发生的其他支出为计税基础;

(二)自行开发的无形资产,以开发过程中该资产符合资本化条件后至达到预定用途前发生的支出为计税基础;

(三)通过捐赠、投资、非货币性资产交换、债务重组等方式取得的无形资产,以该资产的公允价值和支付的相关税费为计税基础。

第六十七条　无形资产按照直线法计算的摊销费用，准予扣除。

无形资产的摊销年限不得低于10年。

作为投资或者受让的无形资产，有关法律规定或者合同约定了使用年限的，可以按照规定或者约定的使用年限分期摊销。

外购商誉的支出，在企业整体转让或者清算时，准予扣除。

第十三条　【长期待摊费用】　在计算应纳税所得额时，企业发生的下列支出作为长期待摊费用，按照规定摊销的，准予扣除：

（一）已足额提取折旧的固定资产的改建支出；

（二）租入固定资产的改建支出；

（三）固定资产的大修理支出；

（四）其他应当作为长期待摊费用的支出。

税收行政法规

《中华人民共和国企业所得税法实施条例》（2007年12月6日中华人民共和国国务院令第512号公布　根据2019年4月23日《国务院关于修改部分行政法规的决定》修订）

第六十八条　企业所得税法第十三条第（一）项和第（二）项所称固定资产的改建支出，是指改变房屋或者建筑物结构、延长使用年限等发生的支出。

企业所得税法第十三条第（一）项规定的支出，按照固定资产预计尚可使用年限分期摊销；第（二）项规定的支出，按照合同约定的剩余租赁期限分期摊销。

改建的固定资产延长使用年限的，除企业所得税法第十三条第（一）项和第（二）项规定外，应当适当延长折旧年限。

第六十九条　企业所得税法第十三条第（三）项所称固定资产的大修理支出，是指同时符合下列条件的支出：

（一）修理支出达到取得固定资产时的计税基础50%以上；

（二）修理后固定资产的使用年限延长2年以上。

企业所得税法第十三条第（三）项规定的支出，按照固定资产尚可使用年限分期摊销。

第七十条　企业所得税法第十三条第（四）项所称其他应当作为长期待摊费用的支出，自支出发生月份的次月起，分期摊销，摊销年限不得低于3年。

第十四条　【不得扣除的投资成本】　企业对外投资期间，投资资产的成本在计算应纳税所得额时不得扣除。

税收行政法规

《中华人民共和国企业所得税法实施条例》（2007 年 12 月 6 日中华人民共和国国务院令第 512 号公布　根据 2019 年 4 月 23 日《国务院关于修改部分行政法规的决定》修订）

第七十一条　企业所得税法第十四条所称投资资产，是指企业对外进行权益性投资和债权性投资形成的资产。

企业在转让或者处置投资资产时，投资资产的成本，准予扣除。

投资资产按照以下方法确定成本：

（一）通过支付现金方式取得的投资资产，以购买价款为成本；

（二）通过支付现金以外的方式取得的投资资产，以该资产的公允价值和支付的相关税费为成本。

第十五条　【存货成本的扣除】　企业使用或者销售存货，按照规定计算的存货成本，准予在计算应纳税所得额时扣除。

一、税收行政法规

《中华人民共和国企业所得税法实施条例》（2007 年 12 月 6 日中华人民共和国国务院令第 512 号公布　根据 2019 年 4 月 23 日《国务院关于修改部分行政法规的决定》修订）

第七十二条　企业所得税法第十五条所称存货，是指企业持有以备出售的产品或者商品、处在生产过程中的在产品、在生产或者提供劳务过程中耗用的材料和物料等。

存货按照以下方法确定成本：

（一）通过支付现金方式取得的存货，以购买价款和支付的相关税费为成本；

（二）通过支付现金以外的方式取得的存货，以该存货的公允价值和支付的相关税费为成本；

（三）生产性生物资产收获的农产品，以产出或者采收过程中发生的材料费、人工费和分摊的间接费用等必要支出为成本。

第七十三条　企业使用或者销售的存货的成本计算方法，可以在先进先出法、加权平均法、个别计价法中选用一种。计价方法一经选用，不得随意变更。

二、税务规范性文件

《国家税务总局关于商业零售企业存货损失税前扣除问题的公告》(2014年1月10日颁布　2013年1月1日起实施　国家税务总局公告2014年第3号)

根据《国家税务总局关于发布〈企业资产损失所得税税前扣除管理办法〉的公告》(国家税务总局公告2011年第25号)有关规定,现对商业零售企业存货损失税前扣除问题公告如下:

一、商业零售企业存货因零星失窃、报废、废弃、过期、破损、腐败、鼠咬、顾客退换货等正常因素形成的损失,为存货正常损失,准予按会计科目进行归类、汇总,然后再将汇总数据以清单的形式进行企业所得税纳税申报,同时出具损失情况分析报告。

二、商业零售企业存货因风、火、雷、震等自然灾害,仓储、运输失事,重大案件等非正常因素形成的损失,为存货非正常损失,应当以专项申报形式进行企业所得税纳税申报。

三、存货单笔(单项)损失超过500万元的,无论何种因素形成的,均应以专项申报方式进行企业所得税纳税申报。

四、本公告适用于2013年度及以后年度企业所得税纳税申报。

第十六条　【资产转让的净值扣除】　企业转让资产,该项资产的净值,准予在计算应纳税所得额时扣除。

一、税收行政法规

《中华人民共和国企业所得税法实施条例》(2007年12月6日中华人民共和国国务院令第512号公布　根据2019年4月23日《国务院关于修改部分行政法规的决定》修订)

第七十四条　企业所得税法第十六条所称资产的净值和第十九条所称财产净值,是指有关资产、财产的计税基础减除已经按照规定扣除的折旧、折耗、摊销、准备金等后的余额。

第七十五条　除国务院财政、税务主管部门另有规定外,企业在重组过程中,应当在交易发生时确认有关资产的转让所得或者损失,相关资产应当按照交易价格重新确定计税基础。

二、税务规范性文件

（一）企业重组

1.《国家税务总局关于债务重组所得企业所得税处理问题的批复》（2009年1月4日颁布 国税函〔2009〕1号）

海南省国家税务局：

你局《关于企业债务重组所得征免企业所得税问题的请示》（琼国税发〔2008〕231号）收悉，经研究，批复如下：

《企业债务重组业务所得税处理办法》（国家税务总局令第6号）自2003年3月1日起执行。此前，企业债务重组中因豁免债务等取得的债务重组所得，应按照当时的会计准则处理，即"以低于债务账面价值的现金清偿某项债务的，债务人应将重组债务的账面价值与支付的现金之间的差额；或以债务转为资本清偿某项债务的，债务人应将重组债务的账面价值与债权人因放弃债权而享有股权的份额之间的差额"，确认为资本公积。

2.《财政部 国家税务总局关于企业重组业务企业所得税处理若干问题的通知》（2009年4月30日颁布 2008年1月1日起实施 财税〔2009〕59号）①

各省、自治区、直辖市、计划单列市财政厅（局）、国家税务局、地方税务局，新疆生产建设兵团财务局：

根据《中华人民共和国企业所得税法》第二十条和《中华人民共和国企业所得税法实施条例》（国务院令第512号）第七十五条规定，现就企业重组所涉及的企业所得税具体处理问题通知如下：

一、本通知所称企业重组，是指企业在日常经营活动以外发生的法律结构或经济结构重大改变的交易，包括企业法律形式改变、债务重组、股权收购、资产收购、合并、分立等。

（一）企业法律形式改变，是指企业注册名称、住所以及企业组织形式等的简单改变，但符合本通知规定其他重组的类型除外。

---

① 1. 第六条第（二）项中有关"股权收购，收购企业购买的股权不低于被收购企业全部股权的75%"规定调整为"股权收购，收购企业购买的股权不低于被收购企业全部股权的50%"。2. 第六条第（三）项中有关"资产收购，受让企业收购的资产不低于转让企业全部资产的75%"规定调整为"资产收购，受让企业收购的资产不低于转让企业全部资产的50%"。参见《财政部 国家税务总局关于促进企业重组有关企业所得税处理问题的通知》（财税〔2014〕109号）。

（二）债务重组，是指在债务人发生财务困难的情况下，债权人按照其与债务人达成的书面协议或者法院裁定书，就其债务人的债务作出让步的事项。

（三）股权收购，是指一家企业（以下称为收购企业）购买另一家企业（以下称为被收购企业）的股权，以实现对被收购企业控制的交易。收购企业支付对价的形式包括股权支付、非股权支付或两者的组合。

（四）资产收购，是指一家企业（以下称为受让企业）购买另一家企业（以下称为转让企业）实质经营性资产的交易。受让企业支付对价的形式包括股权支付、非股权支付或两者的组合。

（五）合并，是指一家或多家企业（以下称为被合并企业）将其全部资产和负债转让给另一家现存或新设企业（以下称为合并企业），被合并企业股东换取合并企业的股权或非股权支付，实现两个或两个以上企业的依法合并。

（六）分立，是指一家企业（以下称为被分立企业）将部分或全部资产分离转让给现存或新设的企业（以下称为分立企业），被分立企业股东换取分立企业的股权或非股权支付，实现企业的依法分立。

二、本通知所称股权支付，是指企业重组中购买、换取资产的一方支付的对价中，以本企业或其控股企业的股权、股份作为支付的形式；所称非股权支付，是指以本企业的现金、银行存款、应收款项、本企业或其控股企业股权和股份以外的有价证券、存货、固定资产、其他资产以及承担债务等作为支付的形式。

三、企业重组的税务处理区分不同条件分别适用一般性税务处理规定和特殊性税务处理规定。

四、企业重组，除符合本通知规定适用特殊性税务处理规定的外，按以下规定进行税务处理：

（一）企业由法人转变为个人独资企业、合伙企业等非法人组织，或将登记注册地转移至中华人民共和国境外（包括港澳台地区），应视同企业进行清算、分配，股东重新投资成立新企业。企业的全部资产以及股东投资的计税基础均应以公允价值为基础确定。

企业发生其他法律形式简单改变的，可直接变更税务登记，除另有规定外，有关企业所得税纳税事项（包括亏损结转、税收优惠等权益和义务）由变更后企业承继，但因住所发生变化而不符合税收优惠条件的除外。

（二）企业债务重组，相关交易应按以下规定处理：

1. 以非货币资产清偿债务，应当分解为转让相关非货币性资产、按非货币性资产公允价值清偿债务两项业务,确认相关资产的所得或损失。

2. 发生债权转股权的,应当分解为债务清偿和股权投资两项业务,确认有关债务清偿所得或损失。

3. 债务人应当按照支付的债务清偿额低于债务计税基础的差额,确认债务重组所得;债权人应当按照收到的债务清偿额低于债权计税基础的差额,确认债务重组损失。

4. 债务人的相关所得税纳税事项原则上保持不变。

(三)企业股权收购、资产收购重组交易,相关交易应按以下规定处理:

1. 被收购方应确认股权、资产转让所得或损失。

2. 收购方取得股权或资产的计税基础应以公允价值为基础确定。

3. 被收购企业的相关所得税事项原则上保持不变。

(四)企业合并,当事各方应按下列规定处理:

1. 合并企业应按公允价值确定接受被合并企业各项资产和负债的计税基础。

2. 被合并企业及其股东都应按清算进行所得税处理。

3. 被合并企业的亏损不得在合并企业结转弥补。

(五)企业分立,当事各方应按下列规定处理:

1. 被分立企业对分立出去资产应按公允价值确认资产转让所得或损失。

2. 分立企业应按公允价值确认接受资产的计税基础。

3. 被分立企业继续存在时,其股东取得的对价应视同被分立企业分配进行处理。

4. 被分立企业不再继续存在时,被分立企业及其股东都应按清算进行所得税处理。

5. 企业分立相关企业的亏损不得相互结转弥补。

五、企业重组同时符合下列条件的,适用特殊性税务处理规定:

(一)具有合理的商业目的,且不以减少、免除或者推迟缴纳税款为主要目的。

(二)被收购、合并或分立部分的资产或股权比例符合本通知规定的比例。

(三)企业重组后的连续12个月内不改变重组资产原来的实质性经营活动。

(四)重组交易对价中涉及股权支付金额符合本通知规定比例。

(五)企业重组中取得股权支付的原主要股东,在重组后连续12个月内,不得转让所取得的股权。

六、企业重组符合本通知第五条规定条件的，交易各方对其交易中的股权支付部分，可以按以下规定进行特殊性税务处理：

（一）企业债务重组确认的应纳税所得额占该企业当年应纳税所得额50%以上，可以在5个纳税年度的期间内，均匀计入各年度的应纳税所得额。

企业发生债权转股权业务，对债务清偿和股权投资两项业务暂不确认有关债务清偿所得或损失，股权投资的计税基础以原债权的计税基础确定。企业的其他相关所得税事项保持不变。

（二）股权收购，收购企业购买的股权不低于被收购企业全部股权的50%，且收购企业在该股权收购发生时的股权支付金额不低于其交易支付总额的85%，可以选择按以下规定处理：

1. 被收购企业的股东取得收购企业股权的计税基础，以被收购股权的原有计税基础确定。

2. 收购企业取得被收购企业股权的计税基础，以被收购股权的原有计税基础确定。

3. 收购企业、被收购企业的原有各项资产和负债的计税基础和其他相关所得税事项保持不变。

（三）资产收购，受让企业收购的资产不低于转让企业全部资产的50%，且受让企业在该资产收购发生时的股权支付金额不低于其交易支付总额的85%，可以选择按以下规定处理：

1. 转让企业取得受让企业股权的计税基础，以被转让资产的原有计税基础确定。

2. 受让企业取得转让企业资产的计税基础，以被转让资产的原有计税基础确定。

（四）企业合并，企业股东在该企业合并发生时取得的股权支付金额不低于其交易支付总额的85%，以及同一控制下且不需要支付对价的企业合并，可以选择按以下规定处理：

1. 合并企业接受被合并企业资产和负债的计税基础，以被合并企业的原有计税基础确定。

2. 被合并企业合并前的相关所得税事项由合并企业承继。

3. 可由合并企业弥补的被合并企业亏损的限额＝被合并企业净资产公允价值×截至合并业务发生当年年末国家发行的最长期限的国债利率。

4. 被合并企业股东取得合并企业股权的计税基础，以其原持有的被合并企业股权的计税基础确定。

（五）企业分立，被分立企业所有股东按原持股比例取得分立企业的股权，分立企业和被分立企业均不改变原来的实质经营活动，且被分立企业股东在该企业分立发生时取得的股权支付金额不低于其交易支付总额的85%，可以选择按以下规定处理：

1. 分立企业接受被分立企业资产和负债的计税基础，以被分立企业的原有计税基础确定。

2. 被分立企业已分立出去资产相应的所得税事项由分立企业承继。

3. 被分立企业未超过法定弥补期限的亏损额可按分立资产占全部资产的比例进行分配，由分立企业继续弥补。

4. 被分立企业的股东取得分立企业的股权（以下简称"新股"），如需部分或全部放弃原持有的被分立企业的股权（以下简称"旧股"），"新股"的计税基础应以放弃"旧股"的计税基础确定。如不需放弃"旧股"，则其取得"新股"的计税基础可从以下两种方法中选择确定：直接将"新股"的计税基础确定为零；或者以被分立企业分立出去的净资产占被分立企业全部净资产的比例先调减原持有的"旧股"的计税基础，再将调减的计税基础平均分配到"新股"上。

（六）重组交易各方按本条（一）至（五）项规定对交易中股权支付暂不确认有关资产的转让所得或损失的，其非股权支付仍应在交易当期确认相应的资产转让所得或损失，并调整相应资产的计税基础。

非股权支付对应的资产转让所得或损失＝（被转让资产的公允价值－被转让资产的计税基础）×（非股权支付金额÷被转让资产的公允价值）

七、企业发生涉及中国境内与境外之间（包括港澳台地区）的股权和资产收购交易，除应符合本通知第五条规定的条件外，还应同时符合下列条件，才可选择适用特殊性税务处理规定：

（一）非居民企业向其100%直接控股的另一非居民企业转让其拥有的居民企业股权，没有因此造成以后该项股权转让所得预提税负担变化，且转让方非居民企业向主管税务机关书面承诺在3年（含3年）内不转让其拥有受让方非居民企业的股权；

（二）非居民企业向与其具有100%直接控股关系的居民企业转让其拥有的另一居民企业股权；

（三）居民企业以其拥有的资产或股权向其100%直接控股的非居民企业进行投资；

（四）财政部、国家税务总局核准的其他情形。

八、本通知第七条第（三）项所指的居民企业以其拥有的资产或股权向其100%直接控股关系的非居民企业进行投资，其资产或股权转让收益如选择特殊性税务处理，可以在10个纳税年度内均匀计入各年度应纳税所得额。

九、在企业吸收合并中，合并后的存续企业性质及适用税收优惠的条件未发生改变的，可以继续享受合并前该企业剩余期限的税收优惠，其优惠金额按存续企业合并前一年的应纳税所得额（亏损计为零）计算。

在企业存续分立中，分立后的存续企业性质及适用税收优惠的条件未发生改变的，可以继续享受分立前该企业剩余期限的税收优惠，其优惠金额按该企业分立前一年的应纳税所得额（亏损计为零）乘以分立后存续企业资产占分立前该企业全部资产的比例计算。

十、企业在重组发生前后连续12个月内分步对其资产、股权进行交易，应根据实质重于形式原则将上述交易作为一项企业重组交易进行处理。

十一、企业发生符合本通知规定的特殊性重组条件并选择特殊性税务处理的，当事各方应在该重组业务完成当年企业所得税年度申报时，向主管税务机关提交书面备案资料，证明其符合各类特殊性重组规定的条件。企业未按规定书面备案的，一律不得按特殊重组业务进行税务处理。

十二、对企业在重组过程中涉及的需要特别处理的企业所得税事项，由国务院财政、税务主管部门另行规定。

十三、本通知自2008年1月1日起执行。

3.《国家税务总局关于发布〈企业重组业务企业所得税管理办法〉的公告》（2010年7月26日颁布　2010年1月1日起实施　国家税务总局公告2010年第4号）①

第一章　总则及定义

第一条　为规范和加强对企业重组业务的企业所得税管理，根据《中华人民共和国企业所得税法》（以下简称《税法》）及其实施条例（以

第16条

① 1. 根据《国家税务总局关于非居民企业所得税源泉扣缴有关问题的公告》（国家税务总局公告2017年第37号）的规定，自2017年12月1日起，本文第三十六条废止。2. 根据2015年6月24日《国家税务总局关于企业重组业务企业所得税征收管理若干问题的公告》（国家税务总局公告2015年第48号）的规定："十二、本公告适用于2015年度及以后年度企业所得税汇算清缴。《国家税务总局关于发布〈企业重组业务企业所得税管理办法〉的公告》（国家税务总局公告2010年第4号）第三条、第七条、第八条、第十六条、第十七条、第十八条、第二十二条、第二十三条、第二十四条、第二十五条、第二十七条、第三十二条同时废止。"

下简称《实施条例》)、《中华人民共和国税收征收管理法》及其实施细则(以下简称《征管法》)、《财政部 国家税务总局关于企业重组业务企业所得税处理若干问题的通知》(财税〔2009〕59号)(以下简称《通知》)等有关规定,制定本办法。

第二条 本办法所称企业重组业务,是指《通知》第一条所规定的企业法律形式改变、债务重组、股权收购、资产收购、合并、分立等各类重组。

第四条 同一重组业务的当事各方应采取一致税务处理原则,即统一按一般性或特殊性税务处理。

第五条 《通知》第一条第(四)项所称实质经营性资产,是指企业用于从事生产经营活动、与产生经营收入直接相关的资产,包括经营所用各类资产、企业拥有的商业信息和技术、经营活动产生的应收款项、投资资产等。

第六条 《通知》第二条所称控股企业,是指由本企业直接持有股份的企业。

第九条 本办法所称评估机构,是指具有合法资质的中国资产评估机构。

第二章 企业重组一般性税务处理管理

第十条 企业发生《通知》第四条第(一)项规定的由法人转变为个人独资企业、合伙企业等非法人组织,或将登记注册地转移至中华人民共和国境外(包括港澳台地区),应按照《财政部 国家税务总局关于企业清算业务企业所得税处理若干问题的通知》(财税〔2009〕60号)规定进行清算。

企业在报送《企业清算所得纳税申报表》时,应附送以下资料:

(一)企业改变法律形式的工商部门或其他政府部门的批准文件;

(二)企业全部资产的计税基础以及评估机构出具的资产评估报告;

(三)企业债权、债务处理或归属情况说明;

(四)主管税务机关要求提供的其他资料证明。

第十一条 企业发生《通知》第四条第(二)项规定的债务重组,应准备以下相关资料,以备税务机关检查。

(一)以非货币资产清偿债务的,应保留当事各方签订的清偿债务的协议或合同,以及非货币资产公允价格确认的合法证据等;

(二)债权转股权的,应保留当事各方签订的债权转股权协议或合同。

第十二条　企业发生《通知》第四条第(三)项规定的股权收购、资产收购重组业务,应准备以下相关资料,以备税务机关检查。

(一)当事各方所签订的股权收购、资产收购业务合同或协议;

(二)相关股权、资产公允价值的合法证据。

第十三条　企业发生《通知》第四条第(四)项规定的合并,应按照财税[2009]60号文件规定进行清算。

被合并企业在报送《企业清算所得纳税申报表》时,应附送以下资料:

(一)企业合并的工商部门或其他政府部门的批准文件;

(二)企业全部资产和负债的计税基础以及评估机构出具的资产评估报告;

(三)企业债务处理或归属情况说明;

(四)主管税务机关要求提供的其他资料证明。

第十四条　企业发生《通知》第四条第(五)项规定的分立,被分立企业不再继续存在,应按照财税[2009]60号文件规定进行清算。

被分立企业在报送《企业清算所得纳税申报表》时,应附送以下资料:

(一)企业分立的工商部门或其他政府部门的批准文件;

(二)被分立企业全部资产的计税基础以及评估机构出具的资产评估报告;

(三)企业债务处理或归属情况说明;

(四)主管税务机关要求提供的其他资料证明。

第十五条　企业合并或分立,合并各方企业或分立企业涉及享受《税法》第五十七条规定中就企业整体(即全部生产经营所得)享受的税收优惠过渡政策尚未期满的,仅就存续企业未享受完的税收优惠,按照《通知》第九条的规定执行;注销的被合并或被分立企业未享受完的税收优惠,不再由存续企业承继;合并或分立而新设的企业不得再承继或重新享受上述优惠。合并或分立各方企业按照《税法》的税收优惠规定和税收优惠过渡政策中就企业有关生产经营项目的所得享受的税收优惠承继问题,按照《实施条例》第八十九条规定执行。

第三章　企业重组特殊性税务处理管理

第十九条　《通知》第五条第(三)和第(五)项所称"企业重组后的连续12个月内",是指自重组日起计算的连续12个月内。

第二十条　《通知》第五条第(五)项规定的原主要股东,是指原持有转让企业或被收购企业20%以上股权的股东。

第二十一条 《通知》第六条第(四)项规定的同一控制,是指参与合并的企业在合并前后均受同一方或相同的多方最终控制,且该控制并非暂时性的。能够对参与合并的企业在合并前后均实施最终控制权的相同多方,是指根据合同或协议的约定,对参与合并企业的财务和经营政策拥有决定控制权的投资者群体。在企业合并前,参与合并各方受最终控制方的控制在12个月以上,企业合并后所形成的主体在最终控制方的控制时间也应达到连续12个月。

第二十六条 《通知》第六条第(四)项所规定的可由合并企业弥补的被合并企业亏损的限额,是指按《税法》规定的剩余结转年限内,每年可由合并企业弥补的被合并企业亏损的限额。

第二十八条 根据《通知》第六条第(四)项第2目规定,被合并企业合并前的相关所得税事项由合并企业承继,以及根据《通知》第六条第(五)项第2目规定,企业分立,已分立资产相应的所得税事项由分立企业承继,这些事项包括尚未确认的资产损失、分期确认收入的处理以及尚未享受期满的税收优惠政策承继处理问题等。其中,对税收优惠政策承继处理问题,凡属于依照《税法》第五十七条规定中就企业整体(即全部生产经营所得)享受税收优惠过渡政策的,合并或分立后的企业性质及适用税收优惠条件未发生改变的,可以继续享受合并前各企业或分立前被分立企业剩余期限的税收优惠。合并前各企业剩余的税收优惠年限不一致的,合并后企业每年度的应纳税所得额,应统一按合并日各合并前企业资产占合并后企业总资产的比例进行划分,再分别按相应的剩余优惠计算应纳税额。合并前各企业或分立前被分立企业按照《税法》的税收优惠规定以及税收优惠过渡政策中就有关生产经营项目所得享受的税收优惠承继处理问题,按照《实施条例》第八十九条规定执行。

第二十九条 适用《通知》第五条第(三)项和第(五)项的当事各方应在完成重组业务后的下一年度的企业所得税年度申报时,向主管税务机关提交书面情况说明,以证明企业在重组后的连续12个月内,有关符合特殊性税务处理的条件未发生改变。

第三十条 当事方的其中一方在规定时间内发生生产经营业务、公司性质、资产或股权结构等情况变化,致使重组业务不再符合特殊性税务处理条件的,发生变化的当事方应在情况发生变化的30天内书面通知其他所有当事方。主导方在接到通知后30日内将有关变化通知其主管税务机关。

上款所述情况发生变化后60日内，应按照《通知》第四条的规定调整重组业务的税务处理。原交易各方应各自按原交易完成时资产和负债的公允价值计算重组业务的收益或损失，调整交易完成纳税年度的应纳税所得额及相应的资产和负债的计税基础，并向各自主管税务机关申请调整交易完成纳税年度的企业所得税年度申报表。逾期不调整申报的，按照《征管法》的相关规定处理。

第三十一条　各当事方的主管税务机关应当对企业申报或确认适用特殊性税务处理的重组业务进行跟踪监管，了解重组企业的动态变化情况。发现问题，应及时与其他当事方主管税务机关沟通联系，并按照规定给予调整。

第三十三条　上述跨年度分步交易，若当事方在首个纳税年度不能预计整个交易是否符合特殊性税务处理条件，应适用一般性税务处理。在下一纳税年度全部交易完成后，适用特殊性税务处理的，可以调整上一纳税年度的企业所得税年度申报表，涉及多缴税款的，各主管税务机关应退税，或抵缴当年应纳税款。

第三十四条　企业重组的当事各方应该取得并保管与该重组有关的凭证、资料，保管期限按照《征管法》的有关规定执行。

第四章　跨境重组税收管理

第三十五条　发生《通知》第七条规定的重组，凡适用特殊性税务处理规定的，应按照本办法第三章相关规定执行。

第三十七条　发生《通知》第七条第(三)项规定的重组，居民企业应向其所在地主管税务机关报送以下资料：

1. 当事方的重组情况说明，申请文件中应说明股权转让的商业目的；

2. 双方所签订的股权转让协议；

3. 双方控股情况说明；

4. 由评估机构出具的资产或股权评估报告。报告中应分别列示涉及的各单项被转让资产和负债的公允价值；

5. 证明重组符合特殊性税务处理条件的资料，包括股权或资产转让比例，支付对价情况，以及12个月内不改变资产原来的实质性经营活动、不转让所取得股权的承诺书等；

6. 税务机关要求的其他材料。

4.《国家税务总局关于非居民企业股权转让适用特殊性税务处理有关问题的公告》(2013 年 12 月 12 日颁布并实施 国家税务总局公告 2013 年第 72 号)①

为规范和加强非居民企业股权转让适用特殊性税务处理的管理,根据《中华人民共和国企业所得税法》及其实施条例、《财政部 国家税务总局关于企业重组业务企业所得税处理若干问题的通知》(财税〔2009〕59 号,以下简称《通知》)的有关规定,现就有关问题公告如下:

一、本公告所称股权转让是指非居民企业发生《通知》第七条第(一)、(二)项规定的情形;其中《通知》第七条第(一)项规定的情形包括因境外企业分立、合并导致中国居民企业股权被转让的情形。

二、非居民企业股权转让选择特殊性税务处理的,应于股权转让合同或协议生效且完成工商变更登记手续 30 日内进行备案。属于《通知》第七条第(一)项情形的,由转让方向被转让企业所在地所得税主管税务机关备案;属于《通知》第七条第(二)项情形的,由受让方向其所在地所得税主管税务机关备案。

股权转让方或受让方可以委托代理人办理备案事项;代理人在代为办理备案事项时,应向主管税务机关出具备案人的书面授权委托书。

三、股权转让方、受让方或其授权代理人(以下简称备案人)办理备案时应填报以下资料:

(一)《非居民企业股权转让适用特殊性税务处理备案表》(见附件 1);

(二)股权转让业务总体情况说明,应包括股权转让的商业目的、证明股权转让符合特殊性税务处理条件、股权转让前后的公司股权架构图等资料;

(三)股权转让业务合同或协议(外文文本的同时附送中文译本);

(四)工商等相关部门核准企业股权变更事项证明资料;

(五)截至股权转让时,被转让企业历年的未分配利润资料;

(六)税务机关要求的其他材料。

以上资料已经向主管税务机关报送的,备案人可不再重复报送。

第16条

① 1. 根据《国家税务总局关于修改《非居民企业所得税核定征收管理办法》等文件的公告》(国家税务总局公告 2015 年第 22 号)的规定,自 2015 年 6 月 1 日起,本文第七条修改为:"非居民企业股权转让适用特殊性税务处理备案后经调查核实不符合条件的,应调整适用一般性税务处理,按照有关规定缴纳企业所得税。非居民企业股权转让适用特殊性税务处理未进行备案的,税务机关应告知其按照本公告第二条、第三条的规定办理备案手续。"2.《国家税务总局关于修改部分税收规范性文件的公告》(国家税务总局公告 2018 年第 31 号)对本文进行了修改。

其中以复印件向税务机关提交的资料，备案人应在复印件上注明“本复印件与原件一致”字样，并签字后加盖备案人印章；报送中文译本的，应在中文译本上注明“本译文与原文表述内容一致”字样，并签字后加盖备案人印章。

四、主管税务机关应当按规定受理备案，资料齐全的，应当场在《非居民企业股权转让适用特殊性税务处理备案表》上签字盖章，并退1份给备案人；资料不齐全的，不予受理，并告知备案人各应补正事项。

五、非居民企业发生股权转让属于《通知》第七条第（一）项情形的，主管税务机关应当自受理之日起30个工作日内就备案事项进行调查核实、提出处理意见，并将全部备案资料以及处理意见层报省（含自治区、直辖市和计划单列市，下同）税务机关。

税务机关在调查核实时，如发现此种股权转让情形造成以后该项股权转让所得预提税负担变化，包括转让方把股权由应征税的国家或地区转让到不征税或低税率的国家或地区，应不予适用特殊性税务处理。

六、非居民企业发生股权转让属于《通知》第七条第（二）项情形的，应区分以下两种情形予以处理：

（一）受让方和被转让企业在同一省的，按照本公告第五条规定执行。

（二）受让方和被转让企业不在同一省的，受让方所在地省税务机关收到主管税务机关意见后30日内，应向被转让企业所在地省税务机关发出《非居民企业股权转让适用特殊性税务处理告知函》（见附件2）。

七、非居民企业股权转让适用特殊性税务处理备案后经调查核实不符合条件的，应调整适用一般性税务处理，按照有关规定缴纳企业所得税。非居民企业股权转让适用特殊性税务处理未进行备案的，税务机关应告知其按照本公告第二条、第三条的规定办理备案手续。

八、非居民企业发生股权转让属于《通知》第七条第（一）项情形且选择特殊性税务处理的，转让方和受让方不在同一国家或地区的，若被转让企业股权转让前的未分配利润在转让后分配给受让方的，不享受受让方所在国家（地区）与中国签订的税收协定（含税收安排）的股息减税优惠待遇，并由被转让企业按税法相关规定代扣代缴企业所得税，到其所在地所得税主管税务机关申报缴纳。

九、省税务机关应做好辖区内非居民企业股权转让适用特殊性税务处理的管理工作，于年度终了后30日内向国家税务总局报送《非居民企业股权转让适用特殊性税务处理情况统计表》（见附件3）。

十、本公告自发布之日起施行。本公告实施之前发生的非居民企业股权转让适用特殊性税务处理事项尚未处理的，可依据本公告规定办理。《国家税务总局关于加强非居民企业股权转让所得企业所得税管理的通知》(国税函〔2009〕698号)第九条同时废止。

5.《财政部　国家税务总局关于促进企业重组有关企业所得税处理问题的通知》(2014年12月25日颁布　2014年1月1日起实施　财税〔2014〕109号)

各省、自治区、直辖市、计划单列市财政厅(局)、国家税务局、地方税务局，新疆生产建设兵团财务局：

为贯彻落实《国务院关于进一步优化企业兼并重组市场环境的意见》(国发〔2014〕14号)，根据《中华人民共和国企业所得税法》及其实施条例有关规定，现就企业重组有关企业所得税处理问题明确如下：

一、关于股权收购

将《财政部　国家税务总局关于企业重组业务企业所得税处理若干问题的通知》(财税〔2009〕59号)第六条第(二)项中有关"股权收购，收购企业购买的股权不低于被收购企业全部股权的75%"规定调整为"股权收购，收购企业购买的股权不低于被收购企业全部股权的50%"。

二、关于资产收购

将财税〔2009〕59号文件第六条第(三)项中有关"资产收购，受让企业收购的资产不低于转让企业全部资产的75%"规定调整为"资产收购，受让企业收购的资产不低于转让企业全部资产的50%"。

三、关于股权、资产划转

对100%直接控制的居民企业之间，以及受同一或相同多家居民企业100%直接控制的居民企业之间按账面净值划转股权或资产，凡具有合理商业目的、不以减少、免除或者推迟缴纳税款为主要目的，股权或资产划转后连续12个月内不改变被划转股权或资产原来实质性经营活动，且划出方企业和划入方企业均未在会计上确认损益的，可以选择按以下规定进行特殊性税务处理：

1、划出方企业和划入方企业均不确认所得。

2、划入方企业取得被划转股权或资产的计税基础，以被划转股权或资产的原账面净值确定。

3、划入方企业取得的被划转资产，应按其原账面净值计算折旧扣除。

四、本通知自2014年1月1日起执行。本通知发布前尚未处理的企业重组,符合本通知规定的可按本通知执行。

6.《国家税务总局关于资产(股权)划转企业所得税征管问题的公告》(2015年5月27日颁布 2014年1月1日起实施 国家税务总局公告2015年第40号)

《国务院关于进一步优化企业兼并重组市场环境的意见》(国发〔2014〕14号)和《财政部 国家税务总局关于促进企业重组有关企业所得税处理问题的通知》(财税〔2014〕109号,以下简称《通知》)下发后,各地陆续反映在企业重组所得税政策执行过程中有些征管问题亟需明确。经研究,现就股权或资产划转企业所得税征管问题公告如下:

一、《通知》第三条所称"100%直接控制的居民企业之间,以及受同一或相同多家居民企业100%直接控制的居民企业之间按账面净值划转股权或资产",限于以下情形:

(一)100%直接控制的母子公司之间,母公司向子公司按账面净值划转其持有的股权或资产,母公司获得子公司100%的股权支付。母公司按增加长期股权投资处理,子公司按接受投资(包括资本公积,下同)处理。母公司获得子公司股权的计税基础以划转股权或资产的原计税基础确定。

(二)100%直接控制的母子公司之间,母公司向子公司按账面净值划转其持有的股权或资产,母公司没有获得任何股权或非股权支付。母公司按冲减实收资本(包括资本公积,下同)处理,子公司按接受投资处理。

(三)100%直接控制的母子公司之间,子公司向母公司按账面净值划转其持有的股权或资产,子公司没有获得任何股权或非股权支付。母公司按收回投资处理,或按接受投资处理,子公司按冲减实收资本处理。母公司应按被划转股权或资产的原计税基础,相应调减持有子公司股权的计税基础。

(四)受同一或相同多家母公司100%直接控制的子公司之间,在母公司主导下,一家子公司向另一家子公司按账面净值划转其持有的股权或资产,划出方没有获得任何股权或非股权支付。划出方按冲减所有者权益处理,划入方按接受投资处理。

二、《通知》第三条所称"股权或资产划转后连续12个月内不改变被划转股权或资产原来实质性经营活动",是指自股权或资产划转完成日起连续12个月内不改变被划转股权或资产原来实质性经营活动。

股权或资产划转完成日，是指股权或资产划转合同（协议）或批复生效，且交易双方已进行会计处理的日期。

三、《通知》第三条所称“划入方企业取得被划转股权或资产的计税基础，以被划转股权或资产的原账面净值确定”，是指划入方企业取得被划转股权或资产的计税基础，以被划转股权或资产的原计税基础确定。

《通知》第三条所称“划入方企业取得的被划转资产，应按其原账面净值计算折旧扣除”，是指划入方企业取得的被划转资产，应按被划转资产的原计税基础计算折旧扣除或摊销。

四、按照《通知》第三条规定进行特殊性税务处理的股权或资产划转，交易双方应在协商一致的基础上，采取一致处理原则统一进行特殊性税务处理。

五、交易双方应在企业所得税年度汇算清缴时，分别向各自主管税务机关报送《居民企业资产（股权）划转特殊性税务处理申报表》（详见附件）和相关资料（一式两份）。

相关资料包括：

1. 股权或资产划转总体情况说明，包括基本情况、划转方案等，并详细说明划转的商业目的；

2. 交易双方或多方签订的股权或资产划转合同（协议），需有权部门（包括内部和外部）批准的，应提供批准文件；

3. 被划转股权或资产账面净值和计税基础说明；

4. 交易双方按账面净值划转股权或资产的说明（需附会计处理资料）；

5. 交易双方均未在会计上确认损益的说明（需附会计处理资料）；

6. 12个月内不改变被划转股权或资产原来实质性经营活动的承诺书。

六、交易双方应在股权或资产划转完成后的下一年度的企业所得税年度申报时，各自向主管税务机关提交书面情况说明，以证明被划转股权或资产自划转完成日后连续12个月内，没有改变原来的实质性经营活动。

七、交易一方在股权或资产划转完成日后连续12个月内发生生产经营业务、公司性质、资产或股权结构等情况变化，致使股权或资产划转不再符合特殊性税务处理条件的，发生变化的交易一方应在情况发生变化的30日内报告其主管税务机关，同时书面通知另一方。另一方应在接到通知后30日内将有关变化报告其主管税务机关。

八、本公告第七条所述情况发生变化后60日内，原交易双方应按以下规定进行税务处理：

（一）属于本公告第一条第（一）项规定情形的，母公司应按原划转完成时股权或资产的公允价值视同销售处理，并按公允价值确认取得长期股权投资的计税基础；子公司按公允价值确认划入股权或资产的计税基础。

属于本公告第一条第（二）项规定情形的，母公司应按原划转完成时股权或资产的公允价值视同销售处理；子公司按公允价值确认划入股权或资产的计税基础。

属于本公告第一条第（三）项规定情形的，子公司应按原划转完成时股权或资产的公允价值视同销售处理；母公司应按撤回或减少投资进行处理。

属于本公告第一条第（四）项规定情形的，划出方应按原划转完成时股权或资产的公允价值视同销售处理；母公司根据交易情形和会计处理对划出方按分回股息进行处理，或者按撤回或减少投资进行处理，对划入方按以股权或资产的公允价值进行投资处理；划入方按接受母公司投资处理，以公允价值确认划入股权或资产的计税基础。

（二）交易双方应调整划转完成纳税年度的应纳税所得额及相应股权或资产的计税基础，向各自主管税务机关申请调整划转完成纳税年度的企业所得税年度申报表，依法计算缴纳企业所得税。

九、交易双方的主管税务机关应对企业申报适用特殊性税务处理的股权或资产划转加强后续管理。

十、本公告适用2014年度及以后年度企业所得税汇算清缴。此前尚未进行税务处理的股权、资产划转，符合《通知》第三条和本公告规定的可按本公告执行。

7.《国家税务总局关于企业重组业务企业所得税征收管理若干问题的公告》（2015年6月24日颁布 2015年1月1日起实施 国家税务总局公告2015年第48号）①

根据《中华人民共和国企业所得税法》及其实施条例、《中华人民共和国税收征收管理法》及其实施细则、《国务院关于取消非行政许可审批事项的决定》（国发〔2015〕27号）、《财政部 国家税务总局关于

第16条

① 根据《国家税务总局关于修改部分税收规范性文件的公告》（国家税务总局公告2018年第31号）对本文进行了修改。将其中涉及“国家税务局、地方税务局”的表述全部修改为“税务局”。

企业重组业务企业所得税处理若干问题的通知》(财税〔2009〕59号)和《财政部　国家税务总局关于促进企业重组有关企业所得税处理问题的通知》(财税〔2014〕109号)等有关规定,现对企业重组业务企业所得税征收管理若干问题公告如下:

一、按照重组类型,企业重组的当事各方是指:

(一)债务重组中当事各方,指债务人、债权人。

(二)股权收购中当事各方,指收购方、转让方及被收购企业。

(三)资产收购中当事各方,指收购方、转让方。

(四)合并中当事各方,指合并企业、被合并企业及被合并企业股东。

(五)分立中当事各方,指分立企业、被分立企业及被分立企业股东。

上述重组交易中,股权收购中转让方、合并中被合并企业股东和分立中被分立企业股东,可以是自然人。

当事各方中的自然人应按个人所得税的相关规定进行税务处理。

二、重组当事各方企业适用特殊性税务处理的(指重组业务符合财税〔2009〕59号文件和财税〔2014〕109号文件第一条、第二条规定条件并选择特殊性税务处理的,下同),应按如下规定确定重组主导方:

(一)债务重组,主导方为债务人。

(二)股权收购,主导方为股权转让方,涉及两个或两个以上股权转让方,由转让被收购企业股权比例最大的一方作为主导方(转让股权比例相同的可协商确定主导方)。

(三)资产收购,主导方为资产转让方。

(四)合并,主导方为被合并企业,涉及同一控制下多家被合并企业的,以净资产最大的一方为主导方。

(五)分立,主导方为被分立企业。

三、财税〔2009〕59号文件第十一条所称重组业务完成当年,是指重组日所属的企业所得税纳税年度。

企业重组日的确定,按以下规定处理:

1. 债务重组,以债务重组合同(协议)或法院裁定书生效日为重组日。

2. 股权收购,以转让合同(协议)生效且完成股权变更手续日为重组日。关联企业之间发生股权收购,转让合同(协议)生效后12个月内尚未完成股权变更手续的,应以转让合同(协议)生效日为重组日。

3. 资产收购,以转让合同(协议)生效且当事各方已进行会计处理的日期为重组日。

4. 合并,以合并合同(协议)生效、当事各方已进行会计处理且完成工商新设登记或变更登记日为重组日。按规定不需要办理工商新设或变更登记的合并,以合并合同(协议)生效且当事各方已进行会计处理的日期为重组日。

5. 分立,以分立合同(协议)生效、当事各方已进行会计处理且完成工商新设登记或变更登记日为重组日。

四、企业重组业务适用特殊性税务处理的,除财税〔2009〕59 号文件第四条第(一)项所称企业发生其他法律形式简单改变情形外,重组各方应在该重组业务完成当年,办理企业所得税年度申报时,分别向各自主管税务机关报送《企业重组所得税特殊性税务处理报告表及附表》(详见附件 1)和申报资料(详见附件 2)。合并、分立中重组一方涉及注销的,应在尚未办理注销税务登记手续前进行申报。

重组主导方申报后,其他当事方向其主管税务机关办理纳税申报。申报时还应附送重组主导方经主管税务机关受理的《企业重组所得税特殊性税务处理报告表及附表》(复印件)。

五、企业重组业务适用特殊性税务处理的,申报时,应从以下方面逐条说明企业重组具有合理的商业目的:

(一)重组交易的方式;

(二)重组交易的实质结果;

(三)重组各方涉及的税务状况变化;

(四)重组各方涉及的财务状况变化;

(五)非居民企业参与重组活动的情况。

六、企业重组业务适用特殊性税务处理的,申报时,当事各方还应向主管税务机关提交重组前连续 12 个月内有无与该重组相关的其他股权、资产交易情况的说明,并说明这些交易与该重组是否构成分步交易,是否作为一项企业重组业务进行处理。

七、根据财税〔2009〕59 号文件第十条规定,若同一项重组业务涉及在连续 12 个月内分步交易,且跨两个纳税年度,当事各方在首个纳税年度交易完成时预计整个交易符合特殊性税务处理条件,经协商一致选择特殊性税务处理的,可以暂时适用特殊性税务处理,并在当年企业所得税年度申报时提交书面申报资料。

在下一纳税年度全部交易完成后,企业应判断是否适用特殊性税务处理。如适用特殊性税务处理的，当事各方应按本公告要求申报相关资料；如适用一般性税务处理的，应调整相应纳税年度的企业所得税年度申报表，计算缴纳企业所得税。

八、企业发生财税〔2009〕59号文件第六条第（一）项规定的债务重组，应准确记录应予确认的债务重组所得，并在相应年度的企业所得税汇算清缴时对当年确认额及分年结转额的情况做出说明。

主管税务机关应建立台账，对企业每年申报的债务重组所得与台账进行比对分析，加强后续管理。

九、企业发生财税〔2009〕59号文件第七条第（三）项规定的重组，居民企业应准确记录应予确认的资产或股权转让收益总额，并在相应年度的企业所得税汇算清缴时对当年确认额及分年结转额的情况做出说明。

主管税务机关应建立台账，对居民企业取得股权的计税基础和每年确认的资产或股权转让收益进行比对分析，加强后续管理。

十、适用特殊性税务处理的企业，在以后年度转让或处置重组资产（股权）时，应在年度纳税申报时对资产（股权）转让所得或损失情况进行专项说明，包括特殊性税务处理时确定的重组资产（股权）计税基础与转让或处置时的计税基础的比对情况，以及递延所得税负债的处理情况等。

适用特殊性税务处理的企业，在以后年度转让或处置重组资产（股权）时，主管税务机关应加强评估和检查，将企业特殊性税务处理时确定的重组资产（股权）计税基础与转让或处置时的计税基础及相关的年度纳税申报表比对，发现问题的，应依法进行调整。

十一、税务机关应对适用特殊性税务处理的企业重组做好统计和相关资料的归档工作。各省、自治区、直辖市和计划单列市税务局应于每年8月底前将《企业重组所得税特殊性税务处理统计表》（详见附件3）上报税务总局（所得税司）。

十二、本公告适用于2015年度及以后年度企业所得税汇算清缴。《国家税务总局关于发布〈企业重组业务企业所得税管理办法〉的公告》（国家税务总局公告2010年第4号）第三条、第七条、第八条、第十六条、第十七条、第十八条、第二十二条、第二十三条、第二十四条、第二十五条、第二十七条、第三十二条同时废止。

本公告施行时企业已经签订重组协议，但尚未完成重组的，按本公告执行。

8.《国家税务总局关于全民所有制企业公司制改制企业所得税处理问题的公告》(2017 年 9 月 22 日颁布　2017 年 1 月 1 日起实施　国家税务总局公告 2017 年第 34 号)

为贯彻落实《中共中央　国务院关于深化国有企业改革的指导意见》和《国务院办公厅关于印发中央企业公司制改制工作实施方案的通知》(国办发〔2017〕69 号),根据《财政部　国家税务总局关于企业重组业务企业所得税处理若干问题的通知》(财税〔2009〕59 号)有关规定,现就全民所有制企业公司制改制企业所得税处理问题公告如下:

一、全民所有制企业改制为国有独资公司或者国有全资子公司,属于财税〔2009〕59 号文件第四条规定的"企业发生其他法律形式简单改变"的,可依照以下规定进行企业所得税处理:

改制中资产评估增值不计入应纳税所得额;资产的计税基础按其原有计税基础确定;资产增值部分的折旧或者摊销不得在税前扣除。

二、全民所有制企业资产评估增值相关材料应由改制后的企业留存备查。

三、本公告适用于 2017 年度及以后年度企业所得税汇算清缴。此前发生的全民所有制企业公司制改制,尚未进行企业所得税处理的,可依照本公告执行。

(二)财产转让

1.《国家税务总局关于企业国债投资业务企业所得税处理问题的公告》(2011 年 6 月 22 日颁布　2011 年 1 月 1 日起实施　国家税务总局公告 2011 年第 36 号)

根据《中华人民共和国企业所得税法》(以下简称企业所得税法)及其实施条例的规定,现对企业国债投资业务企业所得税处理问题,公告如下:

二、关于国债转让收入税务处理问题

(一)国债转让收入时间确认

1. 企业转让国债应在转让国债合同、协议生效的日期,或者国债移交时确认转让收入的实现。

2. 企业投资购买国债,到期兑付的,应在国债发行时约定的应付利息的日期,确认国债转让收入的实现。

(二)国债转让收益(损失)计算

企业转让或到期兑付国债取得的价款,减除其购买国债成本,并扣除其持有期间按照本公告第一条计算的国债利息收入以及交易过程中相关税费后的余额,为企业转让国债收益(损失)。

（三）国债转让收益（损失）征税问题

根据企业所得税法实施条例第十六条规定，企业转让国债，应作为转让财产，其取得的收益（损失）应作为企业应纳税所得额计算纳税。

三、关于国债成本确定问题

（一）通过支付现金方式取得的国债，以买入价和支付的相关税费为成本；

（二）通过支付现金以外的方式取得的国债，以该资产的公允价值和支付的相关税费为成本；

四、关于国债成本计算方法问题

企业在不同时间购买同一品种国债的，其转让时的成本计算方法，可在先进先出法、加权平均法、个别计价法中选用一种。计价方法一经选用，不得随意改变。

五、本公告自2011年1月1日起施行。

2.《国家税务总局关于企业转让上市公司限售股有关所得税问题的公告》（2011年7月7日颁布　2011年7月1日起实施　国家税务总局公告2011年第39号）

根据《中华人民共和国企业所得税法》（以下简称企业所得税法）及其实施条例的有关规定，现就企业转让上市公司限售股（以下简称限售股）有关所得税问题，公告如下：

一、纳税义务人的范围界定问题

根据企业所得税法第一条及其实施条例第三条的规定，转让限售股取得收入的企业（包括事业单位、社会团体、民办非企业单位等），为企业所得税的纳税义务人。

二、企业转让代个人持有的限售股征税问题

因股权分置改革造成原由个人出资而由企业代持有的限售股，企业在转让时按以下规定处理：

（一）企业转让上述限售股取得的收入，应作为企业应税收入计算纳税。

上述限售股转让收入扣除限售股原值和合理税费后的余额为该限售股转让所得。企业未能提供完整、真实的限售股原值凭证，不能准确计算该限售股原值的，主管税务机关一律按该限售股转让收入的15%，核定为该限售股原值和合理税费。

依照本条规定完成纳税义务后的限售股转让收入余额转付给实际所有人时不再纳税。

（二）依法院判决、裁定等原因，通过证券登记结算公司，企业将其代持的个人限售股直接变更到实际所有人名下的，不视同转让限售股。

三、企业在限售股解禁前转让限售股征税问题

企业在限售股解禁前将其持有的限售股转让给其他企业或个人（以下简称受让方），其企业所得税问题按以下规定处理：

（一）企业应按减持在证券登记结算机构登记的限售股取得的全部收入，计入企业当年度应税收入计算纳税。

（二）企业持有的限售股在解禁前已签订协议转让给受让方，但未变更股权登记、仍由企业持有的，企业实际减持该限售股取得的收入，依照本条第一项规定纳税后，其余额转付给受让方的，受让方不再纳税。

四、本公告自2011年7月1日起执行。本公告生效后尚未处理的纳税事项，按照本公告规定处理；已经处理的纳税事项，不再调整。

3.《财政部　国家税务总局关于非货币性资产投资企业所得税政策问题的通知》（2014年12月31日颁布　2014年1月1日起实施　财税〔2014〕116号）

各省、自治区、直辖市、计划单列市财政厅（局）、国家税务局、地方税务局，新疆生产建设兵团财务局：

为贯彻落实《国务院关于进一步优化企业兼并重组市场环境的意见》（国发〔2014〕14号），根据《中华人民共和国企业所得税法》及其实施条例有关规定，现就非货币性资产投资涉及的企业所得税政策问题明确如下：

一、居民企业（以下简称企业）以非货币性资产对外投资确认的非货币性资产转让所得，可在不超过5年期限内，分期均匀计入相应年度的应纳税所得额，按规定计算缴纳企业所得税。

二、企业以非货币性资产对外投资，应对非货币性资产进行评估并按评估后的公允价值扣除计税基础后的余额，计算确认非货币性资产转让所得。

企业以非货币性资产对外投资，应于投资协议生效并办理股权登记手续时，确认非货币性资产转让收入的实现。

三、企业以非货币性资产对外投资而取得被投资企业的股权，应以非货币性资产的原计税成本为计税基础，加上每年确认的非货币性资产转让所得，逐年进行调整。

被投资企业取得非货币性资产的计税基础，应按非货币性资产的公允价值确定。

四、企业在对外投资5年内转让上述股权或投资收回的，应停止执行递延纳税政策，并就递延期内尚未确认的非货币性资产转让所得，在转让股权或投资收回当年的企业所得税年度汇算清缴时，一次性计算缴纳企业所得税；企业在计算股权转让所得时，可按本通知第三条第一款规定将股权的计税基础一次调整到位。

企业在对外投资5年内注销的，应停止执行递延纳税政策，并就递延期内尚未确认的非货币性资产转让所得，在注销当年的企业所得税年度汇算清缴时，一次性计算缴纳企业所得税。

五、本通知所称非货币性资产，是指现金、银行存款、应收账款、应收票据以及准备持有至到期的债券投资等货币性资产以外的资产。

本通知所称非货币性资产投资，限于以非货币性资产出资设立新的居民企业，或将非货币性资产注入现存的居民企业。

六、企业发生非货币性资产投资，符合《财政部　国家税务总局关于企业重组业务企业所得税处理若干问题的通知》（财税〔2009〕59号）等文件规定的特殊性税务处理条件的，也可选择按特殊性税务处理规定执行。

七、本通知自2014年1月1日起执行。本通知发布前尚未处理的非货币性资产投资，符合本通知规定的可按本通知执行。

4.《国家税务总局关于非货币性资产投资企业所得税有关征管问题的公告》（2015年5月8日颁布　2014年1月1日起实施　国家税务总局公告2015年第33号）

《国务院关于进一步优化企业兼并重组市场环境的意见》（国发〔2014〕14号）和《财政部　国家税务总局关于非货币性资产投资企业所得税政策问题的通知》（财税〔2014〕116号）发布后，各地陆续反映在非货币性资产投资企业所得税政策执行过程中有些征管问题亟需明确。经研究，现就非货币性资产投资企业所得税有关征管问题公告如下：

一、实行查账征收的居民企业（以下简称企业）以非货币性资产对外投资确认的非货币性资产转让所得，可自确认非货币性资产转让收入年度起不超过连续5个纳税年度的期间内，分期均匀计入相应年度的应纳税所得额，按规定计算缴纳企业所得税。

二、关联企业之间发生的非货币性资产投资行为，投资协议生效后12个月内尚未完成股权变更登记手续的，于投资协议生效时，确认非货币性资产转让收入的实现。

三、符合财税〔2014〕116号文件规定的企业非货币性资产投资行为，同时又符合《财政部　国家税务总局关于企业重组业务企业所得税处理若干问题的通知》(财税〔2009〕59号)、《财政部　国家税务总局关于促进企业重组有关企业所得税处理问题的通知》(财税〔2014〕109号)等文件规定的特殊性税务处理条件的,可由企业选择其中一项政策执行,且一经选择,不得改变。

四、企业选择适用本公告第一条规定进行税务处理的,应在非货币性资产转让所得递延确认期间每年企业所得税汇算清缴时,填报《中华人民共和国企业所得税年度纳税申报表》(A类,2014年版)中“A105100企业重组纳税调整明细表”第13行“其中:以非货币性资产对外投资”的相关栏目,并向主管税务机关报送《非货币性资产投资递延纳税调整明细表》(详见附件)。

五、企业应将股权投资合同或协议、对外投资的非货币性资产(明细)公允价值评估确认报告、非货币性资产(明细)计税基础的情况说明、被投资企业设立或变更的工商部门证明材料等资料留存备查,并单独准确核算税法与会计差异情况。

主管税务机关应加强企业非货币性资产投资递延纳税的后续管理。

六、本公告适用于2014年度及以后年度企业所得税汇算清缴。此前尚未处理的非货币性资产投资,符合财税〔2014〕116号文件和本公告规定的可按本公告执行。

(三)其他文件

《国家税务总局关于大屯煤电(集团)有限责任公司债转股及减资企业所得税处理问题的批复》(2015年4月28日颁布　税总函〔2015〕221号)

江苏省国家税务局:

你局《关于大屯煤电(集团)有限责任公司债转股及减资所得税处理的请示》(苏国税发〔2014〕164号)收悉,经研究,批复如下:

大屯煤电(集团)有限责任公司债转股的企业所得税处理问题,可参照《国家税务总局关于债务重组所得企业所得税处理问题的批复》(国税函〔2009〕1号)相关规定执行。债务重组,以债务重组合同或协议生效日为重组日。

大屯煤电(集团)有限责任公司减资(股权回购)的企业所得税处理问题,参照《财政部　国家税务总局关于印发〈关于执行〈企业会计制度〉和相关会计准则有关问题解答(三)〉的通知》(财会〔2003〕29号)和《国家税务总局关于执行〈企业会计制度〉需要明确的有关所得税问题的通知》(国税发〔2003〕45号)相关规定执行。

第十七条 【不得抵减的境外机构的亏损】 企业在汇总计算缴纳企业所得税时，其境外营业机构的亏损不得抵减境内营业机构的盈利。

第十八条 【亏损的弥补与结转】 企业纳税年度发生的亏损，准予向以后年度结转，用以后年度的所得弥补，但结转年限最长不得超过五年。

第十九条 【未设立机构场所的非居民企业的应纳税所得额】 非居民企业取得本法第三条第三款规定的所得，按照下列方法计算其应纳税所得额：

（一）股息、红利等权益性投资收益和利息、租金、特许权使用费所得，以收入全额为应纳税所得额；

（二）转让财产所得，以收入全额减除财产净值后的余额为应纳税所得额；

（三）其他所得，参照前两项规定的方法计算应纳税所得额。

税务规范性文件

1.《国家税务总局关于非居民企业所得税管理若干问题的公告》（2011年3月28日颁布 2011年4月1日起实施 国家税务总局公告2011年第24号）①

依据《中华人民共和国企业所得税法》及其实施条例（以下简称企业所得税法），现就非居民企业所得税管理有关问题公告如下：

二、关于担保费税务处理问题

非居民企业取得来源于中国境内的担保费，应按照企业所得税法对利息所得规定的税率计算缴纳企业所得税。上述来源于中国境内的担保费，是指中国境内企业、机构或个人在借贷、买卖、货物运输、加工承揽、租赁、工程承包等经济活动中，接受非居民企业提供的担保所支付或负担的担保费或相同性质的费用。

三、关于土地使用权转让所得征税问题

非居民企业在中国境内未设立机构、场所而转让中国境内土地使用权，或者虽设立机构、场所但取得的土地使用权转让所得与其所设机

---

① 1. 根据《国家税务总局关于非居民企业所得税源泉扣缴有关问题的公告》（国家税务总局公告2017年第37号）规定，自2017年12月1日起，本文第五条和第六条废止。2. 根据《国家税务总局关于非居民企业间接转让财产企业所得税若干问题的公告》（国家税务总局公告2015年第7号）规定，自2015年2月3日起，本文第六条第（三）、（四）、（五）项有关内容废止。

构、场所没有实际联系的,应以其取得的土地使用权转让收入总额减除计税基础后的余额作为土地使用权转让所得计算缴纳企业所得税,并由扣缴义务人在支付时代扣代缴。

四、关于融资租赁和出租不动产的租金所得税务处理问题

(一)在中国境内未设立机构、场所的非居民企业,以融资租赁方式将设备、物件等租给中国境内企业使用,租赁期满后设备、物件所有权归中国境内企业(包括租赁期满后作价转让给中国境内企业),非居民企业按照合同约定的期限收取租金,应以租赁费(包括租赁期满后作价转让给中国境内企业的价款)扣除设备、物件价款后的余额,作为贷款利息所得计算缴纳企业所得税,由中国境内企业在支付时代扣代缴。

(二)非居民企业出租位于中国境内的房屋、建筑物等不动产,对未在中国境内设立机构、场所进行日常管理的,以其取得的租金收入全额计算缴纳企业所得税,由中国境内的承租人在每次支付或到期应支付时代扣代缴。

如果非居民企业委派人员在中国境内或者委托中国境内其他单位或个人对上述不动产进行日常管理的,应视为其在中国境内设立机构、场所,非居民企业应在税法规定的期限内自行申报缴纳企业所得税。

七、本公告自2011年4月1日起施行。本公告施行前发生但未作税务处理的事项,依据本公告执行。

2.《国家税务总局关于营业税改征增值税试点中非居民企业缴纳企业所得税有关问题的公告》(2013年2月19日颁布并实施　国家税务总局公告2013年第9号)

现将营业税改征增值税试点中非居民企业缴纳企业所得税有关问题公告如下:

营业税改征增值税试点中的非居民企业,取得《中华人民共和国企业所得税法》第三条第三款规定的所得,在计算缴纳企业所得税时,应以不含增值税的收入全额作为应纳税所得额。

本公告自发布之日起施行。

第二十条　【应纳所得额计算办法的授权制定】　本章规定的收入、扣除的具体范围、标准和资产的税务处理的具体办法,由国务院财政、税务主管部门规定。

税务规范性文件

《财政部关于企业所得税会计处理的暂行规定》[1994年6月29日颁布 1994年1月1日起实施 (1994)财会字第25号]

鉴于企业按照会计规定计算的所得税前会计利润(以下简称"税前会计利润")与按税收规定计算的应纳税所得额(以下简称"纳税所得")之间,由于计算口径或计算时间不同而产生差额,在缴纳所得税时,企业应当按照税收规定对税前会计利润进行调整,并按照调整后的数额申报交纳所得税。现将企业所得税的会计处理方法规定如下:

一、科目设置

企业应在损益类科目中设置"550所得税"科目(外商投资企业的科目编号为5241),核算企业按规定从当期损益中扣除的所得税。同时,取消"利润分配"科目中的"应交所得税"明细科目。

企业应在负债类科目中增设"270递延税款"科目(外商投资企业的科目编号为2301),核算企业由于时间性差异造成的税前会计利润与纳税所得之间的差异所产生的影响纳税的金额以及以后各期转销的数额。"递延税款"科目的贷方发生额,反映企业本期税前会计利润大于纳税所得产生的时间性差异影响纳税的金额,及本期转销已确认的时间性差异对纳税影响的借方数额;其借方发生额,反映企业本期税前会计利润小于纳税所得产生的时间性差异影响纳税的金额,以及本期转销已确认的时间性差异对纳税影响的贷方数额;期末贷方(或借方)余额,反映尚未转销的时间性差异影响纳税的金额。采用负债法时,"递延税款"科目的借方或贷方发生额,还反映税率变动或开征新税调整的递延税款数额。

企业应在"递延税款"科目下,按照时间性差异的性质、时间分类进行明细核算。

外商投资企业取消"预交所得税"科目。

二、会计处理方法

企业一定时期的税前会计利润与纳税所得之间由于计算口径或计算时间不同而产生的差异可分为永久性差异和时间性差异。永久性差异是指,企业一定时期的税前会计利润与纳税所得之间由于计算口径不同而产生的差额,这种差额在本期发生,并不在以后各期转回。时间性差异是指,企业一定时期的税前会计利润与纳税所得之间的差额,其发生是由于有些收入和支出项目计入纳税所得的时间与计入税前会计利润的时间不一致所产生的。时间性差额发生于某一时期，但在以后的一期或若干期内可以转回。这两种不同的差异，会计核算可采用“应付税款法”或“纳税影响会计法”。

(一)应付税款法

应付税款法是将本期税前会计利润与纳税所得之间的差异造成的影响纳税的金额直接计入当期损益，而不递延到以后各期。在应付税款法下，当期计入损益的所得税费用等于当期应缴的所得税。

企业应按纳税所得计算的应缴所得税，借记“所得税”科目，贷记“应交税金——应交所得税”科目。实际上缴所得税时，借记“应交税金——应交所得税”科目，贷记“银行存款”科目。期末，应将“所得税”科目的借方余额转入“本年利润”科目，结转后“所得税”科目应无余额。

(二)纳税影响会计法

1. 纳税影响会计法，是将本期税前会计利润与纳税所得之间的时间性差异造成的影响纳税的金额，递延和分配到以后各期。企业采用纳税影响会计法时，一般应按递延法进行账务处理。递延法是把本期由于时间性差异而产生的影响纳税的金额，保留到这一差异发生相反变化的以后期间予以转销。当税率变更或开征新税，不需要调整由于税率的变更或新税的征收对“递延税款”余额的影响。发生在本期的时间性差异影响纳税的金额，用现行税率计算，以前各期发生而在本期转销的各项时间性差异影响纳税的金额，按照原发生时的税率计算转销。

企业应按税前会计利润(或税前会计利润加减发生的永久性差异后的金额)计算的所得税，借记“所得税”科目，按照纳税所得计算的应缴所得税，贷记“应交税金——应交所得税”科目，按照税前会计利润(或税前会计利润加减发生的永久性差异后的金额)计算的所得税与按照纳税所得计算的应缴所得税之间的差额，作为递延税款，借记或贷记“递延税款”科目。本期发生的递延税款待以后期转销时，如为借方余额应借记“所得税”科目，贷记“递延税款”科目；如为贷方余额应借记“递延税款”科目，贷记“所得税”科目。实际上缴所得税时，借记“应交税金——应交所得税”科目，贷记“银行存款”科目。

根据本企业具体情况，企业也可以采用“债务法”进行账务处理。“债务法”是把本期由于时间性差异而产生的影响纳税的金额，保留到这一差额发生相反变化时转销。在税率变更或开征新税时，递延税款的余额要按照税率的变动或新征税款进行调整。“递延税款”余额也可按预期今后税率的变更进行调整。

2. 在税前会计利润小于纳税所得时，为了慎重起见，如在以后转销时间性差异的时期内，有足够的纳税所得予以转销的，才能采用纳税影响会计法，否则，也应采用应付税款法进行会计处理。

3. 企业应设置“递延税款备查登记簿”，详细记录发生的时间性差异的原因、金额、预计转销期限、已转销数额等。

三、会计报表

企业应在“资产负债表”中的“资产总计”项目上增设“递延税项”类，并在“递延税项”类下设置“递延税款借项”项目（外商投资企业在“其他资产”类项目下设置“递延税款借项”项目），反映企业期末尚未转销的递延税款的借方余额；在“所有者权益”（或“股东权益”）类项目上设置“递延税项”类并在“递延税项”类下设置“递延税款贷项”项目（外商投资企业在“其他负债”类项目下，设置“递延税款贷项”项目），反映企业期末尚未转销的递延税款的贷方余额。

企业应在“损益表”（或“利润表”）中的“利润总额”项目下设置“减：所得税”项目，反映企业从当期损益中扣除的所得税；并在“所得税”项目下增设“净利润”项目，反映企业交纳所得税后的利润。

企业应将“财务状况变动表”中的“本年利润”项目改为“本年净利润”项目，反映企业年度内实现的净利润（如为净亏损用“－”号表示）。取消“利润分配”部分中的“应交所得税”（或“所得税”）项目，并在“本年净利润”类“加：不减少流动资金的费用和损失”项目下增设“递延税款”项目，反映企业年度内发生的递延税款。本项目应根据“递延税款”科目的贷方发生额填列（如为借方发生额用“－”号填列）。如企业当期“递延税款”科目既有贷方发生额，又有借方发生额，本项目应按借贷方相抵后的净额填列（如借方发生额大于贷方发生额用“－”号填列）。

企业应取消“利润分配表”中的“利润总额”和“减：应交所得税（或减：所得税）”两个项目。“利润分配表”中的“税后利润”项目改为“净利润”项目。“利润分配表”中的行次均往前提两行。

外商投资企业应在“无形资产及其他资产表”中的“其他资产”类项目下设置“递延税款借项”项目。

四、原对时间性差异采用“应付税款法”进行核算，按本规定需调整为纳税影响会计法的企业，对原时间性差异已按“应付税款法”进行核算的事项，为了简化核算手续，可不再调整，仍按原办法进行处理；新发生的时间性差异再按纳税影响会计法进行核算。

五、企业本年度发生的以前年度调整损益的事项,应在损益类科目中单独设置"560 以前年度损益调整"科目(外商投资企业的科目编号为5251)核算企业本年度发生的调整以前年度损益的事项。"以前年度损益调整"科目的借方发生额,反映企业以前年度多计收益、少计费用,而调整本年度损益的数额;贷方发生额,反映企业以前年度少计收益、多计费用,而调整本年度损益的数额。期末,企业应将"以前年度损益调整"科目的余额转入"本年利润"科目,结转后,该科目应无余额。

企业由于调整以前年度损益影响企业交纳所得税的,可视为当年损益,按上述规定进行所得税会计处理。

企业应在"损益表"(或"利润表")中的"营业外支出"项目下,增设"加:以前年度损益调整"项目,反映企业调整以前年度损益事项而调整的本年利润数额(如为调整以前年度损失,在该项目中以"-"号填列)。

企业应取消"利润分配表"中的"上年利润调整"(或"年初未分配利润调整数")和"上年所得税调整"项目。

外商投资企业应将"财务状况变动表"中的"调整以前年度未分配利润和弥补亏损"项目改为"弥补亏损"项目。并取消"营业外收入"科目中的"以前年度收益"和"营业外支出"科目中的"以前年度损失"明细科目,以及"营业外收支明细表"中的"以前年度收益"和"以前年度损失"两个项目。

六、本规定自1994年1月1日起执行。

第二十一条　【税法规定的优先适用】　在计算应纳税所得额时,企业财务、会计处理办法与税收法律、行政法规的规定不一致的,应当依照税收法律、行政法规的规定计算。

第三章　应纳税额

第二十二条　【应纳税额】　企业的应纳税所得额乘以适用税率,减除依照本法关于税收优惠的规定减免和抵免的税额后的余额,为应纳税额。

一、税收行政法规

《中华人民共和国企业所得税法实施条例》(2007 年 12 月 6 日中华人民共和国国务院令第 512 号公布　根据 2019 年 4 月 23 日《国务院关于修改部分行政法规的决定》修订)

第七十六条　企业所得税法第二十二条规定的应纳税额的计算公式为:

应纳税额 = 应纳税所得额 × 适用税率 - 减免税额 - 抵免税额

公式中的减免税额和抵免税额,是指依照企业所得税法和国务院的税收优惠规定减征、免征和抵免的应纳税额。

二、税务规范性文件

《财政部　国家税务总局关于发布〈外国公司船舶运输收入征税办法〉的通知》(1996 年 10 月 24 日颁布并实施　财税字〔1996〕87 号)①

第四条　纳税人的应纳税额,按照每次从中国港口运载旅客、货物或者邮件出境取得的收入总额,依照 4.65% 的综合计征率计征,其中营业税为 3%,企业所得税为 1.65%。

第五条　本办法第四条所称收入总额,是指纳税人经营的船舶每次运载从中国港口始发旅客、货物或者邮件到达目的地的客运收入和货运收入的总和,不得扣除任何费用或者支出。客运收入包括船票收入以及逾重行李运费、餐费、保险费、服务费和娱乐费等。货运收入包括基本运费以及各项附加费等收入。

第十二条　在中国港口运载旅客、货物或者邮件出境,经由另一国或者地区转运到目的地的,营业税按照纳税人全程运费减去付给后续运输企业运费后的余额计征,企业所得税按照提单全程运输收入总额计征。

第二十三条　【税额的直接抵免】　企业取得的下列所得已在境外缴纳的所得税税额,可以从其当期应纳税额中抵免,抵免限额为该项所得依照本法规定计算的应纳税额;超过抵免限额的部分,可以在以后五个年度内,用每年度抵免限额抵免当年应抵税额后的余额进行抵补:

① 条款失效,有关营业税政策规定失效。参见《财政部　国家税务总局关于公布若干废止和失效的营业税规范性文件的通知》(财税〔2009〕61 号)。

（一）居民企业来源于中国境外的应税所得；

（二）非居民企业在中国境内设立机构、场所，取得发生在中国境外但与该机构、场所有实际联系的应税所得。

一、税收行政法规

《中华人民共和国企业所得税法实施条例》（2007 年 12 月 6 日中华人民共和国国务院令第 512 号公布　根据 2019 年 4 月 23 日《国务院关于修改部分行政法规的决定》修订）

第七十七条　企业所得税法第二十三条所称已在境外缴纳的所得税税额，是指企业来源于中国境外的所得依照中国境外税收法律以及相关规定应当缴纳并已经实际缴纳的企业所得税性质的税款。

第七十八条　企业所得税法第二十三条所称抵免限额，是指企业来源于中国境外的所得，依照企业所得税法和本条例的规定计算的应纳税额。除国务院财政、税务主管部门另有规定外，该抵免限额应当分国（地区）不分项计算，计算公式如下：

抵免限额 = 中国境内、境外所得依照企业所得税法和本条例的规定计算的应纳税总额 × 来源于某国（地区）的应纳税所得额 ÷ 中国境内、境外应纳税所得总额

第七十九条　企业所得税法第二十三条所称 5 个年度，是指从企业取得的来源于中国境外的所得，已经在中国境外缴纳的企业所得税性质的税额超过抵免限额的当年的次年起连续 5 个纳税年度。

二、税务规范性文件

1.《财政部　国家税务总局关于企业境外所得税收抵免有关问题的通知》（2009 年 12 月 25 日颁布　2008 年 1 月 1 日起实施　财税〔2009〕125 号）①

各省、自治区、直辖市、计划单列市财政厅（局）、国家税务局、地方税务局，新疆生产建设兵团财务局：

根据《中华人民共和国企业所得税法》（以下简称企业所得税法）及《中华人民共和国企业所得税法实施条例》（以下简称实施条例）的

① 第十条中“经企业申请，主管税务机关核准”的规定废止。参见《国家税务总局关于企业境外所得适用简易征收和饶让抵免的核准事项取消后有关后续管理问题的公告》（国家税务总局公告 2015 年第 70 号）。

有关规定,现就企业取得境外所得计征企业所得税时抵免境外已纳或负担所得税额的有关问题通知如下:

一、居民企业以及非居民企业在中国境内设立的机构、场所(以下统称企业)依照企业所得税法第二十三条、第二十四条的有关规定,应在其应纳税额中抵免在境外缴纳的所得税额的,适用本通知。

二、企业应按照企业所得税法及其实施条例、税收协定以及本通知的规定,准确计算下列当期与抵免境外所得税有关的项目后,确定当期实际可抵免分国(地区)别的境外所得税税额和抵免限额:

(一)境内所得的应纳税所得额(以下称境内应纳税所得额)和分国(地区)别的境外所得的应纳税所得额(以下称境外应纳税所得额);

(二)分国(地区)别的可抵免境外所得税税额;

(三)分国(地区)别的境外所得税的抵免限额。

企业不能准确计算上述项目实际可抵免分国(地区)别的境外所得税税额的,在相应国家(地区)缴纳的税收均不得在该企业当期应纳税额中抵免,也不得结转以后年度抵免。

三、企业应就其按照实施条例第七条规定确定的中国境外所得(境外税前所得),按以下规定计算实施条例第七十八条规定的境外应纳税所得额:

(一)居民企业在境外投资设立不具有独立纳税地位的分支机构,其来源于境外的所得,以境外收入总额扣除与取得境外收入有关的各项合理支出后的余额为应纳税所得额。各项收入、支出按企业所得税法及实施条例的有关规定确定。

居民企业在境外设立不具有独立纳税地位的分支机构取得的各项境外所得,无论是否汇回中国境内,均应计入该企业所属纳税年度的境外应纳税所得额。

(二)居民企业应就其来源于境外的股息、红利等权益性投资收益,以及利息、租金、特许权使用费、转让财产等收入,扣除按照企业所得税法及实施条例等规定计算的与取得该项收入有关的各项合理支出后的余额为应纳税所得额。来源于境外的股息、红利等权益性投资收益,应按被投资方作出利润分配决定的日期确认收入实现;来源于境外的利息、租金、特许权使用费、转让财产等收入,应按有关合同约定应付交易对价款的日期确认收入实现。

(三)非居民企业在境内设立机构、场所的,应就其发生在境外但与境内所设机构、场所有实际联系的各项应税所得,比照上述第(二)项的规定计算相应的应纳税所得额。

（四）在计算境外应纳税所得额时，企业为取得境内、外所得而在境内、境外发生的共同支出，与取得境外应税所得有关的、合理的部分，应在境内、境外（分国（地区）别，下同）应税所得之间，按照合理比例进行分摊后扣除。

（五）在汇总计算境外应纳税所得额时，企业在境外同一国家（地区）设立不具有独立纳税地位的分支机构，按照企业所得税法及实施条例的有关规定计算的亏损，不得抵减其境内或他国（地区）的应纳税所得额，但可以用同一国家（地区）其他项目或以后年度的所得按规定弥补。

四、可抵免境外所得税税额，是指企业来源于中国境外的所得依照中国境外税收法律以及相关规定应当缴纳并已实际缴纳的企业所得税性质的税款。但不包括：

（一）按照境外所得税法律及相关规定属于错缴或错征的境外所得税税款；

（二）按照税收协定规定不应征收的境外所得税税款；

（三）因少缴或迟缴境外所得税而追加的利息、滞纳金或罚款；

（四）境外所得税纳税人或者其利害关系人从境外征税主体得到实际返还或补偿的境外所得税税款；

（五）按照我国企业所得税法及其实施条例规定，已经免征我国企业所得税的境外所得负担的境外所得税税款；

（六）按照国务院财政、税务主管部门有关规定已经从企业境外应纳税所得额中扣除的境外所得税税款。

五、居民企业在按照企业所得税法第二十四条规定用境外所得间接负担的税额进行税收抵免时，其取得的境外投资收益实际间接负担的税额，是指根据直接或者间接持股方式合计持股20%以上（含20%，下同）的规定层级的外国企业股份，由此应分得的股息、红利等权益性投资收益中，从最低一层外国企业起逐层计算的属于由上一层企业负担的税额，其计算公式如下：

本层企业所纳税额属于由一家上一层企业负担的税额＝（本层企业就利润和投资收益所实际缴纳的税额＋符合本通知规定的由本层企业间接负担的税额）×本层企业向一家上一层企业分配的股息（红利）÷本层企业所得税后利润额。

六、除国务院财政、税务主管部门另有规定外，按照实施条例第八十条规定由居民企业直接或者间接持有20%以上股份的外国企业，限于符合以下持股方式的三层外国企业：

第一层：单一居民企业直接持有20%以上股份的外国企业；

第二层：单一第一层外国企业直接持有20%以上股份，且由单一居民企业直接持有或通过一个或多个符合本条规定持股条件的外国企业间接持有总和达到20%以上股份的外国企业；

第三层：单一第二层外国企业直接持有20%以上股份，且由单一居民企业直接持有或通过一个或多个符合本条规定持股条件的外国企业间接持有总和达到20%以上股份的外国企业。

七、居民企业从与我国政府订立税收协定（或安排）的国家（地区）取得的所得，按照该国（地区）税收法律享受了免税或减税待遇，且该免税或减税的数额按照税收协定规定应视同已缴税额在中国的应纳税额中抵免的，该免税或减税数额可作为企业实际缴纳的境外所得税额用于办理税收抵免。

八、企业应按照企业所得税法及其实施条例和本通知的有关规定分国（地区）别计算境外税额的抵免限额。

某国（地区）所得税抵免限额＝中国境内、境外所得依照企业所得税法及实施条例的规定计算的应纳税总额×来源于某国（地区）的应纳税所得额÷中国境内、境外应纳税所得总额。

据以计算上述公式中“中国境内、境外所得依照企业所得税法及实施条例的规定计算的应纳税总额”的税率，除国务院财政、税务主管部门另有规定外，应为企业所得税法第四条第一款规定的税率。

企业按照企业所得税法及其实施条例和本通知的有关规定计算的当期境内、境外应纳税所得总额小于零的，应以零计算当期境内、境外应纳税所得总额，其当期境外所得税的抵免限额也为零。

九、在计算实际应抵免的境外已缴纳和间接负担的所得税税额时，企业在境外一国（地区）当年缴纳和间接负担的符合规定的所得税税额低于所计算的该国（地区）抵免限额的，应以该项税额作为境外所得税抵免额从企业应纳税总额中据实抵免；超过抵免限额的，当年应以抵免限额作为境外所得税抵免额进行抵免，超过抵免限额的余额允许从次年起在连续五个纳税年度内，用每年度抵免限额抵免当年应抵税额后的余额进行抵补。

十、属于下列情形的，可以采取简易办法对境外所得已纳税额计算抵免：

（一）企业从境外取得营业利润所得以及符合境外税额间接抵免条件的股息所得，虽有所得来源国（地区）政府机关核发的具有纳税性质的凭证或证明，但因客观原因无法真实、准确地确认应当缴纳并已经实际缴纳的境外所得税税额的，除就该所得直接缴纳及间接负担的税额在所得来源国(地区)的实际有效税率低于我国企业所得税法第四条第一款规定税率50%以上的外，可按境外应纳税所得额的12.5%作为抵免限额，企业按该国(地区)税务机关或政府机关核发具有纳税性质凭证或证明的金额，其不超过抵免限额的部分，准予抵免；超过的部分不得抵免。

属于本款规定以外的股息、利息、租金、特许权使用费、转让财产等投资性所得，均应按本通知的其他规定计算境外税额抵免。

(二)企业从境外取得营业利润所得以及符合境外税额间接抵免条件的股息所得，凡就该所得缴纳及间接负担的税额在所得来源国(地区)的法定税率且其实际有效税率明显高于我国的，可直接以按本通知规定计算的境外应纳税所得额和我国企业所得税法规定的税率计算的抵免限额作为可抵免的已在境外实际缴纳的企业所得税税额。具体国家(地区)名单见附件。财政部、国家税务总局可根据实际情况适时对名单进行调整。

属于本款规定以外的股息、利息、租金、特许权使用费、转让财产等投资性所得，均应按本通知的其他规定计算境外税额抵免。

十一、企业在境外投资设立不具有独立纳税地位的分支机构，其计算生产、经营所得的纳税年度与我国规定的纳税年度不一致的，与我国纳税年度当年度相对应的境外纳税年度，应为在我国有关纳税年度中任何一日结束的境外纳税年度。

企业取得上款以外的境外所得实际缴纳或间接负担的境外所得税，应在该项境外所得实现日所在的我国对应纳税年度的应纳税额中计算抵免。

十二、企业抵免境外所得税额后实际应纳所得税额的计算公式为：

企业实际应纳所得税额 = 企业境内外所得应纳税总额 - 企业所得税减免、抵免优惠税额 - 境外所得税抵免额。

十三、本通知所称不具有独立纳税地位，是指根据企业设立地法律不具有独立法人地位或者按照税收协定规定不认定为对方国家(地区)的税收居民。

十四、企业取得来源于中国香港、澳门、台湾地区的应税所得，参照本通知执行。

十五、中华人民共和国政府同外国政府订立的有关税收的协定与本通知有不同规定的，依照协定的规定办理。

十六、本通知自2008年1月1日起执行。

附件：

法定税率明显高于我国的境外所得来源国（地区）名单

美国、阿根廷、布隆迪、喀麦隆、古巴、法国、日本、摩洛哥、巴基斯坦、赞比亚、科威特、孟加拉国、叙利亚、约旦、老挝。

2.《国家税务总局关于发布〈企业境外所得税收抵免操作指南〉的公告》(2010年7月2日颁布　2010年1月1日起实施　国家税务总局公告2010年第1号)①

根据《中华人民共和国企业所得税法》（以下简称企业所得税法）、《中华人民共和国企业所得税法实施条例》（以下简称实施条例）及《财政部　国家税务总局关于企业境外所得税收抵免有关问题的通知》（财税〔2009〕125号，以下简称《通知》）的有关规定，现将《企业境外所得税收抵免操作指南》予以发布，于2010年1月1日起施行。

2008、2009年度尚未进行境外税收抵免处理的，可按本公告计算抵免。

特此公告。

《企业境外所得税收抵免操作指南》

《通知》第一条　关于适用范围

居民企业以及非居民企业在中国境内设立的机构、场所（以下统称企业）依照企业所得税法第二十三条、第二十四条的有关规定，应在其应纳税额中抵免在境外缴纳的所得税额的，适用本通知。

1. 可以适用境外（包括港澳台地区，以下同）所得税收抵免的纳税人包括两类：

① 1. 根据《国务院关于第一批取消62项中央指定地方实施行政审批事项的决定》（国发〔2015〕57号），自2015年10月11日起，“企业境外所得适用简易征收和饶让抵免的核准”取消。2. 根据《国家税务总局关于公布失效废止的税务部门规章和税收规范性文件目录的决定》（国家税务总局令第42号），自2017年12月29日起，本文附件“22. 我国企业所得税法目前尚未单方面规定税收饶让抵免，……，经企业主管税务机关确认，可在其申报境外所得税额时视为已缴税额（参见示例六）”中“经企业主管税务机关确认”的内容废止。3. 根据《国家税务总局关于部分税务事项实行容缺办理和进一步精简涉税费资料报送的公告》（国家税务总局公告2022年第26号）规定，自2023年2月1日起，本文附件《企业境外所得税收抵免操作指南》第九条第30项第（1）点；第（2）点①中“境外分支机构所得依照中国境内企业所得税法及实施条例的规定计算的应纳税额的计算过程及说明资料”；第（2）点②；第（2）点③中“项目合同复印件等”；第（3）点②、③、④；第（4）点①、②废止。

(1)根据企业所得税法第二十三条关于境外税额直接抵免和第二十四条关于境外税额间接抵免的规定,居民企业(包括按境外法律设立但实际管理机构在中国,被判定为中国税收居民的企业)可以就其取得的境外所得直接缴纳和间接负担的境外企业所得税性质的税额进行抵免。

(2)根据企业所得税法第二十三条的规定,非居民企业(外国企业)在中国境内设立的机构(场所)可以就其取得的发生在境外、但与其有实际联系的所得直接缴纳的境外企业所得税性质的税额进行抵免。

为缓解由于国家间对所得来源地判定标准的重叠而产生的国际重复征税,我国税法对非居民企业在中国境内分支机构取得的发生于境外的所得所缴纳的境外税额,给予了与居民企业类似的税额抵免待遇。对此类非居民给予的境外税额抵免仅涉及直接抵免。

所谓实际联系是指,据以取得所得的权利、财产或服务活动由非居民企业在中国境内的分支机构拥有、控制或实施,如外国银行在中国境内分行以其可支配的资金向中国境外贷款,境外借款人就该笔贷款向其支付的利息,即属于发生在境外与该分行有实际联系的所得。

2. 境外税额抵免分为直接抵免和间接抵免。

直接抵免是指,企业直接作为纳税人就其境外所得在境外缴纳的所得税额在我国应纳税额中抵免。直接抵免主要适用于企业就来源于境外的营业利润所得在境外所缴纳的企业所得税,以及就来源于或发生于境外的股息、红利等权益性投资所得、利息、租金、特许权使用费、财产转让等所得在境外被源泉扣缴的预提所得税。

间接抵免是指,境外企业就分配股息前的利润缴纳的外国所得税额中由我国居民企业就该项分得的股息性质的所得间接负担的部分,在我国的应纳税额中抵免。例如我国居民企业(母公司)的境外子公司在所在国(地区)缴纳企业所得税后,将税后利润的一部分作为股息、红利分配给该母公司,子公司在境外就其应税所得实际缴纳的企业所得税税额中按母公司所得股息占全部税后利润之比的部分即属于该母公司间接负担的境外企业所得税额。间接抵免的适用范围为居民企业从其符合《通知》第五、六条规定的境外子公司取得的股息、红利等权益性投资收益所得。

《通知》第二条　关于境外所得税额抵免计算的基本项目

企业应按照企业所得税法及其实施条例、税收协定以及通知的规定,准确计算下列当期与抵免境外所得税有关的项目后,确定当期实际可抵免分国(地区)别的境外所得税税额和抵免限额:

（一）境内所得的应纳税所得额（以下称境内应纳税所得额）和分国（地区）别的境外所得的应纳税所得额（以下称境外应纳税所得额）；

（二）分国（地区）别的可抵免境外所得税税额；

（三）分国（地区）别的境外所得税的抵免限额。

企业不能准确计算上述项目实际可抵免分国（地区）别的境外所得税税额的，在相应国家（地区）缴纳的税收均不得在该企业当期应纳税额中抵免，也不得结转以后年度抵免。

3. 企业取得境外所得，其在中国境外已经实际直接缴纳和间接负担的企业所得税性质的税额，进行境外税额抵免计算的基本项目包括：境内、境外所得分国别（地区）的应纳税所得额、可抵免税额、抵免限额和实际抵免税额。不能按照有关税收法律法规准确计算实际可抵免的境外分国别（地区）的所得税税额的，不应给予税收抵免。

《通知》第三条　关于境外应纳税所得额的计算

第三条第一款

企业应就其按照实施条例第七条规定确定的中国境外所得（境外税前所得），按以下规定计算实施条例第七十八条规定的境外应纳税所得额。

4. 根据实施条例第七条规定确定的境外所得，在计算适用境外税额直接抵免的应纳税所得额时，应为将该项境外所得直接缴纳的境外所得税额还原计算后的境外税前所得；上述直接缴纳税额还原后的所得中属于股息、红利所得的，在计算适用境外税额间接抵免的境外所得时，应再将该项境外所得间接负担的税额还原计算，即该境外股息、红利所得应为境外股息、红利税后净所得与就该项所得直接缴纳和间接负担的税额之和（参见示例七）。

对上述税额还原后的境外税前所得，应再就计算企业应纳税所得总额时已按税法规定扣除的有关成本费用中与境外所得有关的部分进行对应调整扣除后，计算为境外应纳税所得额。

第三条第一款第（一）项

（一）居民企业在境外投资设立不具有独立纳税地位的分支机构，其来源于境外的所得，以境外收入总额扣除与取得境外收入有关的各项合理支出后的余额为应纳税所得额。各项收入、支出按企业所得税法及其实施条例的有关规定确定。

居民企业在境外设立不具有独立纳税地位的分支机构取得的各项境外所得，无论是否汇回中国境内，均应计入该企业所属纳税年度的境外应纳税所得额。

5. 本项规定了境外分支机构应纳税所得额的计算。以上所称不具有独立纳税地位含义参见《通知》第十三条规定。

6. 由于分支机构不具有分配利润职能,因此,境外分支机构取得的各项所得,不论是否汇回境内,均应当计入所属年度的企业应纳税所得额。

7. 境外分支机构确认应纳税所得额时的各项收入与支出标准,须符合我国企业所得税法相关规定。

8. 根据实施条例第二十七条规定,确定与取得境外收入有关的合理的支出,应主要考察发生支出的确认和分摊方法是否符合一般经营常规和我国税收法律规定的基本原则。企业已在计算应纳税所得总额时扣除的,但属于应由各分支机构合理分摊的总部管理费等有关成本费用应做出合理的对应调整分摊。

境外分支机构合理支出范围通常包括境外分支机构发生的人员工资、资产折旧、利息、相关税费和应分摊的总机构用于管理分支机构的管理费用等。

第三条第一款第(二)项

(二)居民企业应就其来源于境外的股息、红利等权益性投资收益,以及利息、租金、特许权使用费、转让财产等收入,扣除按照企业所得税法及实施条例等规定计算的与取得该项收入有关的各项合理支出后的余额为应纳税所得额。来源于境外的股息、红利等权益性投资收益,应按被投资方作出利润分配决定的日期确认收入实现;来源于境外的利息、租金、特许权使用费、转让财产等收入,应按有关合同约定应付交易对价款的日期确认收入实现。

9. 从境外收到的股息、红利、利息等境外投资性所得一般表现为毛所得,应对在计算企业总所得额时已做统一扣除的成本费用中与境外所得有关的部分,在该境外所得中对应调整扣除后,才能作为计算境外税额抵免限额的境外应纳税所得额(参见示例一)。在就境外所得计算应对应调整扣除的有关成本费用时,应对如下成本费用(但不限于)予以特别注意:

(1)股息、红利,应对应调整扣除与境外投资业务有关的项目研究、融资成本和管理费用;

(2)利息,应对应调整扣除为取得该项利息而发生的相应的融资成本和相关费用;

(3)租金,属于融资租赁业务的,应对应调整扣除其融资成本;属于经营租赁业务的,应对应调整扣除租赁物相应的折旧或折耗;

(4)特许权使用费,应对应调整扣除提供特许使用的资产的研发、摊销等费用;

(5)财产转让,应对应调整扣除被转让财产的成本净值和相关费用。

涉及上述所得应纳税所得额中应包含的已间接负担税额的具体还原计算将在《通知》第五条、第六条项下说明。

10. 企业应根据实施条例第二章第二节中关于收入确认时间的规定确认境外所得的实现年度及其税额抵免年度。

(1)企业来源于境外的股息、红利等权益性投资收益所得,若实际收到所得的日期与境外被投资方作出利润分配决定的日期不在同一纳税年度的,应按被投资方作出利润分配日所在的纳税年度确认境外所得。

企业来源于境外的利息、租金、特许权使用费、转让财产等收入,若未能在合同约定的付款日期当年收到上述所得,仍应按合同约定付款日期所属的纳税年度确认境外所得。

(2)属于企业所得税法第四十五条以及实施条例第一百一十七条和第一百一十八条规定情形的,应按照有关法律法规的规定确定境外所得的实现年度。

(3)企业收到某一纳税年度的境外所得已纳税凭证时,凡是迟于次年5月31日汇算清缴终止日的,可以对该所得境外税额抵免追溯计算。

第三条第一款第(三)项

(三)非居民企业在境内设立机构、场所的,应就其发生在境外但与境内所设机构、场所有实际联系的各项应税所得,比照上述第(二)项的规定计算相应的应纳税所得额。

11. 非居民企业在中国境内设立机构、场所,在享受境外税额抵免时,也应就其发生在境外但与境内所设机构、场所有实际联系的各项应税所得,按企业所得税法和实施条例及《通知》、《指南》等相关税收法规规定计算境外所得的应纳税所得额。

第三条第一款第(四)项

(四)在计算境外应纳税所得额时,企业为取得境内、外所得而在境内、境外发生的共同支出,与取得境外应税所得有关的、合理的部分,应在境内、境外(分国(地区)别,下同)应税所得之间,按照合理比例进行分摊后扣除。

12. 本项所称共同支出,是指与取得境外所得有关但未直接计入境外所得应纳税所得额的成本费用支出,通常包括未直接计入境外所得的营业费用、管理费用和财务费用等支出。

企业应对在计算总所得额时已统一归集并扣除的共同费用，按境外每一国（地区）别数额占企业全部数额的下列一种比例或几种比例的综合比例，在每一国别的境外所得中对应调整扣除，计算来自每一国别的应纳税所得额。

（1）资产比例；

（2）收入比例；

（3）员工工资支出比例；

（4）其他合理比例。

上述分摊比例确定后应报送主管税务机关备案；无合理原因不得改变。

第三条第一款第（五）项

（五）在汇总计算境外应纳税所得额时，企业在境外同一国家（地区）设立不具有独立纳税地位的分支机构，按照企业所得税法及实施条例的有关规定计算的亏损，不得抵减其境内或他国（地区）的应纳税所得额，但可以用同一国家（地区）其他项目或以后年度的所得按规定弥补。

13. 本项基于分国不分项计算抵免的原则及其要求，对在不同国家的分支机构发生的亏损不得相互弥补做出了规定，以避免出现同一笔亏损重复弥补或须进行繁复的还原弥补、还原抵免的现象。

14. 企业在同一纳税年度的境内外所得加总为正数的，其境外分支机构发生的亏损，由于上述结转弥补的限制而发生的未予弥补的部分（以下称为非实际亏损额），今后在该分支机构的结转弥补期限不受5年期限制（参见示例二）。即：

（1）如果企业当期境内外所得盈利额与亏损额加总后和为零或正数，则其当年度境外分支机构的非实际亏损额可无限期向后结转弥补；

（2）如果企业当期境内外所得盈利额与亏损额加总后和为负数，则以境外分支机构的亏损额超过企业盈利额部分的实际亏损额，按企业所得税法第十八条规定的期限进行亏损弥补，未超过企业盈利额部分的非实际亏损额仍可无限期向后结转弥补。

企业应对境外分支机构的实际亏损额与非实际亏损额不同的结转弥补情况做好记录。

《通知》第四条　关于可予抵免境外所得税税额的确认

可抵免境外所得税税额，是指企业来源于中国境外的所得依照中国境外税收法律以及相关规定应当缴纳并已实际缴纳的企业所得税性质的税款。但不包括：

（一）按照境外所得税法律及相关规定属于错缴或错征的境外所得税税款；

（二）按照税收协定规定不应征收的境外所得税税款；

（三）因少缴或迟缴境外所得税而追加的利息、滞纳金或罚款；

（四）境外所得税纳税人或者其利害关系人从境外征税主体得到实际返还或补偿的境外所得税税款；

（五）按照我国企业所得税法及其实施条例规定，已经免征我国企业所得税的境外所得负担的境外所得税税款；

（六）按照国务院财政、税务主管部门有关规定已经从企业境外应纳税所得额中扣除的境外所得税税款。

15. 可抵免的境外所得税税额的基本条件为：

（1）企业来源于中国境外的所得依照中国境外税收法律以及相关规定计算而缴纳的税额；

（2）缴纳的属于企业所得税性质的税额，而不拘泥于名称。在不同的国家，对于企业所得税的称呼有着不同的表述，如法人所得税、公司所得税等。判定是否属于企业所得税性质的税额，主要看其是否是针对企业净所得征收的税额。

（3）限于企业应当缴纳且已实际缴纳的税额。税收抵免旨在解决重复征税问题，仅限于企业应当缴纳且已实际缴纳的税额（除另有饶让抵免或其他规定外）。

（4）可抵免的企业所得税税额，若是税收协定非适用所得税项目，或来自非协定国家的所得，无法判定是否属于对企业征收的所得税税额的，应层报国家税务总局裁定。

16. 不应作为可抵免境外所得税税额的情形分析：

（1）本条第一项规定是指，属于境外所得税法律及相关规定适用错误而且企业不应缴纳而错缴的税额，企业应向境外税务机关申请予以退还，而不应作为境外已交税额向中国申请抵免企业所得税。

（2）本条第二项规定是指，根据中国政府与其他国家（地区）政府签订的税收协定（或安排）的规定不属于对方国家的应税项目，却被对方国家（地区）就其征收的企业所得税，对此，企业应向征税国家申请退还不应征收的税额；该项税额还应包括，企业就境外所得在来源国纳税时适用税率高于税收协定限定税率所多缴纳的所得税税额。

（3）本条第四项规定是指，如果有关国家为了实现特定目标而规定不同形式和程度的税收优惠，并采取征收后由政府予以返还或补偿方式退还的已缴税额，对此，企业应从其境外所得可抵免税额中剔除该相应部分。

(4)本条第五项规定是指,如果我国税收法律法规做出对某项境外所得给予免税优惠规定,企业取得免征我国企业所得税的境外所得的,该项所得的应纳税所得额及其缴纳的境外所得税额均应从计算境外所得税额抵免的境外应纳税所得额和境外已纳税额中减除。

(5)本条第六项规定是指,如果我国税法规定就一项境外所得的已纳所得税额仅作为费用从该项境外所得额中扣除的,就该项所得及其缴纳的境外所得税额不应再纳入境外税额抵免计算。

17. 企业取得的境外所得已直接缴纳和间接负担的税额为人民币以外货币的,在以人民币计算可予抵免的境外税额时,凡企业记账本位币为人民币的,应按企业就该项境外所得记入账内时使用的人民币汇率进行换算;凡企业以人民币以外其他货币作为记账本位币的,应统一按实现该项境外所得对应的我国纳税年度最后一日的人民币汇率中间价进行换算。

《通知》第五条　关于境外所得间接负担税额的计算

居民企业在按照企业所得税法第二十四条规定用境外所得间接负担的税额进行税收抵免时,其取得的境外投资收益实际间接负担的税额,是指根据直接或者间接持股方式合计持股20%以上(含20%,下同)的规定层级的外国企业股份,由此应分得的股息、红利等权益性投资收益中,从最低一层外国企业起逐层计算的属于由上一层企业负担的税额,其计算公式如下:

本层企业所纳税额属于由一家上一层企业负担的税额=(本层企业就利润和投资收益所实际缴纳的税额+符合本通知规定的由本层企业间接负担的税额)×本层企业向一家上一层企业分配的股息(红利)÷本层企业所得税后利润额。

18. 本条规定了境外所得间接负担的符合《通知》第六条规定条件的下层企业税额的计算方式及公式(参见示例三),公式中:

(1)本层企业是指实际分配股息(红利)的境外被投资企业;

(2)本层企业就利润和投资收益所实际缴纳的税额是指,本层企业按所在国税法就利润缴纳的企业所得税和在被投资方所在国就分得的股息等权益性投资收益被源泉扣缴的预提所得税;

(3)符合《通知》规定的由本层企业间接负担的税额是指该层企业由于从下一层企业分回股息(红利)而间接负担的由下一层企业就其利润缴纳的企业所得税税额;

(4)本层企业向一家上一层企业分配的股息(红利)是指该层企业向上一层企业实际分配的扣缴预提所得税前的股息(红利)数额;

(5)本层企业所得税后利润额是指该层企业实现的利润总额减去就其利润实际缴纳的企业所得税后的余额;

19. 每一层企业从其持股的下一层企业在一个年度中分得的股息(红利),若是由该下一层企业不同年度的税后未分配利润组成,则应按该股息(红利)对应的每一年度未分配利润,分别计算就该项分配利润所间接负担的税额;按各年度计算的间接负担税额之和,即为取得股息(红利)的企业该一个年度中分得的股息(红利)所得所间接负担的所得税额。

20. 境外第二层及以下层级企业归属不同国家的,在计算居民企业负担境外税额时,均以境外第一层企业所在国(地区)为国别划分进行归集计算,而不论该第一层企业的下层企业归属何国(地区)。

《通知》第六条　关于适用间接抵免的外国企业持股比例的计算

除国务院财政、税务主管部门另有规定外,按照实施条例第八十条规定由居民企业直接或者间接持有20%以上股份的外国企业,限于符合以下持股方式的三层外国企业:

第一层:单一居民企业直接持有20%以上股份的外国企业;

第二层:单一第一层外国企业直接持有20%以上股份,且由单一居民企业直接持有或通过一个或多个符合本条规定持股条件的外国企业间接持有总和达到20%以上股份的外国企业;

第三层:单一第二层外国企业直接持有20%以上股份,且由单一居民企业直接持有或通过一个或多个符合本条规定持股条件的外国企业间接持有总和达到20%以上股份的外国企业。

21. 本条所述符合规定的"持股条件"是指,各层企业直接持股、间接持股以及为计算居民企业间接持股总和比例的每一个单一持股,均应达到20%的持股比例(参见示例四、五)。

《通知》第七条　关于税收饶让抵免的应纳税额的确定

居民企业从与我国政府订立税收协定(或安排)的国家(地区)取得的所得,按照该国(地区)税收法律享受了免税或减税待遇,且该免税或减税的数额按照税收协定规定应视同已缴税额在中国的应纳税额中抵免的,该免税或减税数额可作为企业实际缴纳的境外所得税额用于办理税收抵免。

22. 我国企业所得税法目前尚未单方面规定税收饶让抵免,但我国与有关国家签订的税收协定规定有税收饶让抵免安排,本条对此进行了重申。居民企业从与我国订立税收协定(或安排)的对方国家取得所得,并按该国税收法律享受了免税或减税待遇,且该所得已享受的免税或减税数额按照税收协定(或安排)规定应视同已缴税额在我国应纳税额中抵免的,可在其申报境外所得税额时视为已缴税额(参见示例六)。

23. 税收饶让抵免应区别下列情况进行计算:

(1)税收协定规定定率饶让抵免的,饶让抵免税额为按该定率计算的应纳境外所得税额超过实际缴纳的境外所得税额的数额;

(2)税收协定规定列举一国税收优惠额给予饶让抵免的,饶让抵免税额为按协定国家(地区)税收法律规定税率计算的应纳所得税额超过实际缴纳税额的数额,即实际税收优惠额。

24. 境外所得采用《通知》第十条规定的简易办法计算抵免额的,不适用饶让抵免。

25. 企业取得的境外所得根据来源国税收法律法规不判定为所在国应税所得,而按中国税收法律法规规定属于应税所得的,不属于税收饶让抵免范畴,应全额按中国税收法律法规规定缴纳企业所得税。

《通知》第八条　关于抵免限额的计算

企业应按照企业所得税法及其实施条例和本通知的有关规定分国(地区)别计算境外税额的抵免限额。

某国(地区)所得税抵免限额 = 中国境内、境外所得依照企业所得税法及实施条例的规定计算的应纳税总额 × 来源于某国(地区)的应纳税所得额 ÷ 中国境内、境外应纳税所得总额。

据以计算上述公式中"中国境内、境外所得依照企业所得税法及实施条例的规定计算的应纳税总额"的税率,除国务院财政、税务主管部门另有规定外,应为企业所得税法第四条第一款规定的税率。

企业按照企业所得税法及其实施条例和本通知的有关规定计算的当期境内、境外应纳税所得总额小于零的,应以零计算当期境内、境外应纳税所得总额,其当期境外所得税的抵免限额也为零。

26. 中国境内外所得依照企业所得税法及实施条例的规定计算的应纳税总额的税率是25%,即使企业境内所得按税收法规规定享受企业所得税优惠的,在进行境外所得税额抵免限额计算中的中国境内、外所得应纳税总额所适用的税率也应为25%。今后若国务院财政、税务主管部门规定境外所得与境内所得享受相同企业所得税优惠政策的,应按有关优惠政策的适用税率或税收负担率计算其应纳税总额和抵免限额;简便计算,也可以按该境外应纳税所得额直接乘以其实际适用的税率或税收负担率得出抵免限额(参见示例七)。

27. 若企业境内所得为亏损,境外所得为盈利,且企业已使用同期境外盈利全部或部分弥补了境内亏损,则境内已用境外盈利弥补的亏损不得再用以后年度境内盈利重复弥补。由此,在计算境外所得抵免限额时,形成当期境内、外应纳税所得总额小于零的,应以零计算当期境内、外应纳税所得总额,其当期境外所得税的抵免限额也为零。上述境外盈利在境外已纳的可予抵免但未能抵免的税额可以在以后5个纳税年度内进行结转抵免(参见示例八)。

28. 如果企业境内为亏损,境外盈利分别来自多个国家,则弥补境内亏损时,企业可以自行选择弥补境内亏损的境外所得来源国家(地区)顺序。

《通知》第九条　关于实际抵免境外税额的计算

在计算实际应抵免的境外已缴纳和间接负担的所得税税额时,企业在境外一国(地区)当年缴纳和间接负担的符合规定的所得税税额低于所计算的该国(地区)抵免限额的,应以该项税额作为境外所得税抵免额从企业应纳税总额中据实抵免;超过抵免限额的,当年应以抵免限额作为境外所得税抵免额进行抵免,超过抵免限额的余额允许从次年起在连续五个纳税年度内,用每年度抵免限额抵免当年应抵税额后的余额进行抵补。

29. 本条规定了企业在境外一国(地区)当年缴纳和间接负担的符合规定的企业所得税税额的具体抵免方法,即企业每年应分国(地区)别在抵免限额内据实抵免境外所得税额,超过抵免限额的部分可在以后连续5个纳税年度延续抵免;企业当年境外一国(地区)可抵免税额中既有属于当年已直接缴纳或间接负担的境外所得税额,又有以前年度结转的未逾期可抵免税额时,应首先抵免当年已直接缴纳或间接负担的境外所得税额后,抵免限额有余额的,可再抵免以前年度结转的未逾期可抵免税额,仍抵免不足的,继续向以后年度结转(参见示例九)。

30. 企业申报抵免境外所得税收(包括按照《通知》第十条规定的简易办法进行的抵免)时应向其主管税务机关提交如下书面资料:

(2)不同类型的境外所得申报税收抵免还需分别提供:

①取得境外分支机构的营业利润所得需提供境外分支机构会计报表;具有资质的机构出具的有关分支机构审计报告等;

……

③取得境外利息、租金、特许权使用费、转让财产等所得需提供依

照中国境内企业所得税法及实施条例规定计算的应纳税额的资料及计算过程。

(3)申请享受税收饶让抵免的还需提供：

①本企业及其直接或间接控制的外国企业在境外所获免税及减税的依据及证明或有关审计报告披露该企业享受的优惠政策的复印件；

……

(4)采用简易办法计算抵免限额的还需提供：

(5)主管税务机关要求提供的其它资料。

以上提交备案资料使用非中文的，企业应同时提交中文译本复印件。

上述资料已向税务机关提供的，可不再提供；上述资料若有变更的，须重新提供；复印件须注明与原件一致，译本须注明与原本无异义，并加盖企业公章。

31. 税务机关、企业在年度企业所得税汇算清缴时，应对结转以后年度抵免的境外所得税额分国别(地区)建立台账管理，准确填写逐年抵免情况。

台账表式：

境外所得税额结转抵免管理台账

企业名称：

所得来源国别(地区)：　　　　金额单位：人民币(列至角分)

行次	本年度未抵免税额		五年期结转抵扣额及余额									
			第一年		第二年		第三年		第四年		第五年	
	税额所属年度	未抵免额	抵免额	余额	抵免额	余额	抵免额	余额	抵免额	余额	抵免额	不得再结转额
1												
2												
3												
4												
5												

(2)管理台账的编制说明：

填报以前年度境外所得已纳税额未抵免部分的结转、抵扣情况。

①按分国不分项填报结转抵扣额的境外所得税在各年的抵扣情况；

②本年度未抵免税额：填报税额所属年度未抵免结转以后年度抵扣的税额；

③五年结转抵扣额：填报按规定用本期税额扣除限额的余额抵扣以前年度结转的税额及抵扣后的余额；

《通知》第十条 关于简易办法计算抵免

(一)企业从境外取得营业利润所得以及符合境外税额间接抵免条件的股息所得，虽有所得来源国(地区)政府机关核发的具有纳税性质的凭证或证明，但因客观原因无法真实、准确地确认应当缴纳并已经实际缴纳的境外所得税税额的，除就该所得直接缴纳及间接负担的税额在所得来源国(地区)的实际有效税率低于我国企业所得税法第四条第一款规定税率50%以上的外，可按境外应纳税所得额的12.5%作为抵免限额，企业按该国(地区)税务机关或政府机关核发具有纳税性质凭证或证明的金额，其不超过抵免限额的部分，准予抵免；超过的部分不得抵免。

属于本款规定以外的股息、利息、租金、特许权使用费、转让财产等投资性所得，均应按本通知的其他规定计算境外税额抵免。

(二)企业从境外取得营业利润所得以及符合境外税额间接抵免条件的股息所得，凡就该所得缴纳及间接负担的税额在所得来源国(地区)的法定税率且其实际有效税率明显高于我国的，可直接以按本通知规定计算的境外应纳税所得额和我国企业所得税法规定的税率计算的抵免限额作为可抵免的已在境外实际缴纳的企业所得税税额。具体国家(地区)名单见附件。财政部、国家税务总局可根据实际情况适时对名单进行调整。

属于本款规定以外的股息、利息、租金、特许权使用费、转让财产等投资性所得，均应按本通知的其他规定计算境外税额抵免。

32. 采用简易办法也须遵循“分国不分项”原则。

33. 本条第一项中“从所得来源国(地区)政府机关取得具有纳税性质的凭证或证明”是指向境外所在国家政府实际缴纳了具有综合税额(含企业所得税)性质的款项的有效凭证。

34. 本条第二项中“实际有效税率”是指实际缴纳或负担的企业所得税税额与应纳税所得额的比率。

法定税率且实际有效税率明显高于我国(税率)的国家,由财政部和国家税务总局列名单公布;各地税务机关不能自行作出判定,发现名单所列国家抵免异常的,应立即向国家税务总局报告。

35. 本条第一项和第二项中"属于本款规定以外的股息、利息、租金、特许权使用费、转让财产等投资性所得"是指,居民企业从境外未达到直接持股20%条件的境外子公司取得的股息所得,以及取得利息、租金、特许权使用费、转让财产等所得,向所得来源国直接缴纳的预提所得税额,应按《通知》有关直接抵免的规定正常计算抵免。

《通知》第十一条　关于境外分支机构与我国对应纳税年度的确定

企业在境外投资设立不具有独立纳税地位的分支机构,其计算生产、经营所得的纳税年度与我国规定的纳税年度不一致的,与我国纳税年度当年度相对应的境外纳税年度,应为在我国有关纳税年度中任何一日结束的境外纳税年度。

企业取得上款以外的境外所得实际缴纳或间接负担的境外所得税,应在该项境外所得实现日所在的我国对应纳税年度的应纳税额中计算抵免。

36. 企业就其在境外设立的不具有独立纳税地位的分支机构每一纳税年度的营业利润,计入企业当年度应纳税所得总额时,如果分支机构所在国纳税年度的规定与我国规定的纳税年度不一致的,在确定该分支机构境外某一年度的税额如何对应我国纳税年度进行抵免时,境外分支机构按所在国规定计算生产经营所得的纳税年度与其境内总机构纳税年度相对应的纳税年度,应为该境外分支机构所在国纳税年度结束日所在的我国纳税年度(参见示例十)。

37. 企业取得境外股息所得实现日为被投资方做出利润分配决定的日期,不论该利润分配是否包括以前年度未分配利润,均应作为该股息所得实现日所在的我国纳税年度所得计算抵免(参见示例十一)。

《通知》第十二条　关于境外所得税抵免时应纳所得税额的计算

企业抵免境外所得税额后实际应纳所得税额的计算公式为:

企业实际应纳所得税额 = 企业境内外所得应纳税总额 - 企业所得税减免、抵免优惠税额 - 境外所得税抵免额。

38. 公式中抵免优惠税额是指按企业所得税法第三十四条规定,企业购置用于环境保护、节能节水、安全生产等专用设备的投资额,可以按一定比例实行税额抵免。

境外所得税抵免额是指按照《通知》和《指南》计算的境外所得税额在抵免限额内实际可以抵免的税额。

《通知》第十三条　关于不具有独立纳税地位的定义

本通知所称不具有独立纳税地位，是指根据企业设立地法律不具有独立法人地位或者按照税收协定规定不认定为对方国家(地区)的税收居民。

39. 企业居民身份的判定，一般以国内法为准。如果一个企业同时被中国和其他国家认定为居民(即双重居民)，应按中国与该国之间税收协定(或安排)的规定执行。

40. 不具有独立纳税地位的境外分支机构特别包括企业在境外设立的分公司、代表处、办事处、联络处，以及在境外提供劳务、被劳务发生地国家(地区)认定为负有企业所得税纳税义务的营业机构和场所等。

《通知》第十四条　关于来源于港、澳、台地区的所得

企业取得来源于中国香港、澳门、台湾地区的应税所得，参照本通知执行。

《通知》第十五条　关于税收协定优先原则的适用

中华人民共和国政府同外国政府订立的有关税收的协定与本通知有不同规定的，依照协定的规定办理。

41. 本条所称有关税收的协定包括，内地与中国香港、澳门地区等签订的相关税收安排。

《通知》第十六条　关于执行日期

本通知自2008年1月1日起执行。

42.《通知》虽然于2009年12月发布，但仍属于对执行企业所得税法及实施条例的解释，因此，与企业所得税法及实施条例的执行日期一致。

《通知》附件：法定税率明显高于我国的境外所得来源国(地区)名单

美国、阿根廷、布隆迪、喀麦隆、古巴、法国、日本、摩洛哥、巴基斯坦、赞比亚、科威特、孟加拉国、叙利亚、约旦、老挝。

43. 此类国家(地区)名单，由财政部和国家税务总局适时调整。

附示例

示例一：来源于境外利息收入的应纳税所得额的计算

中国A银行向甲国某企业贷出500万元，合同约定的利率为5%。2009年A银行收到甲国企业就应付利息25万元扣除已在甲国扣缴的

第23条

预提所得税2.5万元(预提所得税税率为10%)后的22.5万元税后利息。A银行应纳税所得总额为1000万元,已在应纳税所得总额中扣除的该笔境外贷款的融资成本为本金的4%。分析并计算该银行应纳税所得总额中境外利息收入的应纳税所得额:

来源于境外利息收入的应纳税所得额,应为已缴纳境外预提所得税前的就合同约定的利息收入总额,再对应调整扣除相关筹资成本费用等。

境外利息收入总额=税后利息22.5+已扣除税额2.5=25万元

对应调整扣除相关成本费用后的应纳税所得额=25-500×4%=5万元

该境外利息收入用于计算境外税额抵免限额的应纳税所得额为5万元,应纳税所得总额仍为1000万元不变。

示例二:境外分支机构亏损的弥补

中国居民A企业2008年度境内外净所得为160万元。其中,境内所得的应纳税所得额为300万元;设在甲国的分支机构当年度应纳税所得额为100万元;设在乙国的分支机构当年度应纳税所得额为-300万元;A企业当年度从乙国取得利息所得的应纳税所得额为60万元。调整计算该企业当年度境内、外所得的应纳税所得额如下:

(1)A企业当年度境内外净所得为160万元,但依据境外亏损不得在境内或他国盈利中抵减的规定,其发生在乙国分支机构的当年度亏损额300万元,仅可以用从该国取得的利息60万元弥补,未能弥补的非实际亏损额240万元,不得从当年度企业其它盈利中弥补。因此,相应调整后A企业当年境内、外应纳税所得额为:

境内应纳税所得额=300万元;

甲国应纳税所得额=100万元;

乙国应纳税所得额=-240万元;

A企业当年度应纳税所得总额=400万元。

(2)A企业当年度境外乙国未弥补的非实际亏损共240万元,允许A企业以其来自乙国以后年度的所得无限期结转弥补。

示例三:间接抵免负担税额的计算

以示例五中居民企业A集团公司组织架构(如图一所示)及其对符合间接抵免持股条件的判定结果为例,对A公司于2010年初申报的2009年度符合条件的各层公司生产经营及分配股息情况,计算A公司可进入抵免(参见例五分析)的间接负担的境外所得税额如下:

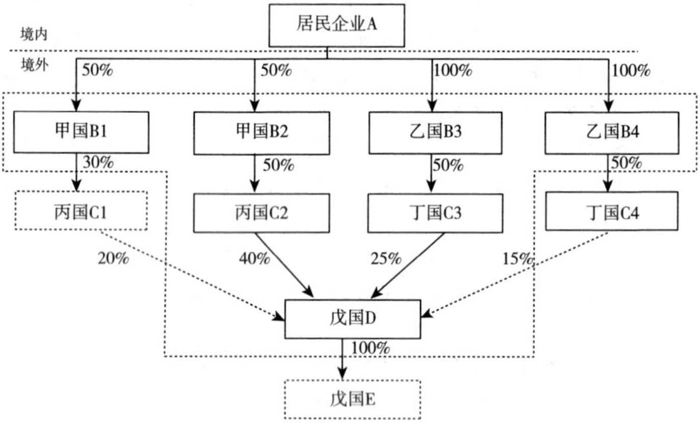

图一

(1)计算甲国B1及其下层各企业已纳税额中属于A公司可予抵免的间接负担税额:

①C1公司及其对D公司20%持股税额的计算

由于C1不符合A公司的间接抵免条件,因此,其就利润所纳税额及其按持有D公司20%股份而分得股息直接缴纳的预提所得税及该股息所包含的D公司税额,均不应计算为由A公司可予抵免的间接负担税额。

②B1公司税额的计算

B1公司符合A公司的间接抵免持股条件。B1公司应纳税所得总额为1000万元(假设该“应纳税所得总额”中在B1公司所在国计算税额抵免时已包含投资收益还原计算的间接税额,下同),其中来自C1公司的投资收益为300万元,按10%缴纳C1公司所在国预提所得税额为30万元(300万*10%),无符合抵免条件的间接税额;

B1公司适用税率为30%,其当年在所在国按该国境外税收抵免规定计算后实际缴纳所在国所得税额为210万元;B1公司当年税前利润为1000万元,则其当年税后利润为760万元(税前利润1000万-实际缴纳所在国税额210万-缴纳预提税额30万),且全部分配;

B1公司向A公司按其持股比例50%分配股息380万元;

将上述数据代入《通知》第五条公式(即:本层企业所纳税额属于由一家上一层企业负担的税额=本层企业就利润和投资收益所实际缴纳的税额+符合本通知规定的由本层企业间接负担的税额)×本层企业向一家上一层企业分配的股息(红利)÷本层企业所得税后利润额,下

同)计算,A 公司就从 B1 公司分得股息间接负担的可在我国应纳税额中抵免的税额为 120 万元:

(210 +30 +0) * (380 ÷760) =120 万元

(2)计算甲国 B2 及其下层各企业已纳税额中属于 A 公司可予抵免的间接负担税额:

①D 公司税额的计算

D 公司符合 A 公司的间接抵免持股条件。D 公司应纳税所得总额和税前会计利润均为 1250 万元,适用税率为 20%,无投资收益和缴纳预提所得税项目。当年 D 公司在所在国缴纳企业所得税为 250 万元;D 公司将当年税后利润 1000 万元全部分配;

D 公司向 C2 公司按其持股比例 40% 分配股息 400 万元;

将上述数据代入《通知》第五条公式计算,D 公司已纳税额属于可由 C2 公司就分得股息间接负担的税额为 100 万元:

(250 +0 +0) * (400 ÷1000) =100 万元

②C2 公司税额的计算

C2 公司符合 A 公司的间接抵免持股条件。C2 公司应纳税所得总额为 2000 万元;其中从 D 公司分得股息 400 万元,按 10% 缴纳 D 公司所在国预提所得税额为 40 万元(400 万 * 10%),符合条件的间接负担下层公司税额 100 万元;

C2 公司适用税率为 25%,假设其当年享受直接和间接抵免后实际缴纳所在国所得税额为 360 万元;当年税前利润为 2000 万元,则其税后利润为 1600 万元(2000 万 -360 万 -40 万);

C2 公司将当年税后利润的一半用于分配,C2 公司向 B2 公司按其持股比例 50% 分配股息 400 万元(1600 万 * 50% * 50%);同时,将该公司 2008 年未分配税后利润 1600 万元(实际缴纳所得税额为 400 万元,且无投资收益和缴纳预提所得税项目)一并分配,向 B2 公司按其持股比例 50% 分配股息 800 万元(1600 万 * 50%);

C2 公司向 B2 公司按其持股比例分配股息 1200 万元;

将上述数据代入《通知》第五条公式计算,C2 公司已纳税额属于可由 B2 公司就 2009 年度分得股息间接负担的税额共计为 325 万元,其中以 2009 年度利润分配股息间接负担的税额 125 万元[(360 +40 +100) * (400 ÷1600) =125 万元];以 2008 年度利润分配股息间接负担的税额 200 万元[(400 +0 +0) * (800 ÷1600) =200 万元]。

③B2 公司税额的计算

B2 公司符合 A 公司的间接抵免持股条件。B2 公司应纳税所得总额为 5000 万元,其中来自 C2 公司的投资收益为 1200 万元,按 10% 缴

纳C2公司所在国预提所得税额为120万元(1200万 * 10%),符合条件的间接负担下层公司税额325万元;

B2公司适用税率为30%,假设其当年享受直接和间接抵免后实际缴纳所在国所得税额为1140万元;当年税前利润为5000万元,则其税后利润为3740万元(5000万 - 1140万 - 120万),且全部分配;

B2公司向A公司按其持股比例50%分配股息1870万元;

将上述数据代入《通知》第五条公式计算,A公司就从B2公司分得股息间接负担的可在我国应纳税额中抵免的税额为792.5万元:

(1140 + 120 + 325) * (1870 ÷ 3740) = 792.5万元

(3)计算乙国B3及其下层各企业已纳税额中属于A公司可予抵免的间接负担税额:

①D公司税额的计算

D公司符合A公司的间接抵免持股条件。D公司应纳税所得总额为1250万元,适用税率为20%,无投资收益和缴纳预提所得税项目。当年D公司在所在国缴纳企业所得税为250万元;D公司将当年税后利润1000万元全部分配;

D公司向C3公司按其持股比例25%分配股息250万元;

将上述数据代入《通知》第五条公式计算,D公司已纳税额属于可由C3公司就分得股息间接负担的税额为62.5万元:

(250 + 0 + 0) * (250 ÷ 1000) = 62.5万元

②C3公司税额的计算

C3公司符合A公司的间接抵免持股条件。C3公司应纳税所得总额为1000万元;其中从D公司分得股息250万元,按10%缴纳D公司所在国预提所得税额为25万元(250万 * 10%),符合条件的间接负担下层公司税额62.5万元;

C3公司适用税率为30%,假设其当年享受直接和间接抵免后实际缴纳所在国所得税额为245万元;当年税前利润为1000万元,则其税后利润为730万元(1000万 - 245万 - 25万),且全部分配;

C3公司向B3公司按其持股比例50%分配股息365万元;

将上述数据代入《通知》第五条公式计算,C3公司已纳税额属于可由B3公司就分得股息间接负担的税额为166.25万元:

(245 + 25 + 62.5) * (365 ÷ 730) = 166.25万元

③B3公司税额的计算

B3公司符合A公司的间接抵免持股条件。B3公司应纳税所得总额为2000万元,其中来自C3公司的投资收益为365万元,按10%缴纳C3公司所在国预提所得税额为36.5万元(365万 * 10%),符合条件的

间接负担下层公司税额166.25万元;

B3公司适用税率为30%,假设其当年享受直接和间接抵免后实际缴纳所在国所得税额为463.5万元;当年税前利润为2000万元,则其税后利润为1500万元(2000万-463.5万-36.5万),且全部分配;

B3公司向A公司按其持股比例100%分配股息1500万元。

将上述数据代入《通知》第五条公式计算,A公司就从B3公司分得股息间接负担的可在我国应纳税额中抵免的税额为666.25万元:

(463.5+36.5+166.25)*(1500÷1500)=666.25万元

(4)计算乙国B4及其下层各企业已纳税额中属于A公司可予抵免的间接负担税额:

①D公司税额的计算

D公司被C4公司持有的15%股份不符合A公司享受间接抵免的持股比例条件,因此,其所纳税额中属于该15%股息负担的部分不能通过C4等公司计入A公司可予抵免的间接负担税额。

②C4公司税额的计算

C4公司符合A公司的间接抵免持股条件。C4公司应纳税所得总额为1000万元;其中从D公司分得股息150万元,其按10%直接缴纳D公司所在国的预提所得税额15万元(150万*10%)属于可计算A公司间接抵免的税额,无符合条件的间接负担税额;

C4公司适用税率为25%,假设其当年享受直接和间接抵免后实际缴纳所在国所得税额为235万元;当年税前利润为1000万元,则其税后利润为750万元(1000万-235万-15万),且全部分配;

C4公司向B4公司按其持股比例50%分配股息375万元;

将上述数据代入《通知》第五条公式计算,C4公司已纳税额属于可由B4公司就分得股息间接负担的税额为125万元:

(235+15+0)*(375÷750)=125万元

③B4公司税额的计算

B4公司符合A公司的间接抵免持股条件。B4公司应纳税所得总额为2000万元,其中来自C4公司的投资收益为375万元,按10%缴纳C4公司所在国预提所得税额为37.5万元(375万*10%),符合条件的间接负担下层公司税额125万元;

B4公司适用税率为30%,假设其当年享受直接和间接抵免后实际缴纳所在国所得税额为462.5万元;当年税前利润为2000万元,则其税后利润为1500万元(2000万-462.5万-37.5万),且全部分配;

B4公司向A公司按其持股比例100%分配股息1500万元;

将上述数据代入《通知》第五条公式计算,A公司就从B4公司分得股息间接负担的可在我国应纳税额中抵免的税额为625万元：

(462.5 + 37.5 + 125) * (1500 ÷ 1500) = 625万元

(5)上述计算后，A公司可适用间接抵免的境外所得及间接负担的境外已纳税额分国为：

①可适用间接抵免的境外所得(含直接所缴预提所得税但未含间接负担的税额)为5250万元，其中：

来自甲国的境外所得为2250万元(B1股息380万 + B2股息1870万)；

来自乙国的境外所得为3000万元(B3股息1500万 + B4股息1500万)；

②可抵免的间接负担境外已纳税额为2203.75万元，其中：

来自甲国的可抵免间接负担境外已纳税额为912.5万元(间接负担B1税额120万 + 间接负担B2税额792.5万)；

来自乙国的可抵免间接负担境外已纳税额为1291.25万元(间接负担B3税额666.25万 + 间接负担B4税额625万)

(6)计算A公司可适用抵免的全部境外所得税额为：

①假设上项境外所得在来源国均按10%税率直接缴纳境外预提所得税合计为525万元，其中：

缴纳甲国预提所得税为225万元(2250万 * 10%)；

缴纳乙国预提所得税为300万元(3000万 * 10%)；

②来自甲乙两国所得的全部可抵免税额分别为：

甲国：直接缴纳225万元 + 间接负担912.5万元 = 1137.5万元

乙国：直接缴纳300万元 + 间接负担1291.25万元 = 1591.25万元

示例四：二层持股条件的判定

中国居民A企业直接持有甲国B企业20%股份，直接持有乙国C企业16%股份，并且B企业直接持有C企业20%股份，如下图所示：

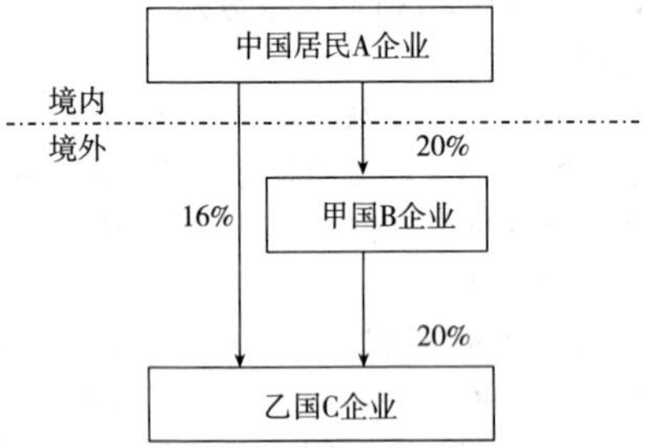

图二

分析：

（1）中国居民A企业直接持有甲国B企业20%股份，满足直接持股20%（含20%）的条件。

（2）中国居民A企业直接持有乙国C企业16%股份，间接持有乙国C企业股份=20%×20%=4%，由于A企业直接持有C企业的股份不足20%，故不能计入A企业对C企业直接持股或间接持股的总和比例之中。因此，C企业未满足居民企业通过一个或多个符合规定持股条件的外国企业间接持有总和达到20%以上股份的外国企业的规定。

示例五：多层持股条件的综合判定

中国居民企业A分别控股了四家公司甲国B1、甲国B2、乙国B3、乙国B4，持股比例分别为50%、50%、100%、100%；B1持有丙国C1公司30%股份，B2持有丙国C2公司50%股份，B3持有丁国C3公司50%股份，B4持有丁国C4公司50%股份；C1、C2、C3、C4分别持有戊国D公司20%、40%、25%、15%股份；D公司持有戊国E公司100%股份。图示如下：

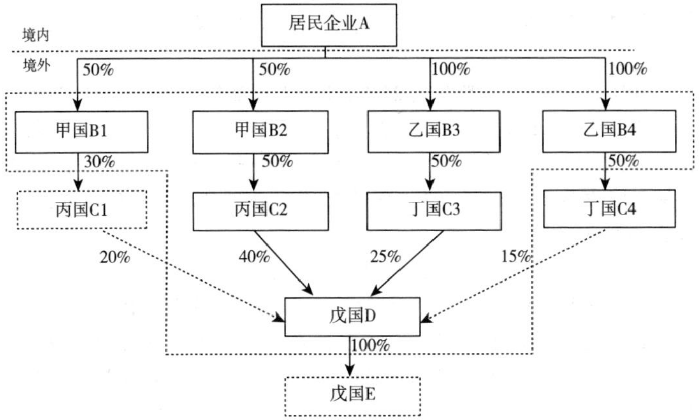

图三

注：…虚线内为判定符合间接持股条件的公司及可就分配的股息计算间接抵免税额的所持股份。

（1）B层各公司间接抵免持股条件的判定：

B1、B2、B3、B4公司分别直接被A公司控股50%、50%、100%、100%，均符合间接抵免第一层公司的持股条件。

（2）C层各公司间接抵免持股条件的判定：

①C1公司虽然被符合条件的上一层公司B1控股30%，但仅受居民企业A间接控股15%（50%＊30%），因此，属于不符合间接抵免持

股条件的公司(但如果协定的规定为 10%,则符合间接抵免条件);

②C2 公司被符合条件的上一层公司 B2 控股 50%,且被居民企业 A 间接控股达到 25%(50% *50%),因此,属于符合间接抵免持股条件的公司;

③C3 公司被符合条件的上一层公司 B3 控股 50%,且被居民企业 A 间接控股达到 50%(100% *50%),因此,属于符合间接抵免持股条件的公司;

④C4 公司情形与 C3 公司相同,属于符合间接抵免持股条件的公司。

(3)D 公司间接抵免持股条件的判定:

①虽然 D 公司被 C1 控股达到了 20%,但由于 C1 属于不符合持股条件的公司,所以,C1 对 D 公司的 20% 持股也不得再计入 D 公司间接抵免持股条件的范围,来源于 D 公司 20% 部分的所得的已纳税额不能进入居民企业 A 的抵免范畴;

②D 公司被 C2 控股达到 40%,但被 A 通过符合条件的 B2、C2 间接持股仅 10%,未达到 20%,因此,还不能由此判定 D 是否符合间接抵免条件;

③D 公司被 C3 控股达到 25%,且由 A 通过符合条件的 B3、C3 间接控股达 12.5%(100% *50% *25%),加上 A 通过 B2、C2 的间接控股 10%,间接控股总和达到 22.5%。因此,D 公司符合间接抵免条件,其所纳税额中属于向 C2 和 C3 公司分配的 65% 股息所负担的部分,可进入 A 公司的间接抵免范畴。

④D 公司被 C4 控股 15%,虽然 C4 自身为符合持股条件的公司,但其对 D 公司的持股不符合直接控股达 20% 的持股条件。因此,该 C4 公司对 D 公司 15% 的持股,不能计入居民企业 A 对 D 公司符合条件的间接持股总和之中;同时,D 公司所纳税额中属于向 C4 公司按其持股 15% 分配的股息所负担的部分,也不能进入居民企业 A 的间接抵免范畴。

(4)E 公司间接抵免持股条件的判定:

居民企业 A 通过其它公司对 E 的间接控制由于超过了三层(居民企业 A→B2(B3)→C2(C3)→D→E,E 公司处于向下四层),因此,E 公司不能纳入 A 公司的间接抵免范畴;即使 D 公司和 E 公司在戊国实行集团合并(汇总)纳税,D 公司就 E 公司所得所汇总缴纳的税额部分,也须在计算 A 公司间接负担税额时在 D 公司合并(汇总)税额中扣除。

示例六:税收饶让抵免的计算

中国居民企业 A 公司,在甲国投资设立了 B 公司,甲国政府为鼓励境外投资,对 B 公司第一个获利年度实施了企业所得税免税。按甲国的税法规定，企业所得税税率为20%。A公司获得了B公司免税年度分得的利润2000万元。根据中国和甲国政府签订税收协定规定，中国居民从甲国取得的所得，按照协定规定在甲国缴纳的税额可以在对居民征收的中国税收中抵免。所缴纳的税额包括假如没有按照该缔约国给予减免税或其他税收优惠而本应缴纳的税额。所缴纳的甲国税收应包括相当于所放弃的甲国税收的数额。计算如下：

A公司在计算缴纳企业所得税时，B公司的免税额=2000×20%=400万元，应计算为由A公司抵免的间接负担的境外税额。

示例七：抵免限额的计算

以示例三中对居民企业A公司已确定的可予计算间接抵免的境外所得及税额为例，假设A公司申报的境内外所得总额为15,796.25万元，其中取得境外股息所得为5250万元（已还原向境外直接缴纳10%的预提所得税525万元，但未含应还原计算的境外间接负担的税额，见示例三），其中甲国2250万元，乙国3000万元；同时假设A公司用于管理四个B子公司的管理费合计为433.75万元，其中用于甲国B1、B2公司的管理费用为184.5万元，用于乙国B3、B4公司的管理费用为249.25万元。应在计算来自两个国家四个B子公司的股息应纳税所得时对应调整扣除（参见《通知》第三条项下释义）。

分析：

（1）境外股息所得应为境外股息净所得与境外直接缴纳税额和间接缴纳税额之和7453.75万元（5250万+2203.75万），其中：

来源于甲国股息所得3162.5万元（2250万+912.5万）；

来源于乙国股息所得4291.25万元（3000万+1291.25万）；

（2）境外股息所得对应调整扣除相关管理费后的应纳税所得额为7020万元（7453.75万-433.75万），其中：

来源于甲国股息所得对应调整后应纳税所得额为2978万元（3162.5万-184.5万）；

来源于乙国股息所得对应调整后应纳税所得额为4042万元（4291.25万-249.25万）。

（3）境外间接负担税额还原计算后境内、外应纳税所得总额为：

已还原直接税额的境内外所得总额+可予计算抵免的间接税额=15,796.25+2203.75=18,000万元；

（4）企业应纳税总额为：

应纳税所得总额*适用税率=18,000*25%=4500万元；

(5)计算抵免限额为:

①来源于甲国所得的抵免限额为:

应纳税总额×甲国的应纳税所得额÷中国境内、境外应纳税所得总额=4500*2978÷18,000=744.5万元

②来源于乙国所得的抵免限额为:

应纳税总额×乙国的应纳税所得额÷中国境内、境外应纳税所得总额=4500*4042÷18,000=1010.5万元

示例八:境外盈利弥补境内亏损时,境外已缴税额的处理

表一

金额单位:万元

项目	境内企业	境外营业机构	境外已纳税额	抵免限额	结转以后年度抵免余额
税率	25%	30%	—	—	—
第一年利润	-100	100	30	0	30
第二年利润	100	100	30	25	35

分析:

第一年:应纳税所得额=-100+100=0,抵免限额为0,境外已缴税额结转下一年度抵补余额为30万元。

第二年:应纳税所得额=100+100=200万元

当年境外所得税税额=30万元

抵免限额=200*25%*[100÷200]=25万元(<30万元)

实际抵免境外所得税额=25万元

留待以后结转抵免税额=30-25+30=35万元

示例九:实际抵免境外税额的计算

以示例三对A公司计算的可抵免境外负担税额及示例七对其计算的境外所得应纳税总额和境外税额抵免限额为例,计算其当年度可实际抵免的境外税额。

(1)甲国

可抵免境外税额=直接税额225万+间接负担税额912.5万=1137.5万元;

抵免限额=744.5万元(<1137.5万元);

当年可实际抵免税额=744.5万元；

可结转的当年度未抵免税额=1137.5-744.5=393万元；

(2)乙国

可抵免境外税额=直接税额300万+间接负担税额1291.25万=1591.25万元；

抵免限额=1010.5万元(<1591.25万元)；

当年可实际抵免税额=1010.5万元；

可结转的当年度未抵免税额=1591.25-1010.5=580.75万元；

(3)当年度可实际抵免税额合计=744.5+1010.5=1755万元；

再以此例按《通知》第十二条所列公式计算A公司2010年抵免境外所得税后应纳所得税额为(假设A公司没有适用税法规定的有关设备投资抵免税额等优惠)：

境内外应纳所得税总额-当年可实际抵免境外税额

=18,000*25%-1755=2745万元

示例十:境外分支机构纳税年度的判定

某居民企业在A国的分公司,按A国法律规定,计算当期利润年度为每年10月1日至次年9月30日。

分析：

该分公司按A国规定计算2009年10月1日至次年9月30日期间(即A国2009/2010年度)的营业利润及其已纳税额,应在我国2010年度计算纳税及境外税额抵免。

示例十一:境外股息所得在我国计算抵免的时间

某居民企业的境外子公司于2010年5月1日股东会决定,将分别属于2007年、2008年的未分配利润共计2000万元分配。

分析：

该2000万元均属于该居民企业2010年取得的股息,就该股息被扣缴的预提所得税以及该股息间接负担的由境外子公司就其2008年、2009年度利润缴纳的境外所得税,均应按规定的适用条件在该居民企业2010年应纳我国企业所得税中计算抵免。(可参见例三中“C2公司税额的计算”)

3.《财政部　国家税务总局关于我国石油企业在境外从事油(气)资源开采所得税收抵免有关问题的通知》(2011年5月26日颁布　2010年1月1日起实施　财税〔2011〕23号)

各省、自治区、直辖市、计划单列市财政厅(局)、国家税务局、地方税务局,新疆生产建设兵团财务局：

根据《中华人民共和国企业所得税法》及其《实施条例》和《财政部 国家税务总局关于企业境外所得税收抵免有关问题的通知》(财税〔2009〕125号)的有关规定,现就我国石油企业在境外从事油(气)资源开采所得计征企业所得税时抵免境外已纳或负担所得税额的有关问题补充通知如下:

一、石油企业可以选择按国(地区)别分别计算(即"分国(地区)不分项"),或者不按国(地区)别汇总计算(即"不分国(地区)不分项")其来源于境外油(气)项目投资、工程技术服务和工程建设的油(气)资源开采活动的应纳税所得额,并按照财税〔2009〕125号文件第八条规定的税率,分别计算其可抵免境外所得税税额和抵免限额。上述方式一经选择,5年内不得改变。

石油企业选择采用不同于以前年度的方式(以下简称新方式)计算可抵免境外所得税税额和抵免限额时,对该企业以前年度按照财税〔2009〕125号文件规定没有抵免完的余额,可在税法规定结转的剩余年限内,按新方式计算的抵免限额中继续结转抵免。

二、石油企业在境外从事油(气)项目投资、工程技术服务和工程建设的油(气)资源开采活动取得股息所得,在按规定计算该石油企业境外股息所得的可抵免所得税额和抵免限额时,由该企业直接或者间接持有20%以上股份的外国企业,限于按照财税〔2009〕125号文件第六条规定的持股方式确定的五层外国企业,即:

第一层:石油企业直接持有20%以上股份的外国企业;

第二层至第五层:单一上一层外国企业直接持有20%以上股份,且由该石油企业直接持有或通过一个或多个符合财税〔2009〕125号文件第六条规定持股方式的外国企业间接持有总和达到20%以上股份的外国企业。

三、石油企业境外所得税收抵免的其他事项,按照财税〔2009〕125号文件的有关规定执行。

四、本通知自2010年1月1日起执行。

4.《财政部 税务总局关于完善企业境外所得税收抵免政策问题的通知》(2017年12月28日颁布 2017年1月1日起实施 财税〔2017〕84号)

各省、自治区、直辖市、计划单列市财政厅(局)、国家税务局、地方税务局,新疆生产建设兵团财务局:

根据《中华人民共和国企业所得税法》及其实施条例和《财政部 国家税务总局关于企业境外所得税收抵免有关问题的通知》(财税〔2009〕125号)的有关规定,现就完善我国企业境外所得税收抵免政策问题通知如下:

一、企业可以选择按国(地区)别分别计算(即“分国(地区)不分项”),或者不按国(地区)别汇总计算(即“不分国(地区)不分项”)其来源于境外的应纳税所得额,并按照财税〔2009〕125号文件第八条规定的税率,分别计算其可抵免境外所得税税额和抵免限额。上述方式一经选择,5年内不得改变。

企业选择采用不同于以前年度的方式(以下简称新方式)计算可抵免境外所得税税额和抵免限额时,对该企业以前年度按照财税〔2009〕125号文件规定没有抵免完的余额,可在税法规定结转的剩余年限内,按新方式计算的抵免限额中继续结转抵免。

二、企业在境外取得的股息所得,在按规定计算该企业境外股息所得的可抵免所得税额和抵免限额时,由该企业直接或者间接持有20%以上股份的外国企业,限于按照财税〔2009〕125号文件第六条规定的持股方式确定的五层外国企业,即:

第一层:企业直接持有20%以上股份的外国企业;

第二层至第五层:单一上一层外国企业直接持有20%以上股份,且由该企业直接持有或通过一个或多个符合财税〔2009〕125号文件第六条规定持股方式的外国企业间接持有总和达到20%以上股份的外国企业。

三、企业境外所得税收抵免的其他事项,按照财税〔2009〕125号文件的有关规定执行。

四、本通知自2017年1月1日起执行。

5.《国家税务总局关于哈萨克斯坦超额利润税税收抵免有关问题的公告》(2019年1月3日颁布 2018年1月1日起实施 国家税务总局公告2019年第1号)

根据《中华人民共和国企业所得税法》及其实施条例(以下简称企业所得税法及其实施条例)、《财政部 国家税务总局关于企业境外所得税收抵免有关问题的通知》(财税〔2009〕125号)、《国家税务总局关于发布〈企业境外所得税收抵免操作指南〉的公告》(国家税务总局公告2010年第1号)和《财政部 税务总局关于完善企业境外所得税收抵免政策问题的通知》(财税〔2017〕84号)等有关规定,现就企业在哈萨克斯坦缴纳的超额利润税税收抵免有关问题公告如下:

第23条

企业在哈萨克斯坦缴纳的超额利润税，属于企业在境外缴纳的企业所得税性质的税款，依据企业所得税法及其实施条例、财税〔2009〕125号文件、国家税务总局公告2010年第1号和财税〔2017〕84号文件等有关规定，应纳入可抵免境外所得税税额范围，计算境外税收抵免。

本公告适用于2018年及以后年度企业所得税汇算清缴。

第二十四条 【税额的间接抵免】 居民企业从其直接或者间接控制的外国企业分得的来源于中国境外的股息、红利等权益性投资收益，外国企业在境外实际缴纳的所得税税额中属于该项所得负担的部分，可以作为该居民企业的可抵免境外所得税税额，在本法第二十三条规定的抵免限额内抵免。

税收行政法规

《中华人民共和国企业所得税法实施条例》(2007年12月6日中华人民共和国国务院令第512号公布 根据2019年4月23日《国务院关于修改部分行政法规的决定》修订)

第八十条 企业所得税法第二十四条所称直接控制，是指居民企业直接持有外国企业20%以上股份。

企业所得税法第二十四条所称间接控制，是指居民企业以间接持股方式持有外国企业20%以上股份，具体认定办法由国务院财政、税务主管部门另行制定。

第八十一条 企业依照企业所得税法第二十三条、第二十四条的规定抵免企业所得税税额时，应当提供中国境外税务机关出具的税款所属年度的有关纳税凭证。

第四章 税收优惠

第二十五条 【税收优惠的一般原则】 国家对重点扶持和鼓励发展的产业和项目，给予企业所得税优惠。

税务规范性文件

特殊行业、企业的税收优惠

软件与集成电路产业

1.《财政部　国家税务总局关于企业所得税若干优惠政策的通知》(2008年2月22日颁布　财税〔2008〕1号)①

各省、自治区、直辖市，计划单列市财政厅(局)、国家税务局、地方税务局，新疆生产建设兵团财务局：

根据《中华人民共和国企业所得税法》第三十六条的规定，经国务院批准，现将有关企业所得税优惠政策问题通知如下：

一、关于鼓励软件产业和集成电路产业发展的优惠政策

(十)自2008年1月1日起至2010年底，对集成电路生产企业、封装企业的投资者，以其取得的缴纳企业所得税后的利润，直接投资于本企业增加注册资本，或作为资本投资开办其他集成电路生产企业、封装企业，经营期不少于5年的，按40%的比例退还其再投资部分已缴纳的企业所得税税款。再投资不满5年撤出该项投资的，追缴已退的企业所得税税款，

自2008年1月1日起至2010年底，对国内外经济组织作为投资者，以其在境内取得的缴纳企业所得税后的利润，作为资本投资于西部地区开办集成电路生产企业、封装企业或软件产品生产企业，经营期不少于5年的，按80%的比例退还其再投资部分已缴纳的企业所得税税款。再投资不满5年撤出该项投资的，追缴已退的企业所得税税款。

2.《国家发展改革委　工业和信息化部　商务部　税务总局关于发布2009年度国家规划布局内重点软件企业名单的通知》(2009年12月31日颁布　发改高技〔2009〕3357号)

各省、自治区、直辖市及计划单列市发展改革委、工业和信息化主管部门、商务厅(局)、国家税务局、地方税务局：

为贯彻落实国务院颁布的《鼓励软件产业和集成电路产业发展的若干政策》(国发〔2000〕18号)，鼓励并推动骨干重点软件企业加快发展，根据《国家规划布局内重点软件企业认定管理办法》(发改高技〔2005〕

① 条款失效，第一条第(一)项至第(九)项自2011年1月1日起停止执行。参见《财政部　国家税务总局关于企业所得税若干优惠政策的通知》(财税〔2012〕27号)。

2669号),经研究,国家发展改革委、工业和信息化部、商务部、国家税务总局联合审核认定了2009年度国家规划布局内重点软件企业(名单附后),现予以公布。

根据《财政部国家税务总局关于企业所得税若干优惠政策的通知》(财税〔2008〕1号)的规定,国家规划布局内重点软件企业当年未享受低于10%的税率优惠的,减按10%的税率征收企业所得税,请税务部门认真贯彻执行。

3.《财政部　国家税务总局关于进一步鼓励软件产业和集成电路产业发展企业所得税政策的通知》(2012年4月20日颁布　2011年1月1日起实施　财税〔2012〕27号)①

各省、自治区、直辖市、计划单列市财政厅(局)、国家税务局、地方税务局:

根据《中华人民共和国企业所得税法》及其实施条例和《国务院关于印发进一步鼓励软件产业和集成电路产业发展若干政策的通知》(国发〔2011〕4号)精神,为进一步推动科技创新和产业结构升级,促进信息技术产业发展,现将鼓励软件产业和集成电路产业发展的企业所得税政策通知如下:

一、集成电路线宽小于0.8微米(含)的集成电路生产企业,经认定后,在2017年12月31日前自获利年度起计算优惠期,第一年至第二年免征企业所得税,第三年至第五年按照25%的法定税率减半征收企业所得税,并享受至期满为止。

二、集成电路线宽小于0.25微米或投资额超过80亿元的集成电路生产企业,其中经营期在15年以上的,在2017年12月31日前自获利年度起计算优惠期,第一年至第五年免征企业所得税,第六年至第十年按照25%的法定税率减半征收企业所得税,并享受至期满为止。

---

① 条款失效。第二条中“经认定后,减按15%的税率征收企业所得税”的规定和第四条“国家规划布局内的重点软件企业和集成电路设计企业,如当年未享受免税优惠的,可减按10%的税率征收企业所得税”同时停止执行。参见《财政部　税务总局　发展改革委　工业和信息化部关于促进集成电路产业和软件产业高质量发展企业所得税政策的公告》(财政部　税务总局　发展改革委　工业和信息化部公告2020年第45号)。第九条、第十条、第十一条、第十三条、第十七条、第十八条、第十九条和第二十条停止执行。参见《财政部　国家税务总局　发展改革委　工业和信息化部关于软件和集成电路产业企业所得税优惠政策有关问题的通知》(财税〔2016〕49号)。

三、我国境内新办的集成电路设计企业和符合条件的软件企业，经认定后，在2017年12月31日前自获利年度起计算优惠期，第一年至第二年免征企业所得税，第三年至第五年按照25%的法定税率减半征收企业所得税，并享受至期满为止。

五、符合条件的软件企业按照《财政部　国家税务总局关于软件产品增值税政策的通知》(财税〔2011〕100号)规定取得的即征即退增值税款，由企业专项用于软件产品研发和扩大再生产并单独进行核算，可以作为不征税收入，在计算应纳税所得额时从收入总额中减除。

六、集成电路设计企业和符合条件软件企业的职工培训费用，应单独进行核算并按实际发生额在计算应纳税所得额时扣除。

七、企业外购的软件，凡符合固定资产或无形资产确认条件的，可以按照固定资产或无形资产进行核算，其折旧或摊销年限可以适当缩短，最短可为2年(含)。

八、集成电路生产企业的生产设备，其折旧年限可以适当缩短，最短可为3年(含)。

十二、本通知所称新办企业认定标准按照《财政部　国家税务总局关于享受企业所得税优惠政策的新办企业认定标准的通知》(财税〔2006〕1号)规定执行。

十四、本通知所称获利年度，是指该企业当年应纳税所得额大于零的纳税年度。

十五、本通知所称集成电路设计销售(营业)收入，是指集成电路企业从事集成电路(IC)功能研发、设计并销售的收入。

十六、本通知所称软件产品开发销售(营业)收入，是指软件企业从事计算机软件、信息系统或嵌入式软件等软件产品开发并销售的收入，以及信息系统集成服务、信息技术咨询服务、数据处理和存储服务等技术服务收入。

二十一、在2010年12月31日前，依照《财政部　国家税务总局关于企业所得税若干优惠政策的通知》(财税〔2008〕1号)第一条规定，经认定并可享受原定期减免税优惠的企业，可在本通知施行后继续享受到期满为止。

二十二、集成电路生产企业、集成电路设计企业、软件企业等依照本通知规定可以享受的企业所得税优惠政策与企业所得税其他相同方式优惠政策存在交叉的，由企业选择一项最优惠政策执行，不叠加享受。

二十三、本通知自2011年1月1日起执行。《财政部 国家税务总局关于企业所得税若干优惠政策的通知》(财税〔2008〕1号)第一条第(一)项至第(九)项自2011年1月1日起停止执行。

4.《国家税务总局关于执行软件企业所得税优惠政策有关问题的公告》(2013年7月25日颁布 2011年1月1日起实施 国家税务总局公告2013年第43号)①

根据《中华人民共和国企业所得税法》及其实施条例、《国务院关于印发进一步鼓励软件产业和集成电路产业发展若干政策的通知》(国发〔2011〕4号)、《财政部 国家税务总局关于进一步鼓励软件产业和集成电路产业发展企业所得税政策的通知》(财税〔2012〕27号)、《国家税务总局关于软件和集成电路企业认定管理有关问题的公告》(国家税务总局公告2012年第19号)以及《软件企业认定管理办法》(工信部联软〔2013〕64号)的规定,经商财政部,现将贯彻落实软件企业所得税优惠政策有关问题公告如下:

一、软件企业所得税优惠政策适用于实行查账征收方式的软件企业。

二、软件企业的收入总额,是指《企业所得税法》第六条规定的收入总额。

三、软件企业的获利年度,是指软件企业开始生产经营后,第一个应纳税所得额大于零的纳税年度,包括对企业所得税实行核定征收方式的纳税年度。

软件企业享受定期减免税优惠的期限应当连续计算,不得因中间发生亏损或其他原因而间断。

四、除国家另有政策规定(包括对国家自主创新示范区的规定)外,软件企业研发费用的计算口径按照《国家税务总局关于印发〈企业研究开发费用税前扣除管理办法(试行)〉的通知》(国税发〔2008〕116号)规定执行。

五、2010年12月31日以前依法在中国境内成立但尚未认定的软件企业,仍按照《财政部 国家税务总局关于企业所得税若干优惠政策的通知》(财税〔2008〕1号)第一条的规定以及《软件企业认定标准及管

① 根据《国家税务总局关于公布失效废止的税务部门规章和税收规范性文件目录的决定》(国家税务总局令第42号),自2017年12月29日起,第一条“经认定并”及“所称经认定,是指经国家规定的软件企业认定机构按照软件企业认定管理的有关规定进行认定并取得软件企业认定证书”的内容废止,第四条、第五条废止。

理办法(试行)》(信部联产〔2000〕968 号)的认定条件,办理相关手续,并继续享受到期满为止。优惠期间内,亦按照信部联产〔2000〕968 号的认定条件进行年审。

六、本公告自 2011 年 1 月 1 日起执行。其中,2011 年 1 月 1 日以后依法在中国境内成立的软件企业认定管理的衔接问题仍按照国家税务总局公告 2012 年第 19 号的规定执行;2010 年 12 月 31 日以前依法在中国境内成立的软件企业的政策及认定管理衔接问题按本公告第五条的规定执行。集成电路生产企业、集成电路设计企业认定和优惠管理涉及的上述事项按本公告执行。

5.《财政部 国家税务总局 发展改革委 工业和信息化部关于进一步鼓励集成电路产业发展企业所得税政策的通知》(2015 年 2 月 9 日颁布 2014 年 1 月 1 日起实施 财税〔2015〕6 号)

各省、自治区、直辖市、计划单列市财政厅(局)、国家税务局、地方税务局、发展改革委、工业和信息化主管部门:

根据《中华人民共和国企业所得税法》及其实施条例和《国务院关于印发进一步鼓励软件产业和集成电路产业发展若干政策的通知》(国发〔2011〕4 号)、《国家集成电路产业发展推进纲要》精神,为进一步推动科技创新和产业结构升级,促进信息技术产业发展,现将进一步鼓励集成电路产业发展的企业所得税政策通知如下:

一、符合条件的集成电路封装、测试企业以及集成电路关键专用材料生产企业、集成电路专用设备生产企业,在 2017 年(含 2017 年)前实现获利的,自获利年度起,第一年至第二年免征企业所得税,第三年至第五年按照 25% 的法定税率减半征收企业所得税,并享受至期满为止;2017 年前未实现获利的,自 2017 年起计算优惠期,享受至期满为止。

二、本通知所称符合条件的集成电路封装、测试企业,必须同时满足以下条件:

1. 2014 年 1 月 1 日后依法在中国境内成立的法人企业;

2. 签订劳动合同关系且具有大学专科以上学历的职工人数占企业当年月平均职工总人数的比例不低于 40%,其中,研究开发人员占企业当年月平均职工总数的比例不低于 20%;

3. 拥有核心关键技术,并以此为基础开展经营活动,且当年度的研究开发费用总额占企业销售(营业)收入(主营业务收入与其他业务收入之和,下同)总额的比例不低于 3.5%,其中,企业在中国境内发生的研究开发费用金额占研究开发费用总额的比例不低于 60%;

4. 集成电路封装、测试销售(营业)收入占企业收入总额的比例不低于60%;

5. 具有保证产品生产的手段和能力,并获得有关资质认证(包括ISO质量体系认证、人力资源能力认证等);

6. 具有与集成电路封装、测试相适应的经营场所、软硬件设施等基本条件。

三、本通知所称符合条件的集成电路关键专用材料生产企业或集成电路专用设备生产企业,必须同时满足以下条件:

1. 2014年1月1日后依法在中国境内成立的法人企业;

2. 签订劳动合同关系且具有大学专科以上学历的职工人数占企业当年月平均职工总人数的比例不低于40%,其中,研究开发人员占企业当年月平均职工总数的比例不低于20%;

3. 拥有核心关键技术,并以此为基础开展经营活动,且当年度的研究开发费用总额占企业销售(营业)收入总额的比例不低于5%,其中,企业在中国境内发生的研究开发费用金额占研究开发费用总额的比例不低于60%;

4. 集成电路关键专用材料或专用设备销售收入占企业销售(营业)收入总额的比例不低于30%;

5. 具有保证集成电路关键专用材料或专用设备产品生产的手段和能力,并获得有关资质认证(包括ISO质量体系认证、人力资源能力认证等);

6. 具有与集成电路关键专用材料或专用设备生产相适应的经营场所、软硬件设施等基本条件。

集成电路关键专用材料或专用设备的范围,分别按照《集成电路关键专用材料企业所得税优惠目录》(附件1)、《集成电路专用设备企业所得税优惠目录》(附件2)的规定执行。

四、符合本通知规定条件的企业,应在年度终了之日起4个月内,按照本通知及企业所得税相关税收优惠政策管理的规定,凭省级相关部门出具的证明向主管税务机关办理减免税手续。省级相关部门证明出具办法,由各省(自治区、直辖市、计划单列市)发展改革委、工业和信息化主管部门会同财政、税务等部门研究确定。

五、享受上述税收优惠的企业有下述情况之一的,应取消其享受税收优惠的资格,并补缴存在以下行为所属年度已减免的企业所得税税款:

1. 在申请认定过程中提供虚假信息的;

2. 有偷、骗税等行为的；

3. 发生重大安全、质量事故的；

4. 有环境等违法、违规行为，受到有关部门处罚的。

六、享受税收优惠的企业，其税收优惠条件发生变化的，应当自发生变化之日起15日内向主管税务机关报告；不再符合税收优惠条件的，应当依法履行纳税义务；未依法纳税的，主管税务机关应当予以追缴。同时，主管税务机关在执行税收优惠政策过程中，发现企业不符合享受税收优惠条件的，可暂停企业享受的相关税收优惠，并提请相关部门进行有关条件复核。

七、集成电路封装、测试企业以及集成电路关键专用材料生产企业、集成电路专用设备生产企业等依照本通知规定可以享受的企业所得税优惠政策与其他定期减免税优惠政策存在交叉的，由企业选择一项最优惠政策执行，不叠加享受。

八、本通知自2014年1月1日起执行。

6.《工业和信息化部 国家税务总局关于2014年度软件企业所得税优惠政策有关事项的通知》(2015年5月27日颁布 工信部联软函〔2015〕273号)

各省、自治区、直辖市及计划单列市工业和信息化主管部门、国家税务局、地方税务局，新疆生产建设兵团工业和信息化委员会：

为贯彻落实《国务院关于印发进一步鼓励软件产业和集成电路产业发展若干政策的通知》(国发〔2011〕4号)、《国务院关于税收等优惠政策相关事项的通知》(国发〔2015〕25号)的有关规定，现就2014年度软件企业所得税优惠政策有关事项通知如下：

一、根据《国务院关于取消和调整一批行政审批项目等事项的决定》(国发〔2015〕11号)的规定，自该决定发布之日起软件企业认定及年审工作停止执行。

二、已认定的软件企业在2014年度企业所得税汇算清缴时，凡符合《财政部国家税务总局关于进一步鼓励软件产业和集成电路产业发展企业所得税政策的通知》(财税〔2012〕27号)规定的优惠政策适用条件的，可申报享受软件企业税收优惠政策，并向主管税务机关报送相关材料。

三、各地税务机关应会同当地软件行业主管部门加大对软件企业所得税优惠政策执行和监管力度，对于执行中遇到的情况、问题等及时报告。

7.《财政部　国家税务总局　发展改革委　工业和信息化部关于软件和集成电路产业企业所得税优惠政策有关问题的通知》(2016年5月4日颁布　2015年1月1日起实施　财税〔2016〕49号)

各省、自治区、直辖市、计划单列市财政厅(局)、国家税务局、地方税务局、发展改革委、工业和信息化主管部门:

按照《国务院关于取消和调整一批行政审批项目等事项的决定》(国发〔2015〕11号)和《国务院关于取消非行政许可审批事项的决定》(国发〔2015〕27号)规定,集成电路生产企业、集成电路设计企业、软件企业、国家规划布局内的重点软件企业和集成电路设计企业(以下统称软件、集成电路企业)的税收优惠资格认定等非行政许可审批已经取消。为做好《财政部　国家税务总局关于进一步鼓励软件产业和集成电路产业发展企业所得税政策的通知》(财税〔2012〕27号)规定的企业所得税优惠政策落实工作,现将有关问题通知如下:

一、享受财税〔2012〕27号文件规定的税收优惠政策的软件、集成电路企业,每年汇算清缴时应按照《国家税务总局关于发布〈企业所得税优惠政策事项办理办法〉的公告》(国家税务总局公告2015年第76号)规定向税务机关备案,同时提交《享受企业所得税优惠政策的软件和集成电路企业备案资料明细表》(见附件)规定的备案资料。

为切实加强优惠资格认定取消后的管理工作,在软件、集成电路企业享受优惠政策后,税务部门转请发展改革、工业和信息化部门进行核查。对经核查不符合软件、集成电路企业条件的,由税务部门追缴其已经享受的企业所得税优惠,并按照税收征管法的规定进行处理。

二、财税〔2012〕27号文件所称集成电路生产企业,是指以单片集成电路、多芯片集成电路、混合集成电路制造为主营业务并同时符合下列条件的企业:

(一)在中国境内(不包括港、澳、台地区)依法注册并在发展改革、工业和信息化部门备案的居民企业;

(二)汇算清缴年度具有劳动合同关系且具有大学专科以上学历职工人数占企业月平均职工总人数的比例不低于40%,其中研究开发人员占企业月平均职工总数的比例不低于20%;

(三)拥有核心关键技术,并以此为基础开展经营活动,且汇算清缴年度研究开发费用总额占企业销售(营业)收入(主营业务收入与其他业务收入之和,下同)总额的比例不低于5%;其中,企业在中国境内发生的研究开发费用金额占研究开发费用总额的比例不低于60%;

（四）汇算清缴年度集成电路制造销售（营业）收入占企业收入总额的比例不低于60%；

（五）具有保证产品生产的手段和能力，并获得有关资质认证（包括ISO质量体系认证）；

（六）汇算清缴年度未发生重大安全、重大质量事故或严重环境违法行为。

三、财税〔2012〕27号文件所称集成电路设计企业是指以集成电路设计为主营业务并同时符合下列条件的企业：

（一）在中国境内（不包括港、澳、台地区）依法注册的居民企业；

（二）汇算清缴年度具有劳动合同关系且具有大学专科以上学历的职工人数占企业月平均职工总人数的比例不低40%，其中研究开发人员占企业月平均职工总数的比例不低于20%；

（三）拥有核心关键技术，并以此为基础开展经营活动，且汇算清缴年度研究开发费用总额占企业销售（营业）收入总额的比例不低于6%；其中，企业在中国境内发生的研究开发费用金额占研究开发费用总额的比例不低于60%。

（四）汇算清缴年度集成电路设计销售（营业）收入占企业收入总额的比例不低于60%，其中集成电路自主设计销售（营业）收入占企业收入总额的比例不低于50%；

（五）主营业务拥有自主知识产权；

（六）具有与集成电路设计相适应的软硬件设施等开发环境（如EDA工具、服务器或工作站等）；

（七）汇算清缴年度未发生重大安全、重大质量事故或严重环境违法行为。

四、财税〔2012〕27号文件所称软件企业是指以软件产品开发销售（营业）为主营业务并同时符合下列条件的企业：

（一）在中国境内（不包括港、澳、台地区）依法注册的居民企业；

（二）汇算清缴年度具有劳动合同关系且具有大学专科以上学历的职工人数占企业月平均职工总人数的比例不低于40%，其中研究开发人员占企业月平均职工总数的比例不低于20%；

（三）拥有核心关键技术，并以此为基础开展经营活动，且汇算清缴年度研究开发费用总额占企业销售（营业）收入总额的比例不低于6%；其中，企业在中国境内发生的研究开发费用金额占研究开发费用总额的比例不低于60%；

（四）汇算清缴年度软件产品开发销售（营业）收入占企业收入总额的比例不低于50%（嵌入式软件产品和信息系统集成产品开发销售（营业）收入占企业收入总额的比例不低于40%），其中：软件产品自主开发销售（营业）收入占企业收入总额的比例不低于40%（嵌入式软件产品和信息系统集成产品开发销售（营业）收入占企业收入总额的比例不低于30%）；

（五）主营业务拥有自主知识产权；

（六）具有与软件开发相适应软硬件设施等开发环境（如合法的开发工具等）；

（七）汇算清缴年度未发生重大安全、重大质量事故或严重环境违法行为。

五、财税〔2012〕27号文件所称国家规划布局内重点集成电路设计企业除符合本通知第三条规定，还应至少符合下列条件中的一项：

（一）汇算清缴年度集成电路设计销售（营业）收入不低于2亿元，年应纳税所得额不低于1000万元，研究开发人员占月平均职工总数的比例不低于25%；

（二）在国家规定的重点集成电路设计领域内，汇算清缴年度集成电路设计销售（营业）收入不低于2000万元，应纳税所得额不低于250万元，研究开发人员占月平均职工总数的比例不低于35%，企业在中国境内发生的研发开发费用金额占研究开发费用总额的比例不低于70%。

六、财税〔2012〕27号文件所称国家规划布局内重点软件企业是除符合本通知第四条规定，还应至少符合下列条件中的一项：

（一）汇算清缴年度软件产品开发销售（营业）收入不低于2亿元，应纳税所得额不低于1000万元，研究开发人员占企业月平均职工总数的比例不低于25%；

（二）在国家规定的重点软件领域内，汇算清缴年度软件产品开发销售（营业）收入不低于5000万元，应纳税所得额不低于250万元，研究开发人员占企业月平均职工总数的比例不低于25%，企业在中国境内发生的研究开发费用金额占研究开发费用总额的比例不低于70%；

（三）汇算清缴年度软件出口收入总额不低于800万美元，软件出口收入总额占本企业年度收入总额比例不低于50%，研究开发人员占企业月平均职工总数的比例不低于25%。

七、国家规定的重点软件领域及重点集成电路设计领域，由国家发展改革委、工业和信息化部会同财政部、税务总局根据国家产业规划和布局确定，并实行动态调整。

八、软件、集成电路企业规定条件中所称研究开发费用政策口径，2015年度仍按《国家税务总局关于印发〈企业研究开发费用税前扣除管理办法（试行）〉的通知》（国税发〔2008〕116号）和《财政部　国家税务总局关于研究开发费用税前加计扣除有关政策的通知》（财税〔2013〕70号）的规定执行，2016年及以后年度按照《财政部　国家税务总局　科技部关于完善研究开发费用税前加计扣除政策的通知》（财税〔2015〕119号）的规定执行。

九、软件、集成电路企业应从企业的获利年度起计算定期减免税优惠期。如获利年度不符合优惠条件的，应自首次符合软件、集成电路企业条件的年度起，在其优惠期的剩余年限内享受相应的减免税优惠。

十、省级（自治区、直辖市、计划单列市，下同）财政、税务、发展改革和工业和信息化部门应密切配合，通过建立核查机制并有效运用核查结果，切实加强对软件、集成电路企业的后续管理工作。

（一）省级税务部门应在每年3月20日前和6月20日前分两批将汇算清缴年度已申报享受软件、集成电路企业税收优惠政策的企业名单及其备案资料提交省级发展改革、工业和信息化部门。其中，享受软件企业、集成电路设计企业税收优惠政策的名单及备案资料提交给省级工业和信息化部门，省级工业和信息化部门组织专家或者委托第三方机构对名单内企业是否符合条件进行核查；享受其他优惠政策的名单及备案资料提交给省级发展改革部门，省级发展改革部门会同工业和信息化部门共同组织专家或者委托第三方机构对名单内企业是否符合条件进行核查。

2015年度享受优惠政策的企业名单和备案资料，省级税务部门可在2016年6月20日前一次性提交给省级发展改革、工业和信息化部门。

（二）省级发展改革、工业和信息化部门应在收到享受优惠政策的企业名单和备案资料两个月内将复核结果反馈省级税务部门（第一批名单复核结果应在汇算清缴期结束前反馈）。

（三）每年10月底前，省级财政、税务、发展改革、工业和信息化部门应将核查结果及税收优惠落实情况联合汇总上报财政部、税务总局、国家发展改革委、工业和信息化部。

如遇特殊情况汇算清缴延期的，上述期限可相应顺延。

（四）省级财政、税务、发展改革、工业和信息化部门可以根据本通知规定，结合当地实际，制定具体操作管理办法，并报财政部、税务总局、发展改革委、工业和信息化部备案。

十一、国家税务总局公告2015年第76号所附《企业所得税优惠事项备案管理目录(2015年版)》第38、41、42、43、46项软件、集成电路企业优惠政策不再作为“定期减免税优惠备案管理事项”管理，本通知执行前已经履行备案等相关手续的，在享受税收优惠的年度仍应按照本通知的规定办理备案手续。

十二、本通知自2015年1月1日起执行。《财政部　国家税务总局关于进一步鼓励软件产业和集成电路产业发展企业所得税政策的通知》(财税〔2012〕27号)第九条、第十条、第十一条、第十三条、第十七条、第十八条、第十九条和第二十条停止执行。国家税务总局公告2015年第76号所附《企业所得税优惠事项备案管理目录(2015年版)》第38项至43项及第46至48项软件、集成电路企业优惠政策的“备案资料”、“主要留存备查资料”规定停止执行。

附件：享受企业所得税优惠政策的软件和集成电路企业备案资料明细表

附件

享受企业所得税优惠政策的软件和集成电路企业备案资料明细表

企业类型	备案资料(复印件须加盖企业公章)
集成电路生产企业	1.在发展改革或工业和信息化部门立项的备案文件(应注明总投资额、工艺线宽标准)复印件以及企业取得的其他相关资质证书复印件等;2.企业职工人数、学历结构、研究开发人员情况及其占企业职工总数的比例说明，以及汇算清缴年度最后一个月社会保险缴纳证明等相关证明材料;3.加工集成电路产品主要列表及国家知识产权局(或国外知识产权相关主管机构)出具的企业自主开发或拥有的一至两份代表性知识产权(如专利、布图设计登记、软件著作权等)的证明材料;4.经具有资质的中介机构鉴证的企业财务会计报告(包括会计报表、会计报表附注和财务情况说明书)以及集成电路制造销售(营业)收入、研究开发费用、境内研究开发费用等情况说明;5.与主要客户签订的一至两份代表性销售合同复印件;6.保证产品质量的相关证明材料(如质量管理认证证书复印件等);7.税务机关要求出具的其他材料。

第25条

续表

企业类型	备案资料(复印件须加盖企业公章)
集成电路设计企业	1. 企业职工人数、学历结构、研究开发人员情况及其占企业职工总数的比例说明,以及汇算清缴年度最后一个月社会保险缴纳证明等相关证明材料;2. 企业开发销售的主要集成电路产品列表,以及国家知识产权局(或国外知识产权相关主管机构)出具的企业自主开发或拥有的一至两份代表性知识产权(如专利、布图设计登记、软件著作权等)的证明材料;3. 经具有资质的中介机构鉴证的企业财务会计报告(包括会计报表、会计报表附注和财务情况说明书)以及集成电路设计销售(营业)收入、集成电路自主设计销售(营业)收入、研究开发费用、境内研究开发费用等情况表;4. 第三方检测机构提供的集成电路产品测试报告或用户报告,以及与主要客户签订的一至两份代表性销售合同复印件;5. 企业开发环境等相关证明材料;6. 税务机关要求出具的其他材料。
软件企业	1. 企业开发销售的主要软件产品列表或技术服务列表;2. 主营业务为软件产品开发的企业,提供至少1个主要产品的软件著作权或专利权等自主知识产权的有效证明文件,以及第三方检测机构提供的软件产品测试报告;主营业务仅为技术服务的企业提供核心技术说明;3. 企业职工人数、学历结构、研究开发人员及其占企业职工总数的比例说明,以及汇算清缴年度最后一个月社会保险缴纳证明等相关证明材料;4. 经具有资质的中介机构鉴证的企业财务会计报告(包括会计报表、会计报表附注和财务情况说明书)以及软件产品开发销售(营业)收入、软件产品自主开发销售(营业)收入、研究开发费用、境内研究开发费用等情况说明;5. 与主要客户签订的一至两份代表性的软件产品销售合同或技术服务合同复印件;6. 企业开发环境相关证明材料;7. 税务机关要求出具的其他材料。
国家规划布局内重点软件企业	1. 企业享受软件企业所得税优惠政策需要报送的备案资料;2. 符合第二类条件的,应提供在国家规定的重点软件领域内销售(营业)情况说明;3. 符合第三类条件的,应提供商务主管部门核发的软件出口合同登记证书,以及有效出口合同和结汇证明等材料;4. 税务机关要求提供的其他材料。

续表

企业类型	备案资料(复印件须加盖企业公章)
国家规划布局内重点集成电路设计企业	1. 企业享受集成电路设计企业所得税优惠政策需要报送的备案资料;2. 符合第二类条件的,应提供在国家规定的重点集成电路设计领域内销售(营业)情况说明;3. 税务机关要求提供的其他材料。

8.《国家发展和改革委员会　工业和信息化部　财政部　国家税务总局关于印发国家规划布局内重点软件和集成电路设计领域的通知》(2016 年 5 月 16 日颁布　2015 年 1 月 1 日起实施　发改高技〔2016〕1056 号)

各省、自治区、直辖市及计划单列市发展改革委、工业和信息化主管部门、财政厅(局)、国家税务局、地方税务局:

为贯彻落实《国务院关于印发进一步鼓励软件产业和集成电路产业发展若干政策的通知》(国发〔2011〕4 号),按照财政部、国家税务总局、发展改革委、工业和信息化部《关于软件和集成电路产业企业所得税优惠政策有关问题的通知》(财税〔2016〕49 号)要求,现就国家规划布局内重点软件和集成电路设计领域有关事项通知如下:

一、重点软件领域

(一)基础软件:操作系统、数据库、中间件。

(二)工业软件和服务:研发设计类、经营管理类和生产控制类产品和服务。

(三)信息安全软件产品研发应用及工业控制系统咨询设计、集成实施和运行维护等服务。

(四)数据分析处理软件和数据获取、分析、处理、存储服务。

(五)移动互联网:移动支付、地图导航、浏览器、数字创意、移动应用开发工具及环境类软件。

(六)嵌入式软件(软件收入比例不低于 50%)。

(七)高技术服务软件:研发设计、知识产权、检验检测和生物技术服务软件。

(八)语言文字信息处理软件:汉语和少数民族语言相关文字编辑处理、语音识别/合成、机器翻译软件。

(九)云计算:大型公有云 IaaS、PaaS 服务。

二、重点集成电路设计领域

（一）高性能处理器和FPGA芯片。

（二）存储器芯片。

（三）物联网和信息安全芯片。

（四）EDA、IP及设计服务。

（五）工业芯片。

三、符合财税〔2016〕49号文件第五条第（二）项、第六条第（二）项条件的企业，如业务范围涉及多个领域，仅选择其中一个领域向税务机关备案。选择领域的销售（营业）收入占本企业软件产品开发销售（营业）收入或集成电路设计销售（营业）收入的比例不低于20%。

四、国家发展改革委、工业和信息化部会同财政部、税务总局，根据国家产业政策规划和布局，对上述领域实行动态调整。

五、本通知自2015年1月1日起执行。

9.《财政部 税务总局 国家发展改革委 工业和信息化部关于集成电路生产企业有关企业所得税政策问题的通知》（2018年3月28日颁布 2018年1月1日起实施 财税〔2018〕27号）

各省、自治区、直辖市、计划单列市财政厅（局）、国家税务局、地方税务局、发展改革委、工业和信息化主管部门，新疆生产建设兵团财政局、发展改革委、工业和信息化委员会：

为进一步支持集成电路产业发展，现就有关企业所得税政策问题通知如下：

一、2018年1月1日后投资新设的集成电路线宽小于130纳米，且经营期在10年以上的集成电路生产企业或项目，第一年至第二年免征企业所得税，第三年至第五年按照25%的法定税率减半征收企业所得税，并享受至期满为止。

二、2018年1月1日后投资新设的集成电路线宽小于65纳米或投资额超过150亿元，且经营期在15年以上的集成电路生产企业或项目，第一年至第五年免征企业所得税，第六年至第十年按照25%的法定税率减半征收企业所得税，并享受至期满为止。

三、对于按照集成电路生产企业享受本通知第一条、第二条税收优惠政策的，优惠期自企业获利年度起计算；对于按照集成电路生产项目享受上述优惠的，优惠期自项目取得第一笔生产经营收入所属纳税年度起计算。

四、享受本通知第一条、第二条税收优惠政策的集成电路生产项目，其主体企业应符合集成电路生产企业条件，且能够对该项目单独进行会计核算、计算所得，并合理分摊期间费用。

五、2017 年 12 月 31 日前设立但未获利的集成电路线宽小于 0.25 微米或投资额超过 80 亿元，且经营期在 15 年以上的集成电路生产企业，自获利年度起第一年至第五年免征企业所得税，第六年至第十年按照 25% 的法定税率减半征收企业所得税，并享受至期满为止。

六、2017 年 12 月 31 日前设立但未获利的集成电路线宽小于 0.8 微米(含)的集成电路生产企业，自获利年度起第一年至第二年免征企业所得税，第三年至第五年按照 25% 的法定税率减半征收企业所得税，并享受至期满为止。

七、享受本通知规定税收优惠政策的集成电路生产企业的范围和条件，按照《财政部　国家税务总局　发展改革委　工业和信息化部关于软件和集成电路产业企业所得税优惠政策有关问题的通知》(财税〔2016〕49 号)第二条执行；财税〔2016〕49 号文件第二条第(二)项中“具有劳动合同关系”调整为“具有劳动合同关系或劳务派遣、聘用关系”，第(三)项中汇算清缴年度研究开发费用总额占企业销售(营业)收入总额(主营业务收入与其他业务收入之和)的比例由“不低于 5%”调整为“不低于 2%”，同时企业应持续加强研发活动，不断提高研发能力。

八、集成电路生产企业或项目享受上述企业所得税优惠的有关管理问题，按照财税〔2016〕49 号文件和税务总局关于办理企业所得税优惠政策事项的相关规定执行。

九、本通知自 2018 年 1 月 1 日起执行。

10.《财政部　税务总局关于集成电路设计和软件产业企业所得税政策的公告》(2019 年 5 月 17 日颁布　财政部　税务总局公告 2019 年第 68 号)

为支持集成电路设计和软件产业发展，现就有关企业所得税政策公告如下：

一、依法成立且符合条件的集成电路设计企业和软件企业，在 2018 年 12 月 31 日前自获利年度起计算优惠期，第一年至第二年免征企业所得税，第三年至第五年按照 25% 的法定税率减半征收企业所得税，并享受至期满为止。

二、本公告第一条所称“符合条件”，是指符合《财政部　国家税务总局关于进一步鼓励软件产业和集成电路产业发展企业所得税政策的通知》(财税〔2012〕27号)和《财政部　国家税务总局　发展改革委　工业和信息化部关于软件和集成电路产业企业所得税优惠政策有关问题的通知》(财税〔2016〕49号)规定的条件。

11.《财政部　税务总局关于集成电路设计企业和软件企业2019年度企业所得税汇算清缴适用政策的公告》(2020年5月29日颁布　财政部　税务总局公告2020年第29号)

现就集成电路设计和软件产业2019年度企业所得税汇算清缴适用政策公告如下:

一、依法成立且符合条件的集成电路设计企业和软件企业,在2019年12月31日前自获利年度起计算优惠期,第一年至第二年免征企业所得税,第三年至第五年按照25%的法定税率减半征收企业所得税,并享受至期满为止。

二、本公告第一条所称"符合条件"是指符合《财政部　国家税务总局关于进一步鼓励软件产业和集成电路产业发展企业所得税政策的通知》(财税〔2012〕27号)和《财政部　国家税务总局　发展改革委　工业和信息化部关于软件和集成电路产业企业所得税优惠政策有关问题的通知》(财税〔2016〕49号)规定的条件。

12.《财政部　税务总局　发展改革委　工业和信息化部关于促进集成电路产业和软件产业高质量发展企业所得税政策的公告》(2020年12月11日颁布　2020年1月1日起实施　财政部　税务总局　发展改革委　工业和信息化部公告2020年第45号)

根据《国务院关于印发新时期促进集成电路产业和软件产业高质量发展若干政策的通知》(国发〔2020〕8号)有关要求,为促进集成电路产业和软件产业高质量发展,现就有关企业所得税政策问题公告如下:

一、国家鼓励的集成电路线宽小于28纳米(含),且经营期在15年以上的集成电路生产企业或项目,第一年至第十年免征企业所得税;国家鼓励的集成电路线宽小于65纳米(含),且经营期在15年以上的集成电路生产企业或项目,第一年至第五年免征企业所得税,第六年至第十年按照25%的法定税率减半征收企业所得税;国家鼓励的集成电路线宽小于130纳米(含),且经营期在10年以上的集成电路生产企业或项目,第一年至第二年免征企业所得税,第三年至第五年按照25%的法定税率减半征收企业所得税。

对于按照集成电路生产企业享受税收优惠政策的,优惠期自获利年度起计算;对于按照集成电路生产项目享受税收优惠政策的,优惠期自项目取得第一笔生产经营收入所属纳税年度起计算，集成电路生产项目需单独进行会计核算、计算所得，并合理分摊期间费用。

国家鼓励的集成电路生产企业或项目清单由国家发展改革委、工业和信息化部会同财政部、税务总局等相关部门制定。

二、国家鼓励的线宽小于130纳米(含)的集成电路生产企业，属于国家鼓励的集成电路生产企业清单年度之前5个纳税年度发生的尚未弥补完的亏损，准予向以后年度结转，总结转年限最长不得超过10年。

三、国家鼓励的集成电路设计、装备、材料、封装、测试企业和软件企业，自获利年度起，第一年至第二年免征企业所得税，第三年至第五年按照25%的法定税率减半征收企业所得税。

国家鼓励的集成电路设计、装备、材料、封装、测试企业和软件企业条件，由工业和信息化部会同国家发展改革委、财政部、税务总局等相关部门制定。

四、国家鼓励的重点集成电路设计企业和软件企业，自获利年度起，第一年至第五年免征企业所得税，接续年度减按10%的税率征收企业所得税。

国家鼓励的重点集成电路设计和软件企业清单由国家发展改革委、工业和信息化部会同财政部、税务总局等相关部门制定。

五、符合原有政策条件且在2019年(含)之前已经进入优惠期的企业或项目，2020年(含)起可按原有政策规定继续享受至期满为止，如也符合本公告第一条至第四条规定，可按本公告规定享受相关优惠，其中定期减免税优惠，可按本公告规定计算优惠期，并就剩余期限享受优惠至期满为止。符合原有政策条件，2019年(含)之前尚未进入优惠期的企业或项目，2020年(含)起不再执行原有政策。

六、集成电路企业或项目、软件企业按照本公告规定同时符合多项定期减免税优惠政策条件的，由企业选择其中一项政策享受相关优惠。其中，已经进入优惠期的，可由企业在剩余期限内选择其中一项政策享受相关优惠。

七、本公告规定的优惠，采取清单进行管理的，由国家发展改革委、工业和信息化部于每年3月底前按规定向财政部、税务总局提供上一年度可享受优惠的企业和项目清单；不采取清单进行管理的，税务机关按照财税〔2016〕49号第十条的规定转请发展改革、工业和信息化部门进行核查。

八、集成电路企业或项目、软件企业按照原有政策规定享受优惠的，税务机关按照财税〔2016〕49 号第十条的规定转请发展改革、工业和信息化部门进行核查。

九、本公告所称原有政策，包括：《财政部 国家税务总局关于进一步鼓励软件产业和集成电路产业发展企业所得税政策的通知》（财税〔2012〕27 号）、《财政部 国家税务总局 发展改革委 工业和信息化部关于进一步鼓励集成电路产业发展企业所得税政策的通知》（财税〔2015〕6 号）、《财政部 国家税务总局 发展改革委 工业和信息化部关于软件和集成电路产业企业所得税优惠政策有关问题的通知》（财税〔2016〕49 号）、《财政部 税务总局 国家发展改革委 工业和信息化部关于集成电路生产企业有关企业所得税政策问题的通知》（财税〔2018〕27 号）、《财政部 税务总局关于集成电路设计和软件产业企业所得税政策的公告》（财政部 税务总局公告 2019 年第 68 号）、《财政部 税务总局关于集成电路设计企业和软件企业 2019 年度企业所得税汇算清缴适用政策的公告》（财政部 税务总局公告 2020 年第 29 号）。

十、本公告自 2020 年 1 月 1 日起执行。财税〔2012〕27 号第二条中"经认定后，减按 15% 的税率征收企业所得税"的规定和第四条"国家规划布局内的重点软件企业和集成电路设计企业，如当年未享受免税优惠的，可减按 10% 的税率征收企业所得税"同时停止执行。

13.《国家发展改革委等五部门关于做好享受税收优惠政策的集成电路企业或项目、软件企业清单制定工作有关要求的通知》（2021 年 3 月 29 日颁布并实施 财政部 发改高技〔2021〕413 号）

各省、自治区、直辖市及计划单列市、新疆生产建设兵团发展改革委、工业和信息化主管部门、财政厅（局），海关总署广东分署、各直属海关，国家税务总局各省、自治区、直辖市、计划单列市税务局：

根据《国务院关于印发新时期促进集成电路产业和软件产业高质量发展若干政策的通知》（国发〔2020〕8 号，以下简称《若干政策》）及其配套政策有关规定，为做好享受税收优惠政策的集成电路企业或项目、软件企业清单（以下简称"清单"）制定工作，现将有关程序、享受税收优惠政策的企业条件和项目标准通知如下：

一、本通知所称清单是指《若干政策》第（一）条提及的国家鼓励的集成电路线宽小于 28 纳米（含）、线宽小于 65 纳米（含）、线宽小于 130 纳米（含）的集成电路生产企业或项目的清单；《若干政策》第（三）、（六）、（七）、（八）条和《财政部 海关总署 税务总局关于支持集成电路产业和软件产业发展进口税收政策的通知》(财关税〔2021〕4号)、《财政部 国家发展改革委 工业和信息化部 海关总署 税务总局关于支持集成电路产业和软件产业发展进口税收政策管理办法的通知》(财关税〔2021〕5号)提及的国家鼓励的重点集成电路设计企业和软件企业,集成电路线宽小于65纳米(含)的逻辑电路、存储器生产企业,线宽小于0.25微米(含)的特色工艺集成电路生产企业,集成电路线宽小于0.5微米(含)的化合物集成电路生产企业和先进封装测试企业,集成电路产业的关键原材料、零配件(靶材、光刻胶、掩模版、封装载板、抛光垫、抛光液、8英寸及以上硅单晶、8英寸及以上硅片)生产企业,集成电路重大项目和承建企业的清单。

二、申请列入清单的企业,原则上每年3月25日至4月16日在信息填报系统(https://yyglxxbs.ndrc.gov.cn/xxbs-front/)中提交申请并将必要佐证材料(电子版、纸质版。如因特殊情况不能按时完成审计,可先提交未经审计的企业会计报告,并于4月16日后10个工作日内,在信息填报系统中补充提交经审计的企业会计报告)报各省、自治区、直辖市及计划单列市、新疆生产建设兵团发展改革委或工业和信息化主管部门(由地方发展改革委确定接受单位)。

三、各省、自治区、直辖市及计划单列市、新疆生产建设兵团发展改革委和工业和信息化主管部门(以下简称"地方发改和工信部门")根据企业条件和项目标准(附后),对企业申报的信息进行初核推荐后,报送至国家发展改革委、工业和信息化部。《若干政策》第(一)、(三)、(六)、(七)条,以及财关税〔2021〕4号文提及的集成电路产业的关键原材料、零配件生产企业清单,由国家发展改革委、工业和信息化部、财政部、海关总署、税务总局进行联审确认,并联合印发。《若干政策》第(八)条提及的集成电路重大项目,由国家发展改革委、工业和信息化部形成清单后,函告财政部,财政部会同海关总署、税务总局最终确定。

四、清单印发前,企业可依据税务有关管理规定,先行按照企业条件和项目标准享受相关国内税收优惠政策。清单印发后,如企业未被列入清单,应按规定补缴已享受优惠的企业所得税款。申请享受《若干政策》第(一)、(三)、(六)、(七)条,以及财关税〔2021〕4号文提及的关税优惠政策的,可于汇算清缴结束前,从信息填报系统中查询是否列入清单。享受《若干政策》第(八)条优惠政策的,由企业所在地直属海关告知相关企业。

五、已享受《若干政策》第(一)、(三)、(六)、(七)条,以及财关税

〔2021〕4号文提及的关税优惠政策的企业或项目发生更名、分立、合并、重组以及主营业务重大变化等情况，应及时向地方发改和工信部门报告，并提交相关材料，由国家发展改革委、工业和信息化部会同相关部门确定发生变更情形后是否继续符合企业条件或项目标准。

六、地方发改和工信部门会同财政、海关、税务对清单内的企业加强日常监管。在监管过程中，如发现企业存在以虚报信息获得减免税资格，应及时联合核查，并联合上报国家发展改革委、工业和信息化部进行复核。国家发展改革委、工业和信息化部会同相关部门复核后对确不符合企业条件和项目标准的企业或项目，函告财政部、海关总署、税务总局按相关规定处理。

七、企业对所提供材料和数据的真实性负责。申报企业应签署承诺书，承诺申报出现失信行为，接受有关部门按照法律、法规和国家有关规定处理，涉及违法行为的信息记入企业信用记录，纳入全国信用信息共享平台，并在“信用中国”网站公示。

八、本通知自印发之日起实施，并适用于企业享受2020年度企业所得税优惠政策和财关税〔2021〕4号规定的进口税收政策。国家发展改革委、工业和信息化部会同相关部门，根据产业发展、技术进步等情况，对符合优惠政策的企业条件或项目标准适时调整。

14.《中华人民共和国工业和信息化部　国家发展改革委　财政部　国家税务总局公告2021年第9号——关于国家鼓励的集成电路设计、装备、材料、封装、测试企业条件的公告》(2021年4月22日颁布　2020年1月1日起实施　中华人民共和国工业和信息化部　国家发展改革委　财政部　国家税务总局公告2021年第9号)

根据《国务院关于印发新时期促进集成电路产业和软件产业高质量发展若干政策的通知》(国发〔2020〕8号，以下简称《若干政策》)及其配套税收政策有关要求，现将《若干政策》第二条所称国家鼓励的集成电路设计、装备、材料、封装、测试企业条件公告如下：

一、《若干政策》所称国家鼓励的集成电路设计企业，必须同时满足以下条件：

(一)在中国境内(不包括港、澳、台地区)依法设立，从事集成电路设计、电子设计自动化(EDA)工具开发或知识产权(IP)核设计并具有独立法人资格的企业；

(二)汇算清缴年度具有劳动合同关系或劳务派遣、聘用关系的月平均职工人数不少于20人，其中具有本科及以上学历月平均职工人数占企业月平均职工总人数的比例不低于50%，研究开发人员月平均数占企业月平均职工总数的比例不低于40%；

（三）汇算清缴年度研究开发费用总额占企业销售（营业）收入（主营业务收入与其他业务收入之和，下同）总额的比例不低于6%；

（四）汇算清缴年度集成电路设计（含EDA工具、IP和设计服务，下同）销售（营业）收入占企业收入总额的比例不低于60%，其中自主设计销售（营业）收入占企业收入总额的比例不低于50%，且企业收入总额不低于（含）1500万元；

（五）拥有核心关键技术和属于本企业的知识产权，企业拥有与集成电路产品设计相关的已授权发明专利、布图设计登记、计算机软件著作权合计不少于8个；

（六）具有与集成电路设计相适应的软硬件设施等开发环境和经营场所，且必须使用正版的EDA等软硬件工具；

（七）汇算清缴年度未发生严重失信行为，重大安全、重大质量事故或严重环境违法行为。

二、《若干政策》所称国家鼓励的集成电路装备企业，必须同时满足以下条件：

（一）在中国境内（不包括港、澳、台地区）依法设立，从事集成电路专用装备或关键零部件研发、制造并具有独立法人资格的企业；

（二）汇算清缴年度具有劳动合同关系或劳务派遣、聘用关系且具有大学专科及以上学历月平均职工人数占企业当年月平均职工总人数的比例不低于40%，研究开发人员月平均数占企业当年月平均职工总数的比例不低于20%；

（三）汇算清缴年度用于集成电路装备或关键零部件研究开发费用总额占企业销售（营业）收入总额的比例不低于5%；

（四）汇算清缴年度集成电路装备或关键零部件销售收入占企业销售（营业）收入总额的比例不低于30%，且企业销售（营业）收入总额不低于（含）1500万元；

（五）拥有核心关键技术和属于本企业的知识产权，企业拥有与集成电路装备或关键零部件研发、制造相关的已授权发明专利数量不少于5个；

（六）具有与集成电路装备或关键零部件生产相适应的经营场所、软硬件设施等基本条件；

（七）汇算清缴年度未发生严重失信行为，重大安全、重大质量事故或严重环境违法行为。

三、《若干政策》所称国家鼓励的集成电路材料企业,必须同时满足以下条件:

(一)在中国境内(不包括港、澳、台地区)依法设立,从事集成电路专用材料研发、生产并具有独立法人资格的企业;

(二)汇算清缴年度具有劳动合同关系或劳务派遣、聘用关系且具有大学专科及以上学历月平均职工人数占企业当年月平均职工总人数的比例不低于40%,研究开发人员月平均数占企业当年月平均职工总数的比例不低于15%;

(三)汇算清缴年度用于集成电路材料研究开发费用总额占企业销售(营业)收入总额的比例不低于5%;

(四)汇算清缴年度集成电路材料销售收入占企业销售(营业)收入总额的比例不低于30%,且企业销售(营业)收入总额不低于(含)1000万元;

(五)拥有核心关键技术和属于本企业的知识产权,且企业拥有与集成电路材料研发、生产相关的已授权发明专利数量不少于5个;

(六)具有与集成电路材料生产相适应的经营场所、软硬件设施等基本条件;

(七)汇算清缴年度未发生严重失信行为,重大安全、重大质量事故或严重环境违法行为。

四、《若干政策》所称国家鼓励的集成电路封装、测试企业,必须同时满足以下条件:

(一)在中国境内(不包括港、澳、台地区)依法设立,从事集成电路封装、测试并具有独立法人资格的企业;

(二)汇算清缴年度具有劳动合同关系或劳务派遣、聘用关系且具有大学专科以上学历月平均职工人数占企业当年月平均职工总人数的比例不低于40%,研究开发人员月平均数占企业当年月平均职工总数的比例不低于15%;

(三)汇算清缴年度研究开发费用总额占企业销售(营业)收入总额的比例不低于3%;

(四)汇算清缴年度集成电路封装、测试销售(营收)收入占企业收入总额的比例不低于60%,且企业收入总额不低于(含)2000万元;

(五)拥有核心关键技术和属于本企业的知识产权,且企业拥有与集成电路封装、测试相关的已授权发明专利、计算机软件著作权合计不少于5个;

（六）具有与集成电路芯片封装、测试相适应的经营场所、软硬件设施等基本条件；

（七）汇算清缴年度未发生严重失信行为，重大安全、重大质量事故或严重环境违法行为。

五、本公告企业条件中所称研究开发费用政策口径，按照《财政部 国家税务总局 科技部关于完善研究开发费用税前加计扣除政策的通知》（财税〔2015〕119号）和《国家税务总局关于研发费用税前加计扣除归集范围有关问题的公告》（国家税务总局公告2017年第40号）等规定执行。

六、符合条件的集成电路设计、装备、材料、封装、测试企业，按照《国家税务总局关于发布修订后的〈企业所得税优惠政策事项办理办法〉的公告》（国家税务总局公告2018年第23号）规定的“自行判别、申报享受、相关资料留存备查”的办理方式享受税收优惠，主要留存备查资料见附件。享受优惠的企业在完成年度汇算清缴后，按要求将主要留存备查资料提交税务机关，由税务机关按照财税〔2016〕49号第十条规定转请省级工业和信息化主管部门进行核查。

七、本公告自2020年1月1日起实施，由工业和信息化部会同国家发展改革委、财政部、税务总局负责解释。

15.《中华人民共和国工业和信息化部 国家发展改革委 财政部 国家税务总局公告2021年第10号——关于国家鼓励的软件企业条件的公告》（2021年4月23日颁布 2020年1月1日起实施 中华人民共和国工业和信息化部 国家发展改革委 财政部 国家税务总局公告2021年第10号）

为贯彻落实《国务院关于印发新时期促进集成电路产业和软件产业高质量发展若干政策的通知》（国发〔2020〕8号）精神，根据《关于促进集成电路产业和软件产业高质量发展企业所得税的公告》（财政部 税务总局 国家发展改革委 工业和信息化部公告2020年第45号），工业和信息化部、国家发展改革委、财政部、税务总局制定了国家鼓励的软件企业条件，现公告如下：

一、国家鼓励的软件企业是指同时符合下列条件的企业：

（一）在中国境内（不包括港、澳、台地区）依法设立，以软件产品开发及相关信息技术服务为主营业务并具有独立法人资格的企业；该企业的设立具有合理商业目的，且不以减少、免除或推迟缴纳税款为主要目的；

第25条

（二）汇算清缴年度具有劳动合同关系或劳务派遣、聘用关系，其中具有本科及以上学历的月平均职工人数占企业月平均职工总人数的比例不低于40%，研究开发人员月平均数占企业月平均职工总数的比例不低于25%；

（三）拥有核心关键技术，并以此为基础开展经营活动，汇算清缴年度研究开发费用总额占企业销售（营业）收入总额的比例不低于7%，企业在中国境内发生的研究开发费用金额占研究开发费用总额的比例不低于60%；

（四）汇算清缴年度软件产品开发销售及相关信息技术服务（营业）收入占企业收入总额的比例不低于55%［嵌入式软件产品开发销售（营业）收入占企业收入总额的比例不低于45%］，其中软件产品自主开发销售及相关信息技术服务（营业）收入占企业收入总额的比例不低于45%［嵌入式软件产品开发销售（营业）收入占企业收入总额的比例不低于40%］；

（五）主营业务或主要产品具有专利或计算机软件著作权等属于本企业的知识产权；

（六）具有与软件开发相适应的生产经营场所、软硬件设施等开发环境（如合法的开发工具等），建立符合软件工程要求的质量管理体系并持续有效运行；

（七）汇算清缴年度未发生重大安全事故、重大质量事故、知识产权侵权等行为，企业合法经营。

二、本公告第一条中所称研究开发费用政策口径，按照《财政部 国家税务总局 科技部关于完善研究开发费用税前加计扣除政策的通知》（财税〔2015〕119号）和《国家税务总局关于研发费用税前加计扣除归集范围有关问题的公告》（国家税务总局公告2017年第40号）等规定执行。

三、本公告自2020年1月1日起执行，由工业和信息化部会同国家发展改革委、财政部、税务总局负责解释。

16.《国家发展改革委等5个部门关于做好2022年享受税收优惠政策的集成电路企业或项目、软件企业清单制定工作有关要求的通知》（2022年3月14日颁布并实施 发改高技〔2022〕390号）

各省、自治区、直辖市及计划单列市、新疆生产建设兵团发展改革委、工业和信息化主管部门、财政厅（局），海关总署广东分署、各直属海关，国家税务总局各省、自治区、直辖市、计划单列市税务局：

根据《国务院关于印发新时期促进集成电路产业和软件产业高质量发展若干政策的通知》(国发〔2020〕8号,以下简称《若干政策》)及其配套政策有关规定,为做好2022年享受税收优惠政策的集成电路企业或项目、软件企业清单(以下简称“清单”)制定工作,现将有关程序、享受税收优惠政策的企业条件和项目标准通知如下:

一、本通知所称清单是指《若干政策》第(一)条提及的国家鼓励的集成电路线宽小于28纳米(含)、线宽小于65纳米(含)、线宽小于130纳米(含)的集成电路生产企业或项目的清单;《若干政策》第(三)、(六)、(七)、(八)条和《财政部、海关总署、税务总局关于支持集成电路产业和软件产业发展进口税收政策的通知》(财关税〔2021〕4号)、《财政部、国家发展改革委、工业和信息化部、海关总署、税务总局关于支持集成电路产业和软件产业发展进口税收政策管理办法的通知》(财关税〔2021〕5号)提及的国家鼓励的重点集成电路设计企业和软件企业,集成电路线宽小于65纳米(含)的逻辑电路、存储器生产企业,线宽小于0.25微米(含)的特色工艺集成电路生产企业,集成电路线宽小于0.5微米(含)的化合物集成电路生产企业和先进封装测试企业,集成电路产业的关键原材料、零配件(靶材、光刻胶、掩模版、封装载板、抛光垫、抛光液、8英寸及以上硅单晶、8英寸及以上硅片)生产企业,集成电路重大项目和承建企业的清单。

二、2021年已列入清单的企业如需享受新一年度税收优惠政策(进口环节增值税分期纳税政策除外),2022年需重新申报。申请列入清单的企业应于2022年3月25日至4月16日在信息填报系统(https://yyglxxbs.ndrc.gov.cn/xxbs-front/)中提交申请,并生成纸质文件加盖企业公章,连同必要证明材料(电子版、纸质版)报本省、自治区、直辖市及计划单列市、新疆生产建设兵团发展改革委或工业和信息化主管部门(由地方发展改革委确定接受单位)。经审计的企业会计报告须在提交申请时一并提交。

三、鉴于2021年国家重点集成电路设计企业和重点软件企业确认工作方式发生调整,2021年因客观原因未能申请享受企业所得税优惠政策的集成电路设计企业和软件企业,可于2022年3月15日至3月21日在信息填报系统“补充申请”栏目提出补充申报申请;经本省、自治区、直辖市及计划单列市、新疆生产建设兵团发展改革委和工业和信息化主管部门(以下简称“地方发改和工信部门”)审核通过后,于2022年3月25日至2022年4月16日,在信息填报系统“补充申请”栏目完成信息填写，正式申请列入2020年度享受企业所得税优惠政策的国家鼓励的重点集成电路设计企业和重点软件企业清单。企业应按照附件3要求提交证明材料，包括经审计的2020年度企业会计报告在内的相关证明材料和数据应体现2020年度企业实际情况。

四、地方发改和工信部门根据企业条件和项目标准（附后），对企业申报的信息进行初核通过后，报送至国家发展改革委、工业和信息化部。《若干政策》第（一）、（三）、（六）、（七）条，以及财关税〔2021〕4号文提及的集成电路产业的关键原材料、零配件生产企业清单，由国家发展改革委、工业和信息化部、财政部、海关总署、税务总局进行联审确认并联合印发。《若干政策》第（八）条提及的集成电路重大项目，由国家发展改革委、工业和信息化部形成清单后函告财政部，财政部会同海关总署、税务总局最终确定。

五、清单印发前，企业可依据税务有关管理规定，先行按照企业条件和项目标准享受相关国内税收优惠政策。清单印发后，如企业未被列入清单，应按规定补缴已享受优惠的企业所得税款。申请享受《若干政策》第（一）、（三）、（六）、（七）条，以及财关税〔2021〕4号文提及的关税优惠政策的，可于汇算清缴结束前，从信息填报系统中查询是否列入清单。享受《若干政策》第（八）条优惠政策的，由企业所在地直属海关告知相关企业。

六、已享受《若干政策》第（一）、（三）、（六）、（七）条，以及财关税〔2021〕4号文提及的关税优惠政策的企业或项目发生更名、分立、合并、重组以及主营业务重大变化等情况，应及时向地方发改和工信部门报告，并于完成变更登记之日起60日内，将企业重大变化情况表和相关材料报送国家发展改革委、工业和信息化部。国家发展改革委、工业和信息化部会同相关部门确定发生变更情形后是否继续符合享受优惠政策的企业条件或项目标准。

七、地方发改和工信部门会同财政、海关、税务对清单内的企业加强日常监管。在监管过程中，如发现企业存在以虚报信息获得减免税资格问题，应及时联合核查，并联合上报国家发展改革委、工业和信息化部进行复核。国家发展改革委、工业和信息化部会同相关部门复核后，对确不符合享受优惠政策条件和标准的企业或项目，将函告财政部、海关总署、税务总局按相关规定处理。

八、企业对所提供材料和数据的真实性负责。申报企业应签署承诺书，承诺申报如出现失信行为，则接受有关部门按照法律、法规和国家有关规定处理，涉及违法行为的信息记入企业信用记录，纳入全国信用信息共享平台，并在“信用中国”网站公示。

九、本通知自印发之日起实施，并适用于企业享受2021年度企业所得税优惠政策、补充享受2020年度企业所得税优惠政策，以及享受财关税〔2021〕4号文规定的进口税收政策。国家发展改革委、工业和信息化部会同相关部门，根据产业发展、技术进步等情况，对符合享受优惠政策的企业条件或项目标准适时调整。

17.《国家发展改革委等部门关于做好2023年享受税收优惠政策的集成电路企业或项目、软件企业清单制定工作有关要求的通知》(2023年3月17日颁布并实施　发改高技〔2023〕287号)

各省、自治区、直辖市及计划单列市、新疆生产建设兵团发展改革委、工业和信息化主管部门、财政厅(局)，海关总署广东分署、各直属海关，国家税务总局各省、自治区、直辖市、计划单列市税务局：

为促进我国集成电路产业持续健康发展，根据《国务院关于印发新时期促进集成电路产业和软件产业高质量发展若干政策的通知》(国发〔2020〕8号，以下简称《若干政策》)及其配套政策有关规定，经研究，2023年享受税收优惠政策的集成电路企业或项目、软件企业清单(以下简称“清单”)制定工作，延用2022年清单制定程序、享受税收优惠政策的企业条件和项目标准。现就有关事项通知如下：

一、本通知所称清单是指《若干政策》第(一)条提及的国家鼓励的集成电路线宽小于28纳米(含)、线宽小于65纳米(含)、线宽小于130纳米(含)的集成电路生产企业或项目的清单；《若干政策》第(三)、(六)、(七)、(八)条和《财政部　海关总署　税务总局关于支持集成电路产业和软件产业发展进口税收政策的通知》(财关税〔2021〕4号)、《财政部　国家发展改革委　工业和信息化部　海关总署　税务总局关于支持集成电路产业和软件产业发展进口税收政策管理办法的通知》(财关税〔2021〕5号)提及的国家鼓励的重点集成电路设计企业和软件企业，集成电路线宽小于65纳米(含)的逻辑电路、存储器生产企业，线宽小于0.25微米(含)的特色工艺集成电路生产企业，集成电路线宽小于0.5微米(含)的化合物集成电路生产企业和先进封装测试企业，集成电路产业的关键原材料、零配件(靶材、光刻胶、掩模版、封装载板、抛光垫、抛光液、8英寸及以上硅单晶、8英寸及以上硅片)生产企业，集成电路重大项目和承建企业的清单。

二、2022 年已列入清单的企业如需享受新一年度税收优惠政策(进口环节增值税分期纳税政策除外),2023 年需重新申报。申请列入清单的企业应于 2023 年 3 月 25 日至 4 月 16 日在信息填报系统(https://yyglxxbs.ndrc.gov.cn/xxbs-front/)中提交申请,并生成纸质文件加盖企业公章,连同必要证明材料(电子版、纸质版)报本省、自治区、直辖市及计划单列市、新疆生产建设兵团发展改革委或工业和信息化主管部门(由地方发展改革委确定接受单位)。经审计的企业会计报告须在提交申请时一并提交。

三、地方发改和工信部门根据企业条件和项目标准(附后),对企业申报的信息进行初核通过后,报送至国家发展改革委、工业和信息化部。《若干政策》第(一)、(三)、(六)、(七)条,以及财关税〔2021〕4 号文提及的集成电路产业的关键原材料、零配件生产企业清单,由国家发展改革委、工业和信息化部、财政部、海关总署、税务总局进行联审确认并联合印发。《若干政策》第(八)条提及的集成电路重大项目,由国家发展改革委、工业和信息化部形成清单后函告财政部,财政部会同海关总署、税务总局最终确定。

四、清单印发前,企业可依据税务有关管理规定,先行按照企业条件和项目标准享受相关国内税收优惠政策。清单印发后,如企业未被列入清单,应按规定补缴已享受优惠的企业所得税款。申请享受《若干政策》第(一)、(三)、(六)、(七)条,以及财关税〔2021〕4 号文提及的关税优惠政策的,可于汇算清缴结束前,从信息填报系统中查询是否列入清单。享受《若干政策》第(八)条优惠政策的,由企业所在地直属海关告知相关企业。

五、已享受《若干政策》第(一)、(三)、(六)、(七)条,以及财关税〔2021〕4 号文提及的关税优惠政策的企业或项目发生更名、分立、合并、重组以及主营业务重大变化等情况,应及时向地方发改和工信部门报告,并于完成变更登记之日起 60 日内,将企业重大变化情况表和相关材料报送国家发展改革委、工业和信息化部(以省级部门上报文件落款日为准)。国家发展改革委、工业和信息化部会同相关部门确定发生变更情形后是否继续符合享受优惠政策的企业条件或项目标准。

六、地方发改和工信部门会同财政、海关、税务对清单内的企业加强日常监管。在监管过程中,如发现企业存在以虚报信息获得减免税资格问题,应及时联合核查,并联合上报国家发展改革委、工业和信息化部进行复核。国家发展改革委、工业和信息化部会同相关部门复核后,对确不符合享受优惠政策条件和标准的企业或项目，将函告财政部、海关总署、税务总局按相关规定处理。

七、企业对所提供材料和数据的真实性负责。申报企业应签署承诺书，承诺申报如出现失信行为，则接受有关部门按照法律、法规和国家有关规定处理，涉及违法行为的信息记入企业信用记录，纳入全国信用信息共享平台，并在“信用中国”网站公示。

八、本通知自印发之日起实施，并适用于企业享受2022年度企业所得税优惠政策和财关税〔2021〕4号文规定的进口税收政策。国家发展改革委、工业和信息化部会同相关部门，根据产业发展、技术进步等情况，对符合享受优惠政策的企业条件或项目标准适时调整。

公共租赁住房

《财政部　国家税务总局关于廉租住房经济适用住房和住房租赁有关税收政策的通知》(2008年3月3日颁布　财税〔2008〕24号)①

各省、自治区、直辖市、计划单列市财政厅(局)、国家税务局、地方税务局，新疆生产建设兵团财务局：

为贯彻落实《国务院关于解决城市低收入家庭住房困难的若干意见》(国发〔2007〕24号)精神，促进廉租住房、经济适用住房制度建设和住房租赁市场的健康发展，经国务院批准，现将有关税收政策通知如下：

二、支持住房租赁市场发展的税收政策

(一)对个人出租住房取得的所得减按10%的税率征收个人所得税。

(二)对个人出租、承租住房签订的租赁合同，免征印花税。

(三)对个人出租住房，不区分用途，在3%税率的基础上减半征收营业税，按4%的税率征收房产税，免征城镇土地使用税。

上述与廉租住房、经济适用住房相关的新的优惠政策自2007年8月1日起执行，文到之日前已征税款在以后应缴税款中抵减。与住房租赁相关的新的优惠政策自2008年3月1日起执行。其他政策仍按现行规定继续执行。

① 有关廉租住房税收政策的规定废止。参见《财政部　国家税务总局关于促进公共租赁住房发展有关税收优惠政策的通知》(财税〔2014〕52号)。“第二条第(四)项”已被《财政部　税务总局　住房城乡建设部关于完善住房租赁有关税收政策的公告》(财政部　税务总局　住房城乡建设部公告2021年第24号)废止。

环境保护

1.《财政部 国家税务总局关于中国清洁发展机制基金及清洁发展机制项目实施企业有关企业所得税政策问题的通知》(2009年3月23日颁布 2007年1月1日起实施 财税〔2009〕30号)

各省、自治区、直辖市、计划单列市财政厅(局)、国家税务局、地方税务局,新疆生产建设兵团财务局:

经国务院批准,现就中国清洁发展机制基金(以下简称清洁基金)和清洁发展机制项目(以下简称CDM项目)实施企业的有关企业所得税政策明确如下:

一、关于清洁基金的企业所得税政策

对清洁基金取得的下列收入,免征企业所得税:

(一)CDM项目温室气体减排量转让收入上缴国家的部分;

(二)国际金融组织赠款收入;

(三)基金资金的存款利息收入、购买国债的利息收入;

(四)国内外机构、组织和个人的捐赠收入。

二、关于CDM项目实施企业的企业所得税政策

(一)CDM项目实施企业按照《清洁发展机制项目运行管理办法》(发展改革委、科技部、外交部、财政部令第37号)的规定,将温室气体减排量的转让收入,按照以下比例上缴给国家的部分,准予在计算应纳税所得额时扣除:

1. 氢氟碳化物(HFC)和全氟碳化物(PFC)类项目,为温室气体减排量转让收入的65%;

2. 氧化亚氮(N2O)类项目,为温室气体减排量转让收入的30%;

3.《清洁发展机制项目运行管理办法》第四条规定的重点领域以及植树造林项目等类清洁发展机制项目,为温室气体减排量转让收入的2%。

(二)对企业实施的将温室气体减排量转让收入的65%上缴给国家的HFC和PFC类CDM项目,以及将温室气体减排量转让收入的30%上缴给国家的N2O类CDM项目,其实施该类CDM项目的所得,自项目取得第一笔减排量转让收入所属纳税年度起,第一年至第三年免征企业所得税,第四年至第六年减半征收企业所得税。

企业实施CDM项目的所得,是指企业实施CDM项目取得的温室气体减排量转让收入扣除上缴国家的部分,再扣除企业实施CDM项目发生的相关成本、费用后的净所得。

企业应单独核算其享受优惠的 CDM 项目的所得,并合理分摊有关期间费用,没有单独核算的,不得享受上述企业所得税优惠政策。

三、本通知自 2007 年 1 月 1 日起执行。

2.《财政部　税务总局　国家发展改革委　生态环境部关于从事污染防治的第三方企业所得税政策问题的公告》(2019 年 4 月 13 日颁布　2019 年 1 月 1 日起实施　财政部公告 2019 年第 60 号)①

为鼓励污染防治企业的专业化、规模化发展,更好支持生态文明建设,现将有关企业所得税政策问题公告如下:

一、对符合条件的从事污染防治的第三方企业(以下称第三方防治企业)减按 15% 的税率征收企业所得税。

本公告所称第三方防治企业是指受排污企业或政府委托,负责环境污染治理设施(包括自动连续监测设施,下同)运营维护的企业。

二、本公告所称第三方防治企业应当同时符合以下条件:

(一)在中国境内(不包括港、澳、台地区)依法注册的居民企业;

(二)具有 1 年以上连续从事环境污染治理设施运营实践,且能够保证设施正常运行;

(三)具有至少 5 名从事本领域工作且具有环保相关专业中级及以上技术职称的技术人员,或者至少 2 名从事本领域工作且具有环保相关专业高级及以上技术职称的技术人员;

(四)从事环境保护设施运营服务的年度营业收入占总收入的比例不低于 60%;

(五)具备检验能力,拥有自有实验室,仪器配置可满足运行服务范围内常规污染物指标的检测需求;

(六)保证其运营的环境保护设施正常运行,使污染物排放指标能够连续稳定达到国家或者地方规定的排放标准要求;

(七)具有良好的纳税信用,近三年内纳税信用等级未被评定为 C 级或 D 级。

三、第三方防治企业,自行判断其是否符合上述条件,符合条件的可以申报享受税收优惠,相关资料留存备查。税务部门依法开展后续管理过程中,可转请生态环境部门进行核查,生态环境部门可以委托专

① 该文件执行期限延长至 2023 年 12 月 31 日。详细可参见《财政部　税务总局关于延长部分税收优惠政策执行期限的公告》(财政部　税务总局公告 2022 年第 4 号)。本公告发布之日前,已征的相关税款,可抵减纳税人以后月份应缴纳税款或予以退还。

业机构开展相关核查工作，具体办法由税务总局会同国家发展改革委、生态环境部制定。

四、本公告执行期限自2019年1月1日起至2021年12月31日止。

3.《财政部 税务总局关于继续实行农村饮水安全工程税收优惠政策的公告》(2019年4月15日颁布 2019年1月1日起实施 财政部 税务总局公告2019年第67号)①

为确保如期打赢农村饮水安全脱贫攻坚战，支持农村饮水安全工程（以下称饮水工程）巩固提升，现将饮水工程建设、运营的有关税收优惠政策公告如下：

五、对饮水工程运营管理单位从事《公共基础设施项目企业所得税优惠目录》规定的饮水工程新建项目投资经营的所得，自项目取得第一笔生产经营收入所属纳税年度起，第一年至第三年免征企业所得税，第四年至第六年减半征收企业所得税。

六、本公告所称饮水工程，是指为农村居民提供生活用水而建设的供水工程设施。本公告所称饮水工程运营管理单位，是指负责饮水工程运营管理的自来水公司、供水公司、供水（总）站（厂、中心）、村集体、农民用水合作组织等单位。

对于既向城镇居民供水，又向农村居民供水的饮水工程运营管理单位，依据向农村居民供水收入占总供水收入的比例免征增值税；依据向农村居民供水量占总供水量的比例免征契税、印花税、房产税和城镇土地使用税。无法提供具体比例或所提供数据不实的，不得享受上述税收优惠政策。

七、符合上述条件的饮水工程运营管理单位自行申报享受减免税优惠，相关材料留存备查。

八、上述政策（第五条除外）自2019年1月1日至2020年12月31日执行。

4.《国家税务总局 国家发展改革委 生态环境部关于落实从事污染防治的第三方企业所得税政策有关问题的公告》(2021年4月29日颁布 2021年6月1日起实施 国家税务总局 国家发展改革委 生态环境部公告2021年第11号)

根据《中华人民共和国企业所得税法》及其实施条例、《财政部 税务总局 国家发展改革委 生态环境部关于从事污染防治的第三方

---

① 该文件执行期限延长至2023年12月31日。详细可参见《财政部 税务总局关于延长部分税收优惠政策执行期限的公告》(财政部 税务总局公告2021年第6号)。

企业所得税政策问题的公告》(2019 年第 60 号,以下简称 60 号公告)的规定,为落实好从事污染防治的第三方企业(以下简称第三方防治企业)所得税优惠政策,现将有关问题公告如下:

一、优惠事项办理方式

第三方防治企业依照 60 号公告规定享受优惠政策时,按照《国家税务总局关于发布修订后的〈企业所得税优惠政策事项办理办法〉的公告》(2018 年第 23 号)的规定,采取"自行判别、申报享受、相关资料留存备查"的方式办理。

二、主要留存备查资料

第三方防治企业依照 60 号公告规定享受优惠政策的,主要留存备查资料为:

(一)连续从事环境污染治理设施运营实践一年以上的情况说明,与环境污染治理设施运营有关的合同、收入凭证。

(二)当年有效的技术人员的职称证书或执(职)业资格证书、劳动合同及工资发放记录等材料。

(三)从事环境保护设施运营服务的年度营业收入、总收入及其占比等情况说明。

(四)可说明当年企业具备检验能力,拥有自有实验室,仪器配置可满足运行服务范围内常规污染物指标的检测需求的有关材料:

1. 污染物检测仪器清单,其中列入《实施强制管理计量器具目录》的检测仪器需同时留存备查相关检定证书;

2. 当年常规理化指标的化验检测全部原始记录,其中污染治理类别为危险废物的利用与处置的,还需留存备查危险废物转移联单。

(五)可说明当年企业能保证其运营的环境保护设施正常运行,使污染物排放指标能够连续稳定达到国家或者地方规定的排放标准要求的有关材料:

1. 环境污染治理运营项目清单、项目简介。

2. 反映污染治理设施运营期间主要污染物排放连续稳定达标的所有自动监测日均值等记录,由具备资质的生态环境监测机构出具的全部检测报告。从事机动车船、非道路移动机械、餐饮油烟治理的,如未进行在线数据监测,也可不留存备查在线监测数据记录。

3. 运营期内能够反映环境污染治理设施日常运行情况的全部记录、能够说明自动监测仪器设备符合生态环境保护相关标准规范要求的材料。

（六）仅从事自动连续监测运营服务的第三方企业，提供反映运营服务期间自动监测故障后及时修复、监测数据“真、准、全”等相关证明材料，无须提供反映污染物排放连续稳定达标相关材料。

三、相关后续管理

（一）第三方防治企业享受60号公告优惠政策后，税务部门将按照规定开展后续管理。

（二）税务部门在后续管理过程中，对享受优惠的企业是否符合60号公告第二条第五项、第六项规定条件有疑义的，可转请《环境污染治理范围》（见附件）所列的同级生态环境或发展改革部门核查。

（三）生态环境或发展改革部门收到同级税务部门转来的核查资料后，应组织专家或者委托第三方机构进行核查。核查可以采取案头审核或实地核查等方式。需要实地核查的，相关部门应协同进行，涉及异地核查的，企业运营项目所在地相关部门应予以配合。生态环境或发展改革部门应在收到核查要求后两个月内，将核查结果反馈同级税务部门。

本公告自2021年6月1日起施行。

5.《财政部 税务总局 国家发展改革委 生态环境部关于从事污染防治的第三方企业所得税政策问题的公告》（2023年8月24日颁布 2024年1月1日起实施 财政部 税务总局 国家发展改革委 生态环境部公告2023年第38号）

为鼓励污染防治企业的专业化、规模化发展，更好支持生态文明建设，现将有关企业所得税政策公告如下：

一、对符合条件的从事污染防治的第三方企业（以下称第三方防治企业）减按15%的税率征收企业所得税。

本公告所称第三方防治企业是指受排污企业或政府委托，负责环境污染治理设施（包括自动连续监测设施，下同）运营维护的企业。

二、本公告所称第三方防治企业应当同时符合以下条件：

（一）在中国境内（不包括港、澳、台地区）依法注册的居民企业；

（二）具有1年以上连续从事环境污染治理设施运营实践，且能够保证设施正常运行；

（三）具有至少5名从事本领域工作且具有环保相关专业中级及以上技术职称的技术人员，或者至少2名从事本领域工作且具有环保相关专业高级及以上技术职称的技术人员；

（四）从事环境保护设施运营服务的年度营业收入占总收入的比例不低于60%；

（五）具备检验能力，拥有自有实验室，仪器配置可满足运行服务范围内常规污染物指标的检测需求；

（六）保证其运营的环境保护设施正常运行，使污染物排放指标能够连续稳定达到国家或者地方规定的排放标准要求；

（七）具有良好的纳税信用，近三年内纳税信用等级未被评定为C级或D级。

三、第三方防治企业，自行判断其是否符合上述条件，符合条件的可以申报享受税收优惠，相关资料留存备查。税务部门依法开展后续管理过程中，可转请生态环境部门进行核查，生态环境部门可以委托专业机构开展相关核查工作，具体办法由税务总局会同国家发展改革委、生态环境部制定。

四、本公告执行期限自2024年1月1日起至2027年12月31日止。

海峡两岸直航

1.《财政部　国家税务总局关于海峡两岸海上直航营业税和企业所得税政策的通知》（2009年1月19日颁布　2008年12月15日起实施　财税〔2009〕4号）

各省、自治区、直辖市、计划单列市财政厅（局）、国家税务局、地方税务局，新疆生产建设兵团财务局：

为推动海峡两岸海上直航，经国务院批准，现对海峡两岸海上直航业务有关税收政策通知如下：

二、自2008年12月15日起，对台湾航运公司从事海峡两岸海上直航业务取得的来源于大陆的所得，免征企业所得税。

享受企业所得税免税政策的台湾航运公司应当按照企业所得税法实施条例的有关规定，单独核算其从事上述业务在大陆取得的收入和发生的成本、费用；未单独核算的，不得享受免征企业所得税政策。

三、本通知所称台湾航运公司，是指取得交通运输部颁发的“台湾海峡两岸间水路运输许可证”且上述许可证上注明的公司登记地址在台湾的航运公司。

2.《财政部 国家税务总局关于海峡两岸空中直航营业税和企业所得税政策的通知》(2010年9月9日颁布 2010年6月25日起实施 财税〔2010〕63号)

各省、自治区、直辖市、计划单列市财政厅(局)、国家税务局、地方税务局、新疆生产建设兵团财务局:

为推动海峡两岸空中直航,经国务院批准,现对海峡两岸空中直航业务有关税收政策通知如下:

二、自2009年6月25日起,对台湾航空公司从事海峡两岸空中直航业务取得的来源于大陆的所得,免征企业所得税。

对台湾航空公司在2009年6月25日起至文到之日已缴纳应予免征的企业所得税,在2010年内予以退还。

享受企业所得税免税政策的台湾航空公司应当按照企业所得税法实施条例的有关规定,单独核算其从事上述业务在大陆取得的收入和发生的成本、费用;未单独核算的,不得享受免征企业所得税政策。

三、本通知所称台湾航空公司,是指取得中国民用航空局颁发的"经营许可"或依据《海峡两岸空运协议》和《海峡两岸空运补充协议》规定,批准经营两岸旅客、货物和邮件不定期(包机)运输业务,且公司登记地址在台湾的航空公司。

铁路建设

1.《财政部 国家税务总局关于铁路建设债券利息收入企业所得税政策的通知》(2011年10月10日颁布 财税〔2011〕99号)

各省、自治区、直辖市、计划单列市财政厅(局)、国家税务局、地方税务局,新疆生产建设兵团财务局:

经国务院批准,现就企业取得中国铁路建设债券利息收入有关企业所得税政策通知如下:

一、对企业持有2011—2013年发行的中国铁路建设债券取得的利息收入,减半征收企业所得税。

二、中国铁路建设债券是指经国家发展改革委核准,以铁道部为发行和偿还主体的债券。

2.《财政部 国家税务总局关于2014-2015年铁路建设债券利息收入企业所得税政策的通知》(2014年1月29日颁布 财税〔2014〕2号)

各省、自治区、直辖市、计划单列市财政厅(局)、国家税务局、地方税务局,新疆生产建设兵团财务局:

根据《研究“十二五”后三年铁路建设总体安排有关问题的会议纪要》(国阅〔2012〕80号)和《国务院关于组建中国铁路总公司有关问题的批复》(国函〔2013〕47号),现就企业取得中国铁路建设债券利息收入有关企业所得税政策通知如下:

一、对企业持有2014年和2015年发行的中国铁路建设债券取得的利息收入,减半征收企业所得税。

二、中国铁路建设债券是指经国家发展改革委核准,以中国铁路总公司为发行和偿还主体的债券。

3.《财政部 税务总局关于铁路债券利息收入所得税政策的公告》(2019年4月16日颁布 财政部 税务总局公告2019年第57号)

为支持国家铁路建设,现就投资者取得中国铁路总公司发行的铁路债券利息收入有关所得税政策公告如下:

一、对企业投资者持有2019-2023年发行的铁路债券取得的利息收入,减半征收企业所得税。

二、对个人投资者持有2019-2023年发行的铁路债券取得的利息收入,减按50%计入应纳税所得额计算征收个人所得税。税款由兑付机构在向个人投资者兑付利息时代扣代缴。

三、铁路债券是指以中国铁路总公司为发行和偿还主体的债券,包括中国铁路建设债券、中期票据、短期融资券等债务融资工具。

伤残人员用品企业

《财政部 税务总局 民政部关于生产和装配伤残人员专门用品企业免征企业所得税的公告》(2021年4月2日颁布 2021年1月1日起实施 财政部 税务总局 民政部公告2021年第14号)

为帮助伤残人员康复或者恢复残疾肢体功能,现对生产和装配伤残人员专门用品的企业免征企业所得税政策明确如下:

一、自2021年1月1日至2023年12月31日期间,对符合下列条件的居民企业,免征企业所得税:

1.生产和装配伤残人员专门用品,且在民政部发布的《中国伤残人员专门用品目录》范围之内。

2.以销售本企业生产或者装配的伤残人员专门用品为主,其所取得的年度伤残人员专门用品销售收入(不含出口取得的收入)占企业收入总额60%以上。

收入总额,是指《中华人民共和国企业所得税法》第六条规定的收入总额。

3. 企业账证健全，能够准确、完整地向主管税务机关提供纳税资料，且本企业生产或者装配的伤残人员专门用品所取得的收入能够单独、准确核算。

4. 企业拥有假肢制作师、矫形器制作师资格证书的专业技术人员不得少于1人；其企业生产人员如超过20人，则其拥有假肢制作师、矫形器制作师资格证书的专业技术人员不得少于全部生产人员的1/6。

5. 具有与业务相适应的测量取型、模型加工、接受腔成型、打磨、对线组装、功能训练等生产装配专用设备和工具。

6. 具有独立的接待室、假肢或者矫形器（辅助器具）制作室和假肢功能训练室，使用面积不少于115平方米。

二、符合本公告规定条件的企业，按照《国家税务总局关于发布修订后的〈企业所得税优惠政策事项办理办法〉的公告》（国家税务总局公告2018年第23号）的规定，采取"自行判别、申报享受、相关资料留存备查"的办理方式享受税收优惠政策。

科技发展

《国家税务总局关于股权激励和技术入股所得税征管问题的公告》（2016年9月28日颁布 2016年9月1日起实施 国家税务总局公告2016年第62号）①

为贯彻落实《财政部 国家税务总局关于完善股权激励和技术入股有关所得税政策的通知》（财税〔2016〕101号，以下简称《通知》），现就股权激励和技术入股有关所得税征管问题公告如下：

二、关于企业所得税征管问题

（一）选择适用《通知》中递延纳税政策的，应当为实行查账征收的居民企业以技术成果所有权投资。

（二）企业适用递延纳税政策的，应在投资完成后首次预缴申报时，将相关内容填入《技术成果投资入股企业所得税递延纳税备案表》（附件5）。

（三）企业接受技术成果投资入股，技术成果评估值明显不合理的，主管税务机关有权进行调整。

三、实施时间

本公告自2016年9月1日起实施。中关村国家自主创新示范区

① 根据《国家税务总局关于公布全文和部分条款失效废止的税务规范性文件目录的公告》（国家税务总局公告2023年第8号），自2023年5月26日起，第一条第三项中"员工在一个纳税年度中……执行。"废止。

2016年1月1日至8月31日之间发生的尚未纳税的股权奖励事项，按《通知》有关政策执行的，可按本公告有关规定办理相关税收事宜。《国家税务总局关于3项个人所得税事项取消审批实施后续管理的公告》(国家税务总局公告2016年第5号)第二条第(一)项同时废止。

金融产业

1.《关于中国扶贫基金会小额信贷试点项目税收政策的通知》(2010年5月19日颁布 财税〔2010〕35号)

各省、自治区、直辖市、计划单列市财政厅(局)、国家税务局、地方税务局，新疆生产建设兵团财务局：

为支持农村金融发展，根据国务院的批复精神，现就中国扶贫基金会小额信贷试点项目有关税收政策通知如下：

一、中和农信项目管理有限公司和中国扶贫基金会举办的农户自立服务社(中心)从事农户小额贷款取得的利息收入，按照《财政部 国家税务总局关于农村金融有关税收政策的通知》(财税〔2010〕4号)第一条、第二条规定执行营业税和企业所得税优惠政策。

二、中和农信项目管理有限公司和中国扶贫基金会举办的农户自立服务社(中心)应对符合条件的农户小额贷款利息收入进行单独核算，不能单独核算的不得适用本通知规定的优惠政策。

2.《财政部 国家税务总局关于中国扶贫基金会所属小额贷款公司享受有关税收优惠政策的通知》(2012年5月8日颁布 财税〔2012〕33号)

各省、自治区、直辖市、计划单列市财政厅(局)、国家税务局、地方税务局，新疆生产建设兵团财务局：

鉴于中国扶贫基金会为规范小额信贷的管理，逐步将下属的农户自立服务社(中心)转型为由中和农信项目管理有限公司独资成立的小额贷款公司。经研究，同意中和农信项目管理有限公司独资成立的小额贷款公司按照《财政部 国家税务总局关于中国扶贫基金会小额信贷试点项目税收政策的通知》(财税〔2010〕35号)的规定，享受有关税收优惠政策。

3.《关于延续支持农村金融发展有关税收政策的通知》(2017年6月9日颁布 财税〔2017〕44号)

各省、自治区、直辖市、计划单列市财政厅(局)、国家税务局、地方税务局，新疆生产建设兵团财务局：

为继续支持农村金融发展，现就农村金融有关税收政策通知如下：

一、自2017年1月1日至2019年12月31日，对金融机构农户小额贷款的利息收入，免征增值税。

二、自2017年1月1日至2019年12月31日，对金融机构农户小额贷款的利息收入，在计算应纳税所得额时，按90%计入收入总额。

三、自2017年1月1日至2019年12月31日，对保险公司为种植业、养殖业提供保险业务取得的保费收入，在计算应纳税所得额时，按90%计入收入总额。

四、本通知所称农户，是指长期（一年以上）居住在乡镇（不包括城关镇）行政管理区域内的住户，还包括长期居住在城关镇所辖行政村范围内的住户和户口不在本地而在本地居住一年以上的住户，国有农场的职工和农村个体工商户。位于乡镇（不包括城关镇）行政管理区域内和在城关镇所辖行政村范围内的国有经济的机关、团体、学校、企事业单位的集体户；有本地户口，但举家外出谋生一年以上的住户，无论是否保留承包耕地均不属于农户。农户以户为统计单位，既可以从事农业生产经营，也可以从事非农业生产经营。农户贷款的判定应以贷款发放时的承贷主体是否属于农户为准。

本通知所称小额贷款，是指单笔且该农户贷款余额总额在10万元（含本数）以下的贷款。

本通知所称保费收入，是指原保险保费收入加上分保费收入减去分出保费后的余额。

五、金融机构应对符合条件的农户小额贷款利息收入进行单独核算，不能单独核算的不得适用本通知第一条、第二条规定的优惠政策。

六、本通知印发之日前已征的增值税，可抵减纳税人以后月份应缴纳的增值税或予以退还。

4.《财政部 税务总局关于小额贷款公司有关税收政策的通知》（2017年6月9日颁布 2017年1月1日起实施 财税〔2017〕48号）

各省、自治区、直辖市、计划单列市财政厅（局）、国家税务局、地方税务局，新疆生产建设兵团财务局：

为引导小额贷款公司在“三农”、小微企业等方面发挥积极作用，更好地服务实体经济发展，现将小额贷款公司有关税收政策通知如下：

一、自2017年1月1日至2019年12月31日，对经省级金融管理部门（金融办、局等）批准成立的小额贷款公司取得的农户小额贷款利息收入，免征增值税。

二、自2017年1月1日至2019年12月31日，对经省级金融管理部门（金融办、局等）批准成立的小额贷款公司取得的农户小额贷款利息收入，在计算应纳税所得额时，按90%计入收入总额。

三、自2017年1月1日至2019年12月31日，对经省级金融管理部门（金融办、局等）批准成立的小额贷款公司按年末贷款余额的1%计提的贷款损失准备金准予在企业所得税税前扣除。具体政策口径按照《财政部　国家税务总局关于金融企业贷款损失准备金企业所得税税前扣除有关政策的通知》（财税〔2015〕9号）执行。

四、本通知所称农户，是指长期（一年以上）居住在乡镇（不包括城关镇）行政管理区域内的住户，还包括长期居住在城关镇所辖行政村范围内的住户和户口不在本地而在本地居住一年以上的住户，国有农场的职工和农村个体工商户。位于乡镇（不包括城关镇）行政管理区域内和在城关镇所辖行政村范围内的国有经济的机关、团体、学校、企事业单位的集体户；有本地户口，但举家外出谋生一年以上的住户，无论是否保留承包耕地均不属于农户。农户以户为统计单位，既可以从事农业生产经营，也可以从事非农业生产经营。农户贷款的判定应以贷款发放时的承贷主体是否属于农户为准。

本通知所称小额贷款，是指单笔且该农户贷款余额总额在10万元（含本数）以下的贷款。

五、2017年1月1日至本通知印发之日前已征的应予免征的增值税，可抵减纳税人以后月份应缴纳的增值税或予以退还。

5.《财政部　税务总局关于保险保障基金有关税收政策问题的通知》（2018年4月27日颁布　2018年1月1日起实施　财税〔2018〕41号）①

各省、自治区、直辖市、计划单列市财政厅（局）、国家税务局、地方税务局，新疆生产建设兵团财政局：

为支持保险保障基金发展，增强行业经营风险防范能力，现将保险保障基金有关税收政策事项明确如下：

一、对中国保险保障基金有限责任公司（以下简称保险保障基金公司）根据《保险保障基金管理办法》取得的下列收入，免征企业所得税：

1. 境内保险公司依法缴纳的保险保障基金；

---

① 该文件执行期限延长至2023年12月31日。详细可参见《财政部　税务总局关于延长部分税收优惠政策执行期限的公告》（财政部　税务总局公告2021年第6号）。

2. 依法从撤销或破产保险公司清算财产中获得的受偿收入和向有关责任方追偿所得，以及依法从保险公司风险处置中获得的财产转让所得；

3. 接受捐赠收入；

4. 银行存款利息收入；

5. 购买政府债券、中央银行、中央企业和中央级金融机构发行债券的利息收入；

6. 国务院批准的其他资金运用取得的收入。

三、本通知自2018年1月1日起至2020年12月31日止执行。《财政部　国家税务总局关于保险保障基金有关税收政策问题的通知》(财税〔2016〕10号)同时废止。

文化创意产业

1.《财政部　国家税务总局关于扶持动漫产业发展有关税收政策问题的通知》(2009年7月17日颁布　2009年1月1日起实施　财税〔2009〕65号)①

各省、自治区、直辖市、计划单列市财政厅(局)、国家税务局、地方税务局：

根据《国务院办公厅转发财政部等部门关于推动我国动漫产业发展若干意见的通知》(国办发〔2006〕32号)的精神，文化部会同有关部门于2008年12月下发了《动漫企业认定管理办法(试行)》(文市发〔2008〕51号)。为促进我国动漫产业健康快速发展，增强动漫产业的自主创新能力，现就扶持动漫产业发展的有关税收政策问题通知如下：

二、关于企业所得税

经认定的动漫企业自主开发、生产动漫产品，可申请享受国家现行鼓励软件产业发展的所得税优惠政策。

五、本通知所称动漫企业和自主开发、生产动漫产品的认定标准和认定程序，按照《文化部财政部　国家税务总局关于印发〈动漫企业认定管理办法(试行)〉的通知》(文市发〔2008〕51号)的规定执行。

六、本通知从2009年1月1日起执行。

第25条

① 条款失效，第一条失效。参见《财政部　国家税务总局关于软件产品增值税政策的通知》(财税〔2011〕100号)。条款失效，第一条、第三条失效。参见《财政部　国家税务总局关于扶持动漫产业发展增值税　营业税政策的通知》(财税〔2011〕119号)。

2.《财政部　税务总局　中央宣传部关于继续实施文化体制改革中经营性文化事业单位转制为企业若干税收政策的通知》(2019年2月16日颁布　2019年1月1日起实施　财税〔2019〕16号)

各省、自治区、直辖市、计划单列市财政厅(局)、党委宣传部,新疆生产建设兵团财政局,国家税务总局各省、自治区、直辖市、计划单列市税务局:

为贯彻落实《国务院办公厅关于印发文化体制改革中经营性文化事业单位转制为企业和进一步支持文化企业发展两个规定的通知》(国办发〔2018〕124号)有关规定,进一步深化文化体制改革,继续推进国有经营性文化事业单位转企改制,现就继续实施经营性文化事业单位转制为企业的税收政策有关事项通知如下:

一、经营性文化事业单位转制为企业,可以享受以下税收优惠政策:

(一)经营性文化事业单位转制为企业,自转制注册之日起五年内免征企业所得税。2018年12月31日之前已完成转制的企业,自2019年1月1日起可继续免征五年企业所得税。

(二)由财政部门拨付事业经费的文化单位转制为企业,自转制注册之日起五年内对其自用房产免征房产税。2018年12月31日之前已完成转制的企业,自2019年1月1日起对其自用房产可继续免征五年房产税。

(三)党报、党刊将其发行、印刷业务及相应的经营性资产剥离组建的文化企业,自注册之日起所取得的党报、党刊发行收入和印刷收入免征增值税。

(四)对经营性文化事业单位转制中资产评估增值、资产转让或划转涉及的企业所得税、增值税、城市维护建设税、契税、印花税等,符合现行规定的享受相应税收优惠政策。

上述所称"经营性文化事业单位",是指从事新闻出版、广播影视和文化艺术的事业单位。转制包括整体转制和剥离转制。其中,整体转制包括:(图书、音像、电子)出版社、非时政类报刊出版单位、新华书店、艺术院团、电影制片厂、电影(发行放映)公司、影剧院、重点新闻网站等整体转制为企业;剥离转制包括:新闻媒体中的广告、印刷、发行、传输网络等部分,以及影视剧等节目制作与销售机构,从事业体制中剥离出来转制为企业。

上述所称"转制注册之日",是指经营性文化事业单位转制为企业并进行企业法人登记之日。对于经营性文化事业单位转制前已进行企业法人登记，则按注销事业单位法人登记之日，或核销事业编制的批复之日（转制前未进行事业单位法人登记的）确定转制完成并享受本通知所规定的税收优惠政策。

上述所称“2018 年 12 月 31 日之前已完成转制”，是指经营性文化事业单位在 2018 年 12 月 31 日及以前已转制为企业、进行企业法人登记，并注销事业单位法人登记或批复核销事业编制（转制前未进行事业单位法人登记的）。

本通知下发之前已经审核认定享受《财政部　国家税务总局　中宣部关于继续实施文化体制改革中经营性文化事业单位转制为企业若干税收政策的通知》（财税〔2014〕84 号）税收优惠政策的转制文化企业，可按本通知规定享受税收优惠政策。

二、享受税收优惠政策的转制文化企业应同时符合以下条件：

（一）根据相关部门的批复进行转制。

（二）转制文化企业已进行企业法人登记。

（三）整体转制前已进行事业单位法人登记的，转制后已核销事业编制、注销事业单位法人；整体转制前未进行事业单位法人登记的，转制后已核销事业编制。

（四）已同在职职工全部签订劳动合同，按企业办法参加社会保险。

（五）转制文化企业引入非公有资本和境外资本的，须符合国家法律法规和政策规定；变更资本结构依法应经批准的，需经行业主管部门和国有文化资产监管部门批准。

本通知适用于所有转制文化单位。中央所属转制文化企业的认定，由中央宣传部会同财政部、税务总局确定并发布名单；地方所属转制文化企业的认定，按照登记管理权限，由地方各级宣传部门会同同级财政、税务部门确定和发布名单，并按程序抄送中央宣传部、财政部和税务总局。

已认定发布的转制文化企业名称发生变更的，如果主营业务未发生变化，可持同级文化体制改革和发展工作领导小组办公室出具的同意变更函，到主管税务机关履行变更手续；如果主营业务发生变化，依照本条规定的条件重新认定。

三、经认定的转制文化企业，应按有关税收优惠事项管理规定办理优惠手续，申报享受税收优惠政策。企业应将转制方案批复函，企业营业执照，同级机构编制管理机关核销事业编制、注销事业单位法人的证明，与在职职工签订劳动合同、按企业办法参加社会保险制度的有关材料，相关部门对引入非公有资本和境外资本、变更资本结构的批准文件等留存备查，税务部门依法加强后续管理。

四、未经认定的转制文化企业或转制文化企业不符合本通知规定的，不得享受相关税收优惠政策。已享受优惠的，主管税务机关应追缴其已减免的税款。

五、对已转制企业按照本通知规定应予减免的税款，在本通知下发以前已经征收入库的，可抵减以后纳税期应缴税款或办理退库。

六、本通知规定的税收政策执行期限为2019年1月1日至2023年12月31日。企业在2023年12月31日享受本通知第一条第（一）、（二）项税收政策不满五年的，可继续享受至五年期满为止。

《财政部　国家税务总局　中宣部关于继续实施文化体制改革中经营性文化事业单位转制为企业若干税收政策的通知》（财税〔2014〕84号）自2019年1月1日起停止执行。

3.《财政部　税务总局关于电影等行业税费支持政策的公告》（2020年5月13日颁布　2020年1月1日起实施　财政部　税务总局公告2020年第25号）①

为支持电影等行业发展，现将有关税费政策公告如下：

二、对电影行业企业2020年度发生的亏损，最长结转年限由5年延长至8年。

电影行业企业限于电影制作、发行和放映等企业，不包括通过互联网、电信网、广播电视网等信息网络传播电影的企业。

四、本公告发布之日前，已征的按照本公告规定应予免征的税费，可抵减纳税人和缴费人以后月份应缴纳的税费或予以退还。

社区家庭服务与医疗机构

1.《财政部　国家税务总局关于医疗卫生机构有关税收政策的通知》（2000年7月10日颁布并实施　财税〔2000〕42号）

为了贯彻落实《国务院办公厅转发国务院体改办等部门关于城镇医药卫生体制改革指导意见的通知》（国办发〔2000〕16号），促进我国

① 该文件执行期限延长至2021年12月31日。详细可参见《财政部　税务总局关于延续实施应对疫情部分税费优惠政策的公告》（财政部　税务总局公告2021年第7号）。

医疗卫生事业的发展，经国务院批准，现将医疗卫生机构有关税收政策通知如下：

一、关于非营利性医疗机构的税收政策

（一）对非营利性医疗机构按照国家规定的价格取得的医疗服务收入，免征各项税收。不按照国家规定价格取得的医疗服务收入不得享受这项政策。

医疗服务是指医疗服务机构对患者进行检查、诊断、治疗、康复和提供预防保健、接生、计划生育方面的服务，以及与这些服务有关的提供药品、医用材料器具、救护车、病房住宿和伙食的业务（下同）。

（二）对非营利性医疗机构从事非医疗服务取得的收入，如租赁收入、财产转让收入、培训收入、对外投资收入等应按规定征收各项税收。非营利性医疗机构将取得的非医疗服务收入，直接用于改善医疗卫生服务条件的部分，经税务部门审核批准可抵扣其应纳税所得额，就其余额征收企业所得税。

（四）非营利性医疗机构的药房分离为独立的药品零售企业，应按规定征收各项税收。

三、关于疾病控制机构和妇幼保健机构等卫生机构的税收政策

（一）对疾病控制机构和妇幼保健机构等卫生机构按照国家规定的价格取得的卫生服务收入（含疫苗接种和调拨、销售收入），免征各项税收。不按照国家规定的价格取得的卫生服务收入不得享受这项政策。对疾病控制机构和妇幼保健等卫生机构取得的其他经营收入如直接用于改善本卫生机构卫生服务条件的，经税务部门审核批准可抵扣其应纳税所得额，就其余额征收企业所得税。

（二）……

医疗机构需要书面向卫生行政主管部门申明其性质，按《医疗机构管理条例》进行设置审批和登记注册，并由接受其登记注册的卫生行政部门核定，在执业登记中注明“非营利性医疗机构”和“营利性医疗机构”。

上述医疗机构具体包括：各级各类医院、门诊部（所）、社区卫生服务中心（站）、急救中心（站）、城乡卫生院、护理院（所）、疗养院、临床检验中心等。上述疾病控制、妇幼保健等卫生机构具体包括：各级政府及有关部门举办的卫生防疫站（疾病控制中心）、各种专科疾病防治站（所），各级政府举办的妇幼保健所（站）、母婴保健机构、儿童保健机构等，各级政府举办的血站（血液中心）。

本通知自发布之日起执行。

2.《财政部　税务总局　发展改革委　民政部　商务部　卫生健康委关于养老、托育、家政等社区家庭服务业税费优惠政策的公告》(2019年5月28日颁布　2019年6月1日起实施　财政部　税务总局　发展改革委　民政部　商务部　卫生健康委公告2019年第76号)

为支持养老、托育、家政等社区家庭服务业发展,现就有关税费政策公告如下:

一、为社区提供养老、托育、家政等服务的机构,按照以下规定享受税费优惠政策:

(二)提供社区养老、托育、家政服务取得的收入,在计算应纳税所得额时,减按90%计入收入总额。

三、本公告所称社区是指聚居在一定地域范围内的人们所组成的社会生活共同体,包括城市社区和农村社区。

为社区提供养老服务的机构,是指在社区依托固定场所设施,采取全托、日托、上门等方式,为社区居民提供养老服务的企业、事业单位和社会组织。社区养老服务是指为老年人提供的生活照料、康复护理、助餐助行、紧急救援、精神慰藉等服务。

为社区提供托育服务的机构,是指在社区依托固定场所设施,采取全日托、半日托、计时托、临时托等方式,为社区居民提供托育服务的企业、事业单位和社会组织。社区托育服务是指为3周岁(含)以下婴幼儿提供的照料、看护、膳食、保育等服务。

为社区提供家政服务的机构,是指以家庭为服务对象,为社区居民提供家政服务的企业、事业单位和社会组织。社区家政服务是指进入家庭成员住所或医疗机构为孕产妇、婴幼儿、老人、病人、残疾人提供的照护服务,以及进入家庭成员住所提供的保洁、烹饪等服务。

四、符合下列条件的家政服务企业提供家政服务取得的收入,比照《营业税改征增值税试点过渡政策的规定》(财税〔2016〕36号附件)第一条第(三十一)项规定,免征增值税。

(一)与家政服务员、接受家政服务的客户就提供家政服务行为签订三方协议;

(二)向家政服务员发放劳动报酬,并对家政服务员进行培训管理;

(三)通过建立业务管理系统对家政服务员进行登记管理。

五、财政、税费征收机关可根据工作需要与民政、卫生健康、商务等部门建立信息共享和工作配合机制,民政、卫生健康、商务等部门应积极协同配合,保障优惠政策落实到位。

六、本公告自2019年6月1日起执行至2025年12月31日。

奥运会

1.《财政部　税务总局　海关总署关于北京2022年冬奥会和冬残奥会税收政策的通知》(2017年7月12日颁布并实施　财税〔2017〕60号)

各省、自治区、直辖市、计划单列市财政厅(局)、国家税务局、地方税务局,广东分署、各直属海关,新疆生产建设兵团财务局:

为支持发展奥林匹克运动,确保北京2022年冬奥会和冬残奥会顺利举办,现就有关税收政策通知如下:

一、对北京2022年冬奥会和冬残奥会组织委员会(以下简称"北京冬奥组委")实行以下税收政策

(十一)对北京冬奥组委免征应缴纳的企业所得税。

(十六)根据中国奥委会、主办城市、国际奥委会签订的《北京2022年冬季奥林匹克运动会主办城市合同》(以下简称《主办城市合同》)规定,北京冬奥组委全面负责和组织举办北京2022年冬残奥会,其取得的北京2022年冬残奥会收入及其发生的涉税支出比照执行北京2022年冬奥会的税收政策。

二、对国际奥委会、中国奥委会、国际残疾人奥林匹克委员会、中国残奥委员会、北京冬奥会测试赛赛事组委会实行以下税收政策

(一)对国际奥委会取得的与北京2022年冬奥会有关的收入免征增值税、消费税、企业所得税。

(四)对按中国奥委会、主办城市签订的《联合市场开发计划协议》和中国奥委会、主办城市、国际奥委会签订的《主办城市合同》规定,中国奥委会取得的由北京冬奥组委分期支付的收入、按比例支付的盈余分成收入免征增值税、消费税和企业所得税。

(五)对国际残奥委会取得的与北京2022年冬残奥会有关的收入免征增值税、消费税、企业所得税和印花税。

(六)对中国残奥委会根据《联合市场开发计划协议》取得的由北京冬奥组委分期支付的收入免征增值税、消费税、企业所得税和印花税。

(七)北京冬奥会测试赛赛事组委会取得的收入及发生的涉税支出比照执行北京冬奥组委的税收政策。

三、对北京2022年冬奥会、冬残奥会、测试赛参与者实行以下税收政策

(一)对企业、社会组织和团体赞助、捐赠北京2022年冬奥会、冬残

奥会、测试赛的资金、物资、服务支出，在计算企业应纳税所得额时予以全额扣除。

四、本通知自发布之日起执行。

2.《财政部　税务总局　海关总署关于北京2022年冬奥会和冬残奥会税收优惠政策的公告》(2019年11月11日颁布并实施　财政部　税务总局　海关总署公告2019年第92号)

为支持筹办北京2022年冬奥会和冬残奥会及其测试赛(以下简称北京冬奥会)，现就有关税收优惠政策公告如下：

一、对国际奥委会相关实体中的非居民企业取得的与北京冬奥会有关的收入，免征企业所得税。

九、国际残奥委会及其相关实体的税收政策，比照国际奥委会及其相关实体执行。

十、对享受税收优惠政策的国际奥委会相关实体实行清单管理，具体清单由北京冬奥组委提出，报财政部、税务总局、海关总署确定。

十一、上述税收优惠政策，凡未注明具体期限的，自公告发布之日起执行。

其他产业

1.《财政部　国家税务总局关于发行福利彩票有关税收问题的通知》(2002年4月23日颁布　2002年1月1日起实施　财税〔2002〕59号)

各省、自治区、直辖市、计划单列市财政厅(局)、国家税务局、地方税务局，新疆生产建设兵团财务局：

为贯彻落实国务院《关于进一步规范彩票事业的发展》(国发〔2001〕35号)文件精神，支持促进我国彩票事业的发展，根据《中华人民共和国营业税暂行条例》、《财政部国家税务总局关于企业收取和交纳的各种价内外基金(资金、附加)和收费征免企业所得税等几个政策问题的通知》(财税字〔1997〕22号)的有关规定，现对福利彩票发行和销售机构(含销售站点)(以下简称福利彩票机构)营业税、企业所得税征免问题通知如下：

二、福利彩票机构发行销售福利彩票取得的收入，包括返还奖金、发行经费、公益金，暂免征收企业所得税。

三、本通知自2002年1月1日起执行。

2.《国家税务总局关于金融资产管理公司从事经营租赁业务有关税收政策问题的批复》(2009年3月31日颁布 国税函〔2009〕190号)

广东省地方税务局：

你局《关于金融资产管理公司有关税收政策问题的请示》(粤地税发〔2008〕86号)收悉。经研究,批复如下：

金融资产管理公司利用其接受的抵债资产从事经营租赁业务,不属于《国务院办公厅转发人民银行、财政部、证监会关于组建中国华融资产管理公司、中国长城资产管理公司和中国东方资产管理公司意见的通知》(国办发〔1999〕66号)和《财政部国家税务总局关于中国信达等4家金融资产管理公司税收政策问题的通知》(财税〔2001〕10号)规定的免税范围,应当依法纳税。

第二十六条 【免税收入】 企业的下列收入为免税收入：

(一)国债利息收入；

(二)符合条件的居民企业之间的股息、红利等权益性投资收益；

(三)在中国境内设立机构、场所的非居民企业从居民企业取得与该机构、场所有实际联系的股息、红利等权益性投资收益；

(四)符合条件的非营利组织的收入。

一、税收行政法规

《中华人民共和国企业所得税法实施条例》(2007年12月6日中华人民共和国国务院令第512号公布 根据2019年4月23日《国务院关于修改部分行政法规的决定》修订)

第八十二条 企业所得税法第二十六条第(一)项所称国债利息收入,是指企业持有国务院财政部门发行的国债取得的利息收入。

第八十三条 企业所得税法第二十六条第(二)项所称符合条件的居民企业之间的股息、红利等权益性投资收益,是指居民企业直接投资于其他居民企业取得的投资收益。企业所得税法第二十六条第(二)项和第(三)项所称股息、红利等权益性投资收益,不包括连续持有居民企业公开发行并上市流通的股票不足12个月取得的投资收益。

第八十四条 企业所得税法第二十六条第(四)项所称符合条件的非营利组织,是指同时符合下列条件的组织:

(一)依法履行非营利组织登记手续;

(二)从事公益性或者非营利性活动;

(三)取得的收入除用于与该组织有关的、合理的支出外,全部用于登记核定或者章程规定的公益性或者非营利性事业;

(四)财产及其孳息不用于分配;

(五)按照登记核定或者章程规定,该组织注销后的剩余财产用于公益性或者非营利性目的,或者由登记管理机关转赠给与该组织性质、宗旨相同的组织,并向社会公告;

(六)投入人对投入该组织的财产不保留或者享有任何财产权利;

(七)工作人员工资福利开支控制在规定的比例内,不变相分配该组织的财产。

前款规定的非营利组织的认定管理办法由国务院财政、税务主管部门会同国务院有关部门制定。

第八十五条 企业所得税法第二十六条第(四)项所称符合条件的非营利组织的收入,不包括非营利组织从事营利性活动取得的收入,但国务院财政、税务主管部门另有规定的除外。

二、税务规范性文件

(一)国债利息收入

1.《财政部 国家税务总局关于住房公积金管理中心有关税收政策的通知》(2000年10月10日颁布 2000年9月1日起实施 财税〔2000〕94号)

为了推进住房制度改革,经国务院批准,现将住房公积金管理中心有关税收政策通知如下:

二、对住房公积金管理中心用住房公积金购买国债、在指定的委托银行发放个人住房贷款取得的利息收入,免征企业所得税;

三、对住房公积金管理中心取得其他经营收入,按规定征收各项税收。

本通知自2000年9月1日起执行。

2.《国家税务总局关于企业国债投资业务企业所得税处理问题的公告》(2011年6月22日颁布 2011年1月1日起实施 国家税务总局公告2011年第36号)

根据《中华人民共和国企业所得税法》(以下简称企业所得税法)及其实施条例的规定,现对企业国债投资业务企业所得税处理问题,公告如下:

一、关于国债利息收入税务处理问题

(一)国债利息收入时间确认

1.根据企业所得税法实施条例第十八条的规定,企业投资国债从国务院财政部门(以下简称发行者)取得的国债利息收入,应以国债发行时约定应付利息的日期,确认利息收入的实现。

2.企业转让国债,应在国债转让收入确认时确认利息收入的实现。

(二)国债利息收入计算

企业到期前转让国债、或者从非发行者投资购买的国债,其持有期间尚未兑付的国债利息收入,按以下公式计算确定:

国债利息收入=国债金额×(适用年利率÷365)×持有天数

上述公式中的"国债金额",按国债发行面值或发行价格确定;"适用年利率"按国债票面年利率或折合年收益率确定;如企业不同时间多次购买同一品种国债的,"持有天数"可按平均持有天数计算确定。

(三)国债利息收入免税问题

根据企业所得税法第二十六条的规定,企业取得的国债利息收入,免征企业所得税。具体按以下规定执行:

1.企业从发行者直接投资购买的国债持有至到期,其从发行者取得的国债利息收入,全额免征企业所得税。

2.企业到期前转让国债、或者从非发行者投资购买的国债,其按本公告第一条第(二)项计算的国债利息收入,免征企业所得税。

二、关于国债转让收入税务处理问题

(一)国债转让收入时间确认

1.企业转让国债应在转让国债合同、协议生效的日期,或者国债移交时确认转让收入的实现。

2.企业投资购买国债,到期兑付的,应在国债发行时约定的应付利息的日期,确认国债转让收入的实现。

(二)国债转让收益(损失)计算

企业转让或到期兑付国债取得的价款,减除其购买国债成本,并扣除其持有期间按照本公告第一条计算的国债利息收入以及交易过程中相关税费后的余额,为企业转让国债收益(损失)。

(三)国债转让收益(损失)征税问题

根据企业所得税法实施条例第十六条规定,企业转让国债,应作为转让财产,其取得的收益(损失)应作为企业应纳税所得额计算纳税。

三、关于国债成本确定问题

(一)通过支付现金方式取得的国债,以买入价和支付的相关税费为成本;

(二)通过支付现金以外的方式取得的国债,以该资产的公允价值和支付的相关税费为成本;

四、关于国债成本计算方法问题

企业在不同时间购买同一品种国债的,其转让时的成本计算方法,可在先进先出法、加权平均法、个别计价法中选用一种。计价方法一经选用,不得随意改变。

五、本公告自2011年1月1日起施行。

3.《财政部 国家税务总局关于地方政府债券利息所得免征所得税问题的通知》(2011年8月26日颁布 财税〔2011〕76号)

各省、自治区、直辖市、计划单列市财政厅(局)、国家税务局、地方税务局,新疆生产建设兵团财务局:

经国务院批准,现就地方政府债券利息所得有关所得税政策通知如下:

一、对企业和个人取得的2009年、2010年和2011年发行的地方政府债券利息所得,免征企业所得税和个人所得税。

二、地方政府债券是指经国务院批准,以省、自治区、直辖市和计划单列市政府为发行和偿还主体的债券。

4.《财政部 国家税务总局关于地方政府债券利息免征所得税问题的通知》(2013年2月6日颁布 财税〔2013〕5号)

各省、自治区、直辖市、计划单列市财政厅(局)、国家税务局、地方税务局,新疆生产建设兵团财务局:

经国务院批准,现就地方政府债券利息有关所得税政策通知如下:

一、对企业和个人取得的2012年及以后年度发行的地方政府债券利息收入,免征企业所得税和个人所得税。

二、地方政府债券是指经国务院批准同意,以省、自治区、直辖市和计划单列市政府为发行和偿还主体的债券。

(二)非营利组织

1.《财政部 国家税务总局关于非营利性科研机构税收政策的通知》(2001年2月9日颁布 2001年1月1日起实施 财税〔2001〕5号)

为了贯彻落实《国务院办公厅转发科技部等部门关于非营利性科研机构管理的若干意见(试行)的通知》(国办发〔2000〕78号),鼓励社会公益类科研事业的发展,经国务院批准,现对非营利性科研机构有关税收政策明确如下:

一、非营利性科研机构要以推动科技进步为宗旨,不以营利为目的,主要从事应用基础研究或向社会提供公共服务。非营利性科研机构的认定标准,由科技部会同财政部、中编办、国家税务总局另行制定。非营利性科研机构需要书面向科技行政主管部门申明其性质,按规定进行设置审批和登记注册,并由接受其登记注册的科技行政部门核定,在执业登记中注明“非营利性科研机构”。

二、非营利性科研机构享受如下税收优惠政策:

1. 非营利性科研机构从事技术开发、技术转让业务和与之相关的技术咨询、技术服务所得的收入,按有关规定免征营业税和企业所得税。

2. 非营利性科研机构从事与其科研业务无关的其他服务所取得的收入,如租赁收入、财产转让收入、对外投资收入等,应当按规定征收各项税收;非营利性科研机构从事上述非主营业务收入用于改善研究开发条件的投资部分,经税务部门审核批准可抵扣其应纳税所得额,就其余额征收企业所得税。

三、对非营利性科研机构实行年度检查制度,凡不符合条件的,应取消其免税资格,并按规定补缴当年已免税款。

本通知自2001年1月1日起执行。具体执行办法由国家税务总局另行制定。

2.《财政部 国家税务总局关于非营利组织企业所得税免税收入问题的通知》(2009年11月11日颁布 2008年1月1日起实施 财税〔2009〕122号)

各省、自治区、直辖市、计划单列市财政厅(局)、国家税务局、地方税务局,新疆生产建设兵团财务局:

根据《中华人民共和国企业所得税法》第二十六条及《中华人民共和国企业所得税法实施条例》(国务院令第512号)第八十五条的规定,现将符合条件的非营利组织企业所得税免税收入范围明确如下:

一、非营利组织的下列收入为免税收入:

(一)接受其他单位或者个人捐赠的收入;

(二)除《中华人民共和国企业所得税法》第七条规定的财政拨款以外的其他政府补助收入,但不包括因政府购买服务取得的收入;

(三)按照省级以上民政、财政部门规定收取的会费;

(四)不征税收入和免税收入孳生的银行存款利息收入;

(五)财政部、国家税务总局规定的其他收入。

二、本通知从2008年1月1日起执行。

3.《财政部　税务总局关于非营利组织免税资格认定管理有关问题的通知》(2018年2月7日颁布　2018年1月1日起实施　财税〔2018〕13号)

各省、自治区、直辖市、计划单列市财政厅(局)、国家税务局、地方税务局,新疆生产建设兵团财政局:

根据《中华人民共和国企业所得税法》第二十六条及《中华人民共和国企业所得税法实施条例》第八十四条的规定,现对非营利组织免税资格认定管理有关问题明确如下:

一、依据本通知认定的符合条件的非营利组织,必须同时满足以下条件:

(一)依照国家有关法律法规设立或登记的事业单位、社会团体、基金会、社会服务机构、宗教活动场所、宗教院校以及财政部、税务总局认定的其他非营利组织;

(二)从事公益性或者非营利性活动;

(三)取得的收入除用于与该组织有关的、合理的支出外,全部用于登记核定或者章程规定的公益性或者非营利性事业;

(四)财产及其孳息不用于分配,但不包括合理的工资薪金支出;

(五)按照登记核定或者章程规定,该组织注销后的剩余财产用于公益性或者非营利性目的,或者由登记管理机关采取转赠给与该组织性质、宗旨相同的组织等处置方式,并向社会公告;

(六)投入人对投入该组织的财产不保留或者享有任何财产权利,本款所称投入人是指除各级人民政府及其部门外的法人、自然人和其他组织;

（七）工作人员工资福利开支控制在规定的比例内，不变相分配该组织的财产，其中：工作人员平均工资薪金水平不得超过税务登记所在地的地市级（含地市级）以上地区的同行业同类组织平均工资水平的两倍，工作人员福利按照国家有关规定执行；

（八）对取得的应纳税收入及其有关的成本、费用、损失应与免税收入及其有关的成本、费用、损失分别核算。

二、经省级（含省级）以上登记管理机关批准设立或登记的非营利组织，凡符合规定条件的，应向其所在地省级税务主管机关提出免税资格申请，并提供本通知规定的相关材料；经地市级或县级登记管理机关批准设立或登记的非营利组织，凡符合规定条件的，分别向其所在地的地市级或县级税务主管机关提出免税资格申请，并提供本通知规定的相关材料。

财政、税务部门按照上述管理权限，对非营利组织享受免税的资格联合进行审核确认，并定期予以公布。

三、申请享受免税资格的非营利组织，需报送以下材料：

（一）申请报告；

（二）事业单位、社会团体、基金会、社会服务机构的组织章程或宗教活动场所、宗教院校的管理制度；

（三）非营利组织注册登记证件的复印件；

（四）上一年度的资金来源及使用情况、公益活动和非营利活动的明细情况；

（五）上一年度的工资薪金情况专项报告，包括薪酬制度、工作人员整体平均工资薪金水平、工资福利占总支出比例、重要人员工资薪金信息（至少包括工资薪金水平排名前10的人员）；

（六）具有资质的中介机构鉴证的上一年度财务报表和审计报告；

（七）登记管理机关出具的事业单位、社会团体、基金会、社会服务机构、宗教活动场所、宗教院校上一年度符合相关法律法规和国家政策的事业发展情况或非营利活动的材料；

（八）财政、税务部门要求提供的其他材料。

当年新设立或登记的非营利组织需提供本条第（一）项至第（三）项规定的材料及本条第（四）项、第（五）项规定的申请当年的材料，不需提供本条第（六）项、第（七）项规定的材料。

四、非营利组织免税优惠资格的有效期为五年。非营利组织应在免税优惠资格期满后六个月内提出复审申请，不提出复审申请或复审不合格的，其享受免税优惠的资格到期自动失效。

非营利组织免税资格复审，按照初次申请免税优惠资格的规定办理。

五、非营利组织必须按照《中华人民共和国税收征收管理法》及《中华人民共和国税收征收管理法实施细则》等有关规定，办理税务登记，按期进行纳税申报。取得免税资格的非营利组织应按照规定向主管税务机关办理免税手续，免税条件发生变化的，应当自发生变化之日起十五日内向主管税务机关报告；不再符合免税条件的，应当依法履行纳税义务；未依法纳税的，主管税务机关应当予以追缴。取得免税资格的非营利组织注销时，剩余财产处置违反本通知第一条第五项规定的，主管税务机关应追缴其应纳企业所得税款。

有关部门在日常管理过程中，发现非营利组织享受优惠年度不符合本通知规定的免税条件的，应提请核准该非营利组织免税资格的财政、税务部门，由其进行复核。

核准非营利组织免税资格的财政、税务部门根据本通知规定的管理权限，对非营利组织的免税优惠资格进行复核，复核不合格的，相应年度不得享受税收优惠政策。

六、已认定的享受免税优惠政策的非营利组织有下述情形之一的，应自该情形发生年度起取消其资格：

（一）登记管理机关在后续管理中发现非营利组织不符合相关法律法规和国家政策的；

（二）在申请认定过程中提供虚假信息的；

（三）纳税信用等级为税务部门评定的C级或D级的；

（四）通过关联交易或非关联交易和服务活动，变相转移、隐匿、分配该组织财产的；

（五）被登记管理机关列入严重违法失信名单的；

（六）从事非法政治活动的。

因上述第（一）项至第（五）项规定的情形被取消免税优惠资格的非营利组织，财政、税务部门自其被取消资格的次年起一年内不再受理该组织的认定申请；因上述第（六）项规定的情形被取消免税优惠资格的非营利组织，财政、税务部门将不再受理该组织的认定申请。

被取消免税优惠资格的非营利组织，应当依法履行纳税义务；未依法纳税的，主管税务机关应当自其存在取消免税优惠资格情形的当年起予以追缴。

七、各级财政、税务部门及其工作人员在认定非营利组织免税资格工作中，存在违法违纪行为的，按照《公务员法》《行政监察法》等国家有关规定追究相应责任；涉嫌犯罪的，移送司法机关处理。

> 八、本通知自2018年1月1日起执行。《财政部 国家税务总局关于非营利组织免税资格认定管理有关问题的通知》(财税〔2014〕13号)同时废止。

第二十七条 【减免税收入】 企业的下列所得,可以免征、减征企业所得税:

(一)从事农、林、牧、渔业项目的所得;

(二)从事国家重点扶持的公共基础设施项目投资经营的所得;

(三)从事符合条件的环境保护、节能节水项目的所得;

(四)符合条件的技术转让所得;

(五)本法第三条第三款规定的所得。

一、税收行政法规

《中华人民共和国企业所得税法实施条例》(2007年12月6日中华人民共和国国务院令第512号公布 根据2019年4月23日《国务院关于修改部分行政法规的决定》修订)

第八十六条 企业所得税法第二十七条第(一)项规定的企业从事农、林、牧、渔业项目的所得,可以免征、减征企业所得税,是指:

(一)企业从事下列项目的所得,免征企业所得税:

1. 蔬菜、谷物、薯类、油料、豆类、棉花、麻类、糖料、水果、坚果的种植;

2. 农作物新品种的选育;

3. 中药材的种植;

4. 林木的培育和种植;

5. 牲畜、家禽的饲养;

6. 林产品的采集;

7. 灌溉、农产品初加工、兽医、农技推广、农机作业和维修等农、林、牧、渔服务业项目;

8. 远洋捕捞。

(二)企业从事下列项目的所得,减半征收企业所得税:

1. 花卉、茶以及其他饮料作物和香料作物的种植;

2. 海水养殖、内陆养殖。

企业从事国家限制和禁止发展的项目，不得享受本条规定的企业所得税优惠。

第八十七条 企业所得税法第二十七条第（二）项所称国家重点扶持的公共基础设施项目，是指《公共基础设施项目企业所得税优惠目录》规定的港口码头、机场、铁路、公路、城市公共交通、电力、水利等项目。

企业从事前款规定的国家重点扶持的公共基础设施项目的投资经营的所得，自项目取得第一笔生产经营收入所属纳税年度起，第一年至第三年免征企业所得税，第四年至第六年减半征收企业所得税。

企业承包经营、承包建设和内部自建自用本条规定的项目，不得享受本条规定的企业所得税优惠。

第八十八条 企业所得税法第二十七条第（三）项所称符合条件的环境保护、节能节水项目，包括公共污水处理、公共垃圾处理、沼气综合开发利用、节能减排技术改造、海水淡化等。项目的具体条件和范围由国务院财政、税务主管部门商国务院有关部门制定，报国务院批准后公布施行。

企业从事前款规定的符合条件的环境保护、节能节水项目的所得，自项目取得第一笔生产经营收入所属纳税年度起，第一年至第三年免征企业所得税，第四年至第六年减半征收企业所得税。

第八十九条 依照本条例第八十七条和第八十八条规定享受减免税优惠的项目，在减免税期限内转让的，受让方自受让之日起，可以在剩余期限内享受规定的减免税优惠；减免税期限届满后转让的，受让方不得就该项目重复享受减免税优惠。

第九十条 企业所得税法第二十七条第（四）项所称符合条件的技术转让所得免征、减征企业所得税，是指一个纳税年度内，居民企业技术转让所得不超过500万元的部分，免征企业所得税；超过500万元的部分，减半征收企业所得税。

第九十一条 非居民企业取得企业所得税法第二十七条第（五）项规定的所得，减按10%的税率征收企业所得税。

下列所得可以免征企业所得税：

（一）外国政府向中国政府提供贷款取得的利息所得；

（二）国际金融组织向中国政府和居民企业提供优惠贷款取得的利息所得；

（三）经国务院批准的其他所得。

二、税务规范性文件

(一)农、林、牧、渔业

1.《财政部 国家税务总局关于发布享受企业所得税优惠政策的农产品初加工范围(试行)的通知》(2008 年 11 月 20 日颁布 2008 年 1 月 1 日起实施 财税〔2008〕149 号)

各省、自治区、直辖市、计划单列市财政厅(局)、国家税务局、地方税务局,新疆生产建设兵团财务局:

根据《中华人民共和国企业所得税法》及其实施条例的规定,为贯彻落实农、林、牧、渔业项目企业所得税优惠政策,现将《享受企业所得税优惠政策的农产品初加工范围(试行)》印发给你们,自 2008 年 1 月 1 日起执行。

各地财政、税务机关对《享受企业所得税优惠政策的农产品初加工范围(试行)》执行中发现的新情况、新问题应及时向国务院财政、税务主管部门反馈,国务院财政、税务主管部门会同有关部门将根据经济社会发展需要,适时对《享受企业所得税优惠政策的农产品初加工范围(试行)》内的项目进行调整和修订。

附:享受企业所得税优惠政策的农产品初加工范围(试行)(2008 年版)

一、种植业类

(一)粮食初加工

1. 小麦初加工。通过对小麦进行清理、配麦、磨粉、筛理、分级、包装等简单加工处理,制成的小麦面粉及各种专用粉。

2. 稻米初加工。通过对稻谷进行清理、脱壳、碾米(或不碾米)、烘干、分级、包装等简单加工处理,制成的成品粮及其初制品,具体包括大米、蒸谷米。

3. 玉米初加工。通过对玉米籽粒进行清理、浸泡、粉碎、分离、脱水、干燥、分级、包装等简单加工处理,生产的玉米粉、玉米碴、玉米片等;鲜嫩玉米经筛选、脱皮、洗涤、速冻、分级、包装等简单加工处理,生产的鲜食玉米(速冻粘玉米、甜玉米、花色玉米、玉米籽粒)。

4. 薯类初加工。通过对马铃薯、甘薯等薯类进行清洗、去皮、磋磨、切制、干燥、冷冻、分级、包装等简单加工处理,制成薯类初级制品。具体包括:薯粉、薯片、薯条。

5. 食用豆类初加工。通过对大豆、绿豆、红小豆等食用豆类进行清理去杂、浸洗、晾晒、分级、包装等简单加工处理,制成的豆面粉、黄豆芽、绿豆芽。

6. 其他类粮食初加工。通过对燕麦、荞麦、高粱、谷子等杂粮进行清理去杂、脱壳、烘干、磨粉、轧片、冷却、包装等简单加工处理,制成的燕麦米、燕麦粉、燕麦麸皮、燕麦片、荞麦米、荞麦面、小米、小米面、高粱米、高粱面。

(二)林木产品初加工

通过将伐倒的乔木、竹(含活立木、竹)去枝、去梢、去皮、去叶、锯段等简单加工处理,制成的原木、原竹、锯材。

(三)园艺植物初加工

1. 蔬菜初加工

(1)将新鲜蔬菜通过清洗、挑选、切割、预冷、分级、包装等简单加工处理,制成净菜、切割蔬菜。

(2)利用冷藏设施,将新鲜蔬菜通过低温贮藏,以备淡季供应的速冻蔬菜,如速冻茄果类、叶类、豆类、瓜类、葱蒜类、柿子椒、蒜苔。

(3)将植物的根、茎、叶、花、果、种子和食用菌通过干制等简单加工处理,制成的初制干菜,如黄花菜、玉兰片、萝卜干、冬菜、梅干菜、木耳、香菇、平菇。

*以蔬菜为原料制作的各类蔬菜罐头(罐头是指以金属罐、玻璃瓶、经排气密封的各种食品。下同)及碾磨后的园艺植物(如胡椒粉、花椒粉等)不属于初加工范围。

2. 水果初加工。通过对新鲜水果(含各类山野果)清洗、脱壳、切块(片)、分类、储藏保鲜、速冻、干燥、分级、包装等简单加工处理,制成的各类水果、果干、原浆果汁、果仁、坚果。

3. 花卉及观赏植物初加工。通过对观赏用、绿化及其它各种用途的花卉及植物进行保鲜、储藏、烘干、分级、包装等简单加工处理,制成的各类鲜、干花。

(四)油料植物初加工

通过对菜籽、花生、大豆、葵花籽、蓖麻籽、芝麻、胡麻籽、茶子、桐子、棉籽、红花籽及米糠等粮食的副产品等,进行清理、热炒、磨坯、榨油(搅油、墩油)、浸出等简单加工处理,制成的植物毛油和饼粕等副产品。具体包括菜籽油、花生油、豆油、葵花油、蓖麻籽油、芝麻油、胡麻籽油、茶子油、桐子油、棉籽油、红花油、米糠油以及油料饼粕、豆饼、棉籽饼。

*精炼植物油不属于初加工范围。

(五)糖料植物初加工

通过对各种糖料植物,如甘蔗、甜菜、甜菊等,进行清洗、切割、压榨等简单加工处理,制成的制糖初级原料产品。

(六)茶叶初加工

通过对茶树上采摘下来的鲜叶和嫩芽进行杀青(萎凋、摇青)、揉捻、发酵、烘干、分级、包装等简单加工处理,制成的初制毛茶。

*精制茶、边销茶、紧压茶和掺兑各种药物的茶及茶饮料不属于初加工范围。

(七)药用植物初加工

通过对各种药用植物的根、茎、皮、叶、花、果实、种子等,进行挑选、整理、捆扎、清洗、晾晒、切碎、蒸煮、炒制等简单加工处理,制成的片、丝、块、段等中药材。

*加工的各类中成药不属于初加工范围。

(八)纤维植物初加工

1. 棉花初加工。通过轧花、剥绒等脱绒工序简单加工处理,制成的皮棉、短绒、棉籽。

2. 麻类初加工。通过对各种麻类作物(大麻、黄麻、槿麻、苎麻、苘麻、亚麻、罗布麻、蕉麻、剑麻等)进行脱胶、抽丝等简单加工处理,制成的干(洗)麻、纱条、丝、绳。

3. 蚕茧初加工。通过烘干、杀蛹、缫丝、煮剥、拉丝等简单加工处理,制成的蚕、蛹、生丝、丝棉。

(九)热带、南亚热带作物初加工

通过对热带、南亚热带作物去除杂质、脱水、干燥、分级、包装等简单加工处理,制成的工业初级原料。具体包括:天然橡胶生胶和天然浓缩胶乳、生咖啡豆、胡椒籽、肉桂油、桉油、香茅油、木薯淀粉、木薯干片、坚果。

二、畜牧业类

(一)畜禽类初加工

1. 肉类初加工。通过对畜禽类动物(包括各类牲畜、家禽和人工驯养、繁殖的野生动物以及其他经济动物)宰杀、去头、去蹄、去皮、去内脏、分割、切块或切片、冷藏或冷冻、分级、包装等简单加工处理,制成的分割肉、保鲜肉、冷藏肉、冷冻肉、绞肉、肉块、肉片、肉丁。

2. 蛋类初加工。通过对鲜蛋进行清洗、干燥、分级、包装、冷藏等简单加工处理,制成的各种分级、包装的鲜蛋、冷藏蛋。

3. 奶类初加工。通过对鲜奶进行净化、均质、杀菌或灭菌、灌装等简单加工处理,制成的巴氏杀菌奶、超高温灭菌奶。

4. 皮类初加工。通过对畜禽类动物皮张剥取、浸泡、刮里、晾干或熏干等简单加工处理,制成的生皮、生皮张。

5. 毛类初加工。通过对畜禽类动物毛、绒或羽绒分级、去杂、清洗等简单加工处理,制成的洗净毛、洗净绒或羽绒。

6. 蜂产品初加工。通过去杂、过滤、浓缩、熔化、磨碎、冷冻简单加工处理,制成的蜂蜜、蜂蜡、蜂胶、蜂花粉。

＊肉类罐头、肉类熟制品、蛋类罐头、各类酸奶、奶酪、奶油、王浆粉、各种蜂产品口服液、胶囊不属于初加工范围。

(二)饲料类初加工

1. 植物类饲料初加工。通过碾磨、破碎、压榨、干燥、酿制、发酵等简单加工处理,制成的糠麸、饼粕、糟渣、树叶粉。

2. 动物类饲料初加工。通过破碎、烘干、制粉等简单加工处理,制成的鱼粉、虾粉、骨粉、肉粉、血粉、羽毛粉、乳清粉。

3. 添加剂类初加工。通过粉碎、发酵、干燥等简单加工处理,制成的矿石粉、饲用酵母。

(三)牧草类初加工

通过对牧草、牧草种籽、农作物秸秆等,进行收割、打捆、粉碎、压块、成粒、分选、青贮、氨化、微化等简单加工处理,制成的干草、草捆、草粉、草块或草饼、草颗粒、牧草种籽以及草皮、秸秆粉(块、粒)。

三、渔业类

(一)水生动物初加工

将水产动物(鱼、虾、蟹、鳖、贝、棘皮类、软体类、腔肠类、两栖类、海兽类动物等)整体或去头、去鳞(皮、壳)、去内脏、去骨(刺)、擂溃或切块、切片,经冰鲜、冷冻、冷藏等保鲜防腐处理、包装等简单加工处理,制成的水产动物初制品。

＊熟制的水产品和各类水产品的罐头以及调味烤制的水产食品不属于初加工范围。

(二)水生植物初加工

将水生植物(海带、裙带菜、紫菜、龙须菜、麒麟菜、江蓠、浒苔、羊栖菜、莼菜等)整体或去根、去边梢、切段,经热烫、冷冻、冷藏等保鲜防腐处理、包装等简单加工处理的初制品,以及整体或去根、去边梢、切段、经晾晒、干燥(脱水)、包装、粉碎等简单加工处理的初制品。

＊罐装(包括软罐)产品不属于初加工范围。

2.《国家税务总局关于黑龙江垦区国有农场土地承包费缴纳企业所得税问题的批复》(2009年12月31日颁布　国税函〔2009〕779号)

黑龙江省国家税务局：

你局《关于黑龙江垦区国有农场土地承包费缴纳企业所得税问题的请示》(黑国税发〔2009〕186号)收悉。经研究，批复如下：

黑龙江垦区国有农场实行以家庭承包经营为基础、统分结合的双层经营体制。国有农场作为法人单位，将所拥有的土地发包给农场职工经营，农场职工以家庭为单位成为家庭承包户，属于农场内部非法人组织。农场对家庭承包户实施农业生产经营和企业行政的统一管理，统一为农场职工上交养老、医疗、失业、工伤、生育五项社会保险和农业保险费；家庭承包户按内部合同规定承包，就其农、林、牧、渔业生产取得的收入，以土地承包费名义向农场上缴。

上述承包形式属于农场内部承包经营的形式，黑龙江垦区国有农场从家庭农场承包户以"土地承包费"形式取得的从事农、林、牧、渔业生产的收入，属于农场"从事农、林、牧、渔业项目"的所得，可以适用《中华人民共和国企业所得税法》第二十七条及《中华人民共和国企业所得税法实施细则》第八十六条规定的企业所得税优惠政策。

3.《国家税务总局关于"公司+农户"经营模式企业所得税优惠问题的公告》(2010年7月9日颁布　2010年1月1日实施　国家税务总局公告2010年第2号)

现就有关"公司+农户"模式企业所得税优惠问题公告如下：

目前，一些企业采取"公司+农户"经营模式从事牲畜、家禽的饲养，即公司与农户签订委托养殖合同，向农户提供畜禽苗、饲料、兽药及疫苗等(所有权〈产权〉仍属于公司)，农户将畜禽养大成为成品后交付公司回收。鉴于采取"公司+农户"经营模式的企业，虽不直接从事畜禽的养殖，但系委托农户饲养，并承担诸如市场、管理、采购、销售等经营职责及绝大部分经营管理风险，公司和农户是劳务外包关系。为此，对此类以"公司+农户"经营模式从事农、林、牧、渔业项目生产的企业，可以按照《中华人民共和国企业所得税法实施条例》第八十六条的有关规定，享受减免企业所得税优惠政策。

本公告自2010年1月1日起施行。

4.《关于享受企业所得税优惠的农产品初加工有关范围的补充通知》(2011年5月11日颁布 2010年1月1日起实施 财税〔2011〕26号)

各省、自治区、直辖市、计划单列市财政厅(局)、国家税务局、地方税务局,新疆生产建设兵团财务局:

为进一步规范农产品初加工企业所得税优惠政策,现就《财政部 国家税务总局关于发布享受企业所得税优惠政策的农产品初加工范围(试行)的通知》(财税〔2008〕149号,以下简称《范围》)涉及的有关事项细化如下(以下序数对应《范围》中的序数):

一、种植业类

(一)粮食初加工。

1. 小麦初加工。

《范围》规定的小麦初加工产品还包括麸皮、麦糠、麦仁。

2. 稻米初加工。

《范围》规定的稻米初加工产品还包括稻糠(砻糠、米糠和统糠)。

4. 薯类初加工。

《范围》规定的薯类初加工产品还包括变性淀粉以外的薯类淀粉。

*薯类淀粉生产企业需达到国家环保标准,且年产量在一万吨以上。

6. 其他类粮食初加工。

《范围》规定的杂粮还包括大麦、糯米、青稞、芝麻、核桃;相应的初加工产品还包括大麦芽、糯米粉、青稞粉、芝麻粉、核桃粉。

(三)园艺植物初加工。

2. 水果初加工。

《范围》规定的新鲜水果包括番茄。

(四)油料植物初加工。

《范围》规定的粮食副产品还包括玉米胚芽、小麦胚芽。

(五)糖料植物初加工。

《范围》规定的甜菊又名甜叶菊。

(八)纤维植物初加工。

2. 麻类初加工。

《范围》规定的麻类作物还包括芦苇。

3. 蚕茧初加工。

《范围》规定的蚕包括蚕茧,生丝包括厂丝。

二、畜牧业类

(一)畜禽类初加工。

1. 肉类初加工。

《范围》规定的肉类初加工产品还包括火腿等风干肉、猪牛羊杂骨。

三、本通知自2010年1月1日起执行。

5.《国家税务总局关于实施农 林 牧 渔业项目企业所得税优惠问题的公告》(2011年9月13日颁布 2011年1月1日起实施 国家税务总局公告2011年第48号)

根据《中华人民共和国企业所得税法》(以下简称企业所得税法)及《中华人民共和国企业所得税法实施条例》(以下简称实施条例)的规定,现对企业(含企业性质的农民专业合作社,下同)从事农、林、牧、渔业项目的所得,实施企业所得税优惠政策和征收管理中的有关事项公告如下:

一、企业从事实施条例第八十六条规定的享受税收优惠的农、林、牧、渔业项目,除另有规定外,参照《国民经济行业分类》(GB/T4754－2002)的规定标准执行。

企业从事农、林、牧、渔业项目,凡属于《产业结构调整指导目录(2011年版)》(国家发展和改革委员会令第9号)中限制和淘汰类的项目,不得享受实施条例第八十六条规定的优惠政策。

二、企业从事农作物新品种选育的免税所得,是指企业对农作物进行品种和育种材料选育形成的成果,以及由这些成果形成的种子(苗)等繁殖材料的生产、初加工、销售一体化取得的所得。

三、企业从事林木的培育和种植的免税所得,是指企业对树木、竹子的育种和育苗、抚育和管理以及规模造林活动取得的所得,包括企业通过拍卖或收购方式取得林木所有权并经过一定的生长周期,对林木进行再培育取得的所得。

四、企业从事下列项目所得的税务处理

(一)猪、兔的饲养,按“牲畜、家禽的饲养”项目处理;

(二)饲养牲畜、家禽产生的分泌物、排泄物,按“牲畜、家禽的饲养”项目处理;

(三)观赏性作物的种植,按“花卉、茶及其他饮料作物和香料作物的种植”项目处理;

(四)“牲畜、家禽的饲养”以外的生物养殖项目,按“海水养殖、内陆养殖”项目处理。

五、农产品初加工相关事项的税务处理

(一)企业根据委托合同,受托对符合《财政部 国家税务总局关于发布享受企业所得税优惠政策的农产品初加工范围(试行)的通知》(财税〔2008〕149 号)和《财政部 国家税务总局关于享受企业所得税优惠的农产品初加工有关范围的补充通知》(财税〔2011〕26 号)规定的农产品进行初加工服务,其所收取的加工费,可以按照农产品初加工的免税项目处理。

(二)财税〔2008〕149 号文件规定的"油料植物初加工"工序包括"冷却、过滤"等;"糖料植物初加工"工序包括"过滤、吸附、解析、碳脱、浓缩、干燥"等,其适用时间按照财税〔2011〕26 号文件规定执行。

(三)企业从事实施条例第八十六条第(二)项适用企业所得税减半优惠的种植、养殖项目,并直接进行初加工且符合农产品初加工目录范围的,企业应合理划分不同项目的各项成本、费用支出,分别核算种植、养殖项目和初加工项目的所得,并各按适用的政策享受税收优惠。

(四)企业对外购茶叶进行筛选、分装、包装后进行销售的所得,不享受农产品初加工的优惠政策。

六、对取得农业部颁发的"远洋渔业企业资格证书"并在有效期内的远洋渔业企业,从事远洋捕捞业务取得的所得免征企业所得税。

七、购入农产品进行再种植、养殖的税务处理

企业将购入的农、林、牧、渔产品,在自有或租用的场地进行育肥、育秧等再种植、养殖,经过一定的生长周期,使其生物形态发生变化,且并非由于本环节对农产品进行加工而明显增加了产品的使用价值的,可视为农产品的种植、养殖项目享受相应的税收优惠。

主管税务机关对企业进行农产品的再种植、养殖是否符合上述条件难以确定的,可要求企业提供县级以上农、林、牧、渔业政府主管部门的确认意见。

八、企业同时从事适用不同企业所得税政策规定项目的,应分别核算,单独计算优惠项目的计税依据及优惠数额;分别核算不清的,可由主管税务机关按照比例分摊法或其他合理方法进行核定。

九、企业委托其他企业或个人从事实施条例第八十六条规定农、林、牧、渔业项目取得的所得,可享受相应的税收优惠政策。

企业受托从事实施条例第八十六条规定农、林、牧、渔业项目取得的收入,比照委托方享受相应的税收优惠政策。

十、企业购买农产品后直接进行销售的贸易活动产生的所得,不能享受农、林、牧、渔业项目的税收优惠政策。

十一、除本公告第五条第二项的特别规定外,公告自 2011 年 1 月 1 日起执行。

（二）公共基础设施

1.《财政部 国家税务总局 国家发展改革委关于公布公共基础设施项目企业所得税优惠目录（2008年版）的通知》（2008年9月8日颁布 2008年1月1日起实施 财税〔2008〕116号）

各省、自治区、直辖市、计划单列市财政厅（局）、国家税务局、地方税务局、发展改革委、经贸委（经委），新疆生产建设兵团财务局：

《公共基础设施项目企业所得税优惠目录（2008年版）》已经国务院批准，现予以公布，自2008年1月1日起施行。

附件：公共基础设施项目企业所得税优惠目录（2008年版）

序号	类别	项目	范围、条件及技术标准
1	港口码头	码头、泊位、通航建筑物新建项目	由省级以上政府投资主管部门核准的沿海港口万吨级及以上泊位、内河千吨级及以上泊位、滚装泊位、内河航运枢纽新建项目
2	机场	民用机场新建项目	由国务院核准的民用机场新建项目，包括民用机场迁建、军航机场军民合用改造项目
3	铁路	铁路新线建设项目	由省级以上政府投资主管部门或国务院行业主管部门核准的客运专线、城际轨道交通和Ⅲ级及以上铁路建设项目
4		既有铁路改造项目	由省级以上政府投资主管部门或国务院行业主管部门核准的铁路电气化改造、增建二线项目以及其他改造投入达到项目固定资产账面原值75%以上的改造项目
5	公路	公路新建项目	由省级以上政府投资主管部门核准的一级以上的公路建设项目
6	城市公共交通	城市快递轨道交通新建项目	由国务院核准的城市地铁、轻轨新建项目

续表

序号	类别	项目	范围、条件及技术标准
7	电力	水力发电新建项目(包括控制性水利枢纽工程)	由国务院投资主管部门核准的在主要河流上新建的水电项目,总装机容量在25万千瓦及以上的新建水电项目,以及抽水蓄能电站项目
		核电站新建项目	由国务院核准的核电站新建项目
		电网(输变电设施)新建项目	由国务院投资主管部门核准的330kv及以上跨省及长度超过200km的交流输变电新建项目,500kv及以上直流输变电新建项目;由省级以上政府投资主管部门核准的革命老区、老少边穷地区电网新建工程项目;农网输变电新建项目。
		风力发电新建项目	由政府投资主管部门核准的风力发电新建项目
		海洋能发电新建项目	由省级以上政府投资主管部门核准的海洋能发电新建项目
		太阳能发电新建项目	由政府投资主管部门核准的地热发电新建项目
		地热发电新建项目	由政府投资主管部门核准的地热发电新建项目
8	水利	灌区配套设施及农业节水灌溉工程新建项目	由政府投资主管部门核准的灌区水源工程、灌排系统工程、节水工程
		地表水水源工程新建项目	由政府投资主管部门核准的水库、塘堰、水窖及配套工程
		调水工程新建项目	由政府投资主管部门核准的取水、输水、配水工程
		农村人畜饮水工程新建项目	由政府投资主管部门核准的农村人畜饮水工程中取水、输水、净化水、配水工程
		牧区水利工程新建项目	由政府投资主管部门核准的牧区水利工程中的取水、输配水、节水灌溉及配套工程

2.《关于执行公共基础设施项目企业所得税优惠目录有关问题的通知》(2008年9月23日颁布 财税〔2008〕46号)

各省、自治区、直辖市、计划单列市财政厅(局)、国家税务局、地方税务局,新疆生产建设兵团财务局:

根据《中华人民共和国企业所得税法》(以下简称企业所得税法)和《中华人民共和国企业所得税法实施条例》(国务院令第512号)的有关规定,经国务院批准,财政部 税务总局发展改革委公布了《公共基础设施项目企业所得税优惠目录》(以下简称《目录》)。现将执行《目录》的有关问题通知如下:

一、企业从事《目录》内符合相关条件和技术标准及国家投资管理相关规定、于2008年1月1日后经批准的公共基础设施项目,其投资经营的所得,自该项目取得第一笔生产经营收入所属纳税年度起,第一年至第三年免征企业所得税,第四年至第六年减半征收企业所得税。

第一笔生产经营收入,是指公共基础设施项目已建成并投入运营后所取得的第一笔收入。

二、企业同时从事不在《目录》范围内的项目取得的所得,应与享受优惠的公共基础设施项目所得分开核算,并合理分摊期间费用,没有分开核算的,不得享受上述企业所得税优惠政策。

三、企业承包经营、承包建设和内部自建自用公共基础设施项目,不得享受上述企业所得税优惠。

四、根据经济社会发展需要及企业所得税优惠政策实施情况,国务院财政、税务主管部门会同国家发展改革委等有关部门适时对《目录》内的项目进行调整和修订,并在报国务院批准后对《目录》进行更新。

3.《国家税务总局关于实施国家重点扶持的公共基础设施项目企业所得税优惠问题的通知》(2009年4月16日颁布 2008年1月1日起实施 国税发〔2009〕80号)①

各省、自治区、直辖市和计划单列市国家税务局、地方税务局:

① 1. 根据《国家税务总局关于公布失效废止的税务部门规章和税收规范性文件目录的决定》(国家税务总局令第42号)规定,自2017年12月29日起,本文第七条废止。2. 根据《国务院关于第一批取消62项中央指定地方实施行政审批事项的决定》(国发〔2015〕57号),自2015年10月11日起,"企业从事国家重点扶持的公共基础设施项目投资经营的所得享受所得税优惠的备案核准"取消。

为贯彻落实《中华人民共和国企业所得税法》及其实施条例关于国家重点扶持的公共基础设施项目企业所得税优惠政策，促进国家重点扶持的公共基础设施项目建设，现将实施该项优惠政策的有关问题通知如下：

一、对居民企业（以下简称企业）经有关部门批准，从事符合《公共基础设施项目企业所得税优惠目录》（以下简称《目录》）规定范围、条件和标准的公共基础设施项目的投资经营所得，自该项目取得第一笔生产经营收入所属纳税年度起，第一年至第三年免征企业所得税，第四年至第六年减半征收企业所得税。

企业从事承包经营、承包建设和内部自建自用《目录》规定项目的所得，不得享受前款规定的企业所得税优惠。

二、本通知所称第一笔生产经营收入，是指公共基础设施项目建成并投入运营（包括试运营）后所取得的第一笔主营业务收入。

三、本通知所称承包经营，是指与从事该项目经营的法人主体相独立的另一法人经营主体，通过承包该项目的经营管理而取得劳务性收益的经营活动。

四、本通知所称承包建设，是指与从事该项目经营的法人主体相独立的另一法人经营主体，通过承包该项目的工程建设而取得建筑劳务收益的经营活动。

五、本通知所称内部自建自用，是指项目的建设仅作为本企业主体经营业务的设施，满足本企业自身的生产经营活动需要，而不属于向他人提供公共服务业务的公共基础设施建设项目。

六、企业同时从事不在《目录》范围的生产经营项目取得的所得，应与享受优惠的公共基础设施项目经营所得分开核算，并合理分摊企业的期间共同费用；没有单独核算的，不得享受上述企业所得税优惠。

期间共同费用的合理分摊比例可以按照投资额、销售收入、资产额、人员工资等参数确定。上述比例一经确定，不得随意变更。凡特殊情况需要改变的，需报主管税务机关核准。

八、企业因生产经营发生变化或因《目录》调整，不再符合本办法规定减免税条件的，企业应当自发生变化15日内向主管税务机关提交书面报告并停止享受优惠，依法缴纳企业所得税。

九、企业在减免税期限内转让所享受减免税优惠的项目，受让方承续经营该项目的，可自受让之日起，在剩余优惠期限内享受规定的减免税优惠;减免税期限届满后转让的,受让方不得就该项目重复享受减免税优惠。

十、税务机关应结合纳税检查、执法检查或其他专项检查,每年定期对企业享受公共基础设施项目企业所得税减免税款事项进行核查,核查的主要内容包括:

(一)企业是否继续符合减免所得税的资格条件,所提供的有关情况证明材料是否真实。

(二)企业享受减免企业所得税的条件发生变化时,是否及时将变化情况报送税务机关,并根据本办法规定对适用优惠进行了调整。

十一、企业实际经营情况不符合企业所得税减免税规定条件的或采取虚假申报等手段获取减免税的、享受减免税条件发生变化未及时向税务机关报告的,以及未按本办法规定程序报送备案资料而自行减免税的,企业主管税务机关应按照税收征管法有关规定进行处理。

十二、本通知自 2008 年 1 月 1 日起执行。

4.《国家税务总局关于电网企业电网新建项目享受所得税优惠政策问题的公告》(2013 年 5 月 24 日颁布 2013 年 1 月 1 日起实施 国家税务总局公告 2013 年第 26 号)①

经研究,现将居民企业电网新建项目享受企业所得税优惠政策的有关问题公告如下:

一、根据《中华人民共和国企业所得税法》及其实施条例的有关规定,居民企业从事符合《公共基础设施项目企业所得税优惠目录(2008 年版)》规定条件和标准的电网(输变电设施)的新建项目,可依法享受"三免三减半"的企业所得税优惠政策。基于企业电网新建项目的核算特点,暂以资产比例法,即以企业新增输变电固定资产原值占企业总输变电固定资产原值的比例,合理计算电网新建项目的应纳税所得额,并据此享受"三免三减半"的企业所得税优惠政策。电网企业新建项目享受优惠的具体计算方法如下:

(一)对于企业能独立核算收入的 330KV 以上跨省及长度超过

第 27 条

① 1. 根据《国家税务总局关于公布失效废止的税务部门规章和税收规范性文件目录的决定》(国家税务总局令第 42 号),自 2017 年 12 月 29 日起,本文第二条废止。2. 根据国发〔2015〕57 号文件,自 2015 年 10 月 11 日起,"电网企业新建项目分摊期间费用的核准"取消。

200KM 的交流输变电新建项目和500KV 以上直流输变电新建项目,应在项目投运后,按该项目营业收入、营业成本等单独计算其应纳税所得额;该项目应分摊的期间费用,可按照企业期间费用与分摊比例计算确定,计算公式为:

应分摊的期间费用 = 企业期间费用 × 分摊比例

第一年分摊比例 = 该项目输变电资产原值/[(当年企业期初总输变电资产原值 + 当年企业期末总输变电资产原值)/2] ×(当年取得第一笔生产经营收入至当年底的月份数/12)

第二年及以后年度分摊比例 = 该项目输变电资产原值/[(当年企业期初总输变电资产原值 + 当年企业期末总输变电资产原值)/2]

(二)对于企业符合优惠条件但不能独立核算收入的其他新建输变电项目,可先依照企业所得税法及相关规定计算出企业的应纳税所得额,再按照项目投运后的新增输变电固定资产原值占企业总输变电固定资产原值的比例,计算得出该新建项目减免的应纳税所得额。享受减免的应纳税所得额计算公式为:

当年减免的应纳税所得额 = 当年企业应纳税所得额 × 减免比例

减免比例 = [当年新增输变电资产原值/(当年企业期初总输变电资产原值 + 当年企业期末总输变电资产原值)/2] × 1/2 +(符合税法规定、享受到第二年和第三年输变电资产原值之和)/[(当年企业期初总输变电资产原值 + 当年企业期末总输变电资产原值)/2] + [(符合税法规定、享受到第四年至第六年输变电资产原值之和)/(当年企业期初总输变电资产原值 + 当年企业期末总输变电资产原值)/2] × 1/2

三、本公告自2013年1月1日起施行。居民企业符合条件的2013年1月1日前的电网新建项目,已经享受企业所得税优惠的不再调整;未享受企业所得税优惠的可依照本公告的规定享受剩余年限的企业所得税优惠政策。

(三)环境保护、节能节水项目

1.《财政部　国家税务总局关于促进节能服务产业发展增值税营业税和企业所得税政策问题的通知》(2010年12月30日颁布　2011年1月1日起实施　财税〔2010〕110号)

各省、自治区、直辖市、计划单列市财政厅(局)、国家税务局、地方税务局,新疆生产建设兵团财务局:

为鼓励企业运用合同能源管理机制，加大节能减排技术改造工作力度，根据税收法律法规有关规定和《国务院办公厅转发发展改革委等部门关于加快推进合同能源管理促进节能服务产业发展意见的通知》（国办发〔2010〕25号）精神，现将节能服务公司实施合同能源管理项目涉及的增值税、营业税和企业所得税政策问题通知如下：

二、关于企业所得税政策问题

（一）对符合条件的节能服务公司实施合同能源管理项目，符合企业所得税税法有关规定的，自项目取得第一笔生产经营收入所属纳税年度起，第一年至第三年免征企业所得税，第四年至第六年按照25%的法定税率减半征收企业所得税。

（二）对符合条件的节能服务公司，以及与其签订节能效益分享型合同的用能企业，实施合同能源管理项目有关资产的企业所得税税务处理按以下规定执行：

1. 用能企业按照能源管理合同实际支付给节能服务公司的合理支出，均可以在计算当期应纳税所得额时扣除，不再区分服务费用和资产价款进行税务处理；

2. 能源管理合同期满后，节能服务公司转让给用能企业的因实施合同能源管理项目形成的资产，按折旧或摊销期满的资产进行税务处理，用能企业从节能服务公司接受有关资产的计税基础也应按折旧或摊销期满的资产进行税务处理；

3. 能源管理合同期满后，节能服务公司与用能企业办理有关资产的权属转移时，用能企业已支付的资产价款，不再另行计入节能服务公司的收入。

（三）本条所称“符合条件”是指同时满足以下条件：

1. 具有独立法人资格，注册资金不低于100万元，且能够单独提供用能状况诊断、节能项目设计、融资、改造（包括施工、设备安装、调试、验收等）、运行管理、人员培训等服务的专业化节能服务公司；

2. 节能服务公司实施合同能源管理项目相关技术应符合国家质量监督检验检疫总局和国家标准化管理委员会发布的《合同能源管理技术通则》（GB/T24915－2010）规定的技术要求；

3. 节能服务公司与用能企业签订《节能效益分享型》合同，其合同格式和内容，符合《合同法》和国家质量监督检验检疫总局和国家标准化管理委员会发布的《合同能源管理技术通则》（GB/T24915－2010）等规定；

4. 节能服务公司实施合同能源管理的项目符合《财政部 国家税务总局国家发展改革委关于公布环境保护节能节水项目企业所得税优惠目录(试行)的通知》(财税〔2009〕166号)"4、节能减排技术改造"类中第一项至第八项规定的项目和条件;

5. 节能服务公司投资额不低于实施合同能源管理项目投资总额的70%;

6. 节能服务公司拥有匹配的专职技术人员和合同能源管理人才,具有保障项目顺利实施和稳定运行的能力。

(四)节能服务公司与用能企业之间的业务往来,应当按照独立企业之间的业务往来收取或者支付价款、费用。不按照独立企业之间的业务往来收取或者支付价款、费用,而减少其应纳税所得额的,税务机关有权进行合理调整。

(五)用能企业对从节能服务公司取得的与实施合同能源管理项目有关的资产,应与企业其他资产分开核算,并建立辅助账或明细账。

(六)节能服务公司同时从事适用不同税收政策待遇项目的,其享受税收优惠项目应当单独计算收入、扣除,并合理分摊企业的期间费用;没有单独计算的,不得享受税收优惠政策。

三、本通知自2011年1月1日起执行。

2.《财政部 国家税务总局关于公共基础设施项目和环境保护节能节水项目企业所得税优惠政策问题的通知》(2012年1月5日颁布 财税〔2012〕10号)

各省、自治区、直辖市、计划单列市财政厅(局)、国家税务局、地方税务局,新疆生产建设兵团财务局:

根据《中华人民共和国企业所得税法》(以下简称新税法)和《中华人民共和国企业所得税法实施条例》(国务院令第512号)的有关规定,现就企业享受公共基础设施项目和环境保护、节能节水项目企业所得税优惠政策问题通知如下:

一、企业从事符合《公共基础设施项目企业所得税优惠目录》规定、于2007年12月31日前已经批准的公共基础设施项目投资经营的所得,以及从事符合《环境保护、节能节水项目企业所得税优惠目录》规定、于2007年12月31日前已经批准的环境保护、节能节水项目的所得,可在该项目取得第一笔生产经营收入所属纳税年度起,按新税法规定计算的企业所得税"三免三减半"优惠期间内,自2008年1月1日起享受其剩余年限的减免企业所得税优惠。

二、如企业既符合享受上述税收优惠政策的条件，又符合享受《国务院关于实施企业所得税过渡优惠政策的通知》(国发〔2007〕39 号)第一条规定的企业所得税过渡优惠政策的条件，由企业选择最优惠的政策执行，不得叠加享受。

3.《国家税务总局　国家发展改革委关于落实节能服务企业合同能源管理项目企业所得税优惠政策有关征收管理问题的公告》(2013 年 12 月 17 日颁布　2013 年 1 月 1 日起实施　国家税务总局　国家发展改革委公告 2013 年第 77 号)①

为鼓励企业采用合同能源管理模式开展节能服务，规范合同能源管理项目企业所得税管理，根据《中华人民共和国企业所得税法》及其实施条例(以下简称企业所得税法)、《国务院办公厅转发发展改革委等部门关于加快推行合同能源管理促进节能服务产业发展意见的通知》(国办发〔2010〕25 号)、《财政部　国家税务总局关于促进节能服务产业发展增值税、营业税和企业所得税政策问题的通知》(财税〔2010〕110 号)和《国家税务总局关于进一步做好税收促进节能减排工作的通知》(国税函〔2010〕180 号)的有关规定，现就落实合同能源管理项目企业所得税优惠政策有关征收管理问题公告如下：

一、对实施节能效益分享型合同能源管理项目(以下简称项目)的节能服务企业，凡实行查账征收所得税的居民企业并符合企业所得税法和本公告有关规定的，该项目可享受财税〔2010〕110 号规定的企业所得税“三免三减半”优惠政策。如节能服务企业的分享型合同约定的效益分享期短于 6 年的，按实际分享期享受优惠。

二、节能服务企业享受“三免三减半”项目的优惠期限，应连续计算。对在优惠期限内转让所享受优惠的项目给其他符合条件的节能服务企业，受让企业承续经营该项目的，可自项目受让之日起，在剩余期限内享受规定的优惠；优惠期限届满后转让的，受让企业不得就该项目重复享受优惠。

三、节能服务企业投资项目所发生的支出，应按税法规定作资本化或费用化处理。形成的固定资产或无形资产，应按合同约定的效益分享期计提折旧或摊销。

第
27
条

① 根据《国家税务总局关于公布失效废止的税务部门规章和税收规范性文件目录的决定》(国家税务总局令第 42 号)，自 2017 年 12 月 29 日起，本文第六条废止。

节能服务企业应分别核算各项目的成本费用支出额。对在合同约定的效益分享期内发生的期间费用划分不清的，应合理进行分摊，期间费用的分摊应按照项目投资额和销售（营业）收入额两个因素计算分摊比例，两个因素的权重各为50%。

四、节能服务企业、节能效益分享型能源管理合同和合同能源管理项目应符合财税〔2010〕110号第二条第（三）项所规定的条件。

五、享受企业所得税优惠政策的项目应属于《财政部　国家税务总局　国家发展改革委关于公布环境保护节能节水项目企业所得税优惠目录（试行）的通知》（财税〔2009〕166号）规定的节能减排技术改造项目，包括余热余压利用、绿色照明等节能效益分享型合同能源管理项目。

七、企业享受优惠条件发生变化的，应当自发生变化之日起15日内向主管税务机关书面报告。如不再符合享受优惠条件的，应停止享受优惠，并依法缴纳企业所得税。对节能服务企业采取虚假手段获取税收优惠的、享受优惠条件发生变化而未及时向主管税务机关报告的以及未按本公告规定报送备案资料而自行减免税的，主管税务机关应按照税收征管法等有关规定进行处理。税务部门应设立节能服务企业项目管理台账和统计制度，并会同节能主管部门建立监管机制。

八、合同能源管理项目确认由国家发展改革委、财政部公布的第三方节能量审核机构负责，并出具《合同能源管理项目情况确认表》，或者由政府节能主管部门出具合同能源管理项目确认意见。第三方机构在合同能源管理项目确认过程中应严格按照国家有关要求认真审核把关，确保审核结果客观、真实。对在审核过程中把关不严、弄虚作假的第三方机构，一经查实，将取消其审核资质，并按相关法律规定追究责任。

九、本公告自2013年1月1日起施行。本公告发布前，已按有关规定享受税收优惠政策的，仍按原规定继续执行；尚未享受的，按本公告规定执行。

4.《财政部　税务总局　国家发展改革委　工业和信息化部　环境保护部关于印发节能节水和环境保护专用设备企业所得税优惠目录（2017年版）的通知》（2017年9月6日颁布　2017年1月1日起实施　财税〔2017〕71号）

各省、自治区、直辖市、计划单列市财政厅（局）、国家税务局、地方税务局、发展改革委、工业和信息化主管部门、环境保护厅(局),新疆生产建设兵团财务局、发展改革委、工业和信息化委员会、环境保护局:

经国务院同意,现就节能节水和环境保护专用设备企业所得税优惠目录调整完善事项及有关政策问题通知如下:

一、对企业购置并实际使用节能节水和环境保护专用设备享受企业所得税抵免优惠政策的适用目录进行适当调整,统一按《节能节水专用设备企业所得税优惠目录(2017年版)》(附件1)和《环境保护专用设备企业所得税优惠目录(2017年版)》(附件2)执行。

二、按照国务院关于简化行政审批的要求,进一步优化优惠管理机制,实行企业自行申报并直接享受优惠、税务部门强化后续管理的机制。企业购置节能节水和环境保护专用设备,应自行判断是否符合税收优惠政策规定条件,按规定向税务部门履行企业所得税优惠备案手续后直接享受税收优惠,税务部门采取税收风险管理、稽查、纳税评估等方式强化后续管理。

三、建立部门协调配合机制,切实落实节能节水和环境保护专用设备税收抵免优惠政策。税务部门在执行税收优惠政策过程中,不能准确判定企业购置的专用设备是否符合相关技术指标等税收优惠政策规定条件的,可提请地市级(含)以上发展改革、工业和信息化、环境保护等部门,由其委托专业机构出具技术鉴定意见,相关部门应积极配合。对不符合税收优惠政策规定条件的,由税务机关按《税收征管法》及有关规定进行相应处理。

四、本通知所称税收优惠政策规定条件,是指《节能节水专用设备企业所得税优惠目录(2017年版)》和《环境保护专用设备企业所得税优惠目录(2017年版)》所规定的设备类别、设备名称、性能参数、应用领域和执行标准。

五、本通知自2017年1月1日起施行。《节能节水专用设备企业所得税优惠目录(2008年版)》和《环境保护专用设备企业所得税优惠目录(2008年版)》自2017年10月1日起废止,企业在2017年1月1日至2017年9月30日购置的专用设备符合2008年版优惠目录规定的,也可享受税收优惠。

附件1

节能节水专用设备企业所得税优惠目录(2017年版)

序号	设备类别	设备名称	性能参数	应用领域	执行标准
(一)节能设备					
1	电动机	中小型三相异步电动机	符合执行标准范围和要求,且优于1级能效水平。	电力拖动	GB 18613-2012
2		永磁同步电动机	符合执行标准范围和要求,且优于1级能效水平。	电力拖动	GB 30253-2013
3		高压三相笼型异步电动机	符合执行标准范围和要求,且优于1级能效水平。	电力拖动	GB 30254-2013
4	空气调节设备	多联式空调(热泵)机组	符合执行标准范围和要求,能效比达到能效等级1级指标基础上再提高10%的要求。	制冷(热)	GB 21454-2008
5		冷水机组	符合执行标准范围和要求,且优于1级能效水平。	制冷(热)	GB 19577-2015,电机驱动压缩机冷水机组 GB 29540-2013,溴化锂吸收式
6		房间空气调节器	符合执行标准范围和要求,且优于1级能效水平。	制冷(热)	GB 12021.3-2010,定频 GB 21455-2013,变频
7		水(地)源热泵机组	符合执行标准范围和要求,且优于1级能效水平。	制冷(热)	GB 30721-2014
8	风机	通风机	符合执行标准范围和要求,且优于1级能效水平。	通风	GB 19761-2009
9		离心鼓风机	符合执行标准范围和要求,且优于节能评价值水平。	鼓风	GB 28381-2012

第27条

续表

序号	设备类别	设备名称	性能参数	应用领域	执行标准
10	水泵	清水离心泵	符合执行标准范围和要求，且优于节能评价值水平。	输送液体	GB 19762－2007
11		石油化工离心泵	符合执行标准范围和要求，且优于1级能效水平。	输送液体	GB 32284－2015
12	压缩机	容积式空气压缩机	符合执行标准范围和要求，且优于1级能效水平。	压缩空气	GB 19153－2009
13	变频器	1kV及以下通用变频调速设备	符合执行标准范围及技术要求。	变频调速	GB/T 30844.1－2014 GB/T 21056－2007
14		1kV以上不超过35kV通用变频调速设备	符合执行标准范围及技术要求。		GB/T 30843.1－2014
15	变压器	三相配电变压器	符合执行标准范围和要求，且优于1级能效水平。	电力输配	GB 20052－2013
16		电力变压器	符合执行标准范围和要求，且优于1级能效水平。	电力输配	GB 24790－2009
17	电焊机	电弧焊机	符合执行标准范围和要求，且优于1级能效水平。	电焊	GB 28736－2012
18	锅炉	工业锅炉	1. 能效等级达到TSG G0002《锅炉节能技术监督管理规程》中热效率指标的目标值要求； 2. 工业锅炉大气污染物排放浓度值符合GB 13271－2014《锅炉大气污染物排放标准》要求，电站	输出蒸汽、热水等介质提供热能	TSG G0002《锅炉节能技术监督管理规程》

续表

序号	设备类别	设备名称	性能参数	应用领域	执行标准
			锅炉大气污染物排放浓度值符合GB 13223－2011《火电厂大气污染物排放标准》要求； 3.燃煤锅炉额定蒸发量（或额定热功率）应当大于10t/h（或7MW，天然气锅炉不限。		
19	换热器	热交换器	能效等级达到TSG R0010《热交换器能效测试与评价规则》中的目标值要求。	不同流体之间热量传递	TSG R0010《热交换器能效测试与评价规则》
20	LED照明	LED路灯、LED隧道灯/工矿灯	电压220V，频率50Hz，规格光通量3000lm/5400lm/9000lm/14000lm，功率因数不低于0.95，初始光效不低于130lm/W，显色指数不低于70，寿命不低于30000小时。	道路、隧道、工矿照明	
21		LED管灯	电压220V，频率50Hz，规格T8/T5，600mm/1200mm，功率因数不低于0.9，显色指数不低于85，寿命不低于25000小时：色温为6500k/5000k/4000/k时，初始光效不低于120lm/W：色温为3500k/3000k/2700k时，初始光效不低于110lm/W。	商用照明，单次订购量应在5000只以上	

续表

序号	设备类别	设备名称	性能参数	应用领域	执行标准
22	发电设备	汽轮机	1000MW级超超临界机组,28MPa/600℃/620℃/4.9kPa,一次再热+湿冷+汽泵:热耗率≤7220kJ/kWh。 1000MW级超超临界机组,31MPa/600℃/620℃/620℃/4.9kPa,二次再热+湿冷+汽泵:热耗率≤7050kJ/kWh。 1000MW级超超临界机组,28MPa/600℃/620℃/11kPa,一次再热+空冷+汽泵:热耗率≤7480/kJ//kWh。	发电	
23	时效处理仪	频谱谐波时效仪	最大激振力80kN;循环选择频率,同时具备加速度延时保护功能;振动参数除激振力调节保证有两个最大振动加速度在30-70m/s^2,参数选择由振动设备自动完成,以保证处理效果。	机械制造	
24	通信用铅酸蓄电池	通信用耐高温型阀控式密封铅酸蓄电池	35℃工作环境温度,设计浮充寿命≥10年; 电池最高可承受工作环境温度:75℃; 55℃工作环境温度,80%DOD循环寿命大于12次大循环, 每次大循环包含11次80%DOD放电循环。	通信基站数据中心	YD/T2657-2013

续表

序号	设备类别	设备名称	性能参数	应用领域	执行标准
(二)节水设备					
25	洗涤设备	工业洗衣机	用水量≤18L/kg,洗净率>35%。	织物洗涤	QB/T 2323－2004
26	冷却设备	空冷式换热器	耐压、气密性、运转试验符合NB/T 47007－2010的要求。	发电、化工、冶金、机械制造	NB/T 47007－2010
27		机械通风开式冷却塔	循环水量≤1000m^3/h的中小型塔:飘水率≤0.006%;耗电比≤0.035kW/(m^3/h);冷却能力≥95%。	空调制冷、冷冻、化工、发电	GB/T 18870－2011
			循环水量>1000m^3/h的大型塔;飘水率≤0.001%;耗电比≤0.045kW(m^3/h);冷却能力≥95%。		
28	滴灌设备	喷灌机	大型喷灌机:水量分布均匀系数、同步性能应符合JB/T 6280－2013的要求。	农业、园林灌溉	JB/T 6280－2013
			轻小型喷灌机:喷洒均匀性、燃油消耗率、喷灌机效率、管路系统密封性应符合GB/T 25406－2010的要求。		GB/T 25406－2010
29		滴灌带(管)	流量一致性、流量和进水口压力之间关系、耐静水压、耐拉拔应符合GB/T 17187－2009的要求。	适用于棉花、蔬菜、果树等经济作物的滴灌	GB/T 17187－2009

续表

序号	设备类别	设备名称	性能参数	应用领域	执行标准
30	水处理及回用设备	反渗透淡化装置	水回收率≥75%，脱盐率≥95%。	含盐量低于10000 mg/L的苦咸水淡化或农村分散地区的饮用水处理	GB/T 19249－2003
31		中空纤维超滤水处理设备	截留率≥90%；产水量≥额定产水量。	水处理净化	HY/T 060－2002 CJ/T 170－2002
32		海水/苦咸水淡化反渗透膜元件	苦咸水淡化反渗透膜：水通量≥$4.5\times10^{-2}m^3/(m^2\cdot h)$；脱盐率≥99.0%。 海水淡化反渗透膜：水通量≥$3.8\times10^{-2}m^3/(m^2\cdot h)$；脱盐率≥99.4%。	海水、苦咸水淡化	HY/T 107－2008

第27条

附件2

环境保护专用设备企业所得税优惠目录(2017年版)

序号	设备类别	设备名称	性能参数	应用领域
1	水污染防治设备	膜生物反应器	膜通量≥$10L(m^2\cdot h)$；出口水质达到地表水环境质量Ⅳ类标准。	生活污水和工业废水处理
2		污泥脱水机	滤饼含水率≤50%。	生活和工业污泥处理

续表

序号	设备类别	设备名称	性能参数	应用领域
3	水污染防治设备	超磁分离水体净化设备	出口水质：悬浮物去除率≥90%；SS≤20*mg/L*；TP 在0.05*mg/L*～0.5*mg/L*之间，TP 去除率80%～90%；油≤5*mg/L*；藻类去除率80%～85%；非溶解态 COD 去除率>80%。	工业废水处理、重金属废水处理、黑臭水体处理（进口水质：SS≤500*mg/L*；TP 在1mg/L～4*mg/L*之间；油≤50mg/L）
4		一体化污水处理设备	出口水质：COD≤30mg/L；氨氮≤5*mg/L*；TP≤0.3*mg/L*；SS≤5mg/L。	生活污水处理（进口水质：COD≤450*mg/L*；氨氮≤50*mg/L*；TP≤4mg/L；SS≤200*mg/L*）
5	大气污染防治设备	袋式除尘器	出口烟尘排放浓度≤10*mg/Nm*^{3}；烟气排放达到林格曼一级；进出口压差≤1200*Pa*；出口温度≤120℃；漏风率≤2%；耐压强度≥5*kPa*。	燃煤发电行业除外的烟尘处理
6		电袋复合除尘器	出口烟尘排放浓度≤30*mg/Nm*^{3}；烟气排放达到林格曼一级；进出口压差≤1000*Pa*；设备阻力<900*Pa*；漏风率<2%。	燃煤发电行业除外的烟尘处理
7		选择性催化还原（SCR）脱硝设备	脱硝效率>80%；系统氨逃逸质量浓度≤2.5*mg/m*^{3}；SO_2 转化率<1%。	燃煤发电行业除外的脱硝
8		VOCs 吸附回收装置	净化率>90%。	喷涂、石油、化工、包装印刷、油气回收、涂布、制革等行业的VOCs治理

第27条

续表

序号	设备类别	设备名称	性能参数	应用领域
9	大气污染防治设备	生物治理VOCs设备	生物降解净化效率>85%；恶臭异味和VOCs排放浓度达到有关行业环保标准要求。	生活污水厂、石化或化工污水处理、垃圾处理厂、发酵堆肥行业、制药行业、饲料和肥料行业、食品加工行业、皮革加工行业等产生的有机废气、异味处理
10		VOCs燃烧装置	燃烧净化效率>95%；VOCs排放浓度达到有关行业环保标准要求。	石油、化工、喷涂、电线电缆、制药等行业的VOCs治理
11		连续自动再生式柴油车黑烟净化过滤器	CO的起燃温度<195℃；HC的起燃温度<205℃；黑烟颗粒PM的去除效果>90%（在所有的工况下）；黑烟颗粒的再生：开始再生温度为200℃，全部烧完为500℃，所需时间≤10*min*。	柴油车尾气处理
12	土壤污染防治设备	污染土壤检测修复一体机	掘进速度≥9*m/h*；最大掘进深度20*m*；取样量≥7×10^{-3} m^3/h；注药量≥90*L/min*；注药半径≥1*m*。	污染土壤修复
13	固体废物处置设备	餐厨垃圾自动分选制浆机	处理对象：餐厨垃圾或分类的厨余垃圾：可实现有机物与其他杂物如轻质塑料、织物和金属等的有效分离，实现接收垃圾中有机质的浆化处理：处理后有机物损失<3%；杂物去除率≥95%；处理量≥10*t/h*。	餐厨垃圾处理
14		废金属破碎分选机	主机功率：450*kW*～7500*kW*；处理能力30*t/h*～420*t/h*；送料宽度达1500*mm*～3000*mm*；磁力分选率≥97%；有色金属涡流分选或有色光选分辨率≥98%；危险废物回收率≥95%。	金属废物处理

第27条

续表

序号	设备类别	设备名称	性能参数	应用领域
15	固体废物处置设备	电子废物、报废汽车破碎分选机	处理对象:废弃电器电子产品,报废汽车:可实现铁、有色金属、塑料和其他杂质的有效分离,危险废物的安全回收:铁、有色金属回收率及纯净度≥95%,塑料回收率及纯净度≥90%;制冷剂、废油等危险废物回收率≥95%;报废汽车处理能力≥10t/h;废弃电器电子产品处理能力≥1000kg/h。	电子垃圾、报废汽车处理
16		新能源汽车废旧动力蓄电池处理设备	废旧动力蓄电池在物理环节的模组分离装备自动化拆解效率≥2kg/min;单体单机分离装备自动化拆解效率≥3kg/min;在湿法冶炼条件下,镍、钴、锰的综合刚回率≥98%;在火法冶炼条件下,镍、稀土的综合回收率应≥97%。	新能源汽车废旧动力蓄电池处理
17		危险废弃物焚烧炉	处理量≥20t/d:焚烧温度:一般危险废物≥1100℃,持久性有机污染物废物≥1200℃,医疗废物≥850℃;烟气停留时间>2s;残渣热灼减率≤5%。	医疗、工业领域危险废物处理
18		机械炉排炉	处理量≥200t/d;焚烧温度≥850℃;烟气停留时间≥2s;残渣热灼减率≤5%。	生活垃圾处理
19	环境监测专用仪器仪表	烟气排放连续监测仪	可测量以下一种或几种参数:SO_2、NO_1、C_0、H_g、H_{Cl}、H_F、H_2S、颗粒物、流速:颗粒物零点漂移±2%,量程漂移±2%;气态污染物响应时间≤200s,零点漂移±2.5%,量程漂移±2.5%,线性误差≤±5%;流速测量范围0~30m/s,流速测量精度±12%;温度示值偏差≤±3℃。	污染源废气监测(火电厂超低排放),垃圾焚烧电厂废气在线监测

续表

序号	设备类别	设备名称	性能参数	应用领域
20	环境监测专用仪器仪表	氨逃逸激光在线分析仪	检测下限：0.1mg/L；重复性：1.0F.S；线性误差：1.0%F.S；取样流量：10L/min～20L/min；环境温度：－20℃～45℃。	烟气脱硝氨逃逸检测
21		挥发性有机物VOCs分析仪	可测量以下一种或几种气态有机污染物成分：甲烷/非甲烷总烃、总挥发性有机物、半挥发性有机物、苯系物或其他特征有机污染物： 最低检测限： (1)C2～C5：1，3－丁二烯或者丁烯≤0.15ppb，其他≤0.5ppb； (2)C6～C12：苯≤0.05ppb，其他≤0.5ppb； 重现性： (1)C2～C5：＜10%4ppb(1，3－丁二烯或者丁烯)； (2)C6～C12：＜10%4ppb(苯)。	有机废气排放监测、厂界及周边无组织排放监测
22		重金属水质自动分析仪	可测量以下一种或几种参数：汞、铬、镉、铅和砷； 六价铬水质监测设备： 精密度≤5%，准确度±5%，零点漂移±5%，量程漂移±5%； 汞、镉、铅、砷水质监测设备： 示值误差±5%，精密度≤5%，零点漂移±5%，量程漂移±10%。	污染源废水监测
23	噪声与振动控制	阵列式消声器	吸声体平均吸声系数≥0.9；基准长度消声器的全压损失系数ζ≤0.7。	通风空调系统管道、机房进出风口、空气动力性设备等的消声降噪
24		阻尼弹簧浮置板隔振器	隔振效果≥18dB；阻尼比≥0.08；轨面动态下沉量≤4mm。	高铁及城市轨道交通噪声控制

第27条

5.《财政部等四部门关于公布〈环境保护、节能节水项目企业所得税优惠目录(2021年版)〉以及〈资源综合利用企业所得税优惠目录(2021年版)〉的公告》(2021年12月16日颁布 2021年1月1日起实施 财政部 税务总局 发展改革委 生态环境部公告2021年第36号)

为培育壮大节能环保产业,推动资源节约高效利用,现发布《环境保护、节能节水项目企业所得税优惠目录(2021年版)》和《资源综合利用企业所得税优惠目录(2021年版)》,有关事项公告如下:

一、《环境保护、节能节水项目企业所得税优惠目录(2021年版)》和《资源综合利用企业所得税优惠目录(2021年版)》自2021年1月1日起施行。

二、企业从事属于《财政部 国家税务总局 国家发展改革委关于公布环境保护节能节水项目企业所得税优惠目录(试行)的通知》(财税〔2009〕166号)和《财政部 国家税务总局 国家发展改革委关于垃圾填埋沼气发电列入〈环境保护、节能节水项目企业所得税优惠目录(试行)〉的通知》(财税〔2016〕131号)中目录规定范围的项目,2021年12月31日前已进入优惠期的,可按政策规定继续享受至期满为止;企业从事属于《环境保护、节能节水项目企业所得税优惠目录(2021年版)》规定范围的项目,若2020年12月31日前已取得第一笔生产经营收入,可在剩余期限享受政策优惠至期满为止。

四、税务机关在后续管理中,如不能准确判定企业从事的项目是否属于《环境保护、节能节水项目企业所得税优惠目录(2021年版)》,以及资源综合利用是否属于《资源综合利用企业所得税优惠目录(2021年版)》规定的范围,可提请省级以上(含省级)发展改革和生态环境等部门出具意见。

五、《财政部 国家税务总局 国家发展改革委关于公布环境保护节能节水项目企业所得税优惠目录(试行)的通知》(财税〔2009〕166号)、《财政部 国家税务总局 国家发展改革委关于公布资源综合利用企业所得税优惠目录(2008年版)的通知》(财税〔2008〕117号)以及《财政部 国家税务总局 国家发展改革委关于垃圾填埋沼气发电列入〈环境保护、节能节水项目企业所得税优惠目录(试行)〉的通知》(财税〔2016〕131号)自2022年1月1日起废止。

附件:1. 环境保护、节能节水项目企业所得税优惠目录(2021年版)

2. 资源综合利用企业所得税优惠目录(2021年版)

附件1

环境保护、节能节水项目企业所得税优惠目录(2021年版)

类别		项目	条件
一、环境污染防治	大气污染防治	脱硫脱硝除尘排放治理及改造项目	1. 包括电力、钢铁等行业烟气超低排放改造项目;建材、焦化、石化、化工、有色等行业烟气治理项目(含重金属等有毒有害大气污染物治理项目);颗粒物无组织排放收集治理项目。 2. 电力、钢铁等行业烟气超低排放改造项目符合超低排放改造要求或地方大气污染物排放标准要求;水泥、焦化、石化、化工、有色等行业烟气治理项目(含重金属等有毒有害大气污染物治理项目)烟气排放达到国家或地方规定的排放要求;颗粒物无组织排放收集治理项目烟气排放达到国家或地方规定的排放要求。以上项目通过相关验收。
		有机废气收集净化项目	1. 包括石化、有机化工、表面涂装、包装印刷等行业有机废气排放收集装置改造及净化项目。(单一采用低温等离子、光催化、光氧化以及不具备“点对点”集中回收再生条件的活性炭一次性吸附工艺的项目除外) 2. 有机废气排放达到国家或地方规定的要求,项目通过相关验收。
		恶臭气体治理项目	1. 各类企业恶臭治理项目。 2. 恶臭排放达到《恶臭污染物排放标准》规定要求,项目通过相关验收。
	公共污水处理	城镇污水处理项目	1. 城镇污水处理设施、配套管网的新建、扩建、提标改造项目。 2. 排放连续稳定达到国家或地方规定的排放标准要求,项目通过相关验收。配套管网应建立专业化运行维护机制。
		工业废水处理项目	1. 工业企业、工业园区废水治理项目、配套管网的新建、扩建、提标改造项目。 2. 污染物排放达到国家或地方规定的要求,项目通过相关验收。配套管网应建立专业化运行维护机制。

续表

类别		项目	条件
一、环境污染防治	公共污水处理	农村污水处理项目	1. 包括农村生活污水处理及资源化利用项目、畜禽养殖废水处理及资源化利用项目、农村黑臭水体治理项目。 2. 污染物排放达到国家或地方规定的要求，项目通过相关验收。
		污泥处理处置及资源化利用项目	1. 包括污泥稳定化、无害化和资源化处理处置利用项目。 2. 项目符合国家或地方相关规定，通过相关验收。污泥得到安全处理处置，处理处置后的污泥符合国家有关标准。
		水体修复与治理项目	1. 包括河流、湖泊、海域、黑臭水体、饮用水源地等的修复与治理项目。 2. 项目符合国家相关水体修复与治理要求，并通过相关验收。
	土壤与地下水污染治理	土壤与地下水污染修复项目	1. 包括土壤治理与修复项目、地下水污染修复项目。 2. 项目满足国家或地方相关要求，并通过评审或备案。
	公共垃圾处理	生活垃圾分类和无害化处理处置项目	1. 对城镇和农村生活垃圾（含厨余垃圾）进行减量化、资源化、无害化处理的项目，涉及生活垃圾分类收集、贮存、运输、处理、处置项目。（对原生生活垃圾进行填埋处理的除外） 2. 项目通过相关验收，涉及污染物排放的，指标应达到国家或地方规定的排放要求。
		工业固体废物利用处置项目	1. 对工业固体废物（含建筑垃圾）减量化、资源化、无害化处理的项目，涉及收集、贮存、运输、利用、处置等环节。（直接进行贮存、填埋处置的除外） 2. 项目通过相关验收，涉及污染物排放的，指标应达到国家或地方规定的排放要求。

续表

类别		项目	条件
一、环境污染防治	公共垃圾处理	危险废物利用处置项目	1. 对危险废物(含医疗废物)减量化、资源化、无害化处理的项目,涉及收集、贮存、运输、利用、处置等环节。(直接进行贮存、填埋处置的除外) 2. 项目应取得危险废物经营许可证,并通过相关验收,涉及污染物排放的,指标应达到国家或地方规定的排放要求。
一、环境污染防治	沼气综合开发利用	畜禽养殖场和养殖小区沼气工程项目	1. 单体装置容积不小于300立方米,年平均日产沼气量不低于300立方米/天,且符合国家有关沼气工程技术规范的项目。 2. 废水排放、废渣处置、沼气利用符合国家和地方有关标准,不产生二次污染。 3. 项目包括完整的发酵原料的预处理设施、沼渣和沼液的综合利用或进一步处理系统,沼气净化、储存、输配和利用系统。 4. 项目设计、施工和运行管理人员具备国家相应职业资格。 5. 项目按照国家法律法规要求,通过相关验收。
一、环境污染防治	生态环境监测项目		1. 包括国家、省、市、县级生态环境监测项目。 2. 项目符合国家或地方相关规定,通过相关验收,无弄虚作假行为。
二、节能减排技术改造		既有建筑节能与可再生能源利用项目	1. 对既有建筑实施节能与可再生能源利用改造。 2. 项目应符合《既有居住建筑节能改造技术规程》、《公共建筑节能改造技术规范》、《建筑节能与可再生能源利用通用规范》等国家标准要求。
二、节能减排技术改造		热泵技术改造项目	1. 包括地源、水源、空气源等热泵技术改造项目。 2. 采用的技术及设备应符合《浅层地热能利用通用技术要求》等国家标准要求,达到《水(地)源热泵机组能效限定值及能效等级》、《低环境温度空气源热泵(冷水)机组能效限定值及能效等级》等国家标准能效等级二级以上,项目通过相关验收。

第27条

续表

类别	项目	条件
二、节能减排技术改造	工业锅炉、工业窑炉节能改造项目	1. 年节能量折算后不小于1000吨标准煤。 2. 节能量评估方法应符合《节能量测量和验证技术通则》、《节能量测量和验证技术要求 工业锅炉系统》、《节能量测量和验证技术要求 板坯加热炉系统》等国家标准要求。
	数据中心节能改造项目	1. 对数据中心实施节能改造。 2. 改造后数据中心电能利用效率不高于1.3。
	通信基站节能改造项目	1. 对通信基站进行节能改造。 2. 改造后通信基站单载频运行能耗降低8%以上。
	电机系统节能改造项目	1. 对电机系统实施节能改造。 2. 项目应符合《电机系统(风机、泵、空气压缩机)优化设计指南》等国家标准要求。
	能量系统优化技术改造项目	1. 年节能量折算后不小于1000吨标准煤。 2. 项目应建立完善的能源管理信息系统,节能量评估方法符合《节能量测量和验证技术通则》等国家标准要求。
	余热余压利用项目	1. 包括利用余热、余压等生产电力或热力的节能改造项目。 2. 生产电力、热力的原料100%来源于余热、余压。项目符合国家或地方相关规定,通过相关验收。
	高效精馏设备和系统改造项目	1. 对填料塔高效精馏设备和系统实施节能改造。 2. 改造后应符合以下技术参数:(1)"塔压降":10－40Pa/米;(2)传质效率:3－4理论板/米;(3)热效率≥20%。
	绿色照明项目	1. 采用高效照明产品、高效照明控制系统等对各类建筑及公共场所实施照明节能改造。 2. 项目应符合《LED城市道路照明应用技术要求》、《隧道照明用LED灯具性能要求》等国家标准要求。

续表

类别	项目	条件
二、节能减排技术改造	供热系统节能改造项目	1. 包括供暖、供热水、供蒸汽等供热系统节能改造项目。 2. 项目应符合《供热系统节能改造技术规范》等国家标准要求。
	碳捕集、利用与封存（CCUS）项目	1. 在各领域实施碳捕集、利用与封存。 2. 项目二氧化碳封存量不低于10万吨/年，符合国家或地方相关规定。
三、节水改造及非常规水利用	海水淡化项目	1. 用作工业、生活用水及海岛军民饮用水的海水淡化项目。工业、生活用水项目规模不低于淡水产量10,000吨/日；海岛军民饮用水项目规模不低于淡水产量1000吨/日（热法海水淡化项目的能耗消耗指标为吨水耗电量小于1.8千瓦时/吨、造水比大于8；膜法海水淡化项目的能耗指标为吨水耗电量小于4.0千瓦时/吨）。 2. 海水直接利用项目。海水循环冷却规模不小于1万吨/小时、海水浓缩倍数不小于1.6倍、水处理剂使用无磷环境友好型产品。 3. 海水淡化核心技术装备产业化项目。适用于海水淡化反渗透膜组件、高压泵和能量回收装置等技术装备生产项目。
	污水资源化利用项目	1. 污水资源化利用项目。企业利用污水无害化处理后的再生水量应不低于15万立方米/年。 2. 区域再生水循环利用项目。项目生产的再生水应连续稳定达到《城市污水再生利用》系列国家标准、《再生水水质标准》或相关用途的再生水水质标准，并通过相关验收。
	城镇和工业公共供水管网改造项目	1. 城镇公共供水管网改造项目。项目应符合当地城市供水相关规划要求或列入相关改造计划。综合改造后，项目所在供水区域管网漏损率下降≥5%，或全市（县）公共供水管网漏损率不高于12%。 2. 工业公共供水管网改造项目。综合改造后，工业公共供水管网漏损率不高于5%。

续表

类别	项目	条件
三、节水改造及非常规水利用	工业节水改造项目	1. 工业智慧水管理项目。包括水系统智慧大数据中心项目、水系统操作、控制、管理智能一体化项目等。通过实施工业智慧水管理项目，工业企业应达到国家水效领跑者企业用水指标要求。 2. 凝结水回收利用项目。项目精处理后的凝结水应达到中、高压锅炉进水标准、温度不小于85℃、年节水量不低于32万立方米。 3. 电化学循环水处理项目。改造后项目达到《工业循环冷却水处理设计规范》指标要求，浓缩倍数≥5。 4. 煤炭工业复合式干法选煤节水改造项目，年节水量不低于200万立方米。 5. 工业除尘湿法改干法项目。年节水量不低于200万立方米。 6. 石化化工、造纸、纺织印染企业节水技术改造项目。改造后达到国家水效领跑者企业用水指标要求。 7. 干法熄焦改造项目。年节水量不低于90万立方米。 8. 公用纺织品洗涤节水技术改造项目。改造后每吨布草洗涤用水量达到《公用纺织品洗涤设施节水管理规范》取水定额先进值。 9. 毛皮、皮革加工节水改造项目。对于毛皮加工节水改造项目，改造后加工标准张绵羊皮用水量达到《取水定额　毛皮》取水定额先进企业值；对于皮革加工节水技术改造项目，改造后加工单位原料皮用水量达到《取水定额　皮革》取水定额先进企业值。

附件 2

资源综合利用企业所得税优惠目录(2021年版)

类别	序号	综合利用的资源	生产的产品	技术标准
一、共生、伴生矿产资源	1.1	煤系共生、伴生矿产资源、瓦斯	高岭岩、铝矾土、膨润土,电力、热力及燃气	1. 产品原料100%来自所列资源。 2. 产品原料来自煤炭开发中的废弃物。 3. 产品符合国家和行业标准。
	1.2	黑金属矿、有色金属矿、非金属矿共生、伴生矿产资源	共生、伴生矿产资源产品	1. 产品原料100%来自所列资源。 2. 共生、伴生矿产资源未达到工业品位。
二、废水(液)、废气、废渣	2.1	煤矸石、煤泥、化工废渣、粉煤灰、尾矿、废石、冶炼渣(钢铁渣、有色冶炼渣、赤泥等)、工业副产石膏、港口航道的疏浚物、江河(渠)道的淤泥淤沙等、风积沙、建筑垃圾、生活垃圾焚烧炉渣	砖(瓦)、电力、热力、煤矸石井下充填开采置换出的呆滞煤量、砌块、新型墙体材料、石膏类制品以及商品粉煤灰、建筑砂石骨料、道路用建筑垃圾再生骨料、再生级配骨料、再生骨料无机混合料、预拌商品混凝土、干混砂浆、预拌砂浆、砂浆预制件、混凝土预制件、盾构土、粒化高炉矿渣、钢渣微粉、微晶玻璃、岩棉、矿渣棉、氧化铝、水泥熟料	1. 建材产品原料70%以上来自所列资源。生产其他产品的产品原料100%来自所列资源。 2. 用煤矸石、煤泥生产电力、热力产品符合《煤矸石综合利用管理办法》要求。 3. 产品符合国家和行业标准。
	2.2	社会回收的废金属(废钢铁、废铜、废铝等)、冶炼渣(钢铁渣、有色冶炼渣、赤泥等)、化工废渣	金属(含稀贵金属)、铁合金料、精矿粉、氯盐(氯化钾、氯化钠等)、硅酸盐及其衍生产品	1. 产品原料70%以上来自所列资源。 2. 产品符合国家和行业标准。

续表

类别	序号	综合利用的资源	生产的产品	技术标准
二、废水(液)、废气、废渣	2.3	化工、纺织、造纸工业废液及废渣	银、盐、锌、纤维、碱、羊毛脂、聚乙烯醇、硫化钠、亚硫酸钠、硫氰酸钠、硝酸、铁盐、铬盐、木素磺酸盐、乙酸、乙二酸、乙酸钠、盐酸、粘合剂、酒精、香兰素、饲料酵母、肥料、甘油、乙氰	1. 产品原料70%以上来自所列资源。 2. 产品符合国家和行业标准。
	2.4	制盐液(苦卤)及硼酸废液	氯化钾、硝酸钾、溴素、氯化镁、氢氧化镁、无水硝、石膏、硫酸镁、硫酸钾、肥料	产品原料70%以上来自所列资源。
	2.5	工矿废水、城镇污水污泥	再生水、土地改良剂、有机肥料	1. 再生水原料100%来自所列资源。 2. 土地改良剂、有机肥料原料80%以上来自所列资源。 3. 产品符合《城市污水再生利用》系列国家标准、《再生水水质标准》或相关用途的再生水水质标准。
	2.6	焦炉煤气、转炉煤气、高炉煤气、矿热炉尾气、化工废气、石油(炼油)化工废气、发酵废气、炭黑尾气、二氧化碳、氯化氢废气,生物质合成气	电力、热力、硫磺、硫酸、磷铵、硫铵、脱硫石膏、可燃气、轻烃、氢气、硫酸亚铁、有色金属、二氧化碳(纯度≥99.9%)、干冰、甲醇、合成氨、甲烷、变性燃料乙醇(纯度≥99.5%)、乙醇梭菌蛋白/菌体蛋白(粗蛋白≥80%)、天然气、氯气(含液氯)	1. 产品原料100%来自所列资源。 2. 乙醇、蛋白产品等符合国家和行业标准。

续表

类别	序号	综合利用的资源	生产的产品	技术标准
三、再生资源	3.1	废弃电器电子产品、废旧电池、废感光材料、废灯泡(管)、废旧太阳能光伏板、风电机组	金属(含稀贵金属)、非金属产品	1.产品原料90%以上来自所列资源。 2.产品原料符合《废弃电器电子产品处理目录》。
	3.2	废塑料	塑料制品、塑木(木塑)产品	1.产品原料90%以上来自所列资源。 2.产品符合国家和行业标准。
	3.3	废旧轮胎、废橡胶	再制造轮胎、胶粉、再生橡胶等	1.产品原料70%以上来自所列资源。 2.产品符合国家和行业标准。
	3.4	废弃天然纤维、化学纤维、多种废弃纤维混合物及其制品、废弃聚酯瓶及瓶片	浆粕、纤维纱及织物、无纺布、毡、粘合剂、再生聚酯及其制品、再生纤维、燃料块、复合板材、生态修复材料、工程塑料等	1.生产再生聚酯及其制品的产品原料100%来自所列资源。 2.生产其他产品的产品原料70%以上来自所列资源。
	3.5	农作物秸秆及壳皮(粮食作物秸秆、粮食壳皮、玉米芯等)、林业三剩物、次小薪材、蔗渣、糠醛渣、菌糠、酒糟、粗糟、中药渣、废旧家具、畜禽养殖废弃物、畜禽屠宰废弃物、农产品加工有机废弃物	纤维板、刨花板、细木工板、生物质压块,生物质破碎料、生物天然气、热解燃气、沼气、生物油、电力、热力、生物炭、活性炭、栲胶、水解酒精、纤维素、木质素、木糖、阿拉伯糖、糠醛、土壤调理剂、有机肥、膨化饲料、颗粒饲料、菌棒、纸浆、秸秆浆、纸制品等	1.产品原料70%以上来自所列资源。 2.产品符合国家和行业标准。

第27条

续表

类别	序号	综合利用的资源	生产的产品	技术标准
三、再生资源	3.6	废生物质油、废弃润滑油	生物柴油、工业级混合油等	1. 产品原料90%以上来自所列资源。 2. 产品符合国家和行业标准。
	3.7	废玻璃、废玻璃纤维	玻璃熟料、玻璃纤维制品、真空绝热板芯材	1. 产品原料90%以上来自所列资源。 2. 产品符合国家和行业标准。
	3.8	废旧汽车、废旧办公设备、废旧工业装备、废旧机电设备	通过再制造方式生产的发动机、变速箱、转向器、起动机、发电机、电动机等汽车零部件、办公设备、工业装备、机电设备零部件等	产品符合国家标准。
	3.9	厨余垃圾	有机肥料、粗油脂、沼气等	1. 产品原料80%以上来自所列资源。 2. 产品符合国家和行业标准。
	3.10	铸造废砂	再生砂型覆膜砂、低氨覆膜砂、再生砂	1. 产品原料70%以上来自所列资源。 2. 产品符合国家和行业标准。
	3.11	废纸	纸浆、纸制品	1. 产品原料90%以上来自所列资源。 2. 产品符合国家和行业标准。

(四)技术转让所得

1.《财政部　国家税务总局关于促进科技成果转化有关税收政策的通知》(1999年5月27日颁布　财税字〔1999〕45号)

二、科研机构、高等学校服务于各业的技术成果转让、技术培训、技术咨询、技术服务、技术承包所取得的技术性服务收入暂免征收企业所得税。

2.《国家税务总局关于技术转让所得减免企业所得税有关问题的通知》(2009 年 4 月 24 日颁布 2008 年 1 月 1 日起实施 国税函〔2009〕212 号)①

各省、自治区、直辖市和计划单列市国家税务局、地方税务局:

根据《中华人民共和国企业所得税法》(以下简称企业所得税法)及其实施条例和相关规定,现就符合条件的技术转让所得减免企业所得税有关问题通知如下:

一、根据企业所得税法第二十七条第(四)项规定,享受减免企业所得税优惠的技术转让应符合以下条件:

(一)享受优惠的技术转让主体是企业所得税法规定的居民企业;

(二)技术转让属于财政部、国家税务总局规定的范围;

(三)境内技术转让经省级以上科技部门认定;

(四)向境外转让技术经省级以上商务部门认定;

(五)国务院税务主管部门规定的其他条件。

二、符合条件的技术转让所得应按以下方法计算:

技术转让所得 = 技术转让收入 - 技术转让成本 - 相关税费

技术转让收入是指当事人履行技术转让合同后获得的价款,不包括销售或转让设备、仪器、零部件、原材料等非技术性收入。不属于与技术转让项目密不可分的技术咨询、技术服务、技术培训等收入,不得计入技术转让收入。

技术转让成本是指转让的无形资产的净值,即该无形资产的计税基础减除在资产使用期间按照规定计算的摊销扣除额后的余额。

相关税费是指技术转让过程中实际发生的有关税费,包括除企业所得税和允许抵扣的增值税以外的各项税金及其附加、合同签订费用、律师费等相关费用及其他支出。

三、享受技术转让所得减免企业所得税优惠的企业,应单独计算技术转让所得,并合理分摊企业的期间费用;没有单独计算的,不得享受技术转让所得企业所得税优惠。

五、本通知自 2008 年 1 月 1 日起执行。

第
27
条

① 1. 根据《国家税务总局关于公布失效废止的税务部门规章和税收规范性文件目录的决定》(国家税务总局令第 42 号)规定,自 2017 年 12 月 29 日起,本文第四条废止。2. 根据《国务院关于第一批取消 62 项中央指定地方实施行政审批事项的决定》(国发〔2015〕57 号)规定,自 2015 年 10 月 11 日起,"企业取得的符合条件的技术转让所得享受所得税优惠核准"取消。

3.《财政部 国家税务总局关于居民企业技术转让有关企业所得税政策问题的通知》(2010年12月31日颁布 2008年1月1日起实施 财税〔2010〕111号)

各省、自治区、直辖市、计划单列市财政厅(局)、国家税务局、地方税务局,新疆生产建设兵团财务局:

根据《中华人民共和国企业所得税法》(以下简称企业所得税法)及《中华人民共和国企业所得税法实施条例》(国务院令第512号,以下简称实施条例)的有关规定,现就符合条件的技术转让所得减免企业所得税有关问题通知如下:

一、技术转让的范围,包括居民企业转让专利技术、计算机软件著作权、集成电路布图设计权、植物新品种、生物医药新品种,以及财政部和国家税务总局确定的其他技术。

其中:专利技术,是指法律授予独占权的发明、实用新型和非简单改变产品图案的外观设计。

二、本通知所称技术转让,是指居民企业转让其拥有符合本通知第一条规定技术的所有权或5年以上(含5年)全球独占许可使用权的行为。

三、技术转让应签订技术转让合同。其中,境内的技术转让须经省级以上(含省级)科技部门认定登记,跨境的技术转让须经省级以上(含省级)商务部门认定登记,涉及财政经费支持产生技术的转让,需省级以上(含省级)科技部门审批。

居民企业技术出口应由有关部门按照商务部、科技部发布的《中国禁止出口限制出口技术目录》(商务部、科技部令2008年第12号)进行审查。居民企业取得禁止出口和限制出口技术转让所得,不享受技术转让减免企业所得税优惠政策。

四、居民企业从直接或间接持有股权之和达到100%的关联方取得的技术转让所得,不享受技术转让减免企业所得税优惠政策。

五、本通知自2008年1月1日起执行。

4.《国家税务总局关于技术转让所得减免企业所得税有关问题的公告》(2013年10月21日颁布 2013年11月1日起实施 国家税务总局公告2013年第62号)

为加强技术转让所得减免企业所得税的征收管理,现将《国家税务总局关于技术转让所得减免企业所得税有关问题的通知》(国税函〔2009〕212号)中技术转让收入计算的有关问题,公告如下:

一、可以计入技术转让收入的技术咨询、技术服务、技术培训收入，是指转让方为使受让方掌握所转让的技术投入使用、实现产业化而提供的必要的技术咨询、技术服务、技术培训所产生的收入，并应同时符合以下条件：

（一）在技术转让合同中约定的与该技术转让相关的技术咨询、技术服务、技术培训；（二）技术咨询、技术服务、技术培训收入与该技术转让项目收入一并收取价款。

二、本公告自2013年11月1日起施行。此前已进行企业所得税处理的相关业务，不作纳税调整。

5.《财政部　国家税务总局关于将国家自主创新示范区有关税收试点政策推广到全国范围实施的通知》（2015年10月23日颁布　2015年10月1日起实施　财税〔2015〕116号）

各省、自治区、直辖市、计划单列市财政厅（局）、国家税务局、地方税务局，新疆生产建设兵团财务局：

根据国务院常务会议决定精神，将国家自主创新示范区试点的四项所得税政策推广至全国范围实施。现就有关税收政策问题明确如下：

二、关于技术转让所得企业所得税政策

1. 自2015年10月1日起，全国范围内的居民企业转让5年以上非独占许可使用权取得的技术转让所得，纳入享受企业所得税优惠的技术转让所得范围。居民企业的年度技术转让所得不超过500万元的部分，免征企业所得税；超过500万元的部分，减半征收企业所得税。

2. 本通知所称技术，包括专利（含国防专利）、计算机软件著作权、集成电路布图设计专有权、植物新品种权、生物医药新品种，以及财政部和国家税务总局确定的其他技术。其中，专利是指法律授予独占权的发明、实用新型以及非简单改变产品图案和形状的外观设计。

6.《关于许可使用权技术转让所得企业所得税有关问题的公告》（2015年11月16日颁布　2015年10月1日起实施　国家税务总局公告2015年第82号）

根据《中华人民共和国企业所得税法》及其实施条例、《财政部　国家税务总局关于将国家自主创新示范区有关税收试点政策推广到全国范围实施的通知》（财税〔2015〕116号）规定，现就许可使用权技术转让所得企业所得税有关问题公告如下：

一、自2015年10月1日起，全国范围内的居民企业转让5年(含，下同)以上非独占许可使用权取得的技术转让所得，纳入享受企业所得税优惠的技术转让所得范围。居民企业的年度技术转让所得不超过500万元的部分，免征企业所得税；超过500万元的部分，减半征收企业所得税。

所称技术包括专利(含国防专利)、计算机软件著作权、集成电路布图设计专有权、植物新品种权、生物医药新品种，以及财政部和国家税务总局确定的其他技术。其中，专利是指法律授予独占权的发明、实用新型以及非简单改变产品图案和形状的外观设计。

二、企业转让符合条件的5年以上非独占许可使用权的技术，限于其拥有所有权的技术。技术所有权的权属由国务院行政主管部门确定。其中，专利由国家知识产权局确定权属；国防专利由总装备部确定权属；计算机软件著作权由国家版权局确定权属；集成电路布图设计专有权由国家知识产权局确定权属；植物新品种权由农业部确定权属；生物医药新品种由国家食品药品监督管理总局确定权属。

三、符合条件的5年以上非独占许可使用权技术转让所得应按以下方法计算：

技术转让所得=技术转让收入-无形资产摊销费用-相关税费-应分摊期间费用

技术转让收入是指转让方履行技术转让合同后获得的价款，不包括销售或转让设备、仪器、零部件、原材料等非技术性收入。不属于与技术转让项目密不可分的技术咨询、服务、培训等收入，不得计入技术转让收入。技术许可使用权转让收入，应按转让协议约定的许可使用权人应付许可使用权使用费的日期确认收入的实现。

无形资产摊销费用是指该无形资产按税法规定当年计算摊销的费用。涉及自用和对外许可使用的，应按照受益原则合理划分。

相关税费是指技术转让过程中实际发生的有关税费，包括除企业所得税和允许抵扣的增值税以外的各项税金及其附加、合同签订费用、律师费等相关费用。

应分摊期间费用(不含无形资产摊销费用和相关税费)是指技术转让按照当年销售收入占比分摊的期间费用。

四、企业享受技术转让所得企业所得税优惠的其他相关问题，仍按照《国家税务总局关于技术转让所得减免企业所得税有关问题的通知》(国税函〔2009〕212号)、《财政部　国家税务总局关于居民企业技术转让有关企业所得税政策问题的通知》(财税〔2010〕111号)、《国家税务总局关于技术转让所得减免企业所得税有关问题的公告》(国家税务总局公告2013年第62号)规定执行。

五、本公告自2015年10月1日起施行。本公告实施之日起,企业转让5年以上非独占许可使用权确认的技术转让收入,按本公告执行。

7.《财政部 国家税务总局关于推广中关村国家自主创新示范区税收试点政策有关问题的通知》(2015年6月9日颁布 2015年1月1日起实施 财税〔2015〕62号)

各省、自治区、直辖市、计划单列市财政厅(局)、国家税务局、地方税务局,新疆生产建设兵团财务局:

根据国务院决定,中关村国家自主创新示范区有关税收试点政策推广至国家自主创新示范区、合芜蚌自主创新综合试验区和绵阳科技城(以下统称示范地区)实施。现就有关税收政策问题明确如下:

三、关于技术转让所得企业所得税政策

1. 注册在示范地区的居民企业在一个纳税年度内,转让技术的所有权或5年以上(含5年)许可使用权取得的所得不超过500万元的部分,免征企业所得税;超过500万元的部分,减半征收企业所得税。

2. 本通知所称技术,包括专利(含国防专利)、计算机软件著作权、集成电路布图设计专有权、植物新品种权、生物医药新品种,以及财政部和国家税务总局确定的其他技术。其中,专利是指法律授予独占权的发明、实用新型以及非简单改变产品图案和形状的外观设计。

五、本通知自2015年1月1日起执行。实施范围包括中关村等所有国家自主创新示范区、合芜蚌自主创新综合试验区和绵阳科技城。

(五)未设立机构、场所的非居民企业来源于中国境内的所得

1.《财政部 国家税务总局关于执行企业所得税优惠政策若干问题的通知》(2009年4月24日颁布 2008年1月1日起实施 财税〔2009〕69号)①

六、实施条例第九十一条第(二)项所称国际金融组织,包括国际货币基金组织、世界银行、亚洲开发银行、国际开发协会、国际农业发展基

① 条款废止,第八条废止。参见《国家税务总局关于扩大小型微利企业减半征收企业所得税范围有关问题的公告》(国家税务总局公告2014年第23号)。条款失效,第七条停止执行。参见《财政部 国家税务总局关于小型微利企业所得税优惠政策的通知》(财税〔2015〕34号)。

金、欧洲投资银行以及财政部和国家税务总局确定的其他国际金融组织；所称优惠贷款，是指低于金融企业同期同类贷款利率水平的贷款。

2.《国家税务总局关于非居民企业取得B股等股票股息征收企业所得税问题的批复》(2009年7月24日颁布 国税函〔2009〕394号)

上海市国家税务局：

你局《关于大众交通(集团)股份有限公司向B股非居民股东派发股利涉税问题的请示》(沪国税际〔2009〕49号)收悉，现批复如下：

根据《中华人民共和国企业所得税法》及其实施条例规定，在中国境内外公开发行、上市股票(A股、B股和海外股)的中国居民企业，在向非居民企业股东派发2008年及以后年度股息时，应统一按10%的税率代扣代缴企业所得税。非居民企业股东需要享受税收协定待遇的，依照税收协定执行的有关规定办理。

第二十八条 【优惠税率】 符合条件的小型微利企业，减按20%的税率征收企业所得税。

国家需要重点扶持的高新技术企业，减按15%的税率征收企业所得税。

一、税收行政法规

《中华人民共和国企业所得税法实施条例》(2007年12月6日中华人民共和国国务院令第512号公布 根据2019年4月23日《国务院关于修改部分行政法规的决定》修订)

第九十二条 企业所得税法第二十八条第一款所称符合条件的小型微利企业，是指从事国家非限制和禁止行业，并符合下列条件的企业：

(一)工业企业，年度应纳税所得额不超过30万元，从业人数不超过100人，资产总额不超过3000万元；

(二)其他企业，年度应纳税所得额不超过30万元，从业人数不超过80人，资产总额不超过1000万元。

第九十三条 企业所得税法第二十八条第二款所称国家需要重点扶持的高新技术企业，是指拥有核心自主知识产权，并同时符合下列条件的企业：

(一)产品(服务)属于《国家重点支持的高新技术领域》规定的范围；

（二）研究开发费用占销售收入的比例不低于规定比例；

（三）高新技术产品（服务）收入占企业总收入的比例不低于规定比例；

（四）科技人员占企业职工总数的比例不低于规定比例；

（五）高新技术企业认定管理办法规定的其他条件。

《国家重点支持的高新技术领域》和高新技术企业认定管理办法由国务院科技、财政、税务主管部门商国务院有关部门制定，报国务院批准后公布施行。

二、税务规范性文件

（一）小微企业

1.《国家税务总局关于非居民企业不享受小型微利企业所得税优惠政策问题的通知》（2008年7月3日颁布　国税函〔2008〕650号）

各省、自治区、直辖市和计划单列市国家税务局、地方税务局：

关于非居民企业是否享受企业所得税法规定的对小型微利企业的税收优惠政策问题，现明确如下：

企业所得税法第二十八条规定的小型微利企业是指企业的全部生产经营活动产生的所得均负有我国企业所得税纳税义务的企业。因此，仅就来源于我国所得负有我国纳税义务的非居民企业，不适用该条规定的对符合条件的小型微利企业减按20%税率征收企业所得税的政策。

2.《国家税务总局关于认真做好小型微利企业所得税优惠政策贯彻落实工作的通知》（2015年9月9日颁布　税总发〔2015〕108号）

各省、自治区、直辖市和计划单列市国家税务局、地方税务局：

为认真贯彻落实国务院第102次常务会议进一步扩大小微企业税收优惠政策范围的决定，支持小微企业发展和创业创新，对税务机关进一步落实小型微利企业所得税优惠政策工作通知如下：

一、提高思想认识，迅速做好贯彻部署工作

支持和鼓励小微企业发展，是当前促进经济企稳回升、改善社会就业和维护社会稳定的有效措施，有利于进一步涵养就业潜力和经济发展的持久耐力。今年8月19日，国务院第102次常务会议决定，把小型微利企业减半征收所得税优惠政策范围扩大到年应纳税所得额30万元以下的纳税人，以进一步释放政策红利，切实减轻小微企业税收负担，为小微企业发展和创业创新营造良好环境。各级税务机关要从讲政治、顾大局高度，把全面抓好小微企业所得税优惠政策落实继续作为一项光荣而艰巨的政治任务，列为今年下半年税务系统一项重要工作，统筹谋划、周密部署、迅速行动、落实责任。要继续按照《国家税务总局关于进一步做好小微企业税收优惠政策贯彻落实工作的通知》(税总发〔2015〕35号)等文件要求，全面梳理小微企业所得税优惠政策落实工作的时间表和任务单，明确责任单位，按照时间节点、任务清单、工作责任，不折不扣地抓好贯彻落实工作。

二、广泛开展税收宣传和纳税服务，确保小微企业税收政策家喻户晓

要扎实做好小微企业所得税政策及管理规定的税收宣传和纳税服务工作，扩大宣传声势，引导社会舆论，做实纳税服务。一是税务总局利用中央级主流媒体受众多、覆盖面大、影响深远的优势，积极宣传小微企业所得税政策规定。二是各级税务机关要广泛利用办税服务厅和网站、微博、微信等各种新闻媒介，宣传小微企业所得税优惠政策调整背景意义、政策内容、操作要点，让优惠政策家喻户晓。三是各级税务机关要及时调整12366税收业务知识库有关小微企业所得税优惠政策内容，培训12366纳税服务热线人员，发挥12366小微企业咨询服务岗的作用，确保小微企业所得税优惠政策的宣传到位、服务到位、执行到位。

三、依托信息手段抓重点，确保落实工作无死角

此次调整小微企业所得税减半征税标准，从今年10月1日起施行。各级税务机关要通过软件锁定今年10月1日之前开业经营、年利润或应纳税所得额介于20万元至30万元之间的小微企业，将其列为重点群体和对象加以贯彻部署。一是省以下税务机关应通过计算机筛选、清分年利润或应纳税所得额介于20万元至30万元之间的小微企业名单，主管税务机关按名单重点宣传辅导，解释小微企业今年第4季度和明年汇算清缴衔接具体操作规定，让这部分小微企业知悉政策规定，明白优惠流程，熟悉申报表填写。二是各级税务机关要按照税务总局小微企业所得税纳税申报业务需求，及时完成相关系统升级、测试工作，调整完善管理软件和纳税人端软件，发挥计算机自动识别、政策提示、标准判定、协助算税等功能，提升纳税人用户体验，确保12月15日前全面完成系统升级测试工作。三是申报期内，各省税务局要继续利用信息化手段对企业申报情况加强监测，及时筛查应享受未享受税收优惠等异常情况，安排相关部门及时核实处理。对累计利润或应纳税

所得额介于20万元至30万元之间的小微企业，对其申报纳税和享受优惠政策情况要进行计算机审核校验，确保小微企业税收优惠政策“应享尽享”。

四、开展督查和绩效考评，切实抓好整改

落实小微企业税收优惠政策是今年税务系统“一号督查”事项，小微企业所得税扩大优惠政策范围从今年10月1日起实施，增加了税务机关工作量。各级税务机关要继续巩固现有工作成果，系统上下绷紧督查和绩效考评之弦不放松，层层传导压力、落实责任，对于贯彻实施发现的问题不回避、不拖延，及时研究解决办法，抓好后续整改工作。对于工作落实不力、纳税人反映问题集中、第三方社会评估问题严重的省市，税务总局将重点督查，分清责任，严肃处理。

3.《国家税务总局关于简化小型微利企业所得税年度纳税申报有关措施的公告》(2018年12月17日颁布 2018年1月1日起实施 国家税务总局公告2018年第58号)

为切实减轻小型微利企业纳税申报负担，根据《国家税务总局关于进一步深化税务系统“放管服”改革 优化税收环境的若干意见》(税总发〔2017〕101号)有关精神，现就实行查账征收企业所得税的小型微利企业(以下简称“小型微利企业”)填报《中华人民共和国企业所得税年度纳税申报表(A类,2017年版)》(国家税务总局公告2017年第54号发布，国家税务总局公告2018年第57号修订)有关事项公告如下：

一、《中华人民共和国企业所得税年度纳税申报表(A类)》(A100000)为小型微利企业必填表单。

二、《企业所得税年度纳税申报基础信息表》(A000000)中的“基本经营情况”为小型微利企业必填项目；“有关涉税事项情况”为选填项目，存在或者发生相关事项时小型微利企业必须填报；“主要股东及分红情况”为小型微利企业免填项目。

三、小型微利企业免于填报《一般企业收入明细表》(A101010)、《金融企业收入明细表》(A101020)、《一般企业成本支出明细表》(A102010)、《金融企业支出明细表》(A102020)、《事业单位、民间非营利组织收入、支出明细表》(A103000)、《期间费用明细表》(A104000)。

上述表单相关数据应当在《中华人民共和国企业所得税年度纳税申报表(A类)》(A100000)中直接填写。

四、除本公告第一条、第二条、第三条规定的表单、项目外，小型微利企业可结合自身经营情况，选择表单填报。未发生表单中规定的事项，无需填报。

五、本公告所称小型微利企业，是指符合《中华人民共和国企业所得税法》及其实施条例、《财政部　税务总局关于进一步扩大小型微利企业所得税优惠政策范围的通知》(财税〔2018〕77号)等规定的企业。上述政策规定发生调整的，按照最新政策规定执行。

六、本公告适用于小型微利企业2018年度及以后年度企业所得税汇算清缴纳税申报。

4.《财政部　税务总局关于进一步实施小微企业所得税优惠政策的公告》(2022年3月14日颁布　2022年1月1日起实施　财政部税务总局公告2022年第13号)

为进一步支持小微企业发展，现将有关税收政策公告如下：

一、对小型微利企业年应纳税所得额超过100万元但不超过300万元的部分，减按25%计入应纳税所得额，按20%的税率缴纳企业所得税。

二、本公告所称小型微利企业，是指从事国家非限制和禁止行业，且同时符合年度应纳税所得额不超过300万元、从业人数不超过300人、资产总额不超过5000万元等三个条件的企业。

从业人数，包括与企业建立劳动关系的职工人数和企业接受的劳务派遣用工人数。所称从业人数和资产总额指标，应按企业全年的季度平均值确定。具体计算公式如下：

季度平均值=(季初值+季末值)÷2

全年季度平均值=全年各季度平均值之和÷4

年度中间开业或者终止经营活动的，以其实际经营期作为一个纳税年度确定上述相关指标。

三、本公告执行期限为2022年1月1日至2024年12月31日。

5.《财政部　税务总局关于小微企业和个体工商户所得税优惠政策的公告》(2023年3月26日颁布　2023年1月1日起实施　财政部税务总局公告2023年第6号)①

为支持小微企业和个体工商户发展，现将有关税收政策公告如下：

一、对小型微利企业年应纳税所得额不超过100万元的部分，减按25%计入应纳税所得额，按20%的税率缴纳企业所得税。

第28条

① 该文件中个体工商户所得税优惠政策自2023年1月1日起相应停止执行。参见《财政部　税务总局关于进一步支持小微企业和个体工商户发展有关税费政策的公告》(财政部　税务总局公告2023年第12号)。

三、本公告所称小型微利企业，是指从事国家非限制和禁止行业，且同时符合年度应纳税所得额不超过300万元、从业人数不超过300人、资产总额不超过5000万元等三个条件的企业。

从业人数，包括与企业建立劳动关系的职工人数和企业接受的劳务派遣用工人数。所称从业人数和资产总额指标，应按企业全年的季度平均值确定。具体计算公式如下：

季度平均值＝（季初值＋季末值）÷2

全年季度平均值＝全年各季度平均值之和÷4

年度中间开业或者终止经营活动的，以其实际经营期作为一个纳税年度确定上述相关指标。

四、本公告执行期限为2023年1月1日至2024年12月31日。

6.《国家税务总局关于落实小型微利企业所得税优惠政策征管问题的公告》(2023年3月27日颁布　2023年1月1日起实施　国家税务总局公告2023年第6号)

为支持小微企业发展，落实好小型微利企业所得税优惠政策，现就有关征管问题公告如下：

一、符合财政部、税务总局规定的小型微利企业条件的企业（以下简称小型微利企业），按照相关政策规定享受小型微利企业所得税优惠政策。

企业设立不具有法人资格分支机构的，应当汇总计算总机构及其各分支机构的从业人数、资产总额、年度应纳税所得额，依据合计数判断是否符合小型微利企业条件。

二、小型微利企业无论按查账征收方式或核定征收方式缴纳企业所得税，均可享受小型微利企业所得税优惠政策。

三、小型微利企业在预缴和汇算清缴企业所得税时，通过填写纳税申报表，即可享受小型微利企业所得税优惠政策。

小型微利企业应准确填报基础信息，包括从业人数、资产总额、年度应纳税所得额、国家限制或禁止行业等，信息系统将为小型微利企业智能预填优惠项目、自动计算减免税额。

四、小型微利企业预缴企业所得税时，从业人数、资产总额、年度应纳税所得额指标，暂按当年度截至本期预缴申报所属期末的情况进行判断。

五、原不符合小型微利企业条件的企业，在年度中间预缴企业所得税时，按照相关政策标准判断符合小型微利企业条件的，应按照截至本期预缴申报所属期末的累计情况，计算减免税额。当年度此前期间如因不符合小型微利企业条件而多预缴的企业所得税税款，可在以后季度应预缴的企业所得税税款中抵减。

六、企业预缴企业所得税时享受了小型微利企业所得税优惠政策，但在汇算清缴时发现不符合相关政策标准的，应当按照规定补缴企业所得税税款。

七、小型微利企业所得税统一实行按季度预缴。

按月度预缴企业所得税的企业，在当年度4月、7月、10月预缴申报时，若按相关政策标准判断符合小型微利企业条件的，下一个预缴申报期起调整为按季度预缴申报，一经调整，当年度内不再变更。

八、本公告自2023年1月1日起施行。《国家税务总局关于小型微利企业所得税优惠政策征管问题的公告》(2022年第5号)同时废止。

7.《财政部　税务总局关于进一步支持小微企业和个体工商户发展有关税费政策的公告》(2023年8月2日颁布　财政部　税务总局公告2023年第12号)

为进一步支持小微企业和个体工商户发展，现将有关税费政策公告如下：

三、对小型微利企业减按25%计算应纳税所得额，按20%的税率缴纳企业所得税政策，延续执行至2027年12月31日。

五、本公告所称小型微利企业，是指从事国家非限制和禁止行业，且同时符合年度应纳税所得额不超过300万元、从业人数不超过300人、资产总额不超过5000万元等三个条件的企业。

从业人数，包括与企业建立劳动关系的职工人数和企业接受的劳务派遣用工人数。所称从业人数和资产总额指标，应按企业全年的季度平均值确定。具体计算公式如下：

季度平均值=(季初值+季末值)÷2

全年季度平均值=全年各季度平均值之和÷4

年度中间开业或者终止经营活动的，以其实际经营期作为一个纳税年度确定上述相关指标。

小型微利企业的判定以企业所得税年度汇算清缴结果为准。登记为增值税一般纳税人的新设立的企业，从事国家非限制和禁止行业，且同时符合申报期上月末从业人数不超过300人、资产总额不超过5000万元等两个条件的，可在首次办理汇算清缴前按照小型微利企业申报享受第二条规定的优惠政策。

六、本公告发布之日前，已征的相关税款，可抵减纳税人以后月份应缴纳税款或予以退还。发布之日前已办理注销的，不再追溯享受。

《财政部　税务总局关于进一步实施小微企业"六税两费"减免政策的公告》（财政部　税务总局公告2022年第10号）及《财政部　税务总局关于小微企业和个体工商户所得税优惠政策的公告》（财政部　税务总局公告2023年第6号）中个体工商户所得税优惠政策自2023年1月1日起相应停止执行。

（二）高新技术企业

1.《科学技术部　财政部　国家税务总局关于认真做好2008年高新技术企业认定管理工作的通知》（2008年11月27日颁布　国科发火〔2008〕705号）

各省、自治区、直辖市、计划单列市科技厅（委、局）、财政厅（局）、国家税务局、地方税务局：

自2008年8月5日召开全国高新技术企业认定管理工作会议以来，全国大部分地区的认定工作正在按照《高新技术企业认定管理办法》和《高新技术企业认定管理工作指引》的要求稳步推进，但仍有一些地区工作措施不到位，认定工作进展缓慢。为落实中央关于扩大内需，促进经济平稳较快增长的决策部署，做好高新技术企业认定管理工作，确保今年认定工作顺利推进，现将有关事项通知如下：

一、尽快建立健全工作机制，加快认定进程

各地科技、财政、税务部门务必抓紧时间，健全工作机制，在严格执行认定工作原则和规程的情况下，对符合条件的企业加快认定工作，并力争在今年底前完成。要把握工作进度，遇到问题要及时研究解决。全国高新技术企业认定管理工作领导小组办公室将对一些地区进行重点检查。

为了保证政策实施的规范化，不提倡制定本地区高新技术企业认定管理工作的"实施细则"、"实施条例"。已经制定的，须报领导小组办公室备案，有问题的要及时纠正。

二、关于核心自主知识产权

在计算企业拥有的核心自主知识产权时，企业近3年内（至申报日前）获得的核心自主知识产权均视为有效。

三、关于中介机构

各地认定机构要加强对中介机构的管理。中介机构要严格按照《高新技术企业认定管理办法》和《高新技术企业认定管理工作指引》

的规定，以及国家有关专项审计的要求，出具专项审计报告。我们将于明年正式启用高新技术企业认定专项审计报告的统一格式，今年已经出具的审计报告不需要重做。

2.《关于高新技术企业境外所得适用税率及税收抵免问题的通知》（2011年5月31日颁布 2010年1月1日起实施 财税〔2011〕47号）

各省、自治区、直辖市、计划单列市财政厅（局）、国家税务局、地方税务局，新疆生产建设兵团财务局：

根据《中华人民共和国企业所得税法》及其实施条例，以及《财政部 国家税务总局关于企业境外所得税收抵免有关问题的通知》（财税〔2009〕125号）的有关规定，现就高新技术企业境外所得适用税率及税收抵免有关问题补充明确如下：

一、以境内、境外全部生产经营活动有关的研究开发费用总额、总收入、销售收入总额、高新技术产品（服务）收入等指标申请并经认定的高新技术企业，其来源于境外的所得可以享受高新技术企业所得税优惠政策，即对其来源于境外所得可以按照15%的优惠税率缴纳企业所得税，在计算境外抵免限额时，可按照15%的优惠税率计算境内外应纳税总额。

二、上述高新技术企业境外所得税收抵免的其他事项，仍按照财税〔2009〕125号文件的有关规定执行。

三、本通知所称高新技术企业，是指依照《中华人民共和国企业所得税法》及其实施条例规定，经认定机构按照《高新技术企业认定管理办法》（国科发火〔2008〕172号）和《高新技术企业认定管理工作指引》（国科发火〔2008〕362号）认定取得高新技术企业证书并正在享受企业所得税15%税率优惠的企业。

四、本通知自2010年1月1日起执行。

3.《科技部、财政部、国家税务总局关于修订印发〈高新技术企业认定管理办法〉的通知》（2016年1月29日颁布 2016年1月1日起实施 国科发火〔2016〕32号）

第一章 总 则

第一条 为扶持和鼓励高新技术企业发展，根据《中华人民共和国企业所得税法》（以下称《企业所得税法》）、《中华人民共和国企业所得税法实施条例》（以下称《实施条例》）有关规定，特制定本办法。

第二条 本办法所称的高新技术企业是指：在《国家重点支持的高

新技术领域》内，持续进行研究开发与技术成果转化，形成企业核心自主知识产权，并以此为基础开展经营活动，在中国境内（不包括港、澳、台地区）注册的居民企业。

第三条 高新技术企业认定管理工作应遵循突出企业主体、鼓励技术创新、实施动态管理、坚持公平公正的原则。

第四条 依据本办法认定的高新技术企业，可依照《企业所得税法》及其《实施条例》、《中华人民共和国税收征收管理法》（以下称《税收征管法》）及《中华人民共和国税收征收管理法实施细则》（以下称《实施细则》）等有关规定，申报享受税收优惠政策。

第五条 科技部、财政部、税务总局负责全国高新技术企业认定工作的指导、管理和监督。

第二章 组织与实施

第六条 科技部、财政部、税务总局组成全国高新技术企业认定管理工作领导小组（以下称"领导小组"），其主要职责为：

（一）确定全国高新技术企业认定管理工作方向，审议高新技术企业认定管理工作报告；

（二）协调、解决认定管理及相关政策落实中的重大问题；

（三）裁决高新技术企业认定管理事项中的重大争议，监督、检查各地区认定管理工作，对发现的问题指导整改。

第七条 领导小组下设办公室，由科技部、财政部、税务总局相关人员组成，办公室设在科技部，其主要职责为：

（一）提交高新技术企业认定管理工作报告，研究提出政策完善建议；

（二）指导各地区高新技术企业认定管理工作，组织开展对高新技术企业认定管理工作的监督检查，对发现的问题提出整改处理建议；

（三）负责各地区高新技术企业认定工作的备案管理，公布认定的高新技术企业名单，核发高新技术企业证书编号；

（四）建设并管理"高新技术企业认定管理工作网"；

（五）完成领导小组交办的其他工作。

第八条 各省、自治区、直辖市、计划单列市科技行政管理部门同本级财政、税务部门组成本地区高新技术企业认定管理机构（以下称"认定机构"）。认定机构下设办公室，由省级、计划单列市科技、财政、税务部门相关人员组成，办公室设在省级、计划单列市科技行政主管部门。认定机构主要职责为：

（一）负责本行政区域内的高新技术企业认定工作，每年向领导小组办公室提交本地区高新技术企业认定管理工作报告；

（二）负责将认定后的高新技术企业按要求报领导小组办公室备案，对通过备案的企业颁发高新技术企业证书；

（三）负责遴选参与认定工作的评审专家（包括技术专家和财务专家），并加强监督管理；

（四）负责对已认定企业进行监督检查，受理、核实并处理复核申请及有关举报等事项，落实领导小组及其办公室提出的整改建议；

（五）完成领导小组办公室交办的其他工作。

第九条 通过认定的高新技术企业，其资格自颁发证书之日起有效期为三年。

第十条 企业获得高新技术企业资格后，自高新技术企业证书颁发之日所在年度起享受税收优惠，可依照本办法第四条的规定到主管税务机关办理税收优惠手续。

第三章 认定条件与程序

第十一条 认定为高新技术企业须同时满足以下条件：

（一）企业申请认定时须注册成立一年以上；

（二）企业通过自主研发、受让、受赠、并购等方式，获得对其主要产品（服务）在技术上发挥核心支持作用的知识产权的所有权；

（三）对企业主要产品（服务）发挥核心支持作用的技术属于《国家重点支持的高新技术领域》规定的范围；

（四）企业从事研发和相关技术创新活动的科技人员占企业当年职工总数的比例不低于10%；

（五）企业近三个会计年度（实际经营期不满三年的按实际经营时间计算，下同）的研究开发费用总额占同期销售收入总额的比例符合如下要求：

1. 最近一年销售收入小于5000万元（含）的企业，比例不低于5%；

2. 最近一年销售收入在5000万元至2亿元（含）的企业，比例不低于4%；

3. 最近一年销售收入在2亿元以上的企业，比例不低于3%。

其中，企业在中国境内发生的研究开发费用总额占全部研究开发费用总额的比例不低于60%；

（六）近一年高新技术产品（服务）收入占企业同期总收入的比例不低于60%；

（七）企业创新能力评价应达到相应要求；

（八）企业申请认定前一年内未发生重大安全、重大质量事故或严重环境违法行为。

第十二条　高新技术企业认定程序如下：

（一）企业申请

企业对照本办法进行自我评价。认为符合认定条件的在“高新技术企业认定管理工作网”注册登记，向认定机构提出认定申请。申请时提交下列材料：

1. 高新技术企业认定申请书；

2. 证明企业依法成立的相关注册登记证件；

3. 知识产权相关材料、科研项目立项证明、科技成果转化、研究开发的组织管理等相关材料；

4. 企业高新技术产品（服务）的关键技术和技术指标、生产批文、认证认可和相关资质证书、产品质量检验报告等相关材料；

5. 企业职工和科技人员情况说明材料；

6. 经具有资质的中介机构出具的企业近三个会计年度研究开发费用和近一个会计年度高新技术产品（服务）收入专项审计或鉴证报告，并附研究开发活动说明材料；

7. 经具有资质的中介机构鉴证的企业近三个会计年度的财务会计报告（包括会计报表、会计报表附注和财务情况说明书）；

8. 近三个会计年度企业所得税年度纳税申报表。

（二）专家评审

认定机构应在符合评审要求的专家中，随机抽取组成专家组。专家组对企业申报材料进行评审，提出评审意见。

（三）审查认定

认定机构结合专家组评审意见，对申请企业进行综合审查，提出认定意见并报领导小组办公室。认定企业由领导小组办公室在“高新技术企业认定管理工作网”公示10个工作日，无异议的，予以备案，并在“高新技术企业认定管理工作网”公告，由认定机构向企业颁发统一印制的“高新技术企业证书”；有异议的，由认定机构进行核实处理。

第十三条　企业获得高新技术企业资格后，应每年5月底前在“高新技术企业认定管理工作网”填报上一年度知识产权、科技人员、研发费用、经营收入等年度发展情况报表。

第十四条　对于涉密企业，按照国家有关保密工作规定，在确保涉密信息安全的前提下，按认定工作程序组织认定。

第四章 监督管理

第十五条 科技部、财政部、税务总局建立随机抽查和重点检查机制,加强对各地高新技术企业认定管理工作的监督检查。对存在问题的认定机构提出整改意见并限期改正,问题严重的给予通报批评,逾期不改的暂停其认定管理工作。

第十六条 对已认定的高新技术企业,有关部门在日常管理过程中发现其不符合认定条件的,应提请认定机构复核。复核后确认不符合认定条件的,由认定机构取消其高新技术企业资格,并通知税务机关追缴其不符合认定条件年度起已享受的税收优惠。

第十七条 高新技术企业发生更名或与认定条件有关的重大变化(如分立、合并、重组以及经营业务发生变化等)应在三个月内向认定机构报告。经认定机构审核符合认定条件的,其高新技术企业资格不变,对于企业更名的,重新核发认定证书,编号与有效期不变;不符合认定条件的,自更名或条件变化年度起取消其高新技术企业资格。

第十八条 跨认定机构管理区域整体迁移的高新技术企业,在其高新技术企业资格有效期内完成迁移的,其资格继续有效;跨认定机构管理区域部分搬迁的,由迁入地认定机构按照本办法重新认定。

第十九条 已认定的高新技术企业有下列行为之一的,由认定机构取消其高新技术企业资格:

(一)在申请认定过程中存在严重弄虚作假行为的;

(二)发生重大安全、重大质量事故或有严重环境违法行为的;

(三)未按期报告与认定条件有关重大变化情况,或累计两年未填报年度发展情况报表的。

对被取消高新技术企业资格的企业,由认定机构通知税务机关按《税收征管法》及有关规定,追缴其自发生上述行为之日所属年度起已享受的高新技术企业税收优惠。

第二十条 参与高新技术企业认定工作的各类机构和人员对所承担的有关工作负有诚信、合规、保密义务。违反高新技术企业认定工作相关要求和纪律的,给予相应处理。

第五章 附　　则

第二十一条 科技部、财政部、税务总局根据本办法另行制定《高新技术企业认定管理工作指引》。

第二十二条 本办法由科技部、财政部、税务总局负责解释。

第二十三条 本办法自2016年1月1日起实施。原《高新技术企业认定管理办法》(国科发火〔2008〕172号)同时废止。[1]

附件:国家重点支持的高新技术领域

一、电子信息

二、生物与新医药

三、航空航天

四、新材料

五、高技术服务

六、新能源与节能

七、资源与环境

八、先进制造与自动化

一、电子信息

(一)软件

1. 基础软件

服务器/客户端操作系统;通用及专用数据库管理系统;软件生命周期的开发、测试、运行、运维等支撑技术,以及各种接口软件和工具包/组、软件生成、软件封装、软件系统管理、软件定义网络、虚拟化软件、云服务等支撑技术;中间件软件开发技术等。

2. 嵌入式软件

嵌入式图形用户界面技术;嵌入式数据库管理技术;嵌入式网络技术;嵌入式软件平台技术;嵌入式软件开发环境构建技术;嵌入式支撑软件生成技术;嵌入式专用资源管理技术;嵌入式系统整体解决方案设计技术;嵌入式设备间互联技术;嵌入式应用软件开发技术等。

3. 计算机辅助设计与辅助工程管理软件

用于工程规划、工程管理/产品设计、开发、生产制造等的软件工作平台或软件工具支撑技术;面向行业的产品数据分析和管理软件;基于计算机协同工作的辅助设计软件;快速成型的产品设计和制造软件;专用计算机辅助工程管理/产品开发工具支撑技术;产品全生命周期管理(PLM)系统软件;计算机辅助工程(CAE)相关软件;分布式控制系统(DCS)、数据采集与监视控制系统(SCADA)、执行制造系统(MES)技术等。

4. 中文及多语种处理软件

中文、外文及少数民族文字的识别、处理、编码转换与翻译技术;语音识别与合成技术;文字手写/语音应用技术;多语种应用支撑技术;字体设计与生成技术;字库管理技术;支撑古文字、少数民族文字研究的相关技术；支撑书法及绘画研究的相关技术；语言、音乐和电声信号的处理技术；支撑文物器物、文物建筑研究的相关技术；支撑文物基础资源的信息采集、转换、记录、保存的相关技术等。

5. 图形和图像处理软件

基于内容的图形图像检索及管理软件；基于海量图像数据的服务软件；多通道用户界面技术；静态图像、动态图像、视频图像及影视画面的处理技术；人机交互技术；裸眼3D内容制作技术；3D图像处理技术；3D模型原创性鉴定技术；遥感图像处理与分析技术；虚拟现实与现实增强技术；复杂公式图表智能识别转换技术；位图矢量化技术和工程文件智能化分层管理技术；实现2D动画和3D动画的自主切换和交互技术等。

6. 地理信息系统（GIS）软件

网络环境下多系统运行的GIS软件平台构建技术；组件式和可移动应用的GIS软件包技术；基于3D和动态多维的地理信息系统（GIS）平台构建技术；面向地理信息系统（GIS）的空间数据库构建技术；电子通用地图构建技术；地理信息系统（GIS）行业应用技术等。

7. 电子商务软件

电子商务支撑/服务平台构建技术；第三方电子商务交易、事务处理、支付服务等支撑与应用技术；行业电子商务、基于云计算的电子商务、移动电子商务支撑与协同应用技术等。

8. 电子政务软件

电子政务资源、环境、服务体系构建技术；电子政务流程管理技术；电子政务信息交换与共享技术；电子政务决策支持技术等。

9. 企业管理软件

企业资源计划（ERP）软件；数据分析与决策支持的商业智能（BI）软件；基于RFID和GPS应用的现代物流管理软件；企业集群协同的供应链管理（SCM）软件；基于大数据和知识管理的客户关系管理（CRM）软件；基于互联网/移动互联网的企业资源协同管理技术；跨企业/跨区域供应链/物流管理技术；个性化服务应用技术；商业智能技术等。

10. 物联网应用软件

基于通信网络和无线传感网络的物联网支撑平台构建技术；基于先进条码自动识别、射频标签、多种传感信息的智能化信息处理技术；物联网海量信息存储与处理技术；物联网行业应用技术等。

11. 云计算与移动互联网软件

虚拟化软件;分布式架构和数据管理软件;虚拟计算资源调度与管理软件;云计算环境下的流程管理与控制软件;基于移动互联网的信息采集、分类、处理、分析、个性化推送软件;移动互联网应用软件;大数据获取、存储、管理、分析和应用软件;人工智能技术等。

12. Web 服务与集成软件

Web 服务发现软件;Web 服务质量软件;Web 服务组合与匹配软件;面向服务的体系架构软件;服务总线软件;异构信息集成软件;工作流软件;业务流程管理与集成软件;集成平台软件等。

(二)微电子技术

1. 集成电路设计技术

集成电路辅助设计技术;集成电路器件模型、参数提取以及仿真工具等专用技术和工艺设计技术。

2. 集成电路产品设计技术

新型通用与专用集成电路产品设计技术;集成电路设备技术;高端通用集成电路芯片 CPU、DSP 等设计技术;面向整机配套的集成电路产品设计技术;用于新一代移动通信和新型移动终端、数字电视、无线局域网的集成电路设计技术等。

3. 集成电路封装技术

小外形封装(SOP)、塑料方块平面封装(PQFP)、有引线塑封芯片载体(PLCC)等高密度塑封技术;新型封装技术;电荷耦合元件(CCD)/微机电系统(MEMS)特种器件封装工艺技术等。

4. 集成电路测试技术

集成电路测试技术;芯片设计分析与验证测试技术,以及测试自动连接技术等。

5. 集成电路芯片制造工艺技术

MOS 工艺技术、CMOS 工艺技术、双极工艺技术、BiCMOS 工艺技术、HKMG 工艺技术、FinFET 工艺技术,以及各种与 CMOS 兼容的 SoC 工艺技术;宽带隙半导体基集成电路工艺技术;GeSi/SoI 基集成电路工艺技术;CCD 图像传感器工艺技术;MEMS 集成器件工艺技术;高压集成器件工艺技术等。

6. 集成光电子器件设计、制造与工艺技术

半导体大功率高速激光器、大功率泵浦激光器、超高速半导体激光器、调制器等设计、制造与工艺技术;高速 PIN 和 APD 模块、阵列探测

器、光发射及接收模块、非线性光电器件等设计、制造与工艺技术；平面波导器件(PLC)液晶器件和微电子机械系统(MEMS)器件的设计、制造与工艺技术等。

(三)计算机产品及其网络应用技术

1. 计算机及终端设计与制造技术

台式计算机、便携式计算机、专用计算机、移动终端、终端设备及服务器的设计与制造技术等。

2. 计算机外围设备设计与制造技术

计算机外围设备及其关键部件的设计与制造技术；计算机存储设备、移动互联网设备、宽带无线接入设备的设计与制造技术；基于标识管理和强认证技术；基于视频、射频的识别技术等。

3. 网络设备设计与制造技术

无线收发技术；高性能网络核心设备、网络传输和接入设备、TD－LTE设备等设计与制造技术，以及智能家居、可穿戴式电子设备等融合型设备设计与制造技术等。

4. 网络应用技术

基于标准协议的信息服务管理和网络管理软件的关键技术；ISP、ICP的增值业务软件和应用平台的关键技术；网络融合技术；网络增值业务应用技术；网络服务质量与运营管理技术；可信网络管理技术；移动智能终端应用技术；TD－LTE应用技术；数字媒体内容平台/内容分发网络(CDN)技术；网络资源调度管理技术等。

(四)通信技术

1. 通信网络技术

光传送网络、宽带无线移动通信网络、宽带卫星通信网络、微波通信网络、IP承载网络的组网与规划、控制管理、交换、测试、节能等技术；三网融合通信技术；光网络核心节点和边缘节点及其关键模块/器件设计与制造技术；核心路由器和边缘路由器及其关键模块/器件设计与制造技术；软交换技术；SDN技术；IPv6技术等。

2. 光传输系统技术

新型光传输设备技术；新型光接入设备和系统技术；新型低成本小型化波分复用传输设备和系统技术；新型关键模块光传输系统仿真计算等专用软件技术；高速光传输技术；超大容量复用技术；可变带宽光传输技术；多业务传送平台技术；低能耗光传输技术；自由空间光传输技术；光传输测试技术；光传输关键模块/器件设计与制造技术等。

3. 有线宽带接入系统技术

FTTx光纤接入技术；混合光纤同轴电缆网（HFC）接入技术；无源光网络接入技术及其控制管理技术；三网融合接入技术；新型综合接入技术；宽带有线接入测试技术；有线宽带接入关键模块/器件设计与制造技术等。

4. 移动通信系统技术

宽带移动通信基站技术；宽带移动系统交换、控制管理、基站互连、拉远传输、分布式覆盖、测试等技术；宽带移动通信终端技术；智能天线技术；宽带移动通信关键模块/器件设计与制造技术；数字集群系统的配套技术；其他基于移动通信网络的行业应用的配套技术等。

5. 宽带无线通信系统技术

宽带无线接入系统技术；宽带无线应用终端技术；低能耗宽带无线通信技术；宽带无线通信测试技术；宽带无线通信行业应用技术；无线数字集群通信技术；宽带无线通信关键模块/器件设计与制造技术等。

6. 卫星通信系统技术

卫星通信转发器及其控制管理与电源技术；卫星地面站系统及其控制管理技术；卫星通信天线馈线、发射接收、信道终端、测试、应用等技术；卫星通信应用终端技术；卫星定位与导航应用技术；卫星遥感数据共享与应用技术；卫星通信关键模块/器件设计与制造技术等。

7. 微波通信系统技术

新型微波通信系统技术；微波通信天线馈线、发射接收、测试、应用等技术；微波应急通信系统技术；微波通信系统关键模块/器件设计与制造技术等。

8. 物联网设备、部件及组网技术

面向物联网应用的M2M终端、通信模块和网关等设备和部件的设计与制造技术；物联网组网技术等。

9. 电信网络运营支撑管理技术

基于固网、宽带移动网及其混合网络的电信网络运营支撑管理技术等。

10. 电信网与互联网增值业务应用技术

基于固网、宽带移动网、互联网及其混合网络的增值业务应用平台技术及其中间件技术；电信网络增值新业务应用技术、互联网+的业务应用技术等。

（五）广播影视技术

1. 广播电视节目采编播系统技术

与数字电视系统相适应的广播电视节目采集、编辑、制作与播出技术；节目制播网设备与软件的关键支撑技术；面向数字媒体版权保护的加解密和密钥管理的关键支撑技术；电台、电视台自动化网络化技术、云制作技术与大数据分析技术；数字媒体内容存储转发及检索交互技术；系统规划与系统集成、音视频质量测试评估技术等。

2. 广播电视业务集成与支撑系统技术

数字电视广播业务集成系统、条件接收系统、用户管理系统等支撑技术；电子节目指南（EPG）及数据业务相关系统的支撑技术；交互数字电视业务集成和用户认证系统的支撑技术；IPTV、互联网电视、手机电视等业务集成播控平台技术；内容聚合技术，云平台技术和大数据应用分析技术；可用于多终端的自适应编码系统的支撑技术；跨域服务运营支持系统的支撑技术等。

3. 有线传输与覆盖系统技术

可用于有线电视宽带网络骨干网、城域网的新型光传输设备技术，支持高清、超高清、3D业务的内容分发设备技术；FTTH和EoC等宽带接入设备技术，数字家庭网络设备、智慧城市设备技术，多业务融合终端和智能电视操作系统与智能终端和智能家庭媒体网关技术；用户收视行为调查与分析技术；可用于有线电视宽带网络的运营支撑管理系统及大数据分析技术；网络优化、系统集成和测试评估技术等。

4. 无线传输与覆盖系统技术

地面数字电视传输系统技术；用于数字声音广播传输系统技术；调频/调幅同步广播系统技术；应急广播系统技术；智能接收天线和多业务融合终端技术；无线传输与覆盖频率规划、系统集成、发射台站自动化管理、电磁防护和测试评估技术；用于广播电视卫星传输系统的编码复用加扰系统技术、调制上变频及高功放系统、天馈线系统技术等；卫星直播内容分发系统和用户管理系统技术；广播电视专业卫星综合接收解码技术及测试评估技术等。

5. 广播电视监测监管、安全运行与维护系统技术

中短波广播、调频广播、有线数字电视、地面数字电视、数字声音广播、卫星直播系统等广播电视业务技术、频谱监测设备技术；IPTV、手机电视、互联网电视、互联网音视频等视听新媒体内容监管设备和内容甄别分析软件技术；广播电视节目安全播出技术服务系统及信息安全测评技术；新媒体视听节目的监测、监控、监管技术等。

6. 数字电影系统技术

数字电影专业级拍摄设备及数字成像技术；数字电影虚拟摄影、计算机图形图像制作（CG/CGI）、动作捕捉、虚拟现实与增强现实（VR/AR）制作技术；数字电影前后期制作、存储、传输与放映技术；数字电影网络化分布式协同制作云服务技术；数字电影声音制作与还原技术；电影放映信息化与智能化技术；新一代数字电影版权保护技术等。

7. 数字电视终端技术

新型数字电视系统技术；三维电视系统技术；超高清电视系统技术；移动多媒体电视系统技术；智能电视嵌入式应用技术；数字电视安全系统技术；多种传输方式融合的数字电视终端技术；新型投影技术；数字电视终端关键模块/器件设计与制造技术等。

8. 专业视频应用服务平台技术

智能化、网络化视频监控平台技术；跨平台、跨领域数字内容服务与应用平台技术；多业务应用平台技术；高清、宽动态、低照度摄像技术；大容量、高压缩监控后端处理技术；面向视频服务的云存储系统技术；电视屏幕、手机屏幕、电脑屏幕互动与融合技术；视频应用服务内容保护技术等。

9. 音响、光盘技术

高保真音响器件与系统技术；高保真音源技术；专业数字音响系统技术；大容量、可刻录、三维播放、高保真的新型光盘技术；音响、光盘关键模块/器件设计与制造技术等。

（六）新型电子元器件

1. 半导体发光技术

高效率、高亮度、低衰耗、抗静电的外延片生长技术；大功率、高效率、高亮度、低衰耗、抗静电的发光二极管制造技术；半导体照明用、长寿命、高效率的荧光粉材料；半导体照明用、高可靠、长寿命的驱动电源技术；低衰耗、热匹配性能和密封性能好的封装树脂材料和热沉材料技术；其他高效率、高亮度、低衰耗半导体发光技术；与半导体照明相关的智能控制、光通信技术等。

2. 片式和集成无源元件

高可靠片式元器件、片式EMI/EMP复合元件和LTCC集成无源元件制造技术；片式高温、高频、大容量多层陶瓷电容器（MLCC）制造技术；片式NTC、PTC热敏电阻和片式多层压敏电阻技术；片式高频、高稳定、高精度频率器件制造技术等。

3. 大功率半导体器件

高可靠、长寿命、低成本 VDMOS 垂直栅场效应晶体管制造技术；绝缘栅双极型功率管(IGBT)；用于大型电力电子成套装置的集成门极换流晶闸管(IGCT)制造技术；其他新机理的大功率半导体器件制造技术。

4. 专用特种器件

高可靠微波器件、抗幅照器件制造技术，其他新机理的专用特种器件制造技术。

5. 敏感元器件与传感器

基于新原理、新材料、新结构、新工艺的敏感元器件的传感器与工艺技术；采用半导体、陶瓷、金属、高分子、超导、光纤、纳米等材料以及复合材料的传感器与工艺技术；多功能复合传感器与工艺技术等。

6. 中高档机电组件

超小型、高可靠、高密度的高速连接器制造技术；新型高可靠通信继电器制造技术；小型化组合式大电流继电器制造技术；高可靠固体光/MOS 继电器制造技术；高保真、高灵敏、低功耗电声器件制造技术；刚挠结合板和 HDI 高密度积层板技术等。

7. 平板显示器件

大屏幕液晶显示(TFT－LCD)、等离子显示(PDP)、场致发光显示(FED)、硅基液晶(LCoS)显示、有机发光二极管(OLED)显示等新型平板显示器件技术及相关的光学引擎技术；长寿命、高亮度投影技术；裸眼 3D 膜技术等。

(七)信息安全技术

1. 密码技术

加解密技术；密码认证技术；数据完整性保护技术；数字签名技术；密钥管理技术；密码芯片技术；基于密码技术的集成化应用技术；数字水印技术等。

2. 认证授权技术

电子认证技术；生物认证技术；身份管理技术；数字版权保护技术；访问控制技术；授权件安全技术管理技术；网络信任技术等。

3. 系统与软件安全技术

硬件和固件安全技术；工控系统安全技术；操作系统和数据库安全技术；可信计算技术；中间件安全技术；应用软件安全技术；云计算安全技术；大数据安全技术；密文数据库技术等。

4. 网络与通信安全技术

网络与通信攻击检测及防护技术；网络边界安全防护技术；恶意代码分析与防护技术；网络监测/监控技术；网络安全审计技术；网络与通信安全预警技术；网络与通信安全协议技术；安全接入技术；网络内容安全管理技术；移动通信安全技术；宽带无线安全技术；卫星通信安全技术；物联网安全技术；RFID 安全技术等。

5. 安全保密技术

网络信息防失窃泄密技术；安全隔离与交换技术；数据单向导入技术；屏蔽、抑制与干扰防护和检测技术；电子文档安全管理技术；存储介质中信息的安全防护技术；数据恢复技术；数据销毁及检测技术；安全保密检查技术；文化、文物及文物衍生产品防伪技术等。

6. 安全测评技术

网络与信息系统安全性能测试、评价与风险评估技术；安全态势评估与预测技术；安全产品测评技术；等级保护、分级保护测评技术；安全可控性仿真验证技术；认证、认可管理支撑技术等。

7. 安全管理技术

安全集中管理、控制与审计分析技术；面向网络日志、报警、流量等数据的安全综合分析与管理技术；安全策略和安全控制措施配置、分发及审核的管理技术等。

8. 应用安全技术

电子政务和电子商务应用安全技术；公众信息服务应用安全技术；数字取证、分析与证据保全技术；终端安全应用技术等。

*低水平、应用前景不明的技术除外。

（八）智能交通和轨道交通技术

1. 交通控制与管理技术

具备可扩展性的信号控制技术；可支持多种下端协议的上端控制与管理系统的软件和专用硬件技术；网络环境下交通数据综合接入设备技术；交通事件自动检测和事件管理软件技术等。

2. 交通基础信息采集、处理技术

交通量遥测技术；设施状况及交通环境感知技术；车辆身份照识别技术；营运车辆安全状态检测技术；交通基础设施状态监测技术；交通专用传感器网络技术；内河船舶交通量自动检测技术等。

3. 交通运输运营管理技术

支持多种支付方式的自动售检票系统技术；路网运行监测和应急

处置技术；综合交通枢纽调度和应急指挥技术；多车道自动收费管理技术；多模式运输组织与管理技术等。

4. 车、船载电子设备技术

车、船载动态信息导航技术；车、船载安全驾驶辅助技术；车、船载信息管理技术等。

5. 轨道交通车辆及运行保障技术

轨道交通列车在途状态检测与预警技术；轨道交通车载传感网技术；轨道交通列车运行安全保障与运维支持一体化技术；轨道交通列车牵引传动、制动与控制技术；轨道交通列车安全防护与控制技术；轨道交通列车自动运行等技术；轨道交通列车关键部件设计与制造技术等。

6. 轨道交通运营管理与服务技术

轨道交通车－地数据传输技术；轨道交通移动通信广域网、局域网技术；轨道交通安全苛求数据可信传输技术；终端综合检测技术；新型车地一体化综合公共信息网络平台技术；轨道交通基础设施状态检测与数据管理技术；列车运行实时控制与指挥技术；轨道交通运行综合调度指挥技术；轨道交通系统运行故障检测、预警与应急处置技术等。

二、生物与新医药

（一）医药生物技术

1. 新型疫苗

新型高效基因工程疫苗、联合疫苗、减毒活疫苗研发技术；重大疾病和重大传染病治疗性疫苗技术；疫苗生产所使用新型细胞基质、培养基以及大规模培养生产的装备开发技术；疫苗生产所使用的新型佐剂、新型表达载体/菌（细胞）株开发技术；疫苗的新型评估技术、稳定和递送技术；针对突发传染病的疫苗快速制备和生产技术；其他基于新机理的新型疫苗技术。

2. 生物治疗技术和基因工程药物

基因治疗技术；基因工程药物和基因治疗药物技术；基因治疗药物的输送系统技术；重组蛋白、靶向药物、人源化及人源性抗体药物制剂研制技术；单克隆抗体规模化制备集成技术和工艺；新型免疫治疗技术；新型细胞治疗技术；疾病治疗的干细胞技术；小 RNA 药物开发技术；降低免疫原性的多肽的新修饰技术；ADC 抗体偶联药物研制及工程细胞株建库技术等。

3. 快速生物检测技术

重大疾病和重大传染病快速早期检测与诊断技术；新型基因扩增

(PCR)诊断试剂及检测试剂盒制备技术;新一代测序技术与仪器开发技术;生物芯片技术等。

4. 生物大分子类药物研发技术

蛋白及多肽药物研究与产业化技术;细胞因子多肽药物开发技术;核酸及糖类药物研究与产业化技术等。

5. 天然药物生物合成制备技术

生物资源与中药资源的动植物细胞大规模培养技术;基因工程与生物法生产濒危、名贵、紧缺药用原料技术;生物活性物质的生物制备、分离提取及纯化技术等。

6. 生物分离介质、试剂、装置及相关检测技术

专用高纯度、自动化、程序化、连续高效的装置、介质和生物试剂研制技术;新型专用高效分离介质及装置、新型高效膜分离组件及装置、新型发酵技术与装置开发技术;生物反应和生物分离的过程集成技术与在线检测技术等。

(二)中药、天然药物

1. 中药资源可持续利用与生态保护技术

中药材优良品种选育、品系提纯复壮的新方法、新技术;珍稀、濒危野生动植物药材物种的种源繁育、规范化种植或养殖及生态保护技术;中药材规范化种植或养殖技术;中药材饮片炮制技术等。

2. 创新药物研发技术

新型天然活性单体成分提取分离纯化技术;新药材、新药用部位、新有效成分的新药研发技术;能显著改善某一疾病临床终点指标的新中药复方研发技术等。

3. 中成药二次开发技术

显著改善传统或名优中成药安全性、有效性、质量均匀性或能显著降低用药剂量、提高患者依从性、降低疾病治疗成本的新工艺技术及新中药制剂技术;突破中药传统功能主治范围的新适应症研发技术等。

4. 中药质控及有害物质检测技术

中药产品质量控制的标准物质研制技术;中药产品标准新型控制技术;新型有效质控检测方法技术;有害物质检测技术等。

(三)化学药研发技术

1. 创新药物技术

基于新化学实体、新晶型、新机制、新靶点和新适应症的靶向化学药物及高端制剂的创制技术;提高药物安全性、有效性与药品质量的新技术;已有药品新适应症开发技术等。

2. 手性药物创制技术

手性药物的化学合成、生物合成和拆分技术；手性试剂和手性辅料的制备和质量控制技术；手性药物产业化生产中的质量控制新技术等。

3. 晶型药物创制技术

基于化学药物或天然药物的晶型物质的发现、制备、检测和评价技术；晶型药物的原料药物或制剂中的晶型物质制备、生产及质量控制技术等。

4. 国家基本药物生产技术

显著提高国家基本药物药品质量与临床疗效或降低毒副作用、减少环境污染与生产成本的技术等。

5. 国家基本药物原料药和重要中间体的技术

具有高附加值、高技术含量、市场需求量大并属国家基本药物的活性化学成分、重要中间体的生产技术；大幅度减少环境污染、节能降耗并显著降低生产成本的药物及医药中间体或晶型原料的技术等。

（四）药物新剂型与制剂创制技术

1. 创新制剂技术

提高药物临床疗效、减少给药次数、降低不良反应的各种给药途径的创新制剂技术等。

2. 新型给药制剂技术

主动或被动靶向定位释药制剂技术；缓控释及靶向释药制剂技术；微乳、脂质体及纳米给药技术；透皮和定向释药技术等新型给药技术；蛋白类或多肽类等生物技术药物的特定释药载体与口服给药制剂技术；长效注射微球制剂技术；吸入给药制剂技术等。

3. 制剂新辅料开发及生产技术

提高生物利用度的制剂辅料开发及应用技术；难溶性药物增溶的关键技术、新型口腔速溶制剂的技术；新型制剂辅料产业化生产技术等。

4. 制药装备技术

制药产业化自动生产线及在线检测和自动化控制技术；新型药物制剂工业化专用生产装备技术等。

（五）医疗仪器、设备与医学专用软件

1. 医学影像诊断技术

临床诊断的新型数字成像技术；多模态医学影像融合成像与处理技术；专用新型彩色超声诊断技术；人体内窥镜的微型摄像技术；新型病理图像识别与分析技术；新型医学影像立体显示关键技术等。

2. 新型治疗、急救与康复技术

肿瘤治疗的新型立体放射治疗技术；影像引导治疗与定位、植入、介入及计算机辅助导航技术；急救及康复的新型装置与技术；生物3D打印技术；组织工程及再生医学治疗技术等。

3. 新型电生理检测和监护技术

电生理检测和监护的新型数字化技术；临床、社区、康复的新型无创或微创的检测或诊断、监护和康复技术；远程、移动监护的高灵敏高精度传感技术等。

4. 医学检验技术及新设备

生化分析的新型自动化、集成化技术；便携式现场应急生化检验检测技术；采用新工艺、新方法或新材料有明确临床诊断价值的医学检验技术；临床医学生理、生化、病理检验的专用多功能快速检测装置与技术；国产化新型色谱制备分析装置技术等。

5. 医学专用网络新型软件

电子病历管理、临床医疗信息管理、医院信息管理、专科临床信息管理、电子健康档案管理的新型软件系统开发技术；手术规划、放疗规划等新型医疗决策支持系统开发技术等。

6. 医用探测及射线计量检测技术

CT高分辨探测器、DR数字探测器、X射线机高压电源的装置技术；微焦斑与高功率的高分辨X射线管新型装置技术；医用高性能超声探头技术；放射治疗的射线计量检测技术等。

(六)轻工和化工生物技术

1. 高效工业酶制备与生物催化技术

高效工业酶制剂的新型制备技术；酶纯化、酶固定化与反应器应用技术；工业酶分子改造技术；重要化学品的生物合成和生物催化技术；纺织天然纤维脱胶脱脂、纺织印染低温前处理生物酶技术等。

2. 微生物发酵技术

新功能微生物选育与发酵过程的优化控制技术；高发酵率的代谢工程技术；可提高资源利用率、节能减排、降低成本的微生物发酵新工艺和技术；微生物固定化发酵与新型反应器的开发技术等。

3. 生物反应及分离技术

工业生物产品的大规模高效分离、分离介质和分离设备开发技术；高效生物反应过程在线检测和过程控制技术；生物反应过程放大技术及新型生物反应器开发技术等。

4. 天然产物有效成份的分离提取技术

从天然动植物中提取有效成份制备高附加值精细化学品的分离提取技术；天然产物有效成份的全合成、化学改性及深加工新技术；高效分离纯化技术集成及装备的开发与生产技术；从动植物原料加工废弃物中分离提取有效成份的新技术等。

5. 食品安全生产与评价技术

功能性食品有效功能的评价技术；新食品原料安全评价技术等。

6. 食品安全检测技术

食品中微生物、生物毒素、农药兽药残留快速检测技术及检测产品开发技术；食品质量快速检测技术及食品掺假快速识别检测技术；食品中重金属成分快速检测技术；食品原料快速溯源技术等。

* 单纯检测技术应用除外。

（七）农业生物技术

1. 农林植物优良新品种与优质高效安全生产技术

优质、高产、高抗逆性优良新品种选育技术；用于优质高效安全生产的新型肥料、农药、土壤改良材料和植物生长调节剂生产技术等。

2. 畜禽水产优良新品种与健康养殖技术

畜禽水产优良新品种及快繁技术；珍稀动物、珍稀水产保种与养殖技术；畜禽水产业健康养殖屠宰加工的环境调控、废弃物循环利用、死亡动物无害化处理技术；安全、优质、专用新型饲料、饲料添加剂、兽用药物及制剂、兽用疫苗、天然药物提取物及生物合成制备生产技术；畜牧水产业质量安全监控、评价、检测技术；海洋生物资源发掘与筛选新技术等。

3. 重大农林生物灾害与动物疫病防控技术

重大农林病虫鼠草害、重大旱涝等灾害以及森林火灾的监测预警与防控减灾技术；主要植物病虫害和畜禽水产重大疾病的监测预警、快速诊断、应急处理及抗药性检测技术；高效安全环保农药、兽药的创制、生产与质量监测技术等。

4. 现代农业装备与信息化技术

新型农作物、牧草、林木种子的收获、精选、加工、质量检测技术；新型农田作业机械、设施农业技术；新型畜禽、水产规模化养殖技术；农业生产过程监测、控制及决策系统与技术；精准农业、遥感与农村信息化服务系统与技术等。

5. 农业面源和重金属污染农田综合防治与修复技术

农田氮磷面源污染防控技术；农田农药污染防控技术；重金属污染农田修复技术；重金属污染耕地安全利用与替代种植技术；农业有机废弃物消纳利用技术等。

三、航空航天

（一）航空技术

1. 飞行器

总体综合设计技术：飞行器外形设计、气动布局、动力装置与飞机的一体化设计、载荷设计、飞行器进排气系统设计等技术。

空气动力技术：气动力设计、气动力试验、计算流体力学、气动噪声设计、水动力设计等技术。

结构/强度技术：结构设计、起落装置设计、强度设计和验证设计、疲劳设计和验证设计、热强度设计和验证设计等技术。

2. 飞行器动力技术

总体综合设计技术：总体性能与结构设计、强度计算、气动热力设计、噪声控制等技术。

部件技术：核心机设计、发动机进排气装置、燃烧室、涡轮等技术。

动力系统技术：控制系统、起动点火系统、空气系统与封严等技术。

3. 飞行器系统技术

飞行控制系统技术：飞控总体设计、飞行器管理系统、自动飞行控制、飞控传感器、无人机的遥控等技术。

航电与任务系统技术：航电系统总体综合、射频与光电探测、通信/识别/监视、综合导航、综合任务管理系统等技术。

机电与公共系统技术：机电系统总体综合、电力系统与多电/全电系统、辅助动力系统、液压系统、燃油系统、防/除冰系统、机轮刹车系统等技术。

4. 飞行器制造与材料技术

制造技术：数控和柔性制造系统加工、精密/超精密和微细加工、塑性成型加工与扩散连接、精密铸造、智能/数字化装配技术；复合材料构件制造等技术。

材料技术：新型材料母合金/原材料的制备、新型材料的先进生产及加工、航空材料的相关力学性分析和测试等技术。

5. 空中管制技术

通信、导航、监视及航空交通管理系统（CNS/ATM）管制工作站系统技术；CNS/ATM 网关系统技术；飞行流量管理系统和自动化管制系统等技术；数字化放行(PDC)系统技术；自动终端信息服务(D-ATIS)系统技术；空中交通进离港排序辅助决策系统技术；空管监视数据融合处理系统技术；飞行计划集成系统技术；卫星导航地面增强系统技术等。

6. 民航及通用航空运行保障技术

新型民用航空综合性公共信息网络平台、安全管理系统、天气观测和预报系统、适航审定系统等技术；新型先进的机场安全检查系统、货物及行李自动运检系统、机场运行保障系统等技术；民用雷达技术，地面飞行训练系统技术等。

(二)航天技术

1. 卫星总体技术

卫星总体设计、大型试验设计和实施技术，以及结构、热控、综合电子等技术。

2. 运载火箭技术

运载火箭总体优化设计技术；运载火箭系统冗余、高空风双向补偿减载、飞行振动抑制、火箭起飞滚转定向、一箭多星发射、MEO 卫星发射轨道设计、主动章动控制的自旋稳定、全箭振动试验动特性获取、空射火箭动基座对准等技术。

3. 卫星平台技术

大型、高姿态稳定度、大轨道机动能力、长寿命和高可靠性卫星平台技术；小型化/微型化卫星、多功能复合结构设计、卫星热控设计、卫星电源和新型推进、卫星综合电子、空间碎片防护、空间环境安全保障等技术。

4. 卫星有效载荷技术

通信有效载荷技术：大容量转发器、频率复用、毫米波/激光星间链路、大功率行波管放大器、大型可展开天线、星上交换处理、综合抗干扰、卫星自主生存等技术。

导航有效载荷技术：高稳定星载原子钟、星间链路、自主导航、先进的导航信号调制、导航信号自主完好性监测、时空域抗干扰、区域增强天线、高精度测距、上行注入抗干扰、高精度时间同步和传递等技术。

遥感有效载荷技术：甚高分辨率可见光相机，高分辨率红外相机，集成大焦面电子学及信息处理、高光谱/超光谱成像、辐射定标与光谱定标、毫米波/亚毫米波辐射计、综合孔径微波辐射计、全极化微波辐射计、合成孔径雷达、测云/降雨雷达等技术。

空间科学有效载荷技术:低功耗、高分辨率探测器技术、小型化及载荷集成、大型光学系统、紫外探测仪、激光测距仪等技术。

5.航天测控技术

地球轨道卫星测控技术;航天信息传输技术等。

6.航天电子与航天材料制造技术

空间微电子和空间计算机技术,空间传感器及机电组件技术;先进动力系统材料、轻质化结构材料、热防护材料以及特殊环境服役的新型材料等制造技术等。

7.先进航天动力设计技术

火箭发动机总体技术;火箭发动机涡轮泵及阀门技术;固体主发动机过载下内绝热技术;吸气式组合循环发动机方案与验证技术;电推进及特种发动机关键技术;先进试验技术;先进推进剂技术等。

8.卫星应用技术

遥感全链路成像机理、应用仿真及多源遥感数据的高频次、高精度、高时效辐射定标技术;大气探测激光雷达、陆地生态系统、重力场测量等新型载荷数据处理及应用技术;星地一体化多网接入组网仿真、宽窄带通信业务一体化应用技术;基于卫星通信、导航、遥感的天地一体化综合应急反应服务技术;卫星与物联网、云计算、大数据等融合应用技术等。

四、新材料

(一)金属材料

1.精品钢材制备技术

提高资源能源利用效率、促进减排的可循环钢铁流程技术;生态型非高炉炼铁技术,二次含铁资源和贫、难选铁矿的高效提取冶金技术,氧化物冶金技术,第三代TMCP技术,高合金钢铸轧一体化技术,薄带连铸产业化通用成套技术;高温合金制备技术;高附加值、特殊性能钢材、合金及制品的先进制备加工技术等。

*不符合能耗及环保标准的中小规模烧结、球团、炼焦、炼铁、炼钢、铸造技术;普通热轧硅钢、工/中频感应炉生产的地条钢、普碳钢制备技术;常规用途的钢材机加工技术除外。

2.铝、铜、镁、钛合金清洁生产与深加工技术

降低能耗和污染的清洁生产技术;熔体净化、高效熔炼、先进铸锻、半固态成形、连续近终成形、连续表面防腐/着色处理等高效生产技术和配套技术;高纯、高性能、环保的合金材料与合金材料制备及加工技

术；宽幅薄板、精密箔带、高强高导铜合金、环保型合金制造技术，高性能预拉伸铝板带及铝焊丝、大型复杂截面、中空超薄壁型材、大型锻件、高精度管(棒、丝)材等高端产品的精深加工技术。

＊不符合能耗和环保标准的冶炼技术；常规铝、铜、镁、钛合金生产与加工技术；常规电力、电工用金属导线和电缆漆包线生产与加工技术；通用铝建材和一般民用铝制品生产与加工技术除外。

3. 稀有、稀土金属精深产品制备技术

稀有、难熔高纯金属、高比容粉末提纯处理技术；钼、钽、铌材料的烧结及制备，宽幅板带箔材的成形技术；大型钨、钼异型件等静压成形加工技术；锆、铪高效洁净分离及锆合金包壳管精密铸轧加工技术；超细晶/超粗晶高性能硬质合金制品制备技术；降低稀土提纯过程污染和能耗的技术；稀土永磁体制造技术；高技术领域用稀土材料制备及应用技术等。

＊普通玩具、音响、冶金机械等用 NdFeB 永磁体和初级出口磁体产品生产与加工技术；一般抗磨用途的硬质合金制品生产与加工技术除外。

4. 纳米及粉末冶金新材料制备与应用技术

纳米材料与器件制备技术；超细、高纯、低氧含量、无/少夹杂金属粉末制备技术；粉末预处理、烧结预扩散、预合金化、球形化、包覆复合化先进制备技术；国产化配套关键零部件快速烧结致密化技术；高性能粉末钢热等静压/喷射沉积近终成形技术；新型铝及钛合金零件制备技术；高精密度金属注射成形(MIM)技术，新型高温合金、钛合金、微/共 MIM 及凝胶注模成形技术；增材制造金属新工艺、新材料制备及应用技术；高通量、高过滤精度、长寿命金属多孔材料制备及应用技术等。

＊低压水/气自由式雾化粗粉制备技术；常规粉末冶金铁/铜基通用机械零件生产技术；进口喂料常规不锈钢、低合金钢 MIM 零件生产技术；粗过滤用铜基等多孔元件生产技术除外。

5. 金属及金属基复合新材料制备技术

低密度、高强度、高弹性模量、抗疲劳新型金属及金属基复合材料制备技术；耐磨、抗蚀、改善导电和导热等性能的金属基复合材料制备及表面改性技术等。

＊性能不可控的原位复合材料制备技术；常规颗粒和纤维增强复合材料制备技术；电弧/火焰喷涂、喷焊、镀锌、磷化、电镀等常规表面处理技术除外。

6. 半导体新材料制备与应用技术

石墨烯制备及应用技术；大尺寸硅单晶生长、晶片抛光片、SOI 片及 SiGe/Si 外延片制备加工技术；大型 MOCVD 关键配套材料、硅衬底外延和 OLED 照明新材料制备技术；大尺寸砷化镓衬底、抛光及外延片、GaAs/Si 材料制备技术；红外锗单晶和宽带隙单晶及外延材料制备技术；第三代宽禁带半导体材料制备技术；高纯金属镓、铟、砷、锗、磷、镉半导体蒸馏、区熔提纯大型连续化工艺技术，高纯及超高纯有色金属材料精炼提纯技术及痕量杂质测试技术；低污染硅烷法高纯度电子级多晶硅提纯、后处理、区熔规模化生产技术等。

* 高污染、高能耗、低光电转换效率的太阳能电池用单晶、多晶硅制备加工技术除外。

…………

五、高技术服务

（一）研发与设计服务

1. 研发服务

面向企业和社会提供的基础性技术、应用开发技术、生产制造工艺技术；支撑经营管理和商业模式创新的关键技术等。

2. 设计服务

面向行业应用的第三方工业设计、工程设计和专业设计技术。

工业设计技术：精密复杂模具设计、工业产品设计、包装设计技术等。

工程设计技术：应用新技术、新工艺、新材料、新创意开展工程勘察、设计、规划编制、测绘、咨询服务的关键技术等。

专业设计技术：基于新创意、新技术、新工艺、新材料面向社会和生产生活提供服务的专业设计技术等。

…………

六、新能源与节能

（一）可再生清洁能源

1. 太阳能

太阳能热利用技术；太阳能光伏发电技术；太阳能热发电技术；其他新机理、高转化效率的太阳能利用技术。

* 简单太阳能电池组件的封装和低水平的重复性生产除外。

2. 风能

大容量风电机组设计技术；海上风电技术；风电并网技术；风电场配套技术；风电蓄能技术；其他新机理、高转化效率的风能技术。

＊不满足清洁生产要求的风电技术除外。

3. 生物质能

生物质发电关键技术及发电原料预处理技术；生物质固体燃料致密成型及高效燃烧技术；生物质气化和液化技术；非粮生物液体燃料生产技术；生物质固体燃料高效燃烧技术；其他新机理、高转化效率的生物质能技术。

＊不满足清洁生产要求的生物质燃烧技术除外。

4. 地热能、海洋能及运动能

高效地热能发电技术；地热能综合利用技术；海洋能发电技术；其他新机理、高转化效率的地热能、海洋能及运动能技术。

…………

七、资源与环境

（一）水污染控制与水资源利用技术

1. 城镇污水处理与资源化技术

城镇生活污水高效低耗处理新技术；城市污水深度脱氮除磷及安全消毒处理技术；城市水循环利用技术；城市景观水体质量改善与维护技术；城镇垃圾渗滤液高效处理技术；医院污水处理新技术等。

…………

（九）传统文化产业改造技术

1. 乐器制造技术

乐器及其器材加工和调试新技术；MIDI 系统生产调试技术等。

2. 印刷技术

改造传统印刷的高新技术；数字印刷技术；绿色印刷工艺技术；特种印刷工艺技术等。

4.《科技部　财政部　国家税务总局关于修订印发〈高新技术企业认定管理工作指引〉的通知》（2016 年 6 月 22 日颁布　2016 年 1 月 1 日起实施　国科发火〔2016〕195 号）

各省、自治区、直辖市及计划单列市科技厅（委、局）、财政厅（局）、国家税务局、地方税务局：

根据《高新技术企业认定管理办法》（国科发火〔2016〕32 号，以下称《认定办法》）第二十一条的规定，现将《高新技术企业认定管理工作指引》（以下称《工作指引》）印发给你们，并就有关事项通知如下：

一、2016 年 1 月 1 日前已按《高新技术企业认定管理办法》（国科发火〔2008〕172 号，以下称 2008 版《认定办法》）认定的仍在有效期内的高新技术企业，其资格依然有效，可依照《企业所得税法》及其实施条例等有关规定享受企业所得税优惠政策。

二、按2008版《认定办法》认定的高新技术企业，在2015年12月31日前发生2008版《认定办法》第十五条规定情况，且有关部门在2015年12月31日前已经做出处罚决定的，仍按2008版《认定办法》相关规定进行处理，认定机构5年内不再受理企业认定申请的处罚执行至2015年12月31日止。

三、本指引自2016年1月1日起实施。原《高新技术企业认定管理工作指引》（国科发火〔2008〕362号）、《关于高新技术企业更名和复审等有关事项的通知》（国科火字〔2011〕123号）同时废止。

《高新技术企业认定管理工作指引》

一、组织与实施

（一）领导小组办公室

全国高新技术企业认定管理工作领导小组办公室设在科技部火炬高技术产业开发中心，由科技部、财政部、税务总局相关人员组成，负责处理日常工作。

（二）认定机构

各省、自治区、直辖市、计划单列市科技行政管理部门同本级财政、税务部门组成本地区高新技术企业认定管理机构（以下称“认定机构”）。认定机构下设办公室，办公室设在省级、计划单列市科技行政主管部门，由省级、计划单列市科技、财政、税务部门相关人员组成。

认定机构组成部门应协同配合、认真负责地开展高新技术企业认定管理工作。

（三）中介机构

专项审计报告或鉴证报告（以下统称“专项报告”）应由符合以下条件的中介机构出具。企业可自行选择符合以下条件的中介机构。

1. 中介机构条件

（1）具备独立执业资格，成立三年以上，近三年内无不良记录。

（2）承担认定工作当年的注册会计师或税务师人数占职工全年月平均人数的比例不低于30%，全年月平均在职职工人数在20人以上。

（3）相关人员应具有良好的职业道德，了解国家科技、经济及产业政策，熟悉高新技术企业认定工作有关要求。

2. 中介机构职责

接受企业委托，委派具备资格的相关人员，依据《认定办法》和《工作指引》客观公正地对企业的研究开发费用和高新技术产品(服务)收入进行专项审计或鉴证,出具专项报告。

3. 中介机构纪律

中介机构及相关人员应坚持原则,办事公正,据实出具专项报告,对工作中出现严重失误或弄虚作假等行为的,由认定机构在“高新技术企业认定管理工作网”上公告,自公告之日起3年内不得参与高新技术企业认定相关工作。

(四)专家

1. 专家条件

(1)具有中华人民共和国公民资格,并在中国大陆境内居住和工作。

(2)技术专家应具有高级技术职称,并具有《技术领域》内相关专业背景和实践经验,对该技术领域的发展及市场状况有较全面的了解。财务专家应具有相关高级技术职称,或具有注册会计师或税务师资格且从事财税工作10年以上。

(3)具有良好的职业道德,坚持原则,办事公正。

(4)了解国家科技、经济及产业政策,熟悉高新技术企业认定工作有关要求。

2. 专家库及专家选取办法

(1)认定机构应建立专家库(包括技术专家和财务专家),实行专家聘任制和动态管理,备选专家应不少于评审专家的3倍。

(2)认定机构根据企业主营产品(服务)的核心技术所属技术领域随机抽取专家,组成专家组,并指定1名技术专家担任专家组组长,开展认定评审工作。

3. 专家职责

(1)审查企业的研究开发活动(项目)、年度财务会计报告和专项报告等是否符合《认定办法》及《工作指引》的要求。

(2)按照《认定办法》及《工作指引》的规定,评审专家对企业申报信息进行独立评价。技术专家应主要侧重对企业知识产权、研究开发活动、主营业务、成果转化及高新技术产品(服务)等情况进行评价打分;财务专家应参照中介机构提交的专项报告、企业的财务会计报告和纳税申报表等进行评价打分。

(3)在各评审专家独立评价的基础上,由专家组进行综合评价。

4. 专家纪律

(1)应按照《认定办法》、《工作指引》的要求,独立、客观、公正地对企业进行评价,并签订承诺书。

(2)评审与其有利益关系的企业时,应主动申明并回避。

(3)不得披露、使用申请企业的技术经济信息和商业秘密,不得复制保留或向他人扩散评审材料,不得泄露评审结果。

(4)不得利用其特殊身份和影响,采取非正常手段为申请企业认定提供便利。

(5)认定评审期间,未经认定机构许可不得擅自与企业联系或进入企业调查。

(6)不得收受申请企业给予的好处和利益。

一经发现违反上述规定,由认定机构取消其参与高新技术企业认定工作资格。

二、认定程序

(一)自我评价

企业应对照《认定办法》和本《工作指引》进行自我评价。

(二)注册登记

企业登录"高新技术企业认定管理工作网"(网址:www.innocom.gov.cn),按要求填写《企业注册登记表》(附件1),并通过网络系统提交至认定机构。认定机构核对企业注册信息,在网络系统上确认激活后,企业可以开展后续申报工作。

(三)提交材料

企业登录"高新技术企业认定管理工作网",按要求填写《高新技术企业认定申请书》(附件2),通过网络系统提交至认定机构,并向认定机构提交下列书面材料:

1.《高新技术企业认定申请书》(在线打印并签名、加盖企业公章);

2. 证明企业依法成立的《营业执照》等相关注册登记证件的复印件;

3. 知识产权相关材料(知识产权证书及反映技术水平的证明材料、参与制定标准情况等)、科研项目立项证明(已验收或结题项目需附验收或结题报告)、科技成果转化(总体情况与转化形式、应用成效的逐项说明)、研究开发组织管理(总体情况与四项指标符合情况的具体说明)等相关材料;

4. 企业高新技术产品(服务)的关键技术和技术指标的具体说明,相关的生产批文、认证认可和资质证书、产品质量检验报告等材料;

5. 企业职工和科技人员情况说明材料,包括在职、兼职和临时聘用人员人数、人员学历结构、科技人员名单及其工作岗位等;

6. 经具有资质并符合本《工作指引》相关条件的中介机构出具的企业近三个会计年度(实际年限不足三年的按实际经营年限,下同)研究开发费用、近一个会计年度高新技术产品(服务)收入专项审计或鉴证报告,并附研究开发活动说明材料;

7. 经具有资质的中介机构鉴证的企业近三个会计年度的财务会计报告(包括会计报表、会计报表附注和财务情况说明书);

8. 近三个会计年度企业所得税年度纳税申报表(包括主表及附表)。

对涉密企业,须将申请认定高新技术企业的申报材料做脱密处理,确保涉密信息安全。

(四)专家评审

认定机构收到企业申请材料后,根据企业主营产品(服务)的核心技术所属技术领域在符合评审要求的专家中,随机抽取专家组成专家组,对每个企业的评审专家不少于5人(其中技术专家不少于60%,并至少有1名财务专家)。每名技术专家单独填写《高新技术企业认定技术专家评价表》(附件3),每名财务专家单独填写《高新技术企业认定财务专家评价表》(附件4),专家组长汇总各位专家分数,按分数平均值填写《高新技术企业认定专家组综合评价表》(附件5)。具备条件的地区可进行网络评审。

(五)认定报备

认定机构结合专家组评审意见,对申请企业申报材料进行综合审查(可视情况对部分企业进行实地核查),提出认定意见,确定认定高新技术企业名单,报领导小组办公室备案,报送时间不得晚于每年11月底。

(六)公示公告

经认定报备的企业名单,由领导小组办公室在"高新技术企业认定管理工作网"公示10个工作日。无异议的,予以备案,认定时间以公示时间为准,核发证书编号,并在"高新技术企业认定管理工作网"上公告企业名单,由认定机构向企业颁发统一印制的"高新技术企业证书"(加盖认定机构科技、财政、税务部门公章);有异议的,须以书面形式实名向领导小组办公室提出,由认定机构核实处理。

领导小组办公室对报备企业可进行随机抽查，对存在问题的企业交由认定机构核实情况并提出处理建议。

认定流程如下图所示：

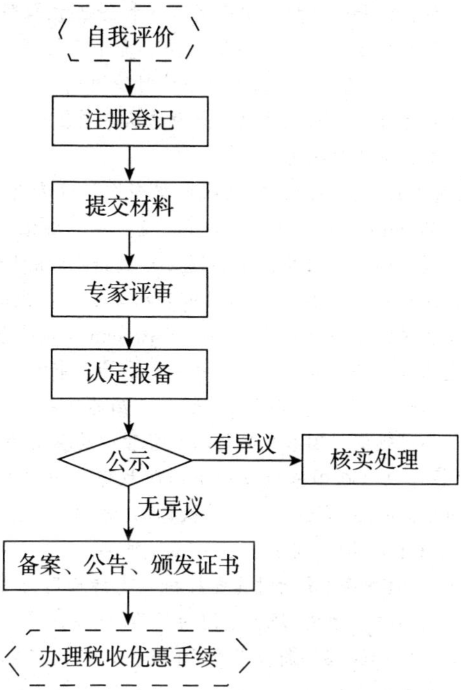

三、认定条件

（一）年限

《认定办法》第十一条“须注册成立一年以上”是指企业须注册成立365个日历天数以上；“当年”、“最近一年”和“近一年”都是指企业申报前1个会计年度；“近三个会计年度”是指企业申报前的连续3个会计年度（不含申报年）；“申请认定前一年内”是指申请前的365天之内（含申报年）。

（二）知识产权

1. 高新技术企业认定所指的知识产权须在中国境内授权或审批审定，并在中国法律的有效保护期内。知识产权权属人应为申请企业。

2. 不具备知识产权的企业不能认定为高新技术企业。

3. 高新技术企业认定中，对企业知识产权情况采用分类评价方式，

第28条

其中:发明专利(含国防专利)、植物新品种、国家级农作物品种、国家新药、国家一级中药保护品种、集成电路布图设计专有权等按Ⅰ类评价;实用新型专利、外观设计专利、软件著作权等(不含商标)按Ⅱ类评价。

4. 按Ⅱ类评价的知识产权在申请高新技术企业时,仅限使用一次。

5. 在申请高新技术企业及高新技术企业资格存续期内,知识产权有多个权属人时,只能由一个权属人在申请时使用。

6. 申请认定时专利的有效性以企业申请认定前获得授权证书或授权通知书并能提供缴费收据为准。

7. 发明、实用新型、外观设计、集成电路布图设计专有权可在国家知识产权局网站(http://www.sipo.gov.cn)查询专利标记和专利号;国防专利须提供国家知识产权局授予的国防专利证书;植物新品种可在农业部植物新品种保护办公室网站(http://www.cnpvp.cn)和国家林业局植物新品种保护办公室网站(http://www.cnpvp.net)查询;国家级农作物品种是指农业部国家农作物品种审定委员会审定公告的农作物品种;国家新药须提供国家食品药品监督管理局签发的新药证书;国家一级中药保护品种须提供国家食品药品监督管理局签发的中药保护品种证书;软件著作权可在国家版权局中国版权保护中心网站(http://www.ccopyright.com.cn)查询软件著作权标记(亦称版权标记)。

(三)高新技术产品(服务)与主要产品(服务)

高新技术产品(服务)是指对其发挥核心支持作用的技术属于《国家重点支持的高新技术领域》规定范围的产品(服务)。

主要产品(服务)是指高新技术产品(服务)中,拥有在技术上发挥核心支持作用的知识产权的所有权,且收入之和在企业同期高新技术产品(服务)收入中超过50%的产品(服务)。

(四)高新技术产品(服务)收入占比

高新技术产品(服务)收入占比是指高新技术产品(服务)收入与同期总收入的比值。

1. 高新技术产品(服务)收入

高新技术产品(服务)收入是指企业通过研发和相关技术创新活动,取得的产品(服务)收入与技术性收入的总和。对企业取得上述收入发挥核心支持作用的技术应属于《技术领域》规定的范围。其中,技术性收入包括:

(1)技术转让收入:指企业技术创新成果通过技术贸易、技术转让所获得的收入;

(2)技术服务收入:指企业利用自己的人力、物力和数据系统等为社会和本企业外的用户提供技术资料、技术咨询与市场评估、工程技术项目设计、数据处理、测试分析及其他类型的服务所获得的收入;

(3)接受委托研究开发收入:指企业承担社会各方面委托研究开发、中间试验及新产品开发所获得的收入。

企业应正确计算高新技术产品(服务)收入,由具有资质并符合本《工作指引》相关条件的中介机构进行专项审计或鉴证。

2. 总收入

总收入是指收入总额减去不征税收入。

收入总额与不征税收入按照《中华人民共和国企业所得税法》(以下称《企业所得税法》)及《中华人民共和国企业所得税法实施条例》(以下称《实施条例》)的规定计算。

(五)企业科技人员占比

企业科技人员占比是企业科技人员数与职工总数的比值。

1. 科技人员

企业科技人员是指直接从事研发和相关技术创新活动,以及专门从事上述活动的管理和提供直接技术服务的,累计实际工作时间在183天以上的人员,包括在职、兼职和临时聘用人员。

2. 职工总数

企业职工总数包括企业在职、兼职和临时聘用人员。在职人员可以通过企业是否签订了劳动合同或缴纳社会保险费来鉴别;兼职、临时聘用人员全年须在企业累计工作183天以上。

3. 统计方法

企业当年职工总数、科技人员数均按照全年月平均数计算。

月平均数=(月初数+月末数)÷2

全年月平均数=全年各月平均数之和÷12

年度中间开业或者终止经营活动的,以其实际经营期作为一个纳税年度确定上述相关指标。

(六)企业研究开发费用占比

企业研究开发费用占比是企业近三个会计年度的研究开发费用总额占同期销售收入总额的比值。

1. 企业研究开发活动确定

研究开发活动是指,为获得科学与技术(不包括社会科学、艺术或人文学)新知识,创造性运用科学技术新知识,或实质性改进技术、产品

(服务)、工艺而持续进行的具有明确目标的活动。不包括企业对产品(服务)的常规性升级或对某项科研成果直接应用等活动(如直接采用新的材料、装置、产品、服务、工艺或知识等)。

企业应按照研究开发活动的定义填写附件2《高新技术企业认定申请书》中的“四、企业研究开发活动情况表”。

专家评价过程中可参考如下方法判断:

——行业标准判断法。若国家有关部门、全国(世界)性行业协会等具备相应资质的机构提供了测定科技“新知识”、“创造性运用科学技术新知识”或“具有实质性改进的技术、产品(服务)、工艺”等技术参数(标准),则优先按此参数(标准)来判断企业所进行项目是否为研究开发活动。

——专家判断法。如果企业所在行业中没有发布公认的研发活动测度标准,则通过本行业专家进行判断。获得新知识、创造性运用新知识以及技术的实质改进,应当是取得被同行业专家认可的、有价值的创新成果,对本地区相关行业的技术进步具有推动作用。

——目标或结果判定法。在采用行业标准判断法和专家判断法不易判断企业是否发生了研发活动时,以本方法作为辅助。重点了解研发活动的目的、创新性、投入资源(预算),以及是否取得了最终成果或中间成果(如专利等知识产权或其他形式的科技成果)。

2. 研究开发费用的归集范围

(1)人员人工费用

包括企业科技人员的工资薪金、基本养老保险费、基本医疗保险费、失业保险费、工伤保险费、生育保险费和住房公积金,以及外聘科技人员的劳务费用。

(2)直接投入费用

直接投入费用是指企业为实施研究开发活动而实际发生的相关支出。包括:

——直接消耗的材料、燃料和动力费用;

——用于中间试验和产品试制的模具、工艺装备开发及制造费,不构成固定资产的样品、样机及一般测试手段购置费,试制产品的检验费;

——用于研究开发活动的仪器、设备的运行维护、调整、检验、检测、维修等费用,以及通过经营租赁方式租入的用于研发活动的固定资产租赁费。

(3)折旧费用与长期待摊费用

折旧费用是指用于研究开发活动的仪器、设备和在用建筑物的折旧费。

长期待摊费用是指研发设施的改建、改装、装修和修理过程中发生的长期待摊费用。

(4)无形资产摊销费用

无形资产摊销费用是指用于研究开发活动的软件、知识产权、非专利技术(专有技术、许可证、设计和计算方法等)的摊销费用。

(5)设计费用

设计费用是指为新产品和新工艺进行构思、开发和制造,进行工序、技术规范、规程制定、操作特性方面的设计等发生的费用。包括为获得创新性、创意性、突破性产品进行的创意设计活动发生的相关费用。

(6)装备调试费用与试验费用

装备调试费用是指工装准备过程中研究开发活动所发生的费用,包括研制特殊、专用的生产机器,改变生产和质量控制程序,或制定新方法及标准等活动所发生的费用。

为大规模批量化和商业化生产所进行的常规性工装准备和工业工程发生的费用不能计入归集范围。

试验费用包括新药研制的临床试验费、勘探开发技术的现场试验费、田间试验费等。

(7)委托外部研究开发费用

委托外部研究开发费用是指企业委托境内外其他机构或个人进行研究开发活动所发生的费用(研究开发活动成果为委托方企业拥有,且与该企业的主要经营业务紧密相关)。委托外部研究开发费用的实际发生额应按照独立交易原则确定,按照实际发生额的80%计入委托方研发费用总额。

(8)其他费用

其他费用是指上述费用之外与研究开发活动直接相关的其他费用,包括技术图书资料费、资料翻译费、专家咨询费、高新科技研发保险费,研发成果的检索、论证、评审、鉴定、验收费用,知识产权的申请费、注册费、代理费,会议费、差旅费、通讯费等。此项费用一般不得超过研究开发总费用的20%,另有规定的除外。

3. 企业在中国境内发生的研究开发费用

企业在中国境内发生的研究开发费用，是指企业内部研究开发活动实际支出的全部费用与委托境内其他机构或个人进行的研究开发活动所支出的费用之和，不包括委托境外机构或个人完成的研究开发活动所发生的费用。受托研发的境外机构是指依照外国和地区（含港澳台）法律成立的企业和其他取得收入的组织；受托研发的境外个人是指外籍（含港澳台）个人。

4. 企业研究开发费用归集办法

企业应正确归集研发费用，由具有资质并符合本《工作指引》相关条件的中介机构进行专项审计或鉴证。

企业的研究开发费用是以单个研发活动为基本单位分别进行测度并加总计算的。企业应对包括直接研究开发活动和可以计入的间接研究开发活动所发生的费用进行归集，并填写附件2《高新技术企业认定申请书》中的"企业年度研究开发费用结构明细表"。

企业应按照"企业年度研究开发费用结构明细表"设置高新技术企业认定专用研究开发费用辅助核算账目，提供相关凭证及明细表，并按本《工作指引》要求进行核算。

5. 销售收入

销售收入为主营业务收入与其他业务收入之和。

主营业务收入与其他业务收入按照企业所得税年度纳税申报表的口径计算。

（七）企业创新能力评价

企业创新能力主要从知识产权、科技成果转化能力、研究开发组织管理水平、企业成长性等四项指标进行评价。各级指标均按整数打分，满分为100分，综合得分达到70分以上（不含70分）为符合认定要求。四项指标分值结构详见下表：

序号	指　标	分值
1	知识产权	≤30
2	科技成果转化能力	≤30
3	研究开发组织管理水平	≤20
4	企业成长性	≤20

1. 知识产权(≤30分)

由技术专家对企业申报的知识产权是否符合《认定办法》和《工作指引》要求,进行定性与定量结合的评价。

序号	知识产权相关评价指标	分值
1	技术的先进程度	≤8
2	对主要产品(服务)在技术上发挥核心支持作用	≤8
3	知识产权数量	≤8
4	知识产权获得方式	≤6
5	(作为参考条件,最多加2分) 企业参与编制国家标准、行业标准、检测方法、技术规范的情况	≤2

(1)技术的先进程度

A. 高　(7－8分)　　B. 较高(5－6分)

C. 一般(3－4分)　　D. 较低(1－2分)

E. 无　(0分)

(2)对主要产品(服务)在技术上发挥核心支持作用

A. 强　(7－8分)　　B. 较强(5－6分)

C. 一般(3－4分)　　D. 较弱(1－2分)

E. 无　(0分)

(3)知识产权数量

A. 1项及以上(Ⅰ类)(7－8分)

B. 5项及以上(Ⅱ类)(5－6分)

C. 3～4项　(Ⅱ类)(3－4分)

D. 1～2项　(Ⅱ类)(1－2分)

E. 0项　　　　(0分)

(4)知识产权获得方式

A. 有自主研发　　　　(1－6分)

B. 仅有受让、受赠和并购等　(1－3分)

(5)企业参与编制国家标准、行业标准、检测方法、技术规范的情况(此项为加分项,加分后"知识产权"总分不超过30分。相关标准、方法和规范须经国家有关部门认证认可。)

A. 是(1－2 分)

B. 否(0 分)

2. 科技成果转化能力(≤30 分)

依照《促进科技成果转化法》,科技成果是指通过科学研究与技术开发所产生的具有实用价值的成果(专利、版权、集成电路布图设计等)。科技成果转化是指为提高生产力水平而对科技成果进行的后续试验、开发、应用、推广直至形成新产品、新工艺、新材料,发展新产业等活动。

科技成果转化形式包括:自行投资实施转化;向他人转让该技术成果;许可他人使用该科技成果;以该科技成果作为合作条件,与他人共同实施转化;以该科技成果作价投资、折算股份或者出资比例;以及其他协商确定的方式。

由技术专家根据企业科技成果转化总体情况和近 3 年内科技成果转化的年平均数进行综合评价。同一科技成果分别在国内外转化的,或转化为多个产品、服务、工艺、样品、样机等的,只计为一项。

A. 转化能力强，　≥5 项(25－30 分)

B. 转化能力较强,≥4 项(19－24 分)

C. 转化能力一般,≥3 项(13－18 分)

D. 转化能力较弱,≥2 项(7－12 分)

E. 转化能力弱，　≥1 项(1－6 分)

F. 转化能力无，　0 项(0 分)

3. 研究开发组织管理水平(≤20 分)

由技术专家根据企业研究开发与技术创新组织管理的总体情况,结合以下几项评价,进行综合打分。

(1)制定了企业研究开发的组织管理制度,建立了研发投入核算体系,编制了研发费用辅助账;(≤6 分)

(2)设立了内部科学技术研究开发机构并具备相应的科研条件,与国内外研究开发机构开展多种形式产学研合作;(≤6 分)

(3)建立了科技成果转化的组织实施与激励奖励制度,建立开放式的创新创业平台;(≤4 分)

(4)建立了科技人员的培养进修、职工技能培训、优秀人才引进,以及人才绩效评价奖励制度。(≤4 分)

4. 企业成长性(≤20 分)

由财务专家选取企业净资产增长率、销售收入增长率等指标对企业成长性进行评价。企业实际经营期不满三年的按实际经营时间计算。计算方法如下:

(1)净资产增长率

净资产增长率 = 1/2(第二年末净资产 ÷ 第一年末净资产 + 第三年末净资产 ÷ 第二年末净资产) - 1

净资产 = 资产总额 - 负债总额

资产总额、负债总额应以具有资质的中介机构鉴证的企业会计报表期末数为准。

(2)销售收入增长率

销售收入增长率 = 1/2(第二年销售收入 ÷ 第一年销售收入 + 第三年销售收入 ÷ 第二年销售收入) - 1

企业净资产增长率或销售收入增长率为负的,按0分计算。第一年末净资产或销售收入为0的,按后两年计算;第二年末净资产或销售收入为0的,按0分计算。

以上两个指标分别对照下表评价档次(ABCDEF)得出分值,两项得分相加计算出企业成长性指标综合得分。

成长性得分	指标赋值	分数					
		≥35%	≥25%	≥15%	≥5%	> 0	≤0
≤20分	净资产增长率赋值≤10分	A 9 - 10分	B 7 - 8分	C 5 - 6分	D 3 - 4分	E 1 - 2分	F 0分
	销售收入增长率赋值≤10分						

四、享受税收优惠

1. 自认定当年起,企业可持“高新技术企业”证书及其复印件,按照《企业所得税法》及《实施条例》、《中华人民共和国税收征收管理法》(以下称《税收征管法》)、《中华人民共和国税收征收管理法实施细则》(以下称《实施细则》)、《认定办法》和本《工作指引》等有关规定,到主管税务机关办理相关手续,享受税收优惠。

2. 未取得高新技术企业资格或不符合《企业所得税法》及其《实施条例》、《税收征管法》及其《实施细则》,以及《认定办法》等有关规定条件的企业,不得享受高新技术企业税收优惠。

3. 高新技术企业资格期满当年内，在通过重新认定前，其企业所得税暂按15%的税率预缴，在年度汇算清缴前未取得高新技术企业资格的，应按规定补缴税款。

五、监督管理

(一)重点检查

根据认定管理工作需要，科技部、财政部、税务总局按照《认定办法》的要求，可组织专家对各地高新技术企业认定管理工作进行重点检查，对存在问题的视情况给予相应处理。

(二)企业年报

企业获得高新技术企业资格后，在其资格有效期内应每年5月底前通过"高新技术企业认定管理工作网"，报送上一年度知识产权、科技人员、研发费用、经营收入等年度发展情况报表(附件6)；在同一高新技术企业资格有效期内，企业累计两年未按规定时限报送年度发展情况报表的，由认定机构取消其高新技术企业资格，在"高新技术企业认定管理工作网"上公告。

认定机构应提醒、督促企业及时填报年度发展情况报表，并协助企业处理填报过程中的相关问题。

(三)复核

对已认定的高新技术企业，有关部门在日常管理过程中发现其不符合认定条件的，应以书面形式提请认定机构复核。复核后确认不符合认定条件的，由认定机构取消其高新技术企业资格，并通知税务机关追缴其不符合认定条件年度起已享受的税收优惠。

属于对是否符合《认定办法》第十一条(除(五)款外)、第十七条、第十八条和第十九条情况的企业，按《认定办法》规定办理；属于对是否符合《认定办法》第十一条(五)款产生异议的，应以问题所属年度和前两个会计年度(实际经营不满三年的按实际经营时间计算)的研究开发费用总额与同期销售收入总额之比是否符合《认定办法》第十一条(五)款规定进行复核。

(四)更名及重大变化事项

高新技术企业发生名称变更或与认定条件有关的重大变化(如分立、合并、重组以及经营业务发生变化等)，应在发生之日起三个月内向认定机构报告，在"高新技术企业认定管理工作网"上提交《高新技术企业名称变更申请表》(附件7)，并将打印出的《高新技术企业名称变更申请表》与相关证明材料报认定机构，由认定机构负责审核企业是否仍符合高新技术企业条件。

企业仅发生名称变更，不涉及重大变化，符合高新技术企业认定条件的，由认定机构在本地区公示10个工作日，无异议的，由认定机构重新核发认定证书，编号与有效期不变，并在“高新技术企业认定管理工作网”上公告；有异议的或有重大变化的（无论名称变更与否），由认定机构按《认定办法》第十一条进行核实处理，不符合认定条件的，自更名或条件变化年度起取消其高新技术企业资格，并在“高新技术企业认定管理工作网”上公告。

（五）异地搬迁

1.《认定办法》第十八条中整体迁移是指符合《中华人民共和国公司登记管理条例》第二十九条所述情况。

2.跨认定机构管理区域整体迁移的高新技术企业须向迁入地认定机构提交有效期内的《高新技术企业证书》及迁入地工商等登记管理机关核发的完成迁入的相关证明材料。

3.完成整体迁移的，其高新技术企业资格和《高新技术企业证书》继续有效，编号与有效期不变。由迁入地认定机构给企业出具证明材料，并在“高新技术企业认定管理工作网”上公告。

（六）其他

1.有《认定办法》第十九条所列三种行为之一的企业，自行为发生之日所属年度起取消其高新技术企业资格，并在“高新技术企业认定管理工作网”上公告。

2.认定机构应依据有关部门根据相关法律法规出具的意见对“重大安全、重大质量事故或有严重环境违法行为”进行判定处理。

3.已认定的高新技术企业，无论何种原因被取消高新技术企业资格的，当年不得再次申请高新技术企业认定。

六、高新技术企业认定管理工作网功能及操作提要

“高新技术企业认定管理工作网”是根据《认定办法》建设的高新技术企业认定管理工作的信息化平台，由高新技术企业认定管理工作门户网站（以下简称“门户网站”）和高新技术企业认定管理系统（以下简称“管理系统”）构成。

（一）门户网站主要功能

门户网站（www.innocom.gov.cn）的主要功能包括：发布高新技术企业政策、工作动态、公示文件，公告备案、更名、异地搬迁、撤销资格、问题中介机构名单等信息，以及提供管理系统的登录入口。

(二)管理系统主要功能

管理系统由企业申报系统、认定机构管理系统和领导小组办公室管理系统三个子系统组成。

1. 企业申报系统主要功能

(1)企业注册

(2)企业信息变更

(3)企业名称变更

(4)认定申报

(5)年度发展情况报表

(6)查询

(7)密码找回

2. 认定机构管理系统主要功能

(1)企业注册管理

(2)认定申报管理

(3)撤销企业高企证书管理

(4)异地搬迁企业管理

(5)查询与统计

3. 领导小组办公室管理系统主要功能

(1)高企备案管理

(2)撤销企业高企证书管理

(3)异地搬迁企业管理

(4)查询与统计

5.《国家税务总局关于实施高新技术企业所得税优惠政策有关问题的公告》(2017年6月19日颁布　2017年1月1日起实施　国家税务总局公告2017年第24号)

为贯彻落实高新技术企业所得税优惠政策,根据《科技部　财政部　国家税务总局关于修订印发〈高新技术企业认定管理办法〉的通知》(国科发火〔2016〕32号,以下简称《认定办法》)及《科技部　财政部　国家税务总局关于修订印发〈高新技术企业认定管理工作指引〉的通知》(国科发火〔2016〕195号,以下简称《工作指引》)以及相关税收规定,现就实施高新技术企业所得税优惠政策有关问题公告如下:

一、企业获得高新技术企业资格后,自高新技术企业证书注明的发证时间所在年度起申报享受税收优惠,并按规定向主管税务机关办理备案手续。

企业的高新技术企业资格期满当年，在通过重新认定前，其企业所得税暂按15%的税率预缴，在年底前仍未取得高新技术企业资格的，应按规定补缴相应期间的税款。

二、对取得高新技术企业资格且享受税收优惠的高新技术企业，税务部门如在日常管理过程中发现其在高新技术企业认定过程中或享受优惠期间不符合《认定办法》第十一条规定的认定条件的，应提请认定机构复核。复核后确认不符合认定条件的，由认定机构取消其高新技术企业资格，并通知税务机关追缴其证书有效期内自不符合认定条件年度起已享受的税收优惠。

三、享受税收优惠的高新技术企业，每年汇算清缴时应按照《国家税务总局关于发布〈企业所得税优惠政策事项办理办法〉的公告》（国家税务总局公告2015年第76号）规定向税务机关提交企业所得税优惠事项备案表、高新技术企业资格证书履行备案手续，同时妥善保管以下资料留存备查：

1. 高新技术企业资格证书；

2. 高新技术企业认定资料；

3. 知识产权相关材料；

4. 年度主要产品（服务）发挥核心支持作用的技术属于《国家重点支持的高新技术领域》规定范围的说明，高新技术产品（服务）及对应收入资料；

5. 年度职工和科技人员情况证明材料；

6. 当年和前两个会计年度研发费用总额及占同期销售收入比例、研发费用管理资料以及研发费用辅助账，研发费用结构明细表（具体格式见《工作指引》附件2）；

7. 省税务机关规定的其他资料。

四、本公告适用于2017年度及以后年度企业所得税汇算清缴。2016年1月1日以后按《认定办法》认定的高新技术企业按本公告规定执行。2016年1月1日前按《科技部 财政部 国家税务总局关于印发〈高新技术企业认定管理办法〉的通知》（国科发火〔2008〕172号）认定的高新技术企业，仍按《国家税务总局关于实施高新技术企业所得税优惠有关问题的通知》（国税函〔2009〕203号）和国家税务总局公告2015年第76号的规定执行。

《国家税务总局关于高新技术企业资格复审期间企业所得税预缴问题的公告》（国家税务总局公告2011年第4号）同时废止。

6.《关于延长高新技术企业和科技型中小企业亏损结转年限的通知》(2018年7月11日颁布 2018年1月1日起实施 财税〔2018〕76号)

各省、自治区、直辖市、计划单列市财政厅(局),国家税务总局各省、自治区、直辖市、计划单列市税务局,新疆生产建设兵团财政局:

为支持高新技术企业和科技型中小企业发展,现就高新技术企业和科技型中小企业亏损结转年限政策通知如下:

一、自2018年1月1日起,当年具备高新技术企业或科技型中小企业资格(以下统称资格)的企业,其具备资格年度之前5个年度发生的尚未弥补完的亏损,准予结转以后年度弥补,最长结转年限由5年延长至10年。

二、本通知所称高新技术企业,是指按照《科技部 财政部 国家税务总局关于修订印发〈高新技术企业认定管理办法〉的通知》(国科发火〔2016〕32号)规定认定的高新技术企业;所称科技型中小企业,是指按照《科技部 财政部 国家税务总局关于印发〈科技型中小企业评价办法〉的通知》(国科发政〔2017〕115号)规定取得科技型中小企业登记编号的企业。

三、本通知自2018年1月1日开始执行。

7.《国家税务总局关于延长高新技术企业和科技型中小企业亏损结转弥补年限有关企业所得税处理问题的公告》(2018年8月23日颁布 2018年1月1日起实施 国家税务总局公告2018年第45号)

为支持高新技术企业和科技型中小企业发展,根据《中华人民共和国企业所得税法》及其实施条例、《财政部 税务总局关于延长高新技术企业和科技型中小企业亏损结转年限的通知》(财税〔2018〕76号,以下简称《通知》)规定,现就延长高新技术企业和科技型中小企业亏损结转弥补年限有关企业所得税处理问题公告如下:

一、《通知》第一条所称当年具备高新技术企业或科技型中小企业资格(以下统称"资格")的企业,其具备资格年度之前5个年度发生的尚未弥补完的亏损,是指当年具备资格的企业,其前5个年度无论是否具备资格,所发生的尚未弥补完的亏损。

2018年具备资格的企业,无论2013年至2017年是否具备资格,其2013年至2017年发生的尚未弥补完的亏损,均准予结转以后年度弥补,最长结转年限为10年。2018年以后年度具备资格的企业,依此类推,进行亏损结转弥补税务处理。

二、高新技术企业按照其取得的高新技术企业证书注明的有效期所属年度,确定其具备资格的年度。

科技型中小企业按照其取得的科技型中小企业入库登记编号注明的年度,确定其具备资格的年度。

三、企业发生符合特殊性税务处理规定的合并或分立重组事项的,其尚未弥补完的亏损,按照《财政部　国家税务总局关于企业重组业务企业所得税处理若干问题的通知》(财税〔2009〕59号)和本公告有关规定进行税务处理:

(一)合并企业承继被合并企业尚未弥补完的亏损的结转年限,按照被合并企业的亏损结转年限确定;

(二)分立企业承继被分立企业尚未弥补完的亏损的结转年限,按照被分立企业的亏损结转年限确定;

(三)合并企业或分立企业具备资格的,其承继被合并企业或被分立企业尚未弥补完的亏损的结转年限,按照《通知》第一条和本公告第一条规定处理。

四、符合《通知》和本公告规定延长亏损结转弥补年限条件的企业,在企业所得税预缴和汇算清缴时,自行计算亏损结转弥补年限,并填写相关纳税申报表。

五、本公告自2018年1月1日起施行。

(三)技术先进型企业

1.《财政部　税务总局　商务部　科技部　国家发展改革委关于将技术先进型服务企业所得税政策推广至全国实施的通知》(2017年11月2日颁布　2017年1月1日起实施　财税〔2017〕79号)

各省、自治区、直辖市、计划单列市财政厅(局)、国家税务局、地方税务局、商务主管部门、科技厅(委、局)、发展改革委,新疆生产建设兵团财务局、商务局、科技局、发展改革委:

为贯彻落实《国务院关于促进外资增长若干措施的通知》(国发〔2017〕39号)要求,发挥外资对优化服务贸易结构的积极作用,引导外资更多投向高技术、高附加值服务业,促进企业技术创新和技术服务能力的提升,增强我国服务业的综合竞争力,现就技术先进型服务企业有关企业所得税政策问题通知如下:

一、自2017年1月1日起,在全国范围内实行以下企业所得税优惠政策:

1. 对经认定的技术先进型服务企业,减按15%的税率征收企业所得税。

2. 经认定的技术先进型服务企业发生的职工教育经费支出,不超过工资薪金总额8%的部分,准予在计算应纳税所得额时扣除;超过部分,准予在以后纳税年度结转扣除。

二、享受本通知第一条规定的企业所得税优惠政策的技术先进型服务企业必须同时符合以下条件:

1. 在中国境内(不包括港、澳、台地区)注册的法人企业;

2. 从事《技术先进型服务业务认定范围(试行)》(详见附件)中的一种或多种技术先进型服务业务,采用先进技术或具备较强的研发能力;

3. 具有大专以上学历的员工占企业职工总数的50%以上;

4. 从事《技术先进型服务业务认定范围(试行)》中的技术先进型服务业务取得的收入占企业当年总收入的50%以上;

5. 从事离岸服务外包业务取得的收入不低于企业当年总收入的35%。

从事离岸服务外包业务取得的收入,是指企业根据境外单位与其签订的委托合同,由本企业或其直接转包的企业为境外单位提供《技术先进型服务业务认定范围(试行)》中所规定的信息技术外包服务(ITO)、技术性业务流程外包服务(BPO)和技术性知识流程外包服务(KPO),而从上述境外单位取得的收入。

三、技术先进型服务企业的认定管理

1. 省级科技部门会同本级商务、财政、税务和发展改革部门根据本通知规定制定本省(自治区、直辖市、计划单列市)技术先进型服务企业认定管理办法,并负责本地区技术先进型服务企业的认定管理工作。各省(自治区、直辖市、计划单列市)技术先进型服务企业认定管理办法应报科技部、商务部、财政部、税务总局和国家发展改革委备案。

2. 符合条件的技术先进型服务企业应向所在省级科技部门提出申请,由省级科技部门会同本级商务、财政、税务和发展改革部门联合评审后发文认定,并将认定企业名单及有关情况通过科技部"全国技术先进型服务企业业务办理管理平台"备案,科技部与商务部、财政部、税务总局和国家发展改革委共享备案信息。符合条件的技术先进型服务企业须在商务部"服务贸易统计监测管理信息系统(服务外包信息管理应用)"中填报企业基本信息,按时报送数据。

3. 经认定的技术先进型服务企业,持相关认定文件向所在地主管税务机关办理享受本通知第一条规定的企业所得税优惠政策事宜。享受企业所得税优惠的技术先进型服务企业条件发生变化的,应当自发生变化之日起15日内向主管税务机关报告;不再符合享受税收优惠条件的,应当依法履行纳税义务。主管税务机关在执行税收优惠政策过程中,发现企业不具备技术先进型服务企业资格的,应提请认定机构复核。复核后确认不符合认定条件的,应取消企业享受税收优惠政策的资格。

4. 省级科技、商务、财政、税务和发展改革部门对经认定并享受税收优惠政策的技术先进型服务企业应做好跟踪管理,对变更经营范围、合并、分立、转业、迁移的企业,如不再符合认定条件,应及时取消其享受税收优惠政策的资格。

5. 省级财政、税务、商务、科技和发展改革部门要认真贯彻落实本通知的各项规定,在认定工作中对内外资企业一视同仁,平等对待,切实做好沟通与协作工作。在政策实施过程中发现问题,要及时反映上报财政部、税务总局、商务部、科技部和国家发展改革委。

6. 省级科技、商务、财政、税务和发展改革部门及其工作人员在认定技术先进型服务企业工作中,存在违法违纪行为的,按照《公务员法》《行政监察法》等国家有关规定追究相应责任;涉嫌犯罪的,移送司法机关处理。

7. 本通知印发后,各地应按照本通知规定于2017年12月31日前出台本省(自治区、直辖市、计划单列市)技术先进型服务企业认定管理办法并据此开展认定工作。现有31个中国服务外包示范城市已认定的2017年度技术先进型服务企业继续有效。从2018年1月1日起,中国服务外包示范城市技术先进型服务企业认定管理工作依照所在省(自治区、直辖市、计划单列市)制定的管理办法实施。

附件:技术先进型服务业务认定范围(试行)

一、信息技术外包服务(ITO)

(一)软件研发及外包

类　别	适用范围
软件研发及开发服务	用于金融、政府、教育、制造业、零售、服务、能源、物流、交通、媒体、电信、公共事业和医疗卫生等部门和企业,为用户的运营/生产/供应链/客户关系/人力资源和财务管理、计算机辅助设计/工程等业务进行软件开发,包括定制软件开发,嵌入式软件、套装软件开发,系统软件开发、软件测试等。
软件技术服务	软件咨询、维护、培训、测试等技术性服务。

（二）信息技术研发服务外包

类　别	适用范围
集成电路和电子电路设计	集成电路和电子电路产品设计以及相关技术支持服务等。
测试平台	为软件、集成电路和电子电路的开发运用提供测试平台。

（三）信息系统运营维护外包

类　别	适用范围
信息系统运营和维护服务	客户内部信息系统集成、网络管理、桌面管理与维护服务；信息工程、地理信息系统、远程维护等信息系统应用服务。
基础信息技术服务	基础信息技术管理平台整合、IT基础设施管理、数据中心、托管中心、安全服务、通讯服务等基础信息技术服务。

二、技术性业务流程外包服务（BPO）

类　别	适用范围
企业业务流程设计服务	为客户企业提供内部管理、业务运作等流程设计服务。
企业内部管理服务	为客户企业提供后台管理、人力资源管理、财务、审计与税务管理、金融支付服务、医疗数据及其他内部管理业务的数据分析、数据挖掘、数据管理、数据使用的服务；承接客户专业数据处理、分析和整合服务。
企业运营服务	为客户企业提供技术研发服务、为企业经营、销售、产品售后服务提供的应用客户分析、数据库管理等服务。主要包括金融服务业务、政务与教育业务、制造业务和生命科学、零售和批发与运输业务、卫生保健业务、通讯与公共事业业务、呼叫中心、电子商务平台等。
企业供应链管理服务	为客户企业提供采购、物流的整体方案设计及数据库服务。

三、技术性知识流程外包服务(KPO)

适用范围
知识产权研究、医药和生物技术研发和测试、产品技术研发、工业设计、分析学和数据挖掘、动漫及网游设计研发、教育课件研发、工程设计等领域。

2.《财政部　税务总局　商务部　科技部　国家发展改革委关于将服务贸易创新发展试点地区技术先进型服务企业所得税政策推广至全国实施的通知》(2018年5月19日颁布　2018年1月1日起实施　财税〔2018〕44号)

各省、自治区、直辖市、计划单列市财政厅(局)、国家税务局、地方税务局、商务主管部门、科技厅(委、局)、发展改革委,新疆生产建设兵团财政局、商务局、科技局、发展改革委:

为进一步推动服务贸易创新发展、优化外贸结构,现就服务贸易类技术先进型服务企业所得税优惠政策通知如下:

一、自2018年1月1日起,对经认定的技术先进型服务企业(服务贸易类),减按15%的税率征收企业所得税。

二、本通知所称技术先进型服务企业(服务贸易类)须符合的条件及认定管理事项,按照《财政部　税务总局　商务部　科技部　国家发展改革委关于将技术先进型服务企业所得税政策推广至全国实施的通知》(财税〔2017〕79号)的相关规定执行。其中,企业须满足的技术先进型服务业务领域范围按照本通知所附《技术先进型服务业务领域范围(服务贸易类)》执行。

三、省级科技部门应会同本级商务、财政、税务和发展改革部门及时将《技术先进型服务业务领域范围(服务贸易类)》增补入本地区技术先进型服务企业认定管理办法,并据此开展认定管理工作。省级人民政府财政、税务、商务、科技和发展改革部门应加强沟通与协作,发现新情况、新问题及时上报财政部、税务总局、商务部、科技部和国家发展改革委。

四、省级科技、商务、财政、税务和发展改革部门及其工作人员在认定技术先进型服务企业工作中,存在违法违纪行为的,按照《公务员法》《行政监察法》等国家有关规定追究相应责任;涉嫌犯罪的,移送司法机关处理。

附件:技术先进型服务业务领域范围(服务贸易类)

附件：

技术先进型服务业务领域范围(服务贸易类)

类　别	适用范围
一、计算机和信息服务	
1. 信息系统集成服务	系统集成咨询服务；系统集成工程服务；提供硬件设备现场组装、软件安装与调试及相关运营维护支撑服务；系统运营维护服务，包括系统运行检测监控、故障定位与排除、性能管理、优化升级等。
2. 数据服务	数据存储管理服务，提供数据规划、评估、审计、咨询、清洗、整理、应用服务，数据增值服务，提供其他未分类数据处理服务。
二、研究开发和技术服务	
3. 研究和实验开发服务	物理学、化学、生物学、基因学、工程学、医学、农业科学、环境科学、人类地理科学、经济学和人文科学等领域的研究和实验开发服务。
4. 工业设计服务	对产品的材料、结构、机理、形状、颜色和表面处理的设计与选择；对产品进行的综合设计服务，即产品外观的设计、机械结构和电路设计等服务。
5. 知识产权跨境许可与转让	以专利、版权、商标等为载体的技术贸易。知识产权跨境许可是指授权境外机构有偿使用专利、版权和商标等；知识产权跨境转让是指将专利、版权和商标等知识产权售卖给境外机构。
三、文化技术服务	
6. 文化产品数字制作及相关服务	采用数字技术对舞台剧目、音乐、美术、文物、非物质文化遗产、文献资源等文化内容以及各种出版物进行数字化转化和开发，为各种显示终端提供内容，以及采用数字技术传播、经营文化产品等相关服务。
7. 文化产品的对外翻译、配音及制作服务	将本国文化产品翻译或配音成其他国家语言，将其他国家文化产品翻译或配音成本国语言以及与其相关的制作服务。

续表

类 别	适用范围
四、中医药医疗服务	
8. 中医药医疗保健及相关服务	与中医药相关的远程医疗保健、教育培训、文化交流等服务。

第二十九条 【民族自治机关的减免税决定权】 民族自治地方的自治机关对本民族自治地方的企业应缴纳的企业所得税中属于地方分享的部分，可以决定减征或者免征。自治州、自治县决定减征或者免征的，须报省、自治区、直辖市人民政府批准。

税收行政法规

《中华人民共和国企业所得税法实施条例》（2007 年 12 月 6 日中华人民共和国国务院令第 512 号公布 根据 2019 年 4 月 23 日《国务院关于修改部分行政法规的决定》修订）

第九十四条 企业所得税法第二十九条所称民族自治地方，是指依照《中华人民共和国民族区域自治法》的规定，实行民族区域自治的自治区、自治州、自治县。

对民族自治地方内国家限制和禁止行业的企业，不得减征或者免征企业所得税。

第三十条 【费用的加计扣除】 企业的下列支出，可以在计算应纳税所得额时加计扣除：

（一）开发新技术、新产品、新工艺发生的研究开发费用；

（二）安置残疾人员及国家鼓励安置的其他就业人员所支付的工资。

一、税收行政法规

《中华人民共和国企业所得税法实施条例》（2007 年 12 月 6 日中华人民共和国国务院令第 512 号公布 根据 2019 年 4 月 23 日《国务院关于修改部分行政法规的决定》修订）

第九十五条 企业所得税法第三十条第（一）项所称研究开发费用

的加计扣除，是指企业为开发新技术、新产品、新工艺发生的研究开发费用，未形成无形资产计入当期损益的，在按照规定据实扣除的基础上，按照研究开发费用的50%加计扣除；形成无形资产的，按照无形资产成本的150%摊销。

第九十六条 企业所得税法第三十条第（二）项所称企业安置残疾人员所支付的工资的加计扣除，是指企业安置残疾人员的，在按照支付给残疾职工工资据实扣除的基础上，按照支付给残疾职工工资的100%加计扣除。残疾人员的范围适用《中华人民共和国残疾人保障法》的有关规定。

企业所得税法第三十条第（二）项所称企业安置国家鼓励安置的其他就业人员所支付的工资的加计扣除办法，由国务院另行规定。

二、税务规范性文件

（一）研究开发费用

1.《财政部　国家税务总局　科技部关于完善研究开发费用税前加计扣除政策的通知》（2015年11月2日颁布　2016年1月1日起实施　财税〔2015〕119号）①

第30条

各省、自治区、直辖市、计划单列市财政厅（局）、国家税务局、地方税务局、科技厅（局），新疆生产建设兵团财务局、科技局：

根据《中华人民共和国企业所得税法》及其实施条例有关规定，为进一步贯彻落实《中共中央　国务院关于深化体制机制改革加快实施创新驱动发展战略的若干意见》精神，更好地鼓励企业开展研究开发活动（以下简称研发活动）和规范企业研究开发费用（以下简称研发费用）加计扣除优惠政策执行，现就企业研发费用税前加计扣除有关问题通知如下：

一、研发活动及研发费用归集范围。

本通知所称研发活动，是指企业为获得科学与技术新知识，创造性运用科学技术新知识，或实质性改进技术、产品（服务）、工艺而持续进行的具有明确目标的系统性活动。

（一）允许加计扣除的研发费用。

① 第二条中“企业委托境外机构或个人进行研发活动所发生的费用，不得加计扣除”的规定已被《财政部　税务总局　科技部关于企业委托境外研究开发费用税前加计扣除有关政策问题的通知》（财税〔2018〕64号）废止。

企业开展研发活动中实际发生的研发费用，未形成无形资产计入当期损益的，在按规定据实扣除的基础上，按照本年度实际发生额的50%，从本年度应纳税所得额中扣除；形成无形资产的，按照无形资产成本的150%在税前摊销。研发费用的具体范围包括：

1. 人员人工费用。

直接从事研发活动人员的工资薪金、基本养老保险费、基本医疗保险费、失业保险费、工伤保险费、生育保险费和住房公积金，以及外聘研发人员的劳务费用。

2. 直接投入费用。

(1)研发活动直接消耗的材料、燃料和动力费用。

(2)用于中间试验和产品试制的模具、工艺装备开发及制造费，不构成固定资产的样品、样机及一般测试手段购置费，试制产品的检验费。

(3)用于研发活动的仪器、设备的运行维护、调整、检验、维修等费用，以及通过经营租赁方式租入的用于研发活动的仪器、设备租赁费。

3. 折旧费用。

用于研发活动的仪器、设备的折旧费。

4. 无形资产摊销。

用于研发活动的软件、专利权、非专利技术(包括许可证、专有技术、设计和计算方法等)的摊销费用。

5. 新产品设计费、新工艺规程制定费、新药研制的临床试验费、勘探开发技术的现场试验费。

6. 其他相关费用。

与研发活动直接相关的其他费用，如技术图书资料费、资料翻译费、专家咨询费、高新科技研发保险费，研发成果的检索、分析、评议、论证、鉴定、评审、评估、验收费用，知识产权的申请费、注册费、代理费，差旅费、会议费等。此项费用总额不得超过可加计扣除研发费用总额的10%。

7. 财政部和国家税务总局规定的其他费用。

(二)下列活动不适用税前加计扣除政策。

1. 企业产品(服务)的常规性升级。

2. 对某项科研成果的直接应用，如直接采用公开的新工艺、材料、装置、产品、服务或知识等。

3. 企业在商品化后为顾客提供的技术支持活动。

4. 对现存产品、服务、技术、材料或工艺流程进行的重复或简单改变。

5. 市场调查研究、效率调查或管理研究。

6. 作为工业(服务)流程环节或常规的质量控制、测试分析、维修维护。

7. 社会科学、艺术或人文学方面的研究。

二、特别事项的处理

1. 企业委托外部机构或个人进行研发活动所发生的费用,按照费用实际发生额的80%计入委托方研发费用并计算加计扣除,受托方不得再进行加计扣除。委托外部研究开发费用实际发生额应按照独立交易原则确定。

委托方与受托方存在关联关系的,受托方应向委托方提供研发项目费用支出明细情况。

2. 企业共同合作开发的项目,由合作各方就自身实际承担的研发费用分别计算加计扣除。

3. 企业集团根据生产经营和科技开发的实际情况,对技术要求高、投资数额大,需要集中研发的项目,其实际发生的研发费用,可以按照权利和义务相一致、费用支出和收益分享相配比的原则,合理确定研发费用的分摊方法,在受益成员企业间进行分摊,由相关成员企业分别计算加计扣除。

4. 企业为获得创新性、创意性、突破性的产品进行创意设计活动而发生的相关费用,可按照本通知规定进行税前加计扣除。

创意设计活动是指多媒体软件、动漫游戏软件开发,数字动漫、游戏设计制作;房屋建筑工程设计(绿色建筑评价标准为三星)、风景园林工程专项设计;工业设计、多媒体设计、动漫及衍生产品设计、模型设计等。

三、会计核算与管理

1. 企业应按照国家财务会计制度要求,对研发支出进行会计处理;同时,对享受加计扣除的研发费用按研发项目设置辅助账,准确归集核算当年可加计扣除的各项研发费用实际发生额。企业在一个纳税年度内进行多项研发活动的,应按照不同研发项目分别归集可加计扣除的研发费用。

2. 企业应对研发费用和生产经营费用分别核算,准确、合理归集各项费用支出,对划分不清的,不得实行加计扣除。

四、不适用税前加计扣除政策的行业

1. 烟草制造业。

2. 住宿和餐饮业。

3. 批发和零售业。

4. 房地产业。

5. 租赁和商务服务业。

6. 娱乐业。

7. 财政部和国家税务总局规定的其他行业。

上述行业以《国民经济行业分类与代码(GB/4754－2011)》为准，并随之更新。

五、管理事项及征管要求

1. 本通知适用于会计核算健全、实行查账征收并能够准确归集研发费用的居民企业。

2. 企业研发费用各项目的实际发生额归集不准确、汇总额计算不准确的，税务机关有权对其税前扣除额或加计扣除额进行合理调整。

3. 税务机关对企业享受加计扣除优惠的研发项目有异议的，可以转请地市级(含)以上科技行政主管部门出具鉴定意见，科技部门应及时回复意见。企业承担省部级(含)以上科研项目的，以及以前年度已鉴定的跨年度研发项目，不再需要鉴定。

4. 企业符合本通知规定的研发费用加计扣除条件而在2016年1月1日以后未及时享受该项税收优惠的，可以追溯享受并履行备案手续，追溯期限最长为3年。

5. 税务部门应加强研发费用加计扣除优惠政策的后续管理，定期开展核查，年度核查面不得低于20%。

六、执行时间

本通知自2016年1月1日起执行。《国家税务总局关于印发〈企业研究开发费用税前扣除管理办法(试行)〉的通知》(国税发〔2008〕116号)和《财政部 国家税务总局关于研究开发费用税前加计扣除有关政策问题的通知》(财税〔2013〕70号)同时废止。

2.《国家税务总局关于贯彻落实研发费用加计扣除和全国推广自主创新示范区所得税政策的通知》(2015年12月9日颁布 税总发〔2015〕146号)

各省、自治区、直辖市和计划单列市国家税务局、地方税务局：

根据109次国务院常务会议决定精神，现就税务机关贯彻落实研发费用加计扣除政策和在全国范围内推广国家自主创新示范区所得税试点政策工作通知如下：

一、统一思想认识，全面落实研发费用加计扣除和推广自主创新示范区所得税试点政策

为落实创新驱动发展战略，以定向结构性减税拉动有效投资，推动创新创业和促进产业升级，国务院决定，进一步完善研发费用税前加计扣除政策，将原适用于国家自主创新示范区的有限合伙制创投企业抵扣应纳税所得额，居民企业转让5年以上非独占许可使用权所得减免企业所得税，中小高新技术企业向个人股东转增股本、高新技术企业对本企业相关技术人员股权奖励可以在5年内分期缴纳个人所得税4项所得税政策，在全国范围内推广实施。

适时完善研发费用税前加计扣除政策和推广国家自主创新示范区所得税试点政策，对发挥积极财政政策作用，推进结构调整和创新创业，缓解经济下行压力具有积极意义。这几项税收优惠政策"含金量"大、导向性强、社会关注度高，税务机关要统一思想、高度重视，统筹谋划、扎实部署，税政、征管、纳服、电税、宣传等部门要加强配合、通力合作，为纳税人享受税收优惠政策创造条件，切实减轻创新创业企业税收负担，将对企业的减免税转化为推动研究开发活动、促进创业创新的强大动力。

二、强化宣传辅导，让享受优惠的纳税人有更多获得感

一是利用报刊杂志、税务网站、微博、微信、办税服务厅宣传区域、12366纳税咨询热线等载体，通过答记者问、在线访谈等多种方式，扎实开展政策宣传工作。二是将税收优惠的政策规定、办税流程、申报要求、管理方式及时充实到12366知识库，规范12366人员答复口径，保证政策解释权威准确、容易理解、便于操作。三是尊重纳税人选择优惠政策权利。所得税优惠政策多，有些优惠政策不允许重叠享受，税务机关落实研发费用加计扣除和自主创新税收政策时，应尊重纳税人对不同优惠政策选择权，由纳税人自主选择优惠项目。四是要抓好优惠政策的学习消化和贯彻实施，使税务干部迅速掌握税收政策，增强服务技能。五是所得税管理部门要广开言路、跟踪问效，认真收集政策实施情况和存在问题，研究解决办法、提出解决建议，提升优惠政策贯彻落实水平。

三、简化备案手续，建立"放管服"相结合管理机制

严格按照《国家税务总局关于发布〈企业所得税优惠政策事项办理办法〉的公告》（国家税务总局公告2015年第76号）和《国家税务总局关于股权奖励和转增股本个人所得税征管问题的公告》（国家税务总局

公告2015年第80号)规定,认真落实所得税优惠政策备案和后续管理工作。一是严禁擅自改变税收优惠管理方式,不得以任何理由变相审批。二是根据税收征管工作规范和纳税服务工作规范中有关所得税优惠内容,理顺办理流程,减轻办税负担。三是及时调整纳税申报软件、信息系统和纳税人端软件,为全面落实税收优惠政策提供技术支撑。四是把落实税收优惠和堵塞税收漏洞有机结合,既让符合税收政策条件的企业享受优惠,又善于利用风险管理、纳税评估、稽查等方法开展核查,发现弄虚作假套取税收优惠的,按照税收征管法规定处理。

四、加强数据统计,认真做好减免税核算和政策效应分析工作

要把研发费用加计扣除和自主创新税收政策作为当前重点减免税核算项目,扎实做好统计分析工作。按照不同优惠政策分项统计享受优惠的纳税人户数、占比、税额、同比增减情况和存在问题,既要纵向对比分析,又要从财政、工商、科技、开发区管委会等部门获取企业生产经营、高新技术企业资格、股权变更、研发项目立项等第三方信息进行横向比对,将其作为查摆问题,推动工作的抓手。通过深入细致的数据分析,研究论证税收优惠政策促进研发活动和创业创新的政策效应,为进一步完善政策、加强管理,提供参考依据。

3.《国家税务总局关于企业研究开发费用税前加计扣除政策有关问题的公告》(2015年12月29日颁布　2016年1月1日起实施　国家税务总局公告2015年第97号)①

根据《中华人民共和国企业所得税法》及其实施条例(以下简称税法)、《财政部　国家税务总局　科技部关于完善研究开发费用税前加计扣除政策的通知》(财税〔2015〕119号,以下简称《通知》)规定,现就落实完善研究开发费用(以下简称研发费用)税前加计扣除政策有关问题公告如下:

第30条

① 1.根据《国家税务总局关于研发费用税前加计扣除归集范围有关问题的公告》(国家税务总局公告2017年第40号)的规定,国家税务总局公告2015年第97号第一条、第二条第(一)项、第二条第(二)项、第二条第(四)项同时废止。2.根据《国家税务总局关于修订企业所得税年度纳税申报表有关问题的公告》(国家税务总局公告2019年第41号)规定,对于2019年度及以后年度企业所得税汇算清缴,本文第五条中"并在报送《年度财务会计报告》的同时随附注一并报送主管税务机关"的规定和第六条第一项、附件6《研发项目可加计扣除研究开发费用情况归集表》同时废止。3.根据《国家税务总局关于进一步落实研发费用加计扣除政策有关问题的公告》(国家税务总局公告2021年第28号)规定,本文第二条第(三)项"其他相关费用的归集与限额计算"的规定同时废止。

二、研发费用归集

（五）财政性资金的处理

企业取得作为不征税收入处理的财政性资金用于研发活动所形成的费用或无形资产，不得计算加计扣除或摊销。

（六）不允许加计扣除的费用

法律、行政法规和国务院财税主管部门规定不允许企业所得税前扣除的费用和支出项目不得计算加计扣除。

已计入无形资产但不属于《通知》中允许加计扣除研发费用范围的，企业摊销时不得计算加计扣除。

三、委托研发

企业委托外部机构或个人开展研发活动发生的费用，可按规定税前扣除；加计扣除时按照研发活动发生费用的80%作为加计扣除基数。委托个人研发的，应凭个人出具的发票等合法有效凭证在税前加计扣除。

企业委托境外研发所发生的费用不得加计扣除，其中受托研发的境外机构是指依照外国和地区（含港澳台）法律成立的企业和其他取得收入的组织。受托研发的境外个人是指外籍（含港澳台）个人。

四、不适用加计扣除政策行业的判定

《通知》中不适用税前加计扣除政策行业的企业，是指以《通知》所列行业业务为主营业务，其研发费用发生当年的主营业务收入占企业按税法第六条规定计算的收入总额减除不征税收入和投资收益的余额50%（不含）以上的企业。

五、核算要求

企业应按照国家财务会计制度要求，对研发支出进行会计处理。研发项目立项时应设置研发支出辅助账，由企业留存备查；年末汇总分析填报研发支出辅助账汇总表。研发支出辅助账、研发支出辅助账汇总表可参照本公告所附样式（见附件）编制。

六、申报及备案管理

（二）研发费用加计扣除实行备案管理，除“备案资料”和“主要留存备查资料”按照本公告规定执行外，其他备案管理要求按照《国家税务总局关于发布〈企业所得税优惠政策事项办理办法〉的公告》（国家税务总局公告2015年第76号）的规定执行。

（三）企业应当不迟于年度汇算清缴纳税申报时，向税务机关报送《企业所得税优惠事项备案表》和研发项目文件完成备案，并将下列资料留存备查：

1. 自主、委托、合作研究开发项目计划书和企业有权部门关于自主、委托、合作研究开发项目立项的决议文件;

2. 自主、委托、合作研究开发专门机构或项目组的编制情况和研发人员名单;

3. 经科技行政主管部门登记的委托、合作研究开发项目的合同;

4. 从事研发活动的人员和用于研发活动的仪器、设备、无形资产的费用分配说明(包括工作使用情况记录);

5. 集中研发项目研发费决算表、集中研发项目费用分摊明细情况表和实际分享收益比例等资料;

6. “研发支出”辅助账;

7. 企业如果已取得地市级(含)以上科技行政主管部门出具的鉴定意见,应作为资料留存备查;

8. 省税务机关规定的其他资料。

七、后续管理与核查

税务机关应加强对享受研发费用加计扣除优惠企业的后续管理和监督检查。每年汇算清缴期结束后应开展核查,核查面不得低于享受该优惠企业户数的20%。省级税务机关可根据实际情况制订具体核查办法或工作措施。

八、执行时间

本公告适用于2016年度及以后年度企业所得税汇算清缴。

4.《国家税务总局关于2016年度企业研究开发费用税前加计扣除政策企业所得税纳税申报问题的公告》(2017年5月2日颁布 2016年1月1日起实施 国家税务总局公告2017年第12号)

为有效落实《国家税务总局关于企业研究开发费用税前加计扣除政策有关问题的公告》(国家税务总局公告2015年第97号,以下简称“97号公告”)规定,现就2016年度企业研究开发费用税前加计扣除企业所得税年度纳税申报问题公告如下:

一、企业享受研究开发费用税前加计扣除政策的,在年度纳税申报时,应当按照97号公告第六条第(一)项规定,附报《研发项目可加计扣除研究开发费用情况归集表》(以下简称《情况归集表》)。

二、企业享受研究开发费用税前加计扣除政策的,在填报《中华人民共和国企业所得税年度纳税申报表(A类,2014年版)》之《研发费用加计扣除优惠明细表》(A107014)时,仅填写第10行第19列“本年研发费用加计扣除额合计”,数据来源为《情况归集表》序号11“十一、当期实际加计扣除总额”行次填写的“发生额”。

三、本公告适用于2016年度企业所得税汇算清缴。

5.《财政部　税务总局　科技部关于提高科技型中小企业研究开发费用税前加计扣除比例的通知》(2017年5月2日颁布　财税〔2017〕34号)

各省、自治区、直辖市、计划单列市财政厅(局)、国家税务局、地方税务局、科技厅(局),新疆生产建设兵团财务局、科技局:

为进一步激励中小企业加大研发投入,支持科技创新,现就提高科技型中小企业研究开发费用(以下简称研发费用)税前加计扣除比例有关问题通知如下:

一、科技型中小企业开展研发活动中实际发生的研发费用,未形成无形资产计入当期损益的,在按规定据实扣除的基础上,在2017年1月1日至2019年12月31日期间,再按照实际发生额的75%在税前加计扣除;形成无形资产的,在上述期间按照无形资产成本的175%在税前摊销。

二、科技型中小企业享受研发费用税前加计扣除政策的其他政策口径按照《财政部　国家税务总局　科技部关于完善研究开发费用税前加计扣除政策的通知》(财税〔2015〕119号)规定执行。

三、科技型中小企业条件和管理办法由科技部、财政部和国家税务总局另行发布。科技、财政和税务部门应建立信息共享机制,及时共享科技型中小企业的相关信息,加强协调配合,保障优惠政策落实到位。

6.《科技部　财政部　国家税务总局关于进一步做好企业研发费用加计扣除政策落实工作的通知》(2017年7月21日颁布　国科发政〔2017〕211号)

各省、自治区、直辖市和计划单列市科技厅(委、局)、财政厅(局)、国家税务局、地方税务局,新疆生产建设兵团科技局、财务局:

为贯彻落实国务院关于"简政放权、放管结合、优化服务"要求,强化政策服务,降低纳税人风险,增强企业获得感,根据《关于完善研究开发费用税前加计扣除政策的通知》(财税〔2015〕119号)的有关规定,现就进一步做好企业研发费用加计扣除政策落实工作通知如下:

一、建立协同工作机制

地方各级人民政府科技、财政和税务主管部门要建立工作协调机制,加强工作衔接,形成工作合力。要切实加强对企业的事前事中事后管理和服务,以多种形式开展政策宣讲,引导企业规范研发项目管理和费用归集,确保政策落实、落细、落地。

二、事中异议项目鉴定

1. 税务部门对企业享受加计扣除优惠的研发项目有异议的，应及时通过县（区）级科技部门将项目资料送地市级（含）以上科技部门进行鉴定；由省直接管理的县/市，可直接由县级科技部门进行鉴定（以下统称"鉴定部门"）。

2. 鉴定部门在收到税务部门的鉴定需求后，应及时组织专家进行鉴定，并在规定时间内通过原渠道将鉴定意见反馈税务部门。鉴定时，应由3名以上相关领域的产业、技术、管理等专家参加。

3. 税务部门对鉴定部门的鉴定意见有异议的，可转请省级人民政府科技行政管理部门出具鉴定意见。

4. 对企业承担的省部级（含）以上科研项目，以及以前年度已鉴定的跨年度研发项目，税务部门不再要求进行鉴定。

三、事后核查异议项目鉴定

税务部门在对企业享受的研发费用加计扣除优惠开展事后核查中，对企业研发项目有异议的，可按照本通知第二条的规定送科技部门鉴定。

四、有关要求

1. 开展企业研发项目鉴定，不得向企业收取任何费用，所需要的工作经费应纳入部门经费预算给予保障。

2. 有条件的地方可建立信息化服务平台，为企业提供自我评价、材料提交、工作流转与信息传递等服务，提高工作效率，降低企业成本。

3. 各地方可根据本通知精神，制定实施细则，进一步明确职责分工、工作程序、办理时限等。

各地方在落实企业研发费用加计扣除政策过程中出现的问题以及意见和建议，要及时报科技部政策法规与监督司、财政部税政司和税务总局所得税司。

7.《国家税务总局　科技部关于加强企业研发费用税前加计扣除政策贯彻落实工作的通知》（2017年9月18日颁布　税总发〔2017〕106号）

各省、自治区、直辖市和计划单列市国家税务局、地方税务局、科技厅（委、局），新疆生产建设兵团科技局：

为进一步推进简政放权、放管结合、优化服务改革，积极为企业减负增效，增强企业技术创新动力，结合《财政部　国家税务总局　科技部关于完善研究开发费用税前加计扣除政策的通知》（财税〔2015〕119号）、

《财政部　税务总局　科技部关于提高科技型中小企业研究开发费用税前加计扣除比例的通知》(财税〔2017〕34号)、《科技部　财政部　国家税务总局关于印发〈科技型中小企业评价办法〉的通知》(国科发政〔2017〕115号)以及《科技部　财政部　国家税务总局关于进一步做好企业研发费用加计扣除政策落实工作的通知》(国科发政〔2017〕211号)规定,现就加强企业研发费用税前加计扣除政策贯彻落实工作通知如下:

一、提高思想认识,加强组织领导。各级税务部门和科技部门应提高思想认识,站在贯彻落实创新驱动发展战略、深化供给侧结构性改革、促进新旧动能转换的高度,通过落实好研发费用税前加计扣除政策,积极主动谋创新、促发展。要把落实好研发费用税前加计扣除政策作为本单位的一项重要工作,加强组织领导,增强服务观念,精心谋划部署,夯实管理责任,依据相关政策及管理规定,强化有关事项的事前、事中、事后管理和服务,积极、稳妥地做好研发费用税前加计扣除政策的贯彻落实工作。要将研发费用税前加计扣除等创新支持政策落实情况作为对各级税务和科技部门绩效考核的重要内容。

二、强化合作意识,完善合作机制。各级税务部门和科技部门要紧密配合,建立和完善研发费用税前加计扣除政策部门间的联合工作机制。就涉及企业切身利益的研发项目鉴定问题,包括事中异议项目鉴定以及事后核查异议项目鉴定,统一政策口径,明确专门协调机制,制定异议研发项目鉴定实施细则,规范办理流程。

三、简化管理方式,优化操作流程。各级税务部门和科技部门要简化管理方式,优化操作流程,确保政策落地。优化委托研发与合作研发项目合同登记管理方式,坚持"实质重于形式"的原则。凡研发项目合同具备技术合同登记的实质性要素,仅在形式上与技术合同示范文本存在差异的,也应予以登记,不得要求企业重新按照技术合同示范文本进行修改报送。

四、加大宣传力度,实现"应知尽知"。各地要充分利用官方网站、微信、微博、APP等方式开展多维度、多渠道的宣传,提醒纳税人及时申报享受研发费用税前加计扣除政策。税务部门和科技部门要联合开展宣传活动,精准锁定政策受惠企业群体,通过开展"键对键"的网上沟通,"面对面"的精准辅导,印发宣传资料等多种方式,扩大宣传辅导覆盖面,方便企业及时了解政策和管理要求。在宣传辅导工作中,要规范政策解答,及时为企业答疑解惑。

五、加强政策辅导，确保"应享尽享"。各级税务部门和科技部门要通过各种方式为企业提供研发项目管理和研发费用归集等政策辅导，切实加大政策落实力度。对尚处于亏损期的企业，进一步加大宣传及服务力度，引导企业及时办理税务备案等相关手续。要督促广大科技型中小企业按照《科技型中小企业评价办法》(国科发政〔2017〕115号文件印发)规定，到"全国科技型中小企业信息服务平台"进行自主评价和登记，及时取得登记编号，确保纳税人政策落实"应享尽享"。

六、强化督导检查，确保落地见效。各省税务部门和科技部门要开展联合督导检查，加大对政策落实的督导力度，密切跟踪政策执行情况，随时收集基层和纳税人政策落实情况的反馈和工作建议，并加强部门间的信息沟通，确保优惠政策落地见效。税务总局和科技部将视情况适时联合开展督导检查。

8.《国家税务总局关于研发费用税前加计扣除归集范围有关问题的公告》(2017年11月8日颁布 2017年1月1日起实施 国家税务总局公告2017年第40号)

为进一步做好研发费用税前加计扣除优惠政策的贯彻落实工作，切实解决政策落实过程中存在的问题，根据《财政部 国家税务总局 科技部关于完善研究开发费用税前加计扣除政策的通知》(财税〔2015〕119号)及《国家税务总局关于企业研究开发费用税前加计扣除政策有关问题的公告》(国家税务总局公告2015年第97号)等文件的规定，现就研发费用税前加计扣除归集范围有关问题公告如下：

一、人员人工费用

指直接从事研发活动人员的工资薪金、基本养老保险费、基本医疗保险费、失业保险费、工伤保险费、生育保险费和住房公积金，以及外聘研发人员的劳务费用。

(一)直接从事研发活动人员包括研究人员、技术人员、辅助人员。研究人员是指主要从事研究开发项目的专业人员；技术人员是指具有工程技术、自然科学和生命科学中一个或一个以上领域的技术知识和经验，在研究人员指导下参与研发工作的人员；辅助人员是指参与研究开发活动的技工。外聘研发人员是指与本企业或劳务派遣企业签订劳务用工协议(合同)和临时聘用的研究人员、技术人员、辅助人员。

接受劳务派遣的企业按照协议(合同)约定支付给劳务派遣企业，且由劳务派遣企业实际支付给外聘研发人员的工资薪金等费用，属于外聘研发人员的劳务费用。

（二）工资薪金包括按规定可以在税前扣除的对研发人员股权激励的支出。

（三）直接从事研发活动的人员、外聘研发人员同时从事非研发活动的，企业应对其人员活动情况做必要记录，并将其实际发生的相关费用按实际工时占比等合理方法在研发费用和生产经营费用间分配，未分配的不得加计扣除。

二、直接投入费用

指研发活动直接消耗的材料、燃料和动力费用；用于中间试验和产品试制的模具、工艺装备开发及制造费，不构成固定资产的样品、样机及一般测试手段购置费，试制产品的检验费；用于研发活动的仪器、设备的运行维护、调整、检验、维修等费用，以及通过经营租赁方式租入的用于研发活动的仪器、设备租赁费。

（一）以经营租赁方式租入的用于研发活动的仪器、设备，同时用于非研发活动的，企业应对其仪器设备使用情况做必要记录，并将其实际发生的租赁费按实际工时占比等合理方法在研发费用和生产经营费用间分配，未分配的不得加计扣除。

（二）企业研发活动直接形成产品或作为组成部分形成的产品对外销售的，研发费用中对应的材料费用不得加计扣除。

产品销售与对应的材料费用发生在不同纳税年度且材料费用已计入研发费用的，可在销售当年以对应的材料费用发生额直接冲减当年的研发费用，不足冲减的，结转以后年度继续冲减。

三、折旧费用

指用于研发活动的仪器、设备的折旧费。

（一）用于研发活动的仪器、设备，同时用于非研发活动的，企业应对其仪器设备使用情况做必要记录，并将其实际发生的折旧费按实际工时占比等合理方法在研发费用和生产经营费用间分配，未分配的不得加计扣除。

（二）企业用于研发活动的仪器、设备，符合税法规定且选择加速折旧优惠政策的，在享受研发费用税前加计扣除政策时，就税前扣除的折旧部分计算加计扣除。

四、无形资产摊销费用

指用于研发活动的软件、专利权、非专利技术（包括许可证、专有技术、设计和计算方法等）的摊销费用。

（一）用于研发活动的无形资产，同时用于非研发活动的，企业应对其无形资产使用情况做必要记录，并将其实际发生的摊销费按实际工时占比等合理方法在研发费用和生产经营费用间分配，未分配的不得加计扣除。

（二）用于研发活动的无形资产，符合税法规定且选择缩短摊销年限的，在享受研发费用税前加计扣除政策时，就税前扣除的摊销部分计算加计扣除。

五、新产品设计费、新工艺规程制定费、新药研制的临床试验费、勘探开发技术的现场试验费

指企业在新产品设计、新工艺规程制定、新药研制的临床试验、勘探开发技术的现场试验过程中发生的与开展该项活动有关的各类费用。

六、其他相关费用

指与研发活动直接相关的其他费用，如技术图书资料费、资料翻译费、专家咨询费、高新科技研发保险费，研发成果的检索、分析、评议、论证、鉴定、评审、评估、验收费用，知识产权的申请费、注册费、代理费，差旅费、会议费，职工福利费、补充养老保险费、补充医疗保险费。

此类费用总额不得超过可加计扣除研发费用总额的10%。

七、其他事项

（一）企业取得的政府补助，会计处理时采用直接冲减研发费用方法且税务处理时未将其确认为应税收入的，应按冲减后的余额计算加计扣除金额。

（二）企业取得研发过程中形成的下脚料、残次品、中间试制品等特殊收入，在计算确认收入当年的加计扣除研发费用时，应从已归集研发费用中扣减该特殊收入，不足扣减的，加计扣除研发费用按零计算。

（三）企业开展研发活动中实际发生的研发费用形成无形资产的，其资本化的时点与会计处理保持一致。

（四）失败的研发活动所发生的研发费用可享受税前加计扣除政策。

（五）国家税务总局公告2015年第97号第三条所称“研发活动发生费用”是指委托方实际支付给受托方的费用。无论委托方是否享受研发费用税前加计扣除政策，受托方均不得加计扣除。

委托方委托关联方开展研发活动的，受托方需向委托方提供研发过程中实际发生的研发项目费用支出明细情况。

八、执行时间和适用对象

本公告适用于2017年度及以后年度汇算清缴。以前年度已经进行税务处理的不再调整。涉及追溯享受优惠政策情形的，按照本公告的规定执行。科技型中小企业研发费用加计扣除事项按照本公告执行。

国家税务总局公告2015年第97号第一条、第二条第（一）项、第二条第（二）项、第二条第（四）项同时废止。

9.《财政部　税务总局　科技部关于企业委托境外研究开发费用税前加计扣除有关政策问题的通知》（2018年6月25日颁布　2018年1月1日起实施　财税〔2018〕64号）

各省、自治区、直辖市、计划单列市财政厅（局）、科技厅（局），国家税务总局各省、自治区、直辖市、计划单列市税务局，新疆生产建设兵团财政局、科技局：

为进一步激励企业加大研发投入，加强创新能力开放合作，现就企业委托境外进行研发活动发生的研究开发费用（以下简称研发费用）企业所得税前加计扣除有关政策问题通知如下：

一、委托境外进行研发活动所发生的费用，按照费用实际发生额的80%计入委托方的委托境外研发费用。委托境外研发费用不超过境内符合条件的研发费用三分之二的部分，可以按规定在企业所得税前加计扣除。

上述费用实际发生额应按照独立交易原则确定。委托方与受托方存在关联关系的，受托方应向委托方提供研发项目费用支出明细情况。

二、委托境外进行研发活动应签订技术开发合同，并由委托方到科技行政主管部门进行登记。相关事项按技术合同认定登记管理办法及技术合同认定规则执行。

三、企业应在年度申报享受优惠时，按照《国家税务总局关于发布修订后的〈企业所得税优惠政策事项办理办法〉的公告》（国家税务总局公告2018年第23号）的规定办理有关手续，并留存备查以下资料：

（一）企业委托研发项目计划书和企业有权部门立项的决议文件；

（二）委托研究开发专门机构或项目组的编制情况和研发人员名单；

（三）经科技行政主管部门登记的委托境外研发合同；

（四）"研发支出"辅助账及汇总表；

（五）委托境外研发银行支付凭证和受托方开具的收款凭据；

（六）当年委托研发项目的进展情况等资料。

企业如果已取得地市级（含）以上科技行政主管部门出具的鉴定意见，应作为资料留存备查。

四、企业对委托境外研发费用以及留存备查资料的真实性、合法性承担法律责任。

五、委托境外研发费用加计扣除其他政策口径和管理要求按照《财政部　国家税务总局　科技部关于完善研究开发费用税前加计扣除政策的通知》（财税〔2015〕119号）、《财政部　税务总局　科技部关于提高科技型中小企业研究开发费用税前加计扣除比例的通知》（财税〔2017〕34号）、《国家税务总局关于企业研究开发费用税前加计扣除政策有关问题的公告》（国家税务总局公告2015年第97号）等文件规定执行。

六、本通知所称委托境外进行研发活动不包括委托境外个人进行的研发活动。

七、本通知自2018年1月1日起执行。财税〔2015〕119号文件第二条中"企业委托境外机构或个人进行研发活动所发生的费用，不得加计扣除"的规定同时废止。

10.《财政部　税务总局　科技部关于提高研究开发费用税前加计扣除比例的通知》（2018年9月20日颁布　2018年1月1日起实施　财税〔2018〕99号）①

各省、自治区、直辖市、计划单列市财政厅（局）、科技厅（局），国家税务总局各省、自治区、直辖市、计划单列市税务局，新疆生产建设兵团财政局、科技局：

为进一步激励企业加大研发投入，支持科技创新，现就提高企业研究开发费用（以下简称研发费用）税前加计扣除比例有关问题通知如下：

一、企业开展研发活动中实际发生的研发费用，未形成无形资产计入当期损益的，在按规定据实扣除的基础上，在2018年1月1日至2020年12月31日期间，再按照实际发生额的75%在税前加计扣除；形成无形资产的，在上述期间按照无形资产成本的175%在税前摊销。

---

① 根据《国家税务总局关于修订企业所得税2个规范性文件的公告》（国家税务总局公告2016年第88号）第二条规定，《国家税务总局关于企业所得税核定征收若干问题的通知》（国税函〔2009〕377号）第一条第（一）项修订为：享受《中华人民共和国企业所得税法》及其实施条例和国务院规定的一项或几项企业所得税优惠政策的企业（不包括仅享受《中华人民共和国企业所得税法》第二十六条规定免税收入优惠政策的企业、第二十八条规定的符合条件的小型微利企业）。

二、企业享受研发费用税前加计扣除政策的其他政策口径和管理要求按照《财政部 国家税务总局 科技部关于完善研究开发费用税前加计扣除政策的通知》(财税〔2015〕119号)、《财政部 税务总局 科技部关于企业委托境外研究开发费用税前加计扣除有关政策问题的通知》(财税〔2018〕64号)、《国家税务总局关于企业研究开发费用税前加计扣除政策有关问题的公告》(国家税务总局公告2015年第97号)等文件规定执行。

11.《国家税务总局关于进一步落实研发费用加计扣除政策有关问题的公告》(2021年9月13日颁布 国家税务总局公告2021年第28号)①

为贯彻落实国务院激励企业加大研发投入、优化研发费用加计扣除政策实施的举措,深入开展2021年"我为纳税人缴费人办实事暨便民办税春风行动",方便企业提前享受研发费用加计扣除优惠政策,现就有关事项公告如下:

二、关于研发支出辅助账样式的问题

(一)《国家税务总局关于企业研究开发费用税前加计扣除政策有关问题的公告》(2015年第97号,以下简称97号公告)发布的研发支出辅助账和研发支出辅助账汇总表样式(以下简称2015版研发支出辅助账样式)继续有效。另增设简化版研发支出辅助账和研发支出辅助账汇总表样式(以下简称2021版研发支出辅助账样式),具体样式及填写说明见附件。

(二)企业按照研发项目设置辅助账时,可以自主选择使用2015版研发支出辅助账样式,或者2021版研发支出辅助账样式,也可以参照上述样式自行设计研发支出辅助账样式。

企业自行设计的研发支出辅助账样式,应当包括2021版研发支出辅助账样式所列数据项,且逻辑关系一致,能准确归集允许加计扣除的研发费用。

三、关于其他相关费用限额计算的问题

(一)企业在一个纳税年度内同时开展多项研发活动的,由原来按照每一研发项目分别计算"其他相关费用"限额,改为统一计算全部研发项目"其他相关费用"限额。

① 根据《国家税务总局关于公布全文和部分条款失效废止的税务规范性文件目录的公告》(国家税务总局公告2023年第8号),自2023年5月26日起,第一条废止。

企业按照以下公式计算《财政部 国家税务总局 科技部关于完善研究开发费用税前加计扣除政策的通知》(财税〔2015〕119号)第一条第(一)项“允许加计扣除的研发费用”第6目规定的“其他相关费用”的限额,其中资本化项目发生的费用在形成无形资产的年度统一纳入计算:

全部研发项目的其他相关费用限额＝全部研发项目的人员人工等五项费用之和×10%/(1－10%)

“人员人工等五项费用”是指财税〔2015〕119号文件第一条第(一)项“允许加计扣除的研发费用”第1目至第5目费用,包括“人员人工费用”“直接投入费用”“折旧费用”“无形资产摊销”和“新产品设计费、新工艺规程制定费、新药研制的临床试验费、勘探开发技术的现场试验费”。

(二)当“其他相关费用”实际发生数小于限额时,按实际发生数计算税前加计扣除额;当“其他相关费用”实际发生数大于限额时,按限额计算税前加计扣除额。

四、执行时间

本公告第一条适用于2021年度,其他条款适用于2021年及以后年度。97号公告第二条第(三)项“其他相关费用的归集与限额计算”的规定同时废止。

12.《国家税务总局关于企业预缴申报享受研发费用加计扣除优惠政策有关事项的公告》(2022年5月20日颁布 2022年1月1日起实施 国家税务总局公告2022年第10号)

为深入贯彻党中央、国务院关于实施新的组合式税费支持政策的重大决策部署,更好服务市场主体,激发企业创新活力,根据《中华人民共和国企业所得税法》及其实施条例等相关规定,现就企业预缴申报享受研发费用加计扣除优惠政策有关问题公告如下:

一、企业10月份预缴申报第3季度(按季预缴)或9月份(按月预缴)企业所得税时,可以自主选择就当年前三季度研发费用享受加计扣除优惠政策。

对10月份预缴申报期未选择享受研发费用加计扣除优惠政策的,可以在办理当年度企业所得税汇算清缴时统一享受。

二、企业享受研发费用加计扣除优惠政策采取“真实发生、自行判别、申报享受、相关资料留存备查”办理方式,由企业依据实际发生的研发费用支出,自行计算加计扣除金额,填报《中华人民共和国企业所得税月(季)度预缴纳税申报表(A类)》享受税收优惠,并根据享受加计扣除优惠的研发费用情况(前三季度)填写《研发费用加计扣除优惠明细表》(A107012)。《研发费用加计扣除优惠明细表》(A107012)与规定的其他资料一并留存备查。

三、企业在10月份预缴申报时,自行判断本年度符合科技型中小企业条件的,可选择暂按规定享受科技型中小企业研发费用加计扣除优惠政策,年度汇算清缴时再按照取得入库登记编号的情况确定是否可以享受科技型中小企业研发费用加计扣除优惠政策。

四、本公告自2022年1月1日起施行。

13.《财政部　税务总局关于企业投入基础研究税收优惠政策的公告》(2022年9月30日颁布　2022年1月1日起实施　财政部　税务总局公告2022年第32号)

为鼓励企业加大创新投入,支持我国基础研究发展,现就企业投入基础研究相关税收政策公告如下:

一、对企业出资给非营利性科学技术研究开发机构(科学技术研究开发机构以下简称科研机构)、高等学校和政府性自然科学基金用于基础研究的支出,在计算应纳税所得额时可按实际发生额在税前扣除,并可按100%在税前加计扣除。

对非营利性科研机构、高等学校接收企业、个人和其他组织机构基础研究资金收入,免征企业所得税。

二、第一条所称非营利性科研机构、高等学校包括国家设立的科研机构和高等学校、民办非营利性科研机构和高等学校,具体按以下条件确定:

(一)国家设立的科研机构和高等学校是指利用财政性资金设立的、取得《事业单位法人证书》的科研机构和公办高等学校,包括中央和地方所属科研机构和高等学校。

(二)民办非营利性科研机构和高等学校,是指同时满足以下条件的科研机构和高等学校:

1. 根据《民办非企业单位登记管理暂行条例》在民政部门登记,并取得《民办非企业单位(法人)登记证书》。

2. 对于民办非营利性科研机构,其《民办非企业单位(法人)登记证书》记载的业务范围应属于科学研究与技术开发、成果转让、科技咨询与服务、科技成果评估范围。对业务范围存在争议的,由税务机关转请县级(含)以上科技行政主管部门确认。

对于民办非营利性高等学校，应取得教育主管部门颁发的《民办学校办学许可证》，记载学校类型为“高等学校”。

3. 经认定取得企业所得税非营利组织免税资格。

三、第一条所称政府性自然科学基金是指国家和地方政府设立的自然科学基金委员会管理的自然科学基金。

四、第一条所称基础研究是指通过对事物的特性、结构和相互关系进行分析，从而阐述和检验各种假设、原理和定律的活动。具体依据以下内容判断：

（一）基础研究不预设某一特定的应用或使用目的，主要是为获得关于现象和可观察事实的基本原理的新知识，可针对已知或具有前沿性的科学问题，或者针对人们普遍感兴趣的某些广泛领域，以未来广泛应用为目标。

（二）基础研究可细分为两种类型，一是自由探索性基础研究，即为了增进知识，不追求经济或社会效益，也不积极谋求将其应用于实际问题或把成果转移到负责应用的部门。二是目标导向（定向）基础研究，旨在获取某方面知识、期望为探索解决当前已知或未来可能发现的问题奠定基础。

（三）基础研究成果通常表现为新原理、新理论、新规律或新知识，并以论文、著作、研究报告等形式为主。同时，由于基础研究具有较强的探索性、存在失败的风险，论文、著作、研究报告等也可以体现为试错或证伪等成果。

上述基础研究不包括在境外开展的研究，也不包括社会科学、艺术或人文学方面的研究。

五、企业出资基础研究应签订相关协议或合同，协议或合同中需明确资金用于基础研究领域。

六、企业和非营利性科研机构、高等学校和政府性自然科学基金管理单位应将相关资料留存备查，包括企业出资协议、出资合同、相关票据等，出资协议、出资合同和出资票据应包含出资方、接收方、出资用途（注明用于基础研究）、出资金额等信息。

七、非营利性科研机构、高等学校和政府性自然科学基金管理单位应做好企业投入基础研究的资金管理，建立健全监督机制，确保资金用于基础研究，提高资金使用效率。

八、本公告自2022年1月1日起执行。

14.《财政部　税务总局关于进一步完善研发费用税前加计扣除政策的公告》(2023 年 3 月 26 日颁布　2023 年 1 月 1 日起实施　财政部　税务总局公告 2023 年第 7 号)

为进一步激励企业加大研发投入,更好地支持科技创新,现就企业研发费用税前加计扣除政策有关问题公告如下:

一、企业开展研发活动中实际发生的研发费用,未形成无形资产计入当期损益的,在按规定据实扣除的基础上,自 2023 年 1 月 1 日起,再按照实际发生额的 100% 在税前加计扣除;形成无形资产的,自 2023 年 1 月 1 日起,按照无形资产成本的 200% 在税前摊销。

二、企业享受研发费用加计扣除政策的其他政策口径和管理要求,按照《财政部　国家税务总局　科技部关于完善研究开发费用税前加计扣除政策的通知》(财税〔2015〕119 号)、《财政部　税务总局　科技部关于企业委托境外研究开发费用税前加计扣除有关政策问题的通知》(财税〔2018〕64 号)等文件相关规定执行。

三、本公告自 2023 年 1 月 1 日起执行,《财政部　税务总局关于进一步完善研发费用税前加计扣除政策的公告》(财政部　税务总局公告 2021 年第 13 号)、《财政部　税务总局　科技部关于进一步提高科技型中小企业研发费用税前加计扣除比例的公告》(财政部　税务总局　科技部公告 2022 年第 16 号)、《财政部　税务总局　科技部关于加大支持科技创新税前扣除力度的公告》(财政部　税务总局　科技部公告 2022 年第 28 号)同时废止。

15.《国家税务总局　财政部关于优化预缴申报享受研发费用加计扣除政策有关事项的公告》(2023 年 6 月 21 日颁布　2023 年 1 月 1 日起实施　国家税务总局　财政部公告 2023 年第 11 号)

为更好地支持企业创新发展,根据《中华人民共和国企业所得税法》及其实施条例等相关规定,现就优化预缴申报享受研发费用加计扣除政策有关事项公告如下:

一、企业 7 月份预缴申报第 2 季度(按季预缴)或 6 月份(按月预缴)企业所得税时,能准确归集核算研发费用的,可以结合自身生产经营实际情况,自主选择就当年上半年研发费用享受加计扣除政策。

对 7 月份预缴申报期未选择享受优惠的企业,在 10 月份预缴申报或年度汇算清缴时能够准确归集核算研发费用的,可结合自身生产经营实际情况,自主选择在 10 月份预缴申报或年度汇算清缴时统一享受。

二、企业10月份预缴申报第3季度(按季预缴)或9月份(按月预缴)企业所得税时,能准确归集核算研发费用的,企业可结合自身生产经营实际情况,自主选择就当年前三季度研发费用享受加计扣除政策。

对10月份预缴申报期未选择享受优惠的企业,在年度汇算清缴时能够准确归集核算研发费用的,可结合自身生产经营实际情况,自主选择在年度汇算清缴时统一享受。

三、企业享受研发费用加计扣除优惠政策采取"真实发生、自行判别、申报享受、相关资料留存备查"的办理方式,由企业依据实际发生的研发费用支出,自行计算加计扣除金额,填报《中华人民共和国企业所得税月(季)度预缴纳税申报表(A类)》享受税收优惠,并根据享受加计扣除优惠的研发费用情况(上半年或前三季度)填写《研发费用加计扣除优惠明细表》(A107012)。《研发费用加计扣除优惠明细表》(A107012)与规定的其他资料一并留存备查。

四、本公告自2023年1月1日起施行。《国家税务总局关于企业预缴申报享受研发费用加计扣除优惠政策有关事项的公告》(2022年第10号)同时废止。

(二)残疾人安置费用

《财政部　国家税务总局关于安置残疾人员就业有关企业所得税优惠政策问题的通知》(2009年4月30日颁布　2008年1月1日起实施　财税〔2009〕70号)

各省、自治区、直辖市、计划单列市财政厅(局)、国家税务局、地方税务局,新疆生产建设兵团财务局:

根据《中华人民共和国企业所得税法》和《中华人民共和国企业所得税法实施条例》(国务院令第512号)的有关规定,现就企业安置残疾人员就业有关企业所得税优惠政策问题,通知如下:

一、企业安置残疾人员的,在按照支付给残疾职工工资据实扣除的基础上,可以在计算应纳税所得额时按照支付给残疾职工工资的100%加计扣除。

企业就支付给残疾职工的工资,在进行企业所得税预缴申报时,允许据实计算扣除;在年度终了进行企业所得税年度申报和汇算清缴时,再依照本条第一款的规定计算加计扣除。

二、残疾人员的范围适用《中华人民共和国残疾人保障法》的有关规定。

三、企业享受安置残疾职工工资100%加计扣除应同时具备如下条件：

（一）依法与安置的每位残疾人签订了1年以上（含1年）的劳动合同或服务协议，并且安置的每位残疾人在企业实际上岗工作。

（二）为安置的每位残疾人按月足额缴纳了企业所在区县人民政府根据国家政策规定的基本养老保险、基本医疗保险、失业保险和工伤保险等社会保险。

（三）定期通过银行等金融机构向安置的每位残疾人实际支付了不低于企业所在区县适用的经省级人民政府批准的最低工资标准的工资。

（四）具备安置残疾人上岗工作的基本设施。

四、企业应在年度终了进行企业所得税年度申报和汇算清缴时，向主管税务机关报送本通知第四条规定的相关资料、已安置残疾职工名单及其《中华人民共和国残疾人证》或《中华人民共和国残疾军人证（1至8级）》复印件和主管税务机关要求提供的其他资料，办理享受企业所得税加计扣除优惠的备案手续。

五、在企业汇算清缴结束后，主管税务机关在对企业进行日常管理、纳税评估和纳税检查时，应对安置残疾人员企业所得税加计扣除优惠的情况进行核实。

六、本通知自2008年1月1日起执行。

第三十一条 【创业投资额抵免】 创业投资企业从事国家需要重点扶持和鼓励的创业投资，可以按投资额的一定比例抵扣应纳税所得额。

一、税收行政法规

《中华人民共和国企业所得税法实施条例》（2007年12月6日中华人民共和国国务院令第512号公布 根据2019年4月23日《国务院关于修改部分行政法规的决定》修订）

第九十七条 企业所得税法第三十一条所称抵扣应纳税所得额，是指创业投资企业采取股权投资方式投资于未上市的中小高新技术企业2年以上的，可以按照其投资额的70%在股权持有满2年的当年抵扣该创业投资企业的应纳税所得额；当年不足抵扣的，可以在以后纳税年度结转抵扣。

二、税务规范性文件

1.《财政部　国家税务总局关于执行企业所得税优惠政策若干问题的通知》(2009 年 4 月 24 日颁布　2008 年 1 月 1 日起实施　财税〔2009〕69 号)①

十一、实施条例第九十七条所称投资于未上市的中小高新技术企业 2 年以上的,包括发生在 2008 年 1 月 1 日以前满 2 年的投资;所称中小高新技术企业是指按照《高新技术企业认定管理办法》(国科发火〔2008〕172 号)和《高新技术企业认定管理工作指引》(国科发火〔2008〕362 号)取得高新技术企业资格,且年销售额和资产总额均不超过 2 亿元、从业人数不超过 500 人的企业,其中 2007 年底前已取得高新技术企业资格的,在其规定有效期内不需重新认定。

十二、本通知自 2008 年 1 月 1 日起执行。

2.《国家税务总局关于实施创业投资企业所得税优惠问题的通知》(2009 年 4 月 30 日颁布　2008 年 1 月 1 日起实施　国税发〔2009〕87 号)②

各省、自治区、直辖市和计划单列市国家税务局、地方税务局:

为落实创业投资企业所得税优惠政策,促进创业投资企业的发展,根据《中华人民共和国企业所得税法》及其实施条例等有关规定,现就创业投资企业所得税优惠的有关问题通知如下:

一、创业投资企业是指依照《创业投资企业管理暂行办法》(国家发展和改革委员会等 10 部委令 2005 年第 39 号,以下简称《暂行办法》)和《外商投资创业投资企业管理规定》(商务部等 5 部委令 2003 年第 2 号)在中华人民共和国境内设立的专门从事创业投资活动的企业或其他经济组织。

二、创业投资企业采取股权投资方式投资于未上市的中小高新技术企业 2 年(24 个月)以上,凡符合以下条件的,可以按照其对中小高新技术企业投资额的 70%,在股权持有满 2 年的当年抵扣该创业投资企业的应纳税所得额;当年不足抵扣的,可以在以后纳税年度结转抵扣。

---

① 条款废止,第八条废止。参见《国家税务总局关于扩大小型微利企业减半征收企业所得税范围有关问题的公告》(国家税务总局公告 2014 年第 23 号)。条款失效,第七条停止执行。参见《财政部　国家税务总局关于小型微利企业所得税优惠政策的通知》(财税〔2015〕34 号)。

② 根据《国家税务总局关于公布失效废止的税务部门规章和税收规范性文件目录的决定》(国家税务总局令第 42 号),自 2017 年 12 月 29 日起,本文第四条废止。

（一）经营范围符合《暂行办法》规定，且工商登记为"创业投资有限责任公司"、"创业投资股份有限公司"等专业性法人创业投资企业。

（二）按照《暂行办法》规定的条件和程序完成备案，经备案管理部门年度检查核实，投资运作符合《暂行办法》的有关规定。

（三）创业投资企业投资的中小高新技术企业，除应按照科技部、财政部、国家税务总局《关于印发〈高新技术企业认定管理办法〉的通知》（国科发火〔2008〕172号）和《关于印发〈高新技术企业认定管理工作指引〉的通知》（国科发火〔2008〕362号）的规定，通过高新技术企业认定以外，还应符合职工人数不超过500人，年销售（营业）额不超过2亿元，资产总额不超过2亿元的条件。

2007年底前按原有规定取得高新技术企业资格的中小高新技术企业，且在2008年继续符合新的高新技术企业标准的，向其投资满24个月的计算，可自创业投资企业实际向其投资的时间起计算。

（四）财政部、国家税务总局规定的其他条件。

三、中小企业接受创业投资之后，经认定符合高新技术企业标准的，应自其被认定为高新技术企业的年度起，计算创业投资企业的投资期限。该期限内中小企业接受创业投资后，企业规模超过中小企业标准，但仍符合高新技术企业标准的，不影响创业投资企业享受有关税收优惠。

五、本通知自2008年1月1日起执行。

3.《财政部　国家税务总局关于将国家自主创新示范区有关税收试点政策推广到全国范围实施的通知》（2015年10月23日颁布　2015年10月1日起实施　财税〔2015〕116号）

各省、自治区、直辖市、计划单列市财政厅（局）、国家税务局、地方税务局，新疆生产建设兵团财务局：

根据国务院常务会议决定精神，将国家自主创新示范区试点的四项所得税政策推广至全国范围实施。现就有关税收政策问题明确如下：

一、关于有限合伙制创业投资企业法人合伙人企业所得税政策

1. 自2015年10月1日起，全国范围内的有限合伙制创业投资企业采取股权投资方式投资于未上市的中小高新技术企业满2年（24个月）的，该有限合伙制创业投资企业的法人合伙人可按照其对未上市中小高新技术企业投资额的70%抵扣该法人合伙人从该有限合伙制创业投资企业分得的应纳税所得额，当年不足抵扣的，可以在以后纳税年度结转抵扣。

2. 有限合伙制创业投资企业的法人合伙人对未上市中小高新技术企业的投资额,按照有限合伙制创业投资企业对中小高新技术企业的投资额和合伙协议约定的法人合伙人占有限合伙制创业投资企业的出资比例计算确定。

4.《财政部　国家税务总局关于推广中关村国家自主创新示范区税收试点政策有关问题的通知》(2015年6月9日颁布　2015年1月1日起实施　财税〔2015〕62号)

各省、自治区、直辖市、计划单列市财政厅(局)、国家税务局、地方税务局,新疆生产建设兵团财务局:

根据国务院决定,中关村国家自主创新示范区有关税收试点政策推广至国家自主创新示范区、合芜蚌自主创新综合试验区和绵阳科技城(以下统称示范地区)实施。现就有关税收政策问题明确如下:

二、关于有限合伙制创业投资企业法人合伙人企业所得税政策

1. 注册在示范地区的有限合伙制创业投资企业采取股权投资方式投资于未上市的中小高新技术企业2年(24个月)以上的,该有限合伙制创业投资企业的法人合伙人可按照其对未上市中小高新技术企业投资额的70%抵扣该法人合伙人从该有限合伙制创业投资企业分得的应纳税所得额,当年不足抵扣的,可以在以后纳税年度结转抵扣。

2. 有限合伙制创业投资企业的法人合伙人对未上市中小高新技术企业的投资额,按照有限合伙制创业投资企业对中小高新技术企业的投资额和合伙协议约定的法人合伙人占有限合伙制创业投资企业的出资比例计算确定。

5.《国家税务总局关于有限合伙制创业投资企业法人合伙人企业所得税有关问题的公告》(2015年11月16日颁布　2015年10月1日起实施　国家税务总局公告2015年第81号)

根据《中华人民共和国企业所得税法》及其实施条例、《财政部　国家税务总局关于将国家自主创新示范区有关税收试点政策推广到全国范围实施的通知》(财税〔2015〕116号)规定,现就有限合伙制创业投资企业法人合伙人企业所得税有关问题公告如下:

一、有限合伙制创业投资企业是指依照《中华人民共和国合伙企业法》、《创业投资企业管理暂行办法》(国家发展和改革委员会令第39号)和《外商投资创业投资企业管理规定》(外经贸部、科技部、工商总局、税务总局、外汇管理局令2003年第2号)设立的专门从事创业投资活动的有限合伙企业。

二、有限合伙制创业投资企业的法人合伙人，是指依照《中华人民共和国企业所得税法》及其实施条例以及相关规定，实行查账征收企业所得税的居民企业。

三、有限合伙制创业投资企业采取股权投资方式投资于未上市的中小高新技术企业满2年（24个月，下同）的，其法人合伙人可按照对未上市中小高新技术企业投资额的70%抵扣该法人合伙人从该有限合伙制创业投资企业分得的应纳税所得额，当年不足抵扣的，可以在以后纳税年度结转抵扣。

所称满2年是指2015年10月1日起，有限合伙制创业投资企业投资于未上市中小高新技术企业的实缴投资满2年，同时，法人合伙人对该有限合伙制创业投资企业的实缴出资也应满2年。

如果法人合伙人投资于多个符合条件的有限合伙制创业投资企业，可合并计算其可抵扣的投资额和应分得的应纳税所得额。当年不足抵扣的，可结转以后纳税年度继续抵扣；当年抵扣后有结余的，应按照企业所得税法的规定计算缴纳企业所得税。

四、有限合伙制创业投资企业的法人合伙人对未上市中小高新技术企业的投资额，按照有限合伙制创业投资企业对中小高新技术企业的投资额和合伙协议约定的法人合伙人占有限合伙制创业投资企业的出资比例计算确定。其中，有限合伙制创业投资企业对中小高新技术企业的投资额按实缴投资额计算；法人合伙人占有限合伙制创业投资企业的出资比例按法人合伙人对有限合伙制创业投资企业的实缴出资额占该有限合伙制创业投资企业的全部实缴出资额的比例计算。

五、有限合伙制创业投资企业应纳税所得额的确定及分配，按照《财政部 国家税务总局关于合伙企业合伙人所得税问题的通知》（财税〔2008〕159号）相关规定执行。

六、有限合伙制创业投资企业法人合伙人符合享受优惠条件的，应在符合条件的年度终了后3个月内向其主管税务机关报送《有限合伙制创业投资企业法人合伙人应纳税所得额分配情况明细表》（附件1）。

七、法人合伙人向其所在地主管税务机关备案享受投资抵扣应纳税所得额时，应提交《法人合伙人应纳税所得额抵扣情况明细表》（附件2）以及有限合伙制创业投资企业所在地主管税务机关受理后的《有限合伙制创业投资企业法人合伙人应纳税所得额分配情况明细表》，同时将《国家税务总局关于实施创业投资企业所得税优惠问题的通知》（国税发〔2009〕87号）规定报送的备案资料留存备查。

八、本公告自2015年10月1日起执行。2015年度符合优惠条件的企业，可统一在2015年度汇算清缴时办理相关手续。《国家税务总局关于苏州工业园区有限合伙制创业投资企业法人合伙人企业所得税政策试点有关征收管理问题的公告》(国家税务总局公告2013年第25号)同时废止。

6.《财政部 税务总局关于创业投资企业和天使投资个人有关税收政策的通知》(2018年5月14日颁布 财税〔2018〕55号)①

各省、自治区、直辖市、计划单列市财政厅(局)、国家税务局、地方税务局，新疆生产建设兵团财政局：

为进一步支持创业投资发展，现就创业投资企业和天使投资个人有关税收政策问题通知如下：

一、税收政策内容

(一)公司制创业投资企业采取股权投资方式直接投资于种子期、初创期科技型企业(以下简称初创科技型企业)满2年(24个月，下同)的，可以按照投资额的70%在股权持有满2年的当年抵扣该公司制创业投资企业的应纳税所得额；当年不足抵扣的，可以在以后纳税年度结转抵扣。

(二)有限合伙制创业投资企业(以下简称合伙创投企业)采取股权投资方式直接投资于初创科技型企业满2年的，该合伙创投企业的合伙人分别按以下方式处理：

1. 法人合伙人可以按照对初创科技型企业投资额的70%抵扣法人合伙人从合伙创投企业分得的所得；当年不足抵扣的，可以在以后纳税年度结转抵扣。

2. 个人合伙人可以按照对初创科技型企业投资额的70%抵扣个人合伙人从合伙创投企业分得的经营所得；当年不足抵扣的，可以在以后纳税年度结转抵扣。

(三)天使投资个人采取股权投资方式直接投资于初创科技型企业满2年的，可以按照投资额的70%抵扣转让该初创科技型企业股权取得的应纳税所得额；当期不足抵扣的，可以在以后取得转让该初创科技型企业股权的应纳税所得额时结转抵扣。

① 第二条第(一)项关于初创科技型企业条件中的“从业人数不超过200人”调整为“从业人数不超过300人”，“资产总额和年销售收入均不超过3000万元”调整为“资产总额和年销售收入均不超过5000万元”。参见《财政部 税务总局关于实施小微企业普惠性税收减免政策的通知》(财税〔2019〕13号)。

天使投资个人投资多个初创科技型企业的，对其中办理注销清算的初创科技型企业，天使投资个人对其投资额的70%尚未抵扣完的，可自注销清算之日起36个月内抵扣天使投资个人转让其他初创科技型企业股权取得的应纳税所得额。

二、相关政策条件

（一）本通知所称初创科技型企业，应同时符合以下条件：

1. 在中国境内（不包括港、澳、台地区）注册成立、实行查账征收的居民企业；

2. 接受投资时，从业人数不超过300人，其中具有大学本科以上学历的从业人数不低于30%；资产总额和年销售收入均不超过5000万元；

3. 接受投资时设立时间不超过5年(60个月)；

4. 接受投资时以及接受投资后2年内未在境内外证券交易所上市；

5. 接受投资当年及下一纳税年度，研发费用总额占成本费用支出的比例不低于20%。

（二）享受本通知规定税收政策的创业投资企业，应同时符合以下条件：

1. 在中国境内（不含港、澳、台地区）注册成立、实行查账征收的居民企业或合伙创投企业，且不属于被投资初创科技型企业的发起人；

2. 符合《创业投资企业管理暂行办法》（发展改革委等10部门令第39号）规定或者《私募投资基金监督管理暂行办法》（证监会令第105号）关于创业投资基金的特别规定，按照上述规定完成备案且规范运作；

3. 投资后2年内，创业投资企业及其关联方持有被投资初创科技型企业的股权比例合计应低于50%。

（三）享受本通知规定的税收政策的天使投资个人，应同时符合以下条件：

1. 不属于被投资初创科技型企业的发起人、雇员或其亲属（包括配偶、父母、子女、祖父母、外祖父母、孙子女、外孙子女、兄弟姐妹，下同），且与被投资初创科技型企业不存在劳务派遣等关系；

2. 投资后2年内，本人及其亲属持有被投资初创科技型企业股权比例合计应低于50%。

（四）享受本通知规定的税收政策的投资，仅限于通过向被投资初创科技型企业直接支付现金方式取得的股权投资，不包括受让其他股东的存量股权。

三、管理事项及管理要求

(一)本通知所称研发费用口径,按照《财政部 国家税务总局 科技部关于完善研究开发费用税前加计扣除政策的通知》(财税〔2015〕119号)等规定执行。

(二)本通知所称从业人数,包括与企业建立劳动关系的职工人员及企业接受的劳务派遣人员。从业人数和资产总额指标,按照企业接受投资前连续12个月的平均数计算,不足12个月的,按实际月数平均计算。

本通知所称销售收入,包括主营业务收入与其他业务收入;年销售收入指标,按照企业接受投资前连续12个月的累计数计算,不足12个月的,按实际月数累计计算。

本通知所称成本费用,包括主营业务成本、其他业务成本、销售费用、管理费用、财务费用。

(三)本通知所称投资额,按照创业投资企业或天使投资个人对初创科技型企业的实缴投资额确定。

合伙创投企业的合伙人对初创科技型企业的投资额,按照合伙创投企业对初创科技型企业的实缴投资额和合伙协议约定的合伙人占合伙创投企业的出资比例计算确定。合伙人从合伙创投企业分得的所得,按照《财政部 国家税务总局关于合伙企业合伙人所得税问题的通知》(财税〔2008〕159号)规定计算。

(四)天使投资个人、公司制创业投资企业、合伙创投企业、合伙创投企业法人合伙人、被投资初创科技型企业应按规定办理优惠手续。

(五)初创科技型企业接受天使投资个人投资满2年,在上海证券交易所、深圳证券交易所上市的,天使投资个人转让该企业股票时,按照现行限售股有关规定执行,其尚未抵扣的投资额,在税款清算时一并计算抵扣。

(六)享受本通知规定的税收政策的纳税人,其主管税务机关对被投资企业是否符合初创科技型企业条件有异议的,可以转请被投资企业主管税务机关提供相关材料。对纳税人提供虚假资料,违规享受税收政策的,应按税收征管法相关规定处理,并将其列入失信纳税人名单,按规定实施联合惩戒措施。

四、执行时间

本通知规定的天使投资个人所得税政策自2018年7月1日起执行，其他各项政策自2018年1月1日起执行。执行日期前2年内发生的投资，在执行日期后投资满2年，且符合本通知规定的其他条件的，可以适用本通知规定的税收政策。

《财政部　税务总局关于创业投资企业和天使投资个人有关税收试点政策的通知》（财税〔2017〕38号）自2018年7月1日起废止，符合试点政策条件的投资额可按本通知的规定继续抵扣。

第三十二条　【固定资产的加速折旧】　企业的固定资产由于技术进步等原因，确需加速折旧的，可以缩短折旧年限或者采取加速折旧的方法。

一、税收行政法规

《中华人民共和国企业所得税法实施条例》（2007年12月6日中华人民共和国国务院令第512号公布　根据2019年4月23日《国务院关于修改部分行政法规的决定》修订）

第九十八条　企业所得税法第三十二条所称可以采取缩短折旧年限或者采取加速折旧的方法的固定资产，包括：

（一）由于技术进步，产品更新换代较快的固定资产；

（二）常年处于强震动、高腐蚀状态的固定资产。

采取缩短折旧年限方法的，最低折旧年限不得低于本条例第六十条规定折旧年限的60%；采取加速折旧方法的，可以采取双倍余额递减法或者年数总和法。

二、税务规范性文件

1.《国家税务总局关于企业固定资产加速折旧所得税处理有关问题的通知》（2009年4月16日颁布　2008年1月1日起实施　国税发〔2009〕81号）①

各省、自治区、直辖市和计划单列市国家税务局、地方税务局：

根据《中华人民共和国企业所得税法》（以下简称《企业所得税

① 根据《国家税务总局关于公布全文失效废止和部分条款废止的税收规范性文件目录的公告》（国家税务总局公告2016年第34号），自2016年5月29日起，废止第五条。

法》)及《中华人民共和国企业所得税法实施条例》(以下简称《实施条例》)的有关规定,现就企业固定资产实行加速折旧的所得税处理问题通知如下:

一、根据《企业所得税法》第三十二条及《实施条例》第九十八条的相关规定,企业拥有并用于生产经营的主要或关键的固定资产,由于以下原因确需加速折旧的,可以缩短折旧年限或者采取加速折旧的方法:

(一)由于技术进步,产品更新换代较快的;

(二)常年处于强震动、高腐蚀状态的。

二、企业拥有并使用的固定资产符合本通知第一条规定的,可按以下情况分别处理:

(一)企业过去没有使用过与该项固定资产功能相同或类似的固定资产,但有充分的证据证明该固定资产的预计使用年限短于《实施条例》规定的计算折旧最低年限的,企业可根据该固定资产的预计使用年限和本通知的规定,对该固定资产采取缩短折旧年限或者加速折旧的方法。

(二)企业在原有的固定资产未达到《实施条例》规定的最低折旧年限前,使用功能相同或类似的新固定资产替代旧固定资产的,企业可根据旧固定资产的实际使用年限和本通知的规定,对新替代的固定资产采取缩短折旧年限或者加速折旧的方法。

三、企业采取缩短折旧年限方法的,对其购置的新固定资产,最低折旧年限不得低于《实施条例》第六十条规定的折旧年限的60%;若为购置已使用过的固定资产,其最低折旧年限不得低于《实施条例》规定的最低折旧年限减去已使用年限后剩余年限的60%。最低折旧年限一经确定,一般不得变更。

四、企业拥有并使用符合本通知第一条规定条件的固定资产采取加速折旧方法的,可以采用双倍余额递减法或者年数总和法。加速折旧方法一经确定,一般不得变更。

(一)双倍余额递减法,是指在不考虑固定资产预计净残值的情况下,根据每期期初固定资产原值减去累计折旧后的金额和双倍的直线法折旧率计算固定资产折旧的一种方法。应用这种方法计算折旧额时,由于每年年初固定资产净值没有减去预计净残值,所以在计算固定资产折旧额时,应在其折旧年限到期前的两年期间,将固定资产净值减去预计净残值后的余额平均摊销。计算公式如下：

年折旧率 =2 ÷ 预计使用寿命(年) ×100%

月折旧率 = 年折旧率 ÷12

月折旧额 = 月初固定资产账面净值 × 月折旧率

(二)年数总和法，又称年限合计法，是指将固定资产的原值减去预计净残值后的余额，乘以一个以固定资产尚可使用寿命为分子、以预计使用寿命逐年数字之和为分母的逐年递减的分数计算每年的折旧额。计算公式如下：

年折旧率 = 尚可使用年限 ÷ 预计使用寿命的年数总和 ×100%

月折旧率 = 年折旧率 ÷12

月折旧额 =(固定资产原值 - 预计净残值) × 月折旧率

六、对于采取缩短折旧年限的固定资产，足额计提折旧后继续使用而未进行处置(包括报废等情形)超过 12 个月的，今后对其更新替代、改造改建后形成的功能相同或者类似的固定资产，不得再采取缩短折旧年限的方法。

七、对于企业采取缩短折旧年限或者采取加速折旧方法的，主管税务机关应设立相应的税收管理台账，并加强监督，实施跟踪管理。对发现不符合《实施条例》第九十八条及本通知规定的，主管税务机关要及时责令企业进行纳税调整。

八、适用总、分机构汇总纳税的企业，对其所属分支机构使用的符合《实施条例》第九十八条及本通知规定情形的固定资产采取缩短折旧年限或者采取加速折旧方法的，由其总机构向其所在地主管税务机关备案。分支机构所在地主管税务机关应负责配合总机构所在地主管税务机关实施跟踪管理。

九、本通知自 2008 年 1 月 1 日起执行。

2.《财政部　国家税务总局关于完善固定资产加速折旧企业所得税政策的通知》(2014 年 10 月 20 日颁布　2014 年 1 月 1 日起实施　财税〔2014〕75 号)

各省、自治区、直辖市、计划单列市财政厅(局)、国家税务局、地方税务局，新疆生产建设兵团财务局：

为贯彻落实国务院完善固定资产加速折旧政策精神，现就有关固定资产加速折旧企业所得税政策问题通知如下：

一、对生物药品制造业，专用设备制造业，铁路、船舶、航空航天和其他运输设备制造业，计算机、通信和其他电子设备制造业，仪器仪表制造业，信息传输、软件和信息技术服务业等6个行业的企业2014年1月1日后新购进的固定资产，可缩短折旧年限或采取加速折旧的方法。

对上述6个行业的小型微利企业2014年1月1日后新购进的研发和生产经营共用的仪器、设备，单位价值不超过100万元的，允许一次性计入当期成本费用在计算应纳税所得额时扣除，不再分年度计算折旧；单位价值超过100万元的，可缩短折旧年限或采取加速折旧的方法。

二、对所有行业企业2014年1月1日后新购进的专门用于研发的仪器、设备，单位价值不超过100万元的，允许一次性计入当期成本费用在计算应纳税所得额时扣除，不再分年度计算折旧；单位价值超过100万元的，可缩短折旧年限或采取加速折旧的方法。

三、对所有行业企业持有的单位价值不超过5000元的固定资产，允许一次性计入当期成本费用在计算应纳税所得额时扣除，不再分年度计算折旧。

四、企业按本通知第一条、第二条规定缩短折旧年限的，最低折旧年限不得低于企业所得税法实施条例第六十条规定折旧年限的60%；采取加速折旧方法的，可采取双倍余额递减法或者年数总和法。本通知第一至三条规定之外的企业固定资产加速折旧所得税处理问题，继续按照企业所得税法及其实施条例和现行税收政策规定执行。

五、本通知自2014年1月1日起执行。

3.《财政部　国家税务总局关于进一步完善固定资产加速折旧企业所得税政策的通知》(2015年9月17日颁布　2015年1月1日起实施　财税〔2015〕106号)

各省、自治区、直辖市、计划单列市财政厅(局)、国家税务局、地方税务局，新疆生产建设兵团财务局：

根据国务院常务会议的有关决定精神，现就有关固定资产加速折旧企业所得税政策问题通知如下：

一、对轻工、纺织、机械、汽车等四个领域重点行业(具体范围见附件)的企业2015年1月1日后新购进的固定资产，可由企业选择缩短折旧年限或采取加速折旧的方法。

二、对上述行业的小型微利企业2015年1月1日后新购进的研发和生产经营共用的仪器、设备，单位价值不超过100万元的，允许一次性计入当期成本费用在计算应纳税所得额时扣除，不再分年度计算折旧；单位价值超过100万元的，可由企业选择缩短折旧年限或采取加速折旧的方法。

三、企业按本通知第一条、第二条规定缩短折旧年限的，最低折旧年限不得低于企业所得税法实施条例第六十条规定折旧年限的60%；采取加速折旧方法的，可采取双倍余额递减法或者年数总和法。

按照企业所得税法及其实施条例有关规定，企业根据自身生产经营需要，也可选择不实行加速折旧政策。

四、本通知自2015年1月1日起执行。2015年前3季度按本通知规定未能计算办理的，统一在2015年第4季度预缴申报时享受优惠或2015年度汇算清缴时办理。

附件：轻工、纺织、机械、汽车四个领域重点行业范围

附件

轻工、纺织、机械、汽车四个领域重点行业范围

代码			类别名称	备注
大类	中类	小类		
	268		日用化学产品制造	轻工
		2681	肥皂及合成洗涤剂制造	
		2682	化妆品制造	
		2683	口腔清洁用品制造	
		2684	香料、香精制造	
		2689	其他日用化学产品制造	
27			医药制造业	轻工
	271		化学药品原料药制造	
	272		化学药品制剂制造	
	273		中药饮片加工	
	274		中成药生产	

续表

代码			类别名称	备注
大类	中类	小类		
	275		兽用药品制造	
	277		卫生材料及医药用品制造	
13			农副食品加工业	轻工
	131		谷物磨制	
	132		饲料加工	
	133		植物油加工	
	134		制糖业	
	135		屠宰及肉类加工	
	136		水产品加工	
	137		蔬菜、水果和坚果加工	
	139		其他农副食品加工	
14			食品制造业	轻工
	141		焙烤食品制造	
	142		糖果、巧克力及蜜饯制造	
	143		方便食品制造	
	144		乳制品制造	
	145		罐头食品制造	
	146		调味品、发酵制品制造	
	149		其他食品制造	
17			纺织业	纺织
	171		棉纺织及印染精加工	
	172		毛纺织及染整精加工	
	173		麻纺织及染整精加工	

续表

代码			类别名称	备注
大类	中类	小类		
	174		丝绢纺织及印染精加工	
	175		化纤织造及印染精加工	
	176		针织或钩针编织物及其制品制造	
	177		家用纺织制成品制造	
	178		非家用纺织制成品制造	
18			纺织服装、服饰业	纺织
	181		机织服装制造	
	182		针织或钩针编织服装制造	
	183		服饰制造	
19			皮革、毛皮、羽毛及其制品和制鞋业	轻工
	191		皮革鞣制加工	
	192		皮革制品制造	
	193		毛皮鞣制及制品加工	
	194		羽毛(绒)加工及制品制造	
	195		制鞋业	
20			木材加工和木、竹、藤、棕、草制品业	轻工
	201		木材加工	
	202		人造板制造	
	203		木制品制造	
	204		竹、藤、棕、草等制品制造	
21			家具制造业	轻工
	211		木质家具制造	
	212		竹、藤家具制造	

续表

代码			类别名称	备注
大类	中类	小类		
	213		金属家具制造	
	214		塑料家具制造	
	219		其他家具制造	
22			造纸和纸制品业	轻工
	221		纸浆制造	
	222		造纸	
	223		纸制品制造	
23			印刷和记录媒介复制业	轻工
	231		印刷	
	232		装订及印刷相关服务	
	233		记录媒介复制	
24			文教、工美、体育和娱乐用品制造业	轻工
	241		文教办公用品制造	
	242		乐器制造	
	243		工艺美术品制造	
	244		体育用品制造	
	245		玩具制造	
28			化学纤维制造业	纺织
	281		纤维素纤维原料及纤维制造	
	282		合成纤维制造	
	292		塑料制品业	轻工
		2921	塑料薄膜制造	
		2922	塑料板、管、型材制造	

续表

代码			类别名称	备注
大类	中类	小类		
		2923	塑料丝、绳及编织品制造	
		2924	泡沫塑料制造	
		2925	塑料人造革、合成革制造	
		2926	塑料包装箱及容器制造	
		2927	日用塑料制品制造	
		2928	塑料零件制造	
		2929	其他塑料制品制造	
33			金属制品业	机械
	331		结构性金属制品制造	
	332		金属工具制造	
	333		集装箱及金属包装容器制造	
	334		金属丝绳及其制品制造	
	335		建筑、安全用金属制品制造	
	336		金属表面处理及热处理加工	
	337		搪瓷制品制造	
	338		金属制日用品制造	
	339		其他金属制品制造	
34			通用设备制造业	机械
	341		锅炉及原动设备制造	
	342		金属加工机械制造	
	343		物料搬运设备制造	
	344		泵、阀门、压缩机及类似机械制造	
	345		轴承、齿轮和传动部件制造	

续表

代码			类别名称	备注
大类	中类	小类		
	346		烘炉、风机、衡器、包装等设备制造	
	347		文化、办公用机械制造	
	348		通用零部件制造	
	349		其他通用设备制造业	
36			汽车制造业	汽车
	361		汽车整车制造	
	362		改装汽车制造	
	363		低速载货汽车制造	
	364		电车制造	
	365		汽车车身、挂车制造	
	366		汽车零部件及配件制造	
38			电气机械和器材制造业	机械
	381		电机制造	
	382		输配电及控制设备制造	
	383		电线、电缆、光缆及电工器材制造	
	384		电池制造	
	385		家用电力器具制造	
	386		非电力家用器具制造	
	387		照明器具制造	
	389		其他电气机械及器材制造	

注：以上代码和类别名称来自《国民经济行业分类(GB/T 4754－2011)》。

4.《国家税务总局关于进一步完善固定资产加速折旧企业所得税政策有关问题的公告》(2015 年 9 月 25 日颁布　2015 年 1 月 1 日起实施　国家税务总局公告 2015 年第 68 号)

为落实国务院扩大固定资产加速折旧优惠范围的决定,根据《中华人民共和国企业所得税法》(以下简称企业所得税法)及其实施条例(以下简称实施条例)、《财政部　国家税务总局关于进一步完善固定资产加速折旧企业所得税政策的通知》(财税〔2015〕106 号)规定,现就进一步完善固定资产加速折旧企业所得税政策有关问题公告如下:

一、对轻工、纺织、机械、汽车等四个领域重点行业(以下简称四个领域重点行业)企业 2015 年 1 月 1 日后新购进的固定资产(包括自行建造,下同),允许缩短折旧年限或采取加速折旧方法。

四个领域重点行业按照财税〔2015〕106 号附件“轻工、纺织、机械、汽车四个领域重点行业范围”确定。今后国家有关部门更新国民经济行业分类与代码,从其规定。

四个领域重点行业企业是指以上述行业业务为主营业务,其固定资产投入使用当年的主营业务收入占企业收入总额 50%(不含)以上的企业。所称收入总额,是指企业所得税法第六条规定的收入总额。

二、对四个领域重点行业小型微利企业 2015 年 1 月 1 日后新购进的研发和生产经营共用的仪器、设备,单位价值不超过 100 万元(含)的,允许在计算应纳税所得额时一次性全额扣除;单位价值超过 100 万元的,允许缩短折旧年限或采取加速折旧方法。

用于研发活动的仪器、设备范围口径,按照《国家税务总局关于印发〈企业研究开发费用税前扣除管理办法(试行)〉的通知》(国税发〔2008〕116 号)或《科学技术部　财政部　国家税务总局关于印发〈高新技术企业认定管理工作指引〉的通知》(国科发火〔2008〕362 号)规定执行。

小型微利企业,是指企业所得税法第二十八条规定的小型微利企业。

三、企业按本公告第一条、第二条规定缩短折旧年限的,对其购置的新固定资产,最低折旧年限不得低于实施条例第六十条规定的折旧年限的 60%;对其购置的已使用过的固定资产,最低折旧年限不得低于实施条例规定的最低折旧年限减去已使用年限后剩余年限的 60%。最低折旧年限一经确定,不得改变。

四、企业按本公告第一条、第二条规定采取加速折旧方法的,可以采用双倍余额递减法或者年数总和法。加速折旧方法一经确定,不得改变。

双倍余额递减法或者年数总和法,按照《国家税务总局关于固定资产加速折旧所得税处理有关问题的通知》(国税发〔2009〕81号)第四条的规定执行。

五、企业的固定资产既符合本公告优惠政策条件,又符合《国家税务总局关于企业固定资产加速折旧所得税处理有关问题的通知》(国税发〔2009〕81号)、《财政部 国家税务总局关于进一步鼓励软件产业和集成电路产业发展企业所得税政策的通知》(财税〔2012〕27号)中有关加速折旧优惠政策条件,可由企业选择其中一项加速折旧优惠政策执行,且一经选择,不得改变。

六、企业应将购进固定资产的发票、记账凭证等有关资料留存备查,并建立台账,准确反映税法与会计差异情况。

七、本公告适用于2015年及以后纳税年度。企业2015年前3季度按本公告规定未能享受加速折旧优惠的,可将前3季度应享受的加速折旧部分,在2015年第4季度企业所得税预缴申报时享受,或者在2015年度企业所得税汇算清缴时统一享受。

5.《财政部 税务总局关于设备 器具扣除有关企业所得税政策的通知》(2018年5月7日颁布 2018年1月1日起实施 财税〔2018〕54号)①

各省、自治区、直辖市、计划单列市财政厅(局)、国家税务局、地方税务局,新疆生产建设兵团财政局:

为引导企业加大设备、器具投资力度,现就有关企业所得税政策通知如下:

一、企业在2018年1月1日至2020年12月31日期间新购进的设备、器具,单位价值不超过500万元的,允许一次性计入当期成本费用在计算应纳税所得额时扣除,不再分年度计算折旧;单位价值超过500万元的,仍按企业所得税法实施条例、《财政部 国家税务总局关于完善固定资产加速折旧企业所得税政策的通知》(财税〔2014〕75号)、《财政部 国家税务总局关于进一步完善固定资产加速折旧企业所得税政策的通知》(财税〔2015〕106号)等相关规定执行。

二、本通知所称设备、器具,是指除房屋、建筑物以外的固定资产。

① 该文件执行期限延长至2023年12月31日,详细可参见《财政部 税务总局关于延长部分税收优惠政策执行期限的公告》(财政部 税务总局公告2021年第6号)。

6.《国家税务总局关于设备　器具扣除有关企业所得税政策执行问题的公告》(2018年8月23日颁布　2018年1月1日起实施　国家税务总局公告2018年第46号)

根据《中华人民共和国企业所得税法》及其实施条例(以下简称企业所得税法及其实施条例)、《财政部　税务总局关于设备　器具扣除有关企业所得税政策的通知》(财税〔2018〕54号)规定,现就设备、器具扣除有关企业所得税政策执行问题公告如下:

一、企业在2018年1月1日至2020年12月31日期间新购进的设备、器具,单位价值不超过500万元的,允许一次性计入当期成本费用在计算应纳税所得额时扣除,不再分年度计算折旧(以下简称一次性税前扣除政策)。

(一)所称设备、器具,是指除房屋、建筑物以外的固定资产(以下简称固定资产);所称购进,包括以货币形式购进或自行建造,其中以货币形式购进的固定资产包括购进的使用过的固定资产;以货币形式购进的固定资产,以购买价款和支付的相关税费以及直接归属于使该资产达到预定用途发生的其他支出确定单位价值,自行建造的固定资产,以竣工结算前发生的支出确定单位价值。

(二)固定资产购进时点按以下原则确认:以货币形式购进的固定资产,除采取分期付款或赊销方式购进外,按发票开具时间确认;以分期付款或赊销方式购进的固定资产,按固定资产到货时间确认;自行建造的固定资产,按竣工结算时间确认。

二、固定资产在投入使用月份的次月所属年度一次性税前扣除。

三、企业选择享受一次性税前扣除政策的,其资产的税务处理可与会计处理不一致。

四、企业根据自身生产经营核算需要,可自行选择享受一次性税前扣除政策。未选择享受一次性税前扣除政策的,以后年度不得再变更。

五、企业按照《国家税务总局关于发布修订后的〈企业所得税优惠政策事项办理办法〉的公告》(国家税务总局公告2018年第23号)的规定办理享受政策的相关手续,主要留存备查资料如下:

(一)有关固定资产购进时点的资料(如以货币形式购进固定资产的发票,以分期付款或赊销方式购进固定资产的到货时间说明,自行建造固定资产的竣工决算情况说明等);

(二)固定资产记账凭证;

(三)核算有关资产税务处理与会计处理差异的台账。

六、单位价值超过500万元的固定资产,仍按照企业所得税法及其实施条例、《财政部 国家税务总局关于完善固定资产加速折旧企业所得税政策的通知》(财税〔2014〕75号)、《财政部 国家税务总局关于进一步完善固定资产加速折旧企业所得税政策的通知》(财税〔2015〕106号)、《国家税务总局关于固定资产加速折旧税收政策有关问题的公告》(国家税务总局公告2014年第64号)、《国家税务总局关于进一步完善固定资产加速折旧企业所得税政策有关问题的公告》(国家税务总局公告2015年第68号)等相关规定执行。

7.《财政部 税务总局关于扩大固定资产加速折旧优惠政策适用范围的公告》(2019年4月21日颁布 2019年1月1日起实施 财政部 税务总局公告2019年第66号)

为支持制造业企业加快技术改造和设备更新,现就有关固定资产加速折旧政策公告如下:

一、自2019年1月1日起,适用《财政部 国家税务总局关于完善固定资产加速折旧企业所得税政策的通知》(财税〔2014〕75号)和《财政部 国家税务总局关于进一步完善固定资产加速折旧企业所得税政策的通知》(财税〔2015〕106号)规定固定资产加速折旧优惠的行业范围,扩大至全部制造业领域。

二、制造业按照国家统计局《国民经济行业分类和代码(GB/T 4754－2017)》确定。今后国家有关部门更新国民经济行业分类和代码,从其规定。

三、本公告发布前,制造业企业未享受固定资产加速折旧优惠的,可自本公告发布后在月(季)度预缴申报时享受优惠或在2019年度汇算清缴时享受优惠。

8.《财政部 税务总局关于中小微企业设备器具所得税税前扣除有关政策的公告》(2022年3月2日颁布 2022年1月1日起实施 财政部 税务总局公告2022年第12号)

为促进中小微企业设备更新和技术升级,持续激发市场主体创新活力,现就有关企业所得税税前扣除政策公告如下:

一、中小微企业在2022年1月1日至2022年12月31日期间新购置的设备、器具,单位价值在500万元以上的,按照单位价值的一定比例自愿选择在企业所得税税前扣除。其中,企业所得税法实施条例规定最低折旧年限为3年的设备器具,单位价值的100%可在当年一次性税前扣除;最低折旧年限为4年、5年、10年的,单位价值的50%可在当年一次性税前扣除,其余50%按规定在剩余年度计算折旧进行税前扣除。

企业选择适用上述政策当年不足扣除形成的亏损,可在以后5个纳税年度结转弥补,享受其他延长亏损结转年限政策的企业可按现行规定执行。

二、本公告所称中小微企业是指从事国家非限制和禁止行业,且符合以下条件的企业:

(一)信息传输业、建筑业、租赁和商务服务业:从业人员2000人以下,或营业收入10亿元以下或资产总额12亿元以下;

(二)房地产开发经营:营业收入20亿元以下或资产总额1亿元以下;

(三)其他行业:从业人员1000人以下或营业收入4亿元以下。

三、本公告所称设备、器具,是指除房屋、建筑物以外的固定资产;所称从业人数,包括与企业建立劳动关系的职工人数和企业接受的劳务派遣用工人数。

从业人数和资产总额指标,应按企业全年的季度平均值确定。具体计算公式如下:

季度平均值=(季初值+季末值)÷2

全年季度平均值=全年各季度平均值之和÷4

年度中间开业或者终止经营活动的,以其实际经营期作为一个纳税年度确定上述相关指标。

四、中小微企业可按季(月)在预缴申报时享受上述政策。本公告发布前企业在2022年已购置的设备、器具,可在本公告发布后的预缴申报、年度汇算清缴时享受。

五、中小微企业可根据自身生产经营核算需要自行选择享受上述政策,当年度未选择享受的,以后年度不得再变更享受。

9.《财政部 税务总局关于设备、器具扣除有关企业所得税政策的公告》(2023年8月18日颁布 2024年1月1日起实施 财政部 税务总局公告2023年第37号)

为引导企业加大设备、器具投资力度,现就有关企业所得税政策公告如下:

一、企业在2024年1月1日至2027年12月31日期间新购进的设备、器具,单位价值不超过500万元的,允许一次性计入当期成本费用在计算应纳税所得额时扣除,不再分年度计算折旧;单位价值超过500万元的,仍按企业所得税法实施条例、《财政部 国家税务总局关于完善固定资产加速折旧企业所得税政策的通知》(财税〔2014〕75号)、《财政部 国家税务总局关于进一步完善固定资产加速折旧企业所得税政策的通知》(财税〔2015〕106号)等相关规定执行。

二、本公告所称设备、器具,是指除房屋、建筑物以外的固定资产。

第三十三条 【资源综合利用的收入减计】 企业综合利用资源，生产符合国家产业政策规定的产品所取得的收入，可以在计算应纳税所得额时减计收入。

一、税收行政法规

《中华人民共和国企业所得税法实施条例》(2007 年 12 月 6 日中华人民共和国国务院令第 512 号公布 根据 2019 年 4 月 23 日《国务院关于修改部分行政法规的决定》修订)

第九十九条 企业所得税法第三十三条所称减计收入，是指企业以《资源综合利用企业所得税优惠目录》规定的资源作为主要原材料，生产国家非限制和禁止并符合国家和行业相关标准的产品取得的收入，减按 90% 计入收入总额。

前款所称原材料占生产产品材料的比例不得低于《资源综合利用企业所得税优惠目录》规定的标准。

二、税务规范性文件

1.《关于执行资源综合利用企业所得税优惠目录有关问题的通知》(2008 年 9 月 23 日颁布 2008 年 1 月 1 日起实施 财税〔2008〕47 号)

各省、自治区、直辖市、计划单列市财政厅(局)、国家税务局、地方税务局，新疆生产建设兵团财务局：

根据《中华人民共和国企业所得税法》和《中华人民共和国企业所得税法实施条例》(国务院令第 512 号，以下简称实施条例)有关规定，经国务院批准，财政部、税务总局、发展改革委公布了《资源综合利用企业所得税优惠目录》(以下简称《目录》)。现将执行《目录》的有关问题通知如下：

一、企业自 2008 年 1 月 1 日起以《目录》中所列资源为主要原材料，生产《目录》内符合国家或行业相关标准的产品取得的收入，在计算应纳税所得额时，减按 90% 计入当年收入总额。享受上述税收优惠时，《目录》内所列资源占产品原料的比例应符合《目录》规定的技术标准。

二、企业同时从事其他项目而取得的非资源综合利用收入，应与资源综合利用收入分开核算，没有分开核算的，不得享受优惠政策。

三、企业从事不符合实施条例和《目录》规定范围、条件和技术标准的项目，不得享受资源综合利用企业所得税优惠政策。

四、根据经济社会发展需要及企业所得税优惠政策实施情况，国务院财政、税务主管部门会同国家发展改革委等有关部门适时对《目录》内的项目进行调整和修订，并在报国务院批准后对《目录》进行更新。

2.《国家税务总局关于资源综合利用有关企业所得税优惠问题的批复》(2009年10月10日颁布 国税函〔2009〕567号)

江西省地方税务局：

你局《关于资源综合利用企业享受企业所得税税收优惠政策问题的请示》(赣地税发〔2009〕131号)收悉。经研究，批复如下：

江西泰和玉华水泥有限公司旋窑余热利用电厂利用该公司旋窑水泥生产过程中产生的余热发电，其生产活动虽符合《资源综合利用企业所得税优惠目录(2008年版)》的规定范围，但由于旋窑余热利用电厂属于江西泰和玉华水泥有限公司的内设非法人分支机构，不构成企业所得税纳税人，且其余热发电产品直接供给所属公司使用，不计入企业收入，因此，旋窑余热利用电厂利用该公司旋窑水泥生产过程中产生的余热发电业务不能享受资源综合利用减计收入的企业所得税优惠政策。

3.《财政部等四部门关于公布〈环境保护、节能节水项目企业所得税优惠目录(2021年版)〉以及〈资源综合利用企业所得税优惠目录(2021年版)〉的公告》(2021年12月16日颁布 2021年1月1日起实施 财政部 税务总局 发展改革委 生态环境部公告2021年第36号)

为培育壮大节能环保产业，推动资源节约高效利用，现发布《环境保护、节能节水项目企业所得税优惠目录(2021年版)》和《资源综合利用企业所得税优惠目录(2021年版)》，有关事项公告如下：

三、企业从事资源综合利用属于《财政部 国家税务总局 国家发展改革委关于公布资源综合利用企业所得税优惠目录(2008年版)的通知》(财税〔2008〕117号)中目录规定范围，但不属于《资源综合利用企业所得税优惠目录(2021年版)》规定范围的，可按政策规定继续享受优惠至2021年12月31日止。

四、税务机关在后续管理中，如不能准确判定企业从事的项目是否属于《环境保护、节能节水项目企业所得税优惠目录(2021年版)》，以及资源综合利用是否属于《资源综合利用企业所得税优惠目录(2021年版)》规定的范围，可提请省级以上(含省级)发展改革和生态环境等部门出具意见。

五、《财政部 国家税务总局 国家发展改革委关于公布环境保护节能节水项目企业所得税优惠目录(试行)的通知》(财税〔2009〕166号)、《财政部 国家税务总局 国家发展改革委关于公布资源综合利用企业所得税优惠目录(2008年版)的通知》(财税〔2008〕117号)以及《财政部 国家税务总局 国家发展改革委关于垃圾填埋沼气发电列入〈环境保护、节能节水项目企业所得税优惠目录(试行)〉的通知》(财税〔2016〕131号)自2022年1月1日起废止。

附件2：资源综合利用企业所得税优惠目录(2021年版)

附件2

资源综合利用企业所得税优惠目录(2021年版)

类别	序号	综合利用的资源	生产的产品	技术标准
一、共生、伴生矿产资源	1.1	煤系共生、伴生矿产资源、瓦斯	高岭岩、铝矾土、膨润土,电力、热力及燃气	1. 产品原料100%来自所列资源。 2. 产品原料来自煤炭开发中的废弃物。 3. 产品符合国家和行业标准。
	1.2	黑金属矿、有色金属矿、非金属矿共生、伴生矿产资源	共生、伴生矿产资源产品	1. 产品原料100%来自所列资源。 2. 共生、伴生矿产资源未达到工业品位。
二、废水(液)、废气、废渣	2.1	煤矸石、煤泥、化工废渣、粉煤灰、尾矿、废石、冶炼渣(钢铁渣、有色冶炼渣、赤泥等)、工业副产石膏、港口航道的疏浚物、江河(渠)道的淤泥淤沙等、风积沙、建筑垃圾、生活垃圾焚烧炉渣	砖(瓦)、电力、热力、煤矸石井下充填开采置换出的呆滞煤量、砌块、新型墙体材料、石膏类制品以及商品粉煤灰、建筑砂石骨料、道路用建筑垃圾再生骨料、再生级配骨料、再生骨料无机混合料、预拌商品混凝土、干混砂浆、预拌砂浆、砂浆预制件、混凝土预制件、盾构土、粒化高炉矿渣、钢渣微粉、微晶玻璃、岩棉、矿渣棉、氧化铝、水泥熟料	1. 建材产品原料70%以上来自所列资源。生产其他产品的产品原料100%来自所列资源。 2. 用煤矸石、煤泥生产电力、热力产品符合《煤矸石综合利用管理办法》要求。 3. 产品符合国家和行业标准。
	2.2	社会回收的废金属(废钢铁、废铜、废铝等)、冶炼渣(钢铁渣、有色冶炼渣、赤泥等)、化工废渣	金属(含稀贵金属)、铁合金料、精矿粉、氯盐(氯化钾、氯化钠等)、硅酸盐及其衍生产品	1. 产品原料70%以上来自所列资源。 2. 产品符合国家和行业标准。

第33条

续表

类别	序号	综合利用的资源	生产的产品	技术标准
二、废水(液)、废气、废渣	2.3	化工、纺织、造纸工业废液及废渣	银、盐、锌、纤维、碱、羊毛脂、聚乙烯醇、硫化钠、亚硫酸钠、硫氰酸钠、硝酸、铁盐、铬盐、木素磺酸盐、乙酸、乙二酸、乙酸钠、盐酸、粘合剂、酒精、香兰素、饲料酵母、肥料、甘油、乙氰	1. 产品原料70%以上来自所列资源。 2. 产品符合国家和行业标准。
	2.4	制盐液(苦卤)及硼酸废液	氯化钾、硝酸钾、溴素、氯化镁、氢氧化镁、无水硝、石膏、硫酸镁、硫酸钾、肥料	产品原料70%以上来自所列资源。
	2.5	工矿废水、城镇污水污泥	再生水、土地改良剂、有机肥料	1. 再生水原料100%来自所列资源。 2. 土地改良剂、有机肥料原料80%以上来自所列资源。 3. 产品符合《城市污水再生利用》系列国家标准、《再生水水质标准》或相关用途的再生水水质标准。
	2.6	焦炉煤气、转炉煤气、高炉煤气、矿热炉尾气、化工废气、石油(炼油)化工废气、发酵废气、炭黑尾气、二氧化碳、氯化氢废气,生物质合成气	电力、热力、硫磺、硫酸、磷铵、硫铵、脱硫石膏、可燃气、轻烃、氢气、硫酸亚铁、有色金属、二氧化碳(纯度≥99.9%)、干冰、甲醇、合成氨、甲烷、变性燃料乙醇(纯度≥99.5%)、乙醇梭菌蛋白/菌体蛋白(粗蛋白≥80%)、天然气、氯气(含液氯)	1. 产品原料100%来自所列资源。 2. 乙醇、蛋白产品等符合国家和行业标准。

续表

类别	序号	综合利用的资源	生产的产品	技术标准
三、再生资源	3.1	废弃电器电子产品、废旧电池、废感光材料、废灯泡(管)、废旧太阳能光伏板、风电机组	金属(含稀贵金属)、非金属产品	1. 产品原料90%以上来自所列资源。 2. 产品原料符合《废弃电器电子产品处理目录》。
	3.2	废塑料	塑料制品、塑木(木塑)产品	1. 产品原料90%以上来自所列资源。 2. 产品符合国家和行业标准。
	3.3	废旧轮胎、废橡胶	再制造轮胎、胶粉、再生橡胶等	1. 产品原料70%以上来自所列资源。 2. 产品符合国家和行业标准。
	3.4	废弃天然纤维、化学纤维、多种废弃纤维混合物及其制品、废弃聚酯瓶及瓶片	浆粕、纤维纱及织物、无纺布、毡、粘合剂、再生聚酯及其制品、再生纤维、燃料块、复合板材、生态修复材料、工程塑料等	1. 生产再生聚酯及其制品的产品原料100%来自所列资源。 2. 生产其他产品的产品原料70%以上来自所列资源。
	3.5	农作物秸秆及壳皮(粮食作物秸秆、粮食壳皮、玉米芯等)、林业三剩物、次小薪材、蔗渣、糠醛渣、菌糠、酒糟、粗糟、中药渣、废旧家具、畜禽养殖废弃物、畜禽屠宰废弃物、农产品加工有机废弃物	纤维板、刨花板、细木工板、生物质压块,生物质破碎料、生物天然气、热解燃气、沼气、生物油、电力、热力、生物炭、活性炭、栲胶、水解酒精、纤维素、木质素、木糖、阿拉伯糖、糠醛、土壤调理剂、有机肥、膨化饲料、颗粒饲料、菌棒、纸浆、秸秆浆、纸制品等	1. 产品原料70%以上来自所列资源。 2. 产品符合国家和行业标准。

续表

类别	序号	综合利用的资源	生产的产品	技术标准
三、再生资源	3.6	废生物质油、废弃润滑油	生物柴油、工业级混合油等	1. 产品原料90%以上来自所列资源。 2. 产品符合国家和行业标准。
	3.7	废玻璃、废玻璃纤维	玻璃熟料、玻璃纤维制品、真空绝热板芯材	1. 产品原料90%以上来自所列资源。 2. 产品符合国家和行业标准。
	3.8	废旧汽车、废旧办公设备、废旧工业装备、废旧机电设备	通过再制造方式生产的发动机、变速箱、转向器、起动机、发电机、电动机等汽车零部件、办公设备、工业装备、机电设备零部件等	产品符合国家标准。
	3.9	厨余垃圾	有机肥料、粗油脂、沼气等	1. 产品原料80%以上来自所列资源。 2. 产品符合国家和行业标准。
	3.10	铸造废砂	再生砂型覆膜砂、低氨覆膜砂、再生砂	1. 产品原料70%以上来自所列资源。 2. 产品符合国家和行业标准。
	3.11	废纸	纸浆、纸制品	1. 产品原料90%以上来自所列资源。 2. 产品符合国家和行业标准。

第三十四条 【专用设备的投资额抵免】 企业购置用于环境保护、节能节水、安全生产等专用设备的投资额，可以按一定比例实行税额抵免。

一、税收行政法规

《中华人民共和国企业所得税法实施条例》(2007 年 12 月 6 日中华人民共和国国务院令第 512 号公布　根据 2019 年 4 月 23 日《国务院关于修改部分行政法规的决定》修订)

第一百条　企业所得税法第三十四条所称税额抵免,是指企业购置并实际使用《环境保护专用设备企业所得税优惠目录》、《节能节水专用设备企业所得税优惠目录》和《安全生产专用设备企业所得税优惠目录》规定的环境保护、节能节水、安全生产等专用设备的,该专用设备的投资额的 10% 可以从企业当年的应纳税额中抵免;当年不足抵免的,可以在以后 5 个纳税年度结转抵免。

享受前款规定的企业所得税优惠的企业,应当实际购置并自身实际投入使用前款规定的专用设备;企业购置上述专用设备在 5 年内转让、出租的,应当停止享受企业所得税优惠,并补缴已经抵免的企业所得税税款。

二、税务规范性文件

1.《国家税务总局关于停止执行企业购买国产设备投资抵免企业所得税政策问题的通知》(2008 年 5 月 16 日颁布　2008 年 1 月 1 日起实施　国税发〔2008〕52 号)

各省、自治区、直辖市和计划单列市国家税务局、地方税务局:

现就实施新企业所得税法后,企业购买国产设备投资抵免企业所得税的政策问题通知如下:

自 2008 年 1 月 1 日起,停止执行企业购买国产设备投资抵免企业所得税的政策。

2.《关于执行环境保护专用设备企业所得税优惠目录　节能节水专用设备企业所得税优惠目录和安全生产专用设备企业所得税优惠目录有关问题的通知》(2008 年 9 月 23 日颁布　财税〔2008〕48 号)

各省、自治区、直辖市、计划单列市财政厅(局)、国家税务局、地方税务局,新疆生产建设兵团财务局:

根据《中华人民共和国企业所得税法》(以下简称企业所得税法)和《中华人民共和国企业所得税法实施条例》(国务院令第 512 号)有关规定,经国务院批准,财政部、税务总局、发展改革委公布了《环境保护专用设备企业所得税优惠目录》、《节能节水专用设备企业所得税优惠目录》,财政部、税务总局、安监总局公布了《安全生产专用设备企业所得税优惠目录》(以下统称《目录》)。现将执行《目录》的有关问题通知如下:

一、企业自2008年1月1日起购置并实际使用列入《目录》范围内的环境保护、节能节水和安全生产专用设备，可以按专用设备投资额的10%抵免当年企业所得税应纳税额；企业当年应纳税额不足抵免的，可以向以后年度结转，但结转期不得超过5个纳税年度。

二、专用设备投资额，是指购买专用设备发票价税合计价格，但不包括按有关规定退还的增值税税款以及设备运输、安装和调试等费用。

三、当年应纳税额，是指企业当年的应纳税所得额乘以适用税率，扣除依照企业所得税法和国务院有关税收优惠规定以及税收过渡优惠规定减征、免征税额后的余额。

四、企业利用自筹资金和银行贷款购置专用设备的投资额，可以按企业所得税法的规定抵免企业应纳所得税额；企业利用财政拨款购置专用设备的投资额，不得抵免企业应纳所得税额。

五、企业购置并实际投入适用、已开始享受税收优惠的专用设备，如从购置之日起5个纳税年度内转让、出租的，应在该专用设备停止使用当月停止享受企业所得税优惠，并补缴已经抵免的企业所得税税款。转让的受让方可以按照该专用设备投资额的10%抵免当年企业所得税应纳税额；当年应纳税额不足抵免的，可以在以后5个纳税年度结转抵免。

六、根据经济社会发展需要及企业所得税优惠政策实施情况，国务院财政、税务主管部门会同国家发展改革委、安监总局等有关部门适时对《目录》内的项目进行调整和修订，并在报国务院批准后对《目录》进行更新。

3.《财政部　国家税务总局关于执行企业所得税优惠政策若干问题的通知》（2009年4月24日颁布　2008年1月1日起实施　财税〔2009〕69号）①

十、实施条例第一百条规定的购置并实际使用的环境保护、节能节水和安全生产专用设备，包括承租方企业以融资租赁方式租入的、并在融资租赁合同中约定租赁期届满时租赁设备所有权转移给承租方企业，且符合规定条件的上述专用设备。凡融资租赁期届满后租赁设备所有权未转移至承租方企业的，承租方企业应停止享受抵免企业所得税优惠，并补缴已经抵免的企业所得税税款。

① 条款废止，第八条废止。参见《国家税务总局关于扩大小型微利企业减半征收企业所得税范围有关问题的公告》（国家税务总局公告2014年第23号）。条款失效，第七条停止执行。参见《财政部　国家税务总局关于小型微利企业所得税优惠政策的通知》（财税〔2015〕34号）。

4.《国家税务总局关于环境保护节能节水 安全生产等专用设备投资抵免企业所得税有关问题的通知》(2010年6月2日颁布 2009年1月1日起实施 国税函〔2010〕256号)

各省、自治区、直辖市和计划单列市国家税务局、地方税务局:

现就环境保护、节能节水、安全生产等专用设备投资抵免企业所得税的有关问题通知如下:

根据《财政部 国家税务总局关于全国实施增值税转型改革若干问题的通知》(财税〔2008〕170号)规定,自2009年1月1日起,增值税一般纳税人购进固定资产发生的进项税额可从其销项税额中抵扣,因此,自2009年1月1日起,纳税人购进并实际使用《环境保护专用设备企业所得税优惠目录》、《节能节水专用设备企业所得税优惠目录》和《安全生产专用设备企业所得税优惠目录》范围内的专用设备并取得增值税专用发票的,在按照《财政部 国家税务总局关于执行环境保护专用设备企业所得税优惠目录 节能节水专用设备企业所得税优惠目录和安全生产专用设备企业所得税优惠目录有关问题的通知》(财税〔2008〕48号)第二条规定进行税额抵免时,如增值税进项税额允许抵扣,其专用设备投资额不再包括增值税进项税额;如增值税进项税额不允许抵扣,其专用设备投资额应为增值税专用发票上注明的价税合计金额。企业购买专用设备取得普通发票的,其专用设备投资额为普通发票上注明的金额。

5.《财政部 国家税务总局 应急管理部关于印发〈安全生产专用设备企业所得税优惠目录(2018年版)〉的通知》(2018年8月15日颁布 2018年1月1日起实施 财税〔2018〕84号)

各省、自治区、直辖市、计划单列市财政厅(局)、应急管理部门,国家税务总局各省、自治区、直辖市、计划单列市税务局,新疆生产建设兵团财政局、应急管理部门,各省级煤矿安全监察局:

经国务院同意,现就安全生产专用设备企业所得税优惠目录(以下简称优惠目录)调整完善事项及有关政策问题通知如下:

一、对企业购置并实际使用安全生产专用设备享受企业所得税抵免优惠政策的适用目录进行适当调整,统一按《安全生产专用设备企业所得税优惠目录(2018年版)》(见附件)执行。

二、企业购置安全生产专用设备,自行判断其是否符合税收优惠政策规定条件,自行申报享受税收优惠,相关资料留存备查,税务部门依法加强后续管理。

三、建立部门协调配合机制,切实落实安全生产专用设备税收抵免优惠政策。税务部门在执行税收优惠政策过程中,不能准确判定企业购置的专用设备是否符合相关技术指标等税收优惠政策规定条件的，可提请地方应急管理部门和驻地煤矿安全监察部门报请应急管理部，由应急管理部会同有关行业部门委托专业机构出具技术鉴定意见，相关部门应积极配合。对不符合税收优惠政策规定条件的，由税务部门按税收征收管理法及有关规定进行相应处理。

四、本通知所称税收优惠政策规定条件，是指2018年版优惠目录所规定的设备名称、性能参数和执行标准。

五、本通知自2018年1月1日起施行，《安全生产专用设备企业所得税优惠目录（2008年版）》同时废止。企业在2018年1月1日至2018年8月31日期间购置的安全生产专用设备，符合2008年版优惠目录规定的，仍可享受税收优惠。

附件：安全生产专用设备企业所得税优惠目录（2018年版）

附件

安全生产专用设备企业所得税优惠目录（2018年版）

序号	设备名称	性能参数	应用领域	执行标准
一、煤矿				
1	瓦斯含量、压力测试设备	煤层瓦斯含量快速测定仪：测定时间≤30min，误差＜10%。井下瓦斯解析仪：量程0～3000g，精度±0.1%，测试范围50～120kPa。煤层瓦斯压力测量记录仪：精确度0.5级，分辨率≥0.001MPa。	井工煤矿、穿煤层隧道掘进	GB/T23250、AQ1080、MT393、MT/T856、MT/T752
2	瓦斯突出预测预报设备	突出危险预报仪：测量涌出初速度0～50L/min，钻孔瓦斯涌出衰减指标0～1.0，解吸压力0～0.4MPa，测量误差±4%。瓦斯突出参数仪：测定钻屑K1、钻屑量等突出预报指标，测量范围0～10kPa、误差±1.5% F.S、分度值10Pa防突动态信息管理系统：在线采集K1、△h2等突出预报指标，防突预测表单自动生成及远程审批、查询表单自动生成时间＜30s。	井工煤矿	MA依据标准

第34条

续表

序号	设备名称	性能参数	应用领域	执行标准
3	瓦斯抽放监测设备	瓦斯抽采多参数传感器：实时监测抽采管道内瓦斯流量、压力、温度及环境参数，可测最低流速0.3m/s，测量精度等级1.5级；测压范围20～200kPa，测温范围－10～50℃，测量CO范围0～1000ppm。管道用激光甲烷传感器：测量范围0%～100%CH_4，基本误差：0.01%～1.00%CH_4，±0.07%；1.00%～100%CH_4，真值±7%。瓦斯抽采监测（控）系统：对瓦斯抽采管道内压力、流量、温度、气体浓度等进行实时监测，对抽采量进行计量。	井工煤矿	MT 1035、AQ 6211、MT/T 1126 MT/T 642
4	矿井井下超前探测设备	矿用分布式槽波地震仪：采用无缆分布节点式，可探测煤层地质构造、煤厚变化、夹层夹矸等，探测深度>200m。 巷道超前探测地震仪：采用有缆集中式，可探测巷道前端各类地质构造，超前探测距离≥100m。 矿用瞬变电磁仪：可探测井下含水体，超前探测距离≥80m。 矿用无线电波透视仪：可探测瓦斯富集区、断距0.3m以上断层、直径7m以上陷落柱，接收灵敏度优于0.05μV/m，频率≥300kHz，透视距离≥250m。	井工煤矿	MT/T693、MT/T898、MT470、MT471、MT/T1145、MA依据标准

第34条

续表

序号	设备名称	性能参数	应用领域	执行标准
5	矿山人员精确定位监测设备	煤矿人员管理(位置监测定位)系统:实时监测井下人员位置,检测标识卡状态及唯一性,并发识别数量≥80,定位精度≤1m。 井口唯一性检测装置:具备人脸识别、标识卡唯一性快速检测等功能,人员通过速率≥1000人/h。	井工煤矿	AQ6210、MT/T 1005、MT/T1103
6	安全监测监控设备	矿用激光甲烷传感器:测量浓度0% ~ 100% CH_4,基本误差0.01% ~1.00% CH_4,±0.06%;1.00% ~100% CH_4,真值±6%,调校周期≥6个月。 煤矿安全监控系统:监测监控与预测预警、传输数字化、抗电磁干扰,支持多网融合,系统巡检周期≤20s异地断电时间≤40s。 煤矿图像监视系统:具备人员越界、区域入侵等监视功能,图像质量≥四级,分辨灰度≥8级;分辨率≥1920×1080。	井工煤矿	AQ6211、AQ6201、MT/T1112
7	顶底板灾害监测设备	煤矿顶板动态监测系统:实时监测顶板位移、离层等,实时采集、动态显示、超限报警;基本测量误差±2%F.S。 声发射监测系统:实时在线监测煤岩体内部的声发射信号,最高采样率≥51.2ks/s,采集通道≥8,信号有效传输距离>10km。 微震监测系统:实时采集煤岩震动信号,监测煤岩体稳定性。水平定位误差〈±20m,垂直定位误差〈±50m;监测范围>1km;灵敏度>28V/(m/s)。	井工煤矿	MT/T1004、MT/T 1059、MT1109、MA依据标准

第34条

续表

序号	设备名称	性能参数	应用领域	执行标准
8	矿井水文监测设备	煤矿水文监测系统:具备在线水质分析及导通水源识别功能,富水性监测范围>50m,水源特征离子识别种类>30种,传输距离≥10km。 矿用本安型水质分析仪:具有快速识别水质、精确判断矿井突水水源种类等功能,测量化学指标种类>40	井工煤矿	MT/T 894、MA依据标准
9	车辆安全管控设备	煤矿轨道运输监控系统:矿井轨道机车运输的实时监控和自动调度,监控容量≥64台分站。 矿用无轨胶轮车调度管理系统:实时跟踪井下车辆位置信息和车辆交通智能调度,定位精度≥±5m。	各类煤矿	GB50388、MT/T1113、MA依据标准
10	粉尘监测仪表及降尘设备	粉尘浓度传感器:零点自动校准、免维护,可测量瞬时或平均粉尘浓度,测量范围0.1~1000mg/m³;测量误差≤±15%。 矿用气动湿式孔口除尘器:除尘效率≥97%,负载能力≥1000Pa;耗气量≥0.75m³/min。 矿用采煤机尘源跟踪喷雾降尘系统:智能跟踪采煤机滚筒,根据粉尘浓度自动调整喷雾参数,开启时间≤1s,关闭时间≤2s,喷雾压力≥4.0MPa,联控容量≥200台。 综掘工作面控除尘系统:与掘进机同步运行,处理风量120~550m³/min,总粉尘降尘效率≥90%,呼吸性粉尘降尘效率≥85%。	井工煤矿	GB/T20964、GB/T15187、MT/T1102、MT159、MT503~MT505

续表

序号	设备名称	性能参数	应用领域	执行标准
11	矿井火灾预测预报及防灭火设备	矿井束管监测系统：监测采空区 CO、CO_2、CH_4、C_2H_4、C_2H_6、C_2H_2、N_2、O_2 等气体，并具备自动分析和存储功能。 矿用分布式光纤测温系统（装置）：连续自动监测温度、CO、CH_4、O_2 等，火灾报警与关联控制灭火。矿用区域自动喷粉灭火装置：火焰传感器响应时间≤1ms，控制器不少于8路输入、4路输出，有效灭火时间≥2min，单灭火器控制区域≥15m³。	井工煤矿	MT/T757、GB16280、AQ1079
12	提升安全监测与保护设备	立井提升过卷、过放防护缓冲托罐装置：防止提升容器过卷或过放，并能将过卷过放容器或配重托住，过放最大下落距离<0.5m。 钢丝绳无损探伤仪：利用强磁原理对钢丝绳损伤快速非接触探测、诊断，断丝检测准确度≥99%，检测灵敏度重复性误差≤±0.05%。	井工煤矿	MA依据标准
13	带式输送机安全保护设备	带式输送机综合保护装置：具备输送带打滑、堆煤、跑偏、洒水、烟雾、撕裂、急停等保护及语音通信功能。 矿用钢绳芯输送带X射线探伤装置：对输送带钢绳芯断绳、锈蚀、劈丝、接头抽动及带面损伤等无损检测及定位，定位精度≥1m。 带式输送机用断带抓捕装置：响应时间≤1s，最大额定抓捕力≥400kN，适用带宽可调。	井工及露天煤矿、非煤矿山	MT872、MA依据标准

续表

序号	设备名称	性能参数	应用领域	执行标准
14	井下通信设备	矿用无线通信系统:具备通信和定位功能,覆盖范围≥400m。 矿用调度通信系统:地面远程供电、矿用本质安全型,通信距离≥10km。 矿用广播通信系统:多节目同时传输,支持物理链路>5路;可按区域或逻辑分组、分区域广播;井下音响远程可寻址到点控制;支持与安全监控系统、调度通信系统有机融合;传输距离>10km。	井工煤矿	MT401、MT/T1115、MA依据标准
15	瓦斯抽采设备	履带式全液压定向钻机:具备定向钻进和随钻测量功能,扭矩>4000Nm,钻进深度>400m。 水环真空泵;吸气量>100m^3/min,极限真空度≥-81kPa。 抑爆装置:矿用本质安全型,火焰传感器响应时间<5ms,控制器响应时间<15ms,喷射完成时间150ms。移动式瓦斯抽放泵站:吸气量>50m^3/min,极限真空度≥-81kPa。 高压水射流割缝增透装备:割缝工作压力>50MPa,煤层内形成割缝半径>2.0m。	井工煤矿	MT/T790、JB/T7255、AQ1079、GB/T18154、MT/T987、MA依据标准
16	抽排水设备	矿用隔爆型潜水电泵:扬程≥220m、流量≥160m^3/h、允许潜没深度>5m。 煤矿排水监控系统:对水泵成套设备就地自动控制、集中控制、地面远程控制,控制响应时间≤2s。	井工煤矿	JB/T6762、MT/T671、MT/T1128

续表

序号	设备名称	性能参数	应用领域	执行标准
17	矿井降温设备	矿用防爆制冷装置：名义制冷量≥1500kW，具备压力、断油、温度等保护功能。	井工煤矿	GB9237、MT/T1136
18	供电安全监测与保护装置	煤矿供电监控系统：可地面远程实时监测井下变电所各开关输出电力参数，对井下供电系统“五遥”（遥测遥信、遥控、遥调和遥视），实现防越级跳闸功能。	井工煤矿	MT/T1114
二、非煤矿山				
19	采空区三维激光扫描仪	激光扫描距离：150m；精度：±2cm；扫描速度：250点/s；防水防尘：IP65。	地下矿山采空区探测	CHZ3017
20	自动全站仪	测量精度：2mm以内；测距：>2km。	尾矿库、露天采场	GB/T27663
21	边坡雷达	全天候大范围远距离高精度遥测边坡位移，监测距离：>4km；监测精度：±0.1mm；单帧变形数据获取时间：1～10min；防护等级：IP65。	矿山等各类边坡工程	SJ2584
22	层析扫描成像超前预报系统	前方地质体三维立体成像，超前预报最小距离大于100m。	地下矿山采掘作业	Q/CR9217
23	微震监测仪	8通道以上，能够对200J以上震动事件进行响应，定位精度10m以内，有效距离250m。	地下矿山	AQ2031
24	尾矿库坝面位移北斗卫星定位高精度接收机	水平监测精度小于5mm；防水防尘等级IP67。	尾矿库、露天采场	GB51108

续表

序号	设备名称	性能参数	应用领域	执行标准
25	撬毛台车	撬毛高度不低于5m,最大爬坡能力不低于40%(坡度角25°),车身宽度≤1.8m,自动湿式除尘。	地下矿山	JB/T10844
26	湿式制动井下无轨运输车	柴油机功率:>50kW;额定负载最高行驶速度:30km/h;爬坡能力:>10°。	地下矿山	GB21500
27	深锥膏体浓密机和充填工业泵	深锥膏体浓密机:底流浓度达70%以上,溢流水质量达到国家排放标准。 充填工业泵:泵送压力15MPa以上,输送能力100m³/h以上。	矿山采空区充填尾矿膏体排放	GB/T10605、GB8978、GB/T13333、JB/T8098、JB/T8097
三、石油及危险化学品				
28	作业环境气体检测报警仪	检测作业环境中 CO、O_2、NO_2、SO_2、H_2S、Cl_2、NH_3、光气等有毒可燃气体浓度,并具有声、光报警功能。	含有毒性、可燃气体或密闭空间作业环境	GB12358、GB15322、GB50493
29	井控防喷装置	防喷器(组):通径180mm,工作压力≥35MPa。 地面防喷器控制装置;电缆井口防喷控制装置;石油钻井作业施工常规井控设备节流和压井系统,井口装置和采油树,液气分离器装置,地面压力分流控制装置;钻柱内防喷装置。 海上井控防喷装置压力等级:≥10000psi级别,并满足API标准要求。	石油钻井、修井、测井作业、石油射孔作业	GB/T25429、SY/T5053.1、SY/T5053.2、SY/T5127、SY/T53234、SY/T5127、SY/T0515、SYT5964、SY/T5525

第34条

续表

序号	设备名称	性能参数	应用领域	执行标准
30	大型石油储罐主动安全防护系统	单套设备保护罐数量:≥4个;分区额定供气流量:200Nm^3/h;气体浓度分析响应时间:≤30s;主动防护响应时间:≤5s;单罐惰化完成时间:≤20min;氧气检测量程:0%～21%;可燃气体检测量程:0%～100%;样气巡检通道:8路。	港口、码头、石油储备基地等石油储罐	GB/T25844、AQ3035、AQ3036
31	水下井口及控制系统	水下井口:额定工作压力≥34MPa。水下采油(气)树:类型:直立型和水平型。脐带缆:电缆、光缆、金属管群、高压软管等组成,有外护套或铠装保护壳。水下生产控制系统:全液压控制系统、电液控制系统,包括安装在水面和水下的控制系统设备、控制流体。	海洋石油天然气开采	GB/T21412.1、GB/T21412.4、GB/T21412.5、GB/T21412.6
32	阻隔防爆运油车	与所运介质有良好的相容性,对罐体有效容积降低率不大于6%;振动试验后,单位容积碎屑质量≤1.3*mg/L*;防爆性能:防爆增压值≤0.14MPa。	危险品专用运输	GB50156、AQ3001、AQ3002、JT/T1046
33	腐蚀在线监测设备	电感腐蚀监测点及PH监测;测试腐蚀电流、介质电阻、腐蚀速率,进行数据采集、传送。	存在腐蚀风险的设备、密闭管道等	API RP571、GB/T23258、GB3836
34	管道泄漏检测设备	采用波敏法(负压波法),并通过其调用泄漏检测模块、定位分析模块共同组成。直接读取下位机系统的数据,包括站场、阀室的进、出站压力信号、流量信号、温度信号、密度信号、输油泵运行状态等。系统信号精度为0.001MPa,且当压力下降2%时能够自动报警。	埋地管道	SY/T6826

续表

序号	设备名称	性能参数	应用领域	执行标准
35	氮气水击泄压阀	阀门形式:轴流式;阀门开启方式:氮气;阀门公称直径:6″、8″、10″;阀门泄放量:820m³/h、1500m³/h 400m³/h、710m³/h;阀门设定压力:1.9MPa、7.9MPa、8.4MPa;上下游接管材质:L415、20#;进出口压力等级:Class150、400、600;法兰面执行标准:RTJ。	埋地管道站场	API Std526、API Std527、API RP520、API RP521
36	大型石油储罐感温光栅	罐区感温感烟光栅:i Smart - TMS。	石油化工生产企业	GB50160
四、民爆及烟花爆竹				
37	烟火药安全性能检测仪	静电火花感度仪:高压电源:0.4kV ~ 50kV 连续可调 30min 内漂移应为 5%;静电电压表:Q3 - V 型,最大 30kV;电容:500pF/30kV,精度 5%;电阻:5kΩ/168kΩ;上、下电极同轴度≤Φ3.0mm;电极间隙调节范围≤4mm。	烟花爆竹安全检测	QB/T1941.4
		撞击感度测试仪:导轨滑动表面对重力线(铅垂线)的偏离或对水平面的垂直度 > 1.0mm/m;钢砧倾斜度≤0.20mm/m;落锤重量:2.000 ±0.002kg,10.000 ±0.010kg;落锤自由下落时,锤头中心对撞击装置中心的同轴度为Φ3.0mm;落锤仪导轨装有落高值的刻度尺,刻度尺最小分度值1mm。	烟花爆竹安全检测	QB/T1941.2

续表

序号	设备名称	性能参数	应用领域	执行标准
37	烟火药安全性能检测仪	摩擦感度测试仪：摆锤质量：1500±5g；摆锤提升和定位：0～180°可调，精度≤1°；试验压强：0.5～6MPa连续可调，分辨率0.01MPa；摆长：760±1mm；最大允许试验药量：0.03g；摆锤与击杆中心偏离≤1.5mm；滑柱位移量：1.5～2.0mm；压力恒定（加压至6MPa，稳定5min）：压力波动≤0.1MPa。	烟花爆竹安全检测	QB/T1941.3
		火焰感度测试仪：药柱模中心线对托盘试样座中心线的不同轴度≤0.5mm；两柱对底座上平面的不垂直度在630mm内≤0.25mm；底座上平面与顶盖上平面的不平行度≤0.15mm，其不平行度由平行度调整垫调整；最大试验高度550mm。	烟花爆竹安全检测	QB/T1941.6
		爆发点测定仪：控温范围：0～650℃；温度分辨率：0.1℃；时间分辨率：0.01s；功耗：≤2kW；测温元件进口热电阻；定位精度：1mm；合金浴尺寸：直径62mm，深度60mm（可定制）。	烟花爆竹安全检测	QB/T1941.1
38	民爆产品检测测试仪器仪表	工业炸药爆速测试仪：测量范围：0～10000m/s。	民用爆炸物品安全检测	GB/T13228
		工业雷管延期时间测试仪：分辨率不小于0.1ms。		GB/T13225
		数码电子雷管检测及起爆系统：延期时间设定范围满足数码电子雷管性能要求，时间间隔1ms，在线注册或非电注册，单台起爆能力大于200发，组网起爆能力大于4000发。		WJ9085
		电雷管测试仪：输出电流≤30mA，最大输出电流≤2mA，精度0.01Ω。		GB6722

续表

序号	设备名称	性能参数	应用领域	执行标准
39	民用爆炸物品危险作业场所监控系统	工业炸药及其制品制药安全生产控制系统:主要工艺参数(如电流、温度、压力、流量等)自动采集、故障自诊断、自动存储,关键指标超标自动报警、超限自动安全联锁;自动控制系统人机界面良好,视频监控系统符合行业标准要求。	工业炸药及其制品制药安全生产	GB50089、WJ9065
		工业炸药及其制品装药安全控制系统:对自动装药机各工艺参数进行自控和安全联锁,故障自诊断和报警自动停机,自动控制系统人机界面良好,视频监控系统符合行业标准要求。	工业炸药及其制品装药安全作业	
		工业炸药及其制品包装、装车安全控制系统:对包装、装车过程各工艺参数进行自控和安全连锁,故障自诊断和报警、自动停机,自动控制系统人机界面良好,视频监控系统符合行业标准要求。	工业炸药及其制品包装安全作业	
		工业雷管火工药剂制药安全控制系统:主要工艺参数(如电流、温度、压力、流量等)自动采集、故障自诊断、自动存储,关键指标超标自动报警、超限自动安全联锁;自动控制系统人机界面良好,视频监控系统符合行业标准要求。	工业雷管火工药剂制药安全生产	
		基础雷管制造安全生产控制系统:对生产过程主要工艺参数(如电流、数量等)自动采集、故障自诊断、自动存储,关键指标超标自动报警、超限自动安全联锁;自动控制系统人机界面良好,视频监控系统符合行业标准要求。	基础雷管制造安全生产	

续表

序号	设备名称	性能参数	应用领域	执行标准
39	民用爆炸物品危险作业场所监控系统	成品工业雷管制造安全控制系统:对生产过程主要工艺参数(如电流、数量等)自动采集、故障自诊断、自动存储,关键指标超标自动报警、超限自动安全联锁;自动控制系统人机界面良好,视频监控系统符合行业标准要求。	成品工业雷管制造安全生产	
		起爆具自动化安全控制系统:对炸药计量及输送、熔混药等主要工艺参数(如电流、温度等)进行自控和安全联锁,故障自诊断和报警、自动停机,自动控制系统人机界面良好,视频监控系统符合行业标准要求	起爆具自动化安全生产	
		石油射孔弹自动化安全控制系统:对生产线设备各机械动作进行自控和安全互锁,具有参数设置、故障自诊断和报警、自动停机功能,自动控制系统人机界面良好,视频监控系统符合行业标准要求。	石油射孔弹安全生产	
		现场混装炸药生产安全控制系统:对制药系统的水相、油相溶液、硝酸铵等材料配比及输送,乳胶基质制备,乳胶基质冷却及输送等主要工艺参数(如电流、温度、压力、流量等)进行自控和安全联锁,故障自诊断和报警、自动停机,控制系统具备良好人机界面,视频监控系统符合行业标准要求。	现场混装乳化炸药的乳胶基质制备	

续表

序号	设备名称	性能参数	应用领域	执行标准
39	民用爆炸物品危险作业场所监控系统	索类火工品制造安全控制系统：对生产过程主要工艺参数(如装药量、数量等)自动采集、故障自诊断、自动存储，关键指标超标自动报警、超限自动安全联锁；自动控制系统人机界面良好，视频监控系统符合行业标准要求。	导爆索、高强度塑料导爆管自动化安全生产	
		爆破作业安全监控设备与系统：视频输入：一路高清视频，兼容CVBS、AHD1.0和AHD2.0自动识别；分辨率：960H、D1、4CIF、CIF、VGA、720P、1080P；制式：支持GPS和北斗双模定位；帧率：1~25帧可调。	爆破作业安全生产	GB6722、GA991
40	爆破测震仪	具有国家计量器具生产许可证(CMC证书)，量程0.001~35.4cm/s，分辨率≥0.0001cm/s。	爆破作业安全生产	GB6722
41	乳化炸药现场混装车	汽车底盘、乳胶基质储存及其输送系统、敏化剂储存及其输送系统、履带式送管器、输药管卷筒、液压系统和动态监控信息系统。	爆破作业安全生产	JB8432.3、GA991
五、交通运输				
(一)公路行业				
42	隧道超前探测设备	地质雷达：100MHz天线，天线频带带宽30~150MHz；红外探测仪：分辨率H档为：0.05mV/cm^2，M档为：0.07mV/cm^2；地震波法超前地质预报设备：TGP/TSP/TST/TRT等设备。	隧道施工安全预报预警	JTG F60、TG F90、TB10304

续表

序号	设备名称	性能参数	应用领域	执行标准
43	架桥机安全监控系统	架桥机运行状态的全方位检测。	桥梁架设施工	GB/T 28264
44	隧道施工人员识别定位设备	分区域定位和精确定位,精确定位精度可达5米;具有考勤/提醒和报警/消警功能;设备电压:220V。	隧道等空间的人员安全行为监控	JTG F60
45	桥梁检测设备	桥梁检测车:桥梁下部结构检测,包括梁体、墩柱混凝土裂缝宽度长度及深度,混凝土破损面积,桥梁支座检查,支座垫石完整性等。	桥梁检测	QC/T 826
		桥梁CT扫描系统:无损检测桥梁混凝土裂缝,波纹管内灌浆密实度,钢筋及斜拉索、悬索探伤。		
46	商用车主动安全系统	倒车辅助系统:具有倒车后视影像、倒车过程障碍物距离测量、倒车障碍物报警功能,探测距离不小于2m,最高工作速度不小于10km/h。	营运客车和危险品运输车辆	QC/T549
		疲劳及瞌睡监测警告系统:具有驾驶员疲劳状态检测功能,对疲劳的驾驶员进行声音、光或震动报警,同时将行为发生时刻前后10秒的视频上传网络平台,报警准确率不低于90%。		GB/T19056、JT/T794、JT/T808、JT/T809
		前撞预警(FCW)系统:具备探测前车相关距离,相对速度功能,探测距离不小于100m,可提供声音、光或震动报警,最低起作用车速不大于30km/h。		ISO15623

续表

序号	设备名称	性能参数	应用领域	执行标准
46	商用车主动安全系统	自动紧急刹车系统(AEB):具备探测前车相关距离,相对速度功能,探测距离不小于100m,可提供声音光或震动报警。车辆有碰撞危险时,可实现自动刹车,避免发生车、车碰撞,避免碰撞最低车速不小于30km/h。	营运客车和危险品运输车辆	ISO 22839
		电子控制制动系统(EBS):具有缩短制动响应时间、优化制动力分配、协调车桥间的制动力、平衡各车轮摩擦片磨损等功能。		GB7258
		车载监控终端及管理平台:定位精度≤15m,速度记录误差≤±1km/h;事故疑点记录:应能以0.2s的间隔记录并存储形式结束前20s行驶状态数据;位置信息记录:能以1min的间隔记录并存储位置数据;超时驾驶记录:记录次数不少于100条;管理平台接收终端信息时间间隔:行驶状态下最小间隔≤5s,最大间隔≥60s。		GB/T19056、JT/T794、JT/T808
		侧后方盲区警告系统:具备探测盲区车辆功能、探测邻车道快速靠近车辆功能,探测距离不小于30m,盲区有车辆具有报警功能。		LCDAS、ISO 17387
		车道偏离预警(LDW):具备探测车道线功能,对非主动的变道或压线,能够进行声音、光或震动报警,报警准确率不低于90%,最迟报警距离不大于0.8m。		GB/T26773

续表

序号	设备名称	性能参数	应用领域	执行标准
46	商用车主动安全系统	电子稳定控制系统(ESC):具备车道保持能力和防侧翻控制能力。车辆以32~64km/h进行J-转向时,车辆应保持在车道。	营运客车和危险品运输车辆	GB/T30677、JT/T1094
		爆胎应急安全装置:具备当车辆轮胎爆裂失压时,安全装置应能立刻抑制该轮产生行驶距离不小于1km。		JT/T782、JT/T1094
(二)铁路行业				
47	车辆运行安全监控系统探测设备	车辆轴温智能探测系统(THDS):适应列车运行速度5~160km/h,自动计轴计辆,计轴误差<3×10^{-6},计辆误差3×10^{-5};热轴故障预报兑现率:区间探测站:>60%;系统可维护性:机械部分<10min,电气部分<3min,适应温湿度工作条件,室外设备环温-40~60℃,室内相对湿度<95%,室外相对湿度<85%。	车辆热轴	Q/CR319
		车辆运行故障图像检测系统:适应车速5~250(140、160)km/h,自动计轴计辆,计轴误差<3×10^{-6},计辆误差<3×10^{-5},故障信息存储容量≥两年(一个段修期),图像传输速率≤2min/百辆,摄像机分辨率≥640×480,抓拍速率≥50帧/s,补偿光源开启关闭响应时间≤1s,保护门开启、关闭反应时间≤2s,室外设备适应温度-40~70℃。	动车组、客车、货车	Q/CR351、TJ/CL255A、TJ/CL255、TJ/CL399、TJ/CL401

第34条

续表

序号	设备名称	性能参数	应用领域	执行标准
47	车辆运行安全监控系统探测设备	铁道车辆运行品质轨旁动态监测系统(TPDS):适应列车速度:动车组30～350km/h、客车30～160km/h、货车30～120km/h;适应车辆轴重:≤30t;自动计轴、计辆、测速;轮轨垂向力和横向力连续测量,动车组测区长度≥9.0m、客车测区长度≥6.0m、货车测区长度≥4.8m;自动识别车辆运行品质不良、超载、偏载和车轮踏面损伤;轮轨力检测准确度:列车以40km/h及以下速度通过时垂向力测量最大允许误差±5‰,40～60km/h速度通过时垂向力测量最大允许误差±1%,60km/h以上垂向力测量最大允许误差±3%;横向力测量最大允许误差±3%;识别车轮失圆、多边形和踏面擦伤、剥离、碾堆等踏面损伤兑现率:>95%;运行品质不良按脱轨系数和轮重减载率进行联网评判、报警;车辆标签及车辆端位识别率:≥99.9%。	动车组、客车、货车	Q/CR349、TJ/CL438
		铁道车辆车轮故障在线检测系统:适用车速:8～12km/h。车轮外形几何尺寸检测误差范围:踏面磨耗:±0.2mm;轮缘厚度:0.2mm;QR:±0.4mm;车轮直径:±0.5mm;轮对内距:±0.6mm。踏面擦伤深度检测误差:±0.2mm。车轮探伤范围:轮毂部位径向裂纹;距轮毂内侧面60mm至100mm区域内轮毂周向裂纹;轮缘顶部至根部径向裂纹;轮毂周向裂纹:长轴40mm、短轴30mm的平底椭圆当量缺陷。轮缘顶部径向5mm深刻槽当量缺陷。	动车组、客车	TJ/CL256、TJ/CL405

第34条

续表

序号	设备名称	性能参数	应用领域	执行标准
47	车辆运行安全监控系统探测设备	车辆滚动轴承早期故障轨边声学诊断系统(TADS):预报等级:3级,适应车速:30~110km/h,检测精度:预报准确率>97%,数据传输速率:不低于9600bit/s,传输接口协议:CCITT及我国铁路通信的有关规定,传输校验方式:文件传输协议(FTP)。	动车组、客车、货车	Q/CR350
48	轨道设施检测设备	钢轨探伤车:最高探伤速度80km/h;超声波对钢轨的最小扫查间距为0.8mm,最大扫查间距为5.6mm;超声波覆盖钢轨区域:轨头、轨腰、位于轨腰投影区的轨底部分;探伤灵敏度:钢轨头部横向裂纹,≥直径8mm平底孔当量;钢轨头部及腰部纵向水平裂纹,≥10mm×15mm;螺栓孔裂纹,裂纹深度≥8mm。	钢轨无损检测	GB/T 28426
		轨道检测系统:适用速度15~350km/h;检测轨道的轨距、轨向、高低、水平、三角坑、超高、曲率、车体垂向和横向振动加速度等项目,具有轨道几何偏差编辑、轨道几何波形输出、报表打印等功能。	轨道状态检测	TJ/GW126
		钢轨轮廓及磨耗检测系统:适用速度160km/h;可按照1m、2m、3m、5m间隔等间距采样;磨耗分辨力0.1mm;检测精度0.2mm。	轨道状态检测	TJ/GW127
		轨道状态巡检系统:适用速度160km/h;图像分辨率为横向1mm,纵向1.6mm;可智能识别15mm×15mm以上钢轨表面擦伤及剥离掉块;可智能识别扣件缺失、弹条断裂、弹条移位等异常。	轨道状态检测	TJ/GW127

续表

序号	设备名称	性能参数	应用领域	执行标准
48	轨道设施检测设备	线路限界检测系统：适用速度160km/h；测量间距0～450mm；测量精度±15mm；测量范围：轨面上方10m、线路中心线两侧各10m的范围内。	轨道状态检测	TJ/GW127
49	铁路供电安全监测系统（6C系统）	高速弓网综合检测装置（1C）：适用车速350km/h，监控分辨率≥1024×1024，帧率≥100fps，弓网接触力分辨率1N，接触线和拉出值测量分辨率1mm。 接触网安全巡检装置（2C）：适用车速350km/h，图像分辨率≥1024×1024。 车载接触网运行状态检测装置（3C）：适用车速350km/h，燃弧持续时间精度2ms，接触网温度测量精度2℃，弓网视频分辨率≥1024×1024，帧率≥25fps。 接触网悬挂状态检测监测装置（4C）：适用车速160km/h，接触线测量精度10mm，拉出值测量精度25mm，关键区域检测图像像素≥5000万。 受电弓滑板监测装置（5C）：适应车速350km/h，图像分辨率≥2448×2048。 接触网及供电设备地面监测装置（6C）：接触线索张力测量精度0.1kN，温度测量精度1℃。 6C综合数据处理中心：数据传输通道带宽≥2Mbps，主备机自动切换时间≤30s，主要节点CPU负载≤50%，局域网平均负载≤30%。	铁路牵引供电设备	《高速铁路供电安全检测监测系统（6C系统）总体技术规范》（铁运〔2012〕136号）； 1C技术条件：TJ/GD007； 2C技术条件：TJ/GD004； 3C技术条件：TJ/GD005； 4C技术条件：TJ/GD006； 5C技术条件：TJ/GD008； 6C技术条件：TJ/GD009； 6C综合数据处理中心技术条件：TJ/GD010

续表

序号	设备名称	性能参数	应用领域	执行标准
50	列车运行监控装置(LKJ)	适应自动闭塞和半闭塞的UM71、ZPW－2000、移频、交流计数等信号制式；制动控制计算符合TB/T1407。	机车、动车组	TJ/DW070、TJ/DW169、TJ/DW170、TJ/DW173、TJ/DW174
51	机车车载安全防护系统(6A系统)	包括：中央处理平台、机车空气制动安全监测子系统、机车防火监测子系统、机车高压绝缘检测子系统、机车列车供电监测子系统、机车走行部故障监测子系统、机车自动视频监控及记录子系统，工作温度－40～70℃，持续滚动存储数据30天，持续滚动存储视频15天，报警响应时间1s。	内燃、电力机车	TJ/JW001、TJ/JW001A、TJ/JW001B、TJ/JW001C、TJ/JW001D、TJ/JW001E、TJ/JW001F、TJ/JW001G
52	列车尾部安全防护装置	LD2006－1型、LD2006－2型、LD2009－1型、HBTL－11(S)型、LD2006－11a型。主机反光标志正常天气目测显示距离不小于400m；适应列车制动主管定压500kPa和600kPa的要求；排风口径6～8mm；软管连接器符合TB/T60的规定；天线技术符合TB/T1875要求；质量不大于11kg。	在铁路上运行的货物列车	TB/T2973、TJ/CW004、TJ/CW005、TJ/DW009、TJ/DW179、TJ/DW180

续表

序号	设备名称	性能参数	应用领域	执行标准
53	列控车载设备(ATP)	系统的所有安全部件的设计可确保按 SIL4 级安全要求运行。系统的开发遵循 CENELEC 标准 EN50126、EN50128 和 EN50129 规定的质量和安全管理的要求,最大列车速度 350km/h。	动车组	TJ/DW061、TJ/DW139B、TJ/DW152、TJ/DW152A
54	轨道车运行控制设备(GYK)	GYK 电源工作范围:DC18V ~ 36V;测速测距误差:-2% ~ +2%;GYK 系统时钟精度:误差 <90s/月;整机平均无故障工作时间 MTBF 应不低于 6000h。	自轮运转特种设备	TJ/DW046
(三)水运行业				
55	电子海图显示与信息系统(ECDIS)	支持显示由政府授权的航道组织颁布发行的安全高效航行所必须的海图信息;支持在线或离线更新;支持 AIS、GNSS、测深、雷达等设备接入及显示;支持航线设计、航线检测、船位标绘、雷达跟踪、海图物标属性查询等功能;长江电子航道图显示与信息系统:支持显示由政府授权的航道组织颁布发行的安全高效航行所必须的海图信息;支持在线或离线更新;支持 AIS、GNSS、测深、雷达等设备接入及显示;支持航线设计、航线检测、船位标绘、雷达跟踪、航道图物标属性查询等功能。	船舶	IHO S52、IHO S57、IHO S61、IHO S63、IHO S64、IEC、IMO、MSC、CJ52、CJ57、CJ58、CJ63 以及国内船舶设备相关标准

续表

序号	设备名称	性能参数	应用领域	执行标准
56	海上导航和无线电通信设备	上通讯设施;海洋气象设施。船用紧急无线电示位标(EPIRB):工作频率:406MHz;寻位频率:21.5MHz/243MHz;定位模式:GMDSS;启动方式:人工启动、自动启动。	水上船舶、海洋石油生产作业	《固定平台安全规则》(国经贸安全〔2000〕944号)、IMO和IEC相关标准以及国内船舶设备相关标准
		AIS船台:工作频率:161.975MHz、162.025MHz;定位模式:GPS、北斗、GMDSS;通信模式:SOTDMA;发射功率:1W、2W、12.5W。	船舶	GB/T 20068、ITU/R M.1371－5
		AIS岸台:工作频率:161.975MHz、162.025MHz;定位模式:GPS、北斗、GMDSS;通信模式:SOTDMA;发射功率:12.5W。	沿岸	IEC 62320－2、ITU/R M.1371－5
57	船岸紧急切断系统(ESD)	紧急切断阀:采取自动、遥控和手动等组合设计,具备遥控和就地操作功能。	石油化工码头	GB/T24918、GB/T22653、JB/T9094
		紧急切断控制系统:独立于过程控制系统(DCS),具备检测元件、逻辑运算器和执行元件,可对紧急切断阀进行应急关断并在控制柜进行指示和声光报警,具有故障安全、冗余容错等技术。	石油化工码头	SHB－Z06

续表

序号	设备名称	性能参数	应用领域	执行标准
（四）民航行业				
58	火警探测器	发动机火警探测，技术指标达到美国民航规章FAR23标准，设备型号：473581/473581－1/473583/473583－1/473583－3/473583－2/473582/474188－1/474189－1/474190－1/473597－5/473955－1/475571－2/902864/PU90－499R3/902018－01/PU90－471WR1/2119835－6/2119835－7/PPA1103－00/PPA1204－00/PPC1100－00/PPC1200－00/RAI2800M0706/GPA1102－00/GPA1103－00/PPA1203－00/PPA1204－00/PPA2100－00/PPA2101－00/RAI2811M0106/FSD9480－00/GMC1102－02/PMC1102－02/PMC1103－03/474449－5/7011200H01/504643－9/8920－10/904653－10/904655－10/904656－10/474435/474436/474437/474438/474439/474443－2/8918－01/8919－01/472583/472584/5421－14/904807－03/（3601－155－565/19）；APU及发动机火警过热控制组件：901950－02；过热探测控制组件：35008－307/20－035008－300；火警控制面板：69－37307－300/69－37307－153/411000－001；发动机火警线：325－027－302－0/325－027－303－0/325－027－402－0/325－027－403－0/325－027－404－0/325－027－505－0；发动机吊架火警探测元件：474443－2。	飞机灭火系统	美国民航规章标准FAR23

第34条

续表

序号	设备名称	性能参数	应用领域	执行标准
59	卫星通讯系统	增强了飞机远距离通讯的能力，弥补了高频通讯易受环境干扰的不足，防止飞机失联。设备型号：822－2556－102/701－10300－00/710100－2/500644－6/288E5733－00/822－1785－401/7516118－X7145/822－2909－050/RD－NB2501－01/RD－NB2111－02/RD－KA1003－04/RD－AA903194－02/RD－AA903194－01/RD－AA903463－01；82158A31－000/822－2558－101/418E5733－00；82155D33－032/822－2556－102/228E5733－00/7516100－20050/7516118－27010/82155D33－032/7516118－27010/822－2023－101/822－3057－101/883E5910－04/7516118－47145/7516118－47141/7516118－27140/7516118－27020/822－1785－402/822－1785－401/7520061－34010/7520061－34016/7520000－20140/710617－2/7520033－901；M0DREF472285/804－10－0015/002W0129－3/002W0129－4/002W0129－3/100－602198－001/M0DREF376715/M0DREF418185/M0DREF457619/513738－513/284W3009－1/284W3009－2/866－5015－101/009E5733－00/4141－89－99。	飞机导航系统	《国际民用航空组织附件10》ICAO Annex10

续表

序号	设备名称	性能参数	应用领域	执行标准
60	自动相关监控系统	提供飞机空中交通管制相关信息(例如飞机位置、高度、航向、速度、垂直速度),防止飞机空中飞行冲突。设备型号:7517800-10004/7517800-11005/7517800-11006/7517800-11009/822-1338-002/822-1338-003/066-01127-1601/066-01127-1602/822-1338-005/822-1338-205/822-1338-225/066-01127-1402/066-01127-1101/066-01212-0101/9008000-10000/822-1338-205/066-01212-0301/066-01212-0101/7517800-12401/822-2120-101/822-2911-002/822-1293-332/822-1338-021/066-01127-1402/9005000-10204/7517800-12401/7517800-10100/822-1821-002/69001757-000/822-1821-430。	飞机导航系统	《国际民用航空组织附件10》ICAO Annex10
61	飞行数据及语音记录系统	记录飞机发动机操作系统等关键系统的参数,及驾驶舱语音记录,用于事故预防和事故调查。设备型号:1605-01-00/1605-00-00/866-0084-102/866-0084-101;980-6020-001/980-6022-001/980-6032-001/980-6032-001/980-6032-023/980-6032-020/2100-1020-00/2100-1925-22/2100-1020-02/2100-1025-22/2100-1226-02/2100-1025-02/2100-1227-02;980-4700-042/980-4750-003/980-4750-002/980-4750-009/980-4700-003/2100-4043-00/2100-4945-22/2100-4045-22/2100-4245-00/2100-4045-00;2243800-73/2243800-364;HL2.776.036/800-180-001/800-180-002/01-830-180-010/880-180-600-002。	飞机导航系统	美国民航规章标准FAR 23/31

第34条

续表

序号	设备名称	性能参数	应用领域	执行标准
62	防冰控制系统温度控制设备	防冰控制系统温度控制器:发动机防冰控制器组件:810503 - 10,2915 - 5/733474 - 3 - 5。	民航飞行器	美国民航监督管理标准 FAA TSO - C13 C24
		防冰控制系统温度控制面板:233W、233N、69、233A 系列。		
		防冰面板:机翼防冰保护系统区域控制卡 003CM00 - 0200,233N3204 - 1019。		
		防冰活门:发动机整流罩防冰活门 3215618 - 5/3215618 - 4/3215618 - 3;机翼防冰活门 67 - 2906 - 002;发动机防冰压力调节关断活门 7011101H02。		
		防冰控制系统结冰探测器:0871HT3/0871DL6/1001844 - 3/0871DP5 - 1/0877B1。		
		防冰控制系统窗温控制器:风挡加热控制组件:83000 - 05605/83000 - 05604ATS/83000 - 27901/S283T007 - 3/785897 - 2/785897 - 3/624066 - 3/624066 - 5/774767 - 1 - 1;风挡加温保护组件:7002576H02。		

续表

序号	设备名称	性能参数	应用领域	执行标准
63	机载防相撞系统	空中防撞,探测范围:飞机上下8700英尺最远80海里。工作频率,发射1030MHz信号,接收1030MHz信号。根据入侵机距离分为:其他飞机:6海里外;或6海里内且相对高度大于1200英尺,且没有RA和TA警告;接近的飞机:相对高度小于1200英尺,距离6海里内,没有达到RA和TA级别警告。 交通咨询(TA)和避让警告(RA):根据TAU和CPA具体确定,设备型号:9005000-11203/066-50000-2220/066-50000-2221/940-0300-001/066-50008-0405/4066010-910/4066010-913/622-8971-022/622-8971-522/822-1293-003/7517900-10004/7517900-10020/9003500-10903/7517900-10006/7517900-10012/7517900-55003/822-1293-002/822-2911-001/9003500-10905/9003500-55905/940-0351-001/965-1694-001/822-2120-101/071-50001-8104/7514081-911/7514081-912/071-50001-8107/673Z5011-4106/673Z5011-4108/822-0020-101/673Z5011-8107/673Z5011-4105/622-8973-001/7514081-901/071-50001-8102/7514081-903/G6990-4。	飞机导航系统	美国民航监督管理标准FAA TSO-C13 C38,C39

续表

序号	设备名称	性能参数	应用领域	执行标准
64	增强型近地警告系统	近地警告,达到美国民航监督管理标准 FAA TSO – C13,C16,设备型号:965 – 1690 – 052/965 – 1690 – 055/BCREF78944/69000940 – 102/69000940 – 104/69000940 – 106/BCREF17394/BCREF49033/BCREF50601/BCREF68842/69000940 – 101/822 – 2120 – 101/965 – 1676 – 001/965 – 1676 – 002/965 – 1676 – 003/9650976003206/69000942 – 151/965 – 1676 – 006/522 – 2998 – 011/7028419 – 1904/9000000 – 11111/965 – 1694 – 001。	飞机导航系统	美国民航监督管理标准 FAA TSO – C13 C16
65	飞行警告系统	当飞机系统出现故障或错误操作时,提供语音和可视警告,提醒机组采取纠正措施,使飞机恢复安全运行状态。设备型号:350E053021212/350E053021414/350E053021717/350E053021818/350E053021919/65 – 54499 – 18/69 – 78214 – 1/39 – 78214 – 3/69 – 78214 – 4/285W0015 – 101/285W0015 – 102/LA2E20202T30000/LA2E20202T40000/LA2E20202T50000/LA2E20 202T70000。	飞机导航系统	美国民航规章标准 FAR 31

续表

序号	设备名称	性能参数	应用领域	执行标准
66	飞机中央油箱惰性气体阻燃系统(FTIS)	防止点火源:European Interim policy 25/12、USA SFAR 88;降低可燃性:将中央油箱内氧气含量降低到12%以下。空气分离组件:2050067 - 101/2030157 - 102/2060017 - 102/2060017 - 103/PPC1200 - 00/7012014H05/2060032 - 101/;气滤:2040025 - 104/2040025 - 105/2040025 - 106/;气滤压差电门:2040061 - 103/;热交换器:2341924 - 2/7012011H01/;臭氧转换器:2341926 - 2/;冲压空气活门:3291828 - 1/;氧气传感器:3522W000 - 001/7012040H01/2040081 - 101/;双流量关断活门:2040029 - 104/;惰性气体隔离活门:2040031 - 102/3957A0000 - 02/;惰性气体控制组件:367 - 359 - 005/;惰性气体旁通活门:3958A0000 - 01/;NGS冲压进气门作动筒:2741686 - 1/;再预冷器:2342176 - 1/。	飞机中央油箱	European Interim policy 25/12、USA SFAR 88、FAA - 2005 - 22997 - 5、EASA ED Decision 2014/024/R
六、电力				
67	SF_6泄漏报警装置	SF_6检测范围:50~5000ppm;超限报警点:1000ppm,精度<5%F·S;O2浓度检测范围:1%~25%,缺氧报警点:18%,精度<1%F·S;风机启动:氧含量≤19.6%时或SF_6气体浓度>1000ppm时,自动启动风机每次启动时间15min或自定义,可手动控制或强制启动风机。	变电站、开关站SF_6配电装置室	GB/T8905、DL/T846.6

续表

序号	设备名称	性能参数	应用领域	执行标准
68	测温式电气火灾监控探测器	报警值:55～140℃;报警时间:温度达到报警设定值时,探测器40s内发出报警信号。	电力隧道、变电站、开关站、发电厂	GB 14287.3、GB 50116、GB 50166
69	电力线路杆塔作业防坠落装置	导轨载荷:不小于100kg;锁止距离:不大于0.2m;导轨型式:T型导轨、槽型导轨、钢绞线。	输电线路杆塔	DL/T 1147
70	绝缘检修作业平台	绝缘电压等级:10～1000kV、±800kV;抱杆梯、梯具、梯台、过桥、拆卸型检修平台、升降型检修平台工作载荷不小于100kg;复合材料快装脚手架单层额定工作载荷不小于200kg。	变电站、开关站、发电厂、输电线路	DL/T 1209
71	带电作业车	绝缘等级10～110kV,工作斗载荷:200kg(2人)。	架空电力线路	GB/T 9465、GB/T 18037、DL/T 972
72	超声波局放检测仪	灵敏度:峰值灵敏度一般不小于60dB(V/(m/s)),均值灵敏度一般不小于40dB(V/(m/s));检测频带:用于SF_6气体绝缘电力设备的超声波检测仪,一般在20kHz～80kHz范围内;对于充油电力设备的超声波检测仪一般在80kHz～200kHz范围内;对于非接触方式的超声波检测仪,一般在20kHz～60kHz范围内;线性度误差:不大于±20%;稳定性:局部放电超声波检测仪连续工作1小时后,注入恒定幅值的脉冲信号时,其响应值的变化不应超过±20%。	变电站、开关站、输电线路、发电厂	DL/T 250、DL/T 1416

续表

序号	设备名称	性能参数	应用领域	执行标准
七、建筑施工				
73	附着升降脚手架全金属安全防护装置	全金属网架安全防护屏，随作业面同步升降的相邻提升点间高差≤30mm，防坠落制动距离≤80mm。架体高度＜5倍楼层高；架体宽度＜1.2m；直线布置的架体支承跨度＜7m，折线或曲线布置的架体，相邻两主框架支撑点处的架体外侧距离＜5.4m；架体的水平悬挑长度＜2m，且＜跨度的1/2；架体全高与支承跨度的乘积＜110m^2。	建筑主体与装饰工程的整体或分片、分段提升的附着升降脚手架作业安全防护与控制	JGJ202、JGJ59、JGJ130
	附着升降脚手架防倾覆装置	在升降和使用两种工况下，最上和最下两个导向件间的最小间距不得小于2.8m或架体高度的1/4；具有防止竖向主框架倾斜的功能；采用螺栓与附墙支座连接，其装置与导轨之间的间隙＜5mm。		
	附着升降脚手架防坠落装置	每一升降点不少于1个防坠落装置，在使用和升降工况下均须起作用；除应满足承载能力要求外，整体式脚手架制动距离≤80mm，单片式脚手架制动距离≤150mm。采用钢吊杆式防坠落装置，钢吊杆规格由计算确定，且不应小于Φ25mm。采用丝杠丝母传动防坠落装置，丝杠外径为40mm，须承受670kN的荷载。		
	附着升降脚手架同步升降控制安全装置	当水平支承桁架两端高差达到30mm时，自动停机；控制精度在5%以内，具有显示各提升点的实际升高和超高的数据，有记忆和储存功能。		

续表

序号	设备名称	性能参数	应用领域	执行标准
74	集成式爬模防坠落装置	爬模支座内设有防止导轨提升时坠落的装置，架体与结构内设有防止架体提升时坠落的装置。	建筑施工的爬模安全作业控制	JGJ202、JGJ59、JGJ195
	集成式爬模防倾覆装置	爬模提升系统的每机位设置不少于2个附着支座，导轨长度不低于2个楼层。		
	集成式爬模同步升降控制安全装置	当机位荷载变化15%以上的，报警提示；变化30%以上的，报警并自动停机。		
75	施工升降机防坠落安全装置	施工升降机额定提升速度v≤0.65m/s时，安全制动距离为0.15～1.40m，额定提升速度0.65m/s〈v≤1.00m/s时，安全制动距离为0.25～1.60m，额定提升速度1.00m/s〈v≤1.33m/s时，安全制动距离为0.35～1.80m，额定提升速度>1.33m/s时，安全制动距离0.55～2.00m。钢丝绳式施工升降机应有停层防坠落装置，该装置应在吊笼达到工作面后人员进入吊笼之前起作用，使吊笼固定在导轨架上。卷扬机传动的施工升降机应设防松绳和断绳保护安全装置。	施工升降机安全作业控制	GB 26557、GB/T 10054、GB/T 10055、TSG Q7008、JG 121
	施工升降机安全监控系统	当载荷达到额定载重量的90%时，发出报警信号；达到额定载重量的110%前，中止吊笼启动。在吊笼到达行程终点时，自动切断控制电路；超越行程终点时，自动切断总电源。自动记录施工升降机运行的实时状态数据，记录存储量>7000条；报警为蜂鸣器鸣音、指示灯显示。		

续表

序号	设备名称	性能参数	应用领域	执行标准
76	高处作业吊篮安全锁装置	当高处作业吊篮的悬吊平台运行速度达到额定锁绳速度时，能够自动锁住安全钢丝绳，制停距离≤200mm 在悬吊平台纵向倾斜角度不大于8°时，自动锁住安全钢丝绳并停止悬吊平台运行，防止悬吊束发生坠落。	建筑施工用高处作业吊篮安全作业控制	GB19155、JGJ202、JGJ59
77	塔式起重机安全监控系统	当吊重力矩达到控制值90%时，发出断续报警并黄灯闪烁；达到100%时，发出持续报警并红灯闪烁，自动切断吊钩上升高速和小车往臂端行高速接触器；达到110%时，红灯闪烁并自动切断吊钩上升低速和小车往臂端行低速接触器，不允许吊钩起吊。自动记录塔式起重机运行时的回转角度、小车位移、吊钩高度日期、风速等实时状态数据，存储时间≥48h，工作循环记录储存次数≥16000条，系统综合误差≤5%，环境温度-20～60℃。	施工现场单台或多台塔式起重机的安全作业控制	GB/T 5031、GB 12602、GB/T 3811、GB/T 28264
78	升降式作业平台安全防护及门控系统	升降式作业平台安全防护系统：当平台与墙面水平距离为0.3～0.5m时，应不低于1.1m，平台外侧防护高度应不低于1.1m，安全防护系统应设高度不低于0.15m的护脚板，及距离顶部横杆或护脚板均不大于0.5m的中间横杆，以防止平台上作业人员发生高空坠落。升降式作业平台门控系统：保证作业平台的入口门不得向外侧开启，并采用电控方式进行互锁，以防止在入口门开启时，发生作业平台升降运行的危险动作。	建筑施工外装修施工、既有建筑改造用作业平台及物料运送平台	GB/T27547、JCJ202

第34条

续表

序号	设备名称	性能参数	应用领域	执行标准
八、应急救援设备				
79	呼吸防护器	正压式空气呼吸器：具有耐高温、抗热老化、耐辐射热、阻燃、防水、重量轻、气密性好、电气元件防爆等性能，背架应为高强度的非金属材料制成，面罩防结雾，具有他救、压力平视显示、应急救援用快速充气等功能。	在浓烟、有毒气体或严重缺氧环境中进行呼吸防护	GA 124
		正压氧气呼吸器：防护时间1h以上，氧浓度不得低于21%；正压式消防氧气呼吸器：重型劳动强度下防护时间1h以上，吸气中氧气浓度不得低于21%，吸气中二氧化碳浓度不得高于1%，吸气温度不得高于38℃。	煤矿井下；在高原、地下、隧道以及高层建筑等场所长时间作业时进行呼吸保护	MT86、GA632
		全防型滤毒罐：对有毒气体和蒸汽、有毒颗粒及放射性粒子、细菌具有良好的过滤性能，NBC防护标准，储存期限不低于5年。	危险场所呼吸保护与防毒面罩配套使用	GB/T2892
		压缩氧自救器：具有防爆合格证和MA标志定量供氧量1.2～1.6L/min、通气阻力196Pa、吸气温度45℃、手动补给60L/min、二氧化碳吸收剂用量350g、氧气瓶额定充气压力20MPa、排气阀开启压力200～400Pa。	煤矿井下发生缺氧或在有毒有害气体环境中矿工逃生用	MT711

续表

序号	设备名称	性能参数	应用领域	执行标准
79	呼吸防护器	送风式长管呼吸器：正压送风，防止作业环境气体被劳动者吸入。	有毒有害物质作业和救援场所	GB6220、GA1261
80	核放射探测仪	可自动声光报警、显示所检测射线的强度持续工作时间不少于70h。	有α、β、γ射线污染源的作业环境	GB10257
81	矿山救护指挥车	具有高底盘，功率大，起步快，越野性能好等特点。汽车性能应达到：爬坡度在30%以上；最小离地间隙在220mm以上；行车速度在120km/h以上；配有无线通信系统、卫星定位系统和警灯警报装置。	矿山事故抢险的救援指挥	GB50313、QC/T457、GA14
82	消防车	水罐消防车、泡沫消防车、高倍泡沫消防车、供水消防车、供液消防车：配备消防泵（或供液泵），不分配备水罐（或泡沫液罐、泡沫比例混合器）、高倍数泡沫发生器、消防炮等灭火设备。	灭火救援及危险化学品应急处置、灭火现场供给泡沫液	GB7956.1、GB7956.2、GB7956.3、GA39
		举高类消防车（含云梯消防车、登高平台消防车、举高喷射消防车）：配备举高臂架（直臂、曲臂、直曲臂）或梯架（伸缩或组合）、回转机构，部分配备滑车、消防泵、水罐（或泡沫液罐、泡沫比例混合器）、消防炮、工作斗、破拆装置等。	储罐、塔釜、框架设备、高层建筑场所灭火救援及危险化学品应急处置及高空人员救援	GB7956.1、GB7956.12

续表

序号	设备名称	性能参数	应用领域	执行标准
82	消防车	干粉/干粉水联用/干粉泡沫联用消防车：配备干粉灭火剂罐、减压装置、氮气瓶组、干粉喷射装置，部分配备消防泵、水罐(或泡沫液罐、泡沫比例混合器)、消防炮等设备。	可燃液体、可燃气体、带电设备、遇水燃烧物质等场所灭火救援、危险化学品应急处置	GB7956.1、GA39
		抢险救援消防车、化学救援消防车：配备抢险救援器材(涉及侦检类、破拆类、堵漏类、防护类、洗消类、警戒类等)、随车吊或具有起吊功能的随车叉车、绞盘和照明系统、化学事故处置装置等。	危险化学品泄漏、着火，工程抢险、自然灾害等事件灭火救援应急处置	GB7956.1、GB7956.14、GA39
		供气消防车：配备高压空气压缩机、高压气瓶组、防爆充气箱等装置，部分配备照明系统。	为空气呼吸器瓶充气、气动工具供气	GB7956.1、GA39
		照明消防车：配备固定照明灯、移动照明等、发电机。	灾害现场照明	GB7956.1、GA39
		排烟消防车：配备固定排烟送风装置及辅助设备。	灾害现场排烟、通风	GB7956.1、GA39

续表

序号	设备名称	性能参数	应用领域	执行标准
83	机场消防业务车辆	快速调动车：发动机不用预热；气温在7℃以上时，满载状态下静止加速到80km/h以上不超过25s；全轮驱动；喷射率不小于4500L/min；一次性泡沫混合液喷射量不低于5000L；最大车速大于105km/h；在水泵全功率工作状态下车辆行驶速度不小于40km/h；专用越野底盘（非商用越野底盘）；具备3C证书。	预防及扑救飞机火灾	《机场服务手册－第一部分救援与消防》(ICAO Doc9137－AN898)、GB7956.1、GA 39、MH/T7002，并参考NFPA 414、FAANO.150/5220
		主力泡沫车：满载状态下由静止加速到80km/h以上不超过40s；最大车速大于100km/h；喷射率不小于4500L/min；一次性泡沫混合液喷射量不低于10000L；在水泵全功率工作状态下车辆行驶速度不小于40km/h；专用越野底盘（非商用越野底盘）；具备3C证书。		《机场服务手册－第一部分救援与消防》(ICAO Doc9137－AN898)、GB7956.1、GA 39、MH/T7002，并参考NFPA 414、FAANO.150/5220
		重型泡沫车：最大载重量大于8000kg；设电控消防炮，并符合《消防炮通用技术条件》(GB 19156)要求越野底盘；具备3C证书。		GB7956.1、GB 7956.3、GA 39、MH/T7002
		中型泡沫车：最大载重量小于或等于8000kg；设电控消防炮，并符合《消防炮通用技术条件》(GB 19156)要求；越野底盘；具备3C证书。		GB7956.1、GB 7956.3、GA 39、MH/T7002

续表

序号	设备名称	性能参数	应用领域	执行标准
83	机场消防业务车辆	升降救援车：救援梯采用防腐金属材质伸缩型，高度：最低位≥3.0m，最高位≥8.0m；台阶两边设置不低于0.7m的护栏，台阶的底部应尽量靠近地面；顶部救援平台：宽度：>2.0m；深度：>2.0m；左右两边设置不低于0.7m的护栏；前部设有可移动式的保护装置。中、顶部平台应始终保持水平状态，顶部平台载重量>300kg；驱动形式：4×4或6×4驱动；发动机功率：>300kW，轴距：≤4500mm；使用车辆发动机经过取力系统驱动液压泵向系统提供液压，液压阀门为电动控制，紧急情况下也可手动控制。	预防及扑救飞机火灾	《机场服务手册－第一部分救援与消防》（ICAO Doc9137－AN898）、MH/T7002，并参考NFPA 414、FAA（No.150/5220）
84	应急电源（发电）车	发电功率200～500kW。	事故、灾害救援现场，保电现场	GB/T 21225、GB 50052、GB/T 2819
85	溢油回收设备	收油机：最大收油速率为10～200m³/h，最大收油效率为98%，粘度范围为1～1,000,000cSt。	海上井喷、火灾爆炸事故造成的溢油回收	JT/T 863
		围油栏：总高大于400mm，最小总抗拉强度55kN，最大抗波高1.8m，最大抗风速15m/s，最大抗流速3kn。	海上溢油应急处置	JT/T465
		防火围油栏：耐热温度：1000℃，总高大于800mm，最小总抗拉强度80kN，最大抗波高1.8m，最大抗风速15m/s，最大抗流速3kn。	海上溢油应急处置	JT/T465

续表

序号	设备名称	性能参数	应用领域	执行标准
85	溢油回收设备	吸油拖栏：最大吃水深度为150mm，最大抗拉强度为18kN，吸附倍率大于10倍，吸水量为自重的10%。	海上溢油应急处置	JT/T 864
86	管道带压开孔封堵设备	带压开孔设备：能够实现PN10MPa，DN1200mm管道的开孔作业。	油气长输管道、市政管道的不停输抢维修	GB/T 28055、SY/T 6150.1、SY 6554
		带压封堵设备：能够实现PN10MPa，DN1200mm管道的封堵作业。		
		管道带压开孔封堵专用阀门：用于配合开孔封堵设备使用实现PN10MPa，DN1200mm管道开孔封堵作业。		
		管道带压开孔封堵对开管件：用于配合开孔封堵设备使用实现PN10MPa，DN1200mm管道开孔封堵作业。		
87	矿山应急救援设备	地面大直径钻机：可移动式，最大钻进孔径≥600mm，钻深≥500m。 井下轻型救灾钻机：模块化设计，最大拆分模块重量＜60kg；钻孔深度≥100m，终孔直径≥75mm。 多功能快速水平钻机：发动机功率135kW，钻孔口径最大可达165mm，具备套管作业、止水止浆、超前地质预报等功能。 矿用雷达生命探测仪：探测距离＞10m，探测张角＞100°，探测精度≥±20cm。 井下快速成套支护装备：支撑高度范围1～4m，初撑力≥100kN，静态支撑力≥400kN。	井工煤矿救援	MT/T1129、MA依据标准

续表

序号	设备名称	性能参数	应用领域	执行标准
87	矿山应急救援设备	矿用逃生救援补给站：具备防护、供给和通信功能，自救器存储量≥30台，允许同时补给人数≥4人。 矿用救灾多媒体通信系统：无线语音、视频及环境参数实时传输、持机人员定位，通信距离≥20km，定位精度≥±5m。		
88	破拆工具车	箱式货车功率221kW，具备照明、连接市电等功能，配置荷马特破拆支护类工具（手动多功能剪扩钳、钢缆剪切钳、便携机动泵、液压扩张钳、单向液压千斤顶、机械撑杆、延伸管250mm/500mm等）。	隧道救援中破拆和支护	JTGF60
89	消防机器人	灭火机器人：以消防炮等灭火装置为主要机载设备，在高温、浓烟、强热辐射、爆炸等危险场所执行灭火、冷却剂化学污染场所洗消等作业。 排烟机器人：以排烟机为主要机载设备，对消防车辆及人员无法靠近的灾害现场进行正压送风、排烟、水雾灭火、冷却等作业。 侦察机器人：具有防爆性能，以气体侦检仪等传感器为主要机载设备，对室内外危险灾害现场进行现场探测、侦察，并可将采集到的信息（数据、图像、语音）进行实时处理和无线传输。用于化学事故现场的视频采集及危险气体、液体的侦察与检测。	危险场所灭火救援	GA892.1

注：表内安全设备按照行业列示，对于可在不同行业中通用的专用设备，不受该专用设备所处行业和所列应用领域的限制。

第三十五条 【优惠办法的授权制定】 本法规定的税收优惠的具体办法，由国务院规定。

一、税收行政法规

《中华人民共和国企业所得税法实施条例》（2007年12月6日中华人民共和国国务院令第512号公布 根据2019年4月23日《国务院关于修改部分行政法规的决定》修订）

第一百零一条 本章第八十七条、第九十九条、第一百条规定的企业所得税优惠目录，由国务院财政、税务主管部门商国务院有关部门制定，报国务院批准后公布施行。

第一百零二条 企业同时从事适用不同企业所得税待遇的项目的，其优惠项目应当单独计算所得，并合理分摊企业的期间费用；没有单独计算的，不得享受企业所得税优惠。

二、税务规范性文件

《国家税务总局关于发布修订后的〈企业所得税优惠政策事项办理办法〉的公告》（2018年4月25日颁布 2017年1月1日起实施 国家税务总局公告2018年第23号）

为优化税收环境，有效落实企业所得税各项优惠政策，根据《国家税务总局关于进一步深化税务系统"放管服"改革优化税收环境的若干意见》（税总发〔2017〕101号）有关精神，现将修订后的《企业所得税优惠政策事项办理办法》予以发布。

特此公告。

附件：企业所得税优惠事项管理目录（2017年版）

企业所得税优惠政策事项办理办法

第一条 为落实国务院简政放权、放管结合、优化服务要求，规范企业所得税优惠政策事项（以下简称"优惠事项"）办理，根据《中华人民共和国企业所得税法》（以下简称"企业所得税法"）及其实施条例、《中华人民共和国税收征收管理法》（以下简称"税收征管法"）及其实施细则，制定本办法。

第二条 本办法所称优惠事项是指企业所得税法规定的优惠事项，以及国务院和民族自治地方根据企业所得税法授权制定的企业所得税优惠事项。包括免税收入、减计收入、加计扣除、加速折旧、所得减免、抵扣应纳税所得额、减低税率、税额抵免等。

第三条 优惠事项的名称、政策概述、主要政策依据、主要留存备查资料、享受优惠时间、后续管理要求等，见本公告附件《企业所得税优惠事项管理目录(2017年版)》(以下简称《目录》)。

《目录》由税务总局编制、更新。

第四条 企业享受优惠事项采取“自行判别、申报享受、相关资料留存备查”的办理方式。企业应当根据经营情况以及相关税收规定自行判断是否符合优惠事项规定的条件，符合条件的可以按照《目录》列示的时间自行计算减免税额，并通过填报企业所得税纳税申报表享受税收优惠。同时，按照本办法的规定归集和留存相关资料备查。

第五条 本办法所称留存备查资料是指与企业享受优惠事项有关的合同、协议、凭证、证书、文件、账册、说明等资料。留存备查资料分为主要留存备查资料和其他留存备查资料两类。主要留存备查资料由企业按照《目录》列示的资料清单准备，其他留存备查资料由企业根据享受优惠事项情况自行补充准备。

第六条 企业享受优惠事项的，应当在完成年度汇算清缴后，将留存备查资料归集齐全并整理完成，以备税务机关核查。

第七条 企业同时享受多项优惠事项或者享受的优惠事项按照规定分项目进行核算的，应当按照优惠事项或者项目分别归集留存备查资料。

第八条 设有非法人分支机构的居民企业以及实行汇总纳税的非居民企业机构、场所享受优惠事项的，由居民企业的总机构以及汇总纳税的主要机构、场所负责统一归集并留存备查资料。分支机构以及被汇总纳税的非居民企业机构、场所按照规定可独立享受优惠事项的，由分支机构以及被汇总纳税的非居民企业机构、场所负责归集并留存备查资料，同时分支机构以及被汇总纳税的非居民企业机构、场所应在当完成年度汇算清缴后将留存的备查资料清单送总机构以及汇总纳税的主要机构、场所汇总。

第九条 企业对优惠事项留存备查资料的真实性、合法性承担法律责任。

第十条 企业留存备查资料应从企业享受优惠事项当年的企业所得税汇算清缴期结束次日起保留10年。

第十一条 税务机关应当严格按照本办法规定的方式管理优惠事项，严禁擅自改变优惠事项的管理方式。

第十二条　企业享受优惠事项后，税务机关将适时开展后续管理。在后续管理时，企业应当根据税务机关管理服务的需要，按照规定的期限和方式提供留存备查资料，以证实享受优惠事项符合条件。其中，享受集成电路生产企业、集成电路设计企业、软件企业、国家规划布局内的重点软件企业和集成电路设计企业等优惠事项的企业，应当在完成年度汇算清缴后，按照《目录》"后续管理要求"项目中列示的清单向税务机关提交资料。

第十三条　企业享受优惠事项后发现其不符合优惠事项规定条件的，应当依法及时自行调整并补缴税款及滞纳金。

第十四条　企业未能按照税务机关要求提供留存备查资料，或者提供的留存备查资料与实际生产经营情况、财务核算情况、相关技术领域、产业、目录、资格证书等不符，无法证实符合优惠事项规定条件的，或者存在弄虚作假情况的，税务机关将依法追缴其已享受的企业所得税优惠，并按照税收征管法等相关规定处理。

第十五条　本办法适用于2017年度企业所得税汇算清缴及以后年度企业所得税优惠事项办理工作。《国家税务总局关于发布〈企业所得税优惠政策事项办理办法〉的公告》（国家税务总局公告2015年第76号）同时废止。

第三十六条　【国务院的优惠政策制定权】　根据国民经济和社会发展的需要，或者由于突发事件等原因对企业经营活动产生重大影响的，国务院可以制定企业所得税专项优惠政策，报全国人民代表大会常务委员会备案。

税务规范性文件

（一）区域性税收优惠

1.《财政部　国家税务总局关于西气东输项目有关税收政策的通知》（2002年7月31日颁布　财税〔2002〕111号）

经国务院批准，现将西气东输项目有关税收政策通知如下：

二、对西气东输管道运营企业执行15%的企业所得税税率。从开始获利的年度起，第一年和第二年免征企业所得税，第三年至第五年减半征收企业所得税。

2.《国家税务总局关于西部大开发企业所得税优惠政策适用目录问题的批复》(2009年7月27日颁布 国税函〔2009〕399号)

甘肃省国家税务局：

你局《关于外商投资产业指导目录有关税收问题的请示》(甘国税发〔2009〕97号)收悉。根据《国务院关于实施企业所得税过渡优惠政策的通知》(国发〔2007〕39号)文件规定,《财政部 国家税务总局 海关总署关于西部大开发税收优惠政策问题的通知》(财税〔2001〕202号)规定的西部大开发企业所得税优惠政策继续执行到期。经研究,现将《中华人民共和国企业所得税法》实施后,西部大开发企业所得税优惠政策适用目录问题批复如下:

一、享受西部大开发企业所得税优惠政策的国家鼓励类产业内资企业适用目录及衔接问题,继续按照《财政部 国家税务总局关于西部大开发税收优惠政策适用目录变更问题的通知》(财税〔2006〕165号)的规定执行。

二、享受西部大开发企业所得税优惠政策的国家鼓励类产业外商投资企业适用目录及衔接问题,按以下原则执行:

(一)自2008年1月1日起,财税〔2001〕202号文件中《外商投资产业指导目录》按国家发展和改革委员会公布的《外商投资产业指导目录(2007年修订)》执行。自2009年1月1日起,财税〔2001〕202号文件中《中西部地区外商投资优势产业目录》(第18号令)按国家发展和改革委员会与商务部发布的《中西部地区优势产业目录(2008年修订)》执行。

(二)在相关目录变更前,已按财税〔2001〕202号文件规定的目录标准审核享受企业所得税优惠政策的外商投资企业,除属于《外商投资产业指导目录(2007年修订)》中限制外商投资产业目录、禁止外商投资产业目录外,可继续执行到期满为止;对属于《外商投资产业指导目录(2007年修订)》中限制外商投资产业目录、禁止外商投资产业目录的企业,应自执行新目录的年度起,停止执行西部大开发企业所得税优惠政策。

对符合新目录鼓励类标准但不符合原目录标准的企业,应自执行新目录的年度起,就其按照西部大开发有关企业所得税优惠政策规定计算的税收优惠期的剩余优惠年限享受优惠。

3.《国家税务总局关于执行西部大开发税收优惠政策有关问题的批复》(2009年7月31日颁布 国税函〔2009〕411号)

广西壮族自治区国家税务局:

你局《关于执行西部大开发税收优惠政策有关问题的请示》(桂国税发〔2009〕140号)收悉。经研究,批复如下:

《财政部 国家税务总局 海关总署关于西部大开发税收优惠政策问题的通知》(财税〔2001〕202号)第二条第三款规定"新办交通企业是指投资新办从事公路、铁路、航空、港口、码头运营和管道运输的企业"中的交通企业,是指投资于上述设施建设项目并运营该项目取得经营收入的企业。

4.《财政部 国家税务总局关于新疆困难地区新办企业所得税优惠政策的通知》(2011年6月17日颁布 2010年1月1日起实施 财税〔2011〕53号)

新疆维吾尔自治区财政厅、国家税务局、地方税务局,新疆生产建设兵团财务局:

为推进新疆跨越式发展和长治久安,根据中共中央、国务院关于支持新疆经济社会发展的指示精神,现就新疆困难地区有关企业所得税优惠政策通知如下:

一、2010年1月1日至2020年12月31日,对在新疆困难地区新办的属于《新疆困难地区重点鼓励发展产业企业所得税优惠目录》(以下简称《目录》)范围内的企业,自取得第一笔生产经营收入所属纳税年度起,第一年至第二年免征企业所得税,第三年至第五年减半征收企业所得税。

二、新疆困难地区包括南疆三地州、其他国家扶贫开发重点县和边境县市。

三、属于《目录》范围内的企业是指以《目录》中规定的产业项目为主营业务,其主营业务收入占企业收入总额70%以上的企业。

四、第一笔生产经营收入,是指新疆困难地区重点鼓励发展产业项目已建成并投入运营后所取得的第一笔收入。

五、按照本通知规定享受企业所得税定期减免税政策的企业,在减半期内,按照企业所得税25%的法定税率计算的应纳税额减半征税。

六、财政部、国家税务总局会同有关部门研究制订《目录》,经国务院批准后公布实施,并根据新疆经济社会发展需要及企业所得税优惠政策实施情况适时调整。

七、对难以界定是否属于《目录》范围的项目，税务机关应当要求企业提供省级以上（含省级）有关行业主管部门出具的证明文件，并结合其他相关材料进行认定。

5.《财政部　国家税务总局关于新疆喀什霍尔果斯两个特殊经济开发区企业所得税优惠政策的通知》(2011 年 11 月 29 日颁布　2010 年 1 月 1 日起实施　财税〔2011〕112 号)

新疆维吾尔自治区财政厅、国家税务局、地方税务局，新疆生产建设兵团财务局：

为推进新疆跨越式发展和长治久安，贯彻落实《中共中央国务院关于推进新疆跨越式发展和长治久安的意见》和《国务院关于支持喀什霍尔果斯经济开发区建设的若干意见》（国发〔2011〕33 号）精神，现就新疆喀什、霍尔果斯两个特殊经济开发区有关企业所得税优惠政策通知如下：

一、2010 年 1 月 1 日至 2020 年 12 月 31 日，对在新疆喀什、霍尔果斯两个特殊经济开发区内新办的属于《新疆困难地区重点鼓励发展产业企业所得税优惠目录》（以下简称《目录》）范围内的企业，自取得第一笔生产经营收入所属纳税年度起，五年内免征企业所得税。

第一笔生产经营收入，是指产业项目已建成并投入运营后所取得的第一笔收入。

二、属于《目录》范围内的企业是指以《目录》中规定的产业项目为主营业务，其主营业务收入占企业收入总额 70% 以上的企业。

三、对难以界定是否属于《目录》范围的项目，税务机关应当要求企业提供省级以上（含省级）有关行业主管部门出具的证明文件，并结合其他相关材料进行认定。

6.《财政部　国家税务总局关于中国（上海）自由贸易试验区内企业以非货币性资产对外投资等资产重组行为有关企业所得税政策问题的通知》(2013 年 11 月 15 日颁布并实施　财税〔2013〕91 号)

各省、自治区、直辖市、计划单列市财政厅（局）、国家税务局、地方税务局，新疆生产建设兵团财务局：

根据《国务院关于印发中国（上海）自由贸易试验区总体方案的通知》（国发〔2013〕38 号）有关规定，现就中国（上海）自由贸易试验区（简称试验区）非货币性资产投资资产评估增值企业所得税政策通知如下：

一、注册在试验区内的企业，因非货币性资产对外投资等资产重组行为产生资产评估增值，据此确认的非货币性资产转让所得，可在不超过5年期限内，分期均匀计入相应年度的应纳税所得额，按规定计算缴纳企业所得税。

二、企业以非货币性资产对外投资，应于投资协议生效且完成资产实际交割并办理股权登记手续时，确认非货币性资产转让收入的实现。

企业以非货币性资产对外投资，应对非货币性资产进行评估并按评估后的公允价值扣除计税基础后的余额，计算确认非货币性资产转让所得。

三、企业以非货币性资产对外投资，其取得股权的计税基础应以非货币性资产的原计税基础为基础，加上每年计入的非货币性资产转让所得，逐年进行调整。

被投资企业取得非货币性资产的计税基础，可以非货币性资产的公允价值确定。

四、企业在对外投资5年内转让上述股权或投资收回的，应停止执行递延纳税政策，并将递延期内尚未计入的非货币性资产转让所得，在转让股权或投资收回当年的企业所得税年度汇算清缴时，一次性计算缴纳企业所得税；企业在计算股权转让所得时，可按本通知第三条第一款规定将股权的计税基础一次调整到位。

企业在对外投资5年内注销的，应停止执行递延纳税政策，并将递延期内尚未计入的非货币性资产转让所得，在歇业当年的企业所得税年度汇算清缴时，一次性计算缴纳企业所得税。

五、企业应于投资协议生效且完成资产实际交割并办理股权登记手续30日内，持相关资料向主管税务机关办理递延纳税备案登记手续。

主管税务机关应对报送资料进行审核，在规定时间内将备案登记结果回复企业。

六、企业应在确认收入实现的当年，以项目为单位，做好相应台账，准确记录应予确认的非货币性资产转让所得，并在相应年度的企业所得税汇算清缴时对当年计入额及分年结转额的情况做出说明。

主管税务机关应在备案登记结果回复企业的同时，将相关信息纳入系统管理，并及时做好企业申报信息与备案信息的比对工作。

七、主管税务机关在组织开展企业所得税汇算清缴后续管理工作时，应将企业递延纳税的执行情况纳入后续管理体系，并视风险高低情况，适时纳入纳税服务提醒平台或风险监控平台进行管理。

八、本通知所称注册在试验区内的企业，是指在试验区注册并在区内经营，实行查账征收的居民企业。

本通知所称非货币性资产对外投资等资产重组行为，是指以非货币性资产出资设立或注入公司，限于以非货币性资产出资设立新公司和符合《财政部　国家税务总局关于企业重组业务企业所得税处理若干问题的通知》（财税〔2009〕59号）第一条规定的股权收购、资产收购。

九、本通知自印发之日起执行。

7.《财政部　税务总局　国家发展改革委关于延续西部大开发企业所得税政策的公告》（2020年4月23日颁布　2021年1月1日起实施　财政部公告2020年第23号）

为贯彻落实党中央、国务院关于新时代推进西部大开发形成新格局有关精神，现将延续西部大开发企业所得税政策公告如下：

一、自2021年1月1日至2030年12月31日，对设在西部地区的鼓励类产业企业减按15%的税率征收企业所得税。本条所称鼓励类产业企业是指以《西部地区鼓励类产业目录》中规定的产业项目为主营业务，且其主营业务收入占企业收入总额60%以上的企业。

二、《西部地区鼓励类产业目录》由发展改革委牵头制定。该目录在本公告执行期限内修订的，自修订版实施之日起按新版本执行。

三、税务机关在后续管理中，不能准确判定企业主营业务是否属于国家鼓励类产业项目时，可提请发展改革等相关部门出具意见。对不符合税收优惠政策规定条件的，由税务机关按税收征收管理法及有关规定进行相应处理。具体办法由省级发展改革、税务部门另行制定。

四、本公告所称西部地区包括内蒙古自治区、广西壮族自治区、重庆市、四川省、贵州省、云南省、西藏自治区、陕西省、甘肃省、青海省、宁夏回族自治区、新疆维吾尔自治区和新疆生产建设兵团。湖南省湘西土家族苗族自治州、湖北省恩施土家族苗族自治州、吉林省延边朝鲜族自治州和江西省赣州市，可以比照西部地区的企业所得税政策执行。

五、本公告自2021年1月1日起执行。《财政部　海关总署　国家税务总局关于深入实施西部大开发战略有关税收政策问题的通知》（财税〔2011〕58号）、《财政部　海关总署　国家税务总局关于赣州市执行西部大开发税收政策问题的通知》（财税〔2013〕4号）中的企业所得税政策规定自2021年1月1日起停止执行。

8.《财政部　税务总局关于海南自由贸易港企业所得税优惠政策的通知》（2020年6月23日颁布　2020年1月1日起实施　财税〔2020〕31号）

海南省财政厅，国家税务总局海南省税务局：

为支持海南自由贸易港建设，现就有关企业所得税优惠政策通知如下：

一、对注册在海南自由贸易港并实质性运营的鼓励类产业企业，减按15%的税率征收企业所得税。

本条所称鼓励类产业企业，是指以海南自由贸易港鼓励类产业目录中规定的产业项目为主营业务，且其主营业务收入占企业收入总额60%以上的企业。所称实质性运营，是指企业的实际管理机构设在海南自由贸易港，并对企业生产经营、人员、账务、财产等实施实质性全面管理和控制。对不符合实质性运营的企业，不得享受优惠。

海南自由贸易港鼓励类产业目录包括《产业结构调整指导目录(2019年本)》、《鼓励外商投资产业目录(2019年版)》和海南自由贸易港新增鼓励类产业目录。上述目录在本通知执行期限内修订的，自修订版实施之日起按新版本执行。

对总机构设在海南自由贸易港的符合条件的企业，仅就其设在海南自由贸易港的总机构和分支机构的所得，适用15%税率；对总机构设在海南自由贸易港以外的企业，仅就其设在海南自由贸易港内的符合条件的分支机构的所得，适用15%税率。具体征管办法按照税务总局有关规定执行。

二、对在海南自由贸易港设立的旅游业、现代服务业、高新技术产业企业新增境外直接投资取得的所得，免征企业所得税。

本条所称新增境外直接投资所得应当符合以下条件：

(一)从境外新设分支机构取得的营业利润；或从持股比例超过20%(含)的境外子公司分回的，与新增境外直接投资相对应的股息所得。

(二)被投资国(地区)的企业所得税法定税率不低于5%。

本条所称旅游业、现代服务业、高新技术产业，按照海南自由贸易港鼓励类产业目录执行。

三、对在海南自由贸易港设立的企业，新购置(含自建、自行开发)固定资产或无形资产，单位价值不超过500万元(含)的，允许一次性计入当期成本费用在计算应纳税所得额时扣除，不再分年度计算折旧和摊销；新购置(含自建、自行开发)固定资产或无形资产，单位价值超过500万元的，可以缩短折旧、摊销年限或采取加速折旧、摊销的方法。

本条所称固定资产，是指除房屋、建筑物以外的固定资产。

四、本通知自2020年1月1日起执行至2024年12月31日。

9.《财政部　税务总局关于中国（上海）自贸试验区临港新片区重点产业企业所得税政策的通知》（2020年7月13日颁布　2020年1月1日起实施　财税〔2020〕38号）

上海市财政局、国家税务总局上海市税务局：

根据《国务院关于印发中国（上海）自由贸易试验区临港新片区总体方案的通知》（国发〔2019〕15号）有关要求，现就中国（上海）自由贸易试验区临港新片区（以下称“新片区”）内重点产业企业所得税政策通知如下：

一、对新片区内从事集成电路、人工智能、生物医药、民用航空等关键领域核心环节相关产品（技术）业务，并开展实质性生产或研发活动的符合条件的法人企业，自设立之日起5年内减按15%的税率征收企业所得税。

二、本通知所称“符合条件的法人企业”必须同时满足以下第（一）、（二）项条件，以及第（三）项或第（四）项条件中任一子条件：

（一）自2020年1月1日起在新片区内注册登记（不包括从外区域迁入新片区的企业），主营业务为从事《新片区集成电路、人工智能、生物医药、民用航空关键领域核心环节目录》以下简称《目录》）中相关领域环节实质性生产或研发活动的法人企业；

实质性生产或研发活动是指，企业拥有固定生产经营场所、固定工作人员，具备与生产或研发活动相匹配的软硬件支撑条件，并在此基础上开展相关业务。

（二）企业主要研发或销售产品中至少包含1项关键产品（技术）；

关键产品（技术）是指在集成电路、人工智能、生物医药、民用航空等重点领域产业链中起到重要作用或不可或缺的产品（技术）。

（三）企业投资主体条件：

1. 企业投资主体在国际细分市场影响力排名居于前列，技术实力居于业内前列；

2. 企业投资主体在国内细分市场居于领先地位，技术实力在业内领先。

（四）企业研发生产条件：

1. 企业拥有领军人才及核心团队骨干，在国内外相关领域长期从事科研生产工作；

2. 企业拥有核心关键技术，对其主要产品具备建立自主知识产权体系的能力；

3. 企业具备推进产业链核心供应商多元化，牵引国内产业升级能力；

4. 企业具备高端供给能力，核心技术指标达到国际前列或国内领先；

5. 企业研发成果（技术或产品）已被国际国内一线终端设备制造商采用或已经开展紧密实质性合作（包括资本、科研、项目等领域）；

6. 企业获得国家或省级政府科技或产业化专项资金、政府性投资基金或取得知名投融资机构投资。

三、上海市财税部门会同产业主管部门制定重点产业企业认定具体操作管理办法，并报财政部、税务总局备案。

四、本通知自2020年1月1日起实施。2019年12月31日前已在新片区注册登记且从事《目录》所列业务的实质性生产或研发活动的符合条件的法人企业，可自2020年至该企业设立满5年期限内按照本通知执行。

附件：新片区集成电路、人工智能、生物医药、民用航空关键领域核心环节目录

附件：

新片区集成电路、人工智能、生物医药、民用航空关键领域核心环节目录

重点产业	细分领域
集成电路	集成电路设计
	先进半导体工艺、装备和器件研发与制造
	基础、平台及应用软件开发
	半导体关键材料研发与制造
	共性技术研发、检测、认证等高技术服务
人工智能	AI芯片研发与制造
	智能硬件研发与制造
	智能传感器研发与制造
	开发平台、工具软件及智能信息技术服务

续表

重点产业	细分领域
人工智能	智能机器人研发与制造
	智能网联汽车、智能型新能源汽车研发与制造
	智能装备及材料研发与制造
	共性技术开发与技术基础服务
生物医药	前沿生命科技与产品研发
	生物制品研发与制造
	高端中西药研发与制造
	高端医药装备研发与制造
	高端医疗器械研发与制造
	临床试验等专业技术服务
民用航空	民用飞机整机及关键系统研发与制造
	航空发动机整机及关键核心部件研发与制造
	航空关键材料研发与制造
	试飞、适航等航空产业链配套服务

(二)应对突发事件的税收优惠

1.《财政部　国家税务总局关于认真落实抗震救灾及灾后重建税收政策问题的通知》(2008年5月19日颁布　财税〔2008〕62号)①

各省、自治区、直辖市、计划单列市财政厅(局)、国家税务局、地方税务局:

随着抗震救灾工作的不断深入,灾后重建工作也将陆续展开。为贯彻落实好党中央、国务院关于抗震救灾工作的重要指示精神,积极支持受灾地区做好抗震救灾及灾后重建工作,现就有关税收政策问题通知如下:

第36条

① 条款废止,第四条废止。参见《财政部　税务总局关于契税法实施后有关优惠政策衔接问题的公告》(财政部　税务总局公告2021年第29号)。

各级财政税务机关要将支持抗震救灾和灾后重建工作作为当前一项十分紧迫的重要任务,采取有效措施,认真贯彻落实好现行税收法律、法规中可以适用于抗震救灾及灾后重建的有关税收优惠政策。主要包括:

一、企业所得税

(一)企业实际发生的因地震灾害造成的财产损失,准予在计算应纳税所得额时扣除。

(二)企业发生的公益性捐赠支出,按企业所得税法及其实施条例的规定在计算应纳税所得额时扣除。

2.《财政部 海关总署 国家税务总局关于支持汶川地震灾后恢复重建有关税收政策问题的通知》(2008年8月1日颁布 财税〔2008〕104号)

各省、自治区、直辖市、计划单列市财政厅(局)、国家税务局、地方税务局,新疆生产建设兵团财务局,广东分署、各直属海关:

为支持和帮助受灾地区积极开展生产自救,重建家园,鼓励和引导社会各方面力量参与灾后恢复重建工作,使地震灾区早日恢复正常的生产生活秩序,根据《国务院关于支持汶川地震灾后恢复重建政策措施的意见》(国发〔2008〕21号)的有关规定,现就支持汶川地震灾后恢复重建有关税收政策问题通知如下:

一、关于减轻企业负担,促进企业尽快恢复生产的税收政策措施

2. 对受灾严重地区损失严重的企业,免征2008年度企业所得税。

3. 自2008年5月12日起,受灾地区企业通过公益性社会团体、县级以上人民政府及其部门取得的抗震救灾和灾后恢复重建款项和物资,以及税收法律、法规和本通知规定的减免税金及附加收入,免征企业所得税。

3.《财政部 海关总署 国家税务总局关于支持舟曲灾后恢复重建有关税收政策问题的通知》(2010年12月29日颁布 2010年1月1日起实施 财税〔2010〕107号)

各省、自治区、直辖市、计划单列市财政厅(局)、国家税务局、地方税务局,新疆生产建设兵团财务局,广东分署、各直属海关:

为统筹引导各方面力量,支持和帮助遭受特大山洪泥石流灾害的舟曲灾后恢复重建,使灾区基本生产生活条件和经济社会发展全面恢复并超过灾前水平,根据《国务院关于支持舟曲灾后恢复重建政策措施的意见》(国发〔2010〕34号)的有关规定,现就支持舟曲灾后恢复重建

有关税收政策问题通知如下：

一、关于减轻企业税收负担的税收政策

1. 对灾区损失严重的企业，免征企业所得税。

2. 自2010年8月8日起，对灾区企业通过公益性社会团体、县级以上人民政府及其部门取得的抢险救灾和灾后恢复重建款项和物资，以及税收法律、法规和国务院批准的减免税金及附加收入，免征企业所得税。

3. 自2010年1月1日至2014年12月31日，对灾区农村信用社免征企业所得税。

4. 自2010年8月8日至2012年12月31日，对灾区企业、单位或支援灾区重建的企业、单位，进口国内不能满足供应并直接用于灾后恢复重建的大宗物资、设备等，给予进口税收优惠。

各省、自治区、直辖市、计划单列市人民政府或国务院有关部门负责将所在地企业或归口管理的单位提交的直接用于灾后恢复重建的进口国内不能满足供应的物资减免税申请汇总后报财政部，由财政部会同海关总署、国家税务总局等部门审核提出处理意见，报请国务院批准后执行。

六、关于税收政策的适用范围

根据《国务院关于印发舟曲灾后恢复重建总体规划的通知》（国发〔2010〕38号）的规定，本通知所称"灾区"包括甘肃省舟曲县城关镇和江盘乡的15个村、2个社区，灾区具体范围见附件。

七、关于税收政策的执行期限

以上税收优惠政策，凡未注明具体期限的，一律执行至2012年12月31日。

如果纳税人按规定既可享受本通知的税收优惠政策，也可享受国家支持汶川地震灾后恢复重建的税收优惠政策，可由纳税人自主选择适用的政策，但两项政策不得叠加使用。

各地财政、税务部门和各直属海关要加强领导、周密部署，把大力支持舟曲灾后恢复重建工作作为一项重要任务，贯彻落实好相关税收优惠政策。同时，要密切关注税收政策的执行情况，对发现的问题及时逐级向财政部、海关总署、国家税务总局反映。

附件：

舟曲灾区范围

灾害等级	范　围
极重区域	城关镇的三眼村、月圆村、南街村、瓦厂村、东城社区、西城社区和北街村大部、东街村大部、北关村部分、罗家峪村部分地区
严重区域	城关镇的西关村、西街村大部，江盘乡的南桥村、河南村部分地区等
一般区域	城关镇的锁儿头村、真牙头村、沙川村等村的部分地区

4.《财政部　海关总署　国家税务总局关于支持鲁甸地震灾后恢复重建有关税收政策问题的通知》(2015 年 1 月 26 日颁布　2014 年 1 月 1 日起实施　财税〔2015〕27 号)

各省、自治区、直辖市、计划单列市财政厅(局)、国家税务局、地方税务局，新疆生产建设兵团财务局，广东分署、各直属海关：

为支持和帮助鲁甸地震受灾地区积极开展生产自救，重建家园，鼓励和引导社会各方面力量参与灾后恢复重建工作，使灾区基本生产生活条件和经济社会发展全面恢复并超过灾前水平，根据《国务院关于支持鲁甸地震灾后恢复重建政策措施的意见》(国发〔2014〕57 号)的有关规定，现就支持鲁甸地震灾后恢复重建有关税收政策问题通知如下：

一、关于减轻企业税收负担的税收政策

1. 对受灾严重地区损失严重的企业，免征 2014 年至 2016 年度的企业所得税。

2. 自 2014 年 8 月 3 日起，对受灾地区企业通过公益性社会团体、县级以上人民政府及其部门取得的抗震救灾和灾后恢复重建款项和物资，以及税收法律、法规规定和国务院批准的减免税金及附加收入，免征企业所得税。

3. 自 2014 年 1 月 1 日至 2018 年 12 月 31 日，对受灾地区农村信用社免征企业所得税。

4. 自 2014 年 8 月 3 日起，对受灾地区企业、单位或支援受灾地区重建的企业、单位，在 3 年内进口国内不能满足供应并直接用于灾后恢复重建的大宗物资、设备等，给予进口税收优惠。

各省、自治区、直辖市、计划单列市人民政府或国务院有关部门负责将所在地企业或归口管理的单位提交的直接用于灾后恢复重建的进口国内不能满足供应的物资减免税申请汇总后报财政部,由财政部会同海关总署、国家税务总局等部门审核提出处理意见,报请国务院批准后执行。

四、关于鼓励社会各界支持抗震救灾和灾后恢复重建的税收政策

……

2. 自2014年8月3日起,对企业、个人通过公益性社会团体、县级以上人民政府及其部门向受灾地区的捐赠,允许在当年企业所得税前和当年个人所得税前全额扣除。

六、关于税收政策的适用范围

根据《云南鲁甸6.5级地震灾害损失评估报告》(民函〔2014〕269号)的规定,本通知所称"受灾严重地区"是指极重灾区和重灾区,"受灾地区"是指极重灾区、重灾区和一般灾区。具体受灾地区范围见附件。

七、关于税收政策的执行期限

以上税收政策,凡未注明具体期限的,一律执行至2016年12月31日。

各地财政、税务部门和各直属海关要加强领导、周密部署,把大力支持灾后恢复重建工作作为当前的一项重要任务,贯彻落实好相关税收优惠政策。同时,要密切关注税收政策的执行情况,对发现的问题及时逐级向财政部、海关总署、国家税务总局反映。

附件:

鲁甸地震受灾地区范围

灾区类别	地市	县(市、区)
极重灾区	昭通市	鲁甸县
重灾区	曲靖市	会泽县
	昭通市	巧家县
一般灾区	昭通市	昭阳区、永善县

5.《财政部　税务总局关于支持新型冠状病毒感染的肺炎疫情防控有关税收政策的公告》(2020年2月6日颁布　2020年1月1日起实施　财政部　税务总局公告2020年第8号)①

为进一步做好新型冠状病毒感染的肺炎疫情防控工作,支持相关企业发展,现就有关税收政策公告如下:

① 该文件的执行期限延长至2021年3月31日。参见《财政部　税务总局关于延续实施应对疫情部分税费优惠政策的公告》(财政部　税务总局公告2021年第7号)。

一、对疫情防控重点保障物资生产企业为扩大产能新购置的相关设备，允许一次性计入当期成本费用在企业所得税税前扣除。

四、受疫情影响较大的困难行业企业2020年度发生的亏损，最长结转年限由5年延长至8年。

困难行业企业，包括交通运输、餐饮、住宿、旅游（指旅行社及相关服务、游览景区管理两类）四大类，具体判断标准按照现行《国民经济行业分类》执行。困难行业企业2020年度主营业务收入须占收入总额（剔除不征税收入和投资收益）的50%以上。

六、本公告自2020年1月1日起实施，截止日期视疫情情况另行公告。

6.《财政部　税务总局关于支持新型冠状病毒感染的肺炎疫情防控有关捐赠税收政策的公告》（2020年2月6日颁布　2020年1月1日起实施　财政部　税务总局公告2020年第9号）①

为支持新型冠状病毒感染的肺炎疫情防控工作，现就有关捐赠税收政策公告如下：

一、企业和个人通过公益性社会组织或者县级以上人民政府及其部门等国家机关，捐赠用于应对新型冠状病毒感染的肺炎疫情的现金和物品，允许在计算应纳税所得额时全额扣除。

二、企业和个人直接向承担疫情防治任务的医院捐赠用于应对新型冠状病毒感染的肺炎疫情的物品，允许在计算应纳税所得额时全额扣除。

捐赠人凭承担疫情防治任务的医院开具的捐赠接收函办理税前扣除事宜。

……

四、国家机关、公益性社会组织和承担疫情防治任务的医院接受的捐赠，应专项用于应对新型冠状病毒感染的肺炎疫情工作，不得挪作他用。

五、本公告自2020年1月1日起施行，截止日期视疫情情况另行公告。

---

① 该文件的执行期限延长至2021年3月31日。参见《财政部　税务总局关于延续实施应对疫情部分税费优惠政策的公告》（财政部　税务总局公告2021年第7号）。

7.《国家税务总局　财政部关于制造业中小微企业延缓缴纳2021年第四季度部分税费有关事项的公告》(2021年10月29日颁布　2021年11月1日起实施　国家税务总局公告2021年第30号)

为贯彻落实党中央、国务院决策部署，支持制造业中小微企业发展，促进工业经济平稳运行，现就制造业中小微企业(含个人独资企业、合伙企业、个体工商户，下同)延缓缴纳2021年第四季度部分税费有关事项公告如下：

一、本公告所称制造业中小微企业是指国民经济行业分类中行业门类为制造业，且年销售额2000万元以上(含2000万元)4亿元以下(不含4亿元)的企业(以下称制造业中型企业)和年销售额2000万元以下(不含2000万元)的企业(以下称制造业小微企业)。

销售额是指应征增值税销售额，包括纳税申报销售额、稽查查补销售额、纳税评估调整销售额。适用增值税差额征税政策的，以差额后的销售额确定。

二、本公告所称制造业中小微企业年销售额按以下方式确定：

截至2021年9月30日成立满一年的企业，按照所属期为2020年10月至2021年9月的销售额确定；

截至2021年9月30日成立不满一年的企业，按照所属期截至2021年9月30日的销售额/实际经营月份×12个月的销售额确定；

2021年10月1日及以后成立的企业，按照首个申报期销售额/实际经营月份×12个月的销售额确定。

三、延缓缴纳的税费包括所属期为2021年10月、11月、12月(按月缴纳)或者2021年第四季度(按季缴纳)的企业所得税、个人所得税(代扣代缴除外)、国内增值税、国内消费税及附征的城市维护建设税、教育费附加、地方教育附加，不包括向税务机关申请代开发票时缴纳的税费。

四、符合本公告规定条件的制造业中小微企业，在依法办理纳税申报后，制造业中型企业可以延缓缴纳本公告第三条规定的各项税费金额的50%，制造业小微企业可以延缓缴纳本公告第三条规定的全部税费。延缓的期限为3个月。延缓期限届满，纳税人应依法缴纳缓缴的税费。

五、纳税人不符合本公告规定条件，骗取享受缓税政策的，税务机关将依照《中华人民共和国税收征收管理法》及其实施细则等有关规定处理。

六、本公告规定条件的制造业中小微企业，符合《中华人民共和国税收征收管理法》及其实施细则规定可以申请延期缴纳税款的，仍然可以依法申请办理延期缴纳税款。

七、本公告自2021年11月1日起施行。

8.《国家税务总局 财政部关于延续实施制造业中小微企业延缓缴纳部分税费有关事项的公告》(2022年2月28日颁布并实施 国家税务总局 财政部公告2022年第2号)

为贯彻落实党中央、国务院决策部署，促进工业经济平稳增长，支持制造业中小微企业发展，现将延续实施制造业中小微企业(含个人独资企业、合伙企业、个体工商户，下同)延缓缴纳部分税费政策有关事项公告如下：

一、继续延缓缴纳2021年第四季度部分税费

《国家税务总局 财政部关于制造业中小微企业延缓缴纳2021年第四季度部分税费有关事项的公告》(2021年第30号)规定的制造业中小微企业延缓缴纳2021年第四季度部分税费政策，缓缴期限继续延长6个月。

上述企业2021年第四季度延缓缴纳的税费在2022年1月1日后本公告施行前已缴纳入库的，可自愿选择申请办理退税(费)并享受延续缓缴政策。

二、延缓缴纳2022年第一季度、第二季度部分税费

(一)符合本公告规定条件的制造业中小微企业，在依法办理纳税申报后，制造业中型企业可以延缓缴纳本公告规定的各项税费金额的50%，制造业小微企业可以延缓缴纳本公告规定的全部税费，延缓的期限为6个月。延缓期限届满，纳税人应依法缴纳相应月份或者季度的税费。

(二)本公告所称制造业中型企业是指国民经济行业分类中行业门类为制造业，且年销售额2000万元以上(含2000万元)4亿元以下(不含4亿元)的企业。制造业小微企业是指国民经济行业分类中行业门类为制造业，且年销售额2000万元以下(不含2000万元)的企业。

销售额是指应征增值税销售额，包括纳税申报销售额、稽查查补销售额、纳税评估调整销售额。适用增值税差额征税政策的，以差额后的销售额确定。

(三)前款所称制造业中小微企业年销售额按以下方式确定：

截至2021年12月31日成立满一年的企业，按照所属期为2021年1月至2021年12月的销售额确定。

截至2021年12月31日成立不满一年的企业，按照所属期截至2021年12月31日的销售额/实际经营月份×12个月的销售额确定。

2022年1月1日及以后成立的企业，按照实际申报期销售额/实际经营月份×12个月的销售额确定。

（四）延缓缴纳的税费包括所属期为2022年1月、2月、3月、4月、5月、6月（按月缴纳）或者2022年第一季度、第二季度（按季缴纳）的企业所得税、个人所得税、国内增值税、国内消费税及附征的城市维护建设税、教育费附加、地方教育附加，不包括代扣代缴、代收代缴以及向税务机关申请代开发票时缴纳的税费。

对于在本公告施行前已缴纳入库的所属期为2022年1月的上述税费，企业可自愿选择申请办理退税（费）并享受缓缴政策。

三、享受2021年第四季度缓缴企业所得税政策的制造业中小微企业，在办理2021年度企业所得税汇算清缴年度申报时，产生的应补税款与2021年第四季度已缓缴的税款一并延后缴纳入库，产生的应退税款由纳税人按照有关规定办理。

四、纳税人不符合本公告规定条件，骗取享受缓缴税费政策的，税务机关将依照《中华人民共和国税收征收管理法》及其实施细则等有关规定严肃处理。

五、符合本公告规定条件的制造业中小微企业，符合《中华人民共和国税收征收管理法》及其实施细则规定可以申请延期缴纳税款的，仍然可以依法申请办理延期缴纳税款。

六、本公告自发布之日起施行。

（三）鼓励投资类的税收优惠

1.《财政部　国家税务总局关于证券投资基金税收问题的通知》（1998年8月6日颁布　1998年3月1日起实施　财税字〔1998〕55号）①

三、关于所得税问题

1. 对基金从证券市场中取得的收入，包括买卖股票、债券的差价收入，股票的股息、红利收入，债券的利息收入及其他收入，暂不征收企业所得税。

① 条款失效，第一条第二项、第三项失效。参见《财政部　国家税务总局关于公布若干废止和失效的营业税规范性文件的通知》（财税〔2009〕61号）。

5. 对个人投资者从基金分配中获得的企业债券差价收入，应按税法规定对个人投资者征收个人所得税，税款由基金在分配时依法代扣代缴；对企业投资者从基金分配中获得的债券差价收入，暂不征收企业所得税。

2.《财政部 国家税务总局关于开放式证券投资基金有关税收问题的通知》(2002 年 8 月 22 日颁布 财税〔2002〕128 号)①

二、关于所得税问题

1. 对基金管理人运用基金买卖股票、债券的差价收入，在 2003 年底前暂免征收企业所得税。

3. 对基金取得的股票的股息、红利收入，债券的利息收入、储蓄存款利息收入，由上市公司、发行债券的企业和银行在向基金支付上述收入时代扣代缴 20% 的个人所得税；对投资者（包括个人和机构投资者）从基金分配中取得的收入，暂不征收个人所得税和企业所得税。

3.《财政部 国家税务总局关于证券投资基金税收政策的通知》(2004 年 4 月 30 日颁布 2004 年 1 月 1 日起实施 财税〔2004〕78 号)

各省、自治区、直辖市、计划单列市财政厅（局）、国家税务局、地方税务局，新疆生产建设兵团财务局：

经国务院批准，现对证券投资基金的有关税收政策通知如下：

自 2004 年 1 月 1 日起，对证券投资基金（封闭式证券投资基金，开放式证券投资基金）管理人运用基金买卖股票、债券的差价收入，继续免征营业税和企业所得税。

4.《财政部 国家税务总局关于企业所得税若干优惠政策的通知》(2008 年 2 月 22 日颁布 财税〔2008〕1 号)②

二、关于鼓励证券投资基金发展的优惠政策

（一）对证券投资基金从证券市场中取得的收入，包括买卖股票、债券的差价收入，股权的股息、红利收入，债券的利息收入及其他收入，暂不征收企业所得税。

① 条款失效，第一条第三项失效。参见《财政部 国家税务总局关于公布若干废止和失效的营业税规范性文件的通知》（财税〔2009〕61 号）。

② 条款失效，第一条第（一）项至第（九）项自 2011 年 1 月 1 日起停止执行。参见《财政部 国家税务总局关于企业所得税若干优惠政策的通知》（财税〔2012〕27 号）。

（二）对投资者从证券投资基金分配中取得的收入，暂不征收企业所得税。

（三）对证券投资基金管理人运用基金买卖股票、债券的差价收入，暂不征收企业所得税。

5.《财政部　国家税务总局　证监会关于沪港股票市场交易互联互通机制试点有关税收政策的通知》（2014年10月31日颁布　2014年11月17日起实施　财税〔2014〕81号）

各省、自治区、直辖市、计划单列市财政厅（局）、国家税务局、地方税务局，新疆生产建设兵团财务局，上海、深圳证券交易所，中国证券登记结算公司：

经国务院批准，现就沪港股票市场交易互联互通机制试点涉及的有关税收政策问题明确如下：

一、关于内地投资者通过沪港通投资香港联合交易所有限公司（以下简称香港联交所）上市股票的所得税问题

……

（二）内地企业投资者通过沪港通投资香港联交所上市股票的转让差价所得税。

对内地企业投资者通过沪港通投资香港联交所上市股票取得的转让差价所得，计入其收入总额，依法征收企业所得税。

……

（四）内地企业投资者通过沪港通投资香港联交所上市股票的股息红利所得税。

1. 对内地企业投资者通过沪港通投资香港联交所上市股票取得的股息红利所得，计入其收入总额，依法计征企业所得税。其中，内地居民企业连续持有H股满12个月取得的股息红利所得，依法免征企业所得税。

2. 香港联交所上市H股公司应向中国结算提出申请，由中国结算向H股公司提供内地企业投资者名册，H股公司对内地企业投资者不代扣股息红利所得税款，应纳税款由企业自行申报缴纳。

3. 内地企业投资者自行申报缴纳企业所得税时，对香港联交所非H股上市公司已代扣代缴的股息红利所得税，可依法申请税收抵免。

二、关于香港市场投资者通过沪港通投资上海证券交易所（以下简称上交所）上市A股的所得税问题

1. 对香港市场投资者（包括企业和个人）投资上交所上市A股取得的转让差价所得，暂免征收所得税。

2. 对香港市场投资者(包括企业和个人)投资上交所上市A股取得的股息红利所得,在香港中央结算有限公司(以下简称香港结算)不具备向中国结算提供投资者的身份及持股时间等明细数据的条件之前,暂不执行按持股时间实行差别化征税政策,由上市公司按照10%的税率代扣所得税,并向其主管税务机关办理扣缴申报。对于香港投资者中属于其他国家税收居民且其所在国与中国签订的税收协定规定股息红利所得税率低于10%的,企业或个人可以自行或委托代扣代缴义务人,向上市公司主管税务机关提出享受税收协定待遇的申请,主管税务机关审核后,应按已征税款和根据税收协定税率计算的应纳税款的差额予以退税。

6.《财政部　国家税务总局　证监会关于QFII和RQFII取得中国境内的股票等权益性投资资产转让所得暂免征收企业所得税问题的通知》(2014年10月31日颁布　2014年11月18日起实施　财税〔2014〕79号)

各省、自治区、直辖市、计划单列市财政厅(局)、国家税务局、地方税务局,新疆生产建设兵团财务局,中国证券登记结算公司:

经国务院批准,从2014年11月17日起,对合格境外机构投资者(简称QFII)、人民币合格境外机构投资者(简称RQFII)取得来源于中国境内的股票等权益性投资资产转让所得,暂免征收企业所得税。在2014年11月17日之前QFII和RQFII取得的上述所得应依法征收企业所得税。

本通知适用于在中国境内未设立机构、场所,或者在中国境内虽设立机构、场所,但取得的上述所得与其所设机构、场所没有实际联系的QFII、RQFII。

7.《财政部　国家税务总局关于内地与香港基金互认有关税收政策的通知》(2015年12月14日颁布　2015年12月18日起实施　财税〔2015〕125号)

各省、自治区、直辖市、计划单列市财政厅(局)、国家税务局、地方税务局,新疆生产建设兵团财务局,上海、深圳证券交易所,中国证券登记结算公司:

经国务院批准,现就内地与香港基金互认涉及的有关税收政策问题明确如下:

一、关于内地投资者通过基金互认买卖香港基金份额的所得税问题

2. 对内地企业投资者通过基金互认买卖香港基金份额取得的转让差价所得,计入其收入总额,依法征收企业所得税。

4. 对内地企业投资者通过基金互认从香港基金分配取得的收益,计入其收入总额,依法征收企业所得税。

二、关于香港市场投资者通过基金互认买卖内地基金份额的所得税问题

1. 对香港市场投资者(包括企业和个人)通过基金互认买卖内地基金份额取得的转让差价所得,暂免征收所得税。

2. 对香港市场投资者(包括企业和个人)通过基金互认从内地基金分配取得的收益,由内地上市公司向该内地基金分配股息红利时,对香港市场投资者按照10%的税率代扣所得税;或发行债券的企业向该内地基金分配利息时,对香港市场投资者按照7%的税率代扣所得税,并由内地上市公司或发行债券的企业向其主管税务机关办理扣缴申报。该内地基金向投资者分配收益时,不再扣缴所得税。

内地基金管理人应当向相关证券登记结算机构提供内地基金的香港市场投资者的相关信息。

五、财政、税务、证监等部门要加强协调,通力合作,切实做好政策实施的各项工作。

基金管理人、基金代理机构、相关证券登记结算机构以及上市公司和发行债券的企业,应依照法律法规积极配合税务机关做好基金互认税收的扣缴申报、征管及纳税服务工作。

六、本通知所称基金互认,是指内地基金或香港基金经香港证监会认可或中国证监会注册,在双方司法管辖区内向公众销售。所称内地基金,是指中国证监会根据《中华人民共和国证券投资基金法》注册的公开募集证券投资基金。所称香港基金,是指香港证监会根据香港法律认可公开销售的单位信托、互惠基金或者其他形式的集体投资计划。所称买卖基金份额,包括申购与赎回、交易。

七、本通知自2015年12月18日起执行。

8.《财政部　国家税务总局　证监会关于深港股票市场交易互联互通机制试点有关税收政策的通知》(2016年11月5日颁布　2016年12月5日起实施　财税〔2016〕127号)

各省、自治区、直辖市、计划单列市财政厅(局)、国家税务局、地方税务

局,新疆生产建设兵团财务局,上海、深圳证券交易所,中国证券登记结算公司:

经国务院批准,现就深港股票市场交易互联互通机制试点(以下简称深港通)涉及的有关税收政策问题明确如下:

一、关于内地投资者通过深港通投资香港联合交易所有限公司(以下简称香港联交所)上市股票的所得税问题

……

(二)内地企业投资者通过深港通投资香港联交所上市股票的转让差价所得税。

对内地企业投资者通过深港通投资香港联交所上市股票取得的转让差价所得,计入其收入总额,依法征收企业所得税。

……

(四)内地企业投资者通过深港通投资香港联交所上市股票的股息红利所得税。

1. 对内地企业投资者通过深港通投资香港联交所上市股票取得的股息红利所得,计入其收入总额,依法计征企业所得税。其中,内地居民企业连续持有H股满12个月取得的股息红利所得,依法免征企业所得税。

2. 香港联交所上市H股公司应向中国结算提出申请,由中国结算向H股公司提供内地企业投资者名册,H股公司对内地企业投资者不代扣股息红利所得税款,应纳税款由企业自行申报缴纳。

3. 内地企业投资者自行申报缴纳企业所得税时,对香港联交所非H股上市公司已代扣代缴的股息红利所得税,可依法申请税收抵免。

二、关于香港市场投资者通过深港通投资深圳证券交易所(以下简称深交所)上市A股的所得税问题

1. 对香港市场投资者(包括企业和个人)投资深交所上市A股取得的转让差价所得,暂免征收所得税。

2. 对香港市场投资者(包括企业和个人)投资深交所上市A股取得的股息红利所得,在香港中央结算有限公司(以下简称香港结算)不具备向中国结算提供投资者的身份及持股时间等明细数据的条件之前,暂不执行按持股时间实行差别化征税政策,由上市公司按照10%的税率代扣所得税,并向其主管税务机关办理扣缴申报。对于香港投资者中属于其他国家税收居民且其所在国与中国签订的税收协定规定股息红利所得税率低于10%的,企业或个人可以自行或委托代扣代缴义

务人,向上市公司主管税务机关提出享受税收协定待遇退还多缴税款的申请,主管税务机关查实后,对符合退税条件的,应按已征税款和根据税收协定税率计算的应纳税款的差额予以退税。

六、本通知自2016年12月5日起执行。

9.《财政部 国家税务总局关于落实降低企业杠杆率税收支持政策的通知》(2016年11月22日颁布 财税〔2016〕125号)

各省、自治区、直辖市、计划单列市财政厅(局)、国家税务局、地方税务局,新疆生产建设兵团财务局:

按照党中央、国务院决策部署,根据《国务院关于积极稳妥降低企业杠杆率的意见》(国发〔2016〕54号,以下简称《意见》)有关精神,现就落实降低企业杠杆率税收政策工作通知如下:

一、充分认识贯彻落实降杠杆税收支持政策的重要意义

近年来,我国企业杠杆率高企,债务规模增长过快,企业债务负担不断加重。党中央、国务院从战略高度对降低企业杠杆率工作作出决策部署,把去杠杆列为供给侧结构性改革"三去一降一补"的五大任务之一。《意见》将"落实和完善降杠杆财税支持政策"作为重要任务。各级财税部门要充分认识积极稳妥降低企业杠杆率的重要性,坚决贯彻执行中央决策部署,严格按照《意见》要求认真落实好有关税收政策,充分发挥税收职能作用,切实减轻企业负担、降低企业成本,为企业降杠杆创造良好的外部环境。

二、落实好降杠杆相关税收支持政策

(一)企业符合税法规定条件的股权(资产)收购、合并、债务重组等重组行为,可按税法规定享受企业所得税递延纳税优惠政策。

(二)企业以非货币性资产投资,可按规定享受5年内分期缴纳企业所得税政策。

(三)企业破产、注销,清算企业所得税时,可按规定在税前扣除有关清算费用及职工工资、社会保险费用、法定补偿金。

(四)企业符合税法规定条件的债权损失可按规定在计算企业所得税应纳税所得额时扣除。

(五)金融企业按照规定提取的贷款损失准备金,符合税法规定的,可以在企业所得税税前扣除。

(六)在企业重组过程中,企业通过合并、分立、出售、置换等方式,将全部或者部分实物资产以及与其相关联的债权、负债和劳动力,一并转让给其他单位和个人,其中涉及的货物、不动产、土地使用权转让行

为,符合规定的,不征收增值税。

(七)企业重组改制涉及的土地增值税、契税、印花税,符合规定的,可享受相关优惠政策。

(八)符合信贷资产证券化政策条件的纳税人,可享受相关优惠政策。

三、工作要求

降杠杆相关税收政策涵盖交易多个环节,涉及面广,政策内容多。各级财税部门要高度重视,进一步加强学习培训,熟悉、掌握政策内容;要加强对纳税人的宣传辅导,跟踪税收政策执行情况和实施效应,加强调研反馈,及时了解执行中遇到的问题,研究提出调整和完善税收政策的建议。

10.《财政部 税务总局 国家发展改革委 商务部关于扩大境外投资者以分配利润直接投资暂不征收预提所得税政策适用范围的通知》(2018年9月29日颁布 2018年1月1日起实施 财税〔2018〕102号)

各省、自治区、直辖市、计划单列市财政厅(局)、发展改革委、商务主管部门,国家税务总局各省、自治区、直辖市、计划单列市税务局,新疆生产建设兵团财政局、发展改革委、商务局:

为贯彻落实党中央、国务院决策部署,进一步鼓励境外投资者在华投资,现就境外投资者以分配利润直接投资暂不征收预提所得税政策问题通知如下:

一、对境外投资者从中国境内居民企业分配的利润,用于境内直接投资暂不征收预提所得税政策的适用范围,由外商投资鼓励类项目扩大至所有非禁止外商投资的项目和领域。

二、境外投资者暂不征收预提所得税须同时满足以下条件:

(一)境外投资者以分得利润进行的直接投资,包括境外投资者以分得利润进行的增资、新建、股权收购等权益性投资行为,但不包括新增、转增、收购上市公司股份(符合条件的战略投资除外)。具体是指:

1. 新增或转增中国境内居民企业实收资本或者资本公积;

2. 在中国境内投资新建居民企业;

3. 从非关联方收购中国境内居民企业股权;

4. 财政部、税务总局规定的其他方式。

境外投资者采取上述投资行为所投资的企业统称为被投资企业。

(二)境外投资者分得的利润属于中国境内居民企业向投资者实际

分配已经实现的留存收益而形成的股息、红利等权益性投资收益。

（三）境外投资者用于直接投资的利润以现金形式支付的，相关款项从利润分配企业的账户直接转入被投资企业或股权转让方账户，在直接投资前不得在境内外其他账户周转；境外投资者用于直接投资的利润以实物、有价证券等非现金形式支付的，相关资产所有权直接从利润分配企业转入被投资企业或股权转让方，在直接投资前不得由其他企业、个人代为持有或临时持有。

三、境外投资者符合本通知第二条规定条件的，应按照税收管理要求进行申报并如实向利润分配企业提供其符合政策条件的资料。利润分配企业经适当审核后认为境外投资者符合本通知规定的，可暂不按照企业所得税法第三十七条规定扣缴预提所得税，并向其主管税务机关履行备案手续。

四、税务部门依法加强后续管理。境外投资者已享受本通知规定的暂不征收预提所得税政策，经税务部门后续管理核实不符合规定条件的，除属于利润分配企业责任外，视为境外投资者未按照规定申报缴纳企业所得税，依法追究延迟纳税责任，税款延迟缴纳期限自相关利润支付之日起计算。

五、境外投资者按照本通知规定可以享受暂不征收预提所得税政策但未实际享受的，可在实际缴纳相关税款之日起三年内申请追补享受该政策，退还已缴纳的税款。

六、境外投资者通过股权转让、回购、清算等方式实际收回享受暂不征收预提所得税政策待遇的直接投资，在实际收取相应款项后7日内，按规定程序向税务部门申报补缴递延的税款。

七、境外投资者享受本通知规定的暂不征收预提所得税政策待遇后，被投资企业发生重组符合特殊性重组条件，并实际按照特殊性重组进行税务处理的，可继续享受暂不征收预提所得税政策待遇，不按本通知第六条规定补缴递延的税款。

八、本通知所称“境外投资者”，是指适用《企业所得税法》第三条第三款规定的非居民企业；本通知所称“中国境内居民企业”，是指依法在中国境内成立的居民企业。

九、本通知自2018年1月1日起执行。《财政部　税务总局　国家发展改革委　商务部关于境外投资者以分配利润直接投资暂不征收预提所得税政策问题的通知》（财税〔2017〕88号）同时废止。境外投资者在2018年1月1日（含当日）以后取得的股息、红利等权益性投资收益可适用本通知，已缴税款按本通知第五条规定执行。

11.《国家税务总局关于扩大境外投资者以分配利润直接投资暂不征收预提所得税政策适用范围有关问题的公告》(2018年10月29日颁布 2018年1月1日起实施 国家税务总局公告2018年第53号)

根据国务院决定,财政部、国家税务总局、国家发展和改革委员会、商务部联合发布了《关于扩大境外投资者以分配利润直接投资暂不征收预提所得税政策适用范围的通知》(财税〔2018〕102号,以下称《通知》),对境外投资者从中国境内居民企业分配的利润,用于境内直接投资暂不征收预提所得税政策的适用范围,由外商投资鼓励类项目扩大至所有非禁止外商投资的项目和领域。现对有关执行问题公告如下:

一、境外投资者以分得的利润用于补缴其在境内居民企业已经认缴的注册资本,增加实收资本或资本公积的,属于符合"新增或转增中国境内居民企业实收资本或者资本公积"情形。

二、境外投资者按照金融主管部门的规定,通过人民币再投资专用存款账户划转再投资资金,并在相关款项从利润分配企业账户转入境外投资者人民币再投资专用存款账户的当日,再由境外投资者人民币再投资专用存款账户转入被投资企业或股权转让方账户的,视为符合"境外投资者用于直接投资的利润以现金形式支付的,相关款项从利润分配企业的账户直接转入被投资企业或股权转让方账户,在直接投资前不得在境内外其他账户周转"的规定。

三、按照《通知》第四条或者第六条规定补缴税款的,境外投资者可按照有关规定享受税收协定待遇,但是仅可适用相关利润支付时有效的税收协定。后续税收协定另有规定的,按后续税收协定执行。

四、境外投资者按照《通知》第三条规定享受暂不征税政策时,应当填写《非居民企业递延缴纳预提所得税信息报告表》(附件),并提交给利润分配企业。

境外投资者按照《通知》第五条规定追补享受暂不征税政策时,应向利润分配企业主管税务机关提交《非居民企业递延缴纳预提所得税信息报告表》以及相关合同、支付凭证等办理退税的其他资料。

境外投资者按照《通知》第四条或者第六条规定补缴税款时,应当填写《中华人民共和国扣缴企业所得税报告表》,并提交给利润分配企业主管税务机关。

五、利润分配企业应当按照《通知》第三条规定审核境外投资者提交的资料信息,并确认以下结果后,执行暂不征税政策:

(一)境外投资者填报的信息完整,没有缺项;

（二）利润实际支付过程与境外投资者填报信息吻合；

（三）境外投资者填报信息涉及利润分配企业的内容真实、准确。

六、利润分配企业已按照《通知》第三条规定执行暂不征税政策的，应在实际支付利润之日起7日内，向主管税务机关提交以下资料：

（一）由利润分配企业填写的《中华人民共和国扣缴企业所得税报告表》；

（二）由境外投资者提交并经利润分配企业补填信息后的《非居民企业递延缴纳预提所得税信息报告表》。

利润分配企业主管税务机关应在收到《非居民企业递延缴纳预提所得税信息报告表》后10个工作日内，向《通知》第二条第一项规定的被投资企业（以下称被投资企业）主管税务机关或其他相关税务机关发送《非居民企业税务事项联络函》，转发相关信息。

七、被投资企业主管税务机关或者其他税务机关发现以下情况的，应在5个工作日内以《非居民企业税务事项联络函》反馈给利润分配企业主管税务机关：

（一）被投资企业不符合享受暂不征税政策条件的相关事实或信息；

（二）境外投资者处置已享受暂不征税政策的投资的相关事实或信息。

八、主管税务机关在税务管理中可以依法要求境外投资者、利润分配企业、被投资企业、股权转让方等相关单位或个人限期提供与境外投资者享受暂不征税政策相关的资料和信息。

九、利润分配企业未按照本公告第五条审核确认境外投资者提交的资料信息，致使不应享受暂不征税政策的境外投资者实际享受了暂不征税政策的，利润分配企业主管税务机关依照有关规定追究利润分配企业应扣未扣税款的责任，并依法向境外投资者追缴应当缴纳的税款。

十、境外投资者填报信息有误，致使其本不应享受暂不征税政策，但实际享受暂不征税政策的，利润分配企业主管税务机关依照《通知》第四条规定处理。

十一、境外投资者部分处置持有的包含已享受暂不征税政策和未享受暂不征税政策的同一项中国境内居民企业投资，视为先行处置已享受暂不征税政策的投资。

境外投资者未按照《通知》第六条规定补缴递延税款的，利润分配企业主管税务机关追究境外投资者延迟缴纳税款责任，税款延迟缴纳期限自实际收取相关款项后第8日(含第8日)起计算。

十二、境外投资者、利润分配企业可以委托代理人办理本公告规定的相关事项，但应当向主管税务机关提供书面委托证明。

十三、本公告自2018年1月1日起施行。《国家税务总局关于境外投资者以分配利润直接投资暂不征收预提所得税政策有关执行问题的公告》(国家税务总局公告2018年第3号)同时废止。

12.《财政部　税务总局关于境外机构投资境内债券市场企业所得税　增值税政策的通知》(2018年11月7日颁布　2018年11月7日起实施　财税〔2018〕108号)

各省、自治区、直辖市、计划单列市财政厅(局)，国家税务总局各省、自治区、直辖市、计划单列市税务局，新疆生产建设兵团财政局：

为进一步推动债券市场对外开放，现将有关税收政策通知如下：

自2018年11月7日起至2021年11月6日止，对境外机构投资境内债券市场取得的债券利息收入暂免征收企业所得税和增值税。

上述暂免征收企业所得税的范围不包括境外机构在境内设立的机构、场所取得的与该机构、场所有实际联系的债券利息。

13.《财政部　税务总局关于延续境外机构投资境内债券市场企业所得税、增值税政策的公告》(2021年11月22日颁布　2021年11月7日起实施　财政部　税务总局公告2021年34号)

为进一步推动债券市场对外开放，现将有关税收政策公告如下：

自2021年11月7日起至2025年12月31日止，对境外机构投资境内债券市场取得的债券利息收入暂免征收企业所得税和增值税。

上述暂免征收企业所得税的范围不包括境外机构在境内设立的机构、场所取得的与该机构、场所有实际联系的债券利息。

14.《财政部　税务总局关于基础设施领域不动产投资信托基金(REITs)试点税收政策的公告》(2022年1月26日颁布　2022年1月1日起实施　财政部　税务总局公告2022年第3号)

为支持基础设施领域不动产投资信托基金(以下称基础设施REITs)试点，现将有关税收政策公告如下：

一、设立基础设施REITs前，原始权益人向项目公司划转基础设施资产相应取得项目公司股权，适用特殊性税务处理，即项目公司取得基础设施资产的计税基础，以基础设施资产的原计税基础确定；原始权益人取得项目公司股权的计税基础,以基础设施资产的原计税基础确定。原始权益人和项目公司不确认所得,不征收企业所得税。

二、基础设施REITs设立阶段,原始权益人向基础设施REITs转让项目公司股权实现的资产转让评估增值,当期可暂不缴纳企业所得税,允许递延至基础设施REITs完成募资并支付股权转让价款后缴纳。其中,对原始权益人按照战略配售要求自持的基础设施REITs份额对应的资产转让评估增值,允许递延至实际转让时缴纳企业所得税。

原始权益人通过二级市场认购(增持)该基础设施REITs份额,按照先进先出原则认定优先处置战略配售份额。

三、对基础设施REITs运营、分配等环节涉及的税收,按现行税收法律法规的规定执行。

四、本公告适用范围为证监会、发展改革委根据有关规定组织开展的基础设施REITs试点项目。

五、本公告自2021年1月1日起实施。2021年1月1日前发生的符合本公告规定的事项,可按本公告规定享受相关政策。

15.《财政部　税务总局　证监会关于交易型开放式基金纳入内地与香港股票市场交易互联互通机制后适用税收政策问题的公告》(2022年6月30日颁布　财政部　税务总局　证监会公告2022年第24号)

现将交易型开放式基金(ETF)纳入内地与香港股票市场交易互联互通机制后适用有关税收政策问题明确如下:

一、交易型开放式基金(ETF)纳入内地与香港股票市场交易互联互通机制后,适用现行内地与香港基金互认有关税收政策。具体按照《财政部　国家税务总局　证监会关于内地与香港基金互认有关税收政策的通知》(财税〔2015〕125号)、《财政部　国家税务总局关于全面推开营业税改征增值税试点的通知》(财税〔2016〕36号)、《财政部　税务总局　证监会关于继续执行沪港、深港股票市场交易互联互通机制和内地与香港基金互认有关个人所得税政策的公告》(财政部　税务总局　证监会公告2019年第93号)等相关规定执行。

16.《财政部　税务总局　中国证监会关于继续实施创新企业境内发行存托凭证试点阶段有关税收政策的公告》(2023年8月21日颁布　财政部　税务总局　中国证监会公告2023年第22号)

为继续支持实施创新驱动发展战略,现将创新企业境内发行存托凭证(以下称创新企业CDR)试点阶段涉及的有关税收政策公告如下:

二、企业所得税政策

1. 对企业投资者转让创新企业CDR取得的差价所得和持有创新企业CDR取得的股息红利所得，按转让股票差价所得和持有股票的股息红利所得政策规定征免企业所得税。

2. 对公募证券投资基金（封闭式证券投资基金、开放式证券投资基金）转让创新企业CDR取得的差价所得和持有创新企业CDR取得的股息红利所得，按公募证券投资基金税收政策规定暂不征收企业所得税。

3. 对合格境外机构投资者（QFII）、人民币合格境外机构投资者（RQFII）转让创新企业CDR取得的差价所得和持有创新企业CDR取得的股息红利所得，视同转让或持有据以发行创新企业CDR的基础股票取得的权益性资产转让所得和股息红利所得征免企业所得税。

五、其他相关事项

本公告所称创新企业CDR，是指符合《国务院办公厅转发证监会关于开展创新企业境内发行股票或存托凭证试点若干意见的通知》（国办发〔2018〕21号）规定的试点企业，以境外股票为基础证券，由存托人签发并在中国境内发行，代表境外基础证券权益的证券。

第五章 源泉扣缴

第三十七条 【源泉扣缴】 对非居民企业取得本法第三条第三款规定的所得应缴纳的所得税，实行源泉扣缴，以支付人为扣缴义务人。税款由扣缴义务人在每次支付或者到期应支付时，从支付或者到期应支付的款项中扣缴。

一、税收行政法规

《中华人民共和国企业所得税法实施条例》（2007年12月6日中华人民共和国国务院令第512号公布 根据2019年4月23日《国务院关于修改部分行政法规的决定》修订）

第一百零三条 依照企业所得税法对非居民企业应当缴纳的企业所得税实行源泉扣缴的，应当依照企业所得税法第十九条的规定计算应纳税所得额。

企业所得税法第十九条所称收入全额，是指非居民企业向支付人收取的全部价款和价外费用。

第一百零四条 企业所得税法第三十七条所称支付人，是指依照有关法律规定或者合同约定对非居民企业直接负有支付相关款项义务的单位或者个人。

第一百零五条 企业所得税法第三十七条所称支付，包括现金支付、汇拨支付、转账支付和权益兑价支付等货币支付和非货币支付。

企业所得税法第三十七条所称到期应支付的款项，是指支付人按照权责发生制原则应当计入相关成本、费用的应付款项。

二、税务规范性文件

1.《财政部 国家税务总局关于发布〈外国公司船舶运输收入征税办法〉的通知》(1996年10月24日颁布并实施 财税字〔1996〕87号)①

第六条 外国公司以船舶到中国港口运载旅客、货物或者邮件出境的，在将承运人的地址、船舶悬挂的国旗、客运情况、运货种类、运量以及到港日期通知外轮代理人的同时，应当将运费率等通知外轮代理人。

第七条 外国公司以船舶到中国港口运载旅客、货物或者邮件出境，委托外轮代理人计算并代收运费的，外轮代理人应当在收取运费后，按照本办法第四条规定的综合计征率，直接从纳税人的收入总额中代扣应纳税款。

第八条 外国公司以船舶到中国港口运载旅客、货物或者邮件出境，不通过外轮代理人代收运费的，外轮代理人应当根据本办法第四条规定的综合计征率计算预计税款，并通知纳税人在船舶抵港前将预计税款与港口使用费备用金一并汇达，由外轮代理人代收税款。

外国公司以船舶运载旅客、货物或者邮件出境后，外轮代理人应当在电告纳税人该船舶实际运载的出境旅客人数、货物或者邮件数量的同时，通知其向税务机关报告运输收入总额和应纳税额，并附运费结算凭证。纳税人向税务机关报告和缴纳税款的期限不得超过船舶离港之日起60日。

第九条 外轮代理人应当将按照本办法第七条、第八条规定代扣、代收的税款，自代扣代收之日起10日内，将实收税款缴入国库，并在次

① 条款失效，有关营业税政策规定失效。参见《财政部 国家税务总局关于公布若干废止和失效的营业税规范性文件的通知》(财税〔2009〕61号)。

月15日前向港口所在地税务机关报送上月外轮代理业务情况一览表、运费结算情况统计报表、《代扣代缴、代收代缴外轮运输收入税收报告表》等资料。

第十三条 外轮代理人按照本办法代扣、代收税款时，税务机关应当按照有关规定付给扣缴义务人代扣、代收手续费。

第十四条 纳税人、扣缴义务人未按照本办法履行义务的，依照《中华人民共和国税收征收管理法》及其实施细则的有关规定处罚。

第十五条 外轮代理人填报的《代扣代缴、代收代缴外轮运输收入税收报告表》由国家税务总局统一印制。

2.《国家税务总局关于中国居民企业向境外H股非居民企业股东派发股息代扣代缴企业所得税有关问题的通知》(2008年11月6日颁布 国税函〔2008〕897号)

各省、自治区、直辖市和计划单列市国家税务局、地方税务局：

根据《中华人民共和国企业所得税法》及其实施条例的规定，现就中国居民企业向境外H股非居民企业股东派发股息代扣代缴企业所得税的有关问题通知如下：

一、中国居民企业向境外H股非居民企业股东派发2008年及以后年度股息时，统一按10%的税率代扣代缴企业所得税。

二、非居民企业股东在获得股息之后，可以自行或通过委托代理人或代扣代缴义务人，向主管税务机关提出享受税收协定(安排)待遇的申请，提供证明自己为符合税收协定(安排)规定的实际受益所有人的资料。主管税务机关审核无误后，应就已征税款和根据税收协定(安排)规定税率计算的应纳税款的差额予以退税。

三、各地应加强对我国境外上市企业派发股息情况的了解，并发挥售付汇凭证的作用，确保代扣代缴税款及时足额入库。

3.《国家税务总局关于加强非居民企业来源于我国利息所得扣缴企业所得税工作的通知》(2008年11月24日颁布 2008年1月1日起实施 国税函〔2008〕955号)①

各省、自治区、直辖市和计划单列市国家税务局，广东省和深圳市地方税务局：

第37条

① 条款废止，第二条废止。参见《国家税务总局关于境内机构向我国银行的境外分行支付利息扣缴企业所得税有关问题的公告》(国家税务总局公告2015年第47号)。

根据《中华人民共和国企业所得税法》及其实施条例的有关规定，现就加强非居民企业取得来源于我国境内利息所得扣缴企业所得税的有关问题通知如下：

一、自2008年1月1日起，我国金融机构向境外外国银行支付贷款利息、我国境内外资金融机构向境外支付贷款利息，应按照企业所得税法及其实施条例规定代扣代缴企业所得税。

三、各地应建立健全非居民企业利息所得源泉扣缴企业所得税监控机制，确保及时足额扣缴税款。

4.《国家税务总局关于中国居民企业向QFII支付股息、红利、利息代扣代缴企业所得税有关问题的通知》(2009年1月23日颁布　国税函〔2009〕47号)

各省、自治区、直辖市和计划单列市国家税务局、地方税务局：

根据《中华人民共和国企业所得税法》及其实施条例(以下称企业所得税法)规定，现就中国居民企业向合格境外机构投资者(以下称为QFII)支付股息、红利、利息代扣代缴企业所得税有关问题明确如下：

一、QFII取得来源于中国境内的股息、红利和利息收入，应当按照企业所得税法规定缴纳10%的企业所得税。如果是股息、红利，则由派发股息、红利的企业代扣代缴；如果是利息，则由企业在支付或到期应支付时代扣代缴。

二、QFII取得股息、红利和利息收入，需要享受税收协定(安排)待遇的，可向主管税务机关提出申请，主管税务机关审核无误后按照税收协定的规定执行；涉及退税的，应及时予以办理。

三、各地税务机关应了解QFII在我国从事投资的情况，及时提供税收服务，建立税收管理档案，确保代扣代缴税款及时足额入库。

5.《国家税务总局关于境外分行取得来源于境内利息所得扣缴企业所得税问题的通知》(2010年6月2日颁布　国税函〔2010〕266号)

各省、自治区、直辖市和计划单列市国家税务局、地方税务局：

关于对境外分行取得来源于境内利息所得扣缴企业所得税有关问题，现通知如下：

一、税收协定列名的免税外国金融机构设在第三国的非法人分支机构与其总机构属于同一法人，除税收协定中明确规定只有列名金融机构的总机构可以享受免税待遇情况外，该分支机构取得的利息可以享受中国与其总机构所在国签订的税收协定中规定的免税待遇。在执行上述规定时，应严格按《国家税务总局关于印发〈非居民享受税收协定待遇管理办法(试行)〉的通知》(国税发〔2009〕124号)有关规定办理审批手续。

二、属于中国居民企业的银行在境外设立的非法人分支机构同样是中国的居民，该分支机构取得的来源于中国的利息，不论是由中国居民还是外国居民设在中国的常设机构支付，均不适用我国与该分支机构所在国签订的税收协定，应适用我国国内法的相关规定，即按照《国家税务总局关于加强非居民企业来源于我国利息所得扣缴企业所得税工作的通知》(国税函〔2008〕955号)文件办理。

6.《国家税务总局关于非居民企业所得税管理若干问题的公告》(2011年3月28日颁布 2011年4月1日起实施 国家税务总局公告2011年第24号)①

依据《中华人民共和国企业所得税法》及其实施条例(以下简称企业所得税法)，现就非居民企业所得税管理有关问题公告如下：

一、关于到期应支付而未支付的所得扣缴企业所得税问题

中国境内企业(以下称为企业)和非居民企业签订与利息、租金、特许权使用费等所得有关的合同或协议，如果未按照合同或协议约定的日期支付上述所得款项，或者变更或修改合同或协议延期支付，但已计入企业当期成本、费用，并在企业所得税年度纳税申报中作税前扣除的，应在企业所得税年度纳税申报时按照企业所得税法有关规定代扣代缴企业所得税。

如果企业上述到期未支付的所得款项，不是一次性计入当期成本、费用，而是计入相应资产原价或企业筹办费，在该类资产投入使用或开始生产经营后分期摊入成本、费用，分年度在企业所得税前扣除的，应在企业计入相关资产的年度纳税申报时就上述所得全额代扣代缴企业所得税。

如果企业在合同或协议约定的支付日期之前支付上述所得款项的，应在实际支付时按照企业所得税法有关规定代扣代缴企业所得税。

① 1.根据《国家税务总局关于非居民企业所得税源泉扣缴有关问题的公告》(国家税务总局公告2017年第37号)规定，自2017年12月1日起，本文第五条和第六条废止。2.根据《国家税务总局关于非居民企业间接转让财产企业所得税若干问题的公告》(国家税务总局公告2015年第7号)规定，自2015年2月3日起，本文第六条第(三)、(四)、(五)项有关内容废止。

7.《国家税务总局关于境内机构向我国银行的境外分行支付利息扣缴企业所得税有关问题的公告》(2015 年 6 月 19 日颁布　2019 年 7 月 19 日起实施　国家税务总局公告 2015 年第 47 号)

根据《中华人民共和国企业所得税法》及其实施条例的有关规定,现对我国银行的境外分行业务活动中涉及从境内取得的利息收入有关企业所得税问题,公告如下:

一、本公告所称境外分行是指我国银行在境外设立的不具备所在国家(地区)法人资格的分行。境外分行作为中国居民企业在境外设立的分支机构,与其总机构属于同一法人。境外分行开展境内业务,并从境内机构取得的利息,为该分行的收入,计入分行的营业利润,按《财政部　国家税务总局关于企业境外所得税收抵免有关问题的通知》(财税〔2009〕125 号)的相关规定,与总机构汇总缴纳企业所得税。境内机构向境外分行支付利息时,不代扣代缴企业所得税。

二、境外分行从境内取得的利息,如果据以产生利息的债权属于境内总行或总行其他境内分行的,该项利息应为总行或其他境内分行的收入。总行或其他境内分行和境外分行之间应严格区分此类收入,不得将本应属于总行或其他境内分行的境内业务及收入转移到境外分行。

三、境外分行从境内取得的利息如果属于代收性质,据以产生利息的债权属于境外非居民企业,境内机构向境外分行支付利息时,应代扣代缴企业所得税。

四、主管税务机关应加强监管,严格审核相关资料,并利用第三方信息进行比对分析,对违反本公告相关规定的,应按照有关法律法规处理。

五、本公告自 2015 年 7 月 19 日起施行。《国家税务总局关于加强非居民企业来源于我国利息所得扣缴企业所得税工作的通知》(国税函〔2008〕955 号)第二条同时废止。

8.《国家税务总局关于非居民企业所得税源泉扣缴有关问题的公告》(2017 年 10 月 17 日颁布　2017 年 12 月 1 日起实施　国家税务总局公告 2017 年第 37 号)①

按照《国家税务总局关于进一步深化税务系统“放管服”改革　优化税收环境的若干意见》(税总发〔2017〕101 号)的安排,根据《中华人民共和国企业所得税法》(以下称“企业所得税法”)及其实施条例、

① 根据《国家税务总局关于修改部分税收规范性文件的公告》(国家税务总局公告 2018 年第 31 号)对本文进行了修改。将其中涉及“国税机关、国家(地方)税务局”的表述全部修改为“税务局”。

《中华人民共和国税收征收管理法》及其实施细则的有关规定，现就非居民企业所得税源泉扣缴有关问题公告如下：

一、依照企业所得税法第三十七条、第三十九条和第四十条规定办理非居民企业所得税源泉扣缴相关事项，适用本公告。与执行企业所得税法第三十八条规定相关的事项不适用本公告。

二、企业所得税法实施条例第一百零四条规定的支付人自行委托代理人或指定其他第三方代为支付相关款项，或者因担保合同或法律规定等原因由第三方保证人或担保人支付相关款项的，仍由委托人、指定人或被保证人、被担保人承担扣缴义务。

三、企业所得税法第十九条第二项规定的转让财产所得包含转让股权等权益性投资资产（以下称"股权"）所得。股权转让收入减除股权净值后的余额为股权转让所得应纳税所得额。

股权转让收入是指股权转让人转让股权所收取的对价，包括货币形式和非货币形式的各种收入。

股权净值是指取得该股权的计税基础。股权的计税基础是股权转让人投资入股时向中国居民企业实际支付的出资成本，或购买该项股权时向该股权的原转让人实际支付的股权受让成本。股权在持有期间发生减值或者增值，按照国务院财政、税务主管部门规定可以确认损益的，股权净值应进行相应调整。企业在计算股权转让所得时，不得扣除被投资企业未分配利润等股东留存收益中按该项股权所可能分配的金额。

多次投资或收购的同项股权被部分转让的，从该项股权全部成本中按照转让比例计算确定被转让股权对应的成本。

四、扣缴义务人支付或者到期应支付的款项以人民币以外的货币支付或计价的，分别按以下情形进行外币折算：

（一）扣缴义务人扣缴企业所得税的，应当按照扣缴义务发生之日人民币汇率中间价折合成人民币，计算非居民企业应纳税所得额。扣缴义务发生之日为相关款项实际支付或者到期应支付之日。

（二）取得收入的非居民企业在主管税务机关责令限期缴纳税款前自行申报缴纳应源泉扣缴税款的，应当按照填开税收缴款书之日前一日人民币汇率中间价折合成人民币，计算非居民企业应纳税所得额。

（三）主管税务机关责令取得收入的非居民企业限期缴纳应源泉扣缴税款的，应当按照主管税务机关作出限期缴税决定之日前一日人民币汇率中间价折合成人民币，计算非居民企业应纳税所得额。

五、财产转让收入或财产净值以人民币以外的货币计价的，分扣缴义务人扣缴税款、纳税人自行申报缴纳税款和主管税务机关责令限期缴纳税款三种情形，先将以非人民币计价项目金额比照本公告第四条规定折合成人民币金额；再按企业所得税法第十九条第二项及相关规定计算非居民企业财产转让所得应纳税所得额。

财产净值或财产转让收入的计价货币按照取得或转让财产时实际支付或收取的计价币种确定。原计价币种停止流通并启用新币种的，按照新旧货币市场转换比例转换为新币种后进行计算。

六、扣缴义务人与非居民企业签订与企业所得税法第三条第三款规定的所得有关的业务合同时，凡合同中约定由扣缴义务人实际承担应纳税款的，应将非居民企业取得的不含税所得换算为含税所得计算并解缴应扣税款。

七、扣缴义务人应当自扣缴义务发生之日起 7 日内向扣缴义务人所在地主管税务机关申报和解缴代扣税款。扣缴义务人发生到期应支付而未支付情形，应按照《国家税务总局关于非居民企业所得税管理若干问题的公告》（国家税务总局公告 2011 年第 24 号）第一条规定进行税务处理。

非居民企业取得应源泉扣缴的所得为股息、红利等权益性投资收益的，相关应纳税款扣缴义务发生之日为股息、红利等权益性投资收益实际支付之日。

非居民企业采取分期收款方式取得应源泉扣缴所得税的同一项转让财产所得的，其分期收取的款项可先视为收回以前投资财产的成本，待成本全部收回后，再计算并扣缴应扣税款。

八、扣缴义务人在申报和解缴应扣税款时，应填报《中华人民共和国扣缴企业所得税报告表》。

扣缴义务人可以在申报和解缴应扣税款前报送有关申报资料；已经报送的，在申报时不再重复报送。

九、按照企业所得税法第三十七条规定应当扣缴的所得税，扣缴义务人未依法扣缴或者无法履行扣缴义务的，取得所得的非居民企业应当按照企业所得税法第三十九条规定，向所得发生地主管税务机关申报缴纳未扣缴税款，并填报《中华人民共和国扣缴企业所得税报告表》。

非居民企业未按照企业所得税法第三十九条规定申报缴纳税款的，税务机关可以责令限期缴纳，非居民企业应当按照税务机关确定的期限申报缴纳税款；非居民企业在税务机关责令限期缴纳前自行申报缴纳税款的，视为已按期缴纳税款。

十、非居民企业取得的同一项所得在境内存在多个所得发生地，涉及多个主管税务机关的，在按照企业所得税法第三十九条规定自行申报缴纳未扣缴税款时，可以选择一地办理本公告第九条规定的申报缴税事宜。受理申报地主管税务机关应在受理申报后5个工作日内，向扣缴义务人所在地和同一项所得其他发生地主管税务机关发送《非居民企业税务事项联络函》(见附件)，告知非居民企业涉税事项。

十一、主管税务机关可以要求纳税人、扣缴义务人和其他知晓情况的相关方提供与应扣缴税款有关的合同和其他相关资料。扣缴义务人应当设立代扣代缴税款账簿和合同资料档案，准确记录非居民企业所得税扣缴情况。

十二、按照企业所得税法第三十七条规定应当扣缴的税款，扣缴义务人应扣未扣的，由扣缴义务人所在地主管税务机关依照《中华人民共和国行政处罚法》第二十三条规定责令扣缴义务人补扣税款，并依法追究扣缴义务人责任；需要向纳税人追缴税款的，由所得发生地主管税务机关依法执行。扣缴义务人所在地与所得发生地不一致的，负责追缴税款的所得发生地主管税务机关应通过扣缴义务人所在地主管税务机关核实有关情况；扣缴义务人所在地主管税务机关应当自确定应纳税款未依法扣缴之日起5个工作日内，向所得发生地主管税务机关发送《非居民企业税务事项联络函》，告知非居民企业涉税事项。

十三、主管税务机关在按照本公告第十二条规定追缴非居民企业应纳税款时，可以采取以下措施：

(一)责令该非居民企业限期申报缴纳应纳税款。

(二)收集、查实该非居民企业在中国境内其他收入项目及其支付人的相关信息，并向该其他项目支付人发出《税务事项通知书》，从该非居民企业其他收入项目款项中依照法定程序追缴欠缴税款及应缴的滞纳金。

其他项目支付人所在地与未扣税所得发生地不一致的，其他项目支付人所在地主管税务机关应给予配合和协助。

十四、按照本公告规定应当源泉扣缴税款的款项已经由扣缴义务人实际支付，但未在规定的期限内解缴应扣税款，并具有以下情形之一的，应作为税款已扣但未解缴情形，按照有关法律、行政法规规定处理：

(一)扣缴义务人已明确告知收款人已代扣税款的；

(二)已在财务会计处理中单独列示应扣税款的；

(三)已在其纳税申报中单独扣除或开始单独摊销扣除应扣税款的；

（四）其他证据证明已代扣税款的。

除上款规定情形外，按本公告规定应该源泉扣缴的税款未在规定的期限内解缴入库的，均作为应扣未扣税款情形，按照有关法律、行政法规规定处理。

十五、本公告与税收协定及其相关规定不一致的，按照税收协定及其相关规定执行。

十六、扣缴义务人所在地主管税务机关为扣缴义务人所得税主管税务机关。

对企业所得税法实施条例第七条规定的不同所得，所得发生地主管税务机关按以下原则确定：

（一）不动产转让所得，为不动产所在地税务机关。

（二）权益性投资资产转让所得，为被投资企业的所得税主管税务机关。

（三）股息、红利等权益性投资所得，为分配所得企业的所得税主管税务机关。

（四）利息所得、租金所得、特许权使用费所得，为负担、支付所得的单位或个人的所得税主管税务机关。

十七、本公告自2017年12月1日起施行。本公告第七条第二款和第三款、第九条第二款可以适用于在本公告施行前已经发生但未处理的所得。下列规定自2017年12月1日起废止：

（一）《国家税务总局关于印发〈非居民企业所得税源泉扣缴管理暂行办法〉的通知》（国税发〔2009〕3号）。

（二）《国家税务总局关于进一步加强非居民税收管理工作的通知》（国税发〔2009〕32号）第二条第（三）项中的以下表述：

"各地应按照《国家税务总局关于印发〈非居民企业所得税源泉扣缴管理暂行办法〉的通知》（国税发〔2009〕3号）规定，落实扣缴登记和合同备案制度，辅导扣缴义务人及时准确扣缴应纳税款，建立管理台账和管理档案，追缴漏税"。

（三）《国家税务总局关于加强税种征管促进堵漏增收的若干意见》（国税发〔2009〕85号）第四条第（二）项第3目中以下表述：

"按照《国家税务总局关于印发〈非居民企业所得税源泉扣缴管理暂行办法〉的通知》（国税发〔2009〕3号）规定，落实扣缴登记和合同备案制度，辅导扣缴义务人及时准确扣缴应纳税款，建立管理台账和管理档案"。

（四）《国家税务总局关于加强非居民企业股权转让所得企业所得税管理的通知》（国税函〔2009〕698号）。

（五）《国家税务总局关于印发〈非居民企业税收协同管理办法（试行）〉的通知》（国税发〔2010〕119号）第九条。

（六）《国家税务总局关于发布〈企业重组业务企业所得税管理办法〉的公告》（国家税务总局公告2010年第4号）第三十六条。

（七）《国家税务总局关于非居民企业所得税管理若干问题的公告》（国家税务总局公告2011年第24号）第五条和第六条。

（八）《国家税务总局关于发布〈非居民企业从事国际运输业务税收管理暂行办法〉的公告》（国家税务总局公告2014年第37号）第二条第三款中以下表述："和《国家税务总局关于印发〈非居民企业所得税源泉扣缴管理暂行办法〉的通知》（国税发〔2009〕3号）"。

（九）《国家税务总局关于非居民企业间接转让财产企业所得税若干问题的公告》（国家税务总局公告2015年第7号）第八条第二款。

第三十八条 【指定扣缴义务人】 对非居民企业在中国境内取得工程作业和劳务所得应缴纳的所得税，税务机关可以指定工程价款或者劳务费的支付人为扣缴义务人。

一、税收行政法规

《中华人民共和国企业所得税法实施条例》（2007年12月6日中华人民共和国国务院令第512号公布 根据2019年4月23日《国务院关于修改部分行政法规的决定》修订）

第一百零六条 企业所得税法第三十八条规定的可以指定扣缴义务人的情形，包括：

（一）预计工程作业或者提供劳务期限不足一个纳税年度，且有证据表明不履行纳税义务的；

（二）没有办理税务登记或者临时税务登记，且未委托中国境内的代理人履行纳税义务的；

（三）未按照规定期限办理企业所得税纳税申报或者预缴申报的。

前款规定的扣缴义务人，由县级以上税务机关指定，并同时告知扣缴义务人所扣税款的计算依据、计算方法、扣缴期限和扣缴方式。

二、部门规章

《非居民承包工程作业和提供劳务税收管理暂行办法》(2009 年 1 月 20 日颁布 2009 年 3 月 1 日起实施 国家税务总局令第 19 号)

第十四条 工程价款或劳务费的支付人所在地县(区)以上主管税务机关根据附件 1 及非居民企业申报纳税证明资料或其他信息,确定符合企业所得税法实施条例第一百零六条所列指定扣缴的三种情形之一的,可指定工程价款或劳务费的支付人为扣缴义务人,并将《非居民企业承包工程作业和提供劳务企业所得税扣缴义务通知书》(见附件 6)送达被指定方。

第十五条 指定扣缴义务人应当在申报期限内向主管税务机关报送扣缴企业所得税报告表及其他有关资料。

第三十九条 【未扣缴税款的申报与追缴】 依照本法第三十七条、第三十八条规定应当扣缴的所得税,扣缴义务人未依法扣缴或者无法履行扣缴义务的,由纳税人在所得发生地缴纳。纳税人未依法缴纳的,税务机关可以从该纳税人在中国境内其他收入项目的支付人应付的款项中,追缴该纳税人的应纳税款。

一、税收行政法规

《中华人民共和国企业所得税法实施条例》(2007 年 12 月 6 日中华人民共和国国务院令第 512 号公布 根据 2019 年 4 月 23 日《国务院关于修改部分行政法规的决定》修订)

第一百零七条 企业所得税法第三十九条所称所得发生地,是指依照本条例第七条规定的原则确定的所得发生地。在中国境内存在多处所得发生地的,由纳税人选择其中之一申报缴纳企业所得税。

第一百零八条 企业所得税法第三十九条所称该纳税人在中国境内其他收入,是指该纳税人在中国境内取得的其他各种来源的收入。

税务机关在追缴该纳税人应纳税款时,应当将追缴理由、追缴数额、缴纳期限和缴纳方式等告知该纳税人。

二、部门规章

《非居民承包工程作业和提供劳务税收管理暂行办法》(2009 年 1 月 20 日颁布 2009 年 3 月 1 日起实施 国家税务总局令第 19 号)

第十六条 扣缴义务人未依法履行扣缴义务或无法履行扣缴义务的,由非居民企业在项目所在地申报缴纳。主管税务机关应自确定未履行扣缴义务之日起 15 日内通知非居民企业在项目所在地申报纳税。

第四十条　【扣缴税款的解缴】　扣缴义务人每次代扣的税款，应当自代扣之日起七日内缴入国库，并向所在地的税务机关报送扣缴企业所得税报告表。

第六章　特别纳税调整

第四十一条　【转让定价】　企业与其关联方之间的业务往来，不符合独立交易原则而减少企业或者其关联方应纳税收入或者所得额的，税务机关有权按照合理方法调整。

企业与其关联方共同开发、受让无形资产，或者共同提供、接受劳务发生的成本，在计算应纳税所得额时应当按照独立交易原则进行分摊。

一、税收行政法规

《中华人民共和国企业所得税法实施条例》(2007 年 12 月 6 日中华人民共和国国务院令第 512 号公布　根据 2019 年 4 月 23 日《国务院关于修改部分行政法规的决定》修订)

第一百零九条　企业所得税法第四十一条所称关联方，是指与企业有下列关联关系之一的企业、其他组织或者个人：

(一)在资金、经营、购销等方面存在直接或者间接的控制关系；

(二)直接或者间接地同为第三者控制；

(三)在利益上具有相关联的其他关系。

第一百一十条　企业所得税法第四十一条所称独立交易原则，是指没有关联关系的交易各方，按照公平成交价格和营业常规进行业务往来遵循的原则。

第一百一十一条　企业所得税法第四十一条所称合理方法，包括：

(一)可比非受控价格法，是指按照没有关联关系的交易各方进行相同或者类似业务往来的价格进行定价的方法；

(二)再销售价格法，是指按照从关联方购进商品再销售给没有关联关系的交易方的价格，减除相同或者类似业务的销售毛利进行定价的方法；

(三)成本加成法，是指按照成本加合理的费用和利润进行定价的方法；

(四)交易净利润法，是指按照没有关联关系的交易各方进行相同或者类似业务往来取得的净利润水平确定利润的方法；

(五)利润分割法,是指将企业与其关联方的合并利润或者亏损在各方之间采用合理标准进行分配的方法;

(六)其他符合独立交易原则的方法。

第一百一十二条 企业可以依照企业所得税法第四十一条第二款的规定,按照独立交易原则与其关联方分摊共同发生的成本,达成成本分摊协议。

企业与其关联方分摊成本时,应当按照成本与预期收益相配比的原则进行分摊,并在税务机关规定的期限内,按照税务机关的要求报送有关资料。

企业与其关联方分摊成本时违反本条第一款、第二款规定的,其自行分摊的成本不得在计算应纳税所得额时扣除。

二、税务规范性文件

1.《国家税务总局关于母子公司间提供服务支付费用有关企业所得税处理问题的通知》(2008 年 8 月 14 日颁布 国税发〔2008〕86 号)

各省、自治区、直辖市和计划单列市国家税务局、地方税务局:

根据《中华人民共和国企业所得税法》及其实施条例的有关规定,现就在中国境内,属于不同独立法人的母子公司之间提供服务支付费用有关企业所得税处理问题通知如下:

一、母公司为其子公司(以下简称子公司)提供各种服务而发生的费用,应按照独立企业之间公平交易原则确定服务的价格,作为企业正常的劳务费用进行税务处理。

母子公司未按照独立企业之间的业务往来收取价款的,税务机关有权予以调整。

二、母公司向其子公司提供各项服务,双方应签订服务合同或协议,明确规定提供服务的内容、收费标准及金额等,凡按上述合同或协议规定所发生的服务费,母公司应作为营业收入申报纳税;子公司作为成本费用在税前扣除。

三、母公司向其多个子公司提供同类项服务,其收取的服务费可以采取分项签订合同或协议收取;也可以采取服务分摊协议的方式,即,由母公司与各子公司签订服务费用分摊合同或协议,以母公司为其子公司提供服务所发生的实际费用并附加一定比例利润作为向子公司收取的总服务费,在各服务受益子公司(包括盈利企业、亏损企业和享受减免税企业)之间按《中华人民共和国企业所得税法》第四十一条第二款规定合理分摊。

四、母公司以管理费形式向子公司提取费用，子公司因此支付给母公司的管理费，不得在税前扣除。

五、子公司申报税前扣除向母公司支付的服务费用，应向主管税务机关提供与母公司签订的服务合同或者协议等与税前扣除该项费用相关的材料。不能提供相关材料的，支付的服务费用不得税前扣除。

2.《国家税务总局关于印发〈特别纳税调整实施办法（试行）〉的通知》（2009年1月8日颁布　2008年1月1日起实施　国税发〔2009〕2号）①

第二条　本办法适用于税务机关对企业的转让定价、预约定价安排、成本分摊协议、受控外国企业、资本弱化以及一般反避税等特别纳税调整事项的管理。

第三条　转让定价管理是指税务机关按照所得税法第六章和征管法第三十六条的有关规定，对企业与其关联方之间的业务往来（以下简称关联交易）是否符合独立交易原则进行审核评估和调查调整等工作的总称。

第五条　成本分摊协议管理是指税务机关按照所得税法第四十一条第二款的规定，对企业与其关联方签署的成本分摊协议是否符合独立交易原则进行审核评估和调查调整等工作的总称。

第六十四条　根据所得税法第四十一条第二款及所得税法实施条例第一百一十二条的规定，企业与其关联方签署成本分摊协议，共同开发、受让无形资产，或者共同提供、接受劳务，应符合本章规定。

---

①　1. 根据《国家税务总局关于规范成本分摊协议管理的公告》（国家税务总局公告2015年第45号）的规定："四、本公告自2015年7月16日起施行。《特别纳税调整实施办法（试行）》（国税发〔2009〕2号文件印发）第六十九条同时废止。"2. 根据《国家税务总局关于完善关联申报和同期资料管理有关事项的公告》（国家税务总局公告2016年第42号）第二十七条规定，本公告适用于2016年及以后的会计年度。《特别纳税调整实施办法（试行）》（国税发〔2009〕2号文件印发）第二章、第三章、第七十四条和第八十九条同时废止。"3. 根据《国家税务总局关于完善预约定价安排管理有关事项的公告》（国家税务总局公告2016年第64号）第二十二条："本公告自2016年12月1日起施行。《特别纳税调整实施办法（试行）》（国税发〔2009〕2号文件印发）第六章同时废止。4. 根据《国家税务总局关于发布〈特别纳税调查调整及相互协商程序管理办法〉的公告》（国家税务总局公告2017年第6号）第六十二条规定：本办法自2017年5月1日起施行，《特别纳税调整实施办法（试行）》（国税发〔2009〕2号文件印发）第四章、第五章、第十一章和第十二章同时废止。5. 根据《国家税务总局关于修改部分税收规范性文件的公告》（国家税务总局公告2018年第33号），自2018年6月15日起，第一百一十一条废止。6. 根据《国家税务总局关于公布全文和部分条款失效废止的税务规范性文件目录的公告》（国家税务总局公告2023年第8号），自2023年5月26日起，第七十八条废止。

第六十五条　成本分摊协议的参与方对开发、受让的无形资产或参与的劳务活动享有受益权,并承担相应的活动成本。关联方承担的成本应与非关联方在可比条件下为获得上述受益权而支付的成本相一致。

参与方使用成本分摊协议所开发或受让的无形资产不需另支付特许权使用费。

第六十六条　企业对成本分摊协议所涉及无形资产或劳务的受益权应有合理的、可计量的预期收益,且以合理商业假设和营业常规为基础。

第六十七条　涉及劳务的成本分摊协议一般适用于集团采购和集团营销策划。

第六十八条　成本分摊协议主要包括以下内容:

(一)参与方的名称、所在国家(地区)、关联关系、在协议中的权利和义务;

(二)成本分摊协议所涉及的无形资产或劳务的内容、范围,协议涉及研发或劳务活动的具体承担者及其职责、任务;

(三)协议期限;

(四)参与方预期收益的计算方法和假设;

(五)参与方初始投入和后续成本支付的金额、形式、价值确认的方法以及符合独立交易原则的说明;

(六)参与方会计方法的运用及变更说明;

(七)参与方加入或退出协议的程序及处理规定;

(八)参与方之间补偿支付的条件及处理规定;

(九)协议变更或终止的条件及处理规定;

(十)非参与方使用协议成果的规定。

第七十条　已经执行并形成一定资产的成本分摊协议,参与方发生变更或协议终止执行,应根据独立交易原则做如下处理:

(一)加入支付,即新参与方为获得已有协议成果的受益权应做出合理的支付;

(二)退出补偿,即原参与方退出协议安排,将已有协议成果的受益权转让给其他参与方应获得合理的补偿;

(三)参与方变更后,应对各方受益和成本分摊情况做出相应调整;

(四)协议终止时,各参与方应对已有协议成果做出合理分配。

企业不按独立交易原则对上述情况做出处理而减少其应纳税所得额的,税务机关有权做出调整。

第七十一条　成本分摊协议执行期间，参与方实际分享的收益与分摊的成本不相配比的，应根据实际情况做出补偿调整。

第七十二条　对于符合独立交易原则的成本分摊协议，有关税务处理如下：

（一）企业按照协议分摊的成本，应在协议规定的各年度税前扣除；

（二）涉及补偿调整的，应在补偿调整的年度计入应纳税所得额；

（三）涉及无形资产的成本分摊协议，加入支付、退出补偿或终止协议时对协议成果分配的，应按资产购置或处置的有关规定处理。

第七十三条　企业可根据本办法第六章的规定采取预约定价安排的方式达成成本分摊协议。

第七十五条　企业与其关联方签署成本分摊协议，有下列情形之一的，其自行分摊的成本不得税前扣除：

（一）不具有合理商业目的和经济实质；

（二）不符合独立交易原则；

（三）没有遵循成本与收益配比原则；

（四）未按本办法有关规定备案或准备、保存和提供有关成本分摊协议的同期资料；

（五）自签署成本分摊协议之日起经营期限少于20年。

3.《国家税务总局关于发布〈特别纳税调查调整及相互协商程序管理办法〉的公告》（2017年3月17日颁布　2017年5月1日起实施　国家税务总局公告2017年第6号）①

为深入贯彻落实《深化国税、地税征管体制改革方案》，进一步完善特别纳税调查调整及相互协商程序管理工作，积极应用税基侵蚀和利润转移（BEPS）行动计划成果，有效执行我国对外签署的避免双重征税协定、协议或者安排，根据《中华人民共和国企业所得税法》及其实施条例、《中华人民共和国税收征收管理法》及其实施细则的有关规定，国家税务总局制定了《特别纳税调查调整及相互协商程序管理办法》，现予以发布，自2017年5月1日起施行。

第一条　根据《中华人民共和国企业所得税法》（以下简称企业所得税法）及其实施条例、《中华人民共和国税收征收管理法》（以下简称税收征管法）及其实施细则以及我国对外签署的避免双重征税协定、协议或者安排（以下简称税收协定）的有关规定，制定本办法。

第41条

---

① 根据《国家税务总局关于公布全文失效废止和部分条款失效废止的税收规范性文件目录的公告》（国家税务总局公告2018年第33号），自2018年6月15日起，第四十一条第二款废止。

第二条 税务机关以风险管理为导向，构建和完善关联交易利润水平监控管理指标体系，加强对企业利润水平的监控，通过特别纳税调整监控管理和特别纳税调查调整，促进企业税法遵从。

第三条 税务机关通过关联申报审核、同期资料管理和利润水平监控等手段，对企业实施特别纳税调整监控管理，发现企业存在特别纳税调整风险的，可以向企业送达《税务事项通知书》，提示其存在的税收风险。

企业收到特别纳税调整风险提示或者发现自身存在特别纳税调整风险的，可以自行调整补税。企业自行调整补税的，应当填报《特别纳税调整自行缴纳税款表》。

企业自行调整补税的，税务机关仍可按照有关规定实施特别纳税调查调整。

企业要求税务机关确认关联交易定价原则和方法等特别纳税调整事项的，税务机关应当启动特别纳税调查程序。

第四条 税务机关实施特别纳税调查，应当重点关注具有以下风险特征的企业：

（一）关联交易金额较大或者类型较多；

（二）存在长期亏损、微利或者跳跃性盈利；

（三）低于同行业利润水平；

（四）利润水平与其所承担的功能风险不相匹配，或者分享的收益与分摊的成本不相配比；

（五）与低税国家（地区）关联方发生关联交易；

（六）未按照规定进行关联申报或者准备同期资料；

（七）从其关联方接受的债权性投资与权益性投资的比例超过规定标准；

（八）由居民企业，或者由居民企业和中国居民控制的设立在实际税负低于12.5%的国家（地区）的企业，并非由于合理的经营需要而对利润不作分配或者减少分配；

（九）实施其他不具有合理商业目的的税收筹划或者安排。

第五条 税务机关应当向已确定立案调查的企业送达《税务检查通知书（一）》。被立案调查企业为非居民企业的，税务机关可以委托境内关联方或者与调查有关的境内企业送达《税务检查通知书（一）》。

经预备会谈与税务机关达成一致意见，已向税务机关提交《预约定价安排谈签意向书》，并申请预约定价安排追溯适用以前年度的企业，或者已向税务机关提交《预约定价安排续签申请书》的企业，可以暂不作为特别纳税调整的调查对象。预约定价安排未涉及的年度和关联交易除外。

第八条　税务机关实施特别纳税调查时，应当按照法定权限和程序进行，可以采用实地调查、检查纸质或者电子数据资料、调取账簿、询问、查询存款账户或者储蓄存款、发函协查、国际税收信息交换、异地协查等方式，收集能够证明案件事实的证据材料。收集证据材料过程中，可以记录、录音、录像、照相和复制，录音、录像、照相前应当告知被取证方。记录内容应当由两名以上调查人员签字，并经被取证方核实签章确认。被取证方拒绝签章的，税务机关调查人员（两名以上）应当注明。

第九条　以电子数据证明案件事实的，税务机关可以采取以下方式进行取证：

（一）要求提供方将电子数据打印成纸质资料，在纸质资料上注明数据出处、打印场所，并注明“与电子数据核对无误”，由提供方签章；

（二）采用有形载体形式固定电子数据，由调查人员与提供方指定人员一起将电子数据复制到只读存储介质上并封存。在封存包装物上注明电子数据名称、数据来源、制作方法、制作时间、制作人、文件格式及大小等，并注明“与原始载体记载的电子数据核对无误”，由提供方签章。

第十条　税务机关需要将以前年度的账簿、会计凭证、财务会计报告和其他有关资料调回检查的，应当按照税收征管法及其实施细则有关规定，向被调查企业送达《调取账簿资料通知书》，填写《调取账簿资料清单》交其核对后签章确认。调回资料应当妥善保管，并在法定时限内完整退还。

第十一条　税务机关需要采用询问方式收集证据材料的，应当由两名以上调查人员实施询问，并制作《询问（调查）笔录》。

第十二条　需要被调查当事人、证人陈述或者提供证言的，应当事先告知其不如实陈述或者提供虚假证言应当承担的法律责任。被调查当事人、证人可以采取书面或者口头方式陈述或者提供证言，以口头方式陈述或者提供证言的，调查人员可以笔录、录音、录像。笔录应当使用能够长期保持字迹的书写工具书写，也可使用计算机记录并打印，陈述或者证言应当由被调查当事人、证人逐页签章。

陈述或者证言中应当写明被调查当事人、证人的姓名、工作单位、联系方式等基本信息，注明出具日期，并附居民身份证复印件等身份证明材料。

被调查当事人、证人口头提出变更陈述或者证言的，调查人员应当就变更部分重新制作笔录，注明原因，由被调查当事人、证人逐页签章。被调查当事人、证人变更书面陈述或者证言的，不退回原件。

第十三条 税务机关应当结合被调查企业年度关联业务往来报告表和相关资料，对其与关联方的关联关系以及关联交易金额进行确认，填制《关联关系认定表》和《关联交易认定表》，并由被调查企业确认签章。被调查企业拒绝确认的，税务机关调查人员（两名以上）应当注明。

第十五条 税务机关实施转让定价调查时，应当进行可比性分析，可比性分析一般包括以下五个方面。税务机关可以根据案件情况选择具体分析内容：

（一）交易资产或者劳务特性，包括有形资产的物理特性、质量、数量等；无形资产的类型、交易形式、保护程度、期限、预期收益等；劳务的性质和内容；金融资产的特性、内容、风险管理等；

（二）交易各方执行的功能、承担的风险和使用的资产。功能包括研发、设计、采购、加工、装配、制造、维修、分销、营销、广告、存货管理、物流、仓储、融资、管理、财务、会计、法律及人力资源管理等；风险包括投资风险、研发风险、采购风险、生产风险、市场风险、管理风险及财务风险等；资产包括有形资产、无形资产、金融资产等；

（三）合同条款，包括交易标的、交易数量、交易价格、收付款方式和条件、交货条件、售后服务范围和条件、提供附加劳务的约定、变更或者修改合同内容的权利、合同有效期、终止或者续签合同的权利等。合同条款分析应当关注企业执行合同的能力与行为，以及关联方之间签署合同条款的可信度等；

（四）经济环境，包括行业概况、地理区域、市场规模、市场层级、市场占有率、市场竞争程度、消费者购买力、商品或者劳务可替代性、生产要素价格、运输成本、政府管制，以及成本节约、市场溢价等地域特殊因素；

（五）经营策略，包括创新和开发、多元化经营、协同效应、风险规避及市场占有策略等。

第十六条 税务机关应当在可比性分析的基础上，选择合理的转让定价方法，对企业关联交易进行分析评估。转让定价方法包括可比非受控价格法、再销售价格法、成本加成法、交易净利润法、利润分割法及其他符合独立交易原则的方法。

第十七条　可比非受控价格法以非关联方之间进行的与关联交易相同或者类似业务活动所收取的价格作为关联交易的公平成交价格。可比非受控价格法可以适用于所有类型的关联交易。

可比非受控价格法的可比性分析，应当按照不同交易类型，特别考察关联交易与非关联交易中交易资产或者劳务的特性、合同条款、经济环境和经营策略上的差异：

（一）有形资产使用权或者所有权的转让，包括：

1. 转让过程，包括交易时间与地点、交货条件、交货手续、支付条件、交易数量、售后服务等；

2. 转让环节，包括出厂环节、批发环节、零售环节、出口环节等；

3. 转让环境，包括民族风俗、消费者偏好、政局稳定程度以及财政、税收、外汇政策等；

4. 有形资产的性能、规格、型号、结构、类型、折旧方法等；

5. 提供使用权的时间、期限、地点、费用收取标准等；

6. 资产所有者对资产的投资支出、维修费用等。

（二）金融资产的转让，包括金融资产的实际持有期限、流动性、安全性、收益性。其中，股权转让交易的分析内容包括公司性质、业务结构、资产构成、所属行业、行业周期、经营模式、企业规模、资产配置和使用情况、企业所处经营阶段、成长性、经营风险、财务风险、交易时间、地理区域、股权关系、历史与未来经营情况、商誉、税收利益、流动性、经济趋势、宏观政策、企业收入和成本结构及其他因素；

（三）无形资产使用权或者所有权的转让，包括：

1. 无形资产的类别、用途、适用行业、预期收益；

2. 无形资产的开发投资、转让条件、独占程度、可替代性、受有关国家法律保护的程度及期限、地理位置、使用年限、研发阶段、维护改良及更新的权利、受让成本和费用、功能风险情况、摊销方法以及其他影响其价值发生实质变动的特殊因素等。

（四）资金融通，包括融资的金额、币种、期限、担保、融资人的资信、还款方式、计息方法等；

（五）劳务交易，包括劳务性质、技术要求、专业水准、承担责任、付款条件和方式、直接和间接成本等。

关联交易与非关联交易在以上方面存在重大差异的，应当就该差异对价格的影响进行合理调整，无法合理调整的，应当选择其他合理的转让定价方法。

第十八条 再销售价格法以关联方购进商品再销售给非关联方的价格减去可比非关联交易毛利后的金额作为关联方购进商品的公平成交价格。其计算公式如下：

公平成交价格＝再销售给非关联方的价格×(1－可比非关联交易毛利率)

可比非关联交易毛利率＝可比非关联交易毛利/可比非关联交易收入净额×100%

再销售价格法一般适用于再销售者未对商品进行改变外形、性能、结构或者更换商标等实质性增值加工的简单加工或者单纯购销业务。

再销售价格法的可比性分析，应当特别考察关联交易与非关联交易中企业执行的功能、承担的风险、使用的资产和合同条款上的差异，以及影响毛利率的其他因素，具体包括营销、分销、产品保障及服务功能，存货风险，机器、设备的价值及使用年限，无形资产的使用及价值，有价值的营销型无形资产，批发或者零售环节，商业经验，会计处理及管理效率等。

关联交易与非关联交易在以上方面存在重大差异的，应当就该差异对毛利率的影响进行合理调整，无法合理调整的，应当选择其他合理的转让定价方法。

第十九条 成本加成法以关联交易发生的合理成本加上可比非关联交易毛利后的金额作为关联交易的公平成交价格。其计算公式如下：

公平成交价格＝关联交易发生的合理成本×(1＋可比非关联交易成本加成率)

可比非关联交易成本加成率＝可比非关联交易毛利/可比非关联交易成本×100%

成本加成法一般适用于有形资产使用权或者所有权的转让、资金融通、劳务交易等关联交易。

成本加成法的可比性分析，应当特别考察关联交易与非关联交易中企业执行的功能、承担的风险、使用的资产和合同条款上的差异，以及影响成本加成率的其他因素，具体包括制造、加工、安装及测试功能，市场及汇兑风险，机器、设备的价值及使用年限，无形资产的使用及价值，商业经验，会计处理，生产及管理效率等。

关联交易与非关联交易在以上方面存在重大差异的，应当就该差异对成本加成率的影响进行合理调整，无法合理调整的，应当选择其他合理的转让定价方法。

第二十条　交易净利润法以可比非关联交易的利润指标确定关联交易的利润。利润指标包括息税前利润率、完全成本加成率、资产收益率、贝里比率等。具体计算公式如下：

（一）息税前利润率＝息税前利润/营业收入×100%

（二）完全成本加成率＝息税前利润/完全成本×100%

（三）资产收益率＝息税前利润/[（年初资产总额＋年末资产总额）/2]×100%

（四）贝里比率＝毛利/（营业费用＋管理费用）×100%

利润指标的选取应当反映交易各方执行的功能、承担的风险和使用的资产。利润指标的计算以企业会计处理为基础，必要时可以对指标口径进行合理调整。

交易净利润法一般适用于不拥有重大价值无形资产企业的有形资产使用权或者所有权的转让和受让、无形资产使用权受让以及劳务交易等关联交易。

交易净利润法的可比性分析，应当特别考察关联交易与非关联交易中企业执行的功能、承担的风险和使用的资产，经济环境上的差异，以及影响利润的其他因素，具体包括行业和市场情况，经营规模，经济周期和产品生命周期，收入、成本、费用和资产在各交易间的分配，会计处理及经营管理效率等。

关联交易与非关联交易在以上方面存在重大差异的，应当就该差异对利润的影响进行合理调整，无法合理调整的，应当选择其他合理的转让定价方法。

第二十一条　利润分割法根据企业与其关联方对关联交易合并利润（实际或者预计）的贡献计算各自应当分配的利润额。利润分割法主要包括一般利润分割法和剩余利润分割法。

一般利润分割法通常根据关联交易各方所执行的功能、承担的风险和使用的资产，采用符合独立交易原则的利润分割方式，确定各方应当取得的合理利润；当难以获取可比交易信息但能合理确定合并利润时，可以结合实际情况考虑与价值贡献相关的收入、成本、费用、资产、雇员人数等因素，分析关联交易各方对价值做出的贡献，将利润在各方之间进行分配。

剩余利润分割法将关联交易各方的合并利润减去分配给各方的常规利润后的余额作为剩余利润，再根据各方对剩余利润的贡献程度进行分配。

利润分割法一般适用于企业及其关联方均对利润创造具有独特贡献，业务高度整合且难以单独评估各方交易结果的关联交易。利润分割法的适用应当体现利润应在经济活动发生地和价值创造地征税的基本原则。

利润分割法的可比性分析，应当特别考察关联交易各方执行的功能、承担的风险和使用的资产，收入、成本、费用和资产在各方之间的分配，成本节约、市场溢价等地域特殊因素，以及其他价值贡献因素，确定各方对剩余利润贡献所使用的信息和假设条件的可靠性等。

第二十二条 其他符合独立交易原则的方法包括成本法、市场法和收益法等资产评估方法，以及其他能够反映利润与经济活动发生地和价值创造地相匹配原则的方法。

成本法是以替代或者重置原则为基础，通过在当前市场价格下创造一项相似资产所发生的支出确定评估标的价值的评估方法。成本法适用于能够被替代的资产价值评估。

市场法是利用市场上相同或者相似资产的近期交易价格，经过直接比较或者类比分析以确定评估标的价值的评估方法。市场法适用于在市场上能找到与评估标的相同或者相似的非关联可比交易信息时的资产价值评估。

收益法是通过评估标的未来预期收益现值来确定其价值的评估方法。收益法适用于企业整体资产和可预期未来收益的单项资产评估。

第二十三条 税务机关分析评估被调查企业关联交易时，应当在分析评估交易各方功能风险的基础上，选择功能相对简单的一方作为被测试对象。

第二十四条 税务机关在进行可比性分析时，优先使用公开信息，也可以使用非公开信息。

第二十五条 税务机关分析评估被调查企业关联交易是否符合独立交易原则时，可以根据实际情况选择算术平均法、加权平均法或者四分位法等统计方法，逐年分别或者多年度平均计算可比企业利润或者价格的平均值或者四分位区间。

税务机关应当按照可比利润水平或者可比价格对被调查企业各年度关联交易进行逐年测试调整。

税务机关采用四分位法分析评估企业利润水平时，企业实际利润水平低于可比企业利润率区间中位值的，原则上应当按照不低于中位值进行调整。

第二十六条 税务机关分析评估被调查企业为其关联方提供的来料加工业务，在可比企业不是相同业务模式，且业务模式的差异会对利润水平产生影响的情况下，应当对业务模式的差异进行调整，还原其不作价的来料和设备价值。企业提供真实完整的来料加工产品整体价值链相关资料，能够反映各关联方总体利润水平的，税务机关可以就被调查企业与可比企业因料件还原产生的资金占用差异进行可比性调整，利润水平调整幅度超过10%的，应当重新选择可比企业。

除本条第一款外，对因营运资本占用不同产生的利润差异不作调整。

第二十七条 税务机关分析评估被调查企业关联交易是否符合独立交易原则时，选取的可比企业与被调查企业处于不同经济环境的，应当分析成本节约、市场溢价等地域特殊因素，并选择合理的转让定价方法确定地域特殊因素对利润的贡献。

第二十八条 企业为境外关联方从事来料加工或者进料加工等单一生产业务，或者从事分销、合约研发业务，原则上应当保持合理的利润水平。

上述企业如出现亏损，无论是否达到《国家税务总局关于完善关联申报和同期资料管理有关事项的公告》（国家税务总局公告2016年第42号）中的同期资料准备标准，均应当就亏损年度准备同期资料本地文档。税务机关应当重点审核上述企业的本地文档，加强监控管理。

上述企业承担由于决策失误、开工不足、产品滞销、研发失败等原因造成的应当由关联方承担的风险和损失的，税务机关可以实施特别纳税调整。

第二十九条 税务机关对关联交易进行调查分析时，应当确定企业所获得的收益与其执行的功能或者承担的风险是否匹配。

企业与其关联方之间隐匿关联交易直接或者间接导致国家总体税收收入减少的，税务机关可以通过还原隐匿交易实施特别纳税调整。

企业与其关联方之间抵消关联交易直接或者间接导致国家总体税收收入减少的，税务机关可以通过还原抵消交易实施特别纳税调整。

第三十条 判定企业及其关联方对无形资产价值的贡献程度及相应的收益分配时，应当全面分析企业所属企业集团的全球营运流程，充分考虑各方在无形资产开发、价值提升、维护、保护、应用和推广中的价值贡献，无形资产价值的实现方式，无形资产与集团内其他业务的功能、风险和资产的相互作用。

企业仅拥有无形资产所有权而未对无形资产价值做出贡献的，不应当参与无形资产收益分配。无形资产形成和使用过程中，仅提供资金而未实际执行相关功能和承担相应风险的，应当仅获得合理的资金成本回报。

第三十一条 企业与其关联方转让或者受让无形资产使用权而收取或者支付的特许权使用费，应当根据下列情形适时调整，未适时调整的，税务机关可以实施特别纳税调整：

（一）无形资产价值发生根本性变化；

（二）按照营业常规，非关联方之间的可比交易应当存在特许权使用费调整机制；

（三）无形资产使用过程中，企业及其关联方执行的功能、承担的风险或者使用的资产发生变化；

（四）企业及其关联方对无形资产进行后续开发、价值提升、维护、保护、应用和推广做出贡献而未得到合理补偿。

第三十二条 企业与其关联方转让或者受让无形资产使用权而收取或者支付的特许权使用费，应当与无形资产为企业或者其关联方带来的经济利益相匹配。与经济利益不匹配而减少企业或者其关联方应纳税收入或者所得额的，税务机关可以实施特别纳税调整。未带来经济利益，且不符合独立交易原则的，税务机关可以按照已税前扣除的金额全额实施特别纳税调整。

企业向仅拥有无形资产所有权而未对其价值创造做出贡献的关联方支付特许权使用费，不符合独立交易原则的，税务机关可以按照已税前扣除的金额全额实施特别纳税调整。

第三十三条 企业以融资上市为主要目的在境外成立控股公司或者融资公司，仅因融资上市活动所产生的附带利益向境外关联方支付特许权使用费，不符合独立交易原则的，税务机关可以按照已税前扣除的金额全额实施特别纳税调整。

第三十四条 企业与其关联方发生劳务交易支付或者收取价款不符合独立交易原则而减少企业或者其关联方应纳税收入或者所得额的，税务机关可以实施特别纳税调整。

符合独立交易原则的关联劳务交易应当是受益性劳务交易，并且按照非关联方在相同或者类似情形下的营业常规和公平成交价格进行定价。受益性劳务是指能够为劳务接受方带来直接或者间接经济利益，且非关联方在相同或者类似情形下，愿意购买或者愿意自行实施的劳务活动。

第三十五条　企业向其关联方支付非受益性劳务的价款，税务机关可以按照已税前扣除的金额全额实施特别纳税调整。非受益性劳务主要包括以下情形：

（一）劳务接受方从其关联方接受的，已经购买或者自行实施的劳务活动；

（二）劳务接受方从其关联方接受的，为保障劳务接受方的直接或者间接投资方的投资利益而实施的控制、管理和监督等劳务活动。该劳务活动主要包括：

1. 董事会活动、股东会活动、监事会活动和发行股票等服务于股东的活动；

2. 与劳务接受方的直接或者间接投资方、集团总部和区域总部的经营报告或者财务报告编制及分析有关的活动；

3. 与劳务接受方的直接或者间接投资方、集团总部和区域总部的经营及资本运作有关的筹资活动；

4. 为集团决策、监管、控制、遵从需要所实施的财务、税务、人事、法务等活动；

5. 其他类似情形。

（三）劳务接受方从其关联方接受的，并非针对其具体实施的，只是因附属于企业集团而获得额外收益的劳务活动。该劳务活动主要包括：

1. 为劳务接受方带来资源整合效应和规模效应的法律形式改变、债务重组、股权收购、资产收购、合并、分立等集团重组活动；

2. 由于企业集团信用评级提高，为劳务接受方带来融资成本下降等利益的相关活动；

3. 其他类似情形。

（四）劳务接受方从其关联方接受的，已经在其他关联交易中给予补偿的劳务活动。该劳务活动主要包括：

1. 从特许权使用费支付中给予补偿的与专利权或者非专利技术相关的服务；

2. 从贷款利息支付中给予补偿的与贷款相关的服务；

3. 其他类似情形。

（五）与劳务接受方执行的功能和承担的风险无关，或者不符合劳务接受方经营需要的关联劳务活动；

（六）其他不能为劳务接受方带来直接或者间接经济利益，或者非关联方不愿意购买或者不愿意自行实施的关联劳务活动。

第三十六条 企业接受或者提供的受益性劳务应当充分考虑劳务的具体内容和特性，劳务提供方的功能、风险、成本和费用，劳务接受方的受益情况、市场环境，交易双方的财务状况，以及可比交易的定价情况等因素，按照本办法的有关规定选择合理的转让定价方法，并遵循以下原则：

（一）关联劳务能够分别按照各劳务接受方、劳务项目为核算单位归集相关劳务成本费用的，应当以劳务接受方、劳务项目合理的成本费用为基础，确定交易价格；

（二）关联劳务不能分别按照各劳务接受方、劳务项目为核算单位归集相关劳务成本费用的，应当采用合理标准和比例向各劳务接受方分配，并以分配的成本费用为基础，确定交易价格。分配标准应当根据劳务性质合理确定，可以根据实际情况采用营业收入、营运资产、人员数量、人员工资、设备使用量、数据流量、工作时间以及其他合理指标，分配结果应当与劳务接受方的受益程度相匹配。非受益性劳务的相关成本费用支出不得计入分配基数。

第三十七条 企业向未执行功能、承担风险，无实质性经营活动的境外关联方支付费用，不符合独立交易原则的，税务机关可以按照已税前扣除的金额全额实施特别纳税调整。

第三十八条 实际税负相同的境内关联方之间的交易，只要该交易没有直接或者间接导致国家总体税收收入的减少，原则上不作特别纳税调整。

第三十九条 经调查，税务机关未发现企业存在特别纳税调整问题的，应当作出特别纳税调查结论，并向企业送达《特别纳税调查结论通知书》。

第四十条 经调查，税务机关发现企业存在特别纳税调整问题的，应当按照以下程序实施调整：

（一）在测算、论证、可比性分析的基础上，拟定特别纳税调查调整方案；

（二）根据拟定调整方案与企业协商谈判，双方均应当指定主谈人，调查人员应当做好《协商内容记录》，并由双方主谈人签字确认。企业拒签的，税务机关调查人员（两名以上）应当注明。企业拒绝协商谈判的，税务机关向企业送达《特别纳税调查初步调整通知书》；

（三）协商谈判过程中，企业对拟定调整方案有异议的，应当在税务机关规定的期限内进一步提供相关资料。税务机关收到资料后，应当认真审议，并作出审议结论。根据审议结论，需要进行特别纳税调整的，税务机关应当形成初步调整方案，向企业送达《特别纳税调查初步调整通知书》；

（四）企业收到《特别纳税调查初步调整通知书》后有异议的，应当自收到通知书之日起7日内书面提出。税务机关收到企业意见后，应当再次协商、审议。根据审议结论，需要进行特别纳税调整，并形成最终调整方案的，税务机关应当向企业送达《特别纳税调查调整通知书》；

（五）企业收到《特别纳税调查初步调整通知书》后，在规定期限内未提出异议的，或者提出异议后又拒绝协商的，或者虽提出异议但经税务机关审议后不予采纳的，税务机关应当以初步调整方案作为最终调整方案，向企业送达《特别纳税调查调整通知书》。

第四十一条 企业收到《特别纳税调查调整通知书》后有异议的，可以在依照《特别纳税调查调整通知书》缴纳或者解缴税款、利息、滞纳金或者提供相应的担保后，依法申请行政复议。

对行政复议决定不服的，可以依法向人民法院提起行政诉讼。

第四十二条 税务机关对企业实施特别纳税调整，涉及企业向境外关联方支付利息、租金、特许权使用费的，除另有规定外，不调整已扣缴的税款。

第四十三条 企业可以在《特别纳税调查调整通知书》送达前自行缴纳税款。企业自行缴纳税款的，应当填报《特别纳税调整自行缴纳税款表》。

第四十四条 税务机关对企业实施特别纳税调整的，应当根据企业所得税法及其实施条例的有关规定对2008年1月1日以后发生交易补征的企业所得税按日加收利息。

特别纳税调查调整补缴的税款，应当按照应补缴税款所属年度的先后顺序确定补缴税款的所属年度，以入库日为截止日，分别计算应加收的利息额：

（一）企业在《特别纳税调查调整通知书》送达前缴纳或者送达后补缴税款的，应当自税款所属纳税年度的次年6月1日起至缴纳或者补缴税款之日止计算加收利息。企业超过《特别纳税调查调整通知书》补缴税款期限仍未缴纳税款的，应当自补缴税款期限届满次日起按照税收征管法及其实施细则的有关规定加收滞纳金，在加收滞纳金期间不再加收利息；

（二）利息率按照税款所属纳税年度12月31日公布的与补税期间

同期的中国人民银行人民币贷款基准利率(以下简称基准利率)加5个百分点计算,并按照一年365天折算日利息率;

(三)企业按照有关规定提供同期资料及有关资料的,或者按照有关规定不需要准备同期资料但根据税务机关要求提供其他相关资料的,可以只按照基准利率加收利息。

经税务机关调查,企业实际关联交易额达到准备同期资料标准,但未按照规定向税务机关提供同期资料的,税务机关补征税款加收利息,适用本条第二款第二项规定。

第四十五条 企业自行调整补税且主动提供同期资料等有关资料,或者按照有关规定不需要准备同期资料但根据税务机关要求提供其他相关资料的,其2008年1月1日以后发生交易的自行调整补税按照基准利率加收利息。

第四十六条 被调查企业在税务机关实施特别纳税调查调整期间申请变更经营地址或者注销税务登记的,税务机关在调查结案前原则上不予办理税务变更、注销手续。

第四十七条 根据我国对外签署的税收协定的有关规定,国家税务总局可以依据企业申请或者税收协定缔约对方税务主管当局请求启动相互协商程序,与税收协定缔约对方税务主管当局开展协商谈判,避免或者消除由特别纳税调整事项引起的国际重复征税。

相互协商内容包括:

(一)双边或者多边预约定价安排的谈签;

(二)税收协定缔约一方实施特别纳税调查调整引起另一方相应调整的协商谈判。

第四十八条 企业申请启动相互协商程序的,应当在税收协定规定期限内,向国家税务总局书面提交《启动特别纳税调整相互协商程序申请表》和特别纳税调整事项的有关说明。企业当面报送上述资料的,以报送日期为申请日期;邮寄报送的,以国家税务总局收到上述资料的日期为申请日期。

国家税务总局收到企业提交的上述资料后,认为符合税收协定有关规定的,可以启动相互协商程序;认为资料不全的,可以要求企业补充提供资料。

第四十九条 税收协定缔约对方税务主管当局请求启动相互协商程序的,国家税务总局收到正式来函后,认为符合税收协定有关规定的,可以启动相互协商程序。

国家税务总局认为税收协定缔约对方税务主管当局提供的资料不完整、事实不清晰的，可以要求对方补充提供资料，或者通过主管税务机关要求涉及的境内企业协助核实。

第五十条　国家税务总局决定启动相互协商程序的，应当书面通知省税务机关，并告知税收协定缔约对方税务主管当局。负责特别纳税调整事项的主管税务机关应当在收到书面通知后15个工作日内，向企业送达启动相互协商程序的《税务事项通知书》。

第五十一条　在相互协商过程中，税务机关可以要求企业进一步补充提供资料，企业应当在规定的时限内提交。

第五十二条　有下列情形之一的，国家税务总局可以拒绝企业申请或者税收协定缔约对方税务主管当局启动相互协商程序的请求：

（一）企业或者其关联方不属于税收协定任一缔约方的税收居民；

（二）申请或者请求不属于特别纳税调整事项；

（三）申请或者请求明显缺乏事实或者法律依据；

（四）申请不符合税收协定有关规定；

（五）特别纳税调整案件尚未结案或者虽然已经结案但是企业尚未缴纳应纳税款。

第五十三条　有下列情形之一的，国家税务总局可以暂停相互协商程序：

（一）企业申请暂停相互协商程序；

（二）税收协定缔约对方税务主管当局请求暂停相互协商程序；

（三）申请必须以另一被调查企业的调查调整结果为依据，而另一被调查企业尚未结束调查调整程序；

（四）其他导致相互协商程序暂停的情形。

第五十四条　有下列情形之一的，国家税务总局可以终止相互协商程序：

（一）企业或者其关联方不提供与案件有关的必要资料，或者提供虚假、不完整资料，或者存在其他不配合的情形；

（二）企业申请撤回或者终止相互协商程序；

（三）税收协定缔约对方税务主管当局撤回或者终止相互协商程序；

（四）其他导致相互协商程序终止的情形。

第五十五条　国家税务总局决定暂停或者终止相互协商程序的，应当书面通知省税务机关。负责特别纳税调整事项的主管税务机关应当在收到书面通知后15个工作日内，向企业送达暂停或者终止相互协商程序的《税务事项通知书》。

第五十六条 国家税务总局与税收协定缔约对方税务主管当局签署相互协商协议后，应当书面通知省税务机关，附送相互协商协议。负责特别纳税调整事项的主管税务机关应当在收到书面通知后15个工作日内，向企业送达《税务事项通知书》，附送相互协商协议。需要补(退)税的，应当附送《特别纳税调整相互协商协议补(退)税款通知书》或者《预约定价安排补(退)税款通知书》，并监控执行补(退)税款情况。

应纳税收入或者所得额以外币计算的，应当按照相互协商协议送达企业之日上月最后一日人民币汇率中间价折合成人民币，计算应补缴或者应退还的税款。

补缴税款应当加收利息的，按照《中华人民共和国企业所得税法实施条例》第一百二十二条规定的人民币贷款基准利率执行。

第五十七条 各级税务机关应当对税收协定缔约对方税务主管当局、企业或者其扣缴义务人、代理人等在相互协商中提供的有关资料保密。

第五十八条 企业或者其扣缴义务人、代理人等在相互协商中弄虚作假，或者有其他违法行为的，税务机关应当按照税收征管法及其实施细则的有关规定处理。

第五十九条 企业按照本办法规定向国家税务总局提起相互协商申请的，提交的资料应当同时采用中文和英文文本，企业向税收协定缔约双方税务主管当局提交资料内容应当保持一致。

第六十条 涉及税收协定条款解释或者执行的相互协商程序，按照《国家税务总局关于发布〈税收协定相互协商程序实施办法〉的公告》(国家税务总局公告2013年第56号)的有关规定执行。

第六十一条 本办法施行前已受理但尚未达成一致的相互协商案件，适用本办法的规定。

第六十二条 本办法自2017年5月1日起施行。《特别纳税调整实施办法(试行)》(国税发〔2009〕2号文件印发)第四章、第五章、第十一章和第十二章、《国家税务总局关于加强转让定价跟踪管理有关问题的通知》(国税函〔2009〕188号)、《国家税务总局关于强化跨境关联交易监控和调查的通知》(国税函〔2009〕363号)、《国家税务总局关于特别纳税调整监控管理有关问题的公告》(国家税务总局公告2014年第54号)、《国家税务总局关于企业向境外关联方支付费用有关企业所得税问题的公告》(国家税务总局公告2015年第16号)同时废止。

4.《国家税务总局关于规范成本分摊协议管理的公告》(2015 年 6 月 16 日颁布　2015 年 7 月 16 日起实施　国家税务总局公告 2015 年第 45 号)

为贯彻落实《国务院关于取消非行政许可审批事项的决定》(国发〔2015〕27 号),规范成本分摊协议管理,依据《中华人民共和国企业所得税法》及其实施条例、《中华人民共和国税收征收管理法》及其实施细则,现就有关事项公告如下:

一、企业应自与关联方签订(变更)成本分摊协议之日起 30 日内,向主管税务机关报送成本分摊协议副本,并在年度企业所得税纳税申报时,附送《中华人民共和国企业年度关联业务往来报告表》。

二、税务机关应当加强成本分摊协议的后续管理,对不符合独立交易原则和成本与收益相匹配原则的成本分摊协议,实施特别纳税调查调整。

三、企业执行成本分摊协议期间,参与方实际分享的收益与分摊的成本不配比的,应当根据实际情况做出补偿调整。参与方未做补偿调整的,税务机关应当实施特别纳税调查调整。

四、本公告自 2015 年 7 月 16 日起施行。《特别纳税调整实施办法(试行)》(国税发〔2009〕2 号文件印发)第六十九条同时废止。

三、其他文件

《国家税务总局关于关联股权债权交易适用特别纳税调整法律法规及有关规定的批复》(2012 年 6 月 6 日颁布　国税函〔2012〕262 号)

四川省国家税务局:

你局《关于股权债权交易是否适用特别纳税调整有关法律法规政策制度的请示》(川国税发〔2012〕5 号)收悉。关于你局对某企业进行股权关联交易调查涉及的关联股权或债权交易的法律适用问题,经研究,现批复如下:

根据《中华人民共和国企业所得税法》及其实施条例、《中华人民共和国税收征收管理法》及其实施细则的有关规定,股权或债权的关联交易属于关联业务往来的内容,应当适用特别纳税调整的法律法规及有关规定。

第四十二条　【预约定价】　企业可以向税务机关提出与其关联方之间业务往来的定价原则和计算方法,税务机关与企业协商、确认后,达成预约定价安排。

一、税收行政法规

《中华人民共和国企业所得税法实施条例》(2007年12月6日中华人民共和国国务院令第512号公布　根据2019年4月23日《国务院关于修改部分行政法规的决定》修订)

第一百一十三条　企业所得税法第四十二条所称预约定价安排,是指企业就其未来年度关联交易的定价原则和计算方法,向税务机关提出申请,与税务机关按照独立交易原则协商、确认后达成的协议。

二、税务规范性文件

1.《国家税务总局关于印发〈特别纳税调整实施办法(试行)〉的通知》(2009年1月8日颁布　2008年1月1日起实施　国税发〔2009〕2号)①

第四条　预约定价安排管理是指税务机关按照所得税法第四十二条和征管法实施细则第五十三条的规定,对企业提出的未来年度关联交易的定价原则和计算方法进行审核评估,并与企业协商达成预约定价安排等工作的总称。

---

① 1.根据《国家税务总局关于规范成本分摊协议管理的公告》(国家税务总局公告2015年第45号)的规定:"四、本公告自2015年7月16日起施行。《特别纳税调整实施办法(试行)》(国税发〔2009〕2号文件印发)第六十九条同时废止。"2.根据《国家税务总局关于完善关联申报和同期资料管理有关事项的公告》(国家税务总局公告2016年第42号)第二十七条规定,本公告适用于2016年及以后的会计年度。《特别纳税调整实施办法(试行)》(国税发〔2009〕2号文件印发)第二章、第三章、第七十四条和第八十九条同时废止。3.根据《国家税务总局关于完善预约定价安排管理有关事项的公告》(国家税务总局公告2016年第64号)第二十二条:"本公告自2016年12月1日起施行。《特别纳税调整实施办法(试行)》(国税发〔2009〕2号文件印发)第六章同时废止。"4.根据《国家税务总局关于发布〈特别纳税调查调整及相互协商程序管理办法〉的公告》(国家税务总局公告2017年第6号)第六十二条规定:本办法自2017年5月1日起施行,《特别纳税调整实施办法(试行)》(国税发〔2009〕2号文件印发)第四章、第五章、第十一章和第十二章同时废止。5.根据《国家税务总局关于修改部分税收规范性文件的公告》(国家税务总局公告2018年第33号),自2018年6月15日起,第一百一十一条废止。6.根据《国家税务总局关于公布全文和部分条款失效废止的税务规范性文件目录的公告》(国家税务总局公告2023年第8号),自2023年5月26日起,第七十八条废止。

2.《国家税务总局关于完善预约定价安排管理有关事项的公告》(2016年10月11日颁布　2016年12月1日起实施　国家税务总局公告2016年第64号)①

为进一步完善预约定价安排管理，执行我国政府对外签署的避免双重征税协定、协议或者安排(以下简称“税收协定”)，根据《中华人民共和国企业所得税法》(以下简称“企业所得税法”)及其实施条例、《中华人民共和国税收征收管理法》(以下简称“税收征管法”)及其实施细则的有关规定，现就有关事项公告如下：

一、企业可以与税务机关就其未来年度关联交易的定价原则和计算方法达成预约定价安排。

二、预约定价安排的谈签与执行经过预备会谈、谈签意向、分析评估、正式申请、协商签署和监控执行6个阶段。预约定价安排包括单边、双边和多边3种类型。

三、预约定价安排适用于主管税务机关向企业送达接收其谈签意向的《税务事项通知书》之日所属纳税年度起3至5个年度的关联交易。

企业以前年度的关联交易与预约定价安排适用年度相同或者类似的，经企业申请，税务机关可以将预约定价安排确定的定价原则和计算方法追溯适用于以前年度该关联交易的评估和调整。追溯期最长为10年。

预约定价安排的谈签不影响税务机关对企业不适用预约定价安排的年度及关联交易的特别纳税调查调整和监控管理。

四、预约定价安排一般适用于主管税务机关向企业送达接收其谈签意向的《税务事项通知书》之日所属纳税年度前3个年度每年度发生的关联交易金额4000万元人民币以上的企业。

五、企业有谈签预约定价安排意向的，应当向税务机关书面提出预备会谈申请。税务机关可以与企业开展预备会谈。

(一)企业申请单边预约定价安排的，应当向主管税务机关书面提出预备会谈申请，提交《预约定价安排预备会谈申请书》(附件1)。主管税务机关组织与企业开展预备会谈。

企业申请双边或者多边预约定价安排的，应当同时向国家税务总局和主管税务机关书面提出预备会谈申请，提交《预约定价安排预备会

---

① 根据《国家税务总局关于修改部分税收规范性文件的公告》(国家税务总局公告2018年第31号)，自2018年6月15日起，第十条第四项删除，第十七条中的“或者同时涉及国家税务局和地方税务局的，”删除，第十八条中的“，且仅涉及国家税务局或者地方税务局”删除，附件4第九条中，“或者同时涉及国家税务局和地方税务局的，”删除。

谈申请书》。国家税务总局统一组织与企业开展预备会谈。

(二)预备会谈期间,企业应当就以下内容作出简要说明:

1. 预约定价安排的适用年度;

2. 预约定价安排涉及的关联方及关联交易;

3. 企业及其所属企业集团的组织结构和管理架构;

4. 企业最近3至5个年度生产经营情况、同期资料等;

5. 预约定价安排涉及各关联方功能和风险的说明,包括功能和风险划分所依据的机构、人员、费用、资产等;

6. 市场情况的说明,包括行业发展趋势和竞争环境等;

7. 是否存在成本节约、市场溢价等地域特殊优势;

8. 预约定价安排是否追溯适用以前年度;

9. 其他需要说明的情况。

企业申请双边或者多边预约定价安排的,说明内容还应当包括:

1. 向税收协定缔约对方税务主管当局提出预约定价安排申请的情况;

2. 预约定价安排涉及的关联方最近3至5个年度生产经营情况及关联交易情况;

3. 是否涉及国际重复征税及其说明。

(三)预备会谈期间,企业应当按照税务机关的要求补充资料。

六、税务机关和企业在预备会谈期间达成一致意见的,主管税务机关向企业送达同意其提交谈签意向的《税务事项通知书》。企业收到《税务事项通知书》后向税务机关提出谈签意向。

(一)企业申请单边预约定价安排的,应当向主管税务机关提交《预约定价安排谈签意向书》(附件2),并附送单边预约定价安排申请草案。

企业申请双边或者多边预约定价安排的,应当同时向国家税务总局和主管税务机关提交《预约定价安排谈签意向书》,并附送双边或者多边预约定价安排申请草案。

(二)单边预约定价安排申请草案应当包括以下内容:

1. 预约定价安排的适用年度;

2. 预约定价安排涉及的关联方及关联交易;

3. 企业及其所属企业集团的组织结构和管理架构;

4. 企业最近3至5个年度生产经营情况、财务会计报告、审计报告、同期资料等;

5. 预约定价安排涉及各关联方功能和风险的说明,包括功能和风险划分所依据的机构、人员、费用、资产等;

6. 预约定价安排使用的定价原则和计算方法，以及支持这一定价原则和计算方法的功能风险分析、可比性分析和假设条件等；

7. 价值链或者供应链分析，以及对成本节约、市场溢价等地域特殊优势的考虑；

8. 市场情况的说明，包括行业发展趋势和竞争环境等；

9. 预约定价安排适用期间的年度经营规模、经营效益预测以及经营规划等；

10. 预约定价安排是否追溯适用以前年度；

11. 对预约定价安排有影响的境内、外行业相关法律、法规；

12. 企业关于不存在本条第(三)项所列举情形的说明；

13. 其他需要说明的情况。

双边或者多边预约定价安排申请草案还应当包括：

1. 向税收协定缔约对方税务主管当局提出预约定价安排申请的情况；

2. 预约定价安排涉及的关联方最近3至5个年度生产经营情况及关联交易情况；

3. 是否涉及国际重复征税及其说明。

(三)有下列情形之一的，税务机关可以拒绝企业提交谈签意向：

1. 税务机关已经对企业实施特别纳税调整立案调查或者其他涉税案件调查，且尚未结案的；

2. 未按照有关规定填报年度关联业务往来报告表；

3. 未按照有关规定准备、保存和提供同期资料；

4. 预备会谈阶段税务机关和企业无法达成一致意见。

七、企业提交谈签意向后，税务机关应当分析预约定价安排申请草案内容，评估其是否符合独立交易原则。根据分析评估的具体情况可以要求企业补充提供有关资料。

税务机关可以从以下方面进行分析评估：

(一)功能和风险状况。分析评估企业与其关联方之间在供货、生产、运输、销售等各环节以及在研究、开发无形资产等方面各自作出的贡献、执行的功能以及在存货、信贷、外汇、市场等方面承担的风险。

(二)可比交易信息。分析评估企业提供的可比交易信息，对存在的实质性差异进行调整。

(三)关联交易数据。分析评估预约定价安排涉及的关联交易的收入、成本、费用和利润是否单独核算或者按照合理比例划分。

(四)定价原则和计算方法。分析评估企业在预约定价安排中采用的定价原则和计算方法。如申请追溯适用以前年度的,应当作出说明。

(五)价值链分析和贡献分析。评估企业对价值链或者供应链的分析是否完整、清晰,是否充分考虑成本节约、市场溢价等地域特殊优势,是否充分考虑本地企业对价值创造的贡献等。

(六)交易价格或者利润水平。根据上述分析评估结果,确定符合独立交易原则的价格或者利润水平。

(七)假设条件。分析评估影响行业利润水平和企业生产经营的因素及程度,合理确定预约定价安排适用的假设条件。

八、分析评估阶段,税务机关可以与企业就预约定价安排申请草案进行讨论。税务机关可以进行功能和风险实地访谈。税务机关认为预约定价安排申请草案不符合独立交易原则的,企业应当与税务机关协商,并进行调整;税务机关认为预约定价安排申请草案符合独立交易原则的,主管税务机关向企业送达同意其提交正式申请的《税务事项通知书》,企业收到通知后,可以向税务机关提交《预约定价安排正式申请书》(附件3),并附送预约定价安排正式申请报告。

(一)企业申请单边预约定价安排的,应当向主管税务机关提交上述资料。企业申请双边或者多边预约定价安排的,应当同时向国家税务总局和主管税务机关提交上述资料,并按照有关规定提交启动特别纳税调整相互协商程序的申请。

(二)有下列情形之一的,税务机关可以拒绝企业提交正式申请:

1. 预约定价安排申请草案拟采用的定价原则和计算方法不合理,且企业拒绝协商调整;

2. 企业拒不提供有关资料或者提供的资料不符合税务机关要求,且不按时补正或者更正;

3. 企业拒不配合税务机关进行功能和风险实地访谈;

4. 其他不适合谈签预约定价安排的情况。

九、税务机关应当在分析评估的基础上形成协商方案,并据此开展协商工作。

(一)主管税务机关与企业开展单边预约定价安排协商,协商达成一致的,拟定单边预约定价安排文本(参照文本见附件4)。

国家税务总局与税收协定缔约对方税务主管当局开展双边或者多边预约定价安排协商,协商达成一致的,拟定双边或者多边预约定价安排文本。

(二)预约定价安排文本可以包括以下内容:

1. 企业及其关联方名称、地址等基本信息；

2. 预约定价安排涉及的关联交易及适用年度；

3. 预约定价安排选用的定价原则和计算方法，以及可比价格或者可比利润水平等；

4. 与转让定价方法运用和计算基础相关的术语定义；

5. 假设条件及假设条件变动通知义务；

6. 企业年度报告义务；

7. 预约定价安排的效力；

8. 预约定价安排的续签；

9. 预约定价安排的生效、修订和终止；

10. 争议的解决；

11. 文件资料等信息的保密义务；

12. 单边预约定价安排的信息交换；

13. 附则。

（三）主管税务机关与企业就单边预约定价安排文本达成一致后，双方的法定代表人或者法定代表人授权的代表签署单边预约定价安排。

国家税务总局与税收协定缔约对方税务主管当局就双边或者多边预约定价安排文本达成一致后，双方或者多方税务主管当局授权的代表签署双边或者多边预约定价安排。国家税务总局应当将预约定价安排转发主管税务机关。主管税务机关应当向企业送达《税务事项通知书》，附送预约定价安排，并做好执行工作。

（四）预约定价安排涉及适用年度或者追溯年度补（退）税款的，税务机关应当按照纳税年度计算应补征或者退还的税款，并向企业送达《预约定价安排补（退）税款通知书》（附件5）。

十、税务机关应当监控预约定价安排的执行情况。

（一）预约定价安排执行期间，企业应当完整保存与预约定价安排有关的文件和资料，包括账簿和有关记录等，不得丢失、销毁和转移。

企业应当在纳税年度终了后6个月内，向主管税务机关报送执行预约定价安排情况的纸质版和电子版年度报告，主管税务机关将电子版年度报告报送国家税务总局；涉及双边或者多边预约定价安排的，企业应当向主管税务机关报送执行预约定价安排情况的纸质版和电子版年度报告，同时将电子版年度报告报送国家税务总局。

年度报告应当说明报告期内企业经营情况以及执行预约定价安排

的情况。需要修订、终止预约定价安排,或者有未决问题或者预计将要发生问题的,应当作出说明。

(二)预约定价安排执行期间,主管税务机关应当每年监控企业执行预约定价安排的情况。监控内容主要包括:企业是否遵守预约定价安排条款及要求;年度报告是否反映企业的实际经营情况;预约定价安排所描述的假设条件是否仍然有效等。

(三)预约定价安排执行期间,企业发生影响预约定价安排的实质性变化,应当在发生变化之日起30日内书面报告主管税务机关,详细说明该变化对执行预约定价安排的影响,并附送相关资料。由于非主观原因而无法按期报告的,可以延期报告,但延长期限不得超过30日。

税务机关应当在收到企业书面报告后,分析企业实质性变化情况,根据实质性变化对预约定价安排的影响程度,修订或者终止预约定价安排。签署的预约定价安排终止执行的,税务机关可以和企业按照本公告规定的程序和要求,重新谈签预约定价安排。

十一、预约定价安排执行期满后自动失效。企业申请续签的,应当在预约定价安排执行期满之日前90日内向税务机关提出续签申请,报送《预约定价安排续签申请书》(附件6),并提供执行现行预约定价安排情况的报告,现行预约定价安排所述事实和经营环境是否发生实质性变化的说明材料以及续签预约定价安排年度的预测情况等相关资料。

十二、预约定价安排采用四分位法确定价格或者利润水平,在预约定价安排执行期间,如果企业当年实际经营结果在四分位区间之外,税务机关可以将实际经营结果调整到四分位区间中位值。预约定价安排执行期满,企业各年度经营结果的加权平均值低于区间中位值,且未调整至中位值的,税务机关不再受理续签申请。

双边或者多边预约定价安排执行期间存在上述问题的,主管税务机关应当及时将有关情况层报国家税务总局。

十三、预约定价安排执行期间,主管税务机关与企业发生分歧的,双方应当进行协商。协商不能解决的,可以报上一级税务机关协调;涉及双边或者多边预约定价安排的,必须层报国家税务总局协调。对上一级税务机关或者国家税务总局的决定,下一级税务机关应当予以执行。企业仍不能接受的,可以终止预约定价安排的执行。

十四、在预约定价安排签署前,税务机关和企业均可暂停、终止预约定价安排程序。税务机关发现企业或者其关联方故意不提供与谈签预约定价安排有关的必要资料,或者提供虚假、不完整资料,或者存在其他不配合的情形，使预约定价安排难以达成一致的，可以暂停、终止预约定价安排程序。涉及双边或者多边预约定价安排的，经税收协定缔约各方税务主管当局协商，可以暂停、终止预约定价安排程序。税务机关暂停、终止预约定价安排程序的，应当向企业送达《税务事项通知书》，并说明原因；企业暂停、终止预约定价安排程序的，应当向税务机关提交书面说明。

十五、没有按照规定的权限和程序签署预约定价安排，或者税务机关发现企业隐瞒事实的，应当认定预约定价安排自始无效，并向企业送达《税务事项通知书》，说明原因；发现企业拒不执行预约定价安排或者存在违反预约定价安排的其他情况，可以视情况进行处理，直至终止预约定价安排。

十六、有下列情形之一的，税务机关可以优先受理企业提交的申请：

（一）企业关联申报和同期资料完备合理，披露充分；

（二）企业纳税信用级别为A级；

（三）税务机关曾经对企业实施特别纳税调查调整，并已经结案；

（四）签署的预约定价安排执行期满，企业申请续签，且预约定价安排所述事实和经营环境没有发生实质性变化；

（五）企业提交的申请材料齐备，对价值链或者供应链的分析完整、清晰，充分考虑成本节约、市场溢价等地域特殊因素，拟采用的定价原则和计算方法合理；

（六）企业积极配合税务机关开展预约定价安排谈签工作；

（七）申请双边或者多边预约定价安排的，所涉及的税收协定缔约对方税务主管当局有较强的谈签意愿，对预约定价安排的重视程度较高；

（八）其他有利于预约定价安排谈签的因素。

十七、预约定价安排同时涉及两个或者两个以上省、自治区、直辖市和计划单列市税务机关的，由国家税务总局统一组织协调。

企业申请上述单边预约定价安排的，应当同时向国家税务总局及其指定的税务机关提出谈签预约定价安排的相关申请。国家税务总局可以与企业统一签署单边预约定价安排，或者指定税务机关与企业统一签署单边预约定价安排，也可以由各主管税务机关与企业分别签署单边预约定价安排。

十八、单边预约定价安排涉及一个省、自治区、直辖市和计划单列市内两个或者两个以上主管税务机关的，由省、自治区、直辖市和计划单列市相应税务机关统一组织协调。

十九、税务机关与企业在预约定价安排谈签过程中取得的所有信息资料，双方均负有保密义务。除依法应当向有关部门提供信息的情况外，未经纳税人同意，税务机关不得以任何方式泄露预约定价安排相关信息。

税务机关与企业不能达成预约定价安排的，税务机关在协商过程中所取得的有关企业的提议、推理、观念和判断等非事实性信息，不得用于对该预约定价安排涉及关联交易的特别纳税调查调整。

二十、除涉及国家安全的信息以外，国家税务总局可以按照对外缔结的国际公约、协定、协议等有关规定，与其他国家（地区）税务主管当局就2016年4月1日以后签署的单边预约定价安排文本实施信息交换。企业应当在签署单边预约定价安排时提供其最终控股公司、上一级直接控股公司及单边预约定价安排涉及的境外关联方所在国家（地区）的名单。

二十一、本公告所称主管税务机关是指负责特别纳税调整事项的税务机关。

二十二、本公告自2016年12月1日起施行。《特别纳税调整实施办法（试行）》（国税发〔2009〕2号文件印发）第六章同时废止。本公告施行前税务机关未接受正式申请的预约定价安排，适用本公告的规定。

第四十三条 【关联业务的报告义务】 企业向税务机关报送年度企业所得税纳税申报表时，应当就其与关联方之间的业务往来，附送年度关联业务往来报告表。

税务机关在进行关联业务调查时，企业及其关联方，以及与关联业务调查有关的其他企业，应当按照规定提供相关资料。

一、税收行政法规

《中华人民共和国企业所得税法实施条例》（2007年12月6日中华人民共和国国务院令第512号公布 根据2019年4月23日《国务院关于修改部分行政法规的决定》修订）

第一百一十四条 企业所得税法第四十三条所称相关资料，包括：

（一）与关联业务往来有关的价格、费用的制定标准、计算方法和说明等同期资料；

（二）关联业务往来所涉及的财产、财产使用权、劳务等的再销售（转让）价格或者最终销售（转让）价格的相关资料；

（三）与关联业务调查有关的其他企业应当提供的与被调查企业可比的产品价格、定价方式以及利润水平等资料；

（四）其他与关联业务往来有关的资料。

企业所得税法第四十三条所称与关联业务调查有关的其他企业，是指与被调查企业在生产经营内容和方式上相类似的企业。

企业应当在税务机关规定的期限内提供与关联业务往来有关的价格、费用的制定标准、计算方法和说明等资料。关联方以及与关联业务调查有关的其他企业应当在税务机关与其约定的期限内提供相关资料。

二、税务规范性文件

1.《国家税务总局关于做好居民企业报告境外投资和所得信息工作的通知》（2015年6月18日颁布　税总函〔2015〕327号）

各省、自治区、直辖市和计划单列市国家税务局、地方税务局：

为贯彻落实《国家税务总局关于居民企业报告境外投资和所得信息有关问题的公告》（国家税务总局公告2014年第38号，以下简称《公告》）要求，提高信息申报质量，现就有关填报口径及工作要求通知如下：

一、在《公告》实施前，企业已按照《国家税务总局关于印发〈中华人民共和国企业年度关联业务往来报告表〉的通知》（国税发〔2008〕114号）的规定填报有关对外投资信息，且未发生变化的，在《公告》实施后可不再重复报送。

二、企业按照《公告》第二条第（二）款规定应该报送的年度独立财务报表包括按照中国会计制度规定需要编报的主表及相关附表，以及会计报表附注、财务情况说明书、审计报告等附属资料。

三、《受控外国企业信息报告表》第六项受控外国企业利润分配项下有关栏目填表说明如下：

（一）可分配利润总额栏按照受控外国企业当年度独立资产负债表未分配利润期末余额与当年实际分配数额之和填报。

（二）以前年度已视同分配额栏按照以前年度已视同分配金额扣除该视同分配金额的实际分配额后的余额填报。计算结果为负数的，填报零。

（三）本年度分配额超出以前年度已视同分配额的数额栏按照本年度分配额与以前年度已视同分配额之差填报。计算结果为负数的，填报零。

（四）各可抵免外国税额栏按照前面一栏相应利润额依据《财政部 国家税务总局关于企业境外所得税收抵免有关问题的通知（财税〔2009〕125 号）》及有关文件规定计算的可抵免境外所得税税额填报。

四、各主管税务机关应按照《国家税务总局关于落实"一带一路"发展战略要求 做好税收服务与管理工作的通知》（税总发〔2015〕60 号）的要求，做好信息填报辅导工作，为企业遵从提供方便。同时，结合企业所得税年度汇算清缴，注意将企业报告的境外投资和所得信息与企业所得税年度申报信息衔接、比对，督促纳税人及时、准确履行申报义务。

2.《国家税务总局关于发布〈特别纳税调查调整及相互协商程序管理办法〉的公告》（2017 年 3 月 17 日颁布 2017 年 5 月 1 日起实施 国家税务总局公告 2017 年第 6 号）①

第六条 税务机关实施特别纳税调查时，可以要求被调查企业及其关联方，或者与调查有关的其他企业提供相关资料：

（一）要求被调查企业及其关联方，或者与调查有关的其他企业提供相关资料的，应当向该企业送达《税务事项通知书》，该企业在境外的，税务机关可以委托境内关联方或者与调查有关的境内企业向该企业送达《税务事项通知书》；

（二）需要到被调查企业的关联方或者与调查有关的其他企业调查取证的，应当向该企业送达《税务检查通知书（二）》。

第七条 被调查企业及其关联方以及与调查有关的其他企业应当按照税务机关要求提供真实、完整的相关资料：

（一）提供由自身保管的书证原件。原本、正本和副本均属于书证的原件。提供原件确有困难的，可以提供与原件核对无误的复印件、照片、节录本等复制件。提供方应当在复制件上注明"与原件核对无误，原件存于我处"，并由提供方签章；

（二）提供由有关方保管的书证原件复制件、影印件或者抄录件的，提供方应当在复制件、影印件或者抄录件上注明"与原件核对无误"，并注明出处，由该有关方及提供方签章；

① 根据《国家税务总局关于公布全文失效废止和部分条款失效废止的税收规范性文件目录的公告》（国家税务总局公告 2018 年第 33 号），自 2018 年 6 月 15 日起，第四十一条第二款废止。

（三）提供外文书证或者外文视听资料的，应当附送中文译本。提供方应当对中文译本的准确性和完整性负责；

（四）提供境外相关资料的，应当说明来源。税务机关对境外资料真实性和完整性有疑义的，可以要求企业提供公证机构的证明。

3.《国家税务总局关于明确〈中华人民共和国企业年度关联业务往来报告表（2016年版）〉填报口径的公告》（2017年7月7日颁布并实施　国家税务总局公告2017年第26号）

为落实《国家税务总局关于完善关联申报和同期资料管理有关事项的公告》（国家税务总局公告2016年第42号），做好《中华人民共和国企业年度关联业务往来报告表（2016年版）》填报工作，现就有关事项公告如下：

一、《中华人民共和国企业年度关联业务往来报告表（2016年版）》中的《国别报告－所得、税收和业务活动国别分布表》（中英文表）第3列"收入－关联方"，填报跨国企业集团在第1列填报的国家（地区）每个成员实体与该跨国企业集团在《国别报告－跨国企业集团成员实体名单》（中英文表）中填报的其他成员实体发生交易取得的收入，并按第1列填报的国家（地区）汇总之和。

二、需填报国别报告的居民企业可以在2017年12月31日之前对已经填报2016年度的《中华人民共和国企业年度关联业务往来报告表（2016年版）》通过申报更正流程进行补充修改。

三、本公告自发布之日起施行。

第四十四条　【应纳税所得额的核定】　企业不提供与其关联方之间业务往来资料，或者提供虚假、不完整资料，未能真实反映其关联业务往来情况的，税务机关有权依法核定其应纳税所得额。

一、税收行政法规

《中华人民共和国企业所得税法实施条例》（2007年12月6日中华人民共和国国务院令第512号公布　根据2019年4月23日《国务院关于修改部分行政法规的决定》修订）

第一百一十五条　税务机关依照企业所得税法第四十四条的规定核定企业的应纳税所得额时，可以采用下列方法：

（一）参照同类或者类似企业的利润率水平核定；

（二）按照企业成本加合理的费用和利润的方法核定；

(三)按照关联企业集团整体利润的合理比例核定;

(四)按照其他合理方法核定。

企业对税务机关按照前款规定的方法核定的应纳税所得额有异议的,应当提供相关证据,经税务机关认定后,调整核定的应纳税所得额。

二、税务规范性文件

《国家税务总局关于发布〈特别纳税调查调整及相互协商程序管理办法〉的公告》(2017 年 3 月 17 日颁布 2017 年 5 月 1 日起实施 国家税务总局公告 2017 年第 6 号)①

第十四条 被调查企业不提供特别纳税调查相关资料,或者提供虚假、不完整资料的,由税务机关责令限期改正,逾期仍未改正的,税务机关按照税收征管法及其实施细则有关规定进行处理,并依法核定其应纳税所得额。

第四十五条 【受控外国公司】 由居民企业,或者由居民企业和中国居民控制的设立在实际税负明显低于本法第四条第一款规定税率水平的国家(地区)的企业,并非由于合理的经营需要而对利润不作分配或者减少分配的,上述利润中应归属于该居民企业的部分,应当计入该居民企业的当期收入。

一、税收行政法规

《中华人民共和国企业所得税法实施条例》(2007 年 12 月 6 日中华人民共和国国务院令第 512 号公布 根据 2019 年 4 月 23 日《国务院关于修改部分行政法规的决定》修订)

第一百一十六条 企业所得税法第四十五条所称中国居民,是指根据《中华人民共和国个人所得税法》的规定,就其从中国境内、境外取得的所得在中国缴纳个人所得税的个人。

第一百一十七条 企业所得税法第四十五条所称控制,包括:

(一)居民企业或者中国居民直接或者间接单一持有外国企业 10%以上有表决权股份,且由其共同持有该外国企业 50%以上股份;

① 根据《国家税务总局关于公布全文失效废止和部分条款失效废止的税收规范性文件目录的公告》(国家税务总局公告 2018 年第 33 号),自 2018 年 6 月 15 日起,第四十一条第二款废止。

（二）居民企业，或者居民企业和中国居民持股比例没有达到第（一）项规定的标准，但在股份、资金、经营、购销等方面对该外国企业构成实质控制。

第一百一十八条 企业所得税法第四十五条所称实际税负明显低于企业所得税法第四条第一款规定税率水平，是指低于企业所得税法第四条第一款规定税率的50%。

二、税务规范性文件

1.《国家税务总局关于印发〈特别纳税调整实施办法（试行）〉的通知》（2009年1月8日颁布 2008年1月1日起实施 国税发〔2009〕2号）①

第六条 受控外国企业管理是指税务机关按照所得税法第四十五条的规定，对受控外国企业不作利润分配或减少分配进行审核评估和调查，并对归属于中国居民企业所得进行调整等工作的总称。

第七十六条 受控外国企业是指根据所得税法第四十五条的规定，由居民企业，或者由居民企业和居民个人（以下统称中国居民股东，包括中国居民企业股东和中国居民个人股东）控制的设立在实际税负低于所得税法第四条第一款规定税率水平50%的国家（地区），并非出

① 1.根据《国家税务总局关于规范成本分摊协议管理的公告》（国家税务总局公告2015年第45号）的规定："四、本公告自2015年7月16日起施行。《特别纳税调整实施办法（试行）》（国税发〔2009〕2号文件印发）第六十九条同时废止。"2.根据《国家税务总局关于完善关联申报和同期资料管理有关事项的公告》（国家税务总局公告2016年第42号）第二十七条规定，本公告适用于2016年及以后的会计年度。《特别纳税调整实施办法（试行）》（国税发〔2009〕2号文件印发）第二章、第三章、第七十四条和第八十九条同时废止。3.根据《国家税务总局关于完善预约定价安排管理有关事项的公告》（国家税务总局公告2016年第64号）第二十二条："本公告自2016年12月1日起施行。《特别纳税调整实施办法（试行）》（国税发〔2009〕2号文件印发）第六章同时废止。"4.根据《国家税务总局关于发布〈特别纳税调查调整及相互协商程序管理办法〉的公告》（国家税务总局公告2017年第6号）第六十二条规定：本办法自2017年5月1日起施行，《特别纳税调整实施办法（试行）》（国税发〔2009〕2号文件印发）第四章、第五章、第十一章和第十二章同时废止。5.根据《国家税务总局关于修改部分税收规范性文件的公告》（国家税务总局公告2018年第33号），自2018年6月15日起，第一百一十一条废止。6.根据《国家税务总局关于公布全文和部分条款失效废止的税务规范性文件目录的公告》（国家税务总局公告2023年第8号），自2023年5月26日起，第七十八条废止。

于合理经营需要对利润不作分配或减少分配的外国企业。

第七十七条　本办法第七十六条所称控制，是指在股份、资金、经营、购销等方面构成实质控制。其中，股份控制是指由中国居民股东在纳税年度任何一天单层直接或多层间接单一持有外国企业10%以上有表决权股份，且共同持有该外国企业50%以上股份。

中国居民股东多层间接持有股份按各层持股比例相乘计算，中间层持有股份超过50%的，按100%计算。

第七十九条　税务机关应汇总、审核中国居民企业股东申报的对外投资信息，向受控外国企业的中国居民企业股东送达《受控外国企业中国居民股东确认通知书》。中国居民企业股东符合所得税法第四十五条征税条件的，按照有关规定征税。

第八十条　计入中国居民企业股东当期的视同受控外国企业股息分配的所得，应按以下公式计算：

中国居民企业股东当期所得＝视同股息分配额×实际持股天数÷受控外国企业纳税年度天数×股东持股比例

中国居民股东多层间接持有股份的，股东持股比例按各层持股比例相乘计算。

第八十一条　受控外国企业与中国居民企业股东纳税年度存在差异的，应将视同股息分配所得计入受控外国企业纳税年度终止日所属的中国居民企业股东的纳税年度。

第八十二条　计入中国居民企业股东当期所得已在境外缴纳的企业所得税税款，可按照所得税法或税收协定的有关规定抵免。

第八十三条　受控外国企业实际分配的利润已根据所得税法第四十五条规定征税的，不再计入中国居民企业股东的当期所得。

第八十四条　中国居民企业股东能够提供资料证明其控制的外国企业满足以下条件之一的，可免于将外国企业不作分配或减少分配的利润视同股息分配额，计入中国居民企业股东的当期所得：

（一）设立在国家税务总局指定的非低税率国家（地区）；

（二）主要取得积极经营活动所得；

（三）年度利润总额低于500万元人民币。

2.《国家税务总局关于简化判定中国居民股东控制外国企业所在国实际税负的通知》(2009 年 1 月 21 日颁布 国税函〔2009〕37 号)

各省、自治区、直辖市和计划单列市国家税务局、地方税务局:

根据《中华人民共和国企业所得税法》第四十五条的规定,为了简化判定由中国居民企业,或者由中国居民企业和居民个人控制的外国企业的实际税负,现明确如下:

中国居民企业或居民个人能够提供资料证明其控制的外国企业设立在美国、英国、法国、德国、日本、意大利、加拿大、澳大利亚、印度、南非、新西兰和挪威的,可免于将该外国企业不作分配或者减少分配的利润视同股息分配额,计入中国居民企业的当期所得。

第四十六条 【资本弱化】 企业从其关联方接受的债权性投资与权益性投资的比例超过规定标准而发生的利息支出,不得在计算应纳税所得额时扣除。

一、税收行政法规

《中华人民共和国企业所得税法实施条例》(2007 年 12 月 6 日中华人民共和国国务院令第 512 号公布 根据 2019 年 4 月 23 日《国务院关于修改部分行政法规的决定》修订)

第一百一十九条 企业所得税法第四十六条所称债权性投资,是指企业直接或者间接从关联方获得的,需要偿还本金和支付利息或者需要以其他具有支付利息性质的方式予以补偿的融资。

企业间接从关联方获得的债权性投资,包括:

(一)关联方通过无关联第三方提供的债权性投资;

(二)无关联第三方提供的、由关联方担保且负有连带责任的债权性投资;

(三)其他间接从关联方获得的具有负债实质的债权性投资。

企业所得税法第四十六条所称权益性投资,是指企业接受的不需要偿还本金和支付利息,投资人对企业净资产拥有所有权的投资。

企业所得税法第四十六条所称标准,由国务院财政、税务主管部门另行规定。

二、税务规范性文件

1.《财政部 国家税务总局关于企业关联方利息支出税前扣除标准有关税收政策问题的通知》(2008年9月19日颁布 财税〔2008〕121号)

各省、自治区、直辖市、计划单列市财政厅(局)、国家税务局、地方税务局,新疆生产建设兵团财务局:

为规范企业利息支出税前扣除,加强企业所得税管理,根据《中华人民共和国企业所得税法》(以下简称税法)第四十六条和《中华人民共和国企业所得税法实施条例》(国务院令第512号,以下简称实施条例)第一百一十九条的规定,现将企业接受关联方债权性投资利息支出税前扣除的政策问题通知如下:

一、在计算应纳税所得额时,企业实际支付给关联方的利息支出,不超过以下规定比例和税法及其实施条例有关规定计算的部分,准予扣除,超过的部分不得在发生当期和以后年度扣除。

企业实际支付给关联方的利息支出,除符合本通知第二条规定外,其接受关联方债权性投资与其权益性投资比例为:

(一)金融企业,为5∶1;

(二)其他企业,为2∶1。

二、企业如果能够按照税法及其实施条例的有关规定提供相关资料,并证明相关交易活动符合独立交易原则的;或者该企业的实际税负不高于境内关联方的,其实际支付给境内关联方的利息支出,在计算应纳税所得额时准予扣除。

三、企业同时从事金融业务和非金融业务,其实际支付给关联方的利息支出,应按照合理方法分开计算;没有按照合理方法分开计算的,一律按本通知第一条有关其他企业的比例计算准予税前扣除的利息支出。

四、企业自关联方取得的不符合规定的利息收入应按照有关规定缴纳企业所得税。

2.《国家税务总局关于印发〈特别纳税调整实施办法(试行)〉的通知》(2009 年 1 月 8 日颁布　2008 年 1 月 1 日起实施　国税发〔2009〕2 号)①

第七条　资本弱化管理是指税务机关按照所得税法第四十六条的规定,对企业接受关联方债权性投资与企业接受的权益性投资的比例是否符合规定比例或独立交易原则进行审核评估和调查调整等工作的总称。

第八十五条　所得税法第四十六条所称不得在计算应纳税所得额时扣除的利息支出应按以下公式计算:

不得扣除利息支出 = 年度实际支付的全部关联方利息 × (1 - 标准比例/关联债资比例)

其中:

标准比例是指《财政部　国家税务总局关于企业关联方利息支出税前扣除标准有关税收政策问题的通知》(财税〔2008〕121 号)规定的比例。

关联债资比例是指根据所得税法第四十六条及所得税法实施条例第一百一十九的规定,企业从其全部关联方接受的债权性投资(以下简称关联债权投资)占企业接受的权益性投资(以下简称权益投资)的比例,关联债权投资包括关联方以各种形式提供担保的债权性投资。

---

①　1. 根据《国家税务总局关于规范成本分摊协议管理的公告》(国家税务总局公告 2015 年第 45 号)的规定:"四、本公告自 2015 年 7 月 16 日起施行。《特别纳税调整实施办法(试行)》(国税发〔2009〕2 号文件印发)第六十九条同时废止。"2. 根据《国家税务总局关于完善关联申报和同期资料管理有关事项的公告》(国家税务总局公告 2016 年第 42 号)第二十七条规定,本公告适用于 2016 年及以后的会计年度。《特别纳税调整实施办法(试行)》(国税发〔2009〕2 号文件印发)第二章、第三章、第七十四条和第八十九条同时废止。3. 根据《国家税务总局关于完善预约定价安排管理有关事项的公告》(国家税务总局公告 2016 年第 64 号)第二十二条:"本公告自 2016 年 12 月 1 日起施行。《特别纳税调整实施办法(试行)》(国税发〔2009〕2 号文件印发)第六章同时废止。"4. 根据《国家税务总局关于发布〈特别纳税调查调整及相互协商程序管理办法〉的公告》(国家税务总局公告 2017 年第 6 号)第六十二条规定:本办法自 2017 年 5 月 1 日起施行,《特别纳税调整实施办法(试行)》(国税发〔2009〕2 号文件印发)第四章、第五章、第十一章和第十二章同时废止。5. 根据《国家税务总局关于修改部分税收规范性文件的公告》(国家税务总局公告 2018 年第 33 号),自 2018 年 6 月 15 日起,第一百一十一条废止。6. 根据《国家税务总局关于公布全文和部分条款失效废止的税务规范性文件目录的公告》(国家税务总局公告 2023 年第 8 号),自 2023 年 5 月 26 日起,第七十八条废止。

第八十六条　关联债资比例的具体计算方法如下：

关联债资比例＝年度各月平均关联债权投资之和/年度各月平均权益投资之和

其中：

各月平均关联债权投资＝（关联债权投资月初账面余额＋月末账面余额）/2

各月平均权益投资＝（权益投资月初账面余额＋月末账面余额）/2

权益投资为企业资产负债表所列示的所有者权益金额。如果所有者权益小于实收资本（股本）与资本公积之和，则权益投资为实收资本（股本）与资本公积之和；如果实收资本（股本）与资本公积之和小于实收资本（股本）金额，则权益投资为实收资本（股本）金额。

第八十七条　所得税法第四十六条所称的利息支出包括直接或间接关联债权投资实际支付的利息、担保费、抵押费和其他具有利息性质的费用。

第八十八条　所得税法第四十六条规定不得在计算应纳税所得额时扣除的利息支出，不得结转到以后纳税年度；应按照实际支付给各关联方利息占关联方利息总额的比例，在各关联方之间进行分配，其中，分配给实际税负高于企业的境内关联方的利息准予扣除；直接或间接实际支付给境外关联方的利息应视同分配的股息，按照股息和利息分别适用的所得税税率差补征企业所得税，如已扣缴的所得税税款多于按股息计算应征所得税税款，多出的部分不予退税。

第九十条　企业未按规定准备、保存和提供同期资料证明关联债权投资金额、利率、期限、融资条件以及债资比例等符合独立交易原则的，其超过标准比例的关联方利息支出，不得在计算应纳税所得额时扣除。

第九十一条　本章所称"实际支付利息"是指企业按照权责发生制原则计入相关成本、费用的利息。

企业实际支付关联方利息存在转让定价问题的，税务机关应首先按照本办法第五章的有关规定实施转让定价调查调整。

第四十七条　【一般反避税条款】　企业实施其他不具有合理商业目的的安排而减少其应纳税收入或者所得额的，税务机关有权按照合理方法调整。

一、税收行政法规

《中华人民共和国企业所得税法实施条例》(2007年12月6日中华人民共和国国务院令第512号公布　根据2019年4月23日《国务院关于修改部分行政法规的决定》修订)

第一百二十条　企业所得税法第四十七条所称不具有合理商业目的,是指以减少、免除或者推迟缴纳税款为主要目的。

第一百二十三条　企业与其关联方之间的业务往来,不符合独立交易原则,或者企业实施其他不具有合理商业目的的安排的,税务机关有权在该业务发生的纳税年度起10年内,进行纳税调整。

二、部门规章

《一般反避税管理办法(试行)》(2014年12月2日颁布　2015年2月1日起实施　国家税务总局令第32号)

《一般反避税管理办法(试行)》已经2014年11月25日国家税务总局2014年度第3次局务会议审议通过,现予公布,自2015年2月1日起施行。

国家税务总局局长:王军

2014年12月2日

一般反避税管理办法(试行)

第一章　总　　则

第一条　为规范一般反避税管理,根据《中华人民共和国企业所得税法》(以下简称企业所得税法)及其实施条例、《中华人民共和国税收征收管理法》(以下简称税收征管法)及其实施细则,制定本办法。

第二条　本办法适用于税务机关按照企业所得税法第四十七条、企业所得税法实施条例第一百二十条的规定,对企业实施的不具有合理商业目的而获取税收利益的避税安排,实施的特别纳税调整。

下列情况不适用本办法:

(一)与跨境交易或者支付无关的安排;

(二)涉嫌逃避缴纳税款、逃避追缴欠税、骗税、抗税以及虚开发票等税收违法行为。

第三条　税收利益是指减少、免除或者推迟缴纳企业所得税应纳税额。

第四条 避税安排具有以下特征：

（一）以获取税收利益为唯一目的或者主要目的；

（二）以形式符合税法规定、但与其经济实质不符的方式获取税收利益。

第五条 税务机关应当以具有合理商业目的和经济实质的类似安排为基准，按照实质重于形式的原则实施特别纳税调整。调整方法包括：

（一）对安排的全部或者部分交易重新定性；

（二）在税收上否定交易方的存在，或者将该交易方与其他交易方视为同一实体；

（三）对相关所得、扣除、税收优惠、境外税收抵免等重新定性或者在交易各方间重新分配；

（四）其他合理方法。

第六条 企业的安排属于转让定价、成本分摊、受控外国企业、资本弱化等其他特别纳税调整范围的，应当首先适用其他特别纳税调整相关规定。

企业的安排属于受益所有人、利益限制等税收协定执行范围的，应当首先适用税收协定执行的相关规定。

第二章 立 案

第七条 各级税务机关应当结合工作实际，应用各种数据资源，如企业所得税汇算清缴、纳税评估、同期资料管理、对外支付税务管理、股权转让交易管理、税收协定执行等，及时发现一般反避税案源。

第八条 主管税务机关发现企业存在避税嫌疑的，层报省、自治区、直辖市和计划单列市（以下简称省）税务机关复核同意后，报税务总局申请立案。

第九条 省税务机关应当将税务总局形成的立案申请审核意见转发主管税务机关。税务总局同意立案的，主管税务机关实施一般反避税调查。

第三章 调 查

第十条 主管税务机关实施一般反避税调查时，应当向被调查企业送达《税务检查通知书》。

第十一条 被调查企业认为其安排不属于本办法所称避税安排的，应当自收到《税务检查通知书》之日起60日内提供下列资料：

（一）安排的背景资料；

（二）安排的商业目的等说明文件；

（三）安排的内部决策和管理资料，如董事会决议、备忘录、电子邮件等；

（四）安排涉及的详细交易资料，如合同、补充协议、收付款凭证等；

（五）与其他交易方的沟通信息；

（六）可以证明其安排不属于避税安排的其他资料；

（七）税务机关认为有必要提供的其他资料。

企业因特殊情况不能按期提供的，可以向主管税务机关提交书面延期申请，经批准可以延期提供，但是最长不得超过30日。主管税务机关应当自收到企业延期申请之日起15日内书面回复。逾期未回复的，视同税务机关同意企业的延期申请。

第十二条　企业拒绝提供资料的，主管税务机关可以按照税收征管法第三十五条的规定进行核定。

第十三条　主管税务机关实施一般反避税调查时，可以要求为企业筹划安排的单位或者个人（以下简称筹划方）提供有关资料及证明材料。

第十四条　一般反避税调查涉及向筹划方、关联方以及与关联业务调查有关的其他企业调查取证的，主管税务机关应当送达《税务事项通知书》。

第十五条　主管税务机关审核企业、筹划方、关联方以及与关联业务调查有关的其他企业提供的资料，可以采用现场调查、发函协查和查阅公开信息等方式核实。需取得境外有关资料的，可以按有关规定启动税收情报交换程序，或者通过我驻外机构调查收集有关信息。涉及境外关联方相关资料的，主管税务机关也可以要求企业提供公证机构的证明。

第四章　结　　案

第十六条　主管税务机关根据调查过程中获得的相关资料，自税务总局同意立案之日起9个月内进行审核，综合判断企业是否存在避税安排，形成案件不予调整或者初步调整方案的意见和理由，层报省税务机关复核同意后，报税务总局申请结案。

第十七条　主管税务机关应当根据税务总局形成的结案申请审核意见，分别以下情况进行处理：

（一）同意不予调整的，向被调查企业下发《特别纳税调查结论通知书》；

（二）同意初步调整方案的，向被调查企业下发《特别纳税调查初步调整通知书》；

（三）税务总局有不同意见的，按照税务总局的意见修改后再次层报审核。

被调查企业在收到《特别纳税调查初步调整通知书》之日起7日内未提出异议的，主管税务机关应当下发《特别纳税调查调整通知书》。

被调查企业在收到《特别纳税调查初步调整通知书》之日起7日内提出异议，但是主管税务机关经审核后认为不应采纳的，应将被调查企业的异议及不应采纳的意见和理由层报省税务机关复核同意后，报税务总局再次申请结案。

被调查企业在收到《特别纳税调查初步调整通知书》之日起7日内提出异议，主管税务机关经审核后认为确需对调整方案进行修改的，应当将被调查企业的异议及修改后的调整方案层报省税务机关复核同意后，报税务总局再次申请结案。

第十八条 主管税务机关应当根据税务总局考虑企业异议形成的结案申请审核意见，分别以下情况进行处理：

（一）同意不应采纳企业所提异议的，向被调查企业下发《特别纳税调查调整通知书》；

（二）同意修改后调整方案的，向被调查企业下发《特别纳税调查调整通知书》；

（三）税务总局有不同意见的，按照税务总局的意见修改后再次层报审核。

第五章 争议处理

第十九条 被调查企业对主管税务机关作出的一般反避税调整决定不服的，可以按照有关法律法规的规定申请法律救济。

第二十条 主管税务机关作出的一般反避税调整方案导致国内双重征税的，由税务总局统一组织协调解决。

第二十一条 被调查企业认为我国税务机关作出的一般反避税调整，导致国际双重征税或者不符合税收协定规定征税的，可以按照税收协定及其相关规定申请启动相互协商程序。

第六章 附 则

第二十二条 本办法自2015年2月1日起施行。2015年2月1日前税务机关尚未结案处理的避税安排适用本办法。

三、税务规范性文件

1.《国家税务总局关于印发〈特别纳税调整实施办法(试行)〉的通知》(2009年1月8日颁布　2008年1月1日起实施　国税发〔2009〕2号)①

第八条　一般反避税管理是指税务机关按照所得税法第四十七条的规定,对企业实施其他不具有合理商业目的的安排而减少其应纳税收入或所得额进行审核评估和调查调整等工作的总称。

第九十二条　税务机关可依据所得税法第四十七条及所得税法实施条例第一百二十条的规定对存在以下避税安排的企业,启动一般反避税调查:

(一)滥用税收优惠;

(二)滥用税收协定;

(三)滥用公司组织形式;

(四)利用避税港避税;

(五)其他不具有合理商业目的的安排。

第九十三条　税务机关应按照实质重于形式的原则审核企业是否存在避税安排,并综合考虑安排的以下内容:

(一)安排的形式和实质;

(二)安排订立的时间和执行期间;

---

① 1.根据《国家税务总局关于规范成本分摊协议管理的公告》(国家税务总局公告2015年第45号)的规定:"四、本公告自2015年7月16日起施行。《特别纳税调整实施办法(试行)》(国税发〔2009〕2号文件印发)第六十九条同时废止。"2.根据《国家税务总局关于完善关联申报和同期资料管理有关事项的公告》(国家税务总局公告2016年第42号)第二十七条规定,本公告适用于2016年及以后的会计年度。《特别纳税调整实施办法(试行)》(国税发〔2009〕2号文件印发)第二章、第三章、第七十四条和第八十九条同时废止。3.根据《国家税务总局关于完善预约定价安排管理有关事项的公告》(国家税务总局公告2016年第64号)第二十二条:"本公告自2016年12月1日起施行。《特别纳税调整实施办法(试行)》(国税发〔2009〕2号文件印发)第六章同时废止。"4.根据《国家税务总局关于发布〈特别纳税调查调整及相互协商程序管理办法〉的公告》(国家税务总局公告2017年第6号)第六十二条规定:本办法自2017年5月1日起施行,《特别纳税调整实施办法(试行)》(国税发〔2009〕2号文件印发)第四章、第五章、第十一章和第十二章同时废止。5.根据《国家税务总局关于修改部分税收规范性文件的公告》(国家税务总局公告2018年第33号),自2018年6月15日起,第一百一十一条废止。6.根据《国家税务总局关于公布全文和部分条款失效废止的税务规范性文件目录的公告》(国家税务总局公告2023年第8号),自2023年5月26日起,第七十八条废止。

（三）安排实现的方式；

（四）安排各个步骤或组成部分之间的联系；

（五）安排涉及各方财务状况的变化；

（六）安排的税收结果。

第九十四条　税务机关应按照经济实质对企业的避税安排重新定性，取消企业从避税安排获得的税收利益。对于没有经济实质的企业，特别是设在避税港并导致其关联方或非关联方避税的企业，可在税收上否定该企业的存在。

第九十五条　税务机关启动一般反避税调查时，应按照征管法及其实施细则的有关规定向企业送达《税务检查通知书》。企业应自收到通知书之日起60日内提供资料证明其安排具有合理的商业目的。企业未在规定期限内提供资料，或提供资料不能证明安排具有合理商业目的的，税务机关可根据已掌握的信息实施纳税调整，并向企业送达《特别纳税调查调整通知书》。

第九十六条　税务机关实施一般反避税调查，可按照征管法第五十七条的规定要求避税安排的筹划方如实提供有关资料及证明材料。

第九十七条　一般反避税调查及调整须层报国家税务总局批准。

2.《国家税务总局关于非居民企业间接转让财产企业所得税若干问题的公告》（2015年2月3日颁布并实施　国家税务总局公告2015年第7号）①

为进一步规范和加强非居民企业间接转让中国居民企业股权等财产的企业所得税管理，依据《中华人民共和国企业所得税法》（以下称企业所得税法）及其实施条例（以下称企业所得税法实施条例），以及《中华人民共和国税收征收管理法》（以下称税收征管法）及其实施细则的有关规定，现就有关问题公告如下：

一、非居民企业通过实施不具有合理商业目的的安排，间接转让中国居民企业股权等财产，规避企业所得税纳税义务的，应按照企业所得税法第四十七条的规定，重新定性该间接转让交易，确认为直接转让中国居民企业股权等财产。

① 1.根据《国家税务总局关于非居民企业所得税源泉扣缴有关问题的公告》（国家税务总局公告2017年第37号），自2017年12月1日起，本文第八条第二款废止。2.根据《国家税务总局关于公布失效废止的税务部门规章和税收规范性文件目录的决定》（国家税务总局令第42号），自2017年12月29日起，本文第十三条废止。

本公告所称中国居民企业股权等财产，是指非居民企业直接持有，且转让取得的所得按照中国税法规定，应在中国缴纳企业所得税的中国境内机构、场所财产，中国境内不动产，在中国居民企业的权益性投资资产等(以下称中国应税财产)。

间接转让中国应税财产，是指非居民企业通过转让直接或间接持有中国应税财产的境外企业(不含境外注册中国居民企业，以下称境外企业)股权及其他类似权益(以下称股权)，产生与直接转让中国应税财产相同或相近实质结果的交易，包括非居民企业重组引起境外企业股东发生变化的情形。间接转让中国应税财产的非居民企业称股权转让方。

二、适用本公告第一条规定的股权转让方取得的转让境外企业股权所得归属于中国应税财产的数额(以下称间接转让中国应税财产所得)，应按以下顺序进行税务处理：

(一)对归属于境外企业及直接或间接持有中国应税财产的下属企业在中国境内所设机构、场所财产的数额(以下称间接转让机构、场所财产所得)，应作为与所设机构、场所有实际联系的所得，按照企业所得税法第三条第二款规定征税；

(二)除适用本条第(一)项规定情形外，对归属于中国境内不动产的数额(以下称间接转让不动产所得)，应作为来源于中国境内的不动产转让所得，按照企业所得税法第三条第三款规定征税；

(三)除适用本条第(一)项或第(二)项规定情形外，对归属于在中国居民企业的权益性投资资产的数额(以下称间接转让股权所得)，应作为来源于中国境内的权益性投资资产转让所得，按照企业所得税法第三条第三款规定征税。

三、判断合理商业目的，应整体考虑与间接转让中国应税财产交易相关的所有安排，结合实际情况综合分析以下相关因素：

(一)境外企业股权主要价值是否直接或间接来自于中国应税财产；

(二)境外企业资产是否主要由直接或间接在中国境内的投资构成，或其取得的收入是否主要直接或间接来源于中国境内；

(三)境外企业及直接或间接持有中国应税财产的下属企业实际履行的功能和承担的风险是否能够证实企业架构具有经济实质；

(四)境外企业股东、业务模式及相关组织架构的存续时间；

(五)间接转让中国应税财产交易在境外应缴纳所得税情况；

（六）股权转让方间接投资、间接转让中国应税财产交易与直接投资、直接转让中国应税财产交易的可替代性；

（七）间接转让中国应税财产所得在中国可适用的税收协定或安排情况；

（八）其他相关因素。

四、除本公告第五条和第六条规定情形外，与间接转让中国应税财产相关的整体安排同时符合以下情形的，无需按本公告第三条进行分析和判断，应直接认定为不具有合理商业目的：

（一）境外企业股权75%以上价值直接或间接来自于中国应税财产；

（二）间接转让中国应税财产交易发生前一年内任一时点，境外企业资产总额（不含现金）的90%以上直接或间接由在中国境内的投资构成，或间接转让中国应税财产交易发生前一年内，境外企业取得收入的90%以上直接或间接来源于中国境内；

（三）境外企业及直接或间接持有中国应税财产的下属企业虽在所在国家（地区）登记注册，以满足法律所要求的组织形式，但实际履行的功能及承担的风险有限，不足以证实其具有经济实质；

（四）间接转让中国应税财产交易在境外应缴所得税税负低于直接转让中国应税财产交易在中国的可能税负。

五、与间接转让中国应税财产相关的整体安排符合以下情形之一的，不适用本公告第一条的规定：

（一）非居民企业在公开市场买入并卖出同一上市境外企业股权取得间接转让中国应税财产所得；

（二）在非居民企业直接持有并转让中国应税财产的情况下，按照可适用的税收协定或安排的规定，该项财产转让所得在中国可以免予缴纳企业所得税。

六、间接转让中国应税财产同时符合以下条件的，应认定为具有合理商业目的：

（一）交易双方的股权关系具有下列情形之一：

1. 股权转让方直接或间接拥有股权受让方80%以上的股权；

2. 股权受让方直接或间接拥有股权转让方80%以上的股权；

3. 股权转让方和股权受让方被同一方直接或间接拥有80%以上的股权。

境外企业股权50%以上（不含50%）价值直接或间接来自于中国

境内不动产的，本条第（一）项第1、2、3目的持股比例应为100%。

上述间接拥有的股权按照持股链中各企业的持股比例乘积计算。

（二）本次间接转让交易后可能再次发生的间接转让交易相比在未发生本次间接转让交易情况下的相同或类似间接转让交易，其中国所得税负担不会减少。

（三）股权受让方全部以本企业或与其具有控股关系的企业的股权（不含上市企业股权）支付股权交易对价。

七、间接转让机构、场所财产所得按照本公告规定应缴纳企业所得税的，应计入纳税义务发生之日所属纳税年度该机构、场所的所得，按照有关规定申报缴纳企业所得税。

八、间接转让不动产所得或间接转让股权所得按照本公告规定应缴纳企业所得税的，依照有关法律规定或者合同约定对股权转让方直接负有支付相关款项义务的单位或者个人为扣缴义务人。

扣缴义务人未扣缴，且股权转让方未缴纳应纳税款的，主管税务机关可以按照税收征管法及其实施细则相关规定追究扣缴义务人责任；但扣缴义务人已在签订股权转让合同或协议之日起30日内按本公告第九条规定提交资料的，可以减轻或免除责任。

九、间接转让中国应税财产的交易双方及被间接转让股权的中国居民企业可以向主管税务机关报告股权转让事项，并提交以下资料：

（一）股权转让合同或协议（为外文文本的需同时附送中文译本，下同）；

（二）股权转让前后的企业股权架构图；

（三）境外企业及直接或间接持有中国应税财产的下属企业上两个年度财务、会计报表；

（四）间接转让中国应税财产交易不适用本公告第一条的理由。

十、间接转让中国应税财产的交易双方和筹划方，以及被间接转让股权的中国居民企业，应按照主管税务机关要求提供以下资料：

（一）本公告第九条规定的资料（已提交的除外）；

（二）有关间接转让中国应税财产交易整体安排的决策或执行过程信息；

（三）境外企业及直接或间接持有中国应税财产的下属企业在生产经营、人员、账务、财产等方面的信息，以及内外部审计情况；

（四）用以确定境外股权转让价款的资产评估报告及其他作价依据；

（五）间接转让中国应税财产交易在境外应缴纳所得税情况；

（六）与适用公告第五条和第六条有关的证据信息；

（七）其他相关资料。

十一、主管税务机关需对间接转让中国应税财产交易进行立案调查及调整的，应按照一般反避税的相关规定执行。

十二、股权转让方通过直接转让同一境外企业股权导致间接转让两项以上中国应税财产，按照本公告的规定应予征税，涉及两个以上主管税务机关的，股权转让方应分别到各所涉主管税务机关申报缴纳企业所得税。

各主管税务机关应相互告知税款计算方法，取得一致意见后组织税款入库；如不能取得一致意见的，应报其共同上一级税务机关协调。

十四、本公告适用于在中国境内未设立机构、场所的非居民企业取得的间接转让中国应税财产所得，以及非居民企业虽设立机构、场所但取得与其所设机构、场所没有实际联系的间接转让中国应税财产所得。

股权转让方转让境外企业股权取得的所得（含间接转让中国应税财产所得）与其所设境内机构、场所有实际联系的，无须适用本公告规定，应直接按照企业所得税法第三条第二款规定征税。

十五、本公告所称纳税义务发生之日是指股权转让合同或协议生效，且境外企业完成股权变更之日。

十六、本公告所称的主管税务机关，是指在中国应税财产被非居民企业直接持有并转让的情况下，财产转让所得应纳企业所得税税款的主管税务机关，应分别按照本公告第二条规定的三种情形确定。

十七、本公告所称“以上”除有特别标明外均含本数。

十八、本公告规定与税收协定不一致的，按照税收协定办理。

十九、本公告自发布之日起施行。本公告发布前发生但未作税务处理的事项，依据本公告执行。《国家税务总局关于加强非居民企业股权转让所得企业所得税管理的通知》（国税函〔2009〕698号）第五条、第六条及《国家税务总局关于非居民企业所得税管理若干问题的公告》（国家税务总局公告2011年第24号）第六条第（三）、（四）、（五）项有关内容同时废止。

四、其他文件

1.《国家税务总局关于沃尔玛收购好又多股权事项的批复》(2013年2月21日颁布　税总函〔2013〕82号)

深圳市国家税务局:

你局《关于沃尔玛收购好又多股权事项的请示》(深国税发〔2012〕76号)收悉。美国沃尔玛公司通过设立在英属维尔京群岛的MMVI CHINA INVESTMENT CO. LTD公司收购同样设立在英属维尔京群岛的BOUNTEOUS COMPANY LIMITED公司(以下简称BCL公司),实现对中国境内多家好又多公司的间接收购所涉及的相关税收问题,经研究,批复如下:

一、根据《企业所得税法》(中华人民共和国主席令第63号)第四十七条和《国家税务总局关于加强非居民企业股权转让所得企业所得税管理的通知》(国税函〔2009〕698号)第六条的规定,对2008年1月1日后完成的股权转让交易,依据其经济实质认定为BCL公司股东(BOUNTEOUS HOLDING COMPANY LIMITED公司,以下简称BHCL公司)直接转让中国境内企业股权,BHCL公司负有中国企业所得税法规定的纳税义务。

二、根据《国家税务总局关于非居民企业所得税管理若干问题的公告》(国家税务总局公告2011年第24号)第六条(五)的规定,BHCL公司应分别到各好又多公司企业所得税主管税务机关申报和缴纳税款。

2.《国家税务总局关于境外投资方间接转让北京燕莎友谊商城有限公司股权征收企业所得税的批复》(2014年12月3日颁布　税总函〔2014〕579号)

北京市国家税务局:

你局《关于北京燕莎友谊商城有限公司境外投资方间接转让股权税务处理问题的请示》(京国税发〔2013〕261号)收悉。经研究,现批复如下:

香港坚信国际有限公司(以下简称坚信)将Sin Cheng Holding Pet Ltd(新加坡登记注册,以下简称新诚)100%股权转让给银泰百货(香港)有限公司(以下简称银泰百货),从而间接转让中国居民企业北京燕莎友谊商城有限公司(以下简称燕莎)50%股权。该交易存在以下事实:

一、新诚股权主要价值由对燕莎的权益性投资价值构成。

二、新诚收入主要来源于对燕莎的投资，另有部分服务费收入来源于坚信为燕莎提供管理服务。

三、新诚无雇员，实际不履行功能，不承担风险，无实质性经营活动。

四、该间接股权转让交易的境外实际税负低于10%。

依据以上事实，可以认定坚信转让新诚股权的交易不具有合理商业目的，其实质为转让中国居民企业燕莎的股权。

根据《中华人民共和国企业所得税法》第四十七条，《中华人民共和国企业所得税法实施条例》第七条、第一百二十条，以及《国家税务总局关于加强非居民企业股权转让所得企业所得税管理的通知》（国税函〔2009〕698号）的规定，同意你局对坚信间接转让燕莎股权的交易重新定性，视同直接转让燕莎股权，对坚信取得的股权转让所得征收企业所得税。

在计算股权转让所得时，应按照国税函〔2009〕698号文件第三条、第四条及第七条的有关规定执行。

第四十八条 【税款的补缴与罚息】 税务机关依照本章规定作出纳税调整，需要补征税款的，应当补征税款，并按照国务院规定加收利息。

一、税收行政法规

《中华人民共和国企业所得税法实施条例》（2007年12月6日中华人民共和国国务院令第512号公布 根据2019年4月23日《国务院关于修改部分行政法规的决定》修订）

第一百二十一条 税务机关根据税收法律、行政法规的规定，对企业作出特别纳税调整的，应当对补征的税款，自税款所属纳税年度的次年6月1日起至补缴税款之日止的期间，按日加收利息。

前款规定加收的利息，不得在计算应纳税所得额时扣除。

第一百二十二条 企业所得税法第四十八条所称利息，应当按照税款所属纳税年度中国人民银行公布的与补税期间同期的人民币贷款基准利率加5个百分点计算。

企业依照企业所得税法第四十三条和本条例的规定提供有关资料的，可以只按前款规定的人民币贷款基准利率计算利息。

二、税务规范性文件

《财政部　国家税务总局关于印发〈反避税专项经费管理暂行办法〉的通知》(2011 年 5 月 27 日颁布并实施　财行〔2011〕173 号)

第一章　总　　则

第一条　为了规范反避税专项经费的管理,提高财政资金的使用效益,根据《中华人民共和国预算法》等有关规定,制定本办法。

第二条　本办法所称反避税专项经费(以下简称"专项经费"),是指中央财政安排用于国家税务局系统(以下简称"国税系统")进行反避税工作的专项经费,包括反避税调查费和反避税双边(多边)磋商费。

本条第一款所称反避税调查费,是指国税系统根据相关税收法律法规,针对企业通过税收筹划避税行为,在国(境)内外开展调查所发生的费用。反避税调查措施具体包括:转让定价、预约定价安排、成本分摊协议、受控外国企业管理、资本弱化和一般反避税措施。

本条第一款所称反避税双边(多边)磋商费,是指国家税务总局与税收协定(安排)缔约方的税务部门,根据税收协定(安排)有关相互协商程序的规定,开展双边(多边)预约定价和转让定价等相应调整谈判在国(境)内外所发生的相关费用。

第三条　专项经费的使用应当坚持统一管理、专款专用、厉行节约、注重实效的原则。各级国税机关不得挤占、挪用专项经费,不得用专项经费弥补日常经费支出。

第二章　支出范围和标准

第四条　专项经费的支出范围包括:

(一)差旅费,是指反避税人员外出调查取证、反避税案件集中研究分析以及参加反避税双边(多边)磋商、与国(境)外税务部门合作开展反避税调查等在国(境)内外所发生的住宿费、交通费、伙食费及杂费。

(二)会议费,是指召开反避税案件会议所发生的相关费用。

(三)信息资料费,是指为取得国际、国内市场相关行业的价格、费用、利润指标等相关信息资料,向独立第三方购买有关数据及研究分析资料所发生的费用。

(四)设备购置费,是指为查办反避税案件购置必需的计算机、摄像器材、传真机、复印机等办案设备所发生的费用。

(五)翻译费,是指委托或聘请翻译人员所发生的相关费用。

(六)租赁费,是指办案过程中临时租用办公用房、交通工具及其他设备所发生的费用。

（七）邮电费，是指在反避税调查和双边（多边）磋商中所发生的邮寄费、电话费（不含移动电话费）、传真费、网络费用等。

（八）培训费，是指国税系统对反避税人员进行专题培训所发生的费用。

（九）聘请专家费，是指聘请行业协会、院校、专家学者等所发生的劳务费、住宿费、交通费、伙食费等费用。

第五条 专项经费的各项支出，国家已有相关支出标准的，应当严格执行有关规定；没有支出标准的，参照当地物价水平，严格控制支出。具体应当执行以下规定：

（一）国（境）内发生的差旅费、会议费标准，按照中央国家机关和事业单位差旅费、会议费以及地方财政部门制定的差旅费和会议费的有关规定执行。

（二）国（境）外发生的差旅费标准，按照财政部、外交部关于《临时出国人员费用开支标准和管理办法》中的有关规定执行。

（三）邮电费支出，原则上在国（境）内外差旅费的杂项中列支，确实因工作需要且数额较大的，凭有效单据列支。

（四）培训费标准，按照国家有关规定执行。

（五）从严控制设备购置支出，办案所需设备原则上使用已有设备。需新购置设备的，所需经费首先从基本支出经费中安排，确实无法安排而办案又急需的，可从专项经费中列支。设备购置按照政府采购有关规定执行。

（六）信息资料费、租赁费、翻译费、聘请专家费支出，应当根据反避税工作需要，在参照当地相关价格水平的基础上，从严控制支出。

第三章 预算管理

第六条 专项经费由中央财政在国家税务总局部门预算中统一安排，预算编制和批复程序按照财政部部门预算管理的规定执行。

第七条 财政部批复国家税务总局部门预算后，国家税务总局应当按照部门预算管理的相关要求，及时向下级预算单位批复专项经费预算。

第八条 各级国税机关应当严格执行专项经费预算，不得自行调整。预算执行过程中如确需调整预算的，必须按照规定程序报批。

第九条 专项经费年底形成的结余资金，按照财政部结余资金管理的有关规定执行。

第四章 经费使用和监督

第十条 专项经费由各级国税机关财务部门和反避税管理部门按照职责分工实施管理。

财务部门负责编制专项经费预算、决算，实施日常会计核算。

反避税管理部门负责提出预算申请和绩效评价并严格按照本办法有关规定使用。

第十一条 各级国税机关财务部门应当加强对专项经费的支出管理，按照规定的支出范围和标准以及以下程序和要求支付费用：

（一）国（境）内发生的差旅费、会议费、邮电费和培训费，经同级主管反避税部门审核后，凭有效发票（单据）报销。

（二）国（境）外发生的差旅费，按照临时出国人员费用开支标准，凭国家税务总局批准的开展反避税调查及双边（多边）磋商的任务批件和有效发票（单据）报销。

（三）购置办案所需设备，应当由办案单位提出申请，经省级国税机关的反避税管理部门批准后，按照政府采购的有关规定进行购置。发生的相关费用，按照相关财务审核审批程序和国库集中支付的有关规定办理。

（四）租赁办案用房，应当由办案单位提出申请，报同级国税机关的分管负责人审批。发生的相关费用，由同级国税机关的相关负责人签字后凭有效单据报销。

（五）信息资料费，应当由所需单位提出申请，报省级国税机关的反避税管理部门审批。发生的相关费用，由同级国税机关的相关负责人签字后凭有效单据报销。

（六）翻译费、聘请专家费，应当由所需单位提出申请，报同级国税机关的分管负责人审批。发生的相关费用，凭有效单据报销。

第十二条 专案查办过程中购置的固定资产应当按照国有资产管理的有关规定纳入本单位固定资产核算和管理。

第十三条 各级国税机关应当按照本办法规定的支出范围和标准，加强对本级和下级国税机关专项经费使用情况的监督检查。

国家税务总局应当定期对各级国税机关专项经费的使用和管理情况进行审计，并接受财政部和审计署的监督检查。

第十四条 对超范围使用、超标准支出、挤占或挪用专项经费的，依照《财政违法行为处罚处分条例》（国务院令第427号）等有关规定追究法律责任，并由上级国税机关按照有关规定扣减下一年度工作经费。

第五章　附　　则

第十五条　各省级国税机关可根据本办法，结合本地实际情况制订具体实施细则，并报国家税务总局备案。

第十六条　本办法由财政部、国家税务总局负责解释。

第十七条　本办法自发布之日起执行。

第七章　征收管理

第四十九条　【征管的法律适用】　企业所得税的征收管理除本法规定外，依照《中华人民共和国税收征收管理法》的规定执行。

税务规范性文件

（一）征收管理

1.《国家税务总局关于加强企业所得税管理的意见》（2008年8月1日颁布　国税发〔2008〕88号）①

各省、自治区、直辖市和计划单列市国家税务局、地方税务局：

为深入贯彻科学发展观，全面落实《中华人民共和国企业所得税法》及其实施条例，进一步加强新形势下企业所得税管理，特提出以下意见。

一、指导思想和主要目标

加强企业所得税管理的指导思想是：以科学发展观为统领，坚持依法治税，全面推进企业所得税科学化、专业化和精细化管理，不断提升企业所得税管理和反避税水平，充分发挥企业所得税组织收入、调节经济、调节收入分配和保障国家税收权益的职能作用。

加强企业所得税管理的主要目标是：全面贯彻《中华人民共和国企业所得税法》及其实施条例，认真落实企业所得税各项政策，进一步完善企业所得税管理和反避税制度及手段，逐步提高企业所得税征收率和税法遵从度。

二、总体要求

根据加强企业所得税管理的指导思想和主要目标，加强企业所得税管理的总体要求是：分类管理，优化服务，核实税基，完善汇缴，强化

第48－49条

① 《国家税务总局关于修改部分税收规范性文件的公告》（国家税务总局公告2018年第31号）对本文进行了修改。

评估,防范避税。

(一)分类管理

分类管理是企业所得税管理的基本方法。各地要结合当地情况,对企业按行业和规模科学分类,并针对特殊企业和事项以及非居民企业,合理配置征管力量,采取不同管理方法,突出管理重点,加强薄弱环节监控,实施专业化管理。

1.分行业管理

针对企业所处行业的特点实施有效管理。全面掌握行业生产经营和财务核算特点、税源变化情况等相关信息,分析可能出现漏洞的环节,确定行业企业所得税管理重点,制定分行业的企业所得税管理制度办法、纳税评估指标体系。

税务总局负责编制企业所得税管理规范,并在整合各地分行业管理经验基础上,编制主要行业的企业所得税管理操作指南。对税务总局没有编制管理操作指南的当地较大行业,由省局负责组织编制企业所得税管理操作指南。

2.分规模管理

按照企业生产经营规模和税源规模进行分类,全面了解不同规模企业生产经营特点和工艺流程,深入掌握企业生产经营、财务会计核算、税源变化及税款缴纳等基本情况,实行分层级管理。

对生产经营收入、年应纳税所得额或者年应纳所得税额较大的企业,要积极探索属地管理与专业化管理相结合的征管模式,试行在属地管理基础上集中、统一管理,充分发挥专业化管理优势。科学划分企业所在地主管税务机关和上级税务机关管理职责,企业所在地主管税务机关负责企业税务登记、纳税申报、税款征收、发票核发等日常管理工作,县市以上税务机关负责对企业的税收分析、纳税评估、税务检查和反避税等工作事项实施分级管理,形成齐抓共管的工作格局。

对生产经营收入、年应纳税所得额或者年应纳所得税额中等或较小的企业,主要由当地税务机关负责加强税源、税基、汇算清缴和纳税评估等管理工作。根据税务总局制定的《企业所得税核定征收办法》规定的核定征收条件,对达不到查账征收条件的企业核定征收企业所得税,促使其完善会计核算和财务管理;达到查账征收条件后要及时转为查账征收。

3.特殊企业和事项管理

汇总纳税企业管理。建立健全跨地区汇总纳税企业信息管理系统,实现总分机构所在地税务机关信息传递和共享。总机构主管税务机关督促总机构按规定计算传递分支机构企业所得税预缴分配表,切实做好汇算清缴工作。分支机构主管税务机关监管分支机构企业所得税有关事项,查验核对分支机构经营收入、职工工资和资产总额等指标以及企业所得税分配额,核实分支机构财产损失。建立对总分机构联评联查工作机制,税务总局和省局分别组织跨省、跨市总分机构所在地主管税务机关共同开展汇总纳税企业所得税纳税评估和检查。

事业单位、社会团体和民办非企业单位管理。通过税务登记信息掌握其设立、经营范围等情况,并按照税法规定要求其正常纳税申报。加强非营利性组织资格认定和年审。严格界定应税收入、不征税收入和免税收入。分别核算应税收入和不征税收入所对应的成本费用。

减免税企业管理。加强企业优惠资格认定工作,与相关部门定期沟通、通报优惠资格认定情况。定期核查减免税企业的资格和条件,发现不符合优惠资格或者条件的企业,及时取消其减免税待遇。落实优惠政策适用范围、具体标准和条件、审批层次、审批环节、审批程序等规定,并实行集体审批制度。对享受优惠政策需要审批的企业实行台账管理,对不需要审批的企业实行跟踪管理。

异常申报企业管理。对存在连续三年以上亏损、长期微利微亏、跳跃性盈亏、减免税期满后由盈转亏或应纳税所得额异常变动等情况的企业,作为纳税评估、税务检查和跟踪分析监控的重点。

企业特殊事项管理。对企业合并、分立、改组改制、清算、股权转让、债务重组、资产评估增值以及接受非货币性资产捐赠等涉及企业所得税的特殊事项,制定并实施企业事先报告制度和税务机关跟踪管理制度。要专门研究企业特殊事项的特点和相关企业所得税政策,不断提高企业特殊事项的所得税管理水平。

4. 非居民企业管理

强化非居民企业税务登记管理,及时掌握其在中国境内投资经营等活动,规范所得税申报和相关资料报送制度,建立分户档案、管理台账和基础数据库。

加强外国企业在中国境内设立常驻代表机构等分支机构管理、非居民企业预提所得税管理、非居民企业承包工程和提供劳务的管理、中国居民企业对外支付以及国际运输涉及企业所得税的管理,规范非居民企业适用税收协定的管理。

（二）优化服务

优化服务是企业所得税管理的基本要求。通过创新服务理念，突出服务重点，降低纳税成本，不断提高企业税法遵从度。

1. 创新服务理念

按照建设服务型政府的要求，牢固树立征纳双方法律地位平等的理念，做到依法、公平、文明服务，促使企业自觉依法纳税，不断提高税法遵从度。结合企业所得税政策复杂、涉及面广和申报要求高等特点，探索创新服务方式。根据企业纳税信用等级和不同特点，分别提供有针对性内容的贴近式、全过程服务，不断丰富服务方式和手段。

2. 突出服务重点

坚持依法行政，公平公正执法。在出台新税收政策、企业设立、预缴申报、汇算清缴、境外投资、改组改制和合并分立等重点环节，及时做好企业所得税政策宣传和辅导工作。提高“12366”纳税服务热线工作人员素质，及时更新企业所得税知识库，通过在线答疑、建立咨询库等形式，为企业提供高质量咨询解答服务。加强税务部门网站建设，全面实施企业所得税政务公开。通过各种途径和方式，及时听取企业对有关政策和管理的意见建议。加强国际税收合作与交流，制定发布企业境外投资税收服务指南，为“走出去”企业提供优质服务。严格执行保密管理规定，依法为企业保守商业秘密。

3. 降低纳税成本

针对各类纳税人、各类涉税事项，健全和完善各项工作流程、操作指南，方便纳税人办理涉税事宜。提高税收综合征管信息在企业所得税征管中的应用效率，避免重复采集涉税信息。减少企业所得税审批事项，简化审批手续，提高审批效率。逐步实现企业财务数据采集信息化。对纳税信用A级的企业，在企业所得税征管中给予更多便利。

（三）核实税基

核实税基是企业所得税管理的核心工作。要加强税源基础管理，综合运用审批、备案、综合比对等方法，夯实企业所得税税前扣除、关联交易和企业清算管理工作，确保税基完整和准确。

1. 税源基础管理

通过企业办理设立、变更、注销、外出经营等事项的税务登记，及时掌握企业总机构、境内外分支机构、境内外投资、关联关系等相关信息。加强纳税人认定工作，正确判定法人企业和非法人企业、居民企业和非居民企业、独立纳税企业和汇总（合并）纳税企业、正常纳税企业和减免税企业。加强与相关部门之间的协调配合,全面掌握户籍信息。充分发挥税收管理员职能作用,实行税源静态信息采集与动态情况调查相结合。强化企业所得税收入分析工作,及时掌握税源和收入变化动态。引导企业建立健全财务会计核算制度,实行会计核算制度和方法备案管理。

加强跨国税源管理,建立健全国际税源信息汇集和日常监控机制,对企业跨境交易、投资、承包工程、提供劳务和跨境支付等业务活动的应税所得加强管理,防范侵蚀我国税基和延迟纳税。建立健全企业所得税法与税收协定衔接机制,防范跨国企业滥用税收协定偷逃税。

2. 收入管理

完善不同收入项目的确认原则和标准。依据企业有关凭证、文件和财务核算软件的电子数据,全面掌握企业经济合同、账款、资金结算、货物库存和销售等情况,核实企业应税收入。加强与相关部门的信息交换,及时掌握企业股权变动情况,保证股权转让所得税及时征缴入库。依据财政拨款、行政事业性收费、政府性基金专用票据,核实不征税收入。依据对外投资协议、合同、资金往来凭据和被投资企业股东大会、董事会关于税后利润分配决议,核实股息、红利等免税收入。对分年度确认的非货币性捐赠收入和债务重组收入、境外所得等特殊收入事项,实行分户分项目台账管理。

充分利用税控收款机等税控设备,逐步减少手工开具发票。利用税收综合征管系统,比对分析企业所得税收入与流转税及其他税种收入数据、上游企业大额收入与下游企业对应扣除数据等信息,准确核实企业收入。

3. 税前扣除管理

分行业规范成本归集内容、扣除范围和标准。利用跨地区汇总纳税企业信息交换平台审核比对总分机构有关信息。严格查验原材料购进、流转、库存等环节的凭证。依据行业投入产出水平,重点核查与同行业投入产出水平偏离较大而又无合理解释的成本项目。

加强费用扣除项目管理,防止个人和家庭费用混同生产经营费用扣除。利用个人所得税和社会保险费征管、劳动用工合同等信息,比对分析工资支出扣除数额。加大大额业务招待费和大额会议费支出核实力度。对广告费和业务宣传费、长期股权投资损失、亏损弥补等跨年度扣除项目,实行台账管理。加强发票核实工作,不符合规定的发票不得作为税前扣除凭据。认真落实不征税收入所对应成本、费用不得税前扣除的规定。

规范财产损失税前扣除，明确税前扣除的条件、标准、需报送的证据材料和办理程序，并严格按规定审批。对企业自行申报扣除的财产转让损失、合理损耗、清理报废等损失，要严格审核证据材料，实行事后跟踪管理。要对大额财产损失实地核查。

4. 关联交易管理

对企业所得税实际税负有差别或有盈有亏的关联企业，建立关联企业管理台账，对关联业务往来价格、费用标准等实行备案管理。拓宽关联交易管理信息来源渠道，充分利用国家宏观经济数据、行业协会价格和盈利等分析数据、国内外大型商业数据库数据等信息开展关联交易管理。加强关联交易行为调查，审核关联交易是否符合独立交易原则，防止企业利用关联方之间适用不同所得税政策以及不同盈亏情况而转移定价和不合理分摊费用。加强对跨省市大企业和企业集团关联交易管理，实行由税务总局牵头、上下联动的纳税评估和检查。

5. 清算管理

加强与工商、国有资产管理等部门的相互配合，及时掌握企业清算信息。制定企业清算的所得税管理办法，规范企业清算所得纳税申报制度。加强企业清算后续管理，跟踪清算结束时尚未处置资产的变现情况。对清算企业按户建立注销档案，强化注销检查，到企业生产经营场所实地核查注销的真实性和清算所得计算的准确性。

（四）完善汇缴

汇算清缴是企业所得税管理的关键环节。要规范预缴申报，加强汇算清缴全程管理，发挥中介机构积极作用，不断提高企业所得税汇算清缴质量。

1. 规范预缴申报

根据企业财务会计核算质量以及上一年度企业所得税预缴和汇算清缴实际情况，依法确定企业本年度企业所得税预缴期限和方法。对按照当年实际利润额预缴的企业，重点加强预缴申报情况的上下期比对；对按照上一年度应纳税所得额的平均额计算预缴的企业，重点提高申报率和入库率；对按照税务机关认可的其他方法预缴的企业，及时了解和掌握其生产经营情况，确保预缴申报正常进行。认真做好预缴税款催报催缴工作，依法处理逾期申报和逾期未申报行为。

2. 加强汇算清缴全程管理

做好汇算清缴事前审批和宣传辅导工作。按照减免税和财产损失等税前扣除项目的审批管理要求，在规定时限内及时办结审批事项。

审批事项不符合政策规定不予批准的,在规定时限内及时告知企业原因。分行业、分类型、分层次、有针对性地开展政策宣传、业务培训、申报辅导等工作,帮助企业理解政策、了解汇算清缴程序和准备报送的有关资料。引导企业使用电子介质、网络等手段,有序、及时、准确进行年度纳税申报。

着力加强受理年度纳税申报后审核控制工作。认真审核申报资料是否完备、数据是否完整、逻辑关系是否准确。重点审核收入和支出明细表、纳税调整明细表,特别注意审核比对会计制度规定与税法规定存在差异的项目。发现申报错误和疑点后,要及时要求企业重新申报或者补充申报。提高按时申报率和补税入库率,及时办理退税。

认真做好汇算清缴统计分析和总结工作。及时汇总和认真分析汇算清缴数据,充分运用汇算清缴数据分析日常管理、税源管理、预缴管理等方式,及时发现管理漏洞,研究改进措施,巩固汇算清缴成果。

3. 发挥中介机构作用

引导中介机构在提高汇算清缴质量方面发挥积极作用,按照有关规定做好相关事项审计鉴证工作。对法律法规规定财务会计年报须经中介机构审计鉴证的上市公司等企业,可要求其申报时附报中介机构出具的年度财务会计审计鉴证报告,并认真审核。企业可以自愿委托具备资格的中介机构出具年度财务会计审计鉴证报告和年度纳税申报鉴证报告。加大对中介机构从事企业所得税鉴证业务的监管力度。

(五)强化评估

纳税评估是企业所得税管理的重要手段。要夯实纳税评估基础,完善纳税评估机制,建立联合评估工作制度,创新纳税评估方法,不断提高企业所得税征管质量和效率。

1. 夯实纳税评估基础

要全面、及时、准确地采集企业年度纳税申报表、财务会计报表和来自第三方的涉税信息。以省为单位建立企业所得税纳税评估数据库,逐步积累分行业、分企业的历年税负率、利润率、成本费用率等历史基础数据。研究按行业设立全国或省级企业所得税纳税评估指标体系。根据行业生产经营、财务会计核算和企业所得税征管特点,建立行业评估模型。

2. 完善纳税评估机制

通过比对各种数据信息科学选择评估对象。根据行业生产经营、财务管理和会计核算特点,分行业确定企业所得税纳税评估的重点环节，确定风险点，有针对性地进行风险检测、预警。运用企业所得税纳税评估模型比对分析年度纳税申报数据和以往历史数据以及同行业利润率、税负率等行业数据，查找疑点，从中确定偏离峰值较多、税负异常、疑点较多的企业作为纳税评估重点对象。

充分运用各种科学、合理的方法进行评估。综合采用预警值分析、同行业数据横向比较、历史数据纵向比较、与其他税种关联性分析、主要产品能耗物耗指标比较分析等方法，对疑点和异常情况进行深入分析并初步作出定性和定量判断。

按程序对评估结果进行处理。经评估初步认定企业存在问题的，进行税务约谈，要求企业陈述说明、补充举证资料。通过约谈认为需到生产经营现场了解情况、审核账目凭证的，应实地调查核实。疑点问题经以上程序认定没有偷税等违法嫌疑的，提请企业自行改正；发现有偷税等违法嫌疑的，移交稽查部门处理，处理结果要及时向税源管理部门反馈。

3. 完善评估工作制度

构建重点评估、专项评估、日常评估相结合的企业所得税纳税评估工作体系。实行企业所得税与货物和劳务税及其他税种的联合评估和跨地区联合评估。总结企业所得税纳税评估经验和做法，建立纳税评估案例库，交流纳税评估工作经验。

（六）防范避税

防范避税是企业所得税管理的重要内容。要贯彻执行税收法律、法规和反避税操作规程，深入开展反避税调查，完善集中统一管理的反避税工作机制，加强反避税与企业所得税日常管理工作的协调配合，拓宽反避税信息渠道，强化跟踪管理，有效维护国家税收权益。

1. 加强反避税调查

严格按照规定程序和方法，加大对转让定价、资本弱化、受控外国公司等不同形式避税行为的管理力度，全面提升反避税工作深度和广度。规范调查分析工作，实行统一管理，不断提高反避税工作质量。要针对避税风险大的领域和企业开展反避税调查，形成重点突破，起到对其他避税企业的震慑作用。选择被调查企业时，要根据当地经济发展状况、行业重点、可能存在的避税风险以及对国家税收影响大的行业和企业等具体情况，进行综合分析评估，确定反避税工作的重点。继续推进行业联查、企业集团联查等方法，统一行动，以点带面，充分形成辐射效应。

2. 建立协调配合机制

要重视税收日常管理工作与反避税工作的衔接和协调。通过加强关联交易申报管理，全面获取企业关联交易的各项信息，建立健全信息传递机制和信息共享平台，使反避税人员能够充分掌握企业纳税申报、汇算清缴、日常检查、纳税评估、税务稽查等信息和资料，及时发现避税疑点。反避税部门要积极向其他税收管理部门提出信息需求，协助其他部门做好信息传递工作。

3. 拓宽信息渠道

要充分发挥数据库在反避税工作中的重要作用。拓宽信息资料来源，积极利用所得税汇算清缴数据、出口退税数据、国际情报交换信息、互联网信息以及其他专项数据库信息，加强分析比对，深入有效地开展好反避税选案、调查和调整工作。增强反避税调查调整的可比性。

4. 强化跟踪管理

建立结案企业跟踪管理机制，监控已结案企业的投资、经营、关联交易、纳税申报额等指标及其变化情况。通过对企业年度财务会计报表的分析，评价企业的经营成果，对于仍存在转让定价避税问题的企业，在跟踪期内继续进行税务调整，巩固反避税成果。

三、保障措施

企业所得税管理是一项复杂的系统工程。必须进一步统一思想，提高认识，统筹协调，狠抓落实，从组织领导、信息化建设和人才队伍培养等方面采取有力措施，促进企业所得税管理水平不断提高。

（一）组织保障

1. 强化组织领导

各级税务机关要把加强企业所得税管理作为当前和今后一个时期税收征管的主要任务来抓，以此带动税收整体管理水平的提升。主要领导要高度重视企业所得税管理，定期研究分析企业所得税管理工作情况，协调解决有关问题。分管领导要认真履行职责，认真组织开展各项工作。企业所得税和国际税务管理部门牵头，法规、征管、计统、信息中心、人事、教育等部门相互配合，各负其责，确保加强企业所得税管理的各项措施落到实处。

各级税务机关要加强调查研究，对新税法贯彻落实情况、税法与财务会计制度的差异、企业税法遵从度和纳税信用等重点问题进行分析研究，对发现的新情况、新问题要及时向上级税务机关反馈。要不断完善企业所得税制度建设，建立健全企业所得税管理制度体系。正确处理企业所得税管理与其他税种管理的关系，加强对各税种管理的工作整合，统筹安排，协调征管，实现各税种征管互相促进。

2. 明确工作职责

各级税务机关要认真落实分层级管理要求，各负其责。税务总局负责领导组织全国企业所得税管理工作，制定相关管理制度办法，组织实施全国性、跨省份联评联查和反避税，着力培养高素质专门人才。省局要强化指导作用，细化和落实全国企业所得税管理制度、办法和要求，组织实施加强管理的具体措施，建立纳税评估指标体系，开展省内跨区域联评联查和反避税等工作，组织高层次专门人才培训。市局做好承上启下的各项工作，贯彻落实税务总局和省局有关企业所得税管理的制度、办法、措施和要求，指导基层税务机关加强管理。县局要负责落实上级税务机关的管理工作要求，着重提供优质服务，深入开展税源、税基管理，切实做好定期预缴、汇算清缴、核定征收、纳税评估等日常管理工作。完善企业所得税管理岗责考核体系，加强工作绩效考核和责任追究。结合《税收管理员制度》的修订，进一步完善企业所得税管理的内控机制，深化企业所得税征管质量预警机制建设，降低基层执法风险。

3. 加强协同管理

建立各税种联动、部门间配合、国际性合作的协同配合机制。利用企业所得税与各税费之间的内在关联和相互对应关系，加强企业所得税与货物和劳务税、个人所得税、社会保险费的管理联动。加强税务机关内部各部门之间、不同地区税务机关之间的工作协同与合作，形成管理合力。基层税务机关要注意整合企业所得税管理与其他税种的管理要求，统一落实到具体管理工作中。加强企业所得税稽查，各地每年选择 1 至 2 个行业进行重点稽查，加大打击偷逃企业所得税力度。配合加强和规范发票管理工作，严格审核发票真实性和合法性。税务局要加强与外部相关部门的协调配合，逐步实现有关涉税信息共享。注意加强与外国税务当局和有关国际组织合作，积极开展税收情报交换，促进税收征管互助。

（二）信息化保障

1. 加快专项应用功能建设

完善涵盖企业所得税管理所有环节的专项应用功能，全面实现企业所得税管理信息化。增强现有税收综合征管系统中企业所得税税源监控、台账管理、纳税评估、收入预测分析、统计查询等模块功能。统一全国企业所得税管理数据接口标准。

2. 开发应用汇总纳税信息管理系统

建设并不断完善总分机构汇总纳税信息管理系统。明确总分机构主管税务机关之间信息交换职责,规范信息交换内容、格式、路径和时限。各省局要按规定将所辖总分机构的所有信息上传税务总局,由税务总局清分到有关税务机关,实现总分机构主管税务机关之间信息互通共享。

3. 推进电子申报

加快企业所得税年度纳税申报表及其附表和企业财务会计报表等基础信息的标准规范制定,加强信息采集工作。统一税收综合征管系统电子申报接口标准,规范税务端接受电子信息功能。升级开发企业端纳税申报软件,鼓励纳税人电子申报。加强申报数据采集应用管理,确保采集数据信息及时、准确。

(三)人才队伍保障

1. 合理配置人力资源

各级税务机关应配备足够数量的高素质企业所得税专职管理人员和反避税管理人员。东部及中部跨国企业数量较多的市局应配备足够数量的反避税人员;跨国企业较少的中西部省份,反避税人员可集中配置于省局国际税务管理部门。国际税务管理部门应配备足够的非居民企业管理专业人员。

2. 分层级多途径培养人才

建立健全统一管理、分级负责的企业所得税管理专业人才培养机制。按照职责分工和干部管理权限承担相应的管理人才培养职责。税务总局和省局重点抓好高层次专家队伍和领导干部队伍的培养,市局和县局主要负责抓好基层一线干部队伍和业务骨干队伍的培养,重点是提高税收管理员的企业所得税管理能力。

通过内外结合的方式强化企业所得税管理人员业务知识培训。立足国内培训,试行将管理人员送到企业实习锻炼;尝试走出国门,将管理人员送到发达国家(地区)和国际机构学习培养。

3. 培养实用型的专业化人才

在培训与实践的结合中培养实用型人才,着力培养精通企业所得税业务、财务会计知识和其他相关知识,又具有一定征管经验的企业所得税管理人才。

坚持中长期培养与短期培训相结合,将企业所得税管理人才培养列入各级各类人才培养规划。针对新出台的企业所得税政策和管理制度,及时开展专题培训,不断更新管理人员的专业知识。

4.保持人才队伍活力和稳定

按照人事制度改革方向和要求,逐步完善企业所得税管理人员评价激励机制,激发企业所得税人才队伍活力。分层级建立企业所得税管理和反避税专家人才库,发挥企业所得税管理业务骨干作用,保持企业所得税干部队伍基本稳定。

2.《国家税务总局关于加强企业所得税后续管理的指导意见》(2013年5月20日颁布 税总发〔2013〕55号)

各省、自治区、直辖市和计划单列市国家税务局、地方税务局:

加强企业所得税后续管理是落实国务院关于职能转变特别是深化行政审批制度改革,取消和下放行政审批项目,同时加强后续管理要求的具体体现,是新形势下全面推进企业所得税科学化、专业化和精细化管理的必然要求,是落实税源专业化管理和深化税收征管部署的工作措施。为深入贯彻国务院关于职能转变的各项要求,推动企业所得税后续管理工作深入开展,现提出以下指导意见。

一、加强后续管理的指导思想和主要目标

加强企业所得税后续管理的指导思想是:认真贯彻国务院关于职能转变、深化行政审批制度改革的部署,按照该放的权坚决放开放到位、该管的事必须管住管好的要求,围绕企业所得税管理的“二十四字”总体要求,以加强税收风险管理为导向,以实施信息管税为依托,突出跨年度事项、重大事项、高风险事项和重点行业管理,着力构建企业所得税后续管理的长效机制,实现企业所得税的动态化、可持续管理。

加强企业所得税后续管理的主要目标是:通过加强后续管理,保持企业所得税管理的连续性,保障企业所得税各项政策的贯彻落实,切实防止出现管理真空,进一步提升税法遵从度,不断提高企业所得税的征管质量和效率。

二、加强后续管理的主要内容

企业所得税后续管理是在做好日常管理的基础上,着力在企业所得税管理的关键环节,主要利用台账管理和专家团队管理等方法,大力依托信息化手段,重点对跨年度事项、重大事项、高风险事项和重点行业加强跟踪管理和动态监控的一种税源管理方式。

(一)明确后续管理对象

后续管理的对象涵盖影响企业所得税应纳税所得额和应纳税额的重要事项和重点行业,包括跨年度事项、重大事项、高风险事项和若干重点行业。

跨年度事项是指对企业以后年度的应纳税所得额和应纳税额造成实际影响的事项。跨年度事项主要包括：债务重组递延所得、跨境重组递延收入、政策性搬迁收入、公允价值变动净收益、权益法核算长期股权投资初始成本形成的营业外收入，政策性搬迁支出、跨年度结转扣除的职工教育经费支出、广告费和业务宣传费支出、不征税收入后续支出，固定资产和生产性生物资产折旧、无形资产和长期待摊费用摊销、油气资产折耗，亏损弥补，创业投资抵扣应纳税所得额，专用设备投资抵免应纳税额，等等。鉴于跨年度事项的递延性质，需要通过台账管理等方法准确记录该类事项对以后年度的税收影响，便于跟踪管理。

重大事项涵盖了税务行政审批制度改革后管理方式发生重大改变的事项，以及一些对企业所得税影响重大的、复杂的交易事项。前者主要包括企业所得税优惠事项和资产损失税前扣除事项，这类事项由审批改为备案或自行申报后，必须加强对其真实性和合法性的后续管理。后者包括企业重组、清算、股权转让、居民企业间关联交易、境外所得税收抵免、跨地区经营汇总纳税、集团企业合并纳税等重点事项，这些事项交易过程复杂、交易方较多、交易信息不透明，有的还涉及税源跨地区转移，需要利用专家团队、结合第三方信息等加强后续管理。

高风险事项是企业所得税管理中风险发生概率较高、易造成重大税款流失的事项，如适用特殊性税务处理的企业重组、上市公司限售股减持等交易事项。要将风险管理理念贯穿税源专业化管理全过程，选取体现税种特征的关键风险指标值，分地区、分企业规模、分行业类型建立风险预警指标体系、评估模型和风险特征库，通过分析识别和等级排序，将高风险事项纳入后续管理范围。

重点行业是指企业所得税税种特征明显、税源较大、生产经营流程较复杂、管理难度较高的一些行业，如房地产开发企业、建筑企业、石油石化企业等。要结合应用企业所得税行业管理操作指南，制定重点行业企业所得税管理办法，建立行业管理专家团队，加大对重点行业的后续管理力度。

（二）抓住后续管理环节

后续管理的着力点应集中在企业备案或自行申报后、预缴申报后以及汇算清缴后的管理上，主要侧重汇算清缴后的管理。

在备案或自行申报后，以实质性审核为重点加强后续管理。对列入备案管理的优惠项目，应在相关性审核的基础上，加强对税法与会计差异的审查，对跨年度优惠项目建立管理台账进行动态监控，通过纳税评估和税务检查对优惠项目的真实性和准确性进一步开展实质性审核。对自行申报的资产损失项目，应区分项目、损失类型和申报形式，建立企业资产损失税前扣除管理台账和纳税档案，及时进行风险评估，对需要实地核查的应及时进行核查。

在预缴申报后，以税源实时监控为重点加强后续管理。定期分析本地区企业所得税预缴情况，动态掌握本地区企业所得税税源重要变化和趋势；对预缴税款发生显著变化的企业，及时了解分析收入变化的主要原因；审核纳税人是否按照规定的预缴方式进行预缴申报；加强对实际利润额、减免税额、特定业务预缴税款和总分机构纳税人分配入库税款准确性的审核。

在汇算清缴后，以风险识别应对为重点加强后续管理。结合年度纳税申报表、财务会计报告、管理台账、中介机构鉴证报告以及获取的各类内外部信息，运用企业所得税风险特征库，集中识别汇算清缴重要风险点，并区分风险性质、风险程度和纳税人遵从行为特征，采用纳税提醒、纳税评估、税务检查等差异化和递进式的策略实施风险应对。

（三）掌握后续管理方法

后续管理方法主要有台账管理、专家团队管理、第三方信息运用和风险管理等。

强化应用管理台账对跨年度事项进行跟踪管理。台账的数据来源应主要来自于企业申报信息和税收征管系统，除评估、核查的结果反馈外，尽量减少税务机关主观数据的录入。根据跨年度事项的特点和管理需要分门别类地设计台账，不断完善台账结构。通过应用台账，为汇缴后的申报表分析比对、风险评估和税务检查提供基础资料。

强调通过专家评审对重大事项和重点行业实施团队管理。培养熟悉所得税政策和管理的业务专家，必要时邀请熟悉行业运营特点的技术专家，组建专家团队。充分依托专家团队加强专业化审核，提高税收政策运用的准确性和行业运行掌握的权威性。

突出运用第三方信息对重大事项和重点行业进行后续管理。借助与第三方部门建立的常态信息沟通机制和有效的信息共享平台，提取有关企业所得税的重点涉税信息，在税收优惠、资产损失、企业重组、清算、股权转让等重大事项以及房地产等重点行业的后续管理中，重点采集来自工商、统计、科技、质检、法院、文化、证监、发改、房产、建委等部门的相关信息。加强对中介机构涉税鉴证报告质量的审核，逐步加大鉴证报告在后续管理中的应用力度。

坚持运用风险管理方法对企业所得税的全过程加强后续管理。针对项目特点、行业特征和区域差别，分别创设风险指标和风险特征库，形成风险分析识别、等级排序和应对处理的闭环系统。实行分类分级管理，建立重大风险事项控管制度和重点风险企业监控机制，提高风险应对的针对性和有效性；提升高风险事项和行业的管理层级，加大优势资源配置力度，着力发挥专家团队的管理抓手作用。

（四）强化信息化支撑

积极践行信息管税、便利税收业务执行的理念，主动利用信息化作为企业所得税后续管理的实现路径。

加强信息采集，确保后续管理信息来源的充分性。规范信息采集，提高涉税数据质量；拓宽采集渠道，加强信息共享平台建设；全面推行电子申报，降低涉税信息获取成本；做好与“金税三期”工程的融合，实现数据整合与功能互补。

完善所得税信息管理平台，便捷实现后续管理功能。结合“金税三期”工程，进一步优化业务需求，在企业所得税管理模块中完善后续管理的功能。逐步建立全省统一的适用于基层税务机关的电子台账，实现与企业所得税申报和风险识别的有机衔接。推进针对重点事项、重点行业等单项后续管理功能的实现。

三、加强后续管理的制度建设

税务总局负责领导全国企业所得税后续管理工作，提出加强后续管理的指导意见，指导各地结合实际开展具体管理；针对亟需加强后续管理的若干跨年度事项、重大事项和高风险事项，研究出台一系列单项的后续管理办法；在深化应用行业管理操作指南的基础上，将行业特征明显、实践证明确实行之有效的管理经验进一步提炼、规范，制定若干重点行业的后续管理办法。力争在三年内建立一个企业所得税后续管理的基本制度框架。

省及省以下税务机关要根据本地区所得税征管实际，细化和落实全国企业所得税后续管理指导意见、单项后续管理办法、重点行业后续管理办法和具体工作要求，确保后续管理各项工作落实到位。各地要根据后续管理的特点，将企业所得税后续管理纳入目标考核，明确考核标准，细化考核内容，突出考核重点，促进企业所得税后续管理工作的深入开展。

各级税务机关要进一步加强企业所得税后续管理工作调查研究，对发现的新情况、新问题要及时向上级税务机关反馈，提出解决问题的意见或建议，不断完善相关制度办法。

四、加强后续管理的工作要求

（一）加强组织领导。加强后续管理已成为当前和今后一个时期企业所得税管理的一项重要任务，各级税务机关应将其列入税源专业化管理工作的重要议程，以此带动企业所得税整体管理质效的提高。主要领导负总责，统筹协调解决有关问题。分管领导要切实履行职责，认真组织开展各项工作。企业所得税管理部门牵头，相关部门相互配合，各负其责，确保企业所得税后续管理的各项措施落到实处。

（二）融入税收征管改革大局。加强企业所得税后续管理，必须适应深化税收征管改革的总体要求，将企业所得税管理融入税收征管改革和税源专业化管理的大局之中。各级税务机关应重点探索如何将后续管理的总体要求匹配到具体的征管流程和岗位职责中去，并据此开展企业所得税税源监控、风险评估和风险应对等工作。税源专业化管理试点地区，应结合税收风险管理的总体要求，设定后续管理主要风险点，建立后续管理风险特征库，将后续管理具体事项合理整合、嵌入具体的风险管理节点，将后续管理纳入风险应对的总体框架，统一部署，统一实施。

（三）加强协同管理。各级税务机关应明确后续管理的岗位职责，建立分工明确、指导有力、管理到位、上下协作、奖罚分明的后续管理运行机制。要建立各税（费）种联动、国税局和地税局协同、部门间配合的协同机制，形成管理合力。要整合企业所得税与其他税种的管理要求，统一落实到具体管理工作中。

3.《国家税务总局关于全面开展企业所得税重点税源和高风险事项团队管理工作的通知》（2016 年 3 月 31 日颁布　税总函〔2016〕148 号）

各省、自治区、直辖市和计划单列市国家税务局、地方税务局：

构建以风险管理为导向的企业所得税管理体系，是落实《深化国税、地税征管体制改革方案》的重要举措，是推进行政审批制度改革、加强企业所得税事中事后管理的必然要求。税务总局决定，从 2016 年起，全面开展企业所得税重点税源和高风险事项风险分析团队管理工作。现将有关事项通知如下：

一、组建企业所得税风险管理团队

根据《国家税务总局关于加强税收风险管理工作的意见》（税总发〔2014〕105 号）和《国家税务总局关于加强企业所得税后续管理的指导意见》（税总发〔2013〕55 号）规定，企业所得税风险管理团队要按照税收风险管理统一部署，发挥所得税专业优势，认真做好企业所得税风险管理工作。风险管理团队主要工作：一是研究、设计、修改企业所得税风险指标，根据税收征管和风险应对情况设计、修改企业所得税风险指标预警值；二是研究、排查、识别企业所得税风险，通过税务总局、省局两级税收风险管理平台推送风险点；三是对部分重点税源企业和重要事项提出应对建议，跟踪、指导部分所得税风险应对工作。

省局根据企业所得税重点税源分布、机构人员配置、所得税管理和税收信息化建设等实际，研究部署本省市风险管理团队组建工作，优先选拔领军人才、人才库人才、业务能手等熟悉所得税、税收征管、数据管理、稽查等专家型人才。风险管理中涉及自然科学、工程技术等专业问题，可以外聘专家参加除税收风险指标、预警值之外的其他专项工作。

二、企业所得税风险管理团队的工作内容

（一）重点税源企业的企业所得税事项

省局要统筹确定企业所得税重点行业和重点税源企业名单。认真研究重要行业和重点税源企业生产经营特点和盈利模式，解剖样本企业营业收入、生产成本、期间费用等情况，掌握企业主要产品的投入产出关系，摸清对外投资和近年投资收益情况，发掘税收风险点。利用重要行业和重点税源企业相关行业指标、税收征管数据、历年汇算清缴数据、第三方涉税信息等，对比财务会计数据、不同税种信息、上市公司公告信息、政府网站、企业营销广告等信息，梳理印证同一涉税事项的不同渠道信息描述是否吻合。关注重点税源企业享受税收优惠政策、资产损失、不征税收入、政策性搬迁、特殊重组、弥补亏损、境外所得税收抵免等高风险事项是否符合税法规定。跟踪指导部分重点税源企业涉税风险的实际应对工作。

（二）企业所得税高风险事项

对重要行业、重点税源企业以外的其他企业有关优惠政策、跨年度事项、企业重组、资产损失、汇总纳税等高风险事项，可以列示本省市近3年至5年基本数据和变化情况，从不同维度细分高风险事项，掌握每项高风险事项的风险点、风险高发环节、主要问题，向风险应对部门推送风险点。研究摸索风险事项的应对规律，逐步形成高风险事项的应对模板或指引，跟踪部分高风险事项的应对情况，提高应对准确性和效率。

三、工作要求

（一）加强组织领导，推进所得税风险团队管理工作

重点税源和高风险事项团队管理是加强后续管理、堵漏增收的有效

措施,对提高企业所得税管理工作有积极意义。省局要加强领导、周密部署,组建团队,调动各方面积极性,集中优势兵力发现、分析、评估、识别企业所得税风险点,统筹研究风险应对,推进企业所得税风险团队管理工作。

(二)用好各项数据,建立所得税风险指标模型

以税收征管数据、历年汇算清缴数据、财务会计数据为基础,进一步拓展相关行业指标、上市公司公告、网站信息、政府部门信息等第三方涉税信息渠道,充实税务机关涉税信息"占有量",统筹利用涉税信息处理软件,研究建立"好使、管用"的企业所得税风险指标模型。

已经开展风险团队试点的省市,要进一步提高数据质量,了解所得税风险事项的不同特点,建立丰富实用的企业所得税风险指标或模型,提高风险识别能力。此前未试点省市,要理顺所在单位风险管理机制,开展数据收集分析,逐步建立企业所得税风险数据相关指标和模型。税务机关要加强经验交流,"走出去""引进来",对本单位和兄弟省市所得税风险指标进行效能评估,完善企业所得税风险指标和相关模型。

(三)协同各方面资源,分类应对所得税风险

利用税收风险管理平台,根据风险识别、等级排序确定风险事项应对等级,有针对性地采取风险提示、纳税评估、税务稽查等应对方法。有效利用省以下管理资源,跟踪指导重要行业、重点税源企业和部分高风险事项的应对工作,评估所得税风险应对质量,不断提升风险应对效能。

(四)开展绩效考评,及时总结报告

企业所得税重点税源和高风险事项团队管理是税务总局对省局的绩效考评项目。省局要用好"绩效考评"指挥棒,向下传导压力,部署工作要求,统筹管理资源,加强业务指导,认真总结风险团队管理工作。省局请于2016年11月20日前向税务总局(所得税司、征管科技发展司)报告工作情况。

报告主要内容:风险团队建设、风险管理机制建设、风险点的识别和推送情况、协助千户集团风险管理查补收入(含调减亏损情况,下同)、重要行业和重点税源企业所得税查补收入、各项高风险事项查补收入、所得税风险应对效能、查补收入占所在单位所得税收入比重等情况,对完善所得税风险管理工作的意见建议等。

4.《国家税务总局关于为纳税人提供企业所得税税收政策风险提示服务有关问题的公告》(2017 年 4 月 18 日颁布并实施　国家税务总局公告 2017 年第 10 号)

为创新纳税服务方式,持续推进税务机关"放管服"改革,税务总局决定为纳税人提供企业所得税汇算清缴税收政策风险提示服务(以下简称"税收政策风险提示服务"),现就有关事项公告如下:

一、税收政策风险提示服务是指纳税人进行企业所得税汇算清缴时,税务机关在纳税人正式申报纳税前,依据现行税收法律法规及相关管理规定,利用税务登记信息、纳税申报信息、财务会计信息、备案资料信息、第三方涉税信息等内在规律和联系,依托现代技术手段,就税款计算的逻辑性、申报数据的合理性、税收与财务指标关联性等,提供风险提示服务。目的是帮助纳税人提高税收遵从度,减少纳税风险。

二、税收政策风险提示服务对象为查账征收,且通过互联网进行纳税申报的居民企业纳税人。

三、税收政策风险提示服务流程:

(一)纳税人在互联网上填报完成《中华人民共和国企业所得税年度纳税申报表》(A 类,2014 年版)后,选择"风险提示服务",系统即对纳税人提交的申报表数据和信息进行风险扫描,并在很短时间内将风险提示信息推送给纳税人;

(二)针对系统推送的风险提示信息,由纳税人自愿选择是否修正,可以自行确定是否调整、修改、补充数据或信息,也可以直接进入纳税申报程序;

(三)纳税人完成风险提示信息修正后,可以再次选择"风险提示服务",查看是否已经处理风险提示问题,也可以直接进入纳税申报程序。

四、有关说明

(一)税收政策风险提示服务不改变纳税人依法自行计算申报缴纳税额、享受法定权益、承担法律责任的权利和义务。

(二)税收政策风险提示服务是税务机关为纳税人提供的一项纳税服务,纳税人可以根据自身经营情况,自愿选择风险提示服务,自行决定风险修正。

(三)税收政策风险提示服务是在纳税人正式申报纳税前进行的,需要纳税人提前一天将本企业的财务报表、企业所得税优惠事项备案表等信息,通过互联网报送至税务机关。纳税人之前已经完成以上信息报送的,无需重复报送。

五、本公告自发布之日起施行。本公告发布实施前，纳税人已经完成2016年度企业所得税汇算清缴申报纳税的，系统将不再提供税收政策风险提示服务。

5.《国家税务总局关于提供企业所得税税收政策风险提示服务的通知》（2017年4月19日颁布　税总函〔2017〕135号）

各省、自治区、直辖市和计划单列市国家税务局、地方税务局：

为进一步贯彻落实《深化国税、地税征管体制改革方案》，按照简政放权、放管结合、优化服务的要求，切实转变企业所得税征管方式，结合“便民办税春风行动”有关安排，税务总局决定，从2017年开始，为纳税人提供企业所得税汇算清缴税收政策风险提示服务（以下简称“风险提示服务”）。现将有关要求通知如下：

一、充分认识为纳税人提供风险提示服务的重要意义

为纳税人提供风险提示服务，是落实“放管服”重要举措之一，是科学构建事中事后管理机制的需要。这将有利于税务机关将有限征管资源从大量基础性、事务性工作中解放出来，为开展税收风险管理和推行分类分级管理创造条件、赢得空间，并推动税务机关实现有效精准纳税服务，增强简政放权成效，也将有助于纳税人遵从税法，履行义务，降低办税成本，减少纳税风险。

二、风险提示服务的主要内容

风险提示服务是指税务机关依据现行税收法律法规及相关管理规定，深入挖掘已经掌握的税务登记信息、纳税申报信息、财务会计信息、备案资料信息、第三方涉税信息等内在规律和联系，建立企业所得税政策遵从风险指标体系，并将其内嵌于“金税三期”征管系统，在纳税人完成纳税申报表填报、正式申报纳税前，对其申报数据实施扫描，并将扫描结果和疑点信息及时推送纳税人，指导纳税人正确理解、遵从税法规定，正确计算应纳税款，减少纳税风险。近日，税务总局已经发布《关于为纳税人提供企业所得税税收政策风险提示服务有关问题的公告》（国家税务总局公告2017年第10号），明确了风险提示服务的内容和要求。

三、有关工作要求

目前，风险提示服务系统软件已统一开发完毕，税务总局网络安全和信息化领导小组办公室已下发《关于启用企业所得税“税收政策风险提示服务系统”的通知》（税总信息办便函〔2017〕49号），对系统软件的

安装、调试以及配套需求等提出了要求。各地要按照国家税务总局公告2017年第10号、税总信息办便函〔2017〕49号和本通知的要求，抓紧落实，争取早日上线。为此，提出以下要求：

（一）加强组织领导。各省国税局、地税局应当在省税收风险管理工作领导小组办公室统一领导下，建立由所得税管理部门牵头，税收征管、电子税务、纳税服务等部门参加的风险提示服务工作推进协调机制。牵头部门要负主责，细化落实方案，明确时间表、路线图。各部门要按照职责分工和方案要求，迅速开展工作。

（二）加强统筹协调。各省国税局、地税局要依托国税、地税合作联席会议机制，切实加强合作，争取同城同期为纳税人开展政策风险提示服务。

（三）加快工作准备。各省国税局、地税局应加快开展软件的安装与测试等工作，完成后即可上线投入使用。原则上，各地应在4月30日前完成软件系统安装及调试。

（四）加强宣传辅导。各省国税局、地税局要认真做好服务内容的宣传与风险指标的解读。要突出宣传重点，向纳税人讲清楚，风险提示服务是税务机关推出的一项便民措施，也是纳税服务的升级之举，不改变纳税人依法自行计算和申报应纳税额、享受法定权益、承担法律责任的权利和义务。要通过多种渠道，扩大宣传范围，引导纳税人自愿选择接受服务，赢得社会各界的理解和支持。对纳税服务前台工作人员（办税服务厅、12366热线）在系统使用前进行培训。税务总局将开展相关培训，各省国税局、地税局也要派专家到各地12366纳税服务中心授课辅导，并加强对基层税务人员的培训。

（五）严肃工作纪律。风险提示服务是税务机关提供的一项服务措施，是否选择接受服务，是纳税人的自愿行为。各省国税局、地税局严禁强制纳税人接受服务，也不得以提供此项服务为名，向纳税人收取或变相收取费用。

（六）报送工作情况。为加强工作指导，全面了解和掌握各省国税局、地税局工作情况。企业所得税汇算清缴结束后一个月内（6月30日前），各省国税局、地税局应将工作开展情况、成效统计情况通过可控FTP报送税务总局（所得税司企业所得税三处）。

(二)税收核定

1.《财政部 国家税务总局关于发布〈外国公司船舶运输收入征税办法〉的通知》(1996 年 10 月 24 日颁布并实施 财税字〔1996〕87 号)①

第十条 纳税人不能完整、准确地提供本办法第六条、第八条规定的资料,不能正确计算收入总额的,外轮代理人应当及时报告港口所在地税务机关。港口所在地税务机关可以会同外轮代理人,参照国际间相同或者类似情况下运载旅客或者货物的通常价格,或者根据我国有关部门制订的运费率表,核定纳税人的收入总额,并据以征税。

2.《财政部 国家税务总局关于对青少年活动场所、电子游戏厅有关所得税和营业税政策问题的通知》(2000 年 7 月 18 日颁布 财税〔2000〕21 号)②

三、对账证不全及按有关规定应采取核定征收企业所得税的电子游戏厅,应根据《国家税务总局关于印发〈核定征收企业所得税暂行办法〉的通知》(国税发〔2000〕38 号)规定,调高定额或应税所得率,调高幅度为 20%—50%,具体幅度比例可根据电子游戏厅经营情况确定。

3.《国家税务总局关于印发〈企业所得税核定征收办法〉(试行)的通知》(2008 年 3 月 6 日颁布 2008 年 1 月 1 日起实施 国税发〔2008〕30 号)③

第一条 为了加强企业所得税征收管理,规范核定征收企业所得税工作,保障国家税款及时足额入库,维护纳税人合法权益,根据《中华人民共和国企业所得税法》及其实施条例、《中华人民共和国税收征收管理法》及其实施细则的有关规定,制定本办法。

第二条 本办法适用于居民企业纳税人。

第三条 纳税人具有下列情形之一的,核定征收企业所得税:

(一)依照法律、行政法规的规定可以不设置账簿的;

① 条款失效,有关营业税政策规定失效。参见《财政部 国家税务总局关于公布若干废止和失效的营业税规范性文件的通知》(财税〔2009〕61 号)。

② 条款失效,第二条失效。参见《财政部 国家税务总局关于公布若干废止和失效的营业税规范性文件的通知》(财税〔2009〕61 号)。

③ 根据《国家税务总局关于修改部分税收规范性文件的公告》(国家税务总局公告 2018 年第 31 号),本法规中第六条内容删除;附件第十六条内容中“国家税务局、地方税务局”修改为“税务局”以及将“联合”这两个字删除。

（二）依照法律、行政法规的规定应当设置但未设置账簿的；

（三）擅自销毁账簿或者拒不提供纳税资料的；

（四）虽设置账簿，但账目混乱或者成本资料、收入凭证、费用凭证残缺不全，难以查账的；

（五）发生纳税义务，未按照规定的期限办理纳税申报，经税务机关责令限期申报，逾期仍不申报的；

（六）申报的计税依据明显偏低，又无正当理由的。

特殊行业、特殊类型的纳税人和一定规模以上的纳税人不适用本办法。上述特定纳税人由国家税务总局另行明确。

第四条 税务机关应根据纳税人具体情况，对核定征收企业所得税的纳税人，核定应税所得率或者核定应纳所得税额。

具有下列情形之一的，核定其应税所得率：

（一）能正确核算（查实）收入总额，但不能正确核算（查实）成本费用总额的；

（二）能正确核算（查实）成本费用总额，但不能正确核算（查实）收入总额的；

（三）通过合理方法，能计算和推定纳税人收入总额或成本费用总额的。

纳税人不属于以上情形的，核定其应纳所得税额。

第五条 税务机关采用下列方法核定征收企业所得税：

（一）参照当地同类行业或者类似行业中经营规模和收入水平相近的纳税人的税负水平核定；

（二）按照应税收入额或成本费用支出额定率核定；

（三）按照耗用的原材料、燃料、动力等推算或测算核定；

（四）按照其他合理方法核定。

采用前款所列一种方法不足以正确核定应纳税所得额或应纳税额的，可以同时采用两种以上的方法核定。采用两种以上方法测算的应纳税额不一致时，可按测算的应纳税额从高核定。

第六条 采用应税所得率方式核定征收企业所得税的，应纳所得税额计算公式如下：

应纳所得税额 = 应纳税所得额 × 适用税率

应纳税所得额 = 应税收入额 × 应税所得率

或：应纳税所得额 = 成本（费用）支出额/（1 - 应税所得率）× 应税所得率

第七条 实行应税所得率方式核定征收企业所得税的纳税人，经营多业的，无论其经营项目是否单独核算，均由税务机关根据其主营项目确定适用的应税所得率。

主营项目应为纳税人所有经营项目中，收入总额或者成本（费用）支出额或者耗用原材料、燃料、动力数量所占比重最大的项目。

第八条 应税所得率按下表规定的幅度标准确定：

行业	应税所得率（%）
农、林、牧、渔业	3－10
制造业	5－15
批发和零售贸易业	4－15
交通运输业	7－15
建筑业	8－20
饮食业	8－25
娱乐业	15－30
其他行业	10－30

第九条 纳税人的生产经营范围、主营业务发生重大变化，或者应纳税所得额或应纳税额增减变化达到20%的，应及时向税务机关申报调整已确定的应纳税额或应税所得率。

第十条 主管税务机关应及时向纳税人送达《企业所得税核定征收鉴定表》（表样附后），及时完成对其核定征收企业所得税的鉴定工作。具体程序如下：

（一）纳税人应在收到《企业所得税核定征收鉴定表》后10个工作日内，填好该表并报送主管税务机关。《企业所得税核定征收鉴定表》一式三联，主管税务机关和县税务机关各执一联，另一联送达纳税人执行。主管税务机关还可根据实际工作需要，适当增加联次备用。

（二）主管税务机关应在受理《企业所得税核定征收鉴定表》后20个工作日内，分类逐户审查核实，提出鉴定意见，并报县税务机关复核、认定。

（三）县税务机关应在收到《企业所得税核定征收鉴定表》后30个工作日内，完成复核、认定工作。

纳税人收到《企业所得税核定征收鉴定表》后，未在规定期限内填列、报送的，税务机关视同纳税人已经报送，按上述程序进行复核认定。

第十一条 税务机关应在每年6月底前对上年度实行核定征收企业所得税的纳税人进行重新鉴定。重新鉴定工作完成前，纳税人可暂按上年度的核定征收方式预缴企业所得税；重新鉴定工作完成后，按重新鉴定的结果进行调整。

第十二条 主管税务机关应当分类逐户公示核定的应纳所得税额或应税所得率。主管税务机关应当按照便于纳税人及社会各界了解、监督的原则确定公示地点、方式。

纳税人对税务机关确定的企业所得税征收方式、核定的应纳所得税额或应税所得率有异议的，应当提供合法、有效的相关证据，税务机关经核实认定后调整有异议的事项。

第十三条 纳税人实行核定应税所得率方式的，按下列规定申报纳税：

（一）主管税务机关根据纳税人应纳税额的大小确定纳税人按月或者按季预缴，年终汇算清缴。预缴方法一经确定，一个纳税年度内不得改变。

（二）纳税人应依照确定的应税所得率计算纳税期间实际应缴纳的税额，进行预缴。按实际数额预缴有困难的，经主管税务机关同意，可按上一年度应纳税额的1/12或1/4预缴，或者按经主管税务机关认可的其他方法预缴。

（三）纳税人预缴税款或年终进行汇算清缴时，应按规定填写《中华人民共和国企业所得税月（季）度预缴纳税申报表（B类）》，在规定的纳税申报时限内报送主管税务机关。

第十四条 纳税人实行核定应纳所得税额方式的，按下列规定申报纳税：

（一）纳税人在应纳所得税额尚未确定之前，可暂按上年度应纳所得税额的1/12或1/4预缴，或者按经主管税务机关认可的其他方法，按月或按季分期预缴。

（二）在应纳所得税额确定以后，减除当年已预缴的所得税额，余额按剩余月份或季度均分，以此确定以后各月或各季的应纳税额，由纳税人按月或按季填写《中华人民共和国企业所得税月（季）度预缴纳税申报表（B类）》，在规定的纳税申报期限内进行纳税申报。

（三）纳税人年度终了后，在规定的时限内按照实际经营额或实际应纳税额向税务机关申报纳税。申报额超过核定经营额或应纳税额的，按申报额缴纳税款；申报额低于核定经营额或应纳税额的，按核定经营额或应纳税额缴纳税款。

第十五条 对违反本办法规定的行为，按照《中华人民共和国税收征收管理法》及其实施细则的有关规定处理。

第十六条 各省、自治区、直辖市和计划单列市税务局，根据本办法的规定制定具体实施办法，并报国家税务总局备案。

第十七条 本办法自2008年1月1日起执行。《国家税务总局关于印发〈核定征收企业所得税暂行办法〉的通知》(国税发〔2000〕38号)同时废止。

4.《国家税务总局关于企业所得税核定征收若干问题的通知》(2009年7月14日颁布 2009年1月1日起实施 国税函〔2009〕377号)①

各省、自治区、直辖市和计划单列市国家税务局、地方税务局:

《国家税务总局关于印发〈企业所得税核定征收办法〉(试行)的通知》(国税发〔2008〕30号)下发后,各地反映需要对有关问题进一步明确。为规范企业所得税核定征收工作,现对企业所得税核定征收若干问题通知如下:

一、国税发〔2008〕30号文件第三条第二款所称"特定纳税人"包括以下类型的企业:

(一)享受《中华人民共和国企业所得税法》及其实施条例和国务院规定的一项或几项企业所得税优惠政策的企业(不包括仅享受《中华人民共和国企业所得税法》第二十六条规定免税收入优惠政策的企业、第二十八条规定的符合条件的小型微利企业);

(二)汇总纳税企业;

(三)上市公司;

(四)银行、信用社、小额贷款公司、保险公司、证券公司、期货公司、信托投资公司、金融资产管理公司、融资租赁公司、担保公司、财务公司、典当公司等金融企业;

(五)会计、审计、资产评估、税务、房地产估价、土地估价、工程造价、律师、价格鉴证、公证机构、基层法律服务机构、专利代理、商标代理以及其他经济鉴证类社会中介机构;

(六)国家税务总局规定的其他企业。

对上述规定之外的企业,主管税务机关要严格按照规定的范围和标准确定企业所得税的征收方式,不得违规扩大核定征收企业所得税范围;对其中达不到查账征收条件的企业核定征收企业所得税,并促使

① 根据《国家税务总局关于修订企业所得税2个规范性文件的公告》(国家税务总局公告2016年第88号)第二条规定,《国家税务总局关于企业所得税核定征收若干问题的通知》(国税函〔2009〕377号)第一条第(一)项修订为:享受《中华人民共和国企业所得税法》及其实施条例和国务院规定的一项或几项企业所得税优惠政策的企业(不包括仅享受《中华人民共和国企业所得税法》第二十六条规定免税收入优惠政策的企业、第二十八条规定的符合条件的小型微利企业)。

其完善会计核算和财务管理，达到查账征收条件后要及时转为查账征收。

二、国税发〔2008〕30号文件第六条中的"应税收入额"等于收入总额减去不征税收入和免税收入后的余额。用公式表示为：

应税收入额＝收入总额－不征税收入－免税收入

其中，收入总额为企业以货币形式和非货币形式从各种来源取得的收入。

三、本通知从2009年1月1日起执行。

5.《国家税务总局关于印发〈非居民企业所得税核定征收管理办法〉的通知》(2010年2月20日颁布并实施　国税发〔2010〕19号)①

第一条　为了规范非居民企业所得税核定征收工作，根据《中华人民共和国企业所得税法》(以下简称企业所得税法)及其实施条例和《中华人民共和国税收征收管理法》(以下简称税收征管法)及其实施细则，制定本办法。

第二条　本办法适用于企业所得税法第三条第二款规定的非居民企业，外国企业常驻代表机构企业所得税核定办法按照有关规定办理。

第三条　非居民企业应当按照税收征管法及有关法律法规设置账簿，根据合法、有效凭证记账，进行核算，并应按照其实际履行的功能与承担的风险相匹配的原则，准确计算应纳税所得额，据实申报缴纳企业所得税。

第四条　非居民企业因会计账簿不健全，资料残缺难以查账，或者其他原因不能准确计算并据实申报其应纳税所得额的，税务机关有权采取以下方法核定其应纳税所得额。

(一)按收入总额核定应纳税所得额：适用于能够正确核算收入或

① 1.根据《国家税务总局关于修改按经费支出换算收入方式核定非居民企业应纳税所得额计算公式的公告》(国家税务总局公告2016年第28号)规定，自2016年5月1日起，第四条第三项规定的计算公式修改为：应纳税所得额＝本期经费支出额/(1－核定利润率)×核定利润率。2.根据《国家税务总局关于修改部分税收规范性文件的公告》(国家税务总局公告2018年第31号)，第十一条中的"国家税务局和地方税务局"修改为"税务局"。3.根据《国家税务总局关于修改〈非居民企业所得税核定征收管理办法〉等文件的公告》(国家税务总局公告2015年第22号)规定，自2015年6月1日起，本文第九条修改为："主管税务机关应及时向非居民企业送达《非居民企业所得税征收方式鉴定表》(见附件，以下简称《鉴定表》)，非居民企业应在收到《鉴定表》后10个工作日内，完成《鉴定表》的填写并送达主管税务机关，主管税务机关在受理《鉴定表》后20个工作日内，完成该项征收方式的确认工作。"同时，对《鉴定表》做了相应修改。

通过合理方法推定收入总额,但不能正确核算成本费用的非居民企业。计算公式如下:

应纳税所得额=收入总额×经税务机关核定的利润率

(二)按成本费用核定应纳税所得额:适用于能够正确核算成本费用,但不能正确核算收入总额的非居民企业。计算公式如下:

应纳税所得额=成本费用总额/(1-经税务机关核定的利润率)×经税务机关核定的利润率

(三)按经费支出换算收入核定应纳税所得额:适用于能够正确核算经费支出总额,但不能正确核算收入总额和成本费用的非居民企业。计算公式:

应纳税所得额=本期经费支出额/(1-核定利润率)×核定利润率

第五条 税务机关可按照以下标准确定非居民企业的利润率:

(一)从事承包工程作业、设计和咨询劳务的,利润率为15%-30%;

(二)从事管理服务的,利润率为30%-50%;

(三)从事其他劳务或劳务以外经营活动的,利润率不低于15%。

税务机关有根据认为非居民企业的实际利润率明显高于上述标准的,可以按照比上述标准更高的利润率核定其应纳税所得额。

第六条 非居民企业与中国居民企业签订机器设备或货物销售合同,同时提供设备安装、装配、技术培训、指导、监督服务等劳务,其销售货物合同中未列明提供上述劳务服务收费金额,或者计价不合理的,主管税务机关可以根据实际情况,参照相同或相近业务的计价标准核定劳务收入。无参照标准的,以不低于销售货物合同总价款的10%为原则,确定非居民企业的劳务收入。

第七条 非居民企业为中国境内客户提供劳务取得的收入,凡其提供的服务全部发生在中国境内的,应全额在中国境内申报缴纳企业所得税。凡其提供的服务同时发生在中国境内外的,应以劳务发生地为原则划分其境内外收入,并就其在中国境内取得的劳务收入申报缴纳企业所得税。税务机关对其境内外收入划分的合理性和真实性有疑义的,可以要求非居民企业提供真实有效的证明,并根据工作量、工作时间、成本费用等因素合理划分其境内外收入;如非居民企业不能提供真实有效的证明,税务机关可视同其提供的服务全部发生在中国境内,确定其劳务收入并据以征收企业所得税。

第八条 采取核定征收方式征收企业所得税的非居民企业,在中国境内从事适用不同核定利润率的经营活动,并取得应税所得的,应分别核算并适用相应的利润率计算缴纳企业所得税;凡不能分别核算的,应从高适用利润率，计算缴纳企业所得税。

第九条 主管税务机关应及时向非居民企业送达《非居民企业所得税征收方式鉴定表》(见附件，以下简称《鉴定表》)，非居民企业应在收到《鉴定表》后10个工作日内，完成《鉴定表》的填写并送达主管税务机关，主管税务机关在受理《鉴定表》后20个工作日内，完成该项征收方式的确认工作。

第十条 税务机关发现非居民企业采用核定征收方式计算申报的应纳税所得额不真实，或者明显与其承担的功能风险不相匹配的，有权予以调整。

第十一条 各省、自治区、直辖市和计划单列市税务局可按照本办法第五条规定确定适用的核定利润率幅度，并根据本办法规定制定具体操作规程，报国家税务总局(国际税务司)备案。

第十二条 本办法自发布之日起施行。

6.《国家税务总局关于企业所得税核定征收有关问题的公告》(2012年6月19日颁布　2012年1月1日起实施　国家税务总局公告2012年第27号)

根据《中华人民共和国企业所得税法》及其实施条例、《国家税务总局关于印发〈企业所得税核定征收办法〉(试行)的通知》(国税发〔2008〕30号)和《国家税务总局关于企业所得税核定征收若干问题的通知》(国税函〔2009〕377号)的相关规定，现就企业所得税核定征收若干问题公告如下：

一、专门从事股权(股票)投资业务的企业，不得核定征收企业所得税。

二、依法按核定应税所得率方式核定征收企业所得税的企业，取得的转让股权(股票)收入等转让财产收入，应全额计入应税收入额，按照主营项目(业务)确定适用的应税所得率计算征税；若主营项目(业务)发生变化，应在当年汇算清缴时，按照变化后的主营项目(业务)重新确定适用的应税所得率计算征税。

三、本公告自2012年1月1日起施行。企业以前年度尚未处理的上述事项，按照本公告的规定处理；已经处理的，不再调整。

7.《国家税务总局关于修改按经费支出换算收入方式核定非居民企业应纳税所得额计算公式的公告》(2016年5月5日颁布　2016年5月1日起实施　国家税务总局公告2016年第28号)

自2016年5月1日起，全国范围内全面推开营业税改征增值税

(以下称营改增)试点。在营改增后,按经费支出换算收入方式核定非居民企业应纳税所得额的计算公式需要修改,现将修改内容公告如下:

一、《外国企业常驻代表机构税收管理暂行办法》(国税发〔2010〕18号文件印发)第七条第一项第1目规定的计算公式修改为:

应纳税所得额=本期经费支出额/(1-核定利润率)×核定利润率

二、《非居民企业所得税核定征收管理办法》(国税发〔2010〕19号文件印发)第四条第三项规定的计算公式修改为:

应纳税所得额=本期经费支出额/(1-核定利润率)×核定利润率

三、《国家税务总局关于发布〈中华人民共和国非居民企业所得税年度纳税申报表〉等报表的公告》(国家税务总局公告2015年第30号)附件6第七条第13项的计算公式修改为:

换算的收入额=经费支出总额÷(1-核定利润率)

本公告自2016年5月1日起施行。

8.《国家税务总局关于跨境电子商务综合试验区零售出口企业所得税核定征收有关问题的公告》(2019年10月26日颁布　2020年1月1日起实施　国家税务总局公告2019年第36号)

为支持跨境电子商务健康发展,推动外贸模式创新,有效配合《财政部　税务总局　商务部海关总署关于跨境电子商务综合试验区零售出口货物税收政策的通知》(财税〔2018〕103号)落实工作,现就跨境电子商务综合试验区(以下简称"综试区")内的跨境电子商务零售出口企业(以下简称"跨境电商企业")核定征收企业所得税有关问题公告如下:

一、综试区内的跨境电商企业,同时符合下列条件的,试行核定征收企业所得税办法:

(一)在综试区注册,并在注册地跨境电子商务线上综合服务平台登记出口货物日期、名称、计量单位、数量、单价、金额的;

(二)出口货物通过综试区所在地海关办理电子商务出口申报手续的;

(三)出口货物未取得有效进货凭证,其增值税、消费税享受免税政策的。

二、综试区内核定征收的跨境电商企业应准确核算收入总额,并采用应税所得率方式核定征收企业所得税。应税所得率统一按照4%确定。

三、税务机关应按照有关规定,及时完成综试区跨境电商企业核定征收企业所得税的鉴定工作。

四、综试区内实行核定征收的跨境电商企业符合小型微利企业优惠政策条件的，可享受小型微利企业所得税优惠政策；其取得的收入属于《中华人民共和国企业所得税法》第二十六条规定的免税收入的，可享受免税收入优惠政策。

五、本公告所称综试区，是指经国务院批准的跨境电子商务综合试验区；本公告所称跨境电商企业，是指自建跨境电子商务销售平台或利用第三方跨境电子商务平台开展电子商务出口的企业。

六、本公告自2020年1月1日起施行。

9.《国家税务总局关于企业所得税若干政策征管口径问题的公告》(2021年6月22日颁布　2021年1月1日实施　国家税务总局公告2021年第17号)

四、企业所得税核定征收改为查账征收后有关资产的税务处理问题

(一)企业能够提供资产购置发票的，以发票载明金额为计税基础；不能提供资产购置发票的，可以凭购置资产的合同(协议)、资金支付证明、会计核算资料等记载金额，作为计税基础。

(二)企业核定征税期间投入使用的资产，改为查账征税后，按照税法规定的折旧、摊销年限，扣除该资产投入使用年限后，就剩余年限继续计提折旧、摊销额并在税前扣除。

(三)其他文件

《财政部　国家税务总局关于核定中信银行股份有限公司计税工资税前扣除标准有关问题的通知》(2008年3月24日颁布　财税〔2008〕36号)

各省、自治区、直辖市、计划单列市财政厅(局)、国家税务局，新疆生产建设兵团财务局：

按照《财政部　国家税务总局关于调整企业所得税工资支出税前扣除政策的通知》(财税〔2006〕126号)有关规定，现就中信银行股份有限公司计税工资税前扣除问题明确如下：

根据中信银行股份有限公司2007年度人均利润、人均应缴企业所得税、人均营业净收入等经营效益情况，按照工资总额增长低于经济效益增长，工资总额增长低于劳动生产率增长的原则，核定该公司2007年度计税工资限额为29.84亿元。该公司2007年度实际发生的工资总额在上述限额以内的准予据实扣除，超过的部分不得在税前扣除。

第五十条 【居民企业的纳税地点】 除税收法律、行政法规另有规定外，居民企业以企业登记注册地为纳税地点；但登记注册地在境外的，以实际管理机构所在地为纳税地点。

居民企业在中国境内设立不具有法人资格的营业机构的，应当汇总计算并缴纳企业所得税。

一、税收行政法规

《中华人民共和国企业所得税法实施条例》(2007年12月6日中华人民共和国国务院令第512号公布 根据2019年4月23日《国务院关于修改部分行政法规的决定》修订)

第一百二十四条 企业所得税法第五十条所称企业登记注册地，是指企业依照国家有关规定登记注册的住所地。

二、税务规范性文件

(一)纳税地点

1.《财政部 国家税务总局关于发布〈外国公司船舶运输收入征税办法〉的通知》(1996年10月24日颁布并实施 财税字〔1996〕87号)①

第十一条 外国公司以同一艘船舶在中国几个港口运载旅客、货物或者邮件出境的，应当按照其在各港口运载旅客、货物或者邮件的运输收入，分别在各起运港征税。但是，同一艘程租船连续在中国几个港口运载货物或者邮件出境，其运费收入采取净包干方法的，全部运输收入应当在运载货物或者邮件的第一港口征税；采取包干运费并加收增港附加费方法的，其包干运费收入应当在运载货物或者邮件的第一港口征税，增港附加费收入应当分别在货物或者邮件起运港征税。

2.《国家税务总局关于中国石油天然气股份有限公司2013年进口天然气增值税返还收入涉及企业所得税纳税地点问题的批复》(2014年12月15日颁布 税总函〔2014〕606号)

北京市国家税务局：

根据《中华人民共和国企业所得税法》及其实施条例有关规定和国务院关于进口天然气返还增值税政策精神，结合中国石油天然气股份

① 条款失效，有关营业税政策规定失效。参见《财政部 国家税务总局关于公布若干废止和失效的营业税规范性文件的通知》(财税〔2009〕61号)。

有限公司(以下简称中石油)进口天然气核算体制,现对中石油进口天然气取得增值税返还款涉及企业所得税纳税地点问题批复如下:

中石油国际事业有限公司和新疆西北中石油国际事业有限公司为中石油下属企业,两家公司按照《财政部 海关总署 国家税务总局关于对2011—2020年期间进口天然气及2010年底前“中亚气”项目进口天然气按比例返还进口环节增值税有关问题的通知》(财关税〔2011〕39号)及有关规定,在2013年收到的进口天然气增值税返还款,属于代收款项,不属于上述两家公司收入,该款项拨付至中石油天然气销售分公司后,应作为中石油的收入,在其注册地北京统一计算缴纳企业所得税。

(二)汇总纳税

1.《国家税务总局关于推广应用汇总纳税信息管理系统有关问题的通知》(2009年3月19日颁布 国税函〔2009〕141号)

各省、自治区、直辖市和计划单列市国家税务局、地方税务局:

2008年6月,新税法实施后,根据法人所得税制度下总分机构管理的实际情况,税务总局开发了总分机构信息管理系统,并在7个省市进行试点。试点半年多来,总分机构信息管理系统在比对总分机构税款分配相关信息、加强分支机构就地监管、防止税款流失等方面发挥了非常有效的作用。现将推广应用汇总纳税信息管理系统的有关问题通知如下:

一、高度重视,全面推行总分机构信息管理系统。总分机构信息系统是针对总分机构分属于不同税务机关管理、税款分配相关要素和管理信息不对称的情况,为加强税收管理所采取的有效措施。系统主要作用是促进总机构税务机关和分支机构税务机关的管理信息能合理有效比对,实现跨地区总分机构之间、国税地税之间、税务机关上下级之间的各类征管信息、申报信息等相关信息及时实时交流,督促企业真实准确核算,防止税款流失。税务总局决定,2009年7月1日起全国范围内全面推行。试点省市要按照这一时间要求,进一步做好系统功能的完善工作,总结经验。其他各省市税务机关要按照《国家税务总局关于汇总纳税企业所得税信息管理系统试运行工作的通知》(国税函〔2008〕619号)文件的要求,做好推行前的各项准备工作。各级税务机关要高度重视,精心规划,认真扎实做好设备配置、人员培训、业务衔接等相关工作,确保运转正常。

二、加大运用力度,积极发挥总分机构信息管理系统在汇算清缴中的作用。总分机构信息管理系统除具有查询、统计、分析、比对功能外,还具有纳税申报功能。试点地区接收企业申报时,可以通过现行征管信息系统接收申报,也可通过总分机构信息管理系统接收申报。试点地区应用总分机构信息管理系统接收企业申报情况进行汇算清缴后,对数据的生成情况、系统运转的稳定性等情况要及时上报税务总局。

2.《国家税务总局关于跨地区经营建筑企业所得税征收管理问题的通知》(2010年4月19日颁布 2010年1月1日起实施 国税函〔2010〕156号)①

各省、自治区、直辖市和计划单列市国家税务局、地方税务局:

为加强对跨地区(指跨省、自治区、直辖市和计划单列市,下同)经营建筑企业所得税的征收管理,根据《中华人民共和国企业所得税法》及其实施条例、《中华人民共和国税收征收管理法》及其实施细则、《国家税务总局关于印发〈跨地区经营汇总纳税企业所得税征收管理暂行办法〉的通知》(国税发〔2008〕28号)的规定,现对跨地区经营建筑企业所得税征收管理问题通知如下:

一、实行总分机构体制的跨地区经营建筑企业应严格执行国税发〔2008〕28号文件规定,按照"统一计算,分级管理,就地预缴,汇总清算,财政调库"的办法计算缴纳企业所得税。

二、建筑企业所属二级或二级以下分支机构直接管理的项目部(包括与项目部性质相同的工程指挥部、合同段等,下同)不就地预缴企业所得税,其经营收入、职工工资和资产总额应汇总到二级分支机构统一核算,由二级分支机构按照国税发〔2008〕28号文件规定的办法预缴企业所得税。

三、建筑企业总机构直接管理的跨地区设立的项目部,应按项目实际经营收入的0.2%按月或按季由总机构向项目所在地预分企业所得税,并由项目部向所在地主管税务机关预缴。

四、建筑企业总机构应汇总计算企业应纳所得税,按照以下方法进行预缴:

(一)总机构只设跨地区项目部的,扣除已由项目部预缴的企业所得税后,按照其余额就地缴纳;

① 1.根据《国家税务总局关于部分税务事项实行容缺办理和进一步精简涉税费资料报送的公告》(国家税务总局公告2022年第26号),第七条废止。2.根据《国家税务总局关于修改部分税收规范性文件的公告》(2018年第31号),自2018年6月15日起,本文第八条款修改为"八、建筑企业在同一省、自治区、直辖市和计划单列市设立的跨地(市、县)项目部,其企业所得税的征收管理办法,由各省、自治区、直辖市和计划单列市税务局共同制定,并报国家税务总局备案。"

（二）总机构只设二级分支机构的，按照国税发〔2008〕28号文件规定计算总、分支机构应缴纳的税款；

（三）总机构既有直接管理的跨地区项目部，又有跨地区二级分支机构的，先扣除已由项目部预缴的企业所得税后，再按照国税发〔2008〕28号文件规定计算总、分支机构应缴纳的税款。

五、建筑企业总机构应按照有关规定办理企业所得税年度汇算清缴，各分支机构和项目部不进行汇算清缴。总机构年终汇算清缴后应纳所得税额小于已预缴的税款时，由总机构主管税务机关办理退税或抵扣以后年度的应缴企业所得税。

六、跨地区经营的项目部（包括二级以下分支机构管理的项目部）应向项目所在地主管税务机关出具总机构所在地主管税务机关开具的《外出经营活动税收管理证明》，未提供上述证明的，项目部所在地主管税务机关应督促其限期补办；不能提供上述证明的，应作为独立纳税人就地缴纳企业所得税。同时，项目部应向所在地主管税务机关提供总机构出具的证明该项目部属于总机构或二级分支机构管理的证明文件。

八、建筑企业在同一省、自治区、直辖市和计划单列市设立的跨地（市、县）项目部，其企业所得税的征收管理办法，由各省、自治区、直辖市和计划单列市税务局共同制定，并报国家税务总局备案。

九、本通知自2010年1月1日起施行。

3.《国家税务总局关于中国工商银行股份有限公司等企业企业所得税有关征管问题的通知》（2010年5月6日颁布　国税函〔2010〕184号）①

各省、自治区、直辖市和计划单列市国家税务局、地方税务局：

为加强企业所得税收入全额归属中央的企业所得税征管，现就铁路运输企业（包括广铁集团和大秦铁路公司）、国有邮政企业、中国工商银行股份有限公司、中国农业银行、中国银行股份有限公司、国家开发银行、中国农业发展银行、中国进出口银行、中央汇金投资有限责任公司、中国建设银行股份有限公司、中国建银投资有限责任公司以及海洋

① 1. 根据《国务院关于取消和调整一批行政审批项目等事项的决定》（国发〔2014〕50号）规定，取消收入全额归属中央的企业下属二级及二级以下分支机构名单的备案审核。2. 根据《国家税务总局关于修订企业所得税2个规范性文件的公告》（国家税务总局公告2016年第88号）规定，本法规第二、三条废止。

石油天然气企业(包括港澳台和外商投资、外国海上石油天然气企业)等企业的所得税征管问题通知如下:

一、上述企业下属二级分支机构均应按照企业所得税的有关规定向当地主管税务机关报送企业所得税预缴申报表或其他相关资料,但其税款由总机构统一汇总计算后向总机构所在地主管税务机关缴纳。

4.《财政部　国家税务总局　中国人民银行关于印发〈跨省市总分机构企业所得税分配及预算管理办法〉的通知》(2012年6月12日颁布　2013年1月1日实施　财预〔2012〕40号)

为了保证《中华人民共和国企业所得税法》的顺利实施,妥善处理地区间利益分配关系,做好跨省市总分机构企业所得税收入的征缴和分配管理工作,制定本办法。

一、主要内容

(一)基本方法。属于中央与地方共享范围的跨省市总分机构企业缴纳的企业所得税,按照统一规范、兼顾总机构和分支机构所在地利益的原则,实行"统一计算、分级管理、就地预缴、汇总清算、财政调库"的处理办法,总分机构统一计算的当期应纳税额的地方分享部分中,25%由总机构所在地分享,50%由各分支机构所在地分享,25%按一定比例在各地间进行分配。

统一计算,是指居民企业应统一计算包括各个不具有法人资格营业机构在内的企业全部应纳税所得额、应纳税额。总机构和分支机构适用税率不一致的,应分别按适用税率计算应纳所得税额。

分级管理,是指居民企业总机构、分支机构,分别由所在地主管税务机关属地进行监督和管理。

就地预缴,是指居民企业总机构、分支机构,应按本办法规定的比例分别就地按月或者按季向所在地主管税务机关申报、预缴企业所得税。

汇总清算,是指在年度终了后,总分机构企业根据统一计算的年度应纳税所得额、应纳所得税额,抵减总机构、分支机构当年已就地分期预缴的企业所得税款后,多退少补。

财政调库,是指财政部定期将缴入中央总金库的跨省市总分机构企业所得税待分配收入,按照核定的系数调整至地方国库。

(二)适用范围。跨省市总分机构企业是指跨省(自治区、直辖市和计划单列市,下同)设立不具有法人资格分支机构的居民企业。

总机构和具有主体生产经营职能的二级分支机构就地预缴企业所得税。三级及三级以下分支机构，其营业收入、职工薪酬和资产总额等统一并入二级分支机构计算。

按照现行财政体制的规定，国有邮政企业（包括中国邮政集团公司及其控股公司和直属单位）、中国工商银行股份有限公司、中国农业银行股份有限公司、中国银行股份有限公司、国家开发银行股份有限公司、中国农业发展银行、中国进出口银行、中国投资有限责任公司、中国建设银行股份有限公司、中国建银投资有限责任公司、中国信达资产管理股份有限公司、中国石油天然气股份有限公司、中国石油化工股份有限公司、海洋石油天然气企业（包括中国海洋石油总公司、中海石油（中国）有限公司、中海油田服务股份有限公司、海洋石油工程股份有限公司）、中国长江电力股份有限公司等企业总分机构缴纳的企业所得税（包括滞纳金、罚款收入）为中央收入，全额上缴中央国库，不实行本办法。

不具有主体生产经营职能且在当地不缴纳营业税、增值税的产品售后服务、内部研发、仓储等企业内部辅助性的二级分支机构以及上年度符合条件的小型微利企业及其分支机构，不实行本办法。

居民企业在中国境外设立不具有法人资格分支机构的，按本办法计算有关分期预缴企业所得税时，其应纳税所得额、应纳所得税额及分摊因素数额，均不包括其境外分支机构。

二、预算科目

从2013年起，在《政府收支分类科目》中增设1010449项“分支机构汇算清缴所得税”科目，其下设01目“国有企业分支机构汇算清缴所得税”、02目“股份制企业分支机构汇算清缴所得税”、03目“港澳台和外商投资企业分支机构汇算清缴所得税”、99目“其他企业分支机构汇算清缴所得税”，有关科目说明及其他修订情况见《2013年政府收支分类科目》。

三、税款预缴

由总机构统一计算企业应纳税所得额和应纳所得税额，并分别由总机构、分支机构按月或按季就地预缴。

（一）分支机构分摊预缴税款。总机构在每月或每季终了之日起十日内，按照上年度各省市分支机构的营业收入、职工薪酬和资产总额三个因素，将统一计算的企业当期应纳税额的50%在各分支机构之间进行分摊（总机构所在省市同时设有分支机构的，同样按三个因素分摊），各分支机构根据分摊税款就地办理缴库，所缴纳税款收入由中央与分支机构所在地按60∶40分享。分摊时三个因素权重依次为0.35、0.35和0.3。当年新设立的分支机构第二年起参与分摊；当年撤销的分支机构自办理注销税务登记之日起不参与分摊。

本办法所称的分支机构营业收入，是指分支机构销售商品、提供劳务、让渡资产使用权等日常经营活动实现的全部收入。其中，生产经营企业分支机构营业收入是指生产经营企业分支机构销售商品、提供劳务、让渡资产使用权等取得的全部收入；金融企业分支机构营业收入是指金融企业分支机构取得的利息、手续费、佣金等全部收入；保险企业分支机构营业收入是指保险企业分支机构取得的保费等全部收入。

本办法所称的分支机构职工薪酬，是指分支机构为获得职工提供的服务而给予职工的各种形式的报酬。

本办法所称的分支机构资产总额，是指分支机构在12月31日拥有或者控制的资产合计额。

各分支机构分摊预缴额按下列公式计算：

各分支机构分摊预缴额=所有分支机构应分摊的预缴总额×该分支机构分摊比例

其中：

所有分支机构应分摊的预缴总额=统一计算的企业当期应纳所得税额×50%

该分支机构分摊比例=（该分支机构营业收入/各分支机构营业收入之和）×0.35+（该分支机构职工薪酬/各分支机构职工薪酬之和）×0.35+（该分支机构资产总额/各分支机构资产总额之和）×0.30

以上公式中，分支机构仅指需要参与就地预缴的分支机构。

（二）总机构就地预缴税款。总机构应将统一计算的企业当期应纳税额的25%，就地办理缴库，所缴纳税款收入由中央与总机构所在地按60∶40分享。

（三）总机构预缴中央国库税款。总机构应将统一计算的企业当期应纳税额的剩余25%，就地全额缴入中央国库，所缴纳税款收入60%为中央收入，40%由财政部按照2004年至2006年各省市三年实际分享企业所得税占地方分享总额的比例定期向各省市分配。

四、汇总清算

企业总机构汇总计算企业年度应纳所得税额，扣除总机构和各境内分支机构已预缴的税款，计算出应补应退税款，分别由总机构和各分支机构(不包括当年已办理注销税务登记的分支机构)就地办理税款缴库或退库。

(一)补缴的税款按照预缴的分配比例,50%由各分支机构就地办理缴库,所缴纳税款收入由中央与分支机构所在地按60∶40分享;25%由总机构就地办理缴库,所缴纳税款收入由中央与总机构所在地按60∶40分享;其余25%部分就地全额缴入中央国库,所缴纳税款收入中60%为中央收入,40%由财政部按照2004年至2006年各省市三年实际分享企业所得税占地方分享总额的比例定期向各省市分配。

(二)多缴的税款按照预缴的分配比例,50%由各分支机构就地办理退库,所退税款由中央与分支机构所在地按60∶40分担;25%由总机构就地办理退库,所退税款由中央与总机构所在地按60∶40分担;其余25%部分就地从中央国库退库,其中60%从中央级1010442项“总机构汇算清缴所得税”下有关科目退付,40%从中央级1010443项“企业所得税待分配收入”下有关科目退付。

五、税款缴库程序

(一)分支机构分摊的预缴税款、汇算补缴税款、查补税款(包括滞纳金和罚款)由分支机构办理就地缴库。分支机构所在地税务机关开具税收缴款书,预算科目栏按企业所有制性质对应填写1010440项“分支机构预缴所得税”、1010449项“分支机构汇算清缴所得税”和1010450项“企业所得税查补税款、滞纳金、罚款收入”下的有关目级科目名称及代码,“级次”栏填写“中央60%、地方40%”。

(二)总机构就地预缴、汇算补缴、查补税款(包括滞纳金和罚款)由总机构合并办理就地缴库。中央与地方分配方式为中央60%,企业所得税待分配收入(暂列中央收入)20%,总机构所在地20%。总机构所在地税务机关开具税收缴款书,预算科目栏按企业所有制性质对应填写1010441项“总机构预缴所得税”、1010442项“总机构汇算清缴所得税”和1010450项“企业所得税查补税款、滞纳金、罚款收入”下的有关目级科目名称及代码,“级次”栏按上述分配比例填写“中央60%、中央20%(待分配)、地方20%”。

国库部门收到税款(包括滞纳金和罚款)后,将其中60%列入中央级1010441项“总机构预缴所得税”、1010442项“总机构汇算清缴所得税”和1010450项“企业所得税查补税款、滞纳金、罚款收入”下有关目级科目,20%列入中央级1010443项“企业所得税待分配收入”下有关目级科目,20%列入地方级1010441项“总机构预缴所得税”、1010442项“总机构汇算清缴所得税”和1010450项“企业所得税查补税款、滞纳金、罚款收入”下有关目级科目。

(三)多缴的税款由分支机构和总机构所在地税务机关开具收入退还书并按规定办理退库。收入退还书预算科目按企业所有制性质对应填写,预算级次按原缴款时的级次填写。

六、财政调库

财政部根据2004年至2006年各省市三年实际分享企业所得税占地方分享总额的比例,定期向中央总金库按目级科目开具分地区调库划款指令,将“企业所得税待分配收入”全额划转至地方国库。地方国库收款后,全额列入地方级1010441项“总机构预缴所得税”下的目级科目办理入库,并通知同级财政部门。

七、其他

(一)跨省市总分机构企业缴纳的所得税查补税款、滞纳金、罚款收入,按中央与地方60:40分成比例就地缴库。需要退还的所得税查补税款、滞纳金和罚款收入仍按现行管理办法办理审批退库手续。

(二)财政部于每年1月初按中央总金库截至上年12月31日的跨省市总分机构企业所得税待分配收入进行分配,并在库款报解整理期(1月1日至1月10日)内划转至地方国库;地方国库收到下划资金后,金额纳入上年度地方预算收入。地方财政列入上年度收入决算。各省市分库在12月31日向中央总金库报解最后一份中央预算收入日报表后,整理期内再收纳的跨省市分机构企业缴纳的所得税,统一作为新年度的缴库收入处理。

(三)税务机关与国库部门在办理总机构缴纳的所得税对账时,需要将1010441项“总机构预缴所得税”、42项“总机构汇算清缴所得税”、43项“企业所得税待分配收入”下设的目级科目按级次核对一致。

(四)本办法自2013年1月1日起执行。《财政部 国家税务总局 中国人民银行关于印发〈跨省市总分机构企业所得税分配及预算管理暂行办法〉的通知》(财预〔2008〕10号)同时废止。

(五)分配给地方的跨省市总分机构企业所得税收入,以及省区域内跨市县经营企业缴纳的企业所得税收入,可参照本办法制定省以下分配与预算管理办法。

5.《财政部　国家税务总局　中国人民银行关于调整铁路运输企业税收收入划分办法的通知》(2012年9月7日颁布　2012年1月1日实施　财预〔2012〕383号)

各省、自治区、直辖市、计划单列市财政厅(局)、国家税务局、地方税务局,中国人民银行上海总部,各分行、营业管理部,省会(首府)城市中心支行,深圳、大连、青岛、厦门、宁波市中心支行:

为理顺铁路运输企业税收收入划分,妥善处理地区间利益分配关系,做好铁路运输企业税收收入的征缴入库和分配管理工作,从2012年1月1日起,调整铁路运输企业税收收入划分办法,现就有关预算管理事宜通知如下:

一、中央与地方收入划分调整

(一)铁道部集中缴纳的铁路运输企业税收收入划分调整。

铁道部集中缴纳的铁路运输企业营业税(不含铁路建设基金营业税,下同)、城市维护建设税、教育费附加由中央收入调整为地方收入,铁道部集中缴纳的铁路建设基金营业税仍作为中央收入;铁道部集中缴纳的铁路运输企业所得税(含中铁快运股份有限公司缴纳的企业所得税)由中央与地方按照60:40的比例实行分享。

(二)跨省合资铁路企业税收收入划分调整。

跨省(自治区、直辖市,下同)合资铁路企业缴纳的营业税、城市维护建设税、教育费附加为地方收入。企业所得税由中央与地方按照60:40的比例实行分享。

二、地方收入分配办法

(一)铁道部集中缴纳的铁路运输企业税收收入分配办法。

铁道部集中缴纳的铁路运输企业营业税、城市维护建设税、教育费附加和企业所得税地方分享40%部分,由中央财政按照各省、自治区、直辖市铁路客、货运周转量,客、货运发送量等因素所占比例在地区间分配,分配比例每两年根据上述因素变化情况进行调整。相关因素权重为:客运周转量占36%,货运周转量占54%,客运发送量占4%,货运发送量占6%。2012年各省分配比例详见附件1。

(二)跨省合资铁路企业税收收入分配办法。

跨省合资铁路企业缴纳的营业税和地方分享的所得税收入,按照相关省份铁路客、货运周转量和运营里程等因素所占比例在相关地区分配,分配比例每两年根据上述因素变化情况进行调整。相关因素权重为:客运周转量占28%,货运周转量占42%,运营里程占30%。2012年相关省份分配比例详见附件2。

城市维护建设税和教育费附加100%为该企业注册地地方收入。

三、预算科目调整

(一)将“1010301 铁道营业税”改为“铁路运输企业营业税”。下设“101030101 铁道部集中缴纳的铁路运输企业营业税”,地方收入科目,反映铁道部集中缴纳的铁路运输企业营业税;增设“101030102 跨省合资铁路营业税”,地方收入科目,反映跨省合资铁路企业缴纳的营业税;增设“1010305 铁路建设基金营业税”,中央收入科目,反映铁道部集中缴纳的铁路建设基金营业税。增设“1010306 铁道部集中缴纳的铁路运输企业营业税待分配收入”,中央收入科目,反映待分配的铁道部集中缴纳的铁路运输企业营业税收入,在中央或地方财政统计铁路运输企业营业税收入时对本科目不作统计,以免重复计算。

(二)将“101041701 铁道运输企业所得税”修改为“101041701 铁道部集中缴纳的铁路运输企业所得税”,中央与地方共用收入科目,反映铁道部集中缴纳的铁路运输企业所得税(含中铁快运股份有限公司缴纳的企业所得税);增设“101043317 跨省合资铁路企业所得税”,中央与地方共用收入科目,反映合资铁路企业缴纳的企业所得税。增设“101041702 铁道部集中缴纳的铁路运输企业所得税待分配收入”,中央收入科目,反映待分配的铁道部集中缴纳的铁路运输企业所得税地方分享40%部分,在中央或地方财政统计铁路运输企业所得税收入时对本科目不作统计,以免重复计算。

(三)对“1010901 国有企业城市维护建设税”科目的说明进行修改,删除“对铁道部征收的城市维护建设税为中央收入”的内容;增设“101090101 铁道部集中缴纳的铁路运输企业城市维护建设税”,地方收入科目,反映地方分享的铁道部集中缴纳的铁路运输企业城市维护建设税。增设“1010918 铁道部集中缴纳的铁路运输企业城市维护建设税待分配收入”,中央收入科目,反映待分配的铁道部集中缴纳的铁路运输企业城市维护建设税收入,在中央或地方财政统计铁路运输企业城市维护建设税收入时对本科目不作统计,以免重复计算。增设“101090109 除铁道部以外的其他国有企业城市维护建设税”,中央与地方共用收入科目。

(四)在教育费附加收入科目下,增设“103020304 铁道部集中缴纳的铁路运输企业教育费附加”,地方收入科目,反映地方分享的铁道部集中缴纳的铁路运输企业教育费附加收入。增设“103020305 铁道部集中缴纳的铁路运输企业教育费附加待分配收入”,中央收入科目,反映待分配的铁道部集中缴纳的铁路运输企业教育费附加收入，在中央或地方财政统计铁路运输企业教育费附加收入时对本科目不作统计，以免重复计算。

（五）上述科目涉及的滞纳金和罚款收入，分别填列“1010320 营业税税款滞纳金、罚款收入”、“101045003 中央企业所得税税款滞纳金、罚款、加收利息收入”、“1010920 城市维护建设税税款滞纳金、罚款收入”和“103020399 教育费附加滞纳金、罚款收入”科目。

四、缴库程序

（一）铁道部集中缴纳的铁路运输企业税收缴库程序。

铁道部集中缴纳的铁路运输企业营业税、城市维护建设税和教育费附加填开缴款书时，分别按“1010306 铁道部集中缴纳的铁路运输企业营业税待分配收入”、“1010918 铁道部集中缴纳的铁路运输企业城市维护建设税待分配收入”、“103020305 铁道部集中缴纳的铁路运输企业教育费附加待分配收入”填写，“级次”栏按“中央100%（待分配）”填写，由中央财政按照核定的比例定期分配给各地区，列入相关地方收入科目。铁道部集中缴纳的企业所得税填开缴款书时，预算科目栏按“101041701 铁道部集中缴纳的铁路运输企业所得税”填写，“级次”栏按“中央60%、中央40%（待分配）”填写。

国库部门收到铁道部集中缴纳的铁路运输企业所得税税款后，将其中60%列入“101041701 铁道部集中缴纳的铁路运输企业所得税”，40%列入“101041702 铁道部集中缴纳的铁路运输企业所得税待分配收入”。列入“101041702 铁道部集中缴纳的铁路运输企业所得税待分配收入”部分，由中央财政按照核定的比例定期分配给各地区，列入相关地方收入科目。

（二）跨省合资铁路企业税收缴库程序。

跨省合资铁路企业缴纳的营业税和企业所得税，由注册地和非注册地主管税务机关根据中央财政核定的分配比例确定当地应缴库金额后，就地办理缴库，各地分享税收的具体入库办法另行下达。

五、其他

（一）2011年度及以前铁道部集中缴纳的铁路运输企业超缴、欠缴和漏缴的营业税、企业所得税（含中铁快运股份有限公司缴纳的企业所得税）、城市维护建设税和教育费附加，按照新的中央与地方收入划分和地方收入分配办法执行。

（二）对2012年铁道部已经集中缴入中央国库的铁路运输企业营

业税、城市维护建设税、教育费附加和地方分享的企业所得税(含中铁快运股份有限公司缴纳的企业所得税),由财政部、中国人民银行按照核定的分配比例调整为各地方收入。

(三)对2012年已经就地缴入注册地国库的跨省合资铁路营业税和企业所得税(地方分享40%部分)中,按照中央财政核定的比例应属于其他省市分享的部分,年终结算时,由注册地财政上解中央财政,再由中央财政分配到相关地区。

(四)财政部于每年1月初按中央总金库截至上年12月31日的铁道部集中缴纳的铁路运输企业营业税、企业所得税(含中铁快运股份有限公司缴纳的企业所得税)、城市维护建设税和教育费附加待分配收入进行分配,并在库款报解整理期(1月1日至1月10日)内划转至地方国库;地方国库收到下划资金后,全额纳入上年度地方预算收入。地方财政列入上年度收入决算。各省市分库在12月31日向中央总金库报解最后一份中央预算收入日报表后,整理期内再收纳的铁道部集中缴纳的铁路运输企业营业税、企业所得税(含中铁快运股份有限公司缴纳的企业所得税)、城市维护建设税和教育费附加,统一作为新年度的缴库收入处理。

(五)已经达成跨省分配协议的合资铁路税收,可按照明确后的跨省合资铁路收入分享入库办法执行。

(六)当年新投入运营的跨省合资铁路,其缴纳的税收暂按里程因素所占比例在相关地区分配,第二年开始按照相关省份铁路客、货运周转量和运营里程等因素所占比例在相关地区分配。

(七)财政部驻各地财政监察专员办事处要加强对跨省合资铁路企业税收分配情况的监督检查。

6.《国家税务总局关于对跨地区经营汇总纳税企业所得税款分配情况进行检查的通知》(2012年9月24日颁布 国税函〔2012〕445号)

各省、自治区、直辖市和计划单列市国家税务局、地方税务局:

为加强和规范对跨地区经营汇总纳税企业所得税的征收管理工作,发现并纠正执行过程中税款分配不准确的问题,保障企业所得税法的顺利运行,全面掌握跨地区经营汇总纳税企业的基本情况,总局决定对跨地区经营汇总纳税企业的所得税款分配情况开展检查。现就有关问题通知如下:

一、检查对象和内容

(一)检查对象:按照《跨地区经营汇总纳税企业所得税征收管理

暂行办法》(国税发〔2008〕28号文件发布)执行的跨地区经营汇总纳税企业(包括总机构及二级分支机构)。

企业所得税收入全额归属中央的企业以及总、分机构全部在同一省(自治区、直辖市)的企业不在本次检查范围之内。

(二)检查内容:跨地区经营汇总纳税企业所得税款分配情况。

二、检查方式

本次检查采取企业自查和总局抽查相结合的方式。

(一)自查时间:2012年9月20日至11月20日。各地税务机关接此通知后,及时部署所属跨地区经营汇总纳税企业进行自查,企业总机构和分支机构分别就自查情况填写《跨地区经营汇总纳税企业所得税款分配情况自查表(总机构)》和《跨地区经营汇总纳税企业所得税款分配情况自查表(分支机构)》。检查所属期间为2011年度。

(二)各地税务机关对跨地区经营汇总纳税企业自查后上报的《跨地区经营汇总纳税企业所得税款分配情况自查表(总机构)》和《跨地区经营汇总纳税企业所得税款分配情况自查表(分支机构)》进行汇总并留存备查,填写《跨地区经营汇总纳税企业所得税款分配情况汇总表》,对企业自查中发现的未分配或未准确分配税款情况附文字材料,上报总局(所得税司)。

(三)总局抽查时间及方式另行通知。

三、工作要求

(一)各地税务机关应高度重视此次检查工作,加强领导,周密部署,及时布置所属企业进行自查,按时上报有关情况。对企业自查发现的问题,研究有效的整改措施和建议,切实保障跨地区经营汇总企业所得税款分配缴纳的落实。

(二)税务机关上报总局的《跨地区经营汇总纳税企业所得税款分配情况汇总表》需保存为Excel格式,通过总局FTP上报至所得税司/三处/总分机构检查工作。报送截止日期为2012年11月25日。

7.《国家税务总局　中国人民银行　财政部关于跨省合资铁路企业跨地区税收分享入库有关问题的通知》(2012年12月13日颁布　2013年1月1日起实施　国税发〔2012〕116号)

各省、自治区、直辖市和计划单列市国家税务局、地方税务局、财政厅(局),中国人民银行上海总部,各分行、营业管理部、省会(首府)城市中心支行,深圳、大连、青岛、厦门、宁波市中心支行:

根据《财政部　国家税务总局　中国人民银行关于调整铁路运输

企业税收收入划分办法的通知》(财预〔2012〕383号)的规定,从2012年1月1日起,调整铁路运输企业税收收入划分办法。为做好跨省合资铁路税收分享入库工作,保证分享税收在各地及时足额入库,现将有关问题通知如下:

一、关于分享税收的征收缴库

(一)分享方式。跨省(自治区、直辖市,下同)合资铁路企业缴纳的营业税和企业所得税税款(欠税、查补税款和罚款,下同),应按中央财政核定的分配比例在相关省进行分配,由相关省负责缴库的主管税务机关分别办理征缴。分配的税款如超过限缴期限缴纳,相关省的主管税务机关需加收滞纳金。

(二)征缴职责。跨省合资铁路企业属于非注册地的营业税由非注册地地方税务局负责办理征缴,企业所得税由国家税务局或地方税务局负责办理征缴(注册地企业所得税由国家税务局征缴的,则非注册地企业所得税也由国家税务局征缴;注册地企业所得税由地方税务局征缴的,则非注册地企业所得税也由地方税务局征缴)。跨省合资铁路企业在非注册地办理营业税、企业所得税征缴的主管税务机关(以下简称非注册地主管税务机关)由该省的省国家税务局或省地方税务局确定;跨省合资铁路企业在非注册地某一税种的主管税务机关在该省应当唯一。

(三)缴库流程。跨省合资铁路企业在计算完应缴纳的营业税和企业所得税后,根据注册地主管税务机关按分配比例计算确定的注册地和非注册地应缴库金额,分别就地办理缴库。需向注册地国库缴纳的税款,由跨省合资铁路企业直接在注册地,向注册地主管税务机关对应的国库缴纳;需向非注册地国库缴纳的税款,由跨省合资铁路企业以汇款方式汇入非注册地主管税务机关对应国库的"待缴库税款"专户。汇款凭证"收款人全称"栏填写收款国库名称,"汇款人全称"栏填写汇款人名称,"汇款用途"栏内注明"××(纳税人)缴纳××(税务机关)税款"的字样。

国库收到待缴库税款后,在当日或次日向非注册地主管税务机关发送加盖国库业务转讫章的收账回单。非注册地主管税务机关应在收到收账回单的当日或次日,根据纳税申报表、税务处理决定书等税收应征凭证,分税种、分纳税人填开税收缴款书(以下简称:缴款书),将税款解缴入库。国库对收到的缴款书审核无误后,在缴款书回执联上加盖业务转讫印章,在收据联上加盖国库业务专用章,连同报查联转非注册地主管税务机关,其余联次作记账凭证。非注册地主管税务机关收到国库转回的缴款书收据联后及时交注册地主管税务机关,以便注册地主管税务机关掌握纳税人在非注册地税收分享入库情况,注册地主管税务机关并应及时将缴款书收据联转交给纳税人作完税凭证。

(四)科目使用和预算级次。开具缴款书缴纳营业税时,缴款书预算科目填列"101030102 跨省合资铁路营业税",预算级次填列"地方级";缴纳企业所得税时,预算科目填列"101043317 跨省合资铁路企业所得税",预算级次填列"中央60%,地方40%"。营业税涉及的滞纳金和罚款收入,填列"1010320 营业税税款滞纳金、罚款收入",预算级次填列"地方级";企业所得税涉及的滞纳金和罚款收入,按企业登记注册类型填列1010450项"企业所得税税款滞纳金、罚款、加收利息收入"下的有关目级科目名称及代码,预算级次填列"中央60%,地方40%"。收款国库填列与税务机关相对应的国库。

非注册地主管税务机关及对应国库在办理跨省分享税收征缴、入库以及对账等有关事项时,应严格按照《中国人民银行　财政部　国家税务总局关于印发〈待缴库税款收缴管理办法〉的通知》(银发〔2005〕387号)执行,确保税收资金安全。

二、关于分享税收的退库

按规定由税务部门负责审批办理的应退还跨省合资铁路企业的税款,由跨省合资铁路企业注册地主管税务机关审批总退税金额,并将审批决定和企业退税申请书、完税凭证等有关退税材料复印件及时转交非注册地主管税务机关,按照缴纳税款时的分配比例由注册地、非注册地主管税务机关分别根据注册地审批的退税总金额审核当地应退税金额并办理退库。注册地、非注册地主管税务机关分别开具收入退还书,后附退库申请书及有关文件依据,提交当地对应的国库,原则上应向国库提供原完税凭证复印件。注册地国库经审核无误后,将退税款项直接汇给跨省合资铁路企业账户,并向注册地主管税务机关反馈收入退还书相应联次;非注册地国库经审核无误后,将退税款项通过中国现代化支付系统汇入跨省合资铁路企业账户,并向非注册地主管税务机关反馈收入退还书相应联次。非注册地主管税务机关收到非注册地国库反馈的收入退还书相应联次后,及时将收入退还书第四联转交注册地主管税务机关。注册地主管税务机关负责把各地开具的收入退还书第四联统一交跨省合资铁路企业。

三、关于非注册地主管税务机关对分享税收的知情权

(一)跨省合资铁路企业向注册地主管税务机关办理税务登记后,注册地主管税务机关应将税务登记代码、企业名称、开户银行、分享税收的纳税期限、申报和缴纳期限等税务登记有关资料副本转交非注册地主管税务机关。

(二)跨省合资铁路企业向注册地主管税务机关办理分享税收纳税申报的同时,应将纳税申报表及其他申报资料的副本抄送非注册地主管税务机关。

(三)注册地主管税务机关对跨省合资铁路企业税收进行税务检查时,凡涉及查补(退)税款和罚款的,注册地主管税务机关应将税务处理(处罚)决定书副本及时转交非注册地主管税务机关。

(四)审计和财政等外部门对跨省合资铁路企业税收进行审计检查时,凡涉及查补(退)税款和罚款的,注册地主管税务机关应将审计、财政处理决定书副本及时转交非注册地主管税务机关。

(五)非注册地主管税务机关需了解跨省合资铁路企业分享税收有关情况时,注册地主管税务机关应及时告知。

四、关于税收会统核算

注册地主管税务机关和非注册地主管税务机关应按照规定的各地税款分配比例和分享税收,根据相应的原始凭证,分别核算各自的税款应征、入库、欠缴和退税等情况。跨省合资铁路企业的重点税源监控工作由注册地主管税务机关负责。

本通知自2013年1月1日起执行。

8.《财政部　国家税务总局　中国人民银行关于〈跨省市总分机构企业所得税分配及预算管理办法〉的补充通知》(2012年12月25日颁布　财预〔2012〕453号)

各省、自治区、直辖市、计划单列市财政厅(局)、国家税务局、

地方税务局,财政部驻各省、自治区、直辖市、计划单列市财政监察专员办事处,中国人民银行上海总部,各分行、营业管理部,省会(首府)城市中心支行,深圳、大连、青岛、厦门、宁波市中心支行:

为更好落实《财政部　国家税务总局　中国人民银行关于印发〈跨省市总分机构企业所得税分配及预算管理办法〉的通知》(财预〔2012〕40号),现对有关事项补充通知如下:

一、关于分支机构查补收入的归属。二级分支机构所在地主管税务机关自行对二级分支机构实施税务检查,二级分支机构应将查补所

得税款、滞纳金、罚款地方分享部分的50%归属该二级分支机构所在地，就地办理缴库；其余50%分摊给总机构办理缴库，其中，25%归属总机构所在地，25%就地全额缴入中央国库，由中央财政按照一定比例在各地区间分配。

二、关于税款滞纳金、罚款收入的归属。除查补税款滞纳金、罚款收入实行跨地区分享外，跨省市总分机构企业缴纳的其他企业所得税滞纳金、罚款收入不实行跨地区分享，按照规定的缴库程序就地缴库。

三、关于预算科目的调整。将财预〔2012〕40号文件和2013年《政府收支分类科目》中1010450项名称修改为“企业所得税税款滞纳金、罚款、加收利息收入”。1010450项下01目名称修改为“内资企业所得税税款滞纳金、罚款、加收利息收入”；02目名称修改为“港澳台和外商投资企业所得税税款滞纳金、罚款、加收利息收入”；03目名称修改为“中央企业所得税税款滞纳金、罚款、加收利息收入”。科目具体修改情况见附件。

四、关于缴库程序。分支机构分摊的查补税款入库的预算科目为1010449项“分支机构汇算清缴所得税”下的有关目级科目，级次为“中央60%、地方40%”；滞纳金、罚款入库的预算科目为1010450项“企业所得税税款滞纳金、罚款、加收利息收入”下的有关目级科目，级次为“中央60%、地方40%”。

总机构分摊的查补税款入库的预算科目为1010442项“总机构汇算清缴所得税”下的有关目级科目，级次为“中央60%、中央20%(待分配)、地方20%”；滞纳金、罚款入库的预算科目为1010450项“企业所得税税款滞纳金、罚款、加收利息收入”下的有关目级科目，级次为“中央60%、中央20%(待分配)、地方20%”。国库部门收到总机构企业查补税款和滞纳金、罚款后，将其中60%列入中央级1010442项“总机构汇算清缴所得税”下的有关目级科目和1010450项“企业所得税税款滞纳金、罚款、加收利息收入”下的有关目级科目，20%列入中央级1010443“企业所得税待分配收入”下的有关目级科目，20%列入地方级1010442项“总机构汇算清缴所得税”下的有关目级科目和1010450项“企业所得税税款滞纳金、罚款、加收利息收入”下的有关目级科目。

五、其他。本办法实施后，缴纳和退还2012年及以前年度的企业所得税，仍按原办法执行。

9.《国家税务总局关于中国华融资产管理股份有限公司和中国东方资产管理公司企业所得税征管问题的公告》(2013 年 7 月 9 日颁布 2013 年 1 月 1 日起实施 国家税务总局公告 2013 年第 38 号)

《财政部 国家税务总局 中国人民银行关于明确中国邮政储蓄银行等企业所得税收入归属的通知》(财预〔2013〕34 号)规定,中国华融资产管理股份有限公司、中国东方资产管理公司缴纳的企业所得税为中央收入,全部缴入中央国库。根据《国家税务总局关于中国工商银行股份有限公司等企业企业所得税有关征管问题的通知》(国税函〔2010〕184 号)精神,现将中国华融资产管理股份有限公司和中国东方资产管理公司企业所得税征管问题公告如下:

一、中国华融资产管理股份有限公司、中国东方资产管理公司应缴纳的企业所得税,由企业总机构统一汇总计算后,向总机构所在地主管税务机关申报预缴,年终进行汇算清缴。上述企业所属二级分支机构应按照企业所得税的有关规定,向其当地主管税务机关报送企业所得税预缴申报表和其他相关资料,各分支机构不就地预缴企业所得税。

二、中国华融资产管理股份有限公司、中国东方资产管理公司及其所属分支机构发生的资产损失,按照《国家税务总局关于发布〈企业资产损失所得税税前扣除管理办法〉的公告》(国家税务总局公告 2011 年第 25 号)的规定办理。

三、中国华融资产管理股份有限公司、中国东方资产管理公司所属二级分支机构名单由国家税务总局公布。上述企业所属二级以下(不含)分支机构名单,由二级分支机构向所在地主管税务机关提供,经所在地省税务机关审核后公布。企业分支机构发生增减变化的,应及时上报国家税务总局及二级分支机构所在地主管税务机关,由国家税务总局和二级分支机构所在地省税务机关重新公布所属分支机构名单。

四、本公告自 2013 年 1 月 1 日起执行。

10.《国家税务总局关于中国长城资产管理公司企业所得税征管问题的公告》(2013 年 9 月 29 日颁布 2013 年 1 月 1 日起实施 国家税务总局公告 2013 年第 57 号)

根据《财政部 国家税务总局 中国人民银行关于明确中国邮政储蓄银行等企业所得税收入归属的通知》(财预〔2013〕34 号)规定,中国长城资产管理公司缴纳的企业所得税为中央收入,全部缴入中央国库,为此,依据《国家税务总局关于中国工商银行股份有限公司等企业企业所得税有关征管问题的通知》(国税函〔2010〕184 号)规定,现将中国长城资产管理公司企业所得税征管问题公告如下：

三、中国长城资产管理公司所属二级分支机构的名单（见附件）现予以公布。企业所属二级以下（不含二级）分支机构名单，由二级分支机构向所在地主管税务机关提供，经所在地省税务机关审核后予以公布。

今后增加的二级分支机构，由二级分支机构提供工商部门出具的二级分支机构营业执照和总机构出具的其为二级分支机构的证明文件，在报送企业所得税预缴申报表时，附送分支机构所在地主管税务机关备案即可，我局不再另行发文公布。今后增加的二级以下（不含二级）分支机构，在报送企业所得税预缴申报表时，将有关情况附送二级分支机构主管税务机关备案即可。

四、本公告自2013年1月1日起施行。

11.《国家税务总局关于中国邮政集团公司企业所得税征管问题的公告》（2013年9月30日颁布　2013年1月1日起实施　国家税务总局公告2013年第58号）

根据《财政部　国家税务总局　中国人民银行关于印发〈跨省市总分机构企业所得税分配及预算管理办法〉的通知》（财预〔2012〕40号）和《财政部　国家税务总局　中国人民银行关于明确中国邮政储蓄银行等企业所得税收入归属的通知》（财预〔2013〕34号）的规定，中国邮政集团公司及其控股公司缴纳的企业所得税为中央收入，全额缴入中央国库。为此，依据《国家税务总局关于中国工商银行股份有限公司等企业企业所得税有关征管问题的通知》（国税函〔2010〕184号）规定原则，现就中国邮政集团公司及其控股公司企业所得税征管问题公告如下：

一、中国邮政集团公司控股的各省邮政公司和中国邮政速递物流股份有限公司下属各省速递物流公司，是具有独立法人资格的子公司，这些子公司下属的二级及以下分支机构的企业所得税，由这些子公司汇总申报并计算缴纳企业所得税，不就地预缴。二级分支机构的名单，由企业提供，省税务机关予以公布确认。以前对中国邮政集团公司控股的各省级邮政公司二级分支机构名单没有确认的，给予补充确认。

二、中国邮政集团公司控股的中国邮政储蓄银行股份有限公司、中邮人寿保险股份有限公司企业所得税管理，应按国税函〔2010〕184号第一条规定执行。两家公司的下属二级分支机构名单（见附件）现予以公布。两家公司的下属二级（不含）以下分支机构名单，由二级分支机构向所在地主管税务机关提供，经所在地省税务机关审核后公布确认。

三、中国邮政集团公司控股的上述公司及其分支机构发生的资产损失，按照《国家税务总局关于发布〈企业资产损失所得税税前扣除管理办法〉的公告》（国家税务总局公告2011年第25号）的规定办理。

四、中国邮政集团公司控股的上述公司二级分支机构名单，国家税务总局或各省税务机关首次确认后，企业今后增加的二级分支机构，由企业出具说明文件，并提供工商部门出具的二级分支机构营业执照后，在报送企业所得税预缴申报表时，附送二级分支机构所在地主管税务机关备案即可，不再另行发文公布。新增加的二级分支机构，应在设立当年，由总机构统一进行企业所得税预缴和汇算清缴。

中国邮政集团公司控股的上述公司二级（不含）以下分支机构名单，各省税务机关首次确认后，企业今后增加的二级（不含）以下分支机构，在报送企业所得税预缴申报表时，将有关情况附送二级分支机构主管税务机关备案即可。

五、中国邮政集团公司及其控股公司自2013年起适用本公告申报缴纳企业所得税。

12.《国家税务总局关于3项企业所得税事项取消审批后加强后续管理的公告》（2015年2月2日颁布　2015年1月1日起实施　国家税务总局公告2015年第6号）①

根据《国务院关于取消和调整一批行政审批项目等事项的决定》（国发〔2014〕27号、国发〔2014〕50号）规定，取消“享受小型微利企业所得税优惠的核准”、“收入全额归属中央的企业下属二级及二级以下分支机构名单的备案审核”和“汇总纳税企业组织结构变更审核”等项目审批，现就有关企业所得税后续管理问题公告如下：

二、取消“收入全额归属中央的企业下属二级及二级以下分支机构名单的备案审核”的后续管理

收入全额归属中央的企业（本条简称中央企业）所属二级及二级以下分支机构名单发生变化的，按照以下规定分别向其主管税务机关报送相关资料：

（一）中央企业所属二级分支机构名单发生变化的，中央企业总机构应将调整后情况及分支机构变化情况报送主管税务机关。

① 根据《国家税务总局关于公布全文和部分条款失效废止的税务规范性文件目录的公告》（国家税务总局公告2022年第24号），第一条废止。

（二）中央企业新增二级及以下分支机构的，二级分支机构应将营业执照和总机构出具的其为二级或二级以下分支机构证明文件，在报送企业所得税预缴申报表时，附送其主管税务机关。

新增的三级及以下分支机构，应将营业执照和总机构出具的其为三级或三级以下分支机构证明文件，报送其主管税务机关。

（三）中央企业撤销（注销）二级及以下分支机构的，被撤销分支机构应当按照《中华人民共和国税收征收管理法》规定办理注销手续。二级分支机构应将撤销（注销）二级及以下分支机构情况报送其主管税务机关。

主管税务机关应根据中央企业二级及以下分支机构变更备案情况，及时调整完善税收管理信息。

三、取消"汇总纳税企业组织结构变更审核"的后续管理

汇总纳税企业改变组织结构的，总机构和相关二级分支机构应于组织结构改变后30日内，将组织结构变更情况报告主管税务机关。总机构所在省税务局按照《国家税务总局关于印发〈跨地区经营汇总纳税企业所得税征收管理办法〉的公告》（国家税务总局公告2012年第57号）第二十九条规定，将汇总纳税企业组织结构变更情况上传至企业所得税汇总纳税信息管理系统。

废止国家税务总局公告2012年第57号第二十四条第三款"汇总纳税企业以后年度改变组织结构的，该分支机构应按本办法第二十三条规定报送相关证据，分支机构所在地主管税务机关重新进行审核鉴定"的规定。

四、除第一条外，本公告自2015年1月1日起施行。

13.《国家税务总局关于修订企业所得税2个规范性文件的公告》（2016年12月29日颁布　2011年1月1日起实施　国家税务总局公告2016年第88号）

根据《国务院关于取消和调整一批行政审批项目等事项的决定》（国发〔2014〕50号）以及税务总局关于享受小型微利企业所得税优惠政策的企业包括核定征收企业的相关规定，为做好政策衔接工作，现对企业所得税有关规范性文件修订问题公告如下：

一、关于收入全额归属中央的企业分支机构名单管理问题

《国家税务总局关于中国工商银行股份有限公司等企业企业所得税有关征管问题的通知》（国税函〔2010〕184号）第二、三条废止。收入

全额归属中央的企业所属二级及二级以下分支机构，发生资产损失的，按照《国家税务总局关于发布〈企业资产损失所得税税前扣除管理办法〉的公告》（国家税务总局公告2011年第25号）的规定办理；发生名单变化的，按照《国家税务总局关于3项企业所得税事项取消审批后加强后续管理的公告》（国家税务总局公告2015年第6号）第二条的规定办理。

（三）个案批复

《国家税务总局关于中国石油天然气股份有限公司2014年进口天然气增值税返还收入企业所得税纳税地点问题的批复》（2015年6月1日颁布　税总函〔2015〕292号）

北京市国家税务局：

你局《关于中国石油天然气股份有限公司2014年进口天然气增值税返还收入企业所得税纳税地点的请示》（京国税发〔2015〕119号）收悉。根据《中华人民共和国企业所得税法》和国务院关于进口天然气返还增值税政策精神，结合中国石油天然气股份有限公司（以下简称中石油）进口天然气核算体制，现对中石油进口天然气2014年取得增值税返还收入企业所得税纳税地点问题批复如下：

中石油国际事业有限公司、新疆西北中石油国际事业有限公司和云南中石油国际事业有限公司为中石油下属企业，三家公司按照《财政部　海关总署　国家税务总局关于对2011—2020年期间进口天然气及2010年底前"中亚气"项目进口天然气按比例返还进口环节增值税有关问题的通知》（财关税〔2011〕39号）及有关规定，在2014年收到的进口天然气增值税返还款，属于代收款项，不属于上述三家公司收入，该款项拨付至中石油天然气销售分公司后，应作为中石油的收入，在其注册地北京统一计算缴纳企业所得税。

第五十一条　【非居民企业的纳税地点】　非居民企业取得本法第三条第二款规定的所得，以机构、场所所在地为纳税地点。非居民企业在中国境内设立两个或者两个以上机构、场所，符合国务院税务主管部门规定条件的，可以选择由其主要机构、场所汇总缴纳企业所得税。

非居民企业取得本法第三条第三款规定的所得，以扣缴义务人所在地为纳税地点。

一、税收行政法规

《中华人民共和国企业所得税法实施条例》(2007 年 12 月 6 日中华人民共和国国务院令第 512 号公布 根据 2019 年 4 月 23 日《国务院关于修改部分行政法规的决定》修订)

第一百二十六条 企业所得税法第五十一条所称主要机构、场所，应当同时符合下列条件：

(一)对其他各机构、场所的生产经营活动负有监督管理责任；

(二)设有完整的账簿、凭证，能够准确反映各机构、场所的收入、成本、费用和盈亏情况。

二、部门规章

《非居民承包工程作业和提供劳务税收管理暂行办法》(2009 年 1 月 20 日颁布 2009 年 3 月 1 日起实施 国家税务总局令第 19 号)

第二章 税源管理

第一节 登记备案管理

第五条 非居民企业在中国境内承包工程作业或提供劳务的，应当自项目合同或协议(以下简称合同)签订之日起 30 日内，向项目所在地主管税务机关办理税务登记手续。

依照法律、行政法规规定负有税款扣缴义务的境内机构和个人，应当自扣缴义务发生之日起 30 日内，向所在地主管税务机关办理扣缴税款登记手续。

境内机构和个人向非居民发包工程作业或劳务项目的，应当自项目合同签订之日起 30 日内，向主管税务机关报送《境内机构和个人发包工程作业或劳务项目报告表》(见附件 1)，并附送非居民的税务登记证、合同、税务代理委托书复印件或非居民对有关事项的书面说明等资料。

第六条 非居民企业在中国境内承包工程作业或提供劳务的，应当在项目完工后 15 日内，向项目所在地主管税务机关报送项目完工证明、验收证明等相关文件复印件，并依据《税务登记管理办法》的有关规定申报办理注销税务登记。

第七条 境内机构和个人向非居民发包工程作业或劳务项目合同发生变更的，发包方或劳务受让方应自变更之日起 10 日内向所在地主管税务机关报送《非居民项目合同变更情况报告表》(见附件 2)。

第八条 境内机构和个人向非居民发包工程作业或劳务项目，从境外取得的与项目款项支付有关的发票和其他付款凭证，应在自取得之日起30日内向所在地主管税务机关报送《非居民项目合同款项支付情况报告表》(见附件3)及付款凭证复印件。

境内机构和个人不向非居民支付工程价款或劳务费的,应当在项目完工开具验收证明前,向其主管税务机关报告非居民在项目所在地的项目执行进度、支付人名称及其支付款项金额、支付日期等相关情况。

第九条 境内机构和个人向非居民发包工程作业或劳务项目,与非居民的主管税务机关不一致的,应当自非居民申报期限届满之日起15日内向境内机构和个人的主管税务机关报送非居民申报纳税证明资料复印件。

第二节 税源信息管理

第十条 税务机关应当建立税源监控机制,获取并利用发改委、建设、外汇管理、商务、教育、文化、体育等部门关于非居民在中国境内承包工程作业和提供劳务的相关信息,并可根据工作需要,将信息使用情况反馈给有关部门。

第十一条 非居民或境内机构和个人的同一涉税事项同时涉及国家税务局和地方税务局的,各主管税务机关办理涉税事项后应当制作《非居民承包工程作业和提供劳务项目信息传递表》(见附件4),并按月传递给对方纳入非居民税收管理档案。

第三章 申报征收

第一节 企业所得税

第十二条 非居民企业在中国境内承包工程作业或提供劳务项目的,企业所得税按纳税年度计算、分季预缴,年终汇算清缴,并在工程项目完工或劳务合同履行完毕后结清税款。

第十三条 非居民企业进行企业所得税纳税申报时,应当如实报送纳税申报表,并附送下列资料:

(一)工程作业(劳务)决算(结算)报告或其他说明材料;

(二)参与工程作业或劳务项目外籍人员姓名、国籍、出入境时间、在华工作时间、地点、内容、报酬标准、支付方式、相关费用等情况的书面报告;

(三)财务会计报告或财务情况说明;

(四)非居民企业依据税收协定在中国境内未构成常设机构,需要享受税收协定待遇的,应提交《非居民企业承包工程作业和提供劳务享受税收协定待遇报告表》(以下简称报告表)(见附件5),并附送居民身份证明及税务机关要求提交的其他证明资料。

非居民企业未按上述规定提交报告表及有关证明资料，或因项目执行发生变更等情形不符合享受税收协定待遇条件的，不得享受税收协定待遇，应依照企业所得税法规定缴纳税款。

第十七条 非居民企业逾期仍未缴纳税款的，项目所在地主管税务机关应自逾期之日起15日内，收集该非居民企业从中国境内取得其他收入项目的信息，包括收入类型，支付人的名称、地址，支付金额、方式和日期等，并向其他收入项目支付人（以下简称其他支付人）发出《非居民企业欠税追缴告知书》（见附件7），并依法追缴税款和滞纳金。

非居民企业从中国境内取得其他收入项目，包括非居民企业从事其他工程作业或劳务项目所得，以及企业所得税法第三条第二、三款规定的其他收入项目。非居民企业有多个其他支付人的，项目所在地主管税务机关应根据信息准确性、收入金额、追缴成本等因素确定追缴顺序。

第十八条 其他支付人主管税务机关应当提供必要的信息，协助项目所在地主管税务机关执行追缴事宜。

第四章 跟踪管理

第二十二条 主管税务机关应当按项目建档、分项管理的原则，建立非居民承包工程作业和提供劳务项目的管理台账和纳税档案，及时准确掌握工程和劳务项目的合同执行、施工进度、价款支付、对外付汇、税款缴纳等情况。

第二十三条 境内机构和个人从境外取得的付款凭证，主管税务机关对其真实性有疑义的，可要求其提供境外公证机构或者注册会计师的确认证明，经税务机关审核认可后，方可作为计账核算的凭证。

第二十四条 主管税务机关应对非居民享受协定待遇进行事后管理，审核其提交的报告表和证明资料的真实性和准确性，对其不构成常设机构的情形进行认定。对于不符合享受协定待遇条件且未履行纳税义务的情形，税务机关应该依法追缴其应纳税款、滞纳金及罚款。

第二十五条 税务机关应当利用售付汇信息，包括境内机构和个人向非居民支付服务贸易款项的历史记录，以及当年新增发包项目付款计划等信息，对承包工程作业和提供劳务项目实施监控。对于付汇前有欠税情形的，应当及时通知纳税人或扣缴义务人缴纳，必要时可以告知有关外汇管理部门或指定外汇支付银行依法暂停付汇。

第二十六条 主管税务机关应对非居民参与国家、省、地市级重点建设项目,包括城市基础设施建设、能源建设、企业技术设备引进等项目中涉及的承包工程作业或提供劳务,以及其他有非居民参与的合同金额超过5000万元人民币的,实施重点税源监控管理;对承包方和发包方是否存在关联关系、合同实际执行情况、常设机构判定、境内外劳务收入划分等事项进行重点跟踪核查,对发现的问题,可以实施情报交换、反避税调查或税务稽查。

第二十七条 省(自治区、直辖市和计划单列市)税务机关应当于年度终了后45日内,将《非居民承包工程作业和提供劳务重点建设项目统计表》(见附件8),以及项目涉及的企业所得税、增值税、营业税、印花税、个人所得税等税收收入和税源变动情况的分析报告报送国家税务总局(国际税务司)。

第二十八条 主管税务机关可根据需要对非居民承包工程作业和提供劳务的纳税情况实施税务审计,必要时应将审计结果及时传递给同级国家税务局或地方税务局。税务审计可以采取国家税务局、地方税务局联合审计的方式进行。

第二十九条 主管税务机关在境内难以获取涉税信息时,可以制作专项情报,由国家税务总局(国际税务司)向税收协定缔约国对方提出专项情报请求;非居民在中国境内未依法履行纳税义务的,主管税务机关可制作自动或自发情报,提交国家税务总局依照有关规定将非居民在中国境内的税收违法行为告知协定缔约国对方主管税务当局;对非居民承包工程作业和提供劳务有必要进行境外审计的,可根据税收情报交换有关规定,经国家税务总局批准后组织实施。

第三十条 欠缴税款的非居民企业法定代表人或非居民个人在出境前未按照规定结清应纳税款、滞纳金又不提供纳税担保的,税务机关可以通知出入境管理机关阻止其出境。

第三十一条 对于非居民工程或劳务项目完毕,未按期结清税款并已离境的,主管税务机关可制作《税务事项告知书》(见附件9),通过信函、电子邮件、传真等方式,告知该非居民限期履行纳税义务,同时通知境内发包方或劳务受让者协助追缴税款。

第五章 法律责任

第三十二条 非居民、扣缴义务人或代理人实施承包工程作业和提供劳务有关事项存在税收违法行为的,税务机关应按照税收征管法及其实施细则的有关规定处理。

第三十三条 境内机构或个人发包工程作业或劳务项目，未按本办法第五条、第七条、第八条、第九条规定向主管税务机关报告有关事项的，由税务机关责令限期改正，可以处2000元以下的罚款；情节严重的，处2000元以上10000元以下的罚款。

第六章 附 则

第三十四条 各省、自治区、直辖市和计划单列市国家税务局、地方税务局可根据本办法制定具体实施办法。

三、税务规范性文件

《国家税务总局关于进一步加强非居民税收管理工作的通知》(2009年3月9日颁布 国税发〔2009〕32号)①

各省、自治区、直辖市和计划单列市国家税务局、地方税务局：

为贯彻全国税务工作会议精神，落实税务总局关于进一步做好税收征管工作的要求，切实加强非居民税收管理，进一步提高非居民税收管理质量和效率，现就有关问题通知如下：

一、提高认识，实行专业化管理机制

随着经济全球化趋势的深入发展，以及我国经济与世界经济的日益融合，税收国际化问题日益凸显，做好国际税收管理工作意义重大。非居民税收管理是国际税收管理的重要内容，是我国行使税收管辖权、维护国家经济主权的重要手段。各级税务机关应充分认识加强非居民税收管理的重要意义，防止出现因非居民税收规模相对较小而不重视甚至忽视管理的现象，切实把非居民税收管理摆上重要议事日程。

非居民税收管理对象为外国居民，税源跨国(境)流动性大、隐蔽性强，需要依据国内税收法律法规和税收协定判定税收管辖权及纳税义务，管理政策性、时效性和专业性较强。各级税务机关应建立非居民税收管理专业化工作机制，把非居民纳入日常税收管理并作为分类管理的一个类别，规范和完善非居民税收管理制度，把握非居民税源流动规律，建立健全非居民税收管理岗位，配备足够的专业人才，及时防范非居民税源流失风险。

二、突出重点，加大税收管理力度

2008年以来，为贯彻落实《中华人民共和国企业所得税法》及其实

① 第二条第(三)项废止。参见《国家税务总局关于非居民企业所得税源泉扣缴有关问题的公告》(国家税务总局公告2017年第37号)。《国家税务总局关于修改部分税收规范性文件的公告》(国家税务总局公告2018年第31号)对本文进行了修改。

施条例,规范非居民税收管理,税务总局建立了非居民企业所得税申报制度,颁布了非居民承包工程作业和提供劳务税收管理办法,出台了非居民企业所得税源泉扣缴管理办法、汇算清缴管理办法及工作规程,并明确了有关政策,各地应认真抓好上述措施的贯彻落实工作。

(一)做好非居民企业所得税申报及汇算清缴工作。2009年是税务部门对非居民企业所得税实行独立申报和汇算清缴制度的第一年。做好非居民企业所得税纳税申报和汇算清缴,是一项涉及面广、政策性强的常规性基础工作,是征纳双方落实非居民企业所得税法律法规的具体体现,是确保税收收入及时足额入库的有效手段,且关系到纳税评估、税务审计以及反避税工作的深入开展。对此,各级税务机关要落实好《国家税务总局关于印发〈中华人民共和国非居民企业所得税申报表〉等报表的通知》(国税函〔2008〕801号)、《国家税务总局关于印发〈非居民企业所得税汇算清缴管理办法〉的通知》(国税发〔2009〕6号)和《国家税务总局关于印发〈非居民企业所得税汇算清缴工作规程〉的通知》(国税发〔2009〕11号)文件精神,规范日常管理,加强纳税服务,指导一线税收管理人员和辅导纳税人做好日常纳税申报和汇算清缴,进一步提高税款预缴率,防范欠税,不断提高纳税申报和汇算清缴工作质量。

(二)加强非居民承包工程和提供劳务税收管理。为规范和加强非居民承包工程和提供劳务税收管理,税务总局下发《非居民承包工程作业和提供劳务税收管理暂行办法》(税务总局令第19号),各地应抓好该办法的学习贯彻落实工作。要在全面加强非居民承包工程和提供劳务税收管理的基础上,结合本地实际,以重点建设项目为重点,突出抓好非居民税务登记、申报征收以及相关境内机构和个人资料报告工作,力争使非居民承包工程和提供劳务的税收管理工作上一个新台阶。

(四)做好对外支付税务证明管理工作。各地应按照《国家外汇管理局、国家税务总局关于服务贸易等项目对外支付提交税务证明有关问题的通知》(汇发〔2008〕64号)和《国家税务总局关于印发〈服务贸易等项目对外支付出具税务证明管理办法〉的通知》(国税发〔2008〕122号)要求,制定操作规程,及时把好税务证明出具关,控管非居民税收收入流失,同时要方便支付人付汇。

(五)抓好税收收入预测分析工作。各地应建立非居民税收收入预测分析机制,季度终了后7日内向税务总局(国际税务司)上报《非居民企业所得税收入情况分析表》(见附件),分析收入增减原因,把握非居民税收收入变化规律。

（六）充分利用现代信息技术。各地应积极运用现代信息技术，尤其是要以现代信息技术为依托，做好非居民企业所得税纳税申报、源泉扣缴及汇算清缴工作，出具对外支付税务证明，以及获取相关部门涉税信息等工作。

（七）加强协调配合。各地税务局应加强跨区域间的非居民税收管理协调配合力度，共同做好汇总申报纳税企业的税收管理，强化异地追缴税款的协助意识和工作力度，防范非居民利用地域差异逃避纳税义务；加强与非居民税收管理有关的政府机关、相关部门的配合，拓宽非居民涉税信息的获取渠道，主动寻找非居民税源。

（八）开展非居民企业税收专项检查。2009 年，税务总局把非居民企业纳入税收专项检查内容，各地应按照《国家税务总局关于开展2009年税收专项检查工作的通知》（国税发〔2009〕9 号）要求，制订工作方案，抽调精干力量，抓好非居民企业税收检查，查处偷逃骗税行为。

三、加强调研，进一步完善政策和管理制度

各地税务部门应加强对非居民税收管理的调研力度，注意掌握纳税人的反映和意见，认真总结经验，把非居民税收管理中的成功经验、主要问题，及时反馈税务总局（国际税务司），为进一步完善非居民税收政策和管理制度提供素材。

四、强化培训，不断提高专业技能

针对非居民税收管理专业性强的特点，各地税务部门要按照总局税务人才培养战略，制定好非居民税收管理人才培训规划，有计划地培养人才，建立健全人才库；要进一步加大业务培训力度，注重加强专业技能的培训和岗位练兵，在实践中锻炼和培养人才，培养造就一支与非居民税收工作相适应的高素质的专业化税务人才队伍。

第五十二条 【企业的独立纳税】 除国务院另有规定外，企业之间不得合并缴纳企业所得税。

一、税收行政法规

《中华人民共和国企业所得税法实施条例》（2007 年 12 月 6 日中华人民共和国国务院令第 512 号公布　根据 2019 年 4 月 23 日《国务院关于修改部分行政法规的决定》修订）

第一百二十五条　企业汇总计算并缴纳企业所得税时，应当统一核算应纳税所得额，具体办法由国务院财政、税务主管部门另行制定。

二、税务规范性文件

1.《国家税务总局关于调整中国石油化工股份有限公司合并纳税范围的通知》(2009年5月31日颁布 国税函〔2009〕300号)

各省、自治区、直辖市和计划单列市国家税务局:

现将2008年度中国石油化工股份有限公司变更合并纳税范围的有关问题通知如下:

一、杭州石化有限责任公司、中国石油化工股份有限公司勘探南方分公司纳入中国石油化工股份有限公司的合并纳税范围。

二、中国国际石油化工联合有限责任公司及所属宁波分公司、青岛分公司、二连分公司、阿拉山口分公司纳入中国石油化工股份有限公司的合并纳税范围。

三、中国石油化工股份有限公司齐鲁分公司下属齐鲁达州化肥分公司纳入中国石油化工股份有限公司的合并纳税范围。

四、中国石化销售有限公司下属中国石化销售有限公司技术培训中心,纳入中国石油化工股份有限公司的合并纳税范围,暂不实行就地预交企业所得税办法。

五、中国石油化工股份有限公司化工销售分公司下属天津分公司、武汉分公司,纳入中国石油化工股份有限公司的合并纳税范围,按照年度应纳所得税额的40%就地预交企业所得税。

六、中国石油化工股份有限公司天然气分公司下属川气东送管道分公司,纳入中国石油化工股份有限公司的合并纳税范围,按照年度应纳所得税额的40%就地预交企业所得税。

七、中国石油化工股份有限公司物资装备部下属南京阀门供应储备中心,纳入中国石油化工股份有限公司的合并纳税范围。

八、中国石油化工股份有限公司中南分公司、勘探分公司不再作为石化股份公司的合并纳税成员企业。

九、原中国石油化工股份有限公司东北分公司更名为中国石油化工股份有限公司东北油气分公司,继续作为中国石油化工股份有限公司的合并纳税成员企业。

十、各新设和更名的合并纳税成员企业(详见附件)的所得税征收管理,仍按照《国家税务总局关于中国石油化工股份有限公司缴纳企业所得税有关问题的通知》(国税函〔2004〕1071号)及相关补充规定进行征收管理。本通知下发之前,2008年新增的合并纳税成员企业在当地已预缴的企业所得税超过应预缴比例的,就地退还或抵减其下一年度在当地应缴的企业所得税。

2.《国家税务总局关于取消合并纳税后以前年度尚未弥补亏损有关企业所得税问题的公告》(2010 年 7 月 30 日颁布 2009 年 1 月 1 日起实施 国家税务总局公告 2010 年第 7 号)

根据《财政部 国家税务总局关于试点企业集团缴纳企业所得税有关问题的通知》(财税〔2008〕119 号)规定,自 2009 年度开始,一些企业集团取消了合并申报缴纳企业所得税。现就取消合并申报缴纳企业所得税后,对汇总在企业集团总部、尚未弥补的累计亏损处理问题,公告如下:

一、企业集团取消了合并申报缴纳企业所得税后,截至 2008 年底,企业集团合并计算的累计亏损,属于符合《中华人民共和国企业所得税法》第十八条规定 5 年结转期限内的,可分配给其合并成员企业(包括企业集团总部)在剩余结转期限内,结转弥补。

二、企业集团应根据各成员企业截至 2008 年底的年度所得税申报表中的盈亏情况,凡单独计算是亏损的各成员企业,参与分配第一条所指的可继续弥补的亏损;盈利企业不参与分配。具体分配公式如下:

成员企业分配的亏损额 =(某成员企业单独计算盈亏尚未弥补的亏损额 ÷ 各成员企业单独计算盈亏尚未弥补的亏损额之和)× 集团公司合并计算累计可继续弥补的亏损额

三、企业集团在按照第二条所规定的方法分配亏损时,应根据集团每年汇总计算中这些亏损发生的实际所属年度,确定各成员企业所分配的亏损额中具体所属年度及剩余结转期限。

四、企业集团按照上述方法分配各成员企业亏损额后,应填写《企业集团公司累计亏损分配表》(见附件)并下发给各成员企业,同时抄送企业集团主管税务机关。

五、本公告自 2009 年 1 月 1 日起执行。

第五十三条 【纳税年度】 企业所得税按纳税年度计算。纳税年度自公历 1 月 1 日起至 12 月 31 日止。

企业在一个纳税年度中间开业,或者终止经营活动,使该纳税年度的实际经营期不足十二个月的,应当以其实际经营期为一个纳税年度。

企业依法清算时,应当以清算期间作为一个纳税年度。

税务规范性文件

《国家税务总局关于外国企业所得税纳税年度有关问题的通知》(2008年4月3日颁布 2008年1月1日起实施 国税函〔2008〕301号)

各省、自治区、直辖市和计划单列市国家税务局,广东省和深圳市地方税务局:

现就外国企业所得税的纳税年度问题通知如下:

根据《中华人民共和国外商投资企业和外国企业所得税法实施细则》第八条规定,经当地主管税务机关批准以满十二个月的会计年度为纳税年度的外国企业,其2007－2008年度企业所得税的纳税年度截止到2007年12月31日,并按照《中华人民共和国外商投资企业和外国企业所得税法》规定的税率计算缴纳企业所得税。自2008年1月1日起,外国企业一律以公历年度为纳税年度,按照《中华人民共和国企业所得税法》规定的税率计算缴纳企业所得税。

第五十四条 【预缴与汇算清缴】 企业所得税分月或者分季预缴。

企业应当自月份或者季度终了之日起十五日内,向税务机关报送预缴企业所得税纳税申报表,预缴税款。

企业应当自年度终了之日起五个月内,向税务机关报送年度企业所得税纳税申报表,并汇算清缴,结清应缴应退税款。

企业在报送企业所得税纳税申报表时,应当按照规定附送财务会计报告和其他有关资料。

一、税收行政法规

《中华人民共和国企业所得税法实施条例》(2007年12月6日中华人民共和国国务院令第512号公布 根据2019年4月23日《国务院关于修改部分行政法规的决定》修订)

第一百二十七条 企业所得税分月或者分季预缴,由税务机关具体核定。

企业根据企业所得税法第五十四条规定分月或者分季预缴企业所得税时,应当按照月度或者季度的实际利润额预缴;按照月度或者季度的实际利润额预缴有困难的,可以按照上一纳税年度应纳税所得额的月度或者季度平均额预缴,或者按照经税务机关认可的其他方法预缴。预缴方法一经确定,该纳税年度内不得随意变更。

第一百二十八条 企业在纳税年度内无论盈利或者亏损，都应当依照企业所得税法第五十四条规定的期限，向税务机关报送预缴企业所得税纳税申报表、年度企业所得税纳税申报表、财务会计报告和税务机关规定应当报送的其他有关资料。

二、税务规范性文件

（一）税款的预缴

1.《国家税务总局关于企业所得税预缴问题的通知》（2008年1月30日颁布 国税发〔2008〕17号）

各省、自治区、直辖市和计划单列市国家税务局、地方税务局：

《中华人民共和国企业所得税法》（以下简称“新税法”）已于2008年1月1日起施行，为保证企业所得税预缴工作顺利进行，经研究，现对下列企业预缴问题明确如下：

一、2008年1月1日之前已经被认定为高新技术企业的，在按照新税法有关规定重新认定之前，暂按25%的税率预缴企业所得税。

上述企业如果享受新税法中其他优惠政策和国务院规定的过渡优惠政策，按有关规定执行。

二、深圳市、厦门市经济特区以外的企业以及上海浦东新区内非生产性外商投资企业和内资企业，原采取按月预缴方式的，2008年一季度改为按季度预缴。

三、原经批准实行合并纳税的企业，采取按月预缴方式的，2008年一季度改为按季度预缴。

2.《国家税务总局关于加强企业所得税预缴工作的通知》（2009年1月20日颁布 国税函〔2009〕34号）

各省、自治区、直辖市和计划单列市国家税务局、地方税务局：

为进一步做好企业所得税征收管理，现就加强企业所得税预缴工作通知如下：

一、根据《中华人民共和国企业所得税法》及其实施条例规定，企业所得税应当按照月度或者季度的实际利润额预缴；按照月度或者季度的实际利润额预缴有困难的，可以按照上一纳税年度应纳税所得额的月度或者季度平均额预缴，或者按照经税务机关认可的其他方法预缴。为确保税款足额及时入库，各级税务机关对纳入当地重点税源管理的企业，原则上应按照实际利润额预缴方法征收企业所得税。

二、各级税务机关根据企业上年度企业所得税预缴和汇算清缴情况,对全年企业所得税预缴税款占企业所得税应缴税款比例明显偏低的,要及时查明原因,调整预缴方法或预缴税额。

三、各级税务机关要处理好企业所得税预缴和汇算清缴税款入库的关系,原则上各地企业所得税年度预缴税款占当年企业所得税入库税款(预缴数+汇算清缴数)应不少于70%.

四、各级税务机关要进一步加大监督管理力度。对未按规定申报预缴企业所得税的,按照《中华人民共和国税收征收管理法》及其实施细则的有关规定进行处理。

五、加强企业所得税预缴工作是税收征管中的一项重要任务,各级税务机关要高度重视,周密部署,精心组织实施。税务总局将适时组织督促检查,通报此项工作的落实情况。

3.《国家税务总局关于发布〈中华人民共和国企业所得税月(季)度预缴纳税申报表(A类)〉的公告》(2021年3月15日颁布 2021年4月1日起实施 国家税务总局公告2021年第3号)

为贯彻落实党中央、国务院关于深化"放管服"改革、优化营商环境的部署,进一步减轻纳税人负担,优化执法方式,税务总局决定,在2021年"我为纳税人缴费人办实事暨便民办税春风行动"中推出"修订查账征收企业所得税预缴纳税申报表,简化表单样式"的行动举措。根据《中华人民共和国企业所得税法》及有关税收政策,现将简化后的《中华人民共和国企业所得税月(季)度预缴纳税申报表(A类)》予以发布,并就有关事项公告如下:

一、《中华人民共和国企业所得税月(季)度预缴纳税申报表(A类)》适用于实行查账征收企业所得税的居民企业月度、季度预缴申报时填报。

二、执行《跨地区经营汇总纳税企业所得税征收管理办法》(国家税务总局公告2012年第57号发布,2018年第31号修改)的跨地区经营汇总纳税企业的分支机构,使用《中华人民共和国企业所得税月(季)度预缴纳税申报表(A类)》进行月度、季度预缴申报和年度汇算清缴申报。

三、省(自治区、直辖市和计划单列市)税务机关对仅在本省(自治区、直辖市和计划单列市)内设立不具有法人资格分支机构的企业,参照《跨地区经营汇总纳税企业所得税征收管理办法》征收管理的,企业的分支机构按照本公告第二条规定进行月度、季度预缴申报和年度汇算清缴申报。

四、企业申报各类优惠事项及扶贫捐赠等特定事项时，根据《企业所得税申报事项目录》中的事项名称填报。《企业所得税申报事项目录》在国家税务总局网站“纳税服务”栏目另行发布，并根据政策调整情况适时更新。

五、本公告自2021年4月1日起施行。《国家税务总局关于修订〈中华人民共和国企业所得税月(季)度预缴纳税申报表(A类,2018年版)〉等报表的公告》(2020年第12号)中的附件1《中华人民共和国企业所得税月(季)度预缴纳税申报表(A类,2018年版)》(2020年修订)同时废止。

(二)居民企业汇算清缴

1.《国家税务总局关于印发〈企业所得税汇算清缴管理办法〉的通知》(2009年4月16日颁布　2009年1月1日起实施　国税发〔2009〕79号)①

第一条　为加强企业所得税征收管理，进一步规范企业所得税汇算清缴管理工作，根据《中华人民共和国企业所得税法》及其实施条例(以下简称企业所得税法及其实施条例)和《中华人民共和国税收征收管理法》及其实施细则(以下简称税收征管法及其实施细则)的有关规定，制定本办法。

第二条　企业所得税汇算清缴，是指纳税人自纳税年度终了之日起5个月内或实际经营终止之日起60日内，依照税收法律、法规、规章及其他有关企业所得税的规定，自行计算本纳税年度应纳税所得额和应纳所得税额，根据月度或季度预缴企业所得税的数额，确定该纳税年度应补或者应退税额，并填写企业所得税年度纳税申报表，向主管税务机关办理企业所得税年度纳税申报、提供税务机关要求提供的有关资料、结清全年企业所得税税款的行为。

第三条　凡在纳税年度内从事生产、经营(包括试生产、试经营)，或在纳税年度中间终止经营活动的纳税人，无论是否在减税、免税期

---

① 1.根据《国家税务总局关于修改部分税收规范性文件的公告》(国家税务总局公告2018年第31号)对本文进行了修改。将其中涉及“国税地税”的表述全部修改为“税务机关”或删除。2.根据《国家税务总局关于企业所得税年度汇算清缴有关事项的公告》(国家税务总局公告2021年第34号)规定，2021年度及以后年度企业所得税汇算清缴申报时，本文第十一条“或者经纳税人同意后抵缴其下一年度应缴企业所得税税款”废止。

间,也无论盈利或亏损,均应按照企业所得税法及其实施条例和本办法的有关规定进行企业所得税汇算清缴。

实行核定定额征收企业所得税的纳税人,不进行汇算清缴。

第四条 纳税人应当自纳税年度终了之日起5个月内,进行汇算清缴,结清应缴应退企业所得税税款。

纳税人在年度中间发生解散、破产、撤销等终止生产经营情形,需进行企业所得税清算的,应在清算前报告主管税务机关,并自实际经营终止之日起60日内进行汇算清缴,结清应缴应退企业所得税款;纳税人有其他情形依法终止纳税义务的,应当自停止生产、经营之日起60日内,向主管税务机关办理当期企业所得税汇算清缴。

第五条 纳税人12月份或者第四季度的企业所得税预缴纳税申报,应在纳税年度终了后15日内完成,预缴申报后进行当年企业所得税汇算清缴。

第六条 纳税人需要报经税务机关审批、审核或备案的事项,应按有关程序、时限和要求报送材料等有关规定,在办理企业所得税年度纳税申报前及时办理。

第七条 纳税人应当按照企业所得税法及其实施条例和企业所得税的有关规定,正确计算应纳税所得额和应纳所得税额,如实、正确填写企业所得税年度纳税申报表及其附表,完整、及时报送相关资料,并对纳税申报的真实性、准确性和完整性负法律责任。

第八条 纳税人办理企业所得税年度纳税申报时,应如实填写和报送下列有关资料:

(一)企业所得税年度纳税申报表及其附表;

(二)财务报表;

(三)备案事项相关资料;

(四)总机构及分支机构基本情况、分支机构征税方式、分支机构的预缴税情况;

(五)委托中介机构代理纳税申报的,应出具双方签订的代理合同,并附送中介机构出具的包括纳税调整的项目、原因、依据、计算过程、调整金额等内容的报告;

(六)涉及关联方业务往来的,同时报送《中华人民共和国企业年度关联业务往来报告表》;

(七)主管税务机关要求报送的其他有关资料。

纳税人采用电子方式办理企业所得税年度纳税申报的,应按照有关规定保存有关资料或附报纸质纳税申报资料。

第九条 纳税人因不可抗力，不能在汇算清缴期内办理企业所得税年度纳税申报或备齐企业所得税年度纳税申报资料的，应按照税收征管法及其实施细则的规定，申请办理延期纳税申报。

第十条 纳税人在汇算清缴期内发现当年企业所得税申报有误的，可在汇算清缴期内重新办理企业所得税年度纳税申报。

第十一条 纳税人在纳税年度内预缴企业所得税税款少于应缴企业所得税税款的，应在汇算清缴期内结清应补缴的企业所得税税款；预缴税款超过应纳税款的，主管税务机关应及时按有关规定办理退税。

第十二条 纳税人因有特殊困难，不能在汇算清缴期内补缴企业所得税款的，应按照税收征管法及其实施细则的有关规定，办理申请延期缴纳税款手续。

第十三条 实行跨地区经营汇总缴纳企业所得税的纳税人，由统一计算应纳税所得额和应纳所得税额的总机构，按照上述规定，在汇算清缴期内向所在地主管税务机关办理企业所得税年度纳税申报，进行汇算清缴。分支机构不进行汇算清缴，但应将分支机构的营业收支等情况在报总机构统一汇算清缴前报送分支机构所在地主管税务机关。总机构应将分支机构及其所属机构的营业收支纳入总机构汇算清缴等情况报送各分支机构所在地主管税务机关。

第十四条 经批准实行合并缴纳企业所得税的企业集团，由集团母公司（以下简称汇缴企业）在汇算清缴期内，向汇缴企业所在地主管税务机关报送汇缴企业及各个成员企业合并计算填写的企业所得税年度纳税申报表，以及本办法第八条规定的有关资料及各个成员企业的企业所得税年度纳税申报表，统一办理汇缴企业及其成员企业的企业所得税汇算清缴。

汇缴企业应根据汇算清缴的期限要求，自行确定其成员企业向汇缴企业报送本办法第八条规定的有关资料的期限。成员企业向汇缴企业报送的上述资料，应经成员企业所在地的主管税务机关审核。

第十五条 纳税人未按规定期限进行汇算清缴，或者未报送本办法第八条所列资料的，按照税收征管法及其实施细则的有关规定处理。

第十六条 各级税务机关要结合当地实际，对每一纳税年度的汇算清缴工作进行统一安排和组织部署。汇算清缴管理工作由具体负责企业所得税日常管理的部门组织实施。税务机关内部各职能部门应充分协调和配合，共同做好汇算清缴的管理工作。

第十七条 各级税务机关应在汇算清缴开始之前和汇算清缴期间，主动为纳税人提供税收服务。

（一）采用多种形式进行宣传，帮助纳税人了解企业所得税政策、征管制度和办税程序；

（二）积极开展纳税辅导，帮助纳税人知晓汇算清缴范围、时间要求、报送资料及其他应注意的事项。

（三）必要时组织纳税培训，帮助纳税人进行企业所得税自核自缴。

第十八条　主管税务机关应及时向纳税人发放汇算清缴的表、证、单、书。

第十九条　主管税务机关受理纳税人企业所得税年度纳税申报表及有关资料时，如发现企业未按规定报齐有关资料或填报项目不完整的，应及时告知企业在汇算清缴期内补齐补正。

第二十条　主管税务机关受理纳税人年度纳税申报后，应对纳税人年度纳税申报表的逻辑性和有关资料的完整性、准确性进行审核。审核重点主要包括：

（一）纳税人企业所得税年度纳税申报表及其附表与企业财务报表有关项目的数字是否相符，各项目之间的逻辑关系是否对应，计算是否正确。

（二）纳税人是否按规定弥补以前年度亏损额和结转以后年度待弥补的亏损额。

（三）纳税人是否符合税收优惠条件、税收优惠的确认和申请是否符合规定程序。

（四）纳税人税前扣除的财产损失是否真实、是否符合有关规定程序。跨地区经营汇总缴纳企业所得税的纳税人，其分支机构税前扣除的财产损失是否由分支机构所在地主管税务机关出具证明。

（五）纳税人有无预缴企业所得税的完税凭证，完税凭证上填列的预缴数额是否真实。跨地区经营汇总缴纳企业所得税的纳税人及其所属分支机构预缴的税款是否与《中华人民共和国企业所得税汇总纳税分支机构分配表》中分配的数额一致。

（六）纳税人企业所得税和其他各税种之间的数据是否相符、逻辑关系是否吻合。

第二十一条　主管税务机关应结合纳税人企业所得税预缴情况及日常征管情况，对纳税人报送的企业所得税年度纳税申报表及其附表和其他有关资料进行初步审核后，按规定程序及时办理企业所得税补、退税或抵缴其下一年度应纳所得税款等事项。

第二十二条　税务机关应做好跨地区经营汇总纳税企业和合并纳税企业汇算清缴的协同管理。

(一)总机构和汇缴企业所在地主管税务机关在对企业的汇总或合并纳税申报资料审核时,发现其分支机构或成员企业申报内容有疑点需进一步核实的,应向其分支机构或成员企业所在地主管税务机关发出有关税务事项协查函;该分支机构或成员企业所在地主管税务机关应在要求的时限内就协查事项进行调查核实,并将核查结果函复总机构或汇缴企业所在地主管税务机关。

(二)总机构和汇缴企业所在地主管税务机关收到分支机构或成员企业所在地主管税务机关反馈的核查结果后,应对总机构和汇缴企业申报的应纳税所得额及应纳所得税额作相应调整。

第二十三条 汇算清缴工作结束后,税务机关应组织开展汇算清缴数据分析、纳税评估和检查。纳税评估和检查的对象、内容、方法、程序等按照国家税务总局的有关规定执行。

第二十四条 汇算清缴工作结束后,各级税务机关应认真总结,写出书面总结报告逐级上报。各省、自治区、直辖市和计划单列市税务局应在每年7月底前将汇算清缴工作总结报告、年度企业所得税汇总报表报送国家税务总局(所得税司)。总结报告的内容应包括:

(一)汇算清缴工作的基本情况;

(二)企业所得税税源结构的分布情况;

(三)企业所得税收入增减变化及原因;

(四)企业所得税政策和征管制度贯彻落实中存在的问题和改进建议。

第二十五条 本办法适用于企业所得税居民企业纳税人。

第二十六条 各省、自治区、直辖市和计划单列市税务局可根据本办法制定具体实施办法。

第二十七条 本办法自2009年1月1日起执行。《国家税务总局关于印发〈企业所得税汇算清缴管理办法〉的通知》(国税发〔2005〕200号)、《国家税务总局关于印发新修订的〈外商投资企业和外国企业所得税汇算清缴工作规程〉的通知》(国税发〔2003〕12号)和《国家税务总局关于印发新修订的〈外商投资企业和外国企业所得税汇算清缴管理办法〉的通知》(国税发〔2003〕13号)同时废止。

2008年度企业所得税汇算清缴按本办法执行。

第二十八条 本办法由国家税务总局负责解释。

2.《国家税务总局关于发布〈企业政策性搬迁所得税管理办法〉的公告》(2012年8月10日颁布 2012年10月1日实施 国家税务总局公告2012年第40号)①

第六章 征收管理

第二十二条 企业应当自搬迁开始年度,至次年5月31日前,向主管税务机关(包括迁出地和迁入地)报送政策性搬迁依据、搬迁规划等相关材料。逾期未报的,除特殊原因并经主管税务机关认可外,按非政策性搬迁处理,不得执行本办法的规定。

第二十三条 企业应向主管税务机关报送的政策性搬迁依据、搬迁规划等相关材料,包括:

(一)政府搬迁文件或公告;

(二)搬迁重置总体规划;

(三)拆迁补偿协议;

(四)资产处置计划;

(五)其他与搬迁相关的事项。

第二十四条 企业迁出地和迁入地主管税务机关发生变化的,由迁入地主管税务机关负责企业搬迁清算。

第二十五条 企业搬迁完成当年,其向主管税务机关报送企业所得税年度纳税申报表时,……。

第二十七条 本办法未规定的企业搬迁税务事项,按照《企业所得税法》及其实施条例等相关规定进行税务处理。

第二十八条 本办法施行后,《国家税务总局关于企业政策性搬迁或处置收入有关企业所得税处理问题的通知》(国税函〔2009〕118号)同时废止。

3.《国家税务总局关于进一步加强企业所得税汇算清缴工作的通知》(2013年3月13日颁布 税总发〔2013〕26号)

各省、自治区、直辖市和计划单列市国家税务局、地方税务局:

为强化企业所得税汇算清缴管理,提高企业所得税征管质量和效率,现就进一步加强企业所得税汇算清缴工作通知如下:

① 1.根据《国家税务总局关于企业所得税年度纳税申报有关事项的公告》(国家税务总局公告2022年第27号),第二十五条关于"应同时报送《企业政策性搬迁清算损益表》(表样附后)"的规定和附件《企业政策性搬迁清算损益表》同时废止。2.根据《国家税务总局关于企业政策性搬迁所得税有关问题的公告》(国家税务总局公告2013年第11号),第二十六条废止。

一、充分认识做好新形势下企业所得税汇算清缴工作的重要性。汇算清缴是企业所得税管理的关键环节，是提高企业所得税征管质效的有效抓手。2012年税务总局党组提出的构建现代化税收征管体系总体目标和深化税收征管改革的工作任务，对进一步做好汇算清缴工作提出了新的要求。各地要提高认识，以深化税收征管改革为契机，按照《国家税务总局关于印发〈企业所得税汇算清缴管理办法〉的通知》（国税发〔2009〕79号）的要求，树立风险管理为导向的管理理念，实施专业化的管理方法，运用信息化的管理手段，深化汇算清缴工作内容，提高汇算清缴工作质量。要加强组织领导，制定切实可行的工作方案，统筹部署汇算清缴工作，保证汇算清缴工作有序开展。

二、认真做好汇算清缴事前服务。要充分利用办税服务厅、12366纳税服务热线、短信平台、所得税网上知识库等，广泛宣传汇算清缴范围、时间要求、报送资料及其他应注意事项，使纳税人熟悉汇算清缴操作流程，明晰纳税人汇算清缴权利和责任。积极开展汇算清缴培训辅导，按照税源不同特点分类开展汇算清缴培训，重点辅导新出台的所得税政策、优惠政策、纳税调整项目，保证各项政策落实到位。认真开展企业所得税政策解读，做好汇算清缴日常咨询、申报提醒、风险提示工作，探索成立企业所得税政策服务专家团队，建立健全企业所得税政策快速沟通和解决机制，解决汇算清缴个性化问题，促进提高税法遵从度。

三、大力推进企业所得税电子化申报。要积极创造条件，拓展“网上办税”功能，努力提高企业所得税电子化申报率，减轻纳税人办税负担。优化企业所得税管理流程，将企业所得税审批备案事项、台账管理、后续管理等工作，与企业所得税汇算清缴年度申报有机结合，精简汇算清缴资料报送。

四、着力提高汇算清缴年度申报质量。要认真做好汇算清缴年度申报数据、申报项目、附报资料的完整性和逻辑性审核。积极采用勾稽监控、适时揭示与提醒等方式，提示纳税人进行纳税调整。发现申报错误和疑点的，及时告知纳税人进行更正申报或补充申报。各地可根据当地实际情况和纳税人需求，充分发挥社会中介机构的鉴证和服务作用，提高汇算清缴质量。

五、切实加强汇算清缴后续管理。要积极开展汇算清缴年度申报的审核评估。探索成立企业所得税专家团队，重点加强对企业资产损失、税收优惠备案项目、企业特殊性重组等重点事项和高风险事项审核评估。积极利用信息化手段,加强汇算清缴年度申报数据与管理台账信息、财务报表信息和其他第三方信息审核比对。探索建立企业所得税风险分析、识别、评价和应对的管理工作机制,从收入、成本、费用、损失、优惠等项目入手,逐步建立企业所得税风险指标体系和风险模型,分级分类开展汇算清缴后续管理。

六、不断深化汇算清缴数据应用。要及时开展汇算清缴情况分析,掌握本地企业所得税税源结构、分布、特点、税负情况,评估本地区企业所得税征管质量、政策执行和纳税人遵从情况。提高汇算清缴数据利用分析能力,建立健全企业所得税政策效应评价工作机制,各级税务机关每年要结合本地区税源和区域特点,选取重点的行业、区域或影响面广的企业所得税政策开展效应评价,形成“产品化”的企业所得税政策执行评价报告并层层上报。

七、认真做好汇算清缴数据汇总和工作总结。要按照国税发〔2009〕79号文件的要求,逐级汇总年度汇算清缴数据,加强汇算清缴数据汇总审核,提高汇算清缴数据汇总质量。认真开展汇算清缴年度总结,重点总结创新性的汇算清缴工作举措,准确反映汇算清缴工作存在的问题和建议。加强汇算清缴工作考核,各级税务机关要根据汇算清缴工作情况、数据差错率、汇缴报告、政策评价报告等情况,对汇算清缴工作组织开展情况、工作质量进行讲评、通报和表彰。

4.《国家税务总局关于修订〈企业所得税汇算清缴数据采集规范〉的通知》(2015年2月12日颁布 税总函〔2015〕102号)

各省、自治区、直辖市和计划单列市国家税务局、地方税务局:

2014版企业所得税年度汇算清缴申报表做了重大调整,并已发布。据此,现对2011年税务总局发布的《网上纳税申报软件业务标准》(标准编号:SW 2—2011)中企业所得税汇算清缴内容进行变更,修订后的《企业所得税汇算清缴数据采集规范》详见附件,本标准修改单编号是:SW 2—2011/XG 1-2015。现将具体事项通知如下:

一、做好网上申报软件的调整修改

各地税务机关应督促网上申报软件开发商、使用适应自身管理需要的自有申报软件的纳税人按发布的标准规范修改,税务机关自行开发的网上申报软件也应按发布的标准规范同步修改,以确保汇算清缴工作顺利开展,确保数据采集的规范、完整、准确,为企业所得税后续管理奠定坚实基础。

二、进一步明确使用网上申报软件的选择权利属于纳税人

各地税务机关应遵循符合标准规范即不禁止的原则，将选择网上申报软件的权利交给纳税人，进一步提升纳税人对税务机关纳税服务的良好体验，确保各地税务机关同时可接收各种网上申报方式报送的企业所得税汇算清缴表单，确保符合本次标准要求的企业所得税申报数据均能进行受理和反馈。

5.《国家税务总局关于修订企业所得税年度纳税申报表有关问题的公告》(2019年12月9日颁布 国家税务总局公告2019年第41号)①

为贯彻落实《中华人民共和国企业所得税法》及有关税收政策，进一步优化纳税申报，现将修订企业所得税年度纳税申报表有关问题公告如下：

一、对《中华人民共和国企业所得税年度纳税申报表(A类，2017年版)》部分表单和填报说明进行修订，修订后的部分表单和填报说明详见附件。

（一）对《企业所得税年度纳税申报表填报表单》、《企业所得税年度纳税申报基础信息表》(A000000)、《纳税调整项目明细表》(A105000)、《广告费和业务宣传费跨年度纳税调整明细表》(A105060)、《捐赠支出及纳税调整明细表》(A105070)、《免税、减计收入及加计扣除优惠明细表》(A107010)、《符合条件的居民企业之间的股息、红利等权益性投资收益优惠明细表》(A107011)、《减免所得税优惠明细表》(A107040)的表单样式及填报说明进行修订。

（二）对《中华人民共和国企业所得税年度纳税申报表(A类)》(A100000)、《资产折旧、摊销及纳税调整明细表》(A105080)、《企业所得税弥补亏损明细表》(A106000)、《所得减免优惠明细表》(A107020)、《境外所得纳税调整后所得明细表》(A108010)的填报说明进行修订。

二、企业申报享受研发费用加计扣除政策时，按照《国家税务总局

---

① 1.根据《国家税务总局关于修订企业所得税年度纳税申报表的公告》(国家税务总局公告2020年第24号)，2020年度及以后年度企业所得税汇算清缴申报时，本文部分表单和填报说明同时废止。具体详见国家税务总局公告2020年第24号。2.根据《国家税务总局关于企业所得税年度汇算清缴有关事项的公告》(国家税务总局公告2021年第34号)规定，2021年度及以后年度企业所得税汇算清缴申报时，本文部分表单和填报说明同时废止。具体详见国家税务总局公告2021年第34号。

关于发布修订后的〈企业所得税优惠政策事项办理办法〉的公告》(国家税务总局公告2018年第23号)的规定执行,不再填报《研发项目可加计扣除研究开发费用情况归集表》和报送《"研发支出"辅助账汇总表》。《"研发支出"辅助账汇总表》由企业留存备查。

三、本公告适用于2019年度及以后年度企业所得税汇算清缴申报。《国家税务总局关于发布〈中华人民共和国企业所得税年度纳税申报表(A类,2017年版)〉的公告》(国家税务总局公告2017年第54号)、《国家税务总局关于修订〈中华人民共和国企业所得税年度纳税申报表(A类,2017年版)〉部分表单样式及填报说明的公告》(国家税务总局公告2018年第57号)、《国家税务总局关于修订〈中华人民共和国企业所得税月(季)度预缴纳税申报表(A类,2018年版)〉等部分表单样式及填报说明的公告》(国家税务总局公告2019年第3号)中的上述表单和填报说明同时废止。《国家税务总局关于企业研究开发费用税前加计扣除政策有关问题的公告》(国家税务总局公告2015年第97号)第五条中"并在报送《年度财务会计报告》的同时随附注一并报送主管税务机关"的规定和第六条第一项、附件6《研发项目可加计扣除研究开发费用情况归集表》同时废止。

6.《国家税务总局关于修订企业所得税年度纳税申报表的公告》(2020年12月30日颁布 国家税务总局公告2020年第24号)①

为贯彻落实《中华人民共和国企业所得税法》及有关税收政策,税务总局对《中华人民共和国企业所得税年度纳税申报表(A类,2017年版)》部分表单和填报说明进行修订。现公告如下:

一、对《企业所得税年度纳税申报表填报表单》、《企业所得税年度纳税申报基础信息表》(A000000)、《纳税调整项目明细表》(A105000)、《捐赠支出及纳税调整明细表》(A105070)、《资产折旧、摊销及纳税调整明细表》(A105080)、《资产损失税前扣除及纳税调整明细表》

① 根据《国家税务总局关于企业所得税年度汇算清缴有关事项的公告》(国家税务总局公告2021年第34号)规定,对《企业所得税年度纳税申报基础信息表》(A000000)、《中华人民共和国企业所得税年度纳税申报表(A类)》(A100000)、《资产折旧、摊销及纳税调整明细表》(A105080)、《所得减免优惠明细表》(A107020)、《减免所得税优惠明细表》(A107040)、《软件、集成电路企业优惠情况及明细表》(A107042)、《境外所得纳税调整后所得明细表》(A108010)表单样式及填报说明进行修订。根据《国家税务总局关于企业所得税年度纳税申报有关事项的公告》(国家税务总局公告2022年第27号)规定,对《纳税调整项目明细表》(A105000)的填报说明进行修订。

(A105090)、《特殊行业准备金及纳税调整明细表》(A105120)、《企业所得税弥补亏损明细表》(A106000)、《所得减免优惠明细表》(A107020)、《减免所得税优惠明细表》(A107040)、《软件、集成电路企业优惠情况及明细表》(A107042)、《境外所得纳税调整后所得明细表》(A108010)的表单样式及填报说明进行修订。其中,《特殊行业准备金及纳税调整明细表》(A105120)调整为《贷款损失准备金及纳税调整明细表》(A105120)。

二、对《中华人民共和国企业所得税年度纳税申报表(A类)》(A100000)、《境外所得税收抵免明细表》(A108000)的填报说明进行修订。

三、本公告适用于2020年度及以后年度企业所得税汇算清缴申报。《国家税务总局关于发布〈中华人民共和国企业所得税年度纳税申报表(A类,2017年版)〉的公告》(2017年第54号)、《国家税务总局关于修订〈中华人民共和国企业所得税年度纳税申报表(A类,2017年版)〉部分表单样式及填报说明的公告》(2018年第57号)、《国家税务总局关于修订企业所得税年度纳税申报表有关问题的公告》(2019年第41号)中的上述表单和填报说明同时废止。

7.《国家税务总局关于企业所得税年度汇算清缴有关事项的公告》(2021年12月31日颁布　2021年12月31日实施　国家税务总局公告2021年第34号)①

为贯彻落实《中华人民共和国企业所得税法》及有关税收政策,优化办税服务,减轻办税负担,现就企业所得税汇算清缴有关事项公告如下:

一、对《中华人民共和国企业所得税年度纳税申报表(A类,2017年版)》部分表单和填报说明进行修订,具体如下:对《企业所得税年度纳税申报基础信息表》(A000000)、《中华人民共和国企业所得税年度纳税申报表(A类)》(A100000)、《所得减免优惠明细表》(A107020)、《减免所得税优惠明细表》(A107040)、《境外所得纳税调整后所得明细

① 根据《国家税务总局关于企业所得税年度纳税申报有关事项的公告》(国家税务总局公告2022年第27号)规定,对《资产折旧、摊销及纳税调整明细表》(A105080)、《企业重组及递延纳税事项纳税调整明细表》(A105100)、《免税、减计收入及加计扣除优惠明细表》(A107010)、《研发费用加计扣除优惠明细表》(A107012)、《减免所得税优惠明细表》(A107040)的表单样式及填报说明,对《纳税调整项目明细表》(A105000)的填报说明废止。

表》(A108010)、《跨地区经营汇总纳税企业年度分摊企业所得税明细表》(A109000)的表单样式及填报说明进行修订。

二、纳税人在纳税年度内预缴企业所得税税款超过汇算清缴应纳税款的,纳税人应及时申请退税,主管税务机关应及时按有关规定办理退税,不再抵缴其下一年度应缴企业所得税税款。

三、本公告适用于2021年度及以后年度企业所得税汇算清缴。《国家税务总局关于发布〈中华人民共和国企业所得税年度纳税申报表(A类,2017年版)〉的公告》(2017年第54号)、《国家税务总局关于修订〈中华人民共和国企业所得税年度纳税申报表(A类,2017年版)〉部分表单样式及填报说明的公告》(2018年第57号)、《国家税务总局关于修订企业所得税年度纳税申报表有关问题的公告》(2019年第41号)、《国家税务总局关于修订企业所得税年度纳税申报表的公告》(2020年第24号)中的上述表单和填报说明同时废止。《国家税务总局关于印发〈企业所得税汇算清缴管理办法〉的通知》(国税发〔2009〕79号,国家税务总局公告2018年第31号修改)第十一条"或者经纳税人同意后抵缴其下一年度应缴企业所得税税款"和《国家税务总局关于印发〈跨地区经营汇总纳税企业所得税征收管理办法〉的公告》(2012年第57号,2018年第31号修改)第十条"或者经总、分机构同意后分别抵缴其下一年度应缴企业所得税税款"的规定同时废止。

8.《国家税务总局关于企业所得税年度纳税申报有关事项的公告》(2022年12月30日颁布 国家税务总局公告2022年第27号)

为贯彻落实《中华人民共和国企业所得税法》及有关税收政策,进一步减轻纳税人办税负担,现就企业所得税年度纳税申报有关事项公告如下:

一、对《中华人民共和国企业所得税年度纳税申报表(A类,2017年版)》部分表单和填报说明进行修订,具体如下:对《资产折旧、摊销及纳税调整明细表》(A105080)、《企业重组及递延纳税事项纳税调整明细表》(A105100)、《免税、减计收入及加计扣除优惠明细表》(A107010)、《研发费用加计扣除优惠明细表》(A107012)、《减免所得税优惠明细表》(A107040)的表单样式及填报说明进行修订;对《纳税调整项目明细表》(A105000)的填报说明进行修订。

二、企业搬迁完成当年,向主管税务机关报送企业所得税年度纳税申报表时,不再报送《企业政策性搬迁清算损益表》。

三、本公告适用于2022年度及以后年度企业所得税汇算清缴申报。《国家税务总局关于发布〈中华人民共和国企业所得税年度纳税申报表(A类,2017年版)〉的公告》(2017年第54号)、《国家税务总局关于修订〈中华人民共和国企业所得税年度纳税申报表(A类,2017年版)〉部分表单样式及填报说明的公告》(2018年第57号)、《国家税务总局关于修订企业所得税年度纳税申报表的公告》(2020年第24号)、《国家税务总局关于企业所得税年度汇算清缴有关事项的公告》(2021年第34号)中的上述表单和填报说明同时废止。《国家税务总局关于发布〈企业政策性搬迁所得税管理办法〉的公告》(2012年第40号)第二十五条关于"应同时报送《企业政策性搬迁清算损益表》(表样附后)"的规定和附件《企业政策性搬迁清算损益表》同时废止。

(三)非居民企业的汇算清缴

1.《国家税务总局关于印发〈非居民企业所得税汇算清缴管理办法〉的通知》(2009年1月22日颁布　2008年1月1日起实施　国税发〔2009〕6号)①

为规范非居民企业所得税汇算清缴工作,根据《中华人民共和国企业所得税法》(以下简称企业所得税法)及其实施条例和《中华人民共和国税收征收管理法》(以下简称税收征管法)及其实施细则的有关规定,制定本办法。

一、汇算清缴对象

(一)依照外国(地区)法律成立且实际管理机构不在中国境内,但在中国境内设立机构、场所的非居民企业(以下称为企业),无论盈利或者亏损,均应按照企业所得税法及本办法规定参加所得税汇算清缴。

(二)企业具有下列情形之一的,可不参加当年度的所得税汇算清缴:

1. 临时来华承包工程和提供劳务不足1年,在年度中间终止经营活动,且已经结清税款;

2. 汇算清缴期内已办理注销;

3. 其他经主管税务机关批准可不参加当年度所得税汇算清缴。

① 1. 根据《国家税务总局　财政部　中国人民银行关于非居民企业机构场所汇总缴纳企业所得税有关问题的公告》(国家税务总局公告2019年第12号)规定,自2019年3月1日起,本文第三条第六项废止。2. 根据《国家税务总局关于修改部分税收规范性文件的公告》(国家税务总局公告2018年第31号)对本文进行了修改。

二、汇算清缴时限

(一)企业应当自年度终了之日起5个月内,向税务机关报送年度企业所得税纳税申报表,并汇算清缴,结清应缴应退税款。

(二)企业在年度中间终止经营活动的,应当自实际经营终止之日起60日内,向税务机关办理当期企业所得税汇算清缴。

三、申报纳税

(一)企业办理所得税年度申报时,应当如实填写和报送下列报表、资料:

1. 年度企业所得税纳税申报表及其附表;

2. 年度财务会计报告;

3. 税务机关规定应当报送的其他有关资料。

(二)企业因特殊原因,不能在规定期限内办理年度所得税申报,应当在年度终了之日起5个月内,向主管税务机关提出延期申报申请。主管税务机关批准后,可以适当延长申报期限。

(三)企业采用电子方式办理纳税申报的,应附报纸质纳税申报资料。

(四)企业委托中介机构代理年度企业所得税纳税申报的,应附送委托人签章的委托书原件。

(五)企业申报年度所得税后,经主管税务机关审核,需补缴或退还所得税的,应在收到主管税务机关送达的《非居民企业所得税汇算清缴涉税事宜通知书》(见附件1和附件2)后,按规定时限将税款补缴入库,或按照主管税务机关的要求办理退税手续。

(七)企业补缴税款确因特殊困难需延期缴纳的,按税收征管法及其实施细则的有关规定办理。

(八)企业在所得税汇算清缴期限内,发现当年度所得税申报有误的,应当在年度终了之日起5个月内向主管税务机关重新办理年度所得税申报。

(九)企业报送报表期限的最后一日是法定休假日的,以休假日期满的次日为期限的最后一日;在期限内有连续三日以上法定休假日的,按休假日天数顺延。

四、法律责任

(一)企业未按规定期限办理年度所得税申报,且未经主管税务机关批准延期申报,或报送资料不全、不符合要求的,应在收到主管税务机关送达的《责令限期改正通知书》后按规定时限补报。

企业未按规定期限办理年度所得税申报，且未经主管税务机关批准延期申报的，主管税务机关除责令其限期申报外，可按照税收征管法的规定处以2000元以下的罚款，逾期仍不申报的，可处以2000元以上10000元以下的罚款，同时核定其年度应纳税额，责令其限期缴纳。企业在收到主管税务机关送达的《非居民企业所得税应纳税款核定通知书》(见附件4)后，应在规定时限内缴纳税款。

(二)企业未按规定期限办理所得税汇算清缴，主管税务机关除责令其限期办理外，对发生税款滞纳的，按照税收征管法的规定，加收滞纳金。

(三)企业同税务机关在纳税上发生争议时，依照税收征管法相关规定执行。

五、本办法自2008年1月1日起执行。

2.《国家税务总局关于发布〈中华人民共和国非居民企业所得税年度纳税申报表〉等报表的公告》(2015年4月30日颁布　2015年7月1日起实施　国家税务总局公告2015年第30号)①

为进一步规范和加强非居民企业所得税管理，根据《中华人民共和国企业所得税法》及其实施条例和有关规定，现将国家税务总局修订的《中华人民共和国非居民企业所得税年度纳税申报表(适用于据实申报企业)》《中华人民共和国非居民企业所得税季度纳税申报表(适用于据实申报企业)》《中华人民共和国非居民企业所得税季度和年度纳税申报表(适用于核定征收企业)/(不构成常设机构和国际运输免税申报)》《中华人民共和国扣缴企业所得税报告表》及相应填报说明予以发布，并就有关事项公告如下：

一、《中华人民共和国非居民企业所得税季度纳税申报表(适用于据实申报企业)》适用于非居民企业预缴季度税款时填报。《中华人民共和国非居民企业所得税年度纳税申报表(适用于据实申报企业)》适用于非居民企业年度企业所得税汇算清缴时填报，其中附表《金融企业收入明细表》、《金融企业支出明细表》和《对外合作开采石油企业勘探开发费用年度明细表》，由特定行业企业填报，一般企业无需填报。《中

① 1.根据《国家税务总局关于修改按经费支出换算收入方式核定非居民企业应纳税所得额计算公式的公告》(国家税务总局公告2016年第28号)规定，自2016年5月1日起，本文附件6第七条第13项的计算公式修改为：换算的收入额＝经费支出总额÷(1－核定利润率)。2.根据《国家税务总局关于发布等报表的公告》(国家税务总局公告2019年第16号)规定，自2019年10月1日起，不再使用本文发布的相应报表。

华人民共和国非居民企业所得税季度和年度纳税申报表(适用于核定征收企业)/(不构成常设机构和国际运输免税申报)》适用于非居民企业预缴季度税款、年度企业所得税汇算清缴时填报,同时,不构成常设机构和国际运输免税申报也使用本表。

二、《中华人民共和国扣缴企业所得税报告表》适用于扣缴义务人,包括法定扣缴义务人和指定扣缴义务人,以及扣缴义务人未依法扣缴或者无法履行扣缴义务情况下自行申报的纳税人,按次或按期扣缴或申报企业所得税税款时填报。

三、本公告自2015年7月1日起施行。《国家税务总局关于印发〈中华人民共和国非居民企业所得税申报表〉等报表的通知》(国税函〔2008〕801号)同时废止。

3.《国家税务总局关于发布〈中华人民共和国非居民企业所得税预缴申报表(2019年版)〉等报表的公告》(2019年3月28日颁布　国家税务总局公告2019年第16号)

根据《中华人民共和国企业所得税法》及其实施条例,现将修订的《中华人民共和国非居民企业所得税预缴申报表(2019年版)》《中华人民共和国非居民企业所得税年度纳税申报表(2019年版)》《中华人民共和国扣缴企业所得税报告表(2019年版)》等报表及相应填报说明予以发布,并就有关事项公告如下:

一、《中华人民共和国非居民企业所得税预缴申报表(2019年版)》适用于非居民企业预缴企业所得税税款时填报,其附表为《非居民企业机构、场所汇总缴纳所得税税款分配表》《非居民企业机构、场所核定计算明细表》。本条规定报表自办理2020年度第一季度企业所得税预缴申报起启用;非居民企业机构、场所按照《国家税务总局　财政部　中国人民银行关于非居民企业机构场所汇总缴纳企业所得税有关问题的公告》(国家税务总局公告2019年第12号)的规定自2019年度起汇总纳税的,本条规定报表自办理2019年度第一季度企业所得税预缴申报起启用。

二、《中华人民共和国非居民企业所得税年度纳税申报表(2019年版)》适用于非居民企业年度企业所得税汇算清缴时填报,其附表为《纳税调整项目明细表》《企业所得税弥补亏损明细表》《对外合作开采石油企业勘探开发费用年度明细表》《非居民企业机构、场所汇总缴纳所得税税款分配表》《非居民企业机构、场所核定计算明细表》。本条规定报表自办理2020年度企业所得税汇算清缴申报起启用;非居民企业机构、场所按照《国家税务总局　财政部　中国人民银行关于非居民企业机构场所汇总缴纳企业所得税有关问题的公告》(国家税务总局公告2019年第12号)规定自2018年度或2019年度起汇总纳税的,本条规定报表自办理2018年度或2019年度企业所得税汇算清缴申报起启用。

三、《中华人民共和国扣缴企业所得税报告表(2019年版)》适用于源泉扣缴和指定扣缴的扣缴义务人,以及扣缴义务人未依法扣缴或者无法履行扣缴义务情况下自行申报的纳税人,按次或按期扣缴或申报企业所得税税款时填报。本条规定报表自2019年10月1日起启用。

四、本公告规定的报表启用前,仍按《国家税务总局关于发布〈中华人民共和国非居民企业所得税年度纳税申报表〉等报表的公告》(国家税务总局公告2015年第30号)的规定执行;本公告规定的报表启用后,不再使用国家税务总局公告2015年第30号发布的相应报表。

第五十五条　【企业终止的汇算清缴】　企业在年度中间终止经营活动的,应当自实际经营终止之日起六十日内,向税务机关办理当期企业所得税汇算清缴。

企业应当在办理注销登记前,就其清算所得向税务机关申报并依法缴纳企业所得税。

一、税收行政法规

《中华人民共和国企业所得税法实施条例》(2007年12月6日中华人民共和国国务院令第512号公布　根据2019年4月23日《国务院关于修改部分行政法规的决定》修订)

第十一条　企业所得税法第五十五条所称清算所得,是指企业的全部资产可变现价值或者交易价格减除资产净值、清算费用以及相关税费等后的余额。

投资方企业从被清算企业分得的剩余资产,其中相当于从被清算企业累计未分配利润和累计盈余公积中应当分得的部分,应当确认为股息所得;剩余资产减除上述股息所得后的余额,超过或者低于投资成本的部分,应当确认为投资资产转让所得或者损失。

二、税务规范性文件

《财政部 国家税务总局关于企业清算业务企业所得税处理若干问题的通知》(2009年4月30日颁布 2008年1月1日起实施 财税〔2009〕60号)

各省、自治区、直辖市、计划单列市财政厅(局)、国家税务局、地方税务局,新疆生产建设兵团财务局:

根据《中华人民共和国企业所得税法》第五十三条、第五十五条和《中华人民共和国企业所得税法实施条例》(国务院令第512号)第十一条规定,现就企业清算有关所得税处理问题通知如下:

一、企业清算的所得税处理,是指企业在不再持续经营,发生结束自身业务、处置资产、偿还债务以及向所有者分配剩余财产等经济行为时,对清算所得、清算所得税、股息分配等事项的处理。

二、下列企业应进行清算的所得税处理:

(一)按《公司法》、《企业破产法》等规定需要进行清算的企业;

(二)企业重组中需要按清算处理的企业。

三、企业清算的所得税处理包括以下内容:

(一)全部资产均应按可变现价值或交易价格,确认资产转让所得或损失;

(二)确认债权清理、债务清偿的所得或损失;

(三)改变持续经营核算原则,对预提或待摊性质的费用进行处理;

(四)依法弥补亏损,确定清算所得;

(五)计算并缴纳清算所得税;

(六)确定可向股东分配的剩余财产、应付股息等。

四、企业的全部资产可变现价值或交易价格,减除资产的计税基础、清算费用、相关税费,加上债务清偿损益等后的余额,为清算所得。

企业应将整个清算期作为一个独立的纳税年度计算清算所得。

五、企业全部资产的可变现价值或交易价格减除清算费用,职工的工资、社会保险费用和法定补偿金,结清清算所得税、以前年度欠税等税款,清偿企业债务,按规定计算可以向所有者分配的剩余资产。

被清算企业的股东分得的剩余资产的金额,其中相当于被清算企业累计未分配利润和累计盈余公积中按该股东所占股份比例计算的部分,应确认为股息所得;剩余资产减除股息所得后的余额,超过或低于股东投资成本的部分,应确认为股东的投资转让所得或损失。

被清算企业的股东从被清算企业分得的资产应按可变现价值或实际交易价格确定计税基础。

六、本通知自2008年1月1日起执行。

第五十六条 【计税币种】 依照本法缴纳的企业所得税，以人民币计算。所得以人民币以外的货币计算的，应当折合成人民币计算并缴纳税款。

税收行政法规

《中华人民共和国企业所得税法实施条例》(2007年12月6日中华人民共和国国务院令第512号公布 根据2019年4月23日《国务院关于修改部分行政法规的决定》修订)

第一百二十九条 企业所得以人民币以外的货币计算的，预缴企业所得税时，应当按照月度或者季度最后一日的人民币汇率中间价，折合成人民币计算应纳税所得额。年度终了汇算清缴时，对已经按照月度或者季度预缴税款的，不再重新折合计算，只就该纳税年度内未缴纳企业所得税的部分，按照纳税年度最后一日的人民币汇率中间价，折合成人民币计算应纳税所得额。

经税务机关检查确认，企业少计或者多计前款规定的所得的，应当按照检查确认补税或者退税时的上一个月最后一日的人民币汇率中间价，将少计或者多计的所得折合成人民币计算应纳税所得额，再计算应补缴或者应退的税款。

第八章 附　　则

第五十七条 【过渡期】 本法公布前已经批准设立的企业，依照当时的税收法律、行政法规规定，享受低税率优惠的，按照国务院规定，可以在本法施行后五年内，逐步过渡到本法规定的税率；享受定期减免税优惠的，按照国务院规定，可以在本法施行后继续享受到期满为止，但因未获利而尚未享受优惠的，优惠期限从本法施行年度起计算。

法律设置的发展对外经济合作和技术交流的特定地区内，以及国务院已规定执行上述地区特殊政策的地区内新设立的国家需要重点扶持的高新技术企业,可以享受过渡性税收优惠,具体办法由国务院规定。

国家已确定的其他鼓励类企业,可以按照国务院规定享受减免税优惠。

一、税收行政法规

《中华人民共和国企业所得税法实施条例》(2007年12月6日中华人民共和国国务院令第512号公布　根据2019年4月23日《国务院关于修改部分行政法规的决定》修订)

第一百三十条　企业所得税法第五十七条第一款所称本法公布前已经批准设立的企业,是指企业所得税法公布前已经完成登记注册的企业。

二、税务规范性文件

1.《财政部　国家税务总局关于〈中华人民共和国企业所得税法〉公布后企业适用税收法律问题的通知》(2007年8月31日颁布　财税〔2007〕115号)

各省、自治区、直辖市、计划单列市财政厅(局)、国家税务局、地方税务局,新疆生产建设兵团财务局:

《中华人民共和国企业所得税法》(以下称新税法)已经第十届全国人民代表大会第五次会议通过,2007年3月16日以中华人民共和国主席令第六十三号公布,将自2008年1月1日起施行。经国务院批准,现就新税法公布后企业如何适用税收法律问题明确如下:

一、新税法第五十七条第一款所称"本法公布前已经批准设立的企业",是指在2007年3月16日前经工商等登记管理机关登记成立的企业。

二、2007年3月17日至2007年12月31日期间经工商等登记管理机关登记成立的企业,在2007年12月31日前,分别依照现行《中华人民共和国企业所得税暂行条例》和《中华人民共和国外商投资企业和外国企业所得税法》及其实施细则等相关规定缴纳企业所得税。自2008年1月1日起,上述企业统一适用新税法及国务院相关规定,不享受新税法第五十七条第一款规定的过渡性税收优惠政策。

2.《财政部　国家税务总局关于企业所得税若干优惠政策的通知》(2008 年 2 月 22 日颁布　财税〔2008〕1 号)①

三、关于其他有关行业、企业的优惠政策

为保证部分行业、企业税收优惠政策执行的连续性,对原有关就业再就业,奥运会和世博会,社会公益,债转股、清产核资、重组、改制、转制等企业改革,涉农和国家储备,其他单项优惠政策共 6 类定期企业所得税优惠政策(见附件),自 2008 年 1 月 1 日起,继续按原优惠政策规定的办法和时间执行到期。

四、关于外国投资者从外商投资企业取得利润的优惠政策

2008 年 1 月 1 日之前外商投资企业形成的累积未分配利润,在 2008 年以后分配给外国投资者的,免征企业所得税;2008 年及以后年度外商投资企业新增利润分配给外国投资者的,依法缴纳企业所得税。

五、除《中华人民共和国企业所得税法》、《中华人民共和国企业所得税法实施条例》、《国务院关于实施企业所得税过渡优惠政策的通知》(国发〔2007〕39 号),《国务院关于经济特区和上海浦东新区新设立高新技术企业实行过渡性税收优惠的通知》(国发〔2007〕40 号)及本通知规定的优惠政策以外,2008 年 1 月 1 日之前实施的其他企业所得税优惠政策一律废止。各地区、各部门一律不得越权制定企业所得税的优惠政策。

3.《国家税务总局关于外商投资企业和外国企业原有若干税收优惠政策取消后有关事项处理的通知》(2008 年 2 月 27 日颁布　国税发〔2008〕23 号)

各省、自治区、直辖市和计划单列市国家税务局,广东、海南省地方税务局,深圳市地方税务局:

根据《中华人民共和国企业所得税法》及其实施条例、《中华人民共和国税收征收管理法》及其实施细则和《国务院关于实施企业所得税过渡优惠政策的通知》(国发〔2007〕39 号)的有关规定,现就外商投资企业和外国企业原执行的若干税收优惠政策取消后的税务处理问题通知如下。

① 条款失效,第一条第(一)项至第(九)项自 2011 年 1 月 1 日起停止执行。参见《财政部　国家税务总局关于企业所得税若干优惠政策的通知》(财税〔2012〕27 号)。

一、关于原外商投资企业的外国投资者再投资退税政策的处理

外国投资者从外商投资企业取得的税后利润直接再投资本企业增加注册资本，或者作为资本投资开办其他外商投资企业，凡在2007年底以前完成再投资事项，并在国家工商管理部门完成变更或注册登记的，可以按照《中华人民共和国外商投资企业和外国企业所得税法》及其有关规定，给予办理再投资退税。对在2007年底以前用2007年度预分配利润进行再投资的，不给予退税。

二、关于外国企业从我国取得的利息、特许权使用费等所得免征企业所得税的处理

外国企业向我国转让专有技术或提供贷款等取得所得，凡上述事项所涉及的合同是在2007年底以前签订，且符合《中华人民共和国外商投资企业和外国企业所得税法》规定免税条件，经税务机关批准给予免税的，在合同有效期内可继续给予免税，但不包括延期、补充合同或扩大的条款。各主管税务机关应做好合同执行跟踪管理工作，及时开具完税证明。

三、关于享受定期减免税优惠的外商投资企业在2008年后条件发生变化的处理

外商投资企业按照《中华人民共和国外商投资企业和外国企业所得税法》规定享受定期减免税优惠，2008年后，企业生产经营业务性质或经营期发生变化，导致其不符合《中华人民共和国外商投资企业和外国企业所得税法》规定条件的，仍应依据《中华人民共和国外商投资企业和外国企业所得税法》规定补缴其此前（包括在优惠过渡期内）已经享受的定期减免税税款。各主管税务机关在每年对这类企业进行汇算清缴时，应对其经营业务内容和经营期限等变化情况进行审核。

4.《国家税务总局关于企业所得税若干税务事项衔接问题的通知》（2009年2月27日颁布　国税函〔2009〕98号）

各省、自治区、直辖市和计划单列市国家税务局、地方税务局：

《中华人民共和国企业所得税法》（以下简称新税法）及其实施条例（以下简称实施条例）自2008年1月1日正式实施，按照新税法第六十条规定，《中华人民共和国外商投资企业和外国企业所得税法》和《中华人民共和国企业所得税暂行条例》（以下简称原税法）同时废止。为便于各地汇算清缴工作的开展，现就新税法实施前企业发生的若干税务事项衔接问题通知如下：

一、关于已购置固定资产预计净残值和折旧年限的处理问题

新税法实施前已投入使用的固定资产,企业已按原税法规定预计净残值并计提的折旧,不做调整。新税法实施后,对此类继续使用的固定资产,可以重新确定其残值,并就其尚未计提折旧的余额,按照新税法规定的折旧年限减去已经计提折旧的年限后的剩余年限,按照新税法规定的折旧方法计算折旧。新税法实施后,固定资产原确定的折旧年限不违背新税法规定原则的,也可以继续执行。

二、关于递延所得的处理

企业按原税法规定已作递延所得确认的项目,其余额可在原规定的递延期间的剩余期间内继续均匀计入各纳税期间的应纳税所得额。

三、关于利息收入、租金收入和特许权使用费收入的确认

新税法实施前已按其他方式计入当期收入的利息收入、租金收入、特许权使用费收入,在新税法实施后,凡与按合同约定支付时间确认的收入额发生变化的,应将该收入额减去以前年度已按照其它方式确认的收入额后的差额,确认为当期收入。

四、关于以前年度职工福利费余额的处理

根据《国家税务总局关于做好2007年度企业所得税汇算清缴工作的补充通知》(国税函〔2008〕264号)的规定,企业2008年以前按照规定计提但尚未使用的职工福利费余额,2008年及以后年度发生的职工福利费,应首先冲减上述的职工福利费余额,不足部分按新税法规定扣除;仍有余额的,继续留在以后年度使用。企业2008年以前节余的职工福利费,已在税前扣除,属于职工权益,如果改变用途的,应调整增加企业应纳税所得额。

五、关于以前年度职工教育经费余额的处理

对于在2008年以前已经计提但尚未使用的职工教育经费余额,2008年及以后新发生的职工教育经费应先从余额中冲减。仍有余额的,留在以后年度继续使用。

六、关于工效挂钩企业工资储备基金的处理

原执行工效挂钩办法的企业,在2008年1月1日以前已按规定提取,但因未实际发放而未在税前扣除的工资储备基金余额,2008年及以后年度实际发放时,可在实际发放年度企业所得税前据实扣除。

七、关于以前年度未扣除的广告费的处理

企业在2008年以前按照原政策规定已发生但尚未扣除的广告费,2008年实行新税法后,其尚未扣除的余额,加上当年度新发生的广告费和业务宣传费后,按照新税法规定的比例计算扣除。

八、关于技术开发费的加计扣除形成的亏损的处理

企业技术开发费加计扣除部分已形成企业年度亏损，可以用以后年度所得弥补，但结转年限最长不得超过5年。

九、关于开（筹）办费的处理

新税法中开（筹）办费未明确列作长期待摊费用，企业可以在开始经营之日的当年一次性扣除，也可以按照新税法有关长期待摊费用的处理规定处理，但一经选定，不得改变。

企业在新税法实施以前年度的未摊销完的开办费，也可根据上述规定处理。

5.《财政部 国家税务总局关于执行企业所得税优惠政策若干问题的通知》（2009年4月24日颁布 2008年1月1日起实施 财税〔2009〕69号）①

各省、自治区、直辖市、计划单列市财政厅（局）、国家税务局、地方税务局，新疆生产建设兵团财务局：

根据《中华人民共和国企业所得税法》（以下简称企业所得税法）及《中华人民共和国企业所得税法实施条例》（国务院令第512号，以下简称实施条例）的有关规定，现就企业所得税优惠政策执行中有关问题通知如下：

一、执行《国务院关于实施企业所得税过渡优惠政策的通知》（国发〔2007〕39号）规定的过渡优惠政策及西部大开发优惠政策的企业，在定期减免税的减半期内，可以按照企业适用税率计算的应纳税额减半征税。其他各类情形的定期减免税，均应按照企业所得税25%的法定税率计算的应纳税额减半征税。

二、《国务院关于实施企业所得税过渡优惠政策的通知》（国发〔2007〕39号）第三条所称不得叠加享受，且一经选择，不得改变的税收优惠情形，限于企业所得税过渡优惠政策与企业所得税法及其实施条例中规定的定期减免税和减低税率类的税收优惠。

企业所得税法及其实施条例中规定的各项税收优惠，凡企业符合规定条件的，可以同时享受。

---

① 条款废止，第八条废止。参见《国家税务总局关于扩大小型微利企业减半征收企业所得税范围有关问题的公告》（国家税务总局公告2014年第23号）。条款失效，第七条停止执行。参见《财政部 国家税务总局关于小型微利企业所得税优惠政策的通知》（财税〔2015〕34号）。

三、企业在享受过渡税收优惠过程中发生合并、分立、重组等情形的，按照《财政部国家税务总局关于企业重组业务企业所得税处理若干问题的通知》（财税〔2009〕59号）的统一规定执行。

四、2008年1月1日以后，居民企业之间分配属于2007年度及以前年度的累积未分配利润而形成的股息、红利等权益性投资收益，均应按照企业所得税法第二十六条及实施条例第十七条、第八十三条的规定处理。

五、企业在2007年3月16日之前设立的分支机构单独依据原内、外资企业所得税法的优惠规定已享受有关税收优惠的，凡符合《国务院关于实施企业所得税过渡优惠政策的通知》（国发〔2007〕39号）所列政策条件的，该分支机构可以单独享受国发〔2007〕39号规定的企业所得税过渡优惠政策。

九、2007年底前设立的软件生产企业和集成电路生产企业，经认定后可以按《财政部国家税务总局关于企业所得税若干优惠政策的通知》（财税〔2008〕1号）的规定享受企业所得税定期减免税优惠政策。在2007年度或以前年度已获利并开始享受定期减免税优惠政策的，可自2008年度起继续享受至期满为止。

6.《国家税务总局关于政府关停外商投资企业所得税优惠政策处理问题的批复》（2010年2月12日颁布　国税函〔2010〕69号）

江苏省国家税务局：

你局《关于政府关停外商投资企业所得税优惠政策处理问题的请示》（苏国税发〔2009〕88号）收悉。关于外商投资企业因国家发展规划调整（包括城市建设规划等）被实施关停并清算，导致其不符合原《中华人民共和国外商投资企业和外国企业所得税法》及过渡性政策规定条件税收优惠处理问题，经研究，批复如下：

一、根据原《中华人民共和国外商投资企业和外国企业所得税法实施细则》第七十九条的规定，应当补缴或缴回按该条规定已享受的企业所得税优惠税款。

二、外商投资企业和外国企业依照原《财政部　国家税务总局关于外商投资企业和外国企业购买国产设备投资抵免企业所得税有关问题的通知》（财税字〔2000〕049号）有关规定将已经享受投资抵免的2007年12月31日前购买的国产设备，在购置之日起五年内出租、转让，不论出租、转让行为发生在2008年1月1日之前或之后的，均应在出租、转让时补缴就该购买设备已抵免的企业所得税税款。

三、外商投资企业的外国投资者依照《中华人民共和国外商投资企业和外国企业所得税法》第十条的规定，将从企业取得的利润于2007年12月31日前直接再投资于该企业，增加注册资本，或者作为资本投资开办其他外商投资企业，如经营期不少于五年并经税务机关批准已退还其再投资部分已缴纳所得税的40%税款，再投资不满五年撤出的，应当缴回已退的税款。

7.《国家税务总局关于进一步明确企业所得税过渡期优惠政策执行口径问题的通知》(2010年4月21日颁布　国税函〔2010〕157号)①

各省、自治区、直辖市和计划单列市国家税务局、地方税务局：

根据《财政部　国家税务总局关于执行企业所得税优惠政策若干问题的通知》(财税〔2009〕69号)的有关规定，现就执行企业所得税过渡期优惠政策问题进一步明确如下：

一、关于居民企业选择适用税率及减半征税的具体界定问题

(一)居民企业被认定为高新技术企业，同时又处于《国务院关于实施企业所得税过渡优惠政策的通知》(国发〔2007〕39号)第一条第三款规定享受企业所得税"两免三减半"、"五免五减半"等定期减免税优惠过渡期的，该居民企业的所得税适用税率可以选择依照过渡期适用税率并适用减半征税至期满，或者选择适用高新技术企业的15%税率，但不能享受15%税率的减半征税。

(二)居民企业被认定为高新技术企业，同时又符合软件生产企业和集成电路生产企业定期减半征收企业所得税优惠条件的，该居民企业的所得税适用税率可以选择适用高新技术企业的15%税率，也可以选择依照25%的法定税率减半征税，但不能享受15%税率的减半征税。

(三)居民企业取得中华人民共和国企业所得税法实施条例第八十六条、第八十七条、第八十八条和第九十条规定可减半征收企业所得税的所得，是指居民企业应就该部分所得单独核算并依照25%的法定税率减半缴纳企业所得税。

第五十八条　【协定优先】　中华人民共和国政府同外国政府订立的有关税收的协定与本法有不同规定的，依照协定的规定办理。

① 根据《国家税务总局关于公布全文和部分条款失效废止的税务规范性文件目录的公告》(国家税务总局公告2023年第8号)，自2023年5月26日起，第一条第四款、第二条废止。

税务规范性文件

1.《财政部　国家税务总局关于发布〈外国公司船舶运输收入征税办法〉的通知》(1996 年 10 月 24 日颁布并实施　财税字〔1996〕87 号)①

第十六条　香港、澳门、台湾的公司以船舶从境内港口运载旅客、货物或者邮件出境的,所取得的运输收入、所得,除另有规定外,比照本办法征税。

第十七条　中华人民共和国同外国缔结的有关协定规定减税或者免税的,按照协定规定执行。

前款所称协定,是指关于对所得(和财产)避免双重征税和防止偷漏税的协定、互免海运企业运输业务收入税收协定、海运协定以及其他有关协定或者换文。

第十八条　外国公司以船舶到中国港口运载旅客、货物或者邮件出境,所取得的运输收入、所得,按照本办法第十七条规定的协定可以享受减税或者免税的,应当按照本办法第六条的规定提供有关情况,税务机关分别情况查验下列证明文件:

(一)按照协定规定,船舶运输收入、所得仅由企业的实际管理机构或者总机构所在缔约国征税的,或者收入来源国应对缔约国对方居民公司经营国际运输业务取得的收入、所得减税或者免税的,外国公司应当提供缔约国税务主管当局出具的该公司实际管理机构、总机构或者居民公司所在地的证明文件;

(二)按照协定规定,收入来源国应当对悬挂缔约国对方国旗的商船或者由缔约国对方航运企业经营悬挂第三国国旗的商船取得的运输收入、所得减税或者免税的,外国公司应当提供缔约国对方航运主管部门出具的证明文件。

不能提供有关证明文件的,不得享受减税或者免税待遇。

2.《国家税务总局关于 BP 亚太私人有限公司申请享受税收协定股息优惠待遇问题的批复》(2015 年 5 月 25 日颁布　税总函〔2015〕269 号)

深圳市地方税务局:

你局《关于 BP Asia Pacific Pte Ltd 申请享受税收协定股息优惠待遇问题的请示》(深地税发〔2014〕235 号)收悉。经研究,批复如下:

① 条款失效,有关营业税政策规定失效。参见《财政部　国家税务总局关于公布若干废止和失效的营业税规范性文件的通知》(财税〔2009〕61 号)。

根据《国家税务总局关于如何理解和认定税收协定中"受益所有人"的通知》(国税函〔2009〕601号),综合分析本案涉及国税函〔2009〕601号第二条规定的各因素,认定BPAP公司对承远公司派发的股息具有所有权和支配权,是上述股息的受益所有人,可以享受中国与新加坡的税收协定第十条第二款第(一)项规定的5%税率。

第五十九条 【实施条例的制定】 国务院根据本法制定实施条例。

税收行政法规

《中华人民共和国企业所得税法实施条例》(2007年12月6日中华人民共和国国务院令第512号公布 根据2019年4月23日《国务院关于修改部分行政法规的决定》修订)

第一条 根据《中华人民共和国企业所得税法》(以下简称企业所得税法)的规定,制定本条例。

第六十条 【生效时间】 本法自2008年1月1日起施行。1991年4月9日第七届全国人民代表大会第四次会议通过的《中华人民共和国外商投资企业和外国企业所得税法》和1993年12月13日国务院发布的《中华人民共和国企业所得税暂行条例》同时废止。